HENNING HARTWIG

Das Verhältnis von Werbung und Umwelt und seine wettbewerbsrechtlichen Grenzen

Schriften zum Wirtschaftsrecht

Band 121

Das Verhältnis von Werbung und Umwelt und seine wettbewerbsrechtlichen Grenzen

Von

Henning Hartwig

Duncker & Humblot · Berlin

Die Deutsche Bibliothek – CIP-Einheitsaufnahme

Hartwig, Henning:
Das Verhältnis von Werbung und Umwelt und seine wettbewerbsrechtlichen Grenzen / von Henning Hartwig. – Berlin : Duncker und Humblot, 1999
(Schriften zum Wirtschaftsrecht ; Bd. 121)
Zugl.: Berlin, Humboldt-Univ., Diss., 1997
ISBN 3-428-09345-3

Fotoprint: Berliner Buchdruckerei Union GmbH, Berlin
Printed in Germany

ISSN 0582-026X
ISBN 3-428-09345-3

Gedruckt auf alterungsbeständigem (säurefreiem) Papier
entsprechend ISO 9706 ♾

"Was wir in Lehrbüchern, Kommentaren, Monographien über den Nießbrauch finden, ist zu einem sehr beträchtlichen Teile gegenstandslos und überflüssig, während die für das Leben wirklich wichtigen Dinge durchweg zu kurz kommen. (...)

Wie mir scheint, wird sich für die meisten Gebiete des Privatrechts der gleiche Nachweis führen lassen. (...)

Nur die Erforschung der Rechtswirklichkeiten kann dazu verhelfen, den ungeheuren Ballast, den die dogmatische Rechtslehre mit sich führt, endlich als solchen zu erkennen und seinem verdienten Schicksal zu überliefern."

Arthur Nußbaum
(Das Nießbrauchsrecht des BGB, 1919, Vorwort)

"Wer nur ein Nationalökonom ist, kann kein guter Nationalökonom sein. Viel mehr als bei den Naturwissenschaften trifft es bei den Sozialwissenschaften zu, daß kaum ein konkretes Problem von einem der Spezialfächer allein beantwortet werden kann."

Friedrich August von Hayek
(FAZ Nr. 40 v. 16.2.1963, 5)

Vorwort

Die vorliegende Untersuchung wurde im Juni 1997 von der Juristischen Fakultät der Humboldt-Universität zu Berlin als Dissertation angenommen. Anschließend nochmals aktualisiert, befindet sie sich nun auf dem Stand vom November 1997.

Meinem Doktorvater, Herrn Prof. Dr. Johann Adrian, danke ich sehr herzlich für die freundliche und wohlmeinende Betreuung während der vergangenen Jahre. Insbesondere das ausführliche Abschlußgespräch war mir eine wertvolle Hilfe und hat mich vor manchem Irrtum und Fehler bewahrt. Danken möchte ich auch Herrn Prof. Dr. Hans-Peter Schwintowski für die Übernahme und zügige Erstellung des Zweitgutachtens sowie dem Bundesministerium für Umwelt, Naturschutz und Reaktorsicherheit für die Gewährung eines großzügigen Druckkostenzuschusses.

Verschiedene Freunde haben die Arbeit in einer früheren Fassung auszugsweise gelesen und mit wichtigen Korrekturhinweisen versehen: Adrian Fikentscher, Benedikt Haas, Birgit Kalkbrenner und Gabriele Rees. Ihnen allen sei für diesen Freundschaftsdienst herzlich gedankt. Besonderen Dank sage ich meinem alten Freund Marcus Wohlleben für seine unbestechliche Kritik und vorbildliche Korrekturleistung.

Mein Dank gilt auch meinen Eltern, die mir Ausbildung und Dissertation überhaupt erst ermöglicht und die - wiederholt verschobene - Fertigstellung dieser Arbeit mit zunehmender Gelassenheit begleitet haben.

Den größten Dank schulde ich meiner Freundin Christine Ferschl, die nicht nur die Mühsal einer kompletten Textkorrektur auf sich nahm, sondern als stets gegenwärtige und geduldige Gesprächspartnerin maßgeblich zum Gelingen der Arbeit beigetragen hat. Zugleich hat sie an herausragender Stelle aber auch die Schattenseiten dieser Lehrjahre erleben und vor allem in zeitlicher Hinsicht zu viele Entbehrungen hinnehmen müssen. Ihr ist diese Arbeit zum Dank gewidmet.

München, im Dezember 1998 *Henning Hartwig*

Inhaltsübersicht

Inhaltsverzeichnis

Fünfter Teil

Das Verbot einer Privilegierung umweltbezogener Werbung - Grenze der Förderung einer ökologischen Wirtschaftsweise (§ 3 UWG) 269

Abkürzungsverzeichnis

a.A.	anderer Ansicht
a.a.O.	am angegebenen Ort
abl.	ablehnend
Abl.EG	Amtsblatt der Europäischen Gemeinschaften
Abs.	Absatz
AcP	Archiv für die civilistische Praxis (Zeitschrift)
AfP	Archiv für Presserecht (Zeitschrift)
AG	Die Aktiengesellschaft (Zeitschrift)
allg.	allgemein
a.M.	allgemeine Meinung
AO	Abgabenordnung v. 16.3.1976
APuZ	Aus Politik und Zeitgeschichte (Beilage zur Wochenzeitung „Das Parlament“)
Arbeitsmed. Sozialmed. Umweltmed.	Arbeitsmedizin Sozialmedizin Umweltmedizin (Zeitschrift)
Art.	Artikel
AtG	Gesetz über die friedliche Verwendung der Kernenergie und den Schutz gegen ihre Gefahren in der Fassung der Bekanntmachung v. 15.7.1985
Aufl.	Auflage
BB	Betriebs-Berater (Zeitschrift)
Bd.	Band
Beschl.	Beschluß
BGB	Bürgerliches Gesetzbuch v. 18.8.1896
BGBl.	Bundesgesetzblatt
BGH	Bundesgerichtshof
BGHZ	Amtliche Sammlung der Entscheidungen des Bundesgerichtshofs in Zivilsachen

bes.	besonders
BT-Drs.	Verhandlungen des Deutschen Bundestages (Drucksachen)
BV	Verfassung des Freistaates Bayern v. 2.12.1946
BVerfG	Bundesverfassungsgericht
BVerfGE	Amtliche Sammlung der Entscheidungen des Bundesverfassungsgerichts
BVerwG	Bundesverwaltungsgericht
bzw.	beziehungsweise
DB	Der Betrieb (Zeitschrift)
dass.	dasselbe
ders.	derselbe
dies.	dieselbe
d.h.	das heißt
Diss.	Dissertation
DJT	Deutscher Juristentag
DÖV	Die öffentliche Verwaltung (Zeitschrift)
DSD	*Duales System Deutschland* Gesellschaft für Abfallvermeidung und Sekundärrohstoffgewinnung mbH, Köln
DVBl.	Deutsches Verwaltungsblatt (Zeitschrift)
DZWir	Deutsche Zeitschrift für Wirtschaftsrecht
Ecolex	Fachzeitschrift für Wirtschaftsrecht
Einl.	Einleitung
EuZW	Europäische Zeitschrift für Wirtschaftsrecht
EWiR	Entscheidungen zum Wirtschaftsrecht
EWS	Europäisches Wirtschafts- und Steuerrecht (Zeitschrift)
FAZ	Frankfurter Allgemeine Zeitung
(f)f.	(fort)folgende
Fn.	Fußnote
FS	Festschrift
GfK	Jahrbuch der Absatz- und Verbrauchsforschung (Hrsg.: *Gesellschaft für Konsum-, Markt- und Absatzforschung* AG, Nürnberg)
GG	Grundgesetz für die Bundesrepublik Deutschland v. 23.5.1949

GjS	Gesetz über die Verbreitung jugendgefährdender Schriften in der Fassung der Bekanntmachung v. 12.7.1985
GRUR	Gewerblicher Rechtsschutz und Urheberrecht (Zeitschrift)
GRUR Int.	GRUR Internationaler Teil (Zeitschrift)
GWB	Gesetz gegen Wettbewerbsbeschränkungen in der Fassung der Bekanntmachung v. 20.2.1990
h.M.	herrschende Meinung
Hrsg.	Herausgeber
JA	Juristische Arbeitsblätter (Zeitschrift)
Jura	Juristische Ausbildung (Zeitschrift)
JZ	Juristenzeitung
Kap.	Kapitel
KG	Kammergericht
KJ	Kritische Justiz (Zeitschrift)
KunstUrhG	Gesetz betreffend das Urheberrecht an Werken der bildenden Künste und der Photographie v. 9.1.1907, aufgehoben durch § 141 Nr. 5 Urheberrechtsgesetz v. 9.9.1965 (BGBl. I, 1273), soweit es nicht den Schutz von Bildnissen betrifft
LG	Landgericht
LM	Nachschlagewerk des Bundesgerichtshofs in Zivilsachen (Hrsg.: *Lindenmaier, Möhring* u.a.)
LMBG	Gesetz über den Verkehr mit Lebensmitteln, Tabakerzeugnissen, kosmetischen Mitteln und sonstigen Bedarfsgegenständen in der Fassung der Bekanntmachung v. 8.7.1993
LRE	Sammlung lebensmittelrechtlicher Entscheidungen
MA	Markenartikel (Zeitschrift)
m.a.N.	mit ausführlichen Nachweisen
MD	Magazin Dienst (Hrsg.: *Verband Sozialer Wettbewerb* e.V., Berlin)
MDR	Monatsschrift für Deutsches Recht
m.w.N.	mit weiteren Nachweisen
NF	Neue Folge
NJW	Neue Juristische Wochenschrift
NJWE-WettbR	NJW-Entscheidungsdienst Wettbewerbsrecht
NJW-RR	NJW-Rechtsprechungs-Report Zivilrecht

NuR	Natur und Recht (Zeitschrift)
NVwZ	Neue Zeitschrift für Verwaltungsrecht
ÖJZ	Österreichische Juristen-Zeitung
ÖPNV	Öffentlicher Personennahverkehr
o.J.	ohne Jahresangabe
OLG	Oberlandesgericht
o.V.	ohne Verfasserangabe
RabelsZ	*Rabels* Zeitschrift für ausländisches und internationales Privatrecht
RAL	*Deutsches Institut für Gütesicherung und Kennzeichnung* e.V., Bonn (vormals: Reichsausschuß für Lieferbedingungen und Gütesicherung)
Rd.	Randnummer
RdE	Recht der Energiewirtschaft (Zeitschrift)
RIW	Recht der Internationalen Wirtschaft (Zeitschrift)
Rspr.	Rechtsprechung
RTh	Rechtstheorie (Zeitschrift)
RWW	Rechtsfragen in Wettbewerb und Werbung
S.	Satz
s.a.	siehe auch
SAT.1	*Satelliten Fernsehen* GmbH, Berlin
s.o.	siehe oben
sog.	sogenannte(r)
Sp.	Spalte
st.	ständig
StabG	Gesetz zur Förderung der Stabilität und des Wachstums der Wirtschaft v. 8.6.1967
StGB	Strafgesetzbuch in der Fassung der Bekanntmachung v. 10.3.1987
s.u.	siehe unten
SZ	Süddeutsche Zeitung
TabKTHmV	Verordnung über die Kennzeichnung von Tabakerzeugnissen und über Höchstmengen von Teer im Zigarettenrauch v. 29.10.1991

taz	Die Tageszeitung
Tz.	Textziffer
u.a.	unter anderem
UAG	Gesetz zur Ausführung der Verordnung (EWG) Nr. 1836/93 des Rates v. 29.6.1993 über die freiwillige Beteiligung gewerblicher Unternehmen an einem Gemeinschaftssystem für das Umweltmanagement und die Umweltbetriebsprüfung (Umweltauditgesetz) v. 7.12.1995
UmweltHG	Umwelthaftungsgesetz v. 10.12.1990
UPR	Umwelt- und Planungsrecht (Zeitschrift)
Urt.	Urteil
u.U.	unter Umständen
UVPG	Gesetz über die Umweltverträglichkeitsprüfung v. 12.2.1990
UWF	UmweltWirtschaftsForum (Zeitschrift)
UWG	Gesetz gegen den unlauteren Wettbewerb v. 7.6.1909
v.a.	vor allem
VerpackV	Verordnung über die Vermeidung von Verpackungsabfällen v. 12.6.1991
VG	Verwaltungsgericht
vgl.	vergleiche
VO	Verordnung
VuR	Verbraucher und Recht (Zeitschrift)
VVDStRL	Veröffentlichungen der Vereinigung der Deutschen Staatsrechtslehrer
WHG	Gesetz zur Ordnung des Wasserhaushalts in der Fassung der Bekanntmachung v. 23.9.1986
WiB	Wirtschaftsrechtliche Beratung (Zeitschrift)
WiSt	Wirtschaftswissenschaftliches Studium (Zeitschrift)
WM	Wertpapiermitteilungen (Zeitschrift)
WRMG	Gesetz über die Umweltverträglichkeit von Wasch- und Reinigungsmitteln in der Fassung der Bekanntmachung v. 5.3.1987
WRP	Wettbewerb in Recht und Praxis (Zeitschrift)
WuB	Entscheidungssammlung zum Wirtschafts- und Bankrecht
WuW	Wirtschaft und Wettbewerb (Zeitschrift)
z.B.	zum Beispiel

ZfS	Zeitschrift für Soziologie
ZfU	Zeitschrift für Umweltpolitik und Umweltrecht
ZHR	Zeitschrift für das gesamte Handelsrecht und Wirtschaftsrecht
ZIP	Zeitschrift für Wirtschaftsrecht
ZLR	Zeitschrift für das gesamte Lebensmittelrecht
ZParl	Zeitschrift für Parlamentsfragen
ZRP	Zeitschrift für Rechtspolitik
ZugabeVO	Verordnung des Reichspräsidenten zum Schutze der Wirtschaft. Erster Teil: Zugabewesen v. 9.3.1932
zugl.	zugleich
ZUM	Zeitschrift für Urheber- und Medienrecht
ZUR	Zeitschrift für Umweltrecht
zust.	zustimmend

Im übrigen erfolgten die Abkürzungen nach *Kirchner*, Abkürzungsverzeichnis der Rechtssprache, 4. Aufl., Berlin - New York 1993.

Einleitung

Die vorliegende Arbeit nähert sich dem Verhältnis von Werbung und Umwelt unter wettbewerbsrechtlichen Gesichtspunkten, der maßgebliche Prüfungsmaßstab ist insoweit derjenige der §§ 1 und 3 UWG. Um der Geschlossenheit der Untersuchung und der Übersichtlichkeit der Materie willen bleiben Vorschriften des Lebensmittelrechts[1] und des europäischen Wettbewerbsrechts[2] ebenso unberücksichtigt wie weitergehende Überlegungen de lege ferenda[3].

Die Untersuchung stellt die Frage nach einem *möglichen Beitrag des Wettbewerbsrechts zur Unterstützung eines umweltfreundlichen Wirtschaftsprozesses*. Die Diskussion dieser Frage wurde unter dem Stichwort einer "ökologischen Ausrichtung des Konsumtions- und Produktionsprozesses" durch das Wettbewerbsrecht von Keßler[4] eröffnet. Mittlerweile wird die Debatte um

---

[1] *Zum LMBG*: *Langguth*, Die Werbung mit "Natur", "Bio" und "Vollwert" bei Lebensmitteln unter Berücksichtigung der Irreführungsverbote des § 17 LMBG, ZLR 1989, 14 ff.; *Federhoff-Rink*, Umweltschutz und Wettbewerbsrecht, 1994, 197 ff.; *Füger*, Umweltbezogene Werbung, 1993, 90 ff.

[2] *Zum Verhältnis von EG-Recht und LMBG*: *Schüler*, "Bio"-Lebensmittel - Der neue EWG-Verordnungsentwurf, EuZW 1990, 279 ff.; *Langguth*, Die EG "Bio"-Verordnung, ZLR 1991, 573 ff.; *Cordes*, Umweltwerbung, 1994, 116 ff.; *Leible*, Lebensmittelwerbung mit naturbezogenen Angaben, WRP 1997, 403 ff.; *Ring*, Kurzkommentar zu BGH, Urt. v. 17.10.1996 - I ZR 159/94, EWiR § 1 UWG 4/97, 423 f.; KG WRP 1994, 826, 832 f. - NATURKIND; BGH WRP 1997, 302 - Naturkind. - *Zum Verhältnis von EG-Recht und UWG*: *Wiebe*, EG-rechtliche Grenzen des deutschen Wettbewerbsrechts am Beispiel der Umweltwerbung, EuZW 1994, 41 ff.; *Micklitz*, Umweltwerbung im Binnenmarkt, WRP 1995, 1014 ff. - *Zur Rechtslage in den verschiedenen EU-Staaten*: *Schotthöfer* (Hrsg.), Handbuch des Werberechts in den EU-Staaten, 1997, passim; *Cordes*, a.a.O., 163 ff.

[3] *Zu Vorschlägen de lege ferenda* vgl. den abgelehnten Gesetzentwurf der Fraktion DIE GRÜNEN v. 3.11.1987 zur Regelung der Anwendung der Begriffe "bio", "biologisch", "öko" und "ökologisch" zur Kennzeichnung von Lebensmitteln im Handel, BT-Drs. XI/1039, 1 ff.; Antwort der Bundesregierung vom 21.06.1988 auf die Kleine Anfrage von Abgeordneten des Deutschen Bundestages zum Thema "Konsum und Umwelt", BT-Drs. XI/2527, 19; *Gramm*, Prävention durch staatliche Information, ZRP 1990, 183, 188 f.; *Füger*, a.a.O., 107 f.; *Lappe*, Die wettbewerbsrechtliche Beurteilung der Umweltwerbung, 1995, 156 ff.

[4] *Keßler*, Die umweltbezogene Aussage in der Produktwerbung - dogmatische und wettbewerbstheoretische Aspekte des Irreführungsverbots, WRP 1988, 714 ff., bes. 721. - Ihm folgend: *Falke*, Werbung mit Umweltschutz. Ist der "Umweltengel" abgestürzt?, VuR 1989, 94, 99 f. - Dagegen etwa *Köhler*, Der gerupfte Umweltengel oder

einen möglichen umweltpolitischen Beitrag des Wettbewerbsrechts unter zwei Gesichtspunkten geführt: Der eine Aspekt ist der einer "ökologischen Instrumentalisierbarkeit des Wettbewerbsrechts"[5], der andere der einer unerwünschten "ökologischen Kontraproduktivität des Wettbewerbsrechts"[6]. Nicht der lauterkeitsrechtlichen Begründung eines Verbots umweltschädlicher Produkte und Dienstleistungen gilt damit das Interesse dieser Arbeit[7], sondern den Möglichkeiten einer lauterkeitsrechtlichen Begründung der Förderung umweltfreundlicher Produkte und Dienstleistungen.

Dabei kann eine solche Förderung allenfalls eine mittelbare sein, in Gestalt einer *Förderung von Werbung für umweltfreundliche Produkte und Dienstleistungen durch Induktion einer entsprechenden Nachfrageänderung*[8]. Werbung dient ihrer Funktion nach der Präsentation eines Produktionsergebnisses, sie ist (auch) Abbild des vorgelagerten Produktionsprozesses. Über das Verbot bzw. die Zulassung von Werbung wird auf diesen Prozeß Einfluß genommen.

Die wettbewerbsrechtlichen Grenzen der umweltbezogenen Produktwerbung, in: *Breuer/Kloepfer/Marburger/Schröder* (Hrsg.), Jahrbuch des Umwelt- und Technikrechts 1990, 343, 362.

[5] Vgl. etwa: *Kloepfer*, Unlauterkeitsrecht und Umweltschutz, in: *Storm/Schenkel* (Hrsg.), Umwelt: Politik, Technik, Recht. *Heinrich von Lersner* zum 60. Geburtstag, 1990, 181 ff., bes. 193 f.; *Brandner*, Beiträge des Wettbewerbsrechts zum Schutz der Umwelt, in: *Erdmann/Mees/Piper/Teplitzky* (Hrsg.), FS für *Otto-Friedrich Freiherr von Gamm*, 1990, 27 ff.; *Lindacher*, Anmerkung zu OLG Köln, Urt. v. 21.2.1992 - 6 U 100/91, JZ 1993, 101; *Wiebe*, Zur "ökologischen Relevanz" des Wettbewerbsrechts - Lauterkeitsrechtliche Grenzen der Umweltwerbung, WRP 1993, 798 ff.; *Lappe*, Zur ökologischen Instrumentalisierbarkeit des Wettbewerbsrechts, WRP 1995, 170 ff.; Großkomm./*Lindacher*, § 3 UWG Rd. 709; OLG Frankfurt am Main NJW-RR 1994, 676, 677 - Werbung mit Umweltfreundlichkeit.

[6] Siehe z.B.: Großkomm./*Lindacher*, § 3 UWG Rd. 707; *Ebert-Weidenfeller*, Fahrtkostenerstattungen: Verkehrspolitik im Unternehmensinteresse versus Wettbewerbsrecht?, GRUR 1992, 94, 100; *Graf Lambsdorff/Jäger*, Die individuelle Verantwortlichkeit in der umweltbezogenen Werbung, BB 1992, 2297, 2298; *Lindacher*, a.a.O. (Fn. 5), 102; *ders.*, Kurzkommentar zu OLG Frankfurt am Main, Urt. v. 30.9.1993 - 6 U 14/93, EWiR § 3 UWG 1/94, 189, 190.

[7] Von verschiedenen Seiten ist der Versuch unternommen worden, das Wettbewerbsrecht dergestalt in die Aufgabe des Umweltschutzes einzubinden, daß man den Vorwurf der Sittenwidrigkeit aufgrund vorangegangenen *Rechtsbruchs* (§ 1 UWG) auch auf solche Wettbewerbshandlungen (Produktion, Distribution) erstreckt, die einen Verstoß gegen Umweltschutznormen zum Gegenstand haben. - Dazu: *Brandner/Michael*, Wettbewerbsrechtliche Verfolgung von Umweltrechtsverstößen, NJW 1992, 278 ff.; *von Wallenberg*, Umweltschutz und Wettbewerb, 1980, 248 ff.; *Friedrich*, Umweltschutz und Wettbewerbsrecht, WRP 1988, 641 ff.; *Kloepfer*, a.a.O. (Fn. 5), 182 ff.; *Lappe*, a.a.O. (Fn. 5), 177 ff.; *Cordes*, a.a.O., 75 ff.; OLG Köln BB 1993, 1387 - Vertrieb von Produkten bei vorschriftswidriger Nutzung genehmigungspflichtiger Anlagen.

[8] So Großkomm./*Lindacher*, § 3 UWG Rd. 709. - Ihm folgend: OLG Frankfurt am Main NJW-RR 1994, 676, 677 - Werbung mit Umweltfreundlichkeit.

Was nicht - oder nur eingeschränkt - beworben werden darf, entzieht sich der Kenntnisnahme der Marktteilnehmer und damit dem Marktgeschehen, was von Rechts wegen angepriesen werden darf, hat Aussicht, vom Markt entdeckt, nachgefragt und aufgenommen zu werden. So besehen wirkt das - hierzulande häufig geforderte und ausgesprochene - wettbewerbsrechtliche Verbot umweltbezogener Produkt- und Unternehmenswerbung auf der Grundlage der §§ 1 und 3 UWG einer Förderung von umweltorientierten Produkten, Dienstleistungen, Unternehmenskonzepten, Unterstützungsangeboten, Sponsoringmaßnahmen etc. geradewegs entgegen; *seine Begründung ist eine ökologisch kontraproduktive*[9].

Das Anliegen dieser Darstellung ist der Versuch einer Auslegung wettbewerbsrechtlicher Normen unter dem besonderen, wenn auch nicht ausschließlichen Gesichtspunkt einer mittelbaren Einflußnahme von Werbung auf die Förderung umweltfreundlicher Produkte und Dienstleistungen. Es fragt sich, inwieweit das deutsche Wettbewerbsrecht nicht nur imstande, sondern sogar *verpflichtet* ist, im Rahmen der lauterkeitsrechtlichen Bewertung umweltbezogener Werbung das Kriterium einer ökologischen Ausrichtung des Wirtschaftsprozesses zu berücksichtigen und in das Unwerturteil mit aufzunehmen: Ist die ökologische Ausrichtung des Produktions- und Konsumtionsprozesses Bestandteil des sog. "Leistungswettbewerbs"? Kann man die Frage nach der Lauterkeit von Werbung zugleich als eine Frage nach der ökologischen Sinnhaftigkeit von Werbung verstehen, nach dem Motto: "Was bringt Werbung für den Wettbewerb - und was für die Umwelt"[10]? Ist es Aufgabe des Wettbewerbsrechts, Produktion, Vertrieb und Verbrauch - und damit den Wettbewerb als solchen - in einer ökologisch orientierten Weise zu steuern?

Angesichts solcher Fragen ergeben sich Bedenken, ob das Institut des Lauterkeitsrechts und die Institution der Werbung nicht als ein Instrument der Förderung, ja der Erziehung des Marktes im Hinblick auf eine umweltfreundliche Produktions- und Konsumtionsweise mißverstanden zu werden drohen. Widerspricht ein ergebnisorientierter Untersuchungsansatz wie der hier gewählte nicht der Vorstellung vom Wettbewerb als einem im Hinblick auf das konkrete Ergebnis offenen "Entdeckungsverfahren"[11]? Köhler meint, es sei

---

[9] Vgl. auch *Lindacher*, Umweltschutz in der Werbung - lauterkeitsrechtliche Probleme, in: *Marburger/Reinhardt/Schröder* (Hrsg.), Umweltschutz und Wettbewerb, 1997, 67, 71.

[10] *Heisig*, Umweltprobleme - Gift für die Werbung?, MA 1987, 8, 11, stellt für die sog. "Öko-Werbung" den Grundsatz auf, diese müsse "die Stabilität des Öko-Systems sichern helfen."

[11] Vgl. *von Hayek*, Der Wettbewerb als Entdeckungsverfahren, 1968.

"(...) nicht die Aufgabe des Wettbewerbsrechts, den Wettbewerbsprozeß materiell zu steuern, etwa für mehr Umweltschutz im Produktions- und Konsumtionsprozeß zu sorgen."[12]

Der BGH spricht im Zusammenhang mit der "wahrheitsgemäßen Anknüpfung der Werbung an Fragen des Umweltschutzes" von "grundsätzlichen Bedenken"[13]. Nicht alles, was Umweltschutzzwecken diene, so Piper, könne wettbewerbsrechtlich allein schon aus diesem Grunde hingenommen werden[14]. Kloepfer formuliert pointiert: "Das Unlauterkeitsrecht ist in erster Linie ein Instrument der Lauterkeitswacht und nicht des Umweltschutzes."[15] Indes, aus welchen Gründen hat der BGH "grundsätzliche Bedenken" gegen eine - wahrheitsgemäße - Anknüpfung der Werbung an Fragen des Umweltschutzes[16]? Kann die werbliche Bezugnahme auf Aspekte des Umweltschutzes nicht prinzipiell als typischer Ausdruck eines an Qualität und Service orientierten Leistungswettbewerbs verstanden werden? Nach traditionellem Verständnis sorgt sich das Lauterkeitsrecht um die diversen wettbewerbsrelevanten - also: *wirtschaftlichen* - Interessen[17]. Andererseits wird Umwelt herkömmlicherweise als ein dem Marktgeschehen grundsätzlich entzogener - *außerökonomischer* - Bereich verstanden. Das Verhältnis von Werbung und Umwelt ist damit auf zwei unterschiedlichen Ebenen angesiedelt. Diese Arbeit macht sich auf die Suche nach einer *normativen Verknüpfung beider Ebenen*[18]:

Seit längerer Zeit greift das Bemühen Raum, Regelungs- und Vollzugsdefiziten auf dem Gebiet des Umweltschutzes dadurch zu begegnen, daß man das bestehende rechtliche Instrumentarium nicht weiter nur aus dem Gebiet des öffentlichen Rechts bezieht, sondern neben dem Strafrecht (vgl. die §§ 324 ff. StGB) insbesondere auch das Zivilrecht in den Umweltschutz zu integrieren sucht[19]. Kloepfer hat in diesem Zusammenhang an die verschiedenen Funktionen des Privatrechts und namentlich des Deliktsrechts erinnert:

---

[12] *Köhler*, a.a.O., 362. - Vgl. auch die Stellungnahme des *Deutschen Werberats*, MA 1987, 12.

[13] BGHZ 112, 311, 315 - Biowerbung mit Fahrpreiserstattung.

[14] *Piper*, Fahrpreiserstattung und Kundenbeförderung als Werbemittel, GRUR 1993, 276 f.

[15] *Kloepfer*, a.a.O. (Fn. 5), 194. - Gleichsinnig *Brandner*, a.a.O., 27 f.

[16] So *Klaas*, Kurzkommentar zu BGH, Urt. v. 18.10.1990 - I ZR 113/89, EWiR § 1 UWG 1/91, 87, 88.

[17] *Baumbach/Hefermehl*, Wettbewerbsrecht, 1996, Einl UWG Rd. 76 ff.; *Lappe*, a.a.O. (Fn. 3), 180.

[18] *Fezer*, Umweltwerbung mit unternehmerischen Investitionen in den Nahverkehr, JZ 1992, 443, 447, stellt die Frage, "(...) inwieweit ethische, moralische, sozialpolitische, ökonomische und ökologische, kurz: öffentliche Interessen in die wettbewerbsrechtliche Unrechtswertung Eingang finden."

[19] Dabei ist man sich allerdings weitgehend einig, daß eine ökologisch *unmittelbar* präventive Wirkung allenfalls von zivilrechtlichen Abwehr- und Unterlassungsansprü-

"Privatrechtsnormen (...) bilden (...) zugleich ein Instrument indirekter staatlicher Steuerung. (...) Die Schadensersatzpflichten sind nicht nur ein Instrument des Ausgleichs bereits eingetretener Schädigungen; indem sie das Risiko bei umweltgefährdenden Verhaltensweisen verschärfen, sind sie zugleich ein 'Erziehungsmittel' des Staates und ein Beitrag zur Schadensprophylaxe."[20]

Zumindest § 1 UWG gewährt neben dem Unterlassungs- auch einen Schadensersatzanspruch, ist insofern also prinzipiell und funktionell geeignet, hinsichtlich seiner ökologischen Instrumentalisierbarkeit, genauer: eines *Beitrages zur ökologischen Schadensprophylaxe* überprüft zu werden. So wird der Vorwurf der Sittenwidrigkeit aufgrund vorangegangenen Rechtsbruchs auch auf solche Wettbewerbshandlungen ausgedehnt, die einen Verstoß gegen Vorschriften des Umweltschutzes zum Gegenstand haben[21]. Für die Prüfung einer ökologischen Instrumentalisierbarkeit des Lauterkeitsrechts streitet aber vor allem die Tatsache, daß die §§ 1 und 3 UWG Unterlassungsansprüche begründen. Während die Gewährung dieser Ansprüche in Gestalt eines Verbotes umweltbezogener Werbung ökologisch kontraproduktiv wirkt, kommt der Versagung dieser Ansprüche - der Zulassung umweltbezogener Werbung - eine *ökologisch mittelbar präventive* Wirkung zu[22]: Die Zulässigkeit umweltbezogener Werbung ist für den Produzenten[23] positiver ökonomischer Anreiz, seine Produktions- und Distributionsweise ökologisch auszurichten.

---

chen (etwa aufgrund der §§ 906 und 1004 BGB) ausgehen kann, vgl. *Kloepfer*, Zur Rechtsumbildung durch Umweltschutz, 1991, 5; *Gerlach*, Privatrecht und Umweltschutz im System des Umweltrechts, 1989, 14; *Medicus*, Umweltschutz als Aufgabe des Zivilrechts - aus zivilrechtlicher Sicht, NuR 1990, 145, 150. Das zivilrechtliche Schadensersatz- und Haftungssystem hingegen - man denke etwa an § 823 BGB, § 22 WHG, §§ 25 ff. AtG, §§ 1 ff. UmweltHG - dient in erster Linie dem Ausgleich bereits eingetretener Umweltschäden, und nur durch seine Abschreckungswirkung, also *mittelbar*, der Prävention, *Lehmann*, Umwelthaftungsrecht: Ein Beitrag zur Internalisierung von negativen externen Effekten, in: *Schulz* (Hrsg.), Ökologie und Recht, 1991, 81, 85; *Kloepfer*, ebenda; *Taupitz*, Das Umwelthaftungsgesetz als Zwischenschritt auf dem Weg zu einem effektiven Umwelthaftungsrecht, Jura 1992, 113, 114, bes. 118 f.; allgemein zum Vergleich der Wirksamkeit präventiver Maßnahmen nach dem öffentlichen und privaten Umweltrecht *Gerlach*, a.a.O., 49 f., 66 f. - Beiden Anspruchstypen ist gemein, daß sie ausschließlich auf den Schutz des Privaten vor Belastungen "aus der Umwelt" zielen und nicht etwa auf einen eigenständigen Schutz der Umwelt; ein solcher Schutz der Umwelt vor Schäden und Belastungen ergibt sich allenfalls "reflexartig", so *Medicus*, Zivilrecht und Umweltschutz, JZ 1986, 778. - Zust.: *Kloepfer*, Umweltrecht, 1989, § 4 Rd. 292 m.w.N.; s.a. *Taupitz*, a.a.O., 115, 118; *Marburger*, Ausbau des Individualschutzes gegen Umweltbelastungen als Aufgabe des bürgerlichen und des öffentlichen Rechts, in: Verhandlungen des 56. Deutschen Juristentages Berlin 1986, Bd. I (Gutachten) Teil C, 1986, C 9 ff.

[20] *Kloepfer*, Umweltrecht, 1989, § 4 Rd. 293.

[21] Vgl. insoweit bereits oben Fn. 7.

[22] Gleichsinnig *Kloepfer*, a.a.O. (Fn. 5), 193.

[23] Unabhängig davon, ob dieser mit dem Werbenden identisch ist oder nicht.

Die Vernünftigkeit ökologisch orientierter Prävention liegt auf der Hand. Läßt sie sich aber ohne weiteres in den Prozeß der Auslegung beider wettbewerbsrechtlicher Generalklauseln integrieren? Was vom Ergebnis her möglich ist - ökologische Instrumentalisierung einerseits, Vermeidung ökologischer Kontraproduktivität andererseits - und was sich wettbewerbsrechtlich begründen läßt, ist zweierlei. Die für das lauterkeitsrechtliche Unwerturteil maßgebenden Vorschriften der §§ 1 und 3 UWG eröffnen dem Richter einen ungewöhnlich weiten Beurteilungsspielraum. Das Wettbewerbsrecht verkörpert seit jeher ein Rechtsgebiet, das mit seinen beiden Generalklauseln in besonderem Maße der richterlichen Auslegung und Rechtsfortbildung geöffnet ist. Gerade unter teleologischen Aspekten bietet sich eine Überprüfung und Systematisierung umweltbezogener Werbung mit Blick auf ihren möglichen Beitrag zur Unterstützung eines umweltorientierten Wirtschaftsprozesses förmlich an.

Eine grundsätzliche Beschäftigung mit den tatsächlichen und rechtlichen Aspekten umweltbezogener Werbung sucht man in der einschlägigen Rspr. und Literatur weitgehend vergeblich. Innerhalb der letzten zehn Jahre wurden fast 140 Entscheidungen zur Problematik der Umweltwerbung veröffentlicht, viele von ihnen erst in jüngerer Zeit[24]. An der hohen Zahl neuerer Entscheidungen läßt sich unschwer die steigende tatsächliche Bedeutung und Aktualität dieser werblichen Erscheinungsform ablesen. Zugleich aber ist diese Zahl auch ein Indiz für die nicht ganz von der Hand zu weisenden Schwierigkeiten der Gerichte, eine sachverhaltsübergreifende allgemeine Lösung zu entwikkeln. Daß zur sog. "umweltbezogenen Produktwerbung" bereits etwa siebzig - teils widersprüchliche, teils unterschiedlich strenge[25] - oberlandesgerichtliche Judikate vorliegen, wirft die Frage nach Rechtseinheitlichkeit auf und deutet auf eine eventuelle Vernachlässigung dogmatischer Betrachtungen hin. Insgesamt überwiegt die Ansicht, die die umweltbezogene Werbung per se in wenige, scheinbar einschlägige tatsächliche Fallgruppen (z.B. die der "gefühlsbetonten" oder "suggestiven" Werbung) einordnen und auf dieser Grundlage nach betont strengen normativen Maßstäben beurteilen (sprich: regelmäßig untersagen) will.

Der skizzierte Status quo zwingt die vorliegende Arbeit zu zwei voneinander unabhängigen Untersuchungsschritten. In einem *ersten Schritt* geht es um den Nachweis, daß die weitgehende Unzulässigkeitserklärung umweltbezogener Werbung seitens der h.M. bereits aus rechtstatsächlichen Erwägungen nicht zu begründen ist. Dieser Schritt ist nicht Teil der eigenen Lösung, son-

---

[24] Siehe dazu unten Anhang I: Entscheidungsregister.

[25] Während das OLG Köln zu eine ausgesprochen restriktiven Beurteilung umweltbezogener Produktwerbung neigt - vgl. z.B. WRP 1993, 191 - ASBESTFREI/INNOVATIV oder GRUR 1993, 690 - ... recyclingfähig -, lassen das OLG Karlsruhe (WRP 1993, 122 - ein bißchen umweltfreundlicher) und das OLG Stuttgart (WRP 1994, 339 - Werbung mit Umweltfreundlichkeit) einen gewissen Spielraum erkennen.

dern als *Antwort auf die Kritik an der Umweltwerbung* zu verstehen, als ein umfassender Gegenentwurf zum traditionellen rechtstatsächlichen Verständnis der Umweltwerbung. Tiefe und Breite dieser Antikritik haben sich an der bestehenden Diskussion auszurichten. Mit Abschluß des ersten Schritts ist Raum geschaffen für den zweiten Schritt, aus dem wohlbegründeten Bruch mit der Tradition erst leitet sich das Recht einer Argumentation zugunsten einer - überwiegenden - Zulässigkeit der Umweltwerbung ab: Mit dem *zweiten Schritt* wird der rechtstatsächliche Bereich verlassen und der normative betreten, dem Nachweis einer nicht zu rechtfertigenden pauschalen Unzulässigkeitserklärung umweltbezogener Werbung folgt der Versuch einer grundlegenden *normativen, namentlich teleologischen Beweisführung* zugunsten einer weitgehenden Zulässigkeit der Umweltwerbung. Dieser Versuch orientiert sich an den verschiedenen rechtstatsächlichen Fallgruppen, trägt den diversen tatsächlichen Aspekten der Umweltwerbung auch in normativer Hinsicht Rechnung. Der *Untersuchungsverlauf* ist wie folgt gegliedert:

Der *Erste Teil* dient einer wettbewerbsrechtlichen Standortbestimmung. Hierzu wird ein Blick auf das traditionelle rechtstatsächliche Verständnis umweltbezogener Werbung eröffnet. Da die rechtstatsächliche Qualifizierung von Werbung immer zugleich mit wettbewerbsrechtlichen Konsequenzen verbunden ist - man denke nur an die Etablierung des sog. "Sachlichkeitsgrundsatzes" -, kommt der Rechtstatsachenermittlung entscheidende normative Bedeutung zu (zum eigenen Untersuchungsansatz unten *Erster Teil,* C).

Der *Zweite Teil* tritt Beweis an für die These, daß die herkömmliche weitgehende Unzulässigkeitserklärung umweltbezogener Werbeaussagen bereits aus allgemeinen rechtstatsächlichen Erwägungen nicht zu rechtfertigen ist. Eine allgemeine Antwort auf die Kritik an der Umweltwerbung verlangt nach einer Beschäftigung mit den verschiedenen Formen nichtinformativer Werbung und damit nach einer grundlegenden Strukturierung wirtschafts- und umweltbezogener Rechtstatsachen wie "Umweltbewußtsein", "Suggestion" etc.

Der *Dritte Teil* - als der besondere Teil einer Antwort auf die Kritik an der Umweltwerbung - schränkt den Blick ein und unternimmt eine konkrettypologische Einteilung umweltbezogener Werbung in vier verschiedene Fallgruppen. Das in tatsächlicher Hinsicht äußerst vielfältige Erscheinungsbild der Umweltwerbung[26] verlangt die Vermeidung einer voreiligen pauschalen rechtstatsächlichen Kategorisierung umweltbezogener Werbung. Die Arbeit verschließt sich einer tradierten Terminologie und bevorzugt statt dessen eine eigene, um gesteigerte - auch sprachliche - Präzision bemühte Begriffs- und Fallgruppenbildung.

---

[26] Zu verschiedenen Beispielen umweltbezogener Werbung vgl. unten Anhang II: Bildregister.

Mit dem *Vierten Teil* setzt die eigene teleologische Beweisführung zugunsten der Zulässigkeit umweltbezogener Werbung ein. Thema ist die Auslegung von § 1 UWG als Beitrag zur Förderung eines ökologischen Wirtschaftsprozesses. Im Mittelpunkt stehen das wettbewerbsrechtliche Aufgabenverständnis und die *Schutzzwecktauglichkeit des Leistungswettbewerbs*, Aspekte mithin, deren Diskussion die explikativ-deskriptive Hilfe der Wirtschaftswissenschaften - etwa in Bezug auf das "Knappheitsgesetz als Grundlage des wirtschaftlichen Wettbewerbs"[27] - als unverzichtbar erscheinen läßt.

Die Auslegung von § 3 UWG im Hinblick auf die Förderung eines ökologischen Wirtschaftsprozesses ist Gegenstand des *Fünften Teils*. Von Interesse ist namentlich die Frage einer "ökologischen Instrumentalisierung" der kleinen Generalklausel im Rahmen einer abschließenden Interessenabwägung und damit die Frage einer möglichen *Privilegierung umweltbezogener Werbeangaben* über den nach § 1 UWG eröffneten grundsätzlichen Zulässigkeitsrahmen hinaus.

Der *Sechste Teil* liefert eine Zusammenfassung der Untersuchungsergebnisse.

---

[27] *Fikentscher*, Wettbewerb und gewerblicher Rechtsschutz, 1958, 32.

Erster Teil

Begriff, Wesen und Kritik an der Umweltwerbung - Ausgangslage

A. Zum Begriff der Umweltwerbung in Judikatur und Literatur

Eine Annäherung an das Phänomen der Umweltwerbung soll zunächst über eine Auseinandersetzung mit der herkömmlichen Terminologie erfolgen. So ergeben sich u.U. erste Anhaltspunkte dafür, was andere bezüglich umweltbezogener Werbung in *tatsächlicher* Hinsicht für wesentlich halten. Zwei Gründe erschweren indes eine solche Auseinandersetzung. *Erstens* unterscheidet die werbetreibende Wirtschaft in ihren Aussagen selten zwischen den verschiedenen Umweltbereichen und -medien, sondern spricht oftmals nur allgemein von "Umwelt" oder "Natur", ohne gleichzeitig eine Aussage darüber zu treffen, ob hierunter der Bereich des Grundwassers, der Atmosphäre, des Thüringer Waldes oder sonst irgendein Bereich zu verstehen ist; Ausnahmen hiervon sind etwa der "Blaue Engel", die "100 % chlorfrei-Garantie" bestimmter Papierhersteller[1] oder das "Kompost"-Gütezeichen[2]. *Zweitens* findet sich aber auch in der juristischen Fachwelt keine durchgängige Differenzierung und Systematisierung umweltbezogener Werbung:

I. Judikatur

Das Phänomen der Umweltwerbung hat in der Rspr. zu einer eher uneinheitlichen - und auch unscharfen - Begriffsbildung geführt. Einige Beispiele, namentlich der letzten Jahre, mögen hierfür als Nachweis genügen:

In seinen Entscheidungen spricht der BGH, je nach dem konkreten Sachverhalt, abwechselnd von "Werbung mit Umweltschutzbegriffen und -zeichen"[3], von "umweltbezogener Werbung"[4] bzw. von "umweltschutzbetonter

---

[1] Vgl. etwa die Anzeige in der FAZ Nr. 211 v. 10.9.1992, 29.

[2] Dazu FAZ Nr. 215 v. 15.9.1992, Beilage "Umwelt und Technik", 20.

[3] BGHZ 105, 277, 280 - Umweltengel.

[4] BGH GRUR 1991, 546, 547 - ... aus Altpapier.

Werbung"[5]. Das KG[6] hat sich den Formulierungen des BGH ebenso angeschlossen wie das OLG Düsseldorf[7] und das OLG Saarbrücken[8], während das OLG Frankfurt am Main in einer älteren Entscheidung noch von "Werbung (...) mit den Begriffen 'bio', 'naturgemäß', 'natürlich' und 'umweltfreundlich'" gesprochen hat[9]. In der Judikatur bisher einmalig ist die vom OLG München verwandte Bezeichnung "'Öko'-Werbung"[10].

Nicht selten beschäftigt sich die Judikatur mit der Erscheinung der umweltbezogenen Werbung, ohne diese ausdrücklich als solche zu bezeichnen. Die Gerichte neigen statt dessen zu der Übung, das tatbestandsmäßige Verhalten des Werbenden unmittelbar der - in ihren Augen - jeweils wettbewerbsrechtlich relevanten Fallgruppe zuzuordnen, also etwa der sog. "gefühlsbetonten Werbung"[11].

II. Literatur

Auch im Schriftum herrscht wenig Einigkeit, was Verwendung - und damit Inhalt - des Begriffs der Umweltwerbung betrifft. Grund hierfür ist eine oftmals unvollständige tatsächliche Erfassung des Phänomens der Umweltwerbung:

Eine Reihe von Kommentatoren beschäftigt sich entweder nur mit einem einzelnen, konkret entschiedenen Rechtsstreit[12] oder aber beschränkt ihre Arbeit auf eine zusammenfassende Untersuchung scheinbar ähnlich gelagerter Sachverhalte[13]. Andere Autoren überprüfen ihren Sachverhalt ausschließlich

---

[5] So der amtliche Titel in BGHZ 112, 311 - Biowerbung mit Fahrpreiserstattung.

[6] KG WRP 1991, 30, 31 - Schützt unsere Umwelt I (Eilverfahren).

[7] OLG Düsseldorf WRP 1992, 209 - BIO-Pack.

[8] OLG Saarbrücken WRP 1992, 510, 512 - Umweltwerbung.

[9] OLG Frankfurt am Main GRUR 1989, 358 - biologisch düngen.

[10] OLG München WRP 1990, 194, 195 - Öko-Pilsner.

[11] Beispiele sind: OLG Hamburg WRP 1988, 45 - Bäumchen-Aktion; OLG Hamburg GRUR 1989, 614 - Umweltengagement; KG WRP 1984, 607 - Gefühlsbetonte Werbung mit Umweltschutzmaßnahmen.

[12] So: *Beater*, Kurzkommentar zu BGH, Urt. v. 4.10.1990 - I ZR 39/89, EWiR § 3 UWG 3/91, 195 f.; *Nacken*, Fahrpreiserstattung, WRP 1991, 212 ff.; *Reifner*, Anmerkung zu BGH, Urt. v. 18.10.1990 - I ZR 113/89, VuR 1991, 191 f.; *Klaas*, Kurzkommentar zu BGH, Urt. v. 18.10.1990 - I ZR 113/89, EWiR § 1 UWG 1/91, 87 f.; *Wenzel*, Nochmals: Fahrpreiserstattung, WRP 1991, 545 ff.

[13] Vgl. insoweit etwa die Beiträge von *Köhler*, a.a.O., 343 ff.; *Rohnke*, Werbung mit Umweltschutz, GRUR 1988, 667 ff.; *Faylor*, Irreführung und Beweislast bei umweltbezogener Werbung, WRP 1990, 725 ff., zur *Werbung mit umweltfreundlichen Produkteigenschaften*; die Anmerkungen von *Falke*, a.a.O., 94 ff.; *Büttner*, Kurzkommen-

mit Blick auf eine einzige Vorschrift[14]. Selten wird versucht, die einzelnen werblichen Phänomene zu ordnen und einer systematischen Bewertung zuzuführen, von den einschlägigen Monographien[15] einmal abgesehen. Betrachtet man insbesondere die bereits erwähnten "Themenbereiche"[16], so ist gerade wegen der Beschränkung auf bestimmte Fallkonstellationen eine relativ ausgeprägte begriffliche Uneinheitlichkeit und Unschärfe zu konstatieren. Rohnke[17] und Reifner[18] beispielsweise sprechen beide von "Werbung mit Umweltschutz", obwohl sie zwei unterschiedliche Sachverhalte behandeln, nämlich zum einen allgemein die Werbung zugunsten umweltverträglicher Produkte, zum anderen ausschließlich das "Biowerbung mit Fahrpreiserstattung"-Urteil des BGH[19]. Auch findet man hinsichtlich ein und desselben Sachverhalts verschiedene Formulierungen: Bezüglich der genannten BGH-Entscheidung spricht Nacken von "Werbung mit Umweltargumenten"[20], Ebert-Weidenfeller von "Werbung mit einer überzogenen Betonung von Umweltschutzgesichtspunkten"[21] und von Gamm von einer "Betonung der Interessen des Umweltschutzes"[22].

III. Schlußfolgerungen

Herkömmliche Sprachregelung und Begriffsbildung sind zum Teil durchaus konsequent, in vielen Fällen läßt sich ein vorsichtiger Umgang mit dem nicht gerade eindeutigen Begriff "Umweltwerbung" beobachten. Wenn im folgenden versucht wird, den fraglichen Begriff weiter zu fassen und möglichst alle

tar zu BGH, Urt. v. 20.10.1988 - I ZR 219/87, EWiR § 3 UWG 2/89, 299 f., hinsichtlich der *Werbung mit dem Umweltzeichen*; sowie den Beitrag von *Jacobs*, in: *Gloy* (Hrsg.), Handbuch des Wettbewerbsrechts, 1986, § 49 II Rd. 33, zur *Werbung mit Umweltschutzmaßnahmen des Anbieters*.

14 *Köhler*, a.a.O., 344 ff.; *Strauch*, Zur wettbewerbsrechtlichen Zulässigkeit von sog. "Bio-Werbung" gem. § 3 UWG, WRP 1992, 540 ff., beide im Hinblick auf § 3 UWG.

15 *Graf Lambsdorff*, Werbung mit Umweltschutz, 1993; *Füger*, Umweltbezogene Werbung, 1993; *Federhoff-Rink*, Umweltschutz und Wettbewerbsrecht, 1994; *Cordes*, Umweltwerbung, 1994; *Lappe*, Die wettbewerbsrechtliche Beurteilung der Umweltwerbung, 1995.

16 Siehe oben in Fn. 13.

17 *Rohnke*, a.a.O., 667.

18 *Reifner*, a.a.O., 190.

19 BGHZ 112, 311 - Biowerbung mit Fahrpreiserstattung.

20 *Nacken*, a.a.O., 212.

21 *Ebert-Weidenfeller*, Anmerkung zu BGH, Urt. v. 18.10.1990 - I ZR 113/89, GRUR 1991, 543.

22 *Von Gamm*, Neuere Rechtsprechung zum Wettbewerbs- und Markenrecht, GRUR 1991, 405, 409.

werblichen Phänomene, die in irgendeiner Form auf die Umwelt Bezug nehmen, zu integrieren, dann soll dies nicht zu einer Nivellierung bestehender Differenzierungen[23] führen. Indes sind die teilweisen terminologischen Unebenheiten nicht nur Indiz dafür, daß mit der bisherigen Terminologie allein eine Annäherung an das Wesen der Umweltwerbung nicht gelingen kann, im Gegenteil: Die verwandten Formulierungen sagen gerade nichts darüber aus, was das *Wesentliche* umweltbezogener Werbung ist, ob und worin sich diese von anderen Arten der Werbung, etwa der sog. "Gesundheitswerbung", unterscheidet und inwieweit die verschiedenen Formen der Umweltwerbung gemeinsame Wesenszüge tragen. Solange nicht dem tatsächlichen Erscheinungsbild umweltbezogener Werbung größere Aufmerksamkeit zuteil wird, hat das Bestreben, den vielfältigen Aspekten der Umweltwerbung jeweils gerecht zu werden, keine Aussicht auf Erfolg.

B. Die traditionelle rechtstatsächliche Kritik an der Umweltwerbung

Der folgende Abschnitt handelt von dem Bild, das sich Literatur und Rspr. im Laufe der Jahre von der Umweltwerbung gemacht haben. Dieses Bild ist ein *tatsächliches*, denn es zeigt nach Meinung und aus der Perspektive der angeführten Stimmen, wie umweltbezogene Werbung angelegt ist, wirken soll, womöglich gar Erfolg hat. Auch wenn die rechtstatsächliche Darstellung der Umweltwerbung stets eine wettbewerbsrechtliche Darstellung (sprich: Beurteilung) nach sich zieht (und nach sich ziehen muß), geht es vorläufig allein um die "Sicht der tatsächlichen Dinge", wie sie sich vom Standpunkt der Rspr. und Literatur aus ergibt.

Der Blick auf das Bild der Umweltwerbung ist ein ausgesprochen kritischer, begleitet von einer betont strengen rechtlichen Beurteilung des Erblickten, so daß man bereits von einer *traditionellen Kritik an der Umweltwerbung* sprechen muß. Diese Kritik wird beinahe unisono artikuliert, weshalb auf eine getrennte Vermittlung der Stellungnahmen jeweils aus Literatur und Judikatur verzichtet wurde. Einer solchen Unterscheidung bedarf es nicht, um zu verdeutlichen, unter Verwendung welcher - keinesfalls gegenseitig sich ausschließender - Kategorien umweltbezogene Werbung gesehen und qualifiziert wird. Die Kritik an der Umweltwerbung zerfällt in zwei Teile, einen *allgemeinen* und einen *besonderen*:

---

[23] Etwa die von *Jacobs*, in: *Gloy* (Hrsg.), a.a.O., § 49 II Rd. 33.

I. Die Kritik an der Umweltwerbung im Allgemeinen

1. Umweltwerbung als Fall der sog. "gefühlsbetonten Werbung"

Überwiegend wird Umweltwerbung als *"gefühlsbetonte Werbung"*[24] verstanden. Werbemaßnahmen, die an den Umweltschutz anknüpften, erwiesen sich als besonders geeignet,

> "(...) emotionale Bereiche im Menschen anzusprechen, die von einer Besorgnis um die eigene Gesundheit bis zum Verantwortungsgefühl für spätere Generationen reich(t)en."[25]

Der Ansicht des BGH sind Judikatur und Schrifttum mehrheitlich - teils wortwörtlich[26], teils zumindest dem Sinne nach[27] - beigetreten; nur eine abweichende Mindermeinung wendet sich dagegen, Umweltwerbung pauschal mit dem Etikett der "gefühlsbetonten Werbung" zu versehen[28]. Die Qualifizierung umweltbezogener Werbung als Form der gefühlsbetonten Werbung geht dabei regelmäßig einher mit einer (ausdrücklichen oder konkludenten) Gleichsetzung von "Umweltbewußtsein" und "emotionalem Bereich".

---

[24] Anders als im Fall der Suggestivwerbung ist das, was mit der Bezeichnung "gefühlsbetonte Werbung" gemeint ist, ohne weiteres verständlich, nämlich die *ausdrückliche* Ansprache positiver oder negativer Gefühle des Umworbenen. - Zur einschlägigen wettbewerbsrechtlichen Fallgruppe etwa: *Emmerich*, Das Recht des unlauteren Wettbewerbs, 1995, 194 ff.; *von Gamm*, Wettbewerbsrecht, Bd. 1, 1. Halbbd., 1987, 25. Kap. Rd. 15 ff.; *Teichmann/van Krüchten*, Kriterien gefühlsbetonter Werbung, WRP 1994, 704 ff.

[25] BGHZ 105, 277, 280 f. - Umweltengel; BGH GRUR 1991, 546, 547 - ... aus Altpapier; BGHZ 112, 311, 314 - Biowerbung mit Fahrpreiserstattung; BGH DB 1994, 1977 - Unipor.

[26] *Schnorbus*, Werbung mit der Angst, GRUR 1994, 15, 19; *Wenzel*, a.a.O. (Fn. 12), 548; *Rohnke*, a.a.O., 668; *Cordes*, a.a.O., 45 f.; *Wiebe*, Zur "ökologischen Relevanz" des Wettbewerbsrechts - Lauterkeitsrechtliche Grenzen der Umweltwerbung, WRP 1993, 798, 809; *Köhler/Piper*, Gesetz gegen den unlauteren Wettbewerb, 1995, § 1 Rd. 71; KG WRP 1991, 30, 31 - Irreführung mit pauschal umweltbezogener Werbung; OLG Köln WRP 1993, 346, 347 - Werbung mit Hinweis auf Umweltengagement; OLG Stuttgart WRP 1993, 628, 629 f. - Umweltbezogene Werbung für Erdgas.

[27] KG WRP 1984, 607, 608 - Gefühlsbetonte Werbung mit Umweltschutzmaßnahmen; OLG Hamburg WRP 1988, 45, 46 - Bäumchen-Aktion; *Büttner*, a.a.O. (Fn. 13), 300; *Füger*, a.a.O., 295; *Piper*, a.a.O., 282; *Köhler*, a.a.O., 350; *Lappe*, a.a.O. (Fn. 15), 72, 161; *Spätgens*, Umwelt und Wettbewerb, in: *Baur/Jacobs/Lieb/Müller-Graff* (Hrsg.), FS für *Ralf Vieregge* zum 70. Geburtstag am 6. November 1995, 1995, 813, 817.

[28] *Graf Lambsdorff*, a.a.O. (Fn. 15), Rd. 1; *Michalski/Riemenschneider*, Irreführende Werbung mit der Umweltfreundlichkeit von Produkten, BB 1994, 1157, 1158; *Fezer*, Umweltwerbung mit unternehmerischen Investitionen in den Nahverkehr, JZ 1992, 443, 447; *Federhoff-Rink*, a.a.O. (Fn. 15), 192 ff.; *Baumbach/Hefermehl*, a.a.O., § 1 UWG Rd. 179 a.

2. Umweltwerbung als Ansprache an das sog. "Umweltbewußtsein"

Einigkeit besteht dabei zunächst hinsichtlich der Tatsache, daß jede Art von Umweltwerbung auf ein beim Verbraucher typischerweise vorhandenes *"Umweltbewußtsein"* zielt[29]. Der BGH betont insoweit in st. Rspr.:

> "Mit der allgemeinen Anerkennung der Umwelt als eines wertvollen und schutzbedürftigen Gutes hat sich in den letzten Jahren zunehmend ein verstärktes Umweltbewußtsein entwickelt, das dazu geführt hat, daß der Verkehr vielfach Waren (Leistungen) bevorzugt, auf deren besondere Umweltverträglichkeit hingewiesen wird. Gefördert wird ein solches Kaufverhalten auch durch den Umstand, daß sich Werbemaßnahmen, die an den Umweltschutz anknüpfen, als besonders geeignet erweisen, emotionale Bereiche im Menschen anzusprechen, die von einer Besorgnis um die eigene Gesundheit bis zum Verantwortungsgefühl für spätere Generationen reichen."[30]

Der BGH hält eine nähere rechtstatsächliche Beschreibung des Umweltbewußtseins ebenso wenig für erforderlich wie die rechtstatsächliche Begründung der "besonderen Eignung der Umweltwerbung zur emotionalen Ansprache". Zwar weiß der BGH zwischen "Umweltbewußtsein" und "Ansprache im emotionalen Bereich" zu unterscheiden, genauer: Er vermeidet es, umweltbezogene Werbung allein deswegen als "emotional ansprechend" zu bezeichnen, *weil* sie sich an das Umweltbewußtsein wendet. Im Ergebnis laufen seine Ausführungen aber auf eine *Gleichsetzung von Umweltbewußtsein und Gefühlsebene* hinaus:

Nach Ansicht des BGH ist umweltbezogene Werbung stets "gefühlsbetonte Werbung" einerseits und zugleich an das "Umweltbewußtsein appellierende Werbung" andererseits, d.h., die eine Wirkungsweise ist ohne die andere weder denkbar, noch wird die eine Wirkungsweise durch die andere eingeschränkt. Wäre die Ansprache an das Umweltbewußtsein zugleich (auch) Appell an *rationale* Bereiche im Menschen, so ließe sich schwerlich behaupten, daß ein auf einen Appell an das Umweltbewußtsein zurückgehendes Kaufverhalten durch den Umstand gefördert würde, daß dieselbe Werbung emotionale Bereiche im Menschen anzusprechen geeignet sei. Ein auf die Ansprache an ein auch rationales Umweltbewußtsein zurückgehendes Kaufverhalten würde durch die gleichzeitige Ansprache im emotionalen Bereich

---

[29] BGH GRUR 1991, 546, 547 - ... aus Altpapier; OLG Saarbrücken WRP 1992, 510, 511; LG Köln GRUR 1989, 521, 524 - Bio-Fahrtkostenerstattung; OLG Köln GRUR 1993, 690 - ... recyclingfähig; OLG Frankfurt am Main GRUR 1989, 358 - biologisch düngen; LG Frankfurt am Main WRP 1994, 554, 556 - Der Natur zuliebe Verpackungen aus Papier; *Baumbach/Hefermehl*, a.a.O., § 1 Rd. 179 a; *Schnorbus*, a.a.O., 19; *Cordes*, a.a.O., 16 ff.; *Graf Lambsdorff*, a.a.O. (Fn. 15), Rd. 1; *Federhoff-Rink*, a.a.O. (Fn. 15), 75 ff.

[30] BGHZ 105, 277, 280 f. - Umweltengel; BGH GRUR 1991, 546, 547 - ... aus Altpapier; BGHZ 112, 311, 314 - Biowerbung mit Fahrpreiserstattung.

nicht gefördert, sondern relativiert, wenn nicht sogar konterkariert. Kurz: Umweltbewußtsein und "emotionaler Bereich im Menschen" sind laut BGH gerade keine sich widersprechenden Ebenen[31].

Die weit verbreitete Gleichsetzung von "Umweltbewußtsein" und "emotionalem Bereich" darf indes nicht darüber hinwegtäuschen, daß eine solche Gleichung nicht nur behauptet werden darf, sondern, wie jede andere entscheidungserhebliche Tatsache im übrigen auch, bewiesen sein muß.

3. Umweltwerbung als Fall der sog. "Suggestivwerbung"

Mitunter wird umweltbezogene Werbung als ein Fall der sog. *"suggestiven Werbung"* bezeichnet[32]. Eine solche Feststellung muß - einleitend - unter zwei unterschiedlichen Gesichtspunkten betrachtet werden:

Erstens: Zuvörderst hat es um das tatsächliche Erscheinungsbild suggestiver Werbung sowie um die hinter dieser Klassifizierung stehende allgemeine Frage nach der wettbewerbsrechtlichen Zulässigkeit suggestiver Wirkungsweisen zu gehen. Nicht selten wird Suggestivwerbung wegen ihrer Möglichkeit einer emotionalen Verführung des Konsumenten per se als unlauter qualifiziert und für unvereinbar mit dem Leitbild des "Leistungswettbewerbs" erklärt[33]. Ohne auf diese Diskussion im Augenblick näher eingehen zu wollen, sei aber betont, daß die lauterkeitsrechtliche Be- und Verurteilung suggestiver Werbung nur im Anschluß an eine gründliche rechtstatsächliche Aufbereitung dieses Phänomens - an eine ausführliche Beschäftigung mit den möglichen *Wirkungsweisen suggestiver Werbung* also - erfolgen kann; man kann einen

---

[31] Daß Umweltbewußtsein und emotionale Ansprechbarkeit tendenziell bzw. im Ergebnis gleichgesetzt werden, ist einer Vielzahl einschlägiger Stellungnahmen zu entnehmen; z.B.: KG WRP 1996, 750, 752 - Für den Schutz der Umwelt; OLG Düsseldorf GRUR 1988, 55, 57 - bio-FIX.; *Gutachterausschuß für Wettbewerbsfragen*, Gutachten 4/1989 (Fahrpreiserstattung durch Einzelhandelsgeschäfte), WRP 1990, 65, 66; *Spätgens*, a.a.O. (Fn. 27), 817 f.; *Jacobs*, in: *Gloy* (Hrsg.), a.a.O., 76 (Nachtrag 1989 zu § 49); *Ostermann*, Kurzkommentar zu OLG Stuttgart, Urt. v. 1.12.1995 - 2 U 72/95, EWiR § 1 UWG 7/96, 421; *Michael Gruber*, Die Erstattung von Fahrt- und Parkkosten im Lichte des Wettbewerbsrechts, WRP 1992, 429, 434; *Brandner*, a.a.O., 29; *Wiebe*, a.a.O. (Fn. 26), 809; *Schnorbus*, a.a.O., 19; *Piper*, a.a.O., 282; *Lindacher*, Umweltschutz in der Werbung - lauterkeitsrechtliche Probleme, in: *Marburger/Reinhardt/Schröder* (Hrsg.), Umweltschutz und Wettbewerb, 1997, 67, 72.

[32] Zur - inhaltlich alles andere als eindeutigen - Form der "Suggestivwerbung" sei vorerst nur gesagt, daß diese *unter anderem* den sog. "sozialen Zweit- bzw. Zusatznutzen" eines Produkts - die Vermittlung etwa eines "guten Gewissens" oder eines bestimmten "Lebensgefühls" - betont.

[33] Hierzu etwa: *Schricker*, Wettbewerbsrechtliche Aspekte des Verbraucherschutzes, RabelsZ 40 (1976), 535, 553; *Kreft*, in: *Gloy* (Hrsg.), a.a.O., § 14 Rd. 14; *Emmerich*, a.a.O. (Fn. 24), 197.

Sachverhalt nicht würdigen wollen, ohne ihn vorher bis ins Detail verstanden zu haben.

Zweitens: Zudem muß die Gleichsetzung von Umwelt- und Suggestivwerbung selbst kritisch hinterfragt werden, d.h., es muß der Nachweis erbracht werden, *daß* und auf welche Weise umweltbezogene Werbung suggestive wirkt; die einschlägigen, teils widersprechenden Stellungnahmen lassen einen solchen Ansatz jedenfalls vermissen[34].

4. Zur Gleichbehandlung von Gesundheits- und Umweltwerbung

Geläufig ist die Behandlung der Umweltwerbung als eine der sog. *"Gesundheitswerbung"* verwandten Werbung. Mit der Gesundheitswerbung stehe die Umweltwerbung

> "(...) insoweit im Zusamenhang, als sie sich auch auf Waren oder Leistungen bezieht, die sich auf die Gesundheit auswirken. Sie wird mit Recht ebenso wie diese im Hinblick auf das Umweltbewußtsein und die Schutzbedürftigkeit der weitgehend unkundigen Bevölkerung streng beurteilt."[35]

Nach Schnorbus liegt der Vergleich zur Gesundheitswerbung nahe: Auch hier sei das Publikum oft geneigt, wegen des ausgeprägten Interesses an der Erhaltung der Umwelt solchen Aussagen leichthin zu vertrauen[36]. Umweltwerbung, so eine andere Ansicht, beinhalte stets auch eine mittelbare Gesundheitswerbung, da Umwelt und Gesundheit im unmittelbaren Zusammenhang stünden[37]. Die menschliche Gesundheit stelle ebenso wie der Umweltschutz ein besonders wertvolles und schutzwürdiges Gut dar[38]. Einer weiteren Meinung zufolge beruhen auch bei der Werbung mit Umweltargumenten die Angaben auf naturwissenschaftlichen Zusammenhängen, die für den Laien oft nicht ohne weiteres verständlich seien[39]. Köhler schließlich nennt die "Un-

---

[34] *Ullmann*, Spenden - Sponsern - Werben, in: *Loewenheim/Raiser* (Hrsg.), FS für *Fritz Traub* zum 65. Geburtstag, 1994, 411, 422; *Baumbach/Hefermehl*, a.a.O., § 1 UWG Rd. 179 a; *Schnorbus*, a.a.O., 19; *Rempen*, Es grünt zu grün, FAZ Nr. 107 v. 10.5.1993, Beilage "Umwelt und Technik", 13; *Jacobs*, in: *Gloy* (Hrsg.), a.a.O., 76 (Nachtrag 1989 zu § 49); *Graf Lambsdorff*, a.a.O. (Fn. 15), Rd. 1; *Fezer*, a.a.O. (Fn. 28), 447. - Aus der Rspr.: BGH NJW 1996, 3419, 3420 - PVC-frei.

[35] *Baumbach/Hefermehl*, a.a.O., § 1 UWG Rd. 179 a; a.A. *Federhoff-Rink*, a.a.O. (Fn. 15), 196 f.

[36] *Schnorbus*, a.a.O., 19. - In diesem Sinne auch *Rohnke*, a.a.O., 669.

[37] *Cordes*, a.a.O., 10; ähnlich *Graf Lambsdorff*, a.a.O. (Fn. 15), Rd. 2; *Federhoff-Rink*, a.a.O. (Fn. 15), 196; Großkomm./*Lindacher*, § 3 UWG Rd. 112.

[38] *Rohnke*, a.a.O., 669; *Schnorbus*, a.a.O., 19; *Federhoff-Rink*, a.a.O. (Fn. 15), 196; *Spätgens*, a.a.O. (Fn. 27), 817 f.

[39] *Schnorbus*, a.a.O., 19 f. - Ferner: BGH WRP 1996, 290, 291 - Umweltfreundliches Bauen; *Rohnke*, a.a.O., 669; *Peter Scherer*, Ein europäisches Umweltzeichen steht ins Haus, RIW 1990, 908; *Keßler*, Die umweltbezogene Aussage in der Produktwer-

schärfe der verwendeten Begriffe"[40] in der Umweltwerbung als Grund für eine - ähnlich wie im Fall der Gesundheitswerbung - betont strenge Behandlung.

Was das Argument von Schnorbus betrifft, so ist dieses bereits mehrdeutig: Bezieht sich die Formulierung "auch hier" auf die Gesundheitswerbung, dann verwechselt Schnorbus die Ebenen, denn das Publikum hat im Fall der Gesundheitswerbung kein "ausgeprägtes Interesse an der Erhaltung der Umwelt", sondern eher ein Interesse an der Erhaltung der Gesundheit. Meint "auch hier" hingegen die Umweltwerbung, dann bedeutet sein Argument im Ergebnis nichts anderes als eine Art "Rechtsfolgenverweisung", getreu dem Motto: Weil das Publikum im Hinblick auf eine gesundheitsbezogene Werbung leichtgläubig ist, ist sie es hinsichtlich umweltbezogener Werbung ebenfalls. Ob Umwelt und Gesundheit, wie Cordes ohne weiteres behauptet, - stets (?) - in einem "unmittelbaren Zusammenhang" stehen bzw. womöglich gar (teil)identisch sind, ist noch näher zu untersuchen (s.u. *Zweiter Teil,* C. III. 3.). Die These, Umweltschutz sei ebenso wie die menschliche Gesundheit ein "besonders wertvolles und schutzwürdiges Gut", hilft nicht viel weiter: Die Verknüpfung einer *Behauptung* (menschliche Gesundheit = schutzwürdiges Gut) mit einer zweiten (Umweltschutz = ebenfalls ein schutzwürdiges Gut) zu einer - möglichen - gemeinsamen "Rechtsfolge" (= strenge Beurteilung) erhöht deren Glaubwürdigkeit in keiner Weise. Das Argument, Umweltwerbung verwende bevorzugt "unscharfe" (also mehrdeutige) Ausdrücke bzw. Fachbegriffe, weshalb sie betont streng zu behandeln sei, soll sogleich unten V diskutiert werden. Einzig das Argument Baumbach/Hefermehls erscheint prima facie plausibel und verdient es, zu einem späteren Zeitpunkt genauer gewürdigt zu werden (vgl. unten *Zweiter Teil,* C. III. 3.).

Auch hier gilt: Die *Gleichartigkeit* von gesundheits- und umweltbezogener Werbung - denn hieran allein kann sich die *Gleichbehandlung* beider Werbeerscheinungen knüpfen - darf nicht lediglich behauptet, sondern muß dargelegt und nachgewiesen werden.

---

bung - dogmatische und wettbewerbstheoretische Aspekte des Irreführungsverbots, WRP 1988, 714 f.; *Faylor*, a.a.O., 726; *Federhoff-Rink*, a.a.O. (Fn. 15), 196; vgl. auch *Graf Lambsdorff/Jäger*, a.a.O., 2302; *Büttner*, a.a.O. (Fn. 13), 300.

40 *Köhler*, a.a.O., 350. - Ebenso: BGH GRUR 1991, 546, 547 - ... aus Altpapier; OLG Stuttgart NJW-RR 1989, 556, 557 - Irreführende Verwendung der Angabe "umweltbewußt"; KG WRP 1991, 30, 31 - Schützt unsere Umwelt I (Eilverfahren); *Michalski/Riemenschneider*, a.a.O., 1158; a.A. *Strauch*, a.a.O., 540 ff.

5. Die These von der fehlenden terminologischen Klarheit umweltbezogener Werbeäußerungen

Des öfteren wird die These vertreten, umweltbezogene Werbeäußerungen beruhten auf "(...) naturwissenschaftlichen Zusammenhängen, die für den Laien oft nicht ohne weiteres verständlich (...)" seien[41]. Auch wird von einer "Unschärfe der verwendeten Begriffe"[42] gesprochen bzw. davon, daß "(...) in Einzelheiten noch weitgehend Unklarheiten (bestehen), insbesondere über Bedeutung und Inhalt der verwendeten Begriffe (...) sowie der hierauf hindeutenden Zeichen (...)."[43]

Es ist indes fraglich, ob die These von der *fehlenden terminologischen Allgemeinverständlichkeit* umweltbezogener Werbeangaben - ihre tatsächliche Richtigkeit einmal unterstellt - als Begründung für eine besonders strenge Beurteilung umweltbezogener Werbung wirklich ausreicht. Denn es gibt auch andere als umweltbezogene Werbeäußerungen - zu denken ist insbesondere an jede Form von *technikbezogenen* Werbeäußerungen (Beispiel: cw-Wert bei Automobilen) -, die nur für einen Teil des Publikums, nämlich für den technisch versierten, ohne weiteres verständlich ist[44]. "Naturwissenschaftliche Zusammenhänge" werden keineswegs nur im Rahmen der Umweltwerbung thematisiert. Es kommt insoweit darauf an, den für das Verständnis einer Werbeaussage maßgeblichen Verkehrskreis zu bestimmen und nach dessen Verständnis hinsichtlich einer konkreten Werbeäußerung zu fragen. Daß es sich bei diesem Verkehrskreis um einen durchschnittlichen, nicht besonders vorgebildeten Teil des Publikums handeln muß, sei nur ergänzend angemerkt.

Bezüglich der angeblichen *Mehrdeutigkeit* umweltbezogener Werbeangaben ist an den Grundsatz zu erinnern, daß jede Werbeäußerung danach zu befragen ist, wie sie von den maßgeblichen Verkehrskreisen tatsächlich verstanden wird[45]. Ist eine Aussage mehrdeutig, so daß nicht unbeachtliche Teile des Verkehrs mit der Angabe *unterschiedliche* Vorstellungen verbinden - dabei muß es sich keinesfalls gerade um eine umweltbezogene Aussage handeln -, bedarf es der Feststellung, in welchem eindeutigen Sinne der jeweils relevante - nicht unbeachtliche - Teil des Publikums die Werbeangabe konkret versteht.

Die Doppelthese von der mangelnden Allgemeinverständlichkeit und Eindeutigkeit umweltbezogener Werbeäußerungen verfolgt das Ziel einer "Etikettierung" der Umweltwerbung - umweltbezogene Werbung als eine *typischer-*

---

[41] *Schnorbus*, a.a.O., 19. - Vgl. im übrigen die Nachweise in Fn. 39.
[42] *Köhler*, a.a.O., 350. - S.a. die Nachweise in Fn. 40.
[43] BGHZ 105, 277, 281 - Umweltengel.
[44] Vgl. auch *Baudenbacher*, Suggestivwerbung und Lauterkeitsrecht, 1978, 56 f.
[45] *Baumbach/Hefermehl*, a.a.O., § 1 UWG Rd. 180.

weise mehrdeutige, nicht allgemeinverständliche Werbung. Tatsächlich aber lassen sich die beiden Etikette nicht als "konstitutive Wesensmerkmale" einer umweltbezogenen Werbung verwenden - zu oft ist auch eine nicht umweltbezogene Werbung mehrdeutig bzw. nicht allgemeinverständlich. Anstelle einer solchen "Etikettierung" ist vielmehr nach den allgemeinen Prinzipien einer Auslegung werblicher Äußerungen zu verfahren.

6. Zusammenfassung

Die vorstehenden Ausführungen haben sich der Frage gewidmet, wie Umweltwerbung nach traditioneller wettbewerbsrechtlicher Meinung beschaffen ist. Dabei wird umweltbezogene Werbung ganz überwiegend folgenden rechtstatsächlichen "Kategorien" zugeordnet:

Erstens: Umweltwerbung wird überwiegend als gefühlsbetonte Werbung verstanden.

Zweitens: Jede Form der Umweltwerbung appelliert an ein im Laufe der Jahre gewachsenes und mittlerweile stark ausgeprägtes Umweltbewußtsein, wobei die Möglichkeit eines solchen Appells an das Umweltbewußtsein letztlich erst die Einordnung der Umweltwerbung als gefühlsbetonte Werbung begründet. Man kann also von einer - seitens der h.M. überwiegend stillschweigend bejahten - Kausalität zwischen gestiegenem Umweltbewußtsein und gestiegener emotionalen Ansprechbarkeit bzw. von einer Identität von Umweltbewußtsein und "emotionalem Bereich im Menschen" sprechen.

Drittens: Umweltbezogene Werbung wird - teils unter Hinweis auf das gestiegene "Umweltbewußtseins" - zudem als "Suggestivwerbung" qualifiziert.

Viertens: Aus verschiedenen Gründen wird eine Parallele zwischen Gesundheits- und Umweltwerbung gezogen.

Abgesehen von der bereits widerlegten These von der fehlenden terminologischen Klarheit umweltbezogener Werbeäußerungen, bedürfen die aufgezählten "Kategorien" noch einer *prinzipiellen, rechtstatsächlichen Falsifizierung*. Diese muß um so gründlicher erfolgen, als die genannten "Kategorien" ihrerseits regelmäßig als Begründung für eine besonders strenge wettbewerbsrechtliche Beurteilung der Umweltwerbung herangezogen werden.

II. Die Kritik an der Umweltwerbung im Besonderen

1. Das Merkmal des sog. "übertriebenen Anlockens"

Kritisch wird traditionell nicht nur die Umweltwerbung im Allgemeinen betrachtet, sondern auch einzelne umweltbezogene Werbeerscheinungen, was sich in einer bemerkenswert strengen - im einzelnen noch diskussions- und überprüfungswürdigen - lauterkeitsrechtlichen Reglementierung dieser Phänomene niederschlägt. Das Hauptaugenmerk gilt insoweit dem Merkmal des sog. *"übertriebenen Anlockens"*[46]. In einer Grundsatzentscheidung zur umweltbezogenen Fahrtkostenerstattung hat der BGH Geldzuwendungen, die sich nicht in den Grenzen einer bloßen Aufmerksamkeitswerbung halten, als "Mittel der Wertreklame" qualifiziert. Die im konkreten Falle angegriffene Werbung mit Vergünstigungen habe, jedenfalls im Bereich der Waren der unteren Preisklassen, eine "anlockende Wirkung"[47]:

> "Denn - abweichend von der Auffassung des Landgerichts - führt die Herausstellung des Umweltschutzes in Verbindung mit der Wertreklame nicht zu deren Rechtfertigung, sondern zu einem verstärkten - jedenfalls in dieser Kombination die Wettbewerbswidrigkeit begründenden - Anlockeffekt."[48]

2. Das Merkmal der sog. "psychologischen bzw. rechtlichen Akzessorietät"

Mitunter wird umweltbezogene Werbung am Maßstab der sog. *"psychologischen bzw. rechtlichen Akzessorietät"* gemessen. Graf Lambsdorff bezeichnet Werbemaßnahmen des "akzessorischen Umweltsponsorings" - gemeint ist die Fallgruppe umweltbezogener Kauf- und Unterstützungsappelle (s.u. *Dritter Teil,* B. III.) - als gegen § 1 UWG verstoßend,

> "(...) wenn das versprochene Umweltsponsoring nur dann und nur in den Fällen gewährt werden soll, wenn der Käufer die Ware oder Leistung erwirbt, wenn also eine *rechtliche Koppelung* des Sozialengagements mit dem Leistungsangebot vorliegt."[49]

Federhoff-Rink bemerkt insoweit:

> "Sponsoringwerbung ist rechtlich akzessorisch, wenn eine rechtliche Koppelung zwischen dem Leistungsangebot des Unternehmens und seinem Social Sponsoring besteht. Dies ist dann der Fall, wenn zwischen dem Absatz des Produkts und dem Sozialengagement des Unternehmens - etwa dessen Beitrag zum Umweltschutz - ein

---

[46] Dazu etwa *von Gamm*, a.a.O. (Fn. 24), 26. Kap. Rd. 13 m.w.N.

[47] BGHZ 112, 311, 313 - Biowerbung mit Fahrpreiserstattung.

[48] BGHZ a.a.O., 314. - Das Merkmal des übertriebenen Anlockens im Falle einzelner umweltbezogener Werbeaussagen diskutieren auch: OLG München NJW-RR 1994, 1129, 1130 f. - Zuschüsse der Stadtwerke bei Energieumstellung; OLG Hamburg WRP 1991, 592, 594 - Fahrtkostenerstattung; OLG München WRP 1993, 49, 51 f. - Fahrpreiserstattung; *Cordes*, a.a.O., 63 f.; *Ebert-Weidenfeller*, Fahrtkostenerstattungen: Verkehrspolitik im Unternehmensinteresse versus Wettbewerbsrecht?, GRUR 1992, 94, 99 f.; *Michael Gruber*, a.a.O., 434; *Wiebe*, a.a.O. (Fn. 26), 811 f.; *Füger*, a.a.O., 301 f.

[49] *Graf Lambsdorff*, a.a.O. (Fn. 15), Rd. 44 (Hervorhebungen vom Verfasser hinzugefügt).

rechtlicher Bedingungszusammenhang besteht, der über den Kauf der Ware durch den Verbraucher hergestellt wird."[50]

Spätgens widerspricht diesem Verständnis umweltbezogener Kauf- und Unterstützungsappelle, indem er die "von der Werbebehauptung ausgehende Wirkung auf den Verkehr" in das Zentrum der Überlegungen stellt und den Begriff der *"werbepsychologischen Akzessorietät"* befürwortet[51].

3. Das Merkmal des sog. "psychologischen bzw. rechtlichen Kaufzwangs"

Andere Autoren verlagern den thematischen Schwerpunkt in der Beurteilung umweltbezogener Kauf- und Unterstützungsappelle erneut und ersetzen den Begriff der "Akzessorietät" durch den des "Zwangs". Sie begründen die Wettbewerbswidrigkeit dieser Erscheinungen damit, daß eine entsprechende Werbung einen mittels *"rechtlichen Kaufzwangs"* zustande gekommenen Kaufabschluß bewirke[52], bzw., daß die Wahl, ein Produkt zu kaufen oder auf einen Beitrag zum Umweltschutz zu verzichten, einen *"psychologischen Kaufzwang"* hervorrufe[53].

4. Die Absenkung der sog. "Mindestirreführungsquote"

Schließlich gibt es in bezug auf die Bestimmung des rechtlich beachtlichen Teils der angesprochenen Verkehrskreise im Rahmen einer Auslegung von § 3 UWG Stimmen, die hinsichtlich der umweltbezogenen Produktwerbung einem strengeren Maßstab das Wort reden und - ähnlich der Gesundheitswerbung[54] - ein Quorum von 5-6 % fordern. Zur Begründung wird auf die vermeintliche Ähnlichkeit von umweltbezogener Produktwerbung und Gesundheitswerbung verwiesen[55], namentlich auf die von jener ausgehenden

---

[50] *Federhoff-Rink*, Social Sponsoring in der Werbung, GRUR 1992, 643, 652 (Hervorhebungen vom Verfasser hinzugefügt).

[51] *Spätgens*, a.a.O. (Fn. 27), 828. - Ähnlich auch *Wiebe*, a.a.O. (Fn. 26), 810.

[52] So z.B.: *Baumbach/Hefermehl*, a.a.O., § 1 UWG Rd. 184 c; *Lappe*, a.a.O. (Fn. 15), 195 ff.

[53] *Füger*, a.a.O., 296; *Jacobs*, in: *Gloy* (Hrsg.), a.a.O., 76 (Nachtrag 1989 zu § 49); *Lappe*, a.a.O. (Fn. 15), 196 f.

[54] OLG Köln WRP 1973, 656, 659 - medizinisch rein; OLG München WRP 1990, 59, 61 - Biolarium; *Baumbach/Hefermehl*, a.a.O., § 3 UWG Rd. 28; Großkomm./*Lindacher*, § 3 UWG Rd. 111.

[55] *Köhler*, a.a.O., 350; Großkomm./*Lindacher*, § 3 UWG Rd. 112, 706; *Wiebe*, a.a.O. (Fn. 26), 801; *Cordes*, a.a.O., 93; vgl. auch OLG München WRP 1990, 59, 61 - Biolarium.

"(...) Gefahr einer stark geminderten Kritikfähigkeit der Umworbenen, weil die Botschaft nicht nur den Intellekt, sondern im weitem Maße auch emotionale Bereiche anspricht (...)."[56]

C. Zur Begründung des eigenen Untersuchungsansatzes

I. Von der Notwendigkeit einer Unterscheidung zwischen Rechtstatsache und Rechtsurteil

Das deutsche Prozeßrecht unterscheidet strikt zwischen Analyse der *tatsächlichen* Eigenarten des Sachverhalts und Bewertung seiner einzelnen *normativen* Aspekte - das Urteil trennt bereits äußerlich Tatbestand und Entscheidungsgründe. Die Betonung dieser an sich selbstverständlichen Unterscheidung im Rahmen dieser Untersuchung hat zwei Gründe:

Erstens: Die traditionelle allgemeine *rechtstatsächliche*[57] Qualifizierung umweltbezogener Werbung wird nur behauptet und nicht bewiesen. Von keiner Seite wird der Versuch unternommen, den Beweis dafür zu erbringen, daß Umweltwerbung eine suggestive Wirkung entfaltet, besonders geeignet ist, "emotionale Bereiche im Menschen" anzusprechen usw. Ohne die eigenen Aussagen empirisch abzusichern, wendet man sich alsbald Fragen *normativer* Natur zu, sei es, daß man eine - ähnlich wie im Fall der Gesundheitswerbung - strenge Beurteilung der Umweltwerbung fordert, sei es, daß man im Hinblick auf die Charakterisierung der Umweltwerbung als gefühlsbetonte Werbung einen "sachlichen Zusammenhang" verlangt. Der Umstand einer vorschnellen rechtstatsächlichen Weichenstellung wiegt schwer - Umweltwerbung wird ohne nähere Begründung auf die bekannten Gleise der gesundheits-, gefühlsbezogenen Werbung etc. gesetzt, womit die weitere normative Behandlung der Umweltwerbung einen absehbaren Verlauf nimmt. Was aber ist, wenn es sich bei umweltbezogener Werbung *tatsächlich* gar nicht (immer) um gefühlsbetonte Werbung handelt, wenn ihr eine suggestive Wirkungsweise gar nicht (immer) zukommt?

Zweitens: Daß die Entscheidung über die richtigen rechtstatsächlichen Prämissen von grundsätzlicher Bedeutung ist, gilt auch hinsichtlich des individualisierten Sachverhalts. Auch bei der Beurteilung konkreter Werbeaussa-

[56] Großkomm./*Lindacher*, § 3 UWG Rd. 706.

[57] Als Rechtstatsachen bezeichnet *von Falckenstein*, Rechtstatsachenforschung - Geschichte, Begriff, Arbeitsweisen, in: *Chiotellis/Fikentscher* (Hrsg.), Rechtstatsachenforschung, 1985, 77, 78, "(...) Tatsachen, die für die Entstehung und Anwendung des Rechts maßgeblich sind (...)."

gen verhält es sich oftmals so, daß der rechts*tatsächlichen* Aufbereitung des Sachverhalts nur wenig Aufmerksamkeit geschenkt wird, die wettbewerbs*rechtlichen* Konsequenzen hingegen um so ausführlicher diskutiert werden; daß dem Produkt X dieses oder jene ökologische Merkmal eignet oder die Aussage Y "übertrieben anlockt", wird häufig nur in wenigen Behauptungssätzen abgehandelt.

II. Induktion oder Deduktion - Zwei Wege, ein Ziel

Die rechtliche Bewertung und Begrenzung jedes tatsächlichen Phänomens setzt dessen inhaltliche Erfassung voraus, wobei sich die Frage nach Qualität und Tiefe dieser Erörterung erhebt:

Soweit man die Auslegung und Anwendung von Rechtsvorschriften als einen tatsachenbezogenen Entwicklungsprozeß versteht[58], kommt es maßgeblich auf den relevanten Sachverhalt an, und insoweit darauf, ob man diesen als einheitlichen Tatsachenkomplex begreift oder als ein in sich zusammenhangloses Gebilde. Versteht man den Sachverhalt im zuletztgenannten Sinn und nähert man sich diesem nach Maßgabe einer *induktiv-typologischen* Betrachtungsweise, erfolgt die Rechtsfindung ihrem Schwerpunkt nach innerhalb der jeweiligen Fallgruppe; das Verhältnis von Werbung und Umwelt wird auf solche Erscheinungen reduziert, die im täglichen Wirtschaftsleben wiederzufinden sind und den Gegenstand von Rechtsstreitigkeiten bilden[59]. Allerdings: Eine rein fallgruppenspezifische Betrachtungsweise bringt nicht so sehr das Gemeinsame als vielmehr das Trennende zum Vorschein, ihr Ziel ist die Abgrenzung und weniger die Zusammenführung. Gerade im Wettbewerbsrecht besteht aber die Gefahr, daß "natürliche Phänomene"[60] schnell in bekannte Fallgruppen eingeordnet werden und darüber das Verständnis für spezifische und allgemeine Eigenschaften bestimmter Werbeerscheinungen verloren geht[61]. Die Alternative zur induktiven Betrachtungsweise - die Annäherung vom Allgemeinen zum Besonderen in Gestalt der *deduktiven* Tatsachenerfas-

---

[58] Vgl. hierzu nur *Kaufmann*, Analogie und "Natur der Sache", 1982, 10 ff., bes. 37 ff.

[59] Eine solche Vorgehensweise wählen beispielsweise *Cordes* und *Graf Lambsdorff* (Fn. 15).

[60] Vgl. auch *Baumbach/Hefermehl*, a.a.O., Allg Rd. 1.

[61] Siehe zu diesem Vorwurf soeben I. - Allgemein kritisch im Hinblick auf eine allzu leichtfertige Subsumtion unter die verschiedenen Fallgruppen anstelle unter den (unbestimmten) Gesetzesbegriff selbst etwa *Schulte-Beckhausen*, Das Verhältnis des § 1 UWG zu den gewerblichen Schutzzwecken und zum Urheberrecht, 1994, 29; Großkomm./*Schünemann*, Einl UWG Rd. D 164.

sung - sieht sich dagegen dem Vorwurf der Schwerfälligkeit und fehlenden Einzelfallgerechtigkeit ausgesetzt.

Die Suche nach einem Weg aus diesem Dilemma muß sich am prinzipiellen *Wesen* der Werbung orientieren: Die Institution der Werbung als kommunikativ-funktionaler Bestandteil marktwirtschaftlichen Wettbewerbsgeschehens ist tatsächlich derart facettenreich und innovativ, daß sich die pauschale Beurteilung eines werblichen Phänomens aufgrund seiner gleichfalls pauschalen Erfassung von vornherein verbietet[62]. Gleichwohl lassen sich trotz dieser Mannigfaltigkeit nicht nur unter funktionellen Gesichtspunkten, sondern auch im Hinblick auf die - letztendlich verfassungsrechtliche - Legitimierung von Werbung[63] bestimmte grundsätzliche Merkmale herausarbeiten, welche zu einer möglichst einheitlichen Profilierung des Tatbestands "Werbung" als Grundlage einer gleichfalls möglichst einheitlichen rechtlichen Beurteilung nötigen. Im übrigen zwingt das traditionelle rechtstatsächliche Verständnis von Umweltwerbung, welches fast immer auch ein *pauschales* Verständnis ist, zu einer grundsätzlichen, d.h. deduktiven Vorgehensweise. Die Annäherung an das Phänomen der Umweltwerbung erfolgt also von zwei Seiten aus; nur so lassen sich Besonderes und Allgemeines hinreichend begreifen.

III. Das Erfordernis eines interdisziplinären Untersuchungsansatzes

Das Kriterium der *Interdisziplinarität* ist von den Grundlagenfächern her bekannt und seine Notwendigkeit anerkannt, im Rahmen einer rein wettbewerbsrechtlich ausgerichteten Untersuchung mag es aber auf den ersten Blick befremden.

Zunächst sei betont, daß die nachfolgenden Überlegungen ausschließlich auf der Ebene der *Rechtstatsächlichkeit* eine Rolle spielen, soll heißen: Die Aussagen anderer Disziplinen haben keinerlei Auswirkungen auf die Findung und Begründung eines normativen Urteils (Rechtsentscheidung), sondern dienen dem vorgelagerten Schritt der Aufbereitung des konkreten Sachverhalts, also einem "besseren" Tatsachenverständnis. Selbstverständlich ist auch dieser erste Schritt nicht vollkommen "wertneutral", d.h., der Sachverhalt wird bereits im Hinblick auf die konkrete Rechtsnorm aufbereitet[64]. Dennoch ist der

---

[62] *Lerche*, Werbung und Verfassung, 1967, 4 ff., 8 f., beklagt, daß es der wissenschaftlichen Beschäftigung mit dem Werbungsbereich vielfach an einer differenzierten und vorurteilsfreien Sichtweise fehle.

[63] Werbung *als solche* genießt in den von Verfassung und Gesetz gezogenen Grenzen den Schutz der Art. 5 Abs. 1, 12 Abs. 1 und 14 GG, vgl. etwa *Hatje*, Wirtschaftswerbung und Meinungsfreiheit, 1993, 12 ff. m.w.N.

[64] Vgl. nur *Kaufmann*, a.a.O. (Fn. 58), 37 ff.

Jurist bei dieser Aufbereitung (auch) auf die Hilfe anderer Wissenschaften angewiesen, ohne die er den konkreten Sachverhalt oftmals nur bruchstückhaft verstünde. Letztlich ist der Gedanke der Interdisziplinarität aus dem Prozeß der Rechtsverwirklichung nicht mehr wegzudenken[65].

Lerche hat einmal davon gesprochen, daß "(...) die Publizitätsfunktion der Werbung (...) in weitestem Sinne auch Sachverhalte und Sozialbegriffe außerökonomischer Herkunft (vereinigt und benutzt)."[66] Solch ein - auch - *außerökonomischer Sachverhalt*, wie er der Öffentlichkeit von der Werbebranche inzwischen in den verschiedensten Alternativen präsentiert wird, ist auch das Verhältnis von Wirtschaft und Umwelt. Will man diesen wirtschafts- *und* umweltrelevanten Tatbestand substanziell und systematisch erfassen, so kommt man schwerlich umhin, die Untersuchung möglichst gründlich, d.h. unter Inanspruchnahme der Erkenntnisse anderer Wissenschaften vorzunehmen. Was die ökologische Bedeutung einer Produkteigenschaft ausmacht (z.B. die Vorteile von Mehrwegflaschen im Vergleich zu Einwegflaschen), kann von einem Juristen nicht beantwortet werden, das ist vielmehr eine Frage der *Ökologie*. Und was den Inhalt des "Umweltbewußtseins" betrifft, so ist eine entsprechende Frage nicht etwa von den Wettbewerbsrechtlern zu beantworten bzw. einfach zu übergehen, sondern insbesondere der *Soziologie* und der *Psychologie* vorzulegen[67].

---

[65] Man denke nur an die diversen Sachverständigenanhörungen vor den Ausschüssen des Deutschen Bundestages oder die unzähligen Sachverständigengutachten im deutschen Prozeßalltag.

[66] *Lerche*, a.a.O. (Fn. 62), 7.

[67] Bezüglich der Suggestivwerbung allgemein bereits: *Pöchhacker*, Suggestivwerbung und unlauterer Wettbewerb, 1990, 33; *Schricker*, a.a.O. (Fn. 33), 554; *Baudenbacher*, a.a.O. (Fn. 44), 5 ff.; *Meyer-Cording*, Gute Sitten und ethischer Gehalt des Wettbewerbsrechtes, JZ 1964, 310, 313. - Im übrigen ist *Baudenbacher*, a.a.O. (Fn. 44), 7, hinsichtlich der Feststellung beizupflichten, daß das auch unter Psychologen (und den übrigen Sozialwissenschaftlern) wohlbekannte Phänomen des "Schulenstreits" für den Juristen nicht ungefährlich ist. Ein solcher Streit, der ja offenkundig bereits intradisziplinär schwerlich beizulegen ist, kann von einem Juristen mangels eigener Sachkunde nur vordergründig entschieden werden; gleichwohl muß er entschieden werden. Erforderlich ist eine besondere rechtstatsächliche Sensibilität: Der Jurist hat sich vor den verschiedenen "Schulen" nicht etwa blind zu stellen, sondern eine von ihnen, soweit sie ihm zum Verständnis von Rechtstatsachen notwendig erscheint, als die für ihn maßgebliche auszuwählen, und zwar aufgrund seines bisherigen - also betont unspezifischen - Tatsachenverständnisses. Wichtig ist, daß der Jurist als wissenschaftlicher Laie über die getroffene "Entscheidung" stets hinreichend Rechenschaft ablegt und einem "Schulenstreit" nicht aus dem Weg geht. Eine solche "Entscheidung" für oder gegen eine bestimmte "Schule" ähnelt im übrigen der Entscheidung für oder gegen einen - von theoretisch mehreren - unabhängigen Prozeßsachverständigen: Der Inhalt eines Sachverständigengutachtens unterliegt der freien richterli-

Zwei Beispiele: Die Bärenquell Brauerei, Berlin, warb auf Plakaten mit der Gegenüberstellung einer zerbeulten Blechdose (Untertitel: "Weg damit!") und einer hauseigenen Bierpfandflasche (Untertitel: "Her damit!"), einem Hinweis auf den "Ersten Umwelttag bei Bärenquell" sowie dem Slogan "Nur Mehrweg. Nur echter Geschmack". Das LG Berlin wies den Antrag auf einstweilige Verfügung mit der Begründung zurück, die Werbung bedeute zum einen lediglich den Vergleich zweier Verpackungssysteme und keine übermäßige Herabsetzung der Konkurrenz, zum anderen aber sei die Aussage auch inhaltlich gerechtfertigt, denn daß die Pfandflasche einem Einweggefäß gegenüber Vorteile für die Umwelt bringe, sei allgemein einsichtig[68]. Zweifel an der Richtigkeit dieser Feststellung hat aber erst jüngst eine Studie des Fraunhofer-Instituts im Auftrag des Umweltbundesamtes genährt[69], was die Notwendigkeit einer Überprüfung der richterlichen Feststellungen beweist[70].

In einem zweiten Fall stand zur Entscheidung, ob die Beklagte es zu unterlassen habe, Papiertüten zur Verpackung an Endverbraucher abzugeben, die die Aufschrift "Der Natur zuliebe Verpackungen aus Papier" tragen. Das LG Frankfurt am Main führte insoweit aus:

> "Es kann dahinstehen, ob der Hinweis sachlich zutreffend ist. Die Beklagte nutzt mit dem Hinweis das geschärfte Umweltbewußtsein ihrer Kunden zur Erlangung eines Wettbewerbsvorsprungs gegenüber ihren Mitbewerbern auf unlautere Weise aus. Die Klägerin hat zurecht geltend gemacht, daß die Beklagte mit der Werbeangabe auf ihr angebliches Umweltbewußtsein hinweist und damit ihr Ansehen und ihren Geschäftserfolg nicht durch ihr Warenangebot, sondern durch Ausbeutung der Sensibilität der Kunden für jegliche Umweltschutzappelle fördert."[71]

---

chen Beweiswürdigung, und die Einholung eines zweiten - alternativen - Gutachtens steht ebenso im Ermessen des Gerichts wie die Einholung eines dritten und insoweit streitentscheidenden Obergutachtens; vgl. hierzu nur *Thomas/Putzo*, Zivilprozeßordnung, 1997, § 412 Rd. 1 ff.

[68] taz Nr. 4059 v. 15.7.1993, 1; Der Tagesspiegel Nr. 14615 v. 15.7.1993, 25.

[69] *Schmitz/Oels/Tiedemann*, Ökobilanz für Getränkeverpackungen, 1995. - Das in der Öffentlichkeit kontrovers diskutierte Gutachten besagt *sehr vereinfacht* folgendes: Mit wachsender Distanz vom Hersteller zum Endverbraucher schwindet der ökologische Vorteil des Mehrwegsystems und verkehrt sich am Ende ins Gegenteil, da dann das Gewicht der Mehrwegverpackung und vor allem der doppelte Transportweg in der Ökobilanz negativ zu Buche schlägt. - Auch in der Ökologie gibt es das Phänomen des "Schulenstreits". Namentlich die Bewertung sog. Öko-Bilanzen (und ihre werbliche Herausstellung) bilden den Gegenstand von Diskussionen, was Zweifel erlaubt hinsichtlich der wettbewerbsrechtlichen Erheblichkeit von Öko-Bilanzen; a.A. *Federhoff-Rink*, a.a.O. (Fn. 15), 224 ff.; *Graf Lambsdorff*, a.a.O. (Fn. 15), Rd. 145 ff.

[70] Vgl. auch das KG GRUR 1995, 360, 361 f. - Weg damit - Her damit, das die Werbung in zweiter Instanz wegen Verstoßes gegen § 1 UWG untersagte.

[71] LG Frankfurt am Main WRP 1994, 554, 556 - Der Natur zuliebe Verpackungen aus Papier (mit abl. Anmerkung *Rinze*).

Weder die pauschale Gleichsetzung von "Umweltbewußtsein" und "Sensibilität" der Kunden noch die inhaltliche Richtigkeit der Werbeaussage, namentlich im Vergleich zu Kunststofftüten[72], wurden vorliegend auch nur ansatzweise hinterfragt.

[72] Dazu *Umweltbundesamt*, Vergleich der Umweltauswirkungen von Polyethylen- und Papiertragetaschen, 1988.

Zweiter Teil

Das Verhältnis von Werbung und Umwelt als real-ökonomisches Phänomen - Antwort auf die allgemeine Kritik an der Umweltwerbung

A. Erste phänomenologische Annäherung

Befaßt man sich eingehender mit dem tatsächlichen Verhältnis von Werbung und Umwelt, so entsteht alsbald ein Eindruck der Gegensätzlichkeit:

Auf der einen Seite ist unübersehbar, daß das Erscheinungsbild der Werbung mit Beginn der Neunziger Jahre in besonderer Weise von umweltbezogenen Themen und Stellungnahmen geprägt ist. Den Werbeaussagen der Unternehmen nach zu urteilen, erfolgen umweltbewußte Produktion und entsprechendes Marketing einsichtsvoll der Umwelt zuliebe, nicht so sehr aus Interesse an höheren Umsatzzahlen. Nichtsdestoweniger will eine solche Werbung *auf der anderen Seite* immer zugleich als ein eigennütziges, den bekannten wettbewerblichen Zielsetzungen untergeordnetes marktkonformes Verhalten erscheinen. Umwelt wird offensichtlich als ein werbeträchtiges und zeitgemäßes Thema neben anderen verstanden, die Beschäftigung der Werbung mit Umweltaspekten ist vornehmlich das Ergebnis ökonomischer Erwägungen und weniger Ausdruck unternehmerischer Liebe zur Natur. Was ist, beispielsweise, von einer Automobilwerbung zu halten, die den Eindruck vermittelt, mit dem Kauf eines KAT-Fahrzeugs werde gleichzeitig etwas *für* die Umwelt getan? Bedeutet der Kauf eines Kraftfahrzeugs nicht in jedem Fall eine Entscheidung *gegen* die Umwelt, wenn auch vielleicht eine nicht mehr so schwerwiegende wie noch vor fünf oder zehn Jahren? Die gegenwärtige Werbung, so mag es einem vorkommen, betont den minimalen Effekt an Umweltverträglichkeit und verschweigt die weiterhin gravierenden Nachteile der angepriesenen Ware für die Umwelt, sie spricht von einem *Mehr* an Umweltentlastung und meint doch allein ein (qualitatives oder quantitatives) *Weniger* an Umweltbelastung.

Im Grunde dürfen solche Gegensätze nicht weiter verwundern, fügen sie sich doch ohne weiteres in das umfassendere - und entsprechend gegensätzliche - Verhältnis von Sozialer Marktwirtschaft und Umwelt. In verkürzter Form beinhaltet dieser Gegensatz zweierlei: Solange man einerseits unter volkswirtschaftlichen Gesichtspunkten die Umwelt als ein - bestenfalls regenerationsfähiges - Ressourcenpotential verstehen konnte, wurde dieser Teil möglichst unentgeltlich genutzt und verwertet, d.h. *verbraucht*[1]; im übrigen nahm die Nationalökonomie "ihre" Umwelt über lange Zeit nicht weiter zur Kenntnis[2]. Andererseits ist es aber auch möglich, daß die Wirtschaft ein - selbstredend ökonomisches - Interesse am Erhalt der Umwelt entwickelt. Es wäre dies gewissermaßen ein *Gebrauch* der Umwelt zu anderen und regelmäßig mittelbaren Zwecken. Eine solche Entwicklung läßt sich auch im Hinblick auf das Phänomen der Umweltwerbung konstatieren. Nicht allein die Herstellung umweltverträglicher Produkte, auch die Werbung für umweltverträgliche Produkte mag *unmittelbar* eine Schonung der Umwelt bezwecken. *Mittelbar* und eigentlich aber strebt ein solches wirtschaftliches Verhalten nach einem ebensolchen wirtschaftlichen Erfolg - Werbung für unternehmensweites Umweltschutzengagement dient indirekt nicht der Umwelt, sondern dem Absatz.

Schließlich: Wie tritt der Verbraucher der Umweltwerbung gegenüber? Als *erstes* liegt die Vermutung nahe, daß der Durchschnittsverbraucher der Umweltwerbung prinzipiell nicht anders gegenübertritt als etwa der Rundfunkgeräte- oder Automobilwerbung. Jede Art von Werbung trifft auf ein und dasselbe Empfängerbewußtsein, von dem das *Umweltbewußtsein* nur einen Teil ausmacht. Man kann zwar mittlerweile von einem ausgeprägten und beachtlichen Umweltbewußtsein der deutschen Konsumenten sprechen[3]. Daß dieses Bewußtsein aber einen besonderen Intensitätsgrad erreicht und im Vergleich zu anderen Bewußtseinsbereichen förmlich eine "Spitzenstellung" eingenommen hätte, wird man nach den allgemeinen Erfahrungen der letzten Jahre trotzdem nicht behaupten können; ein "Umwelt-Fieber" hat es in Deutschland im Unterschied zum "Dino-Fieber" des Jahres 1993 bisher nicht gegeben[4].

---

1 *Leipert/Simonis*, Alternativen wirtschaftlicher Entwicklung, in: *Simonis* (Hrsg.), Ökonomie und Ökologie, 1991, 103, 106 f.; *Fezer*, Verantwortete Marktwirtschaft, JZ 1990, 657, 662; *Fikentscher*, Die umweltsoziale Marktwirtschaft - als Rechtsproblem -, 1991, 24 ff.; *Steinmann*, Ökologische Marktwirtschaft - Erweiterte Anwendung ordnungsgestaltender Grundsätze, in: *Nienhaus/van Suntum* (Hrsg.), Grundlagen und Erneuerung der Marktwirtschaft, 1988, 83, 88 ff.; *Bonus*, Ökologische Marktwirtschaft, in: *Markl* (Hrsg.), Natur und Geschichte, 1983, 289, 313 ff.; *Kloepfer*, Marktwirtschaft und Umweltschutz als Rechtsproblem, Jura 1993, 583.

2 Zu den volkswirtschaftlichen Kosten der Umweltzerstörung und dem Problem ihrer Quantifizierung vgl. etwa *Kapp*, Soziale Kosten der Marktwirtschaft, 1979, passim; *Wicke*, Die ökologischen Milliarden, 1986, bes. 122 ff.; *Schulz/Wicke*, Der ökonomische Wert der Umwelt, ZfU 1987, 109 ff.; *Schulz*, Ökologische Problemlagen oder "Was kostet uns die Umweltzerstörung"?, in: *Brandt/Hansen/Schoenheit/Werner* (Hrsg.), a.a.O., 16 ff.; *Leipert*, Ökologische und soziale Folgekosten der Produktion, APuZ 1984 (B 19), 33 ff.; *ders.*, Die volkswirtschaftlichen Kosten der Umweltbelastung, APuZ 1991 (B 10), 26 ff.

3 Vgl. oben *Erster Teil* B II sowie in extenso unten C IV.

4 Gemeint ist die im Anschluß an den amerikanischen Spielfilm "Jurassic Parc" schlagartig angestiegene Werbewirksamkeit von Dinosauriern aller Art.

Umweltwerbung unterscheidet sich inzwischen nachhaltig von solchen Werbeerscheinungen, die auf die kurzzeitige Resonanz des Verbrauchers setzen und einem bestimmten Trend folgen, wie z.B. im Fall der - amerikanisierten - Sportwerbung mit der Entwicklung und Betonung immer neuer Sportarten (Bungee-Jumping, Inline-Skating).

Zweitens: Diese allgemeinen Ausführungen dürfen aber nicht den Blick darauf verstellen, daß umweltbezogene Werbung gewissermaßen immer nur ein "Abfallprodukt" thematisiert. Während die typische Produktwerbung eine Produkt- oder Dienstleistung zum Gegenstand hat, die der Verbraucher später auch "in den Händen halten" kann, ist der *Umweltbezug* von zweitrangiger Bedeutung und für den Konsumenten nur "im Geiste nachvollziehbar". Der Umweltbezug läßt sich gerade nicht mit Händen greifen, er ist im Gegensatz zu typischen Produkteigenschaften wie Form, Farbe, Geschmack, Gewicht etc. immaterieller Natur. Hinter diesen Überlegungen steht die Frage, ob sich Umwelt als eine *marktgängige* Bezugsgröße definieren läßt:

Es gibt Produkteigenschaften, die ohne weiteres als marktgängige Bezugs- und Vergleichsgröße verstanden werden - ein längere Haltbarkeit bzw. geringere Reparaturanfälligkeit etwa als eine den Wiederverkaufswert steigernde Eigenschaft oder auch die mit einer Anschaffung eventuell verbundenen Steuervorteile. Wie verhält es sich aber mit der Eigenschaft "umweltverträglich"? Der Käufer eines gewöhnlichen Kühlgerätes erwirbt einen bestimmten Gebrauchsgegenstand zu bestimmten Konditionen. Läßt sich vom Käufer eines FCKW/FKW-freien Kühlgerätes sagen, er erwerbe neben dem konkreten, an sich herkömmlichen Elektrogerät zugleich die *Leistung* "geringere Umweltbelastung"? Wofür entrichtet der Kunde den Mehrpreis, der beim Verkauf von FCKW/FKW-freien Kühlschränken regelmäßig erhoben wird? Kann man behaupten, ein Weniger an Umweltbelastung ließe sich ökonomisch beziffern und mit einem Gegenwert - dem anteiligen Kaufpreis - abgelten? Der Kauf eines umweltfreundlichen Produkts nützt dem Käufer nur mittelbar selbst, die Fortbewegung verdankt er dem Auto, dem Fahrrad, dem Flugzeug unabhängig davon, ob diese Verkehrsmittel umweltfreundlich hergestellt, verwendet etc. werden oder nicht. Umwelt wird man schwerlich selbst als Produkt bezeichnen können, man kauft nicht ein Stück Umwelt (oder Umweltschonung), sondern einen individualisierten Ge- bzw. Verbrauchsgegenstand zu einem bestimmten Zweck. Neben diesem Hauptzweck mag man mit dem Kauf und der anschließenden Verwendung aber auch noch weitere Nebenzwecke verfolgen, etwa die Fortbewegung in einem komfortablen oder vergleichsweise sicheren Auto. Zumindest prima vista spricht nichts dagegen, zu diesen Nebenzwecken auch die Umweltverträglichkeit eines Produkts zu rechnen. Umweltwerbung, so sähe damit ein *erster Definitionsversuch* aus, bemüht sich um die Herstellung einer Beziehung zwischen dem ökologisch relevanten Ergebnis einer bestimmten Produktions- bzw. Wirtschaftsweise einerseits und dem Interesse des

Endabnehmers an der Verwertung dieses Ergebnisses andererseits, wobei diese Verwertung ihrerseits regelmäßig mit einer Gegenleistung in Form eines erhöhten Kaufpreises verknüpft ist.

Von dieser Skizze umweltbezogener Werbung ausgehend, bemüht sich der folgende *Zweite Teil* um den Nachweis, daß die weitgehende traditionelle Unzulässigkeitserklärung umweltbezogener Werbeaussagen bereits aus allgemeinen rechtstatsächlichen Erwägungen nicht zu rechtfertigen ist. Es geht um eine *Antwort auf die allgemeine Kritik an der Umweltwerbung* und damit um die Schaffung eines Bildes, das umweltbezogene Werbung anders zeigt, als man es bislang gewohnt ist - anhand dessen man diese nicht sogleich verurteilt, sondern zunächst erklärt. Zu diesem Zwecke bedarf es einer Beschäftigung mit den verschiedenen Formen nichtinformativer Werbung: Ob man Umweltwerbung als suggestiv, gefühlsbetont bzw. gesundheitsrelevant qualifizieren kann, soll nicht einfach unterstellt, sondern kritisch überprüft werden. Gegenstand der folgenden Ausführungen ist primär die tatsächliche Wirkungsweise nichtinformativer Werbung, nicht die rechtliche Beurteilung dieser Wirkungsweise. Die Frage lautet: Was ist und was kann nichtinformative Werbung? - nicht: Was soll nichtinformative Werbung dürfen? Im einzelnen geht es um das Wesen nichtinformativer Werbung sowie eine Abgrenzung der verschiedenen Erscheinungsformen untereinander (B. II.), um das Verhältnis von nichtinformativer und informativer Werbung (B. V.), um die Frage einer (teilweisen) Identität von nichtinformativer und umweltbezogener Werbung (B. III., C. III. 3. und IV. 2.) sowie um erste *normative* Konsequenzen einer möglichen (Teil)Identität (E. und F.).

Keine der genannten rechtstatsächlichen Aspekte ist bislang hinreichend erörtert und zufriedenstellend geklärt worden, und dies, obwohl das Thema der nichtinformativen Werbung in der lauterkeitsrechtlichen Diskussion durchaus Raum einnimmt. Grund hierfür ist der Umstand, daß man die verschiedenen Aspekte nichtinformativer und umweltbezogener Werbung - anders als bisher der Fall - nicht getrennt, sondern nur im Gesamtkontext und in angemessener gedanklicher Vertiefung diskutieren, verstehen und beurteilen kann; allein auf diese Weise gelangt man zu einer umfassenden Strukturierung und Erklärung umweltbezogener Werbung.

B. Das Verhältnis von Umweltwerbung und Suggestivwerbung

I. Die Zweckgebundenheit der Wirtschaftswerbung

In inhaltlicher Hinsicht ist die Erscheinung der Wirtschaftswerbung wesentlich durch ihren grundsätzlich massenkommunikativen Charakter geprägt[5]. Sie verkörpert den Versuch des Absenders, im Wege der Ansprache eine möglichst große Anzahl von Empfängern zu einem konkreten Verhalten zu bestimmen. Nach Behrens ist "Werbung (...) eine absichtliche und zwangfreie Form der Beeinflussung, welche die Menschen zur Erfüllung der Werbeziele veranlassen soll."[6] Seÿffert definiert Werbung als eine "(...) Form der Beeinflussung, die durch bewußten Verfahrenseinsatz zum freiwilligen Aufnehmen, Selbsterfüllen und Weiterpflanzen des von ihr dargebotenen Zweckes veranlassen will."[7]

Gegen die Verwendung der Merkmale *Zwanglosigkeit* und *Freiwilligkeit* wird indes eingewandt, hierdurch lasse sich allzuleicht der Vorwurf der Manipulation und der Fremdbestimmung des Konsumenten durch die Werbung umgehen[8]. Eine solche Kritik weist den Weg zu der seit Jahren anhaltenden Diskussion um eine Unterteilung der Werbung in eine *informative* (also sachliche) und eine *manipulative* bzw. *suggestive* (d.h. unsachliche) Werbung[9], ei-

---

[5] *Lerche*, Werbung und Verfassung, 1967, 12 ff.; *Schenk/Donnerstag/Höflich*, Wirkungen der Werbekommunikation, 1990, 5 ff.; *Haseloff*, Kommunikationstheoretische Probleme der Werbung, in: *Behrens* (Hrsg.), Handbuch der Werbung, 1975, 157 ff.

[6] *Behrens*, Begrifflich-systematische Grundlagen der Werbung - Erscheinungsformen der Werbung, in: *Behrens* (Hrsg.), Handbuch der Werbung, 1975, 4. - Gleichsinnig: *Haseloff*, Werbung als instrumentelle Kommunikation, in: *Tietz* (Hrsg.), Die Werbung, Bd. 1, 1981, 63, 108 f.; *Schweiger/Schrattenecker*, Werbung, 1995, 9; *Schenk/Donnerstag/Höflich*, a.a.O., 5 f.

[7] *Seÿffert*, Werbelehre, Erster Bd., 1966, 7. - Wirtschaftswerbung ist zunächst also Ansprache zum Zwecke der Beeinflussung. Beide Elemente, das Mittel der Anrede ebenso wie das Ziel der Einflußnahme, sind konstitutive Bestandteile der Werbung; vgl. auch *Haseloff*, a.a.O. (Fn. 6), 108. - A.A. wohl *Strodthoff*, Werbung in Wirtschaft und Recht, Diss. jur. Hamburg 1964, 4 f.; *Lerche*, a.a.O. (Fn. 5), 12.

[8] *Mähling*, Werbung, Wettbewerb und Verbraucherpolitik, 1983, 11 f. - Vgl. auch *Kroeber-Riel*, Konsumentenverhalten, 1992, 610 f. - Die Feststellungen von *Behrens* und *Seÿffert* gelten einem tatsächlichen Geschehen, keinesfalls bereits seiner normativen Einordnung. Entscheidend ist deshalb, ob Werbung zwanghaft wirken und (deshalb) zu einer unfreiwilligen Aufnahme führen *kann* oder nicht. Die Definitionen von *Behrens* und *Seÿffert* grenzen diese Frage aus, wenn sie unter Werbung im *tatsächlichen* Sinne nur die zwangfreie, auf die freiwillige Aufnahme durch den Adressaten gerichtete Beeinflussung verstehen.

[9] Vgl. - zunächst ohne Unterteilung in "Befürworter" und "Kritiker" einer suggestiven Werbung - *aus juristischer Sicht*: *Baumbach/Hefermehl*, a.a.O., § 1 UWG Rd. 192 und vor §§ 3-8 UWG Rd. 3; *Loewenheim*, Suggestivwerbung, unlauterer Wettbewerb, Wettbewerbsfreiheit und Verbraucherschutz, GRUR 1975, 99 ff.; *Lerche*, a.a.O. (Fn. 5), 18 ff.; *Emmerich*, Das Recht des unlauteren Wettbewerbs, 1995, 197; *Wegener*, Werbung und Verbraucherinformation - der Funktionswandel des UWG, in: *Reich/Tonner/Wegener*, Verbraucher und Recht, 1976, 86, 104 ff.; *Simitis*, Verbraucherschutz - Schlagwort oder Rechtsprinzip?, 1976, 30 ff.; *Kretschmer*, Konsumgüterwerbung und Verbraucherschutz (I), MA 1975, 86 ff.; *Baudenbacher*, Suggestivwerbung und Lauterkeitsrecht, 1978, 88 f.; *Pöchhacker*, a.a.O., 39, 52 f., 88 ff.; *Hatje*, a.a.O., 23 ff.; *Kreft*, in: *Gloy* (Hrsg.), a.a.O., § 14 Rd. 14; *Teichmann/van Krüchten*, a.a.O., 705; *Jochen Meyer*, Die kritisierende vergleichende Werbung, 1991, 187 ff.;

ne Diskussion, die sich wie ein roter Faden durch das Gebiet der Wirtschaftswerbung zieht:

Federhoff-Rink, Umweltschutz und Wettbewerbsrecht, 1994, 32 ff.; *Drettmann*, Wirtschaftsordnung und Meinungsfreiheit, 1984, 101 ff. m.w.N.; *Schricker*, Wettbewerbsrechtliche Aspekte des Verbraucherschutzes, RabelsZ 40 (1976), 535, 551 ff.

Aus ökonomischer Sicht: *Behrens*, a.a.O., 6; *Wilhelm*, Werbung als wirtschaftstheoretisches Problem, 1961, 60 ff.; *Mähling*, a.a.O., 175 f.; *Hoppmann*, Wettbewerb und Werbung, WuW 1983, 776 ff.; *Kantzenbach*, Zur wirtschaftspolitischen Bedeutung der Werbung, WuW 1984, 297 ff.; *Dankwart Rost*, Werbung im Wettbewerb, in: *Röper* (Hrsg.), Wettbewerb und Werbung, 1989, 21 ff.; *Hilke*, Werbung und Wettbewerb aus betriebswirtschaftlicher Sicht, in: *Röper* (Hrsg.), a.a.O., 35 ff.; *Monopolkommission*, Wettbewerbsprobleme bei der Einführung von privatem Hörfunk und Fernsehen, 1981, Tz. 33; *Schenk*, Werbung und Markttransparenz, in: *Behrens* (Hrsg.), a.a.O., 57, 63 ff.; *Jeschke*, Konsumentensouveränität in der Marktwirtschaft - Idee, Kritik, Realität, 1975, 159 ff.

Aus (konsum)soziologischer Sicht: *Kroeber-Riel*, a.a.O., 622 ff.; *Schenk/Donnerstag/Höflich*, a.a.O., 221; *Schweiger/Schrattenecker*, a.a.O., 185 ff., bes. 192; *von Rosenstiel/Neumann*, Einführung in die Markt- und Werbepsychologie, 1982, 112 ff.

Aus betont interdisziplinärer Sicht: *Thiedig*, Suggestivwerbung und Lauterkeitsrecht, 1973, 11 ff.; *Grunert/Stupening*, Werbung - ihre gesellschaftliche und ökonomische Problematik, 1981, 103 ff.

Zum Ansatz der modernen Werbetheorie, die auf eine Unterscheidung zwischen informativer und suggestiver Werbung verzichtet und in der suggestiven (bzw. unsachlichen) Werbung - also bereits "allein in der Tatsache, daß bzw. wie intensiv der Anbieter für sein Produkt wirbt" (*Menke*, Recht und Ökonomie der kritisierenden vergleichenden Werbung, 1994, 98) - eine sog. *indirekte* Information der Verbraucher sieht, vgl. etwa *Menke*, a.a.O., 91 ff. - Hierzu ist vorab zu bemerken, daß *Menke*, a.a.O., 76 Fn. 72, die Suggestivwerbung in einem sehr eingeschränkten Sinn versteht und den wesentlichen Aspekt "Appell an das Unbewußte" mit keinem Wort erwähnt, so daß insoweit ein Dialog zwischen "Traditionalisten" und "Reformern" gar nicht möglich ist. Im übrigen mag zwar die traditionelle Sichtweise (und Kritik) der suggestiven Werbung Schwächen aufweisen, dieser Umstand dürfte indes kaum als Grund genügen, um eine jahrzehntealte, betont interdisziplinäre und keinesfalls statische Diskussion rund um das Phänomen der Suggestivwerbung einfach zu ignorieren. Mit Hilfe der modernen Werbetheorie eröffnet sich möglicherweise ein Weg, das Wesen der Suggestivwerbung in seiner ganzen rechtstatsächlichen Komplexität auf völlig neue Weise zu begreifen, vielleicht gibt jene darüber hinaus sogar konkrete wettbewerbsrechtliche Hilfestellungen. Die vorliegende Untersuchung hält das Erkenntnispotential der traditionellen Werbetheorie allerdings nicht für ausgeschöpft, weshalb eine Untersuchung der Umweltwerbung unter dem *exklusiven* Aspekt der modernen Werbetheorie einer anderen Arbeit vorbehalten bleiben soll. Eine Beschäftigung mit dem Werberecht der Neunziger Jahre kommt an der traditionellen Werbetheorie nicht vorbei, einfach deshalb, weil diese ihrerseits - man mag das bedauern oder auch nicht - das Fundament einer langjährigen Entwicklung von Rspr. und Literatur bildet. Wenn man die h.M. oder auch nur ein einzelnes Judikat verstehen, würdigen und womöglich gar widerlegen möchte, muß man sich in das "System" der h.M. oder des einzelnen Gerichts hineinversetzen; dieses "System" fußt aber ausdrücklich oder stillschweigend auf einer traditionellen Sicht der Werbung.

II. Die drei Wesenszüge suggestiver Werbung

1. Das Element des "Subjektiven" - Das "Modell der Wirkungspfade" als allgemeine Erklärung von Werbewirkungen (Kroeber-Riel)

Alle Vorgänge im Inneren des Menschen lassen sich vereinfacht in *aktivierende* (im Sinne von verhaltensantreibende) und *kognitive* (also der gedanklichen Informationsverarbeitung dienende) Prozesse unterteilen, Vorgänge, die kraft ihrer Komplexität eine kaum auflösbare Verbindung von unterschiedlicher Gewichtung eingehen[10]. Während aktivierende Prozesse durch innere und äußere Reizwirkungen ausgelöst werden können[11] und die Bereiche "Emotion", "Motivation" und "Einstellung" umfassen[12], lassen sich kognitive Vorgänge in die Bereiche "Informationsaufnahme", "Wahrnehmung", "Lernen/Gedächtnis" und "Entscheidung" einteilen[13]. Auf diesem Hintergrund entwickelt Kroeber-Riel ein sog. *"Modell der Wirkungspfade"*, das als allgemeine Erklärung von Werbewirkungen dient:

Ausgangspunkt ist ein sog. *"System der Wirkungskomponenten"*. Hierunter sind alle Bausteine der gesamten Werbewirkung zu verstehen, Komponenten also, die für sich bzw. in Verbindung mit anderen Komponenten die Werbewirkung begründen[14]. Da nicht jede Werbung die gleiche Wirkung erzielt - man denke nur an so verschiedene Formen wie Text- bzw. Bildwerbung, mit bzw. ohne Musik untermalte Werbung -, kommt es zudem auf die Bedingungen an, unter denen Werbung stattfindet, die sog. *"Wirkungsdeterminanten"*[15]. Zu diesen Determinanten zählt zum einen - aus Sicht des Empfängers - dessen Engagement oder "Ich-Beteiligung", der Grad, bis zu dem der Konsument involviert ist, und zum anderen die *Art der Werbung*, wobei in der Konsumso-

---

[10] *Kroeber-Riel*, a.a.O., 45 ff.; *Kroeber-Riel/Trommsdorff*, Artikel "Werbung", in: *Albers/Born/Dürr* (Hrsg.), Handwörterbuch der Wirtschaftswissenschaften, 8. Bd., 1980, 637, 640 f.; *von Rosenstiel/Neumann*, a.a.O., 162; *Grunert/Stupening*, a.a.O., 39; ferner *Schenk/Donnerstag/Höflich*, a.a.O., 73 ff.

[11] *Kroeber-Riel*, a.a.O., 67 ff.

[12] *Kroeber-Riel*, a.a.O., 49 ff.

[13] *Kroeber-Riel*, a.a.O., 218 ff. - Vgl. zum Ganzen auch *Mayer*, Werbepsychologie, 1993, 21, 58 ff.; *Huth/Pflaum*, Einführung in die Werbelehre, 1996, 33 ff.; *von Rosenstiel/Neumann*, a.a.O., 56 ff., 96 ff., 122 ff., 146 ff., 162 ff.

[14] Nach dieser Systematisierung gibt es - in der zeitlichen Reihenfolge ihres Wirksamwerdens - fünf Komponenten, nämlich (1) die bewußte oder unbewußte, aufmerksame oder unaufmerksame, gleichgültige oder nicht gleichgültige *Aufnahme* der Werbung *durch die Sinnesorgane* des Empfängers, (2) eine starke oder schwache *Aufmerksamkeit* des Umworbenen, von der die mehr oder weniger aktive Aufnahme der Werbung abhängt, (3) die eingangs genannten kognitiven und aktivierenden *Vorgänge* im Menschen, (4) eine sich aus dem Zusammenwirken beider Vorgänge ergebende *Einstellung* bzw. Kaufabsicht und (5) das eigentliche *Kaufverhalten* als die von der Werbung angestrebte "Endwirkung"; *Kroeber-Riel*, a.a.O., 619 ff.

[15] *Kroeber-Riel*, a.a.O., 619, 622 ff.

ziologie zwischen "informativer" und "emotionaler"[16] Werbung unterschieden wird[17]. Als informativ kann eine Werbung mit *objektiv nachprüfbaren* Angaben über Preis, Größe, Gewicht, Design, Farbe, Auflage etc. bezeichnet werden, während man unter emotionaler Werbung eine Werbung mit einem Bezug zu *subjektiv nachvollziehbaren* Reizen versteht[18]. Auch emotionale Werbung kann sich direkt auf das Produkt beziehen ("eiskalt", "kuschelweich" usw.)[19], so daß das Kriterium der Produktnähe allein kein Merkmal der Unterscheidung zwischen informativer und emotionaler Werbung ist[20].

Schenk/Donnerstag/Höflich weisen daraufhin, daß bei informativer Werbung der Rezipient oft nur unzureichend aktiviert werde, während zu stark aktivierende Elemente von der eigentlichen Werbebotschaft ablenken würden[21]. Ein gewisses Maß an Aktivierung ist also unerläßlich, um überhaupt die Aufmerksamkeit des Empfängers für die Übermittlung, Aufnahme und Verarbeitung von Informationen wecken und unterhalten zu können[22]. Letztlich dürfte eine von Kroeber-Riel so bezeichnete *gemischte Werbung*[23] mit einem sowohl informativen wie auch emotionalen Inhalt überwiegen und die Richtung der Werbewirkungen mitbestimmen[24].

2. Die Betonung des sog. "sozialen Zweit- bzw. Zusatznutzens"

Eine weitere Annäherung an das Wesen der Suggestivwerbung erfolgt über die Unterscheidung zwischen dem sog. *Grund-* oder *Gebrauchsnutzen* - dieser

---

[16] Die Begriffe "suggestiv" und "emotional" sind ihrem Sinn nach identisch.

[17] *Kroeber-Riel*, a.a.O., 623 ff. - Ebenso: *Schenk/Donnerstag/Höflich*, a.a.O., 220 f.; *Schweiger/Schrattenecker*, a.a.O., 185 ff., bes. 192.

[18] *Kroeber-Riel*, a.a.O., 623; *Pflaum*, Artikel "Manipulation", in: *Pflaum/Bäuerle* (Hrsg.), Lexikon der Werbung, 1995, 261, 264; *Monopolkommission*, a.a.O., Tz. 33; *Jochen Meyer*, a.a.O., 188; *Schweiger/Schrattenecker*, a.a.O., 45.

[19] *Kroeber-Riel*, a.a.O., 623.

[20] A.A. *Hatje*, a.a.O., 24 f., der zu den informativen Bestandteilen einer Werbeaussage neben objektiv nachprüfbaren Tatsachenbehauptungen auch "Wert- und Geschmacksurteile" rechnet, die naturgemäß einen subjektiven Charakter hätten.

[21] *Schenk/Donnerstag/Höflich*, a.a.O., 221; vgl. auch *Hoppmann*, a.a.O. (Fn. 9), 777.

[22] *Schenk/Donnerstag/Höflich*, a.a.O., 221; *Hoppmann*, a.a.O. (Fn. 9), 776 f.; *Mähling*, a.a.O., 229 ff.; *Kantzenbach*, a.a.O., 298; *Schricker*, a.a.O. (Fn. 9), 551; *Grunert/Stupening*, a.a.O., 44.

[23] *Kroeber-Riel*, a.a.O., 623 f., 634 ff.

[24] In diesem Sinne: *Schweiger/Schrattenecker*, a.a.O., 192; *Braun*, Werbung und Meinungsfreiheit nach Art. 5 Abs. 1 Satz 1 Grundgesetz (GG), WRP 1982, 510, 512; *Kreft*, in: *Gloy* (Hrsg.), a.a.O., § 14 Rd. 14; *Loewenheim*, a.a.O. (Fn. 9), 101; *Baumbach/Hefermehl*, a.a.O., § 1 UWG Rd. 192; *Mähling*, a.a.O., 109, 229 f.; *Wegener*, a.a.O., 106; *Hatje*, a.a.O., 23; *Teichmann/van Krüchten*, a.a.O., 705; *Hilke*, a.a.O., 49; *Drettmann*, a.a.O., 101 f.; *Schnorbus*, a.a.O., 17; Großkomm./*Schünemann*, Einl UWG Rd. D 254.

beruht auf den "stofflich-technischen" Eigenschaften eines Gutes[25] - und zusätzlichen Nutzensarten (Stichwort: sog. *Zweit-* oder *Zusatznutzen*), zu denen vor allem der Geltungsnutzen oder *"soziale Nutzen"* zählt[26]. Dieser Unterscheidung liegt die Erkenntnis zugrunde, daß Produkte (bzw. Dienstleistungen) nur "(...) dann und insofern gekauft (werden), wenn sie in den Augen der potentiellen Käufer irgendeine Art von Nutzen stiften."[27] Dabei kommt dem Zusatznutzen gesteigerte Bedeutung zu, weil die "(...) sog. Homogenität der Güter bzw. Dienstleistungen in bezug auf ihre Grundnutzen (= funktionaler Nutzen) (...) eine spezifische Auslobung eines Produktes oft sehr schwer bis unmöglich (macht)."[28] Je weniger sich Markenprodukte allein hinsichtlich Geschmack (Zigaretten), Motortauglichkeit (Benzin) oder Bequemlichkeit (Jeans) unterscheiden lassen, desto eher neigen Unternehmen dazu, den Markennamen mit "Geisteshaltungen" anzureichern und das Produkt hinter diese zurücktreten zu lassen[29].

---

[25] Zum Grund- oder Gebrauchsnutzen rechnet etwa die Möglichkeit der Fortbewegung (Automobil) oder des Schutzes vor Kälte und Regen (Kleidung).

[26] *Vershofen*, Handbuch der Verbrauchsforschung, Erster Bd., 1940, 67 ff. - Ferner: *Schenk*, a.a.O., 60; *Lerche*, a.a.O. (Fn. 5), 26 f.; *Mähling*, a.a.O., 269; *Wilhelm*, a.a.O., 51; *Kretschmer*, a.a.O., 87; *Pöchhacker*, a.a.O., passim; *Jochen Meyer*, a.a.O., 187 ff.; *Thiedig*, a.a.O., 11 ff., 23 f.; *Schweiger/Schrattenecker*, a.a.O., 50 f.; *von Rosenstiel/Neumann*, a.a.O., 158 f.; *Huth/Pflaum*, a.a.O., 102 ff.; *Scherhorn*, Verbraucherinteresse und Verbraucherpolitik, 1975, 54 f.; *Kübler*, Wirtschaftsordnung und Meinungsfreiheit, 1966, 18 f.; *Baudenbacher*, a.a.O. (Fn. 9), 49 ff., 56 ff.; *Federhoff-Rink*, a.a.O. (Fn. 9), 32 ff.

[27] *Huth/Pflaum*, a.a.O., 102.

[28] *Huth/Pflaum*, a.a.O., 103; vgl. auch: *Schweiger/Schrattenecker*, a.a.O., 51; *Brückner*, Die informierende Funktion der Wirtschaftswerbung, 1967, 34 f.; *Thiedig*, a.a.O., 13 ff.; *Drettmann*, a.a.O., 108.

[29] Daß just im Konsumgüterbereich (Beispiele: Tabakwaren, Waschmittel, Kosmetika, Alkohol, Benzin) eine ausreichende Produktdifferenzierung allein über den Grundnutzen mangels einer entsprechenden Produktheterogenität nicht mehr möglich ist, läßt sich nicht bestreiten, weshalb sich die Wirtschaftswerbung "(...) aus absatzwirtschaftlichen Gesichtspunkten gezwungen sieht, über Verpackung und Werbung künstliche Produktdifferenzierungen aufzubauen" (*Thiedig*, a.a.O., 13). In diesem Kontext kritisiert *Loewenheim*, a.a.O. (Fn. 9), 105, die Tatsache, daß sich Suggestivwerbung bemühe, "Produkthomogenitäten nicht transparent werden zu lassen" und "objektiv substituierbare Güter" dem Verbraucher als "nicht substituierbar" präsentiert würden. *Simitis*, a.a.O., 100, ist gar der Ansicht, daß der Markt "(...) durch die Produktdifferenzierung und die Vielfalt von Verpackungen für den Verbraucher unübersehbar geworden" sei. Diese vielfach künstlich hergestellte Vielfalt des Angebots schließe es für den Normalverbraucher aus, relevante Informationen auszusondern und Vergleiche anzustellen. - Nur: Der Verbraucher kann (nicht muß!) ein Interesse daran haben, zwischen den verschiedenen *homogenen* Gütern differenzieren zu können, wobei eine solche Produktdifferenzierung allein über die Betonung des Zusatznutzens möglich ist. Die *eigentliche* Frage ist deshalb die, ob die Möglichkeit einer Produktdifferenzierung auf einem homogenen Gütermarkt überhaupt wünschenswert ist. Eine solche Frage aber kann nur bejaht werden, denn Produktvielfalt und Marktheterogenität sind Grundele-

Durch die Kreation eines sozialen Zusatznutzens werden "Jugend, Schönheit und Erfolg, Ansehen und Prestige, Selbstwertsteigerung und gesellschaftliche Anerkennung"[30], "Status, Geborgenheit, Eleganz und Lebensgefühl"[31], "Reichtum und Kraft"[32], "Sicherheit, Sportlichkeit und Geschwindigkeit"[33], "Schuldgefühle und sexuelle Motivationen"[34], "Sonnenschein, Glück, Liebe und Gesundheit"[35] versprochen. Auch die typischerweise hinsichtlich der gefühlsbetonten Werbung angeführten Gefühle "Angst" und "Mitleid"[36], "Eitelkeit, Hilfsbereitschaft, soziale Verantwortung und Trauer"[37] sind Beispiele eines sozialen Zusatznutzens, der mit dem stofflich-technischen Grundnutzen nichts gemeinsam hat. Damit bedeutet sozialer Zusatznutzen nichts anderes als *"emotionaler Zusatznutzen"*[38].

3. Der "Appell an das Unbewußte" - Zur sog. "Imagewerbung"

Drittes Charakteristikum suggestiver Werbung ist der Umstand, daß sich diese als ein *"Appell an das Unbewußte"*[39] darstellt, als ein Versuch, den Konsumenten "im nichtrationalen Bereich tiefenpsychologisch zu steuern"[40] und "unter Ausschaltung der Bewußtseinskontrolle direkt das Unterbewußtsein der Verbraucher anzusprechen"[41]. Der Weg führt dabei über den Aufbau von

---

mente freier Marktwirtschaft; zum Ganzen auch *Jeschke*, a.a.O., 160 ff.; *Menke*, a.a.O. (Fn. 9), 88; *Pöchhacker*, a.a.O., 68 ff., 123 ff.

30 *Loewenheim*, a.a.O. (Fn. 9), 100. - Ebenso: *Mähling*, a.a.O., 176; *Menke*, a.a.O. (Fn. 9), 76 Fn. 72.

31 *Sosnitza*, Werbung mit der Realität, GRUR 1993, 540, 541.

32 *Löffler*, Verstößt die "Benetton-Werbung" gegen die guten Sitten i. S. des § 1 UWG?, AfP 1993, 536, 539.

33 *Huth/Pflaum*, a.a.O., 103.

34 *Schricker*, a.a.O. (Fn. 9), 551.

35 *Emmerich*, a.a.O. (Fn. 9), 194 Fn. 97.

36 *Baumbach/Hefermehl*, a.a.O., § 1 UWG Rd. 175.

37 *Teichmann/van Krüchten*, a.a.O., 704; BGH GRUR 1991, 545 - Tageseinnahme für Mitarbeiter.

38 *Kroeber-Riel*, a.a.O., 116 f.; *Federhoff-Rink*, a.a.O. (Fn. 9), 33; *Pöchhacker*, a.a.O., 280; *Aicher*, Wettbewerbsrechtliche Einführung in das Recht der Werbung, in: *ders.* (Hrsg.), Das Recht der Werbung, 1984, 215, 267; Großkomm./*Lindacher*, § 3 UWG Rd. 1.

39 *Baumbach/Hefermehl*, a.a.O., § 1 UWG Rd. 192. - Ebenso: *Lerche*, a.a.O. (Fn. 5), 23; *Schricker*, a.a.O. (Fn. 9), 553; *Schluep*, Wirtschaftsrechtliche Aspekte der Werbung durch Appell an das Unbewusste, ZSR 1972, 353 ff.

40 *Baumbach/Hefermehl*, a.a.O., vor §§ 3-8 UWG Rd. 3. - Ebenso: *Kretschmer*, a.a.O., 87; vgl. auch *Baudenbacher*, a.a.O. (Fn. 9), 88.

41 *Emmerich*, a.a.O. (Fn. 9), 195. - Ebenso: *Simitis*, a.a.O., 30; *Kretschmer*, a.a.O., 88.

"Produktpersönlichkeiten"[42], "Produktbildern"[43] und "Markenimages"[44]; nur insoweit kann man richtigerweise von *"Imagewerbung"* reden.

Bei dieser steht nicht das Produkt selbst zur Diskussion, sondern die Identifikation des Umworbenen mit bestimmten Wertvorstellungen, die die Produkte des jeweiligen Unternehmens (oder auch das Unternehmen selbst) zu verkörpern vorgeben[45]. Zunächst, in einem ersten Schritt, wird die Identifikation des Verbrauchers mit bestimmten Attributen angestrebt, d.h., der Adressat soll dem propagierten Attribut gegenüber eine positive Einstellung entwickeln und z.B. "Freiheit" als einen wünschens- und nachfragewerten emotionalen Zusatznutzen empfinden. Erst in einem zweiten Schritt, nach erfolgreicher Identifikation mit dem Attribut "Freiheit", soll ein Rückschluß von dieser propagierten und verinnerlichten Wertvorstellung auf das Unternehmen (bzw. das jeweilige Produktangebot) erfolgen, um günstigstenfalls, in einem dritten Schritt, in eine positive Kaufentscheidung zu münden. So ist z.B. die heutige Zigarettenkinowerbung derart konzipiert, daß über die längste Zeit des Filmspots allein vermöge von Landschaftsaufnahmen und reitender Cowboys das *Bild von Freiheit und Abenteuer* aufgebaut und dem Zuschauer vor Augen geführt wird, bis am Ende des Filmspots der Bezug zum eigentlichen Produkt hergestellt wird, etwa dergestalt, daß erstmals überhaupt ein *rauchender* Cowboy zu sehen ist[46].

Die Tatsache, daß Imagewerbung mit Bildern, Symbolen und dergleichen arbeitet und auf jede ausdrückliche Betonung des Zusatznutzens verzichtet, unterscheidet eine suggestive Werbung maßgeblich von einer herkömmlichen *gefühlsbetonten Werbung*, die zwar gleichfalls den emotionalen Zusatznutzen herausstellt, diesen aber mehr oder weniger ausdrücklich betont. Nur durch die Verwendung von Bildern, unter gleichzeitigem Verzicht auf den direkten Ge-

---

[42] *Huth/Pflaum*, a.a.O., 103. - *Packard*, Die geheimen Verführer, 1958, 63, bezeichnet die "Formung von Leitbildern" als die "Schaffung ausgeprägter, in hohem Maße ansprechender 'Persönlichkeit' für Produkte, die sich im wesentlichen nicht voneinander unterscheiden." Insbesondere der amerikanischen Automobilindustrie attestiert *Packard* in diesem Kontext eine "erfolgreiche Leitbild-Schaffung", die auf die Erkenntnis zurückgehe, Autos seien reich mit sozialen Bedeutungen beladen und Ausdrucksmittel für Charakter, Temperament und die Vorstellung, die Eigentümer und Fahrer von sich selber hätten, vgl. *Packard*, a.a.O., 70 f., mit einer interessanten Auflistung von "Besitzerprofilen".

[43] *Emmerich*, a.a.O. (Fn. 9), 197; s.a. *Baudenbacher*, a.a.O. (Fn. 9), 56 ff., 60 ff., 79 ff.; *Sosnitza*, a.a.O. (Fn. 31), 541; *Kroeber-Riel*, a.a.O., 623.

[44] *Schweiger/Schrattenecker*, a.a.O., 53, 169 ff.

[45] Aus diesem Grund kann Imagewerbung auch beides sein - produkt- *oder* unternehmensbezogen.

[46] Vgl. hierzu auch *Löffler*, a.a.O., 539 und Fn. 28. - Für die Zigarettenmarke "West" wurde im Sommer 1995 im Kino dergestalt geworben, daß als alleiniges Filmmotiv ein per Fahrrad alle Kontinente durchquerender Mann gezeigt und erst ganz am Ende das Markenemblem eingeblendet wurde.

fühlsappell, ist es der Suggestivwerbung überhaupt möglich, das Unbewußte im Menschen anzusprechen. Kurz: Suggestiv ist eine Werbung, die an *unbewußte* Gefühle, Wünsche etc. appelliert[47], wobei es unwesentlich ist, ob diese Gefühle, Wünsche etc. von "rationaler" oder "irrationaler", "positiver" oder "negativer" Beschaffenheit sind[48].

---

[47] Der *Unterschied zwischen suggestiver und gefühlsbetonter Werbung* besteht darin, daß letztere nicht an ein dem Konsumenten unbewußtes Lebensgefühl appelliert und auch keinen solchen Versuch unternimmt. Durch die mehr oder minder ausdrückliche Ansprache des emotionalen Zusatznutzens - durch die Nennung z.B. von "Mitleid" beim Namen - wird sich der Adressat seiner Gefühle zwangsläufig bewußt. - Im einschlägigen Schrifttum wird man eine solche Definition explizit wohl kaum finden. Regelmäßig wird "gefühlsbetont" eine Werbung genannt, die "in irgendeiner Form an die Gefühle (appelliert)" [*Emmerich*, a.a.O., (Fn. 9), 194; vgl. auch *Teichmann/van Krüchten*, a.a.O., 704; BGH GRUR 1995, 742 - Arbeitsplätze bei UNS], ohne nähere ausdrückliche Beschäftigung mit der Frage, auf welcher Bewußtseinsebene diese Gefühle überhaupt angesiedelt sind. Die hier vorgeschlagene Abgrenzung ist insoweit schlüssig, als anderenfalls - so also gefühlsbetonte Werbung *immer auch* die Ansprache an *unbewußte* Gefühle bedeutete - jeder gefühlsbezogene Werbeappell stets zugleich eine suggestive Werbung beinhaltete und eine Unterscheidung weiter keinen Sinn machte. "Gefühlsbetonte" Werbung kann danach nur der allgemeine Oberbegriff sein, "Suggestivwerbung" hingegen der spezielle Unterbegriff, oder anders gesagt: Jede Suggestivwerbung ist "gefühlsbetonte" Werbung, aber nicht jede "gefühlsbetonte" Werbung ist zugleich auch Suggestivwerbung; gleichsinnig wohl auch *Baumbach/Hefermehl*, a.a.O., § 1 UWG Rd. 175; *Mylaeus*, Die "gefühlsbetonte Werbung" als Erscheinungsform der "unsachlichen Werbung" und ihre Beurteilung nach § 1 UWG, 1983, 3 Fn. 7; *Pöchhacker*, a.a.O., 37.

Unter einer sog. *"subliminalen"* oder "unterschwelligen" Werbung wird ein Verhalten verstanden, das der Umworbene nicht mehr bewußt als Werbeappell aufnehmen kann. Dem Konsument fehlt nicht das Bewußtsein seiner Hoffnungen, Wünsche etc., sondern jedes *Bewußtsein werblicher Beeinflussung*; der Adressat merkt nicht einmal, *daß* er umworben wird, geschweige denn, auf welche Weise. - Zur Frage, ob subliminale Werbung überhaupt in der Lage ist, den Konsumenten in seinem Unbewußtsein zu erreichen und in Richtung einer anschließenden Kaufentscheidung zu bestimmen, vgl. eingehend *Brand*, Die Legende von den "geheimen Verführern", 1978, 199 ff. - Zust.: *Neske*, Artikel "Unterschwellige Werbung", in: Gabler-Lexikon-Werbung, 1983, 341; *Baudenbacher*, a.a.O. (Fn. 9), 91 Fn. 16; *Mähling*, a.a.O., 260 ff.; *Huth/Pflaum*, a.a.O., 31; *Schweiger/Schrattenecker*, a.a.O., 86 f.; *von Rosenstiel/Neumann*, a.a.O., 63; *Schenk/ Donnerstag/Höflich*, a.a.O., 66 f.; kritisch bezüglich erfolgreicher subliminaler Werbung auch *Mayer*, a.a.O., 74 ff.

[48] Eine Unterscheidung nach positiven ("guten") und negativen ("schlechten") Hoffnungen, Wünschen etc. - man könnte auch von altruistischen und egoistischen Gefühlen sprechen (so etwa *Menke*, Zur Fallgruppe "Gefühlsbetonte Werbung", GRUR 1995, 534) - läßt sich unter sachlichen Gesichtspunkten nicht rechtfertigen. Ob der eine oder andere *emotionale Zusatznutzen* tatsächlich positiv ist - man denke z.B. an den "Geltungsdrang" -, entzieht sich der Möglichkeit einer objektiven Beurteilung. Was für den einen Ausdruck von Egoismus ist, bedeutet für den anderen ohne weiteres "Nächstenliebe". Altruismus ist ein relativer Begriff. Nicht selten verbirgt sich hinter der Liebe zum anderen letztlich die Liebe zu sich selbst, und es ist häufig genug nicht das Mit-

III. Teilidentität von Umweltwerbung und Suggestivwerbung

Unter denen, die eine Gleichsetzung von Umwelt- und Suggestivwerbung bejahen, überwiegt die Ansicht, die jede Art von umweltbezogener Werbung als suggestiv bezeichnen möchte; Umweltwerbung wird *per se* als suggestiv qualifiziert, egal, ob die konkrete Werbeaussage suggestive Wirkung entfalten kann oder nicht[49].

Dem Verbraucher *als solchem*, so lautet das zweite Pauschalurteil, werde ein gutes Gewissen suggeriert[50]. Das OLG Saarbrücken etwa erklärt, die Werbeaussage "HaRa: Damit Mensch und Natur eine Chance haben" mache sich "(...) ganz bewußt unterschwelliger Angstgefühle der Verbraucher sowie deren daraus resultierendes schlechtes Gewissen zunutze (...)."[51] Indes erscheint es fraglich, ob man völlig undifferenziert von *dem* Verbraucher überhaupt sprechen kann, ohne Rücksicht darauf, daß sich unter den Verbrauchern auch solche befinden dürften, bei denen im Hinblick auf Fragen der Umwelt nicht von

---

leid oder die Nächstenliebe, die einen Geld spenden lassen, sondern das eigene schlechte Gewissen. Entscheidend ist ausschließlich, *daß* die verschiedenen emotionalen Zusatznutzensarten Gefühle verkörpern, nicht welche. Daß die Ansprache an egoistische Gefühle andere Wirkungen zeitigt als der Appell an altruistische, läßt sich vielleicht behaupten, nachweisen läßt es sich aber wohl kaum. Hinter der künstlichen Differenzierung zwischen guten und schlechten, altruistischen und egoistischen Gefühlen versteckt sich die Annahme, im Fall eines Appells an gute, uneigennützige Gefühle sei der Verbraucher wehrloser und darum schutzbedürftiger als im Fall eines Appells an schlechte, eigennützige Gefühle. Auch eine solche Annahme bleibt aber nur eine Hypothese. Schließlich hängt es vom individuellen Verbraucher ab, ob und in welchem Maße bei ihm eher die egoistische oder eher die altruistische Gefühlsebene angesprochen wird (oder beide zugleich). Insoweit ist die Feststellung des BGH (NJW-RR 1988, 556, 557 - Werbung mit Förderung des Breitensports), beim Appell an Mitleid, soziale Hilfsbereitschaft und Nächstenliebe gehe es "(...) um Bereiche, die wegen der Intensität der angesprochenen Gefühle die Möglichkeit besonders wirksamer Beeinflussung der Verbraucher eröffneten", nichts weiter als eine Behauptung. Die "Intensität der Gefühle" bestimmt sich eben nicht nach der Art und dem Typ der Gefühle, sondern nach dem Menschen, der sie besitzt. Diese sind nicht deshalb intensiv, weil es sich um Mitleid oder Nächstenliebe handelt, sondern weil der einzelne Mensch aufgrund seiner persönlichen Struktur Mitleid und Nächstenliebe in besonders intensiver Weise empfindet (oder eben auch nicht). Ohne Bedeutung ist im übrigen, ob sich eine Unterscheidung nach "guten" und "schlechten" Gefühlen unter *moralischen* Gesichtspunkten rechtfertigen läßt; so indes LG Hamburg (WRP 1986, 59 - Aktion Grüner Groschen), dem zufolge eigennützige Motivationen (wie die Chance, eine Traumreise zu gewinnen) *ihrer Eigennützigkeit halber* "eher niedrig einzustufen" seien.

[49] So: *Baumbach/Hefermehl*, a.a.O., § 1 UWG Rd. 179 a; *Schnorbus*, a.a.O., 19; *Rempen*, a.a.O., 13.

[50] Vgl. etwa *Ullmann*, Spenden - Sponsern - Werben, in: *Loewenheim/Raiser* (Hrsg.), FS für *Fritz Traub* zum 65. Geburtstag, 1994, 411, 422.

[51] OLG Saarbrücken WRP 1992, 510, 512 - Umweltwerbung. - Kritisch *Graf Lambsdorff*, Werbung mit Umweltschutz, 1993, Rd. 74 sowie BGH WRP 1997, 724 - Umweltfreundliches Reinigungsmittel.

"unterschwelligen Angstgefühlen" und einem "daraus resultierenden schlechten Gewissen" die Rede sein kann. Wenn die Frage einer Identität von Umwelt- und Suggestivwerbung diskutiert werden soll, dann also nur im Sinne einer *Teilidentität* - Umweltwerbung kann in bezug auf den individuellen Adressaten suggestive Wirkung entfalten, sie muß es aber nicht.

1. Das Element des Subjektiven in der Umweltwerbung

Zunächst kann die Bezugnahme auf Umweltaspekte subjektive Elemente enthalten[52]. Der eine oder andere Verbraucher mag beim Gedanken an die Umwelt, an seine persönlich-subjektive Umwelt, den Duft einer bestimmten Blume nachempfinden oder die Erinnerung an ein bestimmtes persönliches Naturerlebnis verspüren. Wenn emotionale Werbung den Bezug zu subjektiv nachvollziehbaren Reizen begründet, dann vermag eine umweltbezogene Werbung den Bezug zu subjektiven *umweltbezogenen* Reizen zu begründen. Das bedeutet nicht, daß der Verbraucher bei einer umweltbezogenen Werbung immer auch einen umweltbezogenen Reiz verspüren muß, möglich ist es aber.

2. Die Betonung des sozialen Zusatznutzens in der Umweltwerbung

Hinsichtlich der Frage, welchen sozialen Zusatznutzen Umweltwerbung thematisieren kann, kommen grundsätzlich drei Arten in Betracht - das "gute bzw. schlechte Gewissen", "Sicherheit" sowie "Anerkennung, Status, Prestige, Ansehen"[53].

Als erstes zum Zusatznutzen "gutes/schlechtes Gewissen": Die Betonung des Umweltaspekts kann als Appell an ein bereits vorhandenes *schlechtes Gewissen* aufgefaßt werden, das von dem verbrauchereigenen, umweltschädlichen Verhalten herrührt[54]. Die ökologischen Folgen dieses individuellen Verhaltens, so die Werbeaussage, können durch den Kauf, insbesondere aber durch die Verwendung des konkreten Produkts gemindert oder gar unterbunden werden, mit der weiteren Folge, daß der Verbraucher nunmehr über ein *gutes Gewissen* verfügt. Eine solche Werbung appelliert also an ein bestehendes schlechtes Gewissen und verspricht zugleich - bei Kauf/Verwendung des

[52] Vgl. auch OLG Köln GRUR 1988, 51, 52 - Umweltengel.

[53] Dagegen ist die "Umweltverträglichkeit" selbst kein aus Verbrauchersicht relevanter Zusatznutzen; in diesem Sinne aber *Heyder*, Ökologiebewußtsein und Marketing, in: *Szallies/Wiswede* (Hrsg.), Wertewandel und Konsum, 1990, 339, 352; vgl. auch *Adlwarth/Wimmer*, Umweltbewußtsein und Kaufverhalten - Ergebnisse einer Verbraucherpanel-Studie, GfK 1986, 166, 190.

[54] Man mag das schlechte Gewissen - positiv - auch als Verantwortungsgefühl bezeichnen.

Produkts - ein gutes, besseres[55]. Der Zusatznutzen "Sicherheit" erschöpft sich darin, daß der eine oder andere Verbraucher beim Gedanken an die Umwelt - dieser beinhaltet ja zumeist auch die Frage nach deren Schutzbedürftigkeit - an seine persönliche ökologische Existenz erinnert wird. Die Sorge um eine gefährdete Umwelt kann deshalb zugleich eine *Sorge um den eigenen Status* (Beispiel: Sorge um eigene Gesundheit infolge verschlechteter Umweltbedingungen; Angst vor Klimakatastrophe etc.) sein, so daß sich eine umweltbezogene Werbung, die ein "Mehr an Umweltverträglichkeit bzw. Umweltschonung" verspricht, durchaus als das Versprechen vermehrter persönlicher Sicherheit darstellen kann. Der Zusatznutzen "gesellschaftliche Anerkennung" dürfte in den Fällen von Bedeutung sein, in denen der Umweltgedanke (genauer: das Umweltengagement) mit einem gewissen *sozialen Ansehen* verbunden ist, in denen also der persönliche Beitrag zum Umweltschutz weder zur Gewissensberuhigung noch aus einem Sicherheitsdenken heraus erfolgt, sondern aus Prestigegründen.

Zusammenfassend läßt sich sagen: Umweltbezogene Werbeaussagen können als zusatznutzenbetonende Werbung bezeichnet werden, soweit der Empfänger den Aspekt der Umwelt *übersetzt*. Das bedeutet, daß er im Fall des zuerst genannten Zusatznutzens den Bereich der Umwelt mit seinem eigenen schlechten Gewissen assoziiert, daß er im zweiten Fall Umwelt auf die eigene ökologisch-gesundheitliche Existenz reduziert, daß er drittens schließlich den Schutz der Umwelt als Mittel zur Steigerung des eigenen Ansehens instrumentalisiert.

3. Der Appell an das Unbewußte in der Umweltwerbung

Es ist zumindest denkbar, daß die Betonung des Umweltgedankens im einen oder anderen Fall als ein Appell an "unterschwellige Angstgefühle"[56] - an solche Gefühle also, dessen sich der Werbeadressat selbst gar nicht bewußt ist - verstanden werden kann. Insoweit kommt der Frage eines Nachweises, daß auch *tatsächlich* wenigstens eine bestimmte Zahl von Empfängern in ihren unterschwelligen Gefühlen angesprochen wird, eine maßgebliche Bedeutung zu [hierzu später V. 3. b)].

---

[55] Vgl. auch *Schnorbus*, a.a.O., 19; *Lappe*, Die wettbewerbsrechtliche Beurteilung der Umweltwerbung, 1995, 162.

[56] OLG Saarbrücken WRP 1992, 512 - Umweltwerbung. - Ähnlich auch *Jacobs*, in: *Gloy* (Hrsg.), a.a.O., 76 (Nachtrag 1989 zu § 49).

IV. Die traditionelle rechtstatsächliche Kritik an der Suggestivwerbung

Mitunter wird die Auffassung vertreten, suggestive Werbung ziele letztlich auf eine Verdrängung des "objektiven Grundnutzens" zugunsten verschiedener, zur Befriedigung *künstlich* geweckter oder verstärkter, elementarer Bedürfnisse geeigneter Zusatznutzensarten[57]. Folge der Suggestivwerbung sei, daß der Verbraucher sich *nicht rational* beim Kaufentschluß verhalte und eine Ware nicht nach Preis, Qualität oder anderen "verbraucherwichtigen Eigenschaften" auswähle[58]. Der Verbraucher könne aber nur auf Grund einer Reklame, die bereit sei, den objektiven Nutzen des in Betracht kommenden Erzeugnisses darzustellen, sachgerechte Entscheidungen am Markt treffen[59]. Durch eine suggestive Werbung erhielten bestimmte Waren assoziativ ein bestimmtes Image; insoweit würden die Präferenzen der Konsumenten *unbewußt* beeinflußt, dadurch die *Markttransparenz* verzerrt und eine rationale Kaufentscheidung erschwert[60].

Indes: Anhand welcher Kriterien soll entschieden werden, was man unter dem Begriff der "verbraucherwichtigen Eigenschaft" zu verstehen hat? Wo bleibt der Nachweis für die Behauptung, ein Zusatznutzen diene - im Gegensatz zum Grundnutzen - zur Befriedigung "künstlich geweckter" Bedürfnisse? Läßt sich der Beweis dafür erbringen, daß suggestive Werbung in jedem Fall eine irrationale Kaufentscheidung nach sich zieht? Worin besteht das "Irrationale" einer Kaufentscheidung? Rational nennt Loewenheim eine Kaufentscheidung, die sich auf sachliche Informationen stützt, solche also über die qualitativen und quantitativen Eigenschaften der Ware, über ihre Verwendungsmöglichkeiten, ihre Herkunft, ihren Preis, Bezugsquellen und Substitutionsprodukte[61]. Im Gegensatz hierzu informiere Suggestivwerbung nicht über wesentliche Produkteigenschaften, sondern bemühe sich, Produkthomogenitäten *nicht transparent* werden zu lassen. Objektiv substituierbare Güter würden dem Verbraucher als nicht substituierbar präsentiert[62]. Informative Werbung informiere über das Angebot eines Gutes, seine Eigenschaften und Verwendungsmöglichkeiten, sie erhöhe insoweit die Markttransparenz und trage dazu

---

[57] *Loewenheim*, a.a.O. (Fn. 9), 99 f., 105; *Abromeit*, Das Politische in der Werbung, 1972, 15 f.

[58] *Wegener*, a.a.O., 105; vgl. auch *Schünemann*, Wettbewerbsrecht, 1989, 63 ff.; *Emmerich*, a.a.O. (Fn. 9), 197.

[59] *Simitis*, a.a.O., 31.

[60] *Monopolkommission*, a.a.O., Tz. 33. - Ferner: *Loewenheim*, a.a.O. (Fn. 9), 105 ff.; *Wegener*, a.a.O., 105; *Teichmann/van Krüchten*, a.a.O., 705; *Hoppmann*, a.a.O. (Fn. 9), 776 ff.; *Baumbach/Hefermehl*, a.a.O., vor §§ 3-8 UWG Rd. 3.

[61] *Loewenheim*, a.a.O. (Fn. 9), 99 und 105.

[62] *Loewenheim*, a.a.O. (Fn. 9), 105.

bei, daß der Konsument eine rationale Kaufentscheidung aufgrund seiner Präferenzen treffe.

Solche Annahmen bedürfen der Herleitung. Wie läßt sich die Wesentlichkeit von Produkteigenschaften bestimmen? Warum ist es wichtig, daß Produkthomogenitäten transparent werden und der Verbraucher objektiv substituierbare von nicht substituierbaren Gütern zu unterscheiden weiß? Was ist, wenn die Güter verschiedener Anbieter objektiv nicht mehr unterscheidbar und damit nach sinnvollen Maßstäben auch nicht mehr substituierbar sind? *Dreh- und Angelpunkt einer Bestimmung der Rationalität der Verbraucherentscheidung* ist die Frage nach dem jeweiligen Nutzen, den sich der Konsument von seiner Kaufentscheidung verspricht, nach dem Zweck, den er mit dem Kauf verfolgt[63]. Um die Frage nach dem konkreten Nutzen einer Konsumentscheidung beantworten zu können, bedarf es einer Auseinandersetzung mit den diversen Stufen einer Verbraucherentscheidung.

V. Antwort auf die rechtstatsächliche Kritik an der Suggestivwerbung - Zum Verhältnis von informativer und suggestiver Werbung

1. Der Prozeß der Verbraucherentscheidung (Wilhelm)

Eine Beschäftigung mit dem *"Prozeß der Verbraucherentscheidung"* sieht sich eingangs dem Problem ausgesetzt, daß insoweit keine einheitliche Terminologie existiert[64]. Diese Untersuchung hat sich für das System von Wilhelm[65] entschieden, das ungewöhnlich differenziert, in sich schlüssig und inhaltlich überzeugend ist; Terminologie und Inhalt anderer Stellungnahmen werden, soweit möglich, in dieses System integriert. Der Prozeß der Verbraucherentscheidung zerfällt nach Wilhelm in fünf Phasen, die er (a) Bedürfnisbildung, (b) Zwecksetzung, (c) Bedarfsbildung, (d) Marktentnahme und (e) Bedarfsdeckung nennt[66]. Im engeren Sinne bedeutet nur die Marktentnahme eine

---

[63] Die Termini "Nutzen" und "Zweck" sind ihrer Bedeutung nach identisch.

[64] Was beispielsweise ein "Bedürfnis" ist (oder ein "Bedarf"), läßt sich nicht ohne weiteres sagen. Häufig wird, etwas nebulös, lediglich von "sozialpsychologischen Sachverhalten", von "Einstellungen, Urteilen oder Verhaltensweisen", von "Präferenzen" und "Verbraucherwünschen" gesprochen; vgl. etwa *Drettmann*, a.a.O., 12 f. m.w.N.; *Kübler*, a.a.O., 18; *Loewenheim*, a.a.O. (Fn. 9), 100; *Monopolkommission*, a.a.O., Tz. 33; *Hoppmann*, a.a.O. (Fn. 9), 778.

[65] *Wilhelm*, Werbung als wirtschaftstheoretisches Problem, 1961. - Weniger differenzierend, aber gleichfalls instruktiv auch *Scherhorn*, a.a.O. (Fn. 26), 7 ff.

[66] Daß einzelne Prozeßphasen, namentlich die ersten beiden, in zeitlicher Hinsicht zusammenfallen können, ändert an der prinzipiellen Gültigkeit des Modells nichts. Maßgeblich ist, daß der Prozeß der Kaufentscheidung ein Prozeß der *Konkretisierung*

Verbraucherentscheidung, die Entscheidung für oder gegen ein ökonomisches Gut; die ersten drei Phasen dienen insoweit als Vorbereitung, während die fünfte Phase die Abwicklung der Marktentnahme verkörpert.

a) Die Phase der "Bedürfnisbildung"

Am Anfang des Entscheidungsprozesses steht die Wahrnehmung nichtökonomischer *Bedürfnisse* - das sog. "Mangelempfinden"[67] -, die dem Menschen von Natur aus gegeben und damit grundsätzlich vorhanden sind[68]. Werbung vermag insoweit allein auf die Intensität bestehender Bedürfnisse Einfluß zu nehmen, neue Bedürfnisse können seitens der Werbung nicht produziert werden[69]. Auch die Rangfolge und Dringlichkeit von Bedürfnissen dürfte kaum beeinflußbar sein - Hunger läßt sich durch das bloße Trinken wohl nur sehr kurzzeitig befriedigen.

b) Die Phase der "Zwecksetzung"

Die Transformation von zunächst existentiellen, nunmehr aber vom Verbraucher auch empfundenen und damit identifizierten Bedürfnissen in nichtökonomische Zwecke oder "Nutzenserwartungen"[70], die *Zwecksetzung*, bildet die zweite Phase. An die Stelle des Bedürfnisses tritt der Nutzen - das als solches identifizierte "Durstgefühl" wird vom Zweck "Löschen des Durstes" abgelöst -, wobei die "Güter, an die sich die Nutzenserwartungen heften, (...) überhaupt noch nicht in Erscheinung getreten (sind)".[71] Zwischen den Ebenen "Bedürfnisbildung" und "Zwecksetzung" existiert insofern eine Beziehung, als der Verbraucher regelmäßig nur solche Zwecke auswählen wird, die hinsichtlich der Bedürfnisbefriedigung als geeignet gelten. Als eine "Fehlentscheidung" - man mag auch von einer *irrationalen Entscheidung* sprechen - bezeichnet Wilhelm deshalb eine Zwecksetzung, die solche Zwecke bevorzugt,

---

ist; vgl. auch *Meyer-Dohm*, Sozialökonomische Aspekte der Konsumfreiheit, 1965, 171 ff.; ihm folgend: *Jeschke*, a.a.O., 79 ff.; *Baudenbacher*, a.a.O. (Fn. 9), 47.

[67] *Wilhelm*, a.a.O., 61. - Ebenso: *Drettmann*, a.a.O., 12 m.w.N.; *Woll*, Allgemeine Volkswirtschaftslehre, 1996, 50. - Weitergehend: *Scherhorn*, Bedürfnis und Bedarf, 1959, 64; *Jeschke*, a.a.O., 79.

[68] *Wilhelm*, a.a.O., 56 f. und 73 ff. m.w.N. - Ihm folgend: *Lerche*, a.a.O. (Fn. 5), 28; vgl. auch *Kretschmer*, a.a.O., 88; *Kreft*, in: *Gloy* (Hrsg.), a.a.O., § 14 Rd. 14; *Cezanne*, Allgemeine Volkswirtschaftslehre, 1997, 2. - Ein typisches Bedürfnisbeispiel ist etwa das Durst- oder Hungergefühl.

[69] *Wilhelm*, a.a.O., 56 f., 73 ff.; *Lerche*, a.a.O. (Fn. 5), 28 f. - Ferner: *Meyer-Dohm*, a.a.O., 263 Fn. 55; *Scherhorn*, a.a.O. (Fn. 67), 84.

[70] *Wilhelm*, a.a.O., 61.

[71] *Wilhelm*, ebenda.

die sich *nachträglich* als ungeeignet hinsichtlich der Bedürfnisbefriedigung erweisen[72].

Auch auf der zweiten Ebene kann Werbung keine neuen Zwecke begründen, sondern nur den "Wettstreit um die Rangordnung der Zwecke"[73] - die Zweckhierarchie[74] - beeinflussen[75]. Wenn Werbung diesen oder jenen Grund- oder Zusatznutzen betont, versucht sie bereits auf der Ebene der Zwecksetzung zu wirken. Sie strebt danach, die persönlichen Nutzenserwartungen des Verbrauchers ("Löschen des Durstes") mit den dem jeweiligen Produkt zugeschriebenen Nutzensarten ("Löschen des Durstes") zur Deckung zu bringen, wobei der *Produktbezug* selbst erst auf der folgenden dritten Ebene hergestellt wird.

c) Die Phase der "Bedarfsbildung"

Auf der dritten Prozeßstufe erfolgt der "(...) Übergang der außerökonomischen Zwecke, die allerdings ökonomisch relevant sind, in ökonomische Kategorien des Bedarfs."[76]

> "Aus den Zwecken selbst bilden sich die Bedarfe, die im Gegensatz zu dem allgemeineren Inhalt der verschiedenen Nutzensarten bereits eine Konkretisierung hinsichtlich der Zweckerfüllung insofern erhalten, als die zur Verwirklichung in Frage kommenden Mittel in Betracht gezogen werden."[77]

Dabei handelt sich es um eine grundsätzliche Prüfung der Frage, welche Güter (in unserem Fall: Tee, Saft, Wasser, Bier etc.) zur Erfüllung des jeweiligen Nutzens überhaupt geeignet ist. Keineswegs geht es anfangs bereits darum, "innerhalb der einzelnen Mittel eine individuelle Auswahl zu treffen"[78].

---

[72] *Wilhelm*, a.a.O., 53.

[73] *Wilhelm*, a.a.O., 62.

[74] Zu dieser etwa: *Dahl*, Volkswirtschaftslehre, 1993, 66 ff.; *Hewel/Neubäumer*, Einführung, in: *Neubäumer/Hewel* (Hrsg.), Volkswirtschaftslehre, 1994, 1, 4 f.; *Scherhorn*, a.a.O. (Fn. 26), 8 ff.

[75] S.a. *Thiedig*, a.a.O., 24.

[76] *Wilhelm*, a.a.O., 59. - Im Unterschied zum Bedarf ist das Bedürfnis (und auch der Nutzen) keine ökonomische, sondern eine *psychologische Größe*; *Dahl*, a.a.O., 68; *Scherhorn*, a.a.O. (Fn. 67), 18.

[77] *Wilhelm*, a.a.O., 56.

[78] *Wilhelm*, a.a.O., 59. - Genau genommen ließe sich noch zwischen "Gattungsbedarf" und "Individualbedarf" unterscheiden, zwischen dem Mittel "alle Getränke" einerseits und dem Mittel "alle Grapefruitsäfte" andererseits. Die Bedarfsbildung ist nämlich ihrerseits ein Prozeß der fortschreitenden Konkretisierung, der seinen Abschluß in der Marktentnahme findet. Eine solche Differenzierung ist indes dann nicht weiter bedeutsam, wenn *alle* in Betracht gezogenen Mittel des Gattungsbedarfs zur Erfüllung des jeweiligen Nutzens geeignet sind und der Konsument auch *nur* aus diesen Mitteln die konkrete Kaufentscheidung ableitet.

Die Periode der *Bedarfsbildung* ist das hauptsächliche Betätigungsfeld der Werbung, letztlich zielt diese nicht nur auf die Betonung des ökonomisch relevanten Nutzens (Löschen des Durstes), sondern vor allem auf die Betonung des *Mittels* zur Befriedigung dieses Zweckes (bestimmtes Getränk). *Funktionell betrachtet ist der jeweilige Nutzen das Bindeglied zwischen Bedürfnis und Bedarf.* Seine Aufgabe ist es, die Umsetzung eines Bedürfnisses in die anhand ökonomischer Maßstäbe quantifizierbare Kategorie der Bedürfnisbefriedigung zu vermitteln. Aufgabe der Werbung ist es insofern, den "(...) Wettbewerb zwischen den einzelnen Güterarten und Gütergattungen, die durch ihre spezielle Beschaffenheit den Zweck verwirklichen sollen (...)"[79], in ihrem Sinne zu entscheiden. Nur im Fall der Bedarfsbildung vermag Werbung, ähnlich wie andere Einflußfaktoren - etwa die persönliche Empfehlung eines Bekannten - auch, nicht nur alte Bedarfe zu steuern, sondern auch *neue zu wecken*[80], unabhängig davon, ob zuvor - auf der Ebene der Zwecksetzung - ein Grund- oder ein Zusatznutzen gesetzt wurde. Das folgt aus der theoretisch zwar absoluten, tatsächlich aber nur relativen Unbegrenztheit der möglichen Mittel, die ihrerseits zu den typischen Charakteristika einer Marktwirtschaft zählt[81].

d) Die Phase der "Marktentnahme"

Im Anschluß an diese drei Prozeßstufen folgt die eigentliche Kaufentscheidung des Verbrauchers, der Kauf eines ganz bestimmten Getränkes *(Marktentnahme)*[82]. Vom Eintritt in diese Phase an vermag Werbung keinen Einfluß mehr auszuüben. Die Bedarfsbildung, auf die Werbung zuletzt Einfluß nehmen kann, wird mit der Entscheidung für ein konkret-individuelles Mittel unwiderruflich beendet. Hieraus folgt, daß sich das Ergebnis von Bedarfsbildung und Marktentnahme *immer entsprechen* müssen; die Phase der Bedarfsbildung gleicht einer fortschreitenden Konkretisierung ("vom Gattungsbedarf zum Individualbedarf"), an deren Ende die individuelle Auswahl, die Marktentnahme, steht.

e) Die Phase der "Bedarfsdeckung"

Den Abschluß des Prozesses der Verbraucherentscheidung bildet die Verwendung des Gutes, die *Bedarfsdeckung*. Der Gebrauch oder Verbrauch des erworbenen Mittels bedeutet zugleich die Erfüllung sowohl des konkreten

---

[79] *Wilhelm*, ebenda.
[80] *Wilhelm*, a.a.O., 62 ff., 73 ff.; vgl. auch *Schenk*, a.a.O., 64.
[81] Vgl. auch *Wilhelm*, a.a.O., 65.
[82] *Wilhelm*, a.a.O., 34 f.

Grund- bzw. Zusatznutzens[83] (der Durst wird gelöscht) als auch des originären Ausgangsbedürfnisses (kein weiteres Durstgefühl).

2. Die Rationalität der Verbraucherentscheidung

Was die Rationalität der Verbraucherentscheidung betrifft, so erhält diese, eingedenk der eben gemachten Ausführungen, ihren eigentlichen Sinn aus dem zugrunde liegenden *Mittel/Zweckverhältnis*[84]. Rationalität ist ein *relativer* Begriff:

> "Rational ist dann aber jedes Verhalten (im ökonomischen Bereich), das durch den möglichst geringen Einsatz von Mitteln einen bestimmten Zweck erfüllt. Rationale Verbraucherentscheidungen sind immer dann gegeben, wenn unter den bestehenden Umständen eine sparsamere Verwendung der Mittel im Hinblick auf den oder die Zwecke nicht möglich war, oder wenn die eingesetzten Faktoren die vorhandenen Zwecke möglichst weitgehend erfüllten, oder wenn die gekauften Güter in bestmöglicher Weise die gegebenen Bedarfe decken können. Irrational, wider die Vernunft, sind demnach solche Entscheidungen, die diesen Anforderungen nicht genügen: Verschwendung, Irrtum usw. Entscheidend ist also, daß die Beurteilung des Verhaltens, ob rational oder irrational, vernünftig oder unvernünftig nur bei Kenntnis sowohl des Mittels als auch des Zweckes erfolgen kann, und zwar des Zweckes, den der Konsument für deckungswürdig erachtet hat. Niemand kann für einen anderen Menschen, abgesehen von den Instanzen der Religion, der Ethik oder Politik, beurteilen, ob ein bestimmter Zweck deckungswürdig ist oder nicht."[85]

---

[83] *Wilhelm*, a.a.O., 47.

[84] *Wilhelm*, a.a.O., 43. - Vgl. auch *Scherhorn*, a.a.O. (Fn. 26), 73; ferner *Meyer-Dohm*, a.a.O., 101 f.

[85] *Wilhelm*, a.a.O., 43 f. - Die praktische Bedeutung dieser Ausführungen soll anhand eines fiktiven Beispiels aufgezeigt werden: Ein Verbraucher wird vom Winter überrascht, friert (= Bedürfnisbildung) und verspürt den konkreten Wunsch, sich zum einen gegen die Kälte zu schützen, zum anderen aber *zugleich* seiner selbstverliebten, extrovertierten Art freien Lauf zu lassen, also irgendwie Aufmerksamkeit zu erregen (= Setzen eines Grund- *und* eines Zusatznutzens). Dieser Verbraucher will sich weiterhin durch warme Kleidung (Wintermantel, gefütterte Windjacke) - nicht etwa durch das Nichtverlassen des geheizten Zimmers oder durch vermehrte körperliche Bewegung - gegen die Kälte zu schützen, wobei diese Kleidung dem Zusatznutzen gemäß sehr auffallend sein soll (= Bedarfsbildung). Wenn er in dieser Phase - nicht früher und auch nicht später - anstelle einer warmen *und* auffälligen Winterkleidung den Bedarf "nicht warme, unauffällige" Winterkleidung setzt - oder, etwas theoretisch, auf den Kauf einer Winterkleidung ganz verzichtet, seine Wohnung nicht verläßt und also auch keine Aufmerksamkeit erregt -, *handelt der Verbraucher irrational, sonst nicht.* Schließlich vermag die anschließende Kaufentscheidung (= Marktentnahme) an der "Fehlerhaftigkeit" der vorangegangenen Bedarfsbildung - die Entscheidung *gegen* eine warme bzw. auffällige Kleidung - nichts mehr zu ändern; die Kaufentscheidung selbst bedeutet nichts weiter als die Konkretisierung der Bedarfsbildung. Im Gegensatz hierzu mangelt es den ersten beiden Stufen an eben dieser Konkretisierung. Zur Zeit der Bedürfnisbil-

Wilhelm kommt somit zu dem Ergebnis, daß

"(...) eine zu beobachtende Irrationalität der Verbraucher (...) nicht in der Phase der Marktentnahme, sondern in der Zone der Bedarfsbildung (liegt)."[86]

Daraus folgt, daß die *Art des Nutzens* auf die Rationalität der Kaufentscheidung keinen Einfluß haben kann. Da sich letztere allein danach bemißt, ob sich der gewählte Zweck und der sich im Anschluß hieran gebildete Bedarf - das Mittel - entsprechen, ist es, zumindest, was die Rationalität der Verbraucherentscheidung angeht, unerheblich, ob der vom Verbraucher gesetzte Zweck ein Grundnutzen oder ein Zusatznutzen ist[87]. Es dürfte nicht nur für den Verbraucher selbst schwierig sein, genau zu bestimmen, wie sehr er eigentlich "auffallen" möchte, wie weit sein Geltungsdrang überhaupt reicht. Fast unmöglich ist vor allem die *objektive* Entscheidung der Frage, ob die näher ins Auge gefaßten Mittel (Material, Farbe, Design) den persönlichen, *subjektiven* Nutzenserwartungen des Konsumenten - "Wärme" und "Auffallen" - tatsächlich auch entsprechen. Wer, außer dem Verbraucher selbst, vermag zu sagen, ob die reale "Auffälligkeit" dieses oder jenes Kleidungsstücks mit der vorgestellten übereinstimmt? Wenn man die Tatsache akzeptiert, daß der Verbraucher neben Grundnutzens- auch Zusatznutzensarten zu setzen bereit ist, dann muß man auch den nächsten Schritt machen und die Subjektivität dieser Zwecksetzung akzeptieren[88]. *Subjektivität der Zwecksetzung bedeutet indes keineswegs Irrationalität der Bedarfsbildung - und folglich auch keine Irrationalität der Kaufentscheidung*[89].

Wenn sich ein Konsument "werbekonform" verhält und z.B. dem Geltungsnutzen einen höheren Stellenwert einräumt als dem Grundnutzen, muß die anschließende Verbraucherentscheidung deshalb nicht *zwangsläufig* irrational und damit markttransparenzmindernd sein. Suggestivwerbung (im Sinne einer den emotionalen Zusatznutzen betonenden Werbung) und Rationalität der Konsumentscheidung (im Sinne einer Entsprechung von Nutzen und Bedarf) bilden keinen Gegensatz. Daß die menschliche Natur (genauer: Bedürftigkeit)

---

dung (= Kälteempfinden) wie auch der Zwecksetzung (= Entscheidung, diesem Kälteempfinden auf die beschriebene - extrovertierte - Art und Weise abzuhelfen) weiß der Konsument noch nichts von den möglichen Mitteln, um Bedürfnis und Zweck zu befriedigen. Maßgeblich ist, ob sich Mittel und Zweck *aus Sicht des zwecksetzenden Verbrauchers* entsprechen - das ist die "Relativität der Rationalität" (!) -, unabhängig davon, ob das Mittel auch objektiv geeignet ist, Grund- bzw. Zusatznutzen zu erfüllen. Oder negativ formuliert: Wer sich entgegen der eigenen Zwecksetzungen "Schutz vor Kälte" und "Auffallen" den Kauf einer *seiner Meinung nach* völlig unauffälligen, dünnen Winterkleidung erwägt (= Bedarfsbildung), handelt irrational.

86 *Wilhelm*, a.a.O., 46. - Ihm folgend *Lerche*, a.a.O. (Fn. 5), 27; ferner *Bülow*, Tiefenpsychologie in der Werbung und Wettbewerbsrecht, WRP 1971, 299, 300.

87 Im Ergebnis auch *Pöchhacker*, a.a.O., 108 f.

88 Vgl. auch *Wilhelm*, a.a.O., 36.

89 S.a. *Schenk*, a.a.O., 65.

eine Vielzahl physischer und psychischer Bedürfnisse kennt, steht ebenso fest wie die Tatsache, daß zur Konkretisierung dieser Bedürfnisse neben dem "technisch-stofflichen" Grundnutzen auch diverse Zusatznutzen eine Rolle spielen[90]. Tatsächlich verspricht so gut wie jede Art von Werbung irgendeinen Zusatznutzen[91]. Wollte man das Versprechen von Zusatznutzensarten wie Erfolg, Eleganz, Status, Kraft, Jugend, reines Gewissen, Schönheit und Freiheit a priori als unlauter und sittenwidrig bezeichnen, so müßte man letztlich das zugrundeliegende Bedürfnis ("fehlende soziale Anerkennung") sowie dessen Transformierung ("Herstellung gesellschaftlicher Anerkennung") und Konkretisierung ("Haute Couture, "Nobelkarosse" etc.) als sittenwidrig definieren[92].

3. Markttransparenz und Suggestivwerbung

Kritiker einer suggestiven Werbung wenden gelegentlich ein, durch diese erhielten bestimmte Waren assoziativ ein bestimmtes Image, insoweit würden die Präferenzen der Konsumenten unbewußt beeinflußt und dadurch die Markttransparenz verzerrt[93]. Die Verbraucherinformation werde stark behindert und so die Markttransparenz insbesondere auf den wesentlichen, oligopolistisch strukturierten und durch weitgehende Produkthomogenität gekennzeichneten Konsumgütermärkten beseitigt; an die Stelle einer bedarfsgerechten Produktion trete die Schaffung eines produktionsgerechten Bedarfs[94]. Das wirksamste Mittel, durch das dem Einfluß einer "übermäßig wachsenden Suggestivreklame" begegnet werden könne, sei die öffentliche Kritik an den angepriesenen Waren und Leistungen, denn ein einfacher oder vergleichender Warentest fördere die Markttransparenz, indem er mehr oder weniger zutreffend über den Gebrauchsnutzen eines Gutes informiere[95]. Nur auf Grund einer Reklame, die bereit sei, den objektiven Nutzen des in Betracht kommenden Erzeugnisses darzustellen, könne der Verbraucher sachgerechte Entscheidungen am Markt treffen[96].

---

[90] Vgl. auch *Mylaeus*, a.a.O., 254; *Aicher*, a.a.O., 268; *Jochen Meyer*, a.a.O., 188 f.

[91] *Sosnitza*, a.a.O. (Fn. 31), 541; *Löffler*, a.a.O., 539; *Schnorbus*, a.a.O., 17; siehe ferner *Schricker*, a.a.O. (Fn. 9), 553; *Brückner*, a.a.O., 54.

[92] Ähnlich auch *Wilhelm*, a.a.O., 45. - Die Kritiker suggestiver Werbung übersehen, daß weder die Ökonomie noch sonst eine Wissenschaft darüber zu befinden hat, ob eine Nutzens- bzw. Bedarfsstruktur "vernünftig" oder gar "ethisch vertretbar" ist.

[93] *Monopolkommision*, a.a.O., Tz. 33. - Vgl. auch: *Thiedig*, a.a.O., 66; *Aicher*, a.a.O., 268 f.; *Schuhmacher*, Verbraucherschutz bei Vertragsanbahnung, 1983, 67 f.

[94] *Wegener*, a.a.O., 106. - Zuvor bereits *Thiedig*, a.a.O., 2, 66.

[95] *Kübler*, a.a.O., 19.

[96] *Simitis*, a.a.O., 31.

Allein, wie ist Markttransparenz im Hinblick auf den Prozeß der Verbraucherentscheidung zu verstehen? Das soll zum einen in bezug auf eine Betonung des Zusatznutzens untersucht werden, zum anderen hinsichtlich des Appells an das Unbewußte.

a) *Die Betonung des Zusatznutzens als markttransparenzmindernder Faktor?*

Werbung, so hat Loewenheim einmal geschrieben, könne den Verbraucher über das Angebot bestimmter Waren informieren und damit jene Markttransparenz schaffen, die Voraussetzung für den autonomen Entscheidungsprozeß des Konsumenten sei. Allerdings könne nur eine Werbung, die sachliche Informationen enthalte, die genannten Funktionen erfüllen. Markttransparenz schaffe nur einen potentiellen Entscheidungsspielraum, der dadurch aktualisiert werden müsse, daß der Verbraucher eine freie, durch sachfremde Einflüsse nicht beeinträchtigte Entscheidung über das Angebot treffe[97]. Loewenheim differenziert also zwischen dem Zustand der Markttransparenz und dem hieraus abgeleiteten "Raum freier Entscheidungsmöglichkeit bei der Konsumentscheidung"[98].

Als Konsequenz ergibt sich aus seiner Sicht, daß Werbung prinzipiell weder die Markttransparenz noch die Entscheidungsfreiheit des Verbrauchers beeinträchtigen darf[99]. Damit läßt sich als *erstes* feststellen, daß Markttransparenz Voraussetzung einer Kaufentscheidung ist, nicht deren Folge. Markttransparenz kann nur im Vorgriff auf die Kaufentscheidung definiert werden, muß also so beschaffen sein, daß sie eine *rationale* Kaufentscheidung ermöglicht.

Zweitens: Markttransparenz gründet auf der "Vermittlung marktrelevanter Daten"[100], wobei diese Vermittlung als die "wichtigste volkswirtschaftliche Funktion der Werbung" bezeichnet werden kann[101]. Was hat man unter "marktrelevanten Daten" zu verstehen, wie sollen diese beschaffen sein? Optimale Markttransparenz, sagt Meyer-Dohm, besteht dann, wenn der Verbraucher "(...) eine optimale Zahl von Wahlmöglichkeiten zur Erreichung seiner speziellen Zwecke überschaut."[102] Nun läßt sich zwar nicht bestreiten, daß Markttransparenz in zweierlei Hinsicht verstanden werden kann, nämlich in

---

[97] *Loewenheim*, a.a.O. (Fn. 9), 105.

[98] *Loewenheim*, ebenda.

[99] *Loewenheim*, ebenda.

[100] *Schenk*, a.a.O., 63.

[101] *Schenk*, ebenda.

[102] *Meyer-Dohm*, a.a.O., 201 f.; ebenso *Drettmann*, a.a.O., 107; kritisch *Grunert/Stupening*, a.a.O., 99.

objektiver und in subjektiver Hinsicht[103]. Auch wird man für den Fall, daß man Markttransparenz als "Ausdruck subjektiver, mehr oder weniger umfassender Kenntnis der relevanten Marktdaten"[104] bezeichnet, den Zustand einer vollständigen subjektiven Markttransparenz als einen vollkommen theoretischen Grenzfall abtun dürfen[105]. Jedenfalls aber läßt sich der Grundgedanke Meyer-Dohms insofern weiterführen, als *marktrelevante Daten* - unabhängig davon, ob es sich bei diesen zusätzlich um "optimale" handelt oder nicht - solche Daten sind, die dem Verbraucher die Übersicht über eine relative Zahl von Wahlmöglichkeiten zur Erreichung seiner speziellen Zwecke verschaffen. Mit anderen Worten: Es kommt darauf an, daß diese Daten in ihrer relativen Gesamtheit und Vielfalt alles das vermitteln, was für den Verbraucher *zweckvoll* und damit im Hinblick auf die von ihm gesetzten Nutzensarten von Bedeutung sein kann.

Das bedeutet aber *drittens* nichts anderes als die Umdeutung des *markt*relevanten Datums in ein *zweck*relevantes Datum. Werbung kann zu einer - relativen, also begrenzten - Markttransparenz nur dann beitragen, wenn sie den Verbraucher über die verschiedensten Grund- und Zusatznutzensarten "informiert". Im Anschluß an die Ebene der Zwecksetzung betritt der Verbraucher die Ebene der Bedarfsbildung, auf der er, unter Einflußnahme auch der suggestiven Werbung, die hinsichtlich der jeweils individuellen Zwecke relevanten Mittel konkretisiert; auch in dieser Phase verkörpert das Mittel, der Gattungs- bzw. Individualbedarf, letztlich weniger ein markt- als vielmehr ein zweckrelevantes Datum. Parallel zu Zwecksetzung und Bedarfsbildung erfolgt die Vermittlung zweckrelevanter Daten, und zwar auch und gerade in Form einer Betonung des Zusatznutzens. Das Ergebnis dieser Vermittlung zweckrelevanter Daten, die Markttransparenz, ist ihrerseits logische Vorstufe einer rationalen Verbraucherentscheidung, so daß die Betonung des Zusatznutzens die Markttransparenz nicht verzerrt, sondern - im Sinne von *Zwecktransparenz* - erst ermöglicht[106]. Nichts anderes gilt, wenn man die Anmerkungen Pöchhakkers hinzuzieht. Er schreibt:

> "Werbung mit dem Zusatznutzen kann die Transparenz des Marktes fördern, nämlich dann, wenn gerade jener Zusatznutzen versprochen wird, den der Verbraucher durch den Kauf befriedigen will. Selbstverständlich kann Werbung mit dem Zusatznutzen auch transparenzmindernd wirken. Das wird dann der Fall sein, wenn der Verbraucher Information über Marktgrunddaten oder über einen anderen als den von der Werbung vermittelten Zusatznutzen wünscht. Suggestivwerbung wird unter Markttransparenzgesichtspunkten also sehr unterschiedlich zu beurteilen sein. Da-

---

[103] *Röper*, Werbung für Markenartikel - Auswirkungen auf Markttransparenz und Preise -, Teil B, in: *Blume/Müller/Röper*, Werbung für Markenartikel, 1976, 157, 273.
[104] *Schenk*, a.a.O., 58.
[105] Vgl. nur *Schenk*, ebenda.
[106] Im Ergebnis wie hier *Jochen Meyer*, a.a.O., 188 f.

mit unterscheidet sich Suggestivwerbung aber von grundnutzenbezogener Werbung nicht wesentlich. Selbstverständlich kann grundnutzenbezogene Werbung die Markttransparenz heben, nämlich dann, wenn sie wahrheitsgemäß Marktgrunddaten vermittelt, die für die Kaufentscheidung des Verbrauchers aus der Sicht des Verbrauchers von Bedeutung sind. *Die Markttransparenz wird jedoch durch Werbung gemindert, die zwar sachlich ist, aber vom Verbraucher nicht begehrte Information vermittelt oder Information, mit der der Verbraucher nichts anfangen kann.* Mit dem Argument der Markttransparenzförderung kann 'sachliche' Werbung nicht pauschal als gut, Suggestivwerbung nicht pauschal als schädlich qualifiziert werden."[107]

Anschließend wendet sich Pöchhacker der Frage nach dem Interesse des Verbrauchers am Grund- bzw. Zusatznutzen zu, das er zusammenfassend so definiert:

"Das Interesse des Verbrauchers an Information hängt vom Produkt ab. Grundnutzenbezogene Information erleichert die Kaufentscheidung vor allem bei selten angeschafften, relativ kostspieligen Gütern, deren Qualität nicht unmittelbar in der Kaufsituation vom Verbraucher beurteilt werden kann. Ein Interesse an zusatznutzenbezogener Information ist bei Produkten anzunehmen, die der Befriedigung anderer als elementarer Grundbedürfnisse dienen. Die Werbung mit sozialen Zusatznutzen, die sehr häufig vorkommt, erleichert die Kaufentscheidung, wenn sie sich auf sozial auffällige Produkte bezieht.
Es ist offenkundig, daß bei einer Reihe von Produkten sowohl ein Interesse an Information über den Grundnutzen als auch an Information über bestimmte Zusatznutzen bestehen dürfte."[108]

Solche tatsächlichen Feststellungen - Pöchhacker selbst spricht zurückhaltend vom "bloßen Versuch einer Differenzierung"[109] - begegnen unterschiedlichen Bedenken[110]: Als *erstes* ist es mehr als fraglich, ob es *den* Verbraucher als solchen überhaupt gibt. Während der eine Verbraucher - Anschaffungshäufigkeit hin oder her - prinzipiell statusbezogen denkt und konsumiert, achtet der andere Verbraucher stets, also auch beim Kauf von "Luxusgütern", auf bestimmte grundnutzenbezogene Produkteigenschaften (z.B. Füllmenge oder Gewicht). Pöchhacker schreibt:

"Man wird also Werbung mit einem sozialen Zusatznutzen für Güter wie Oberbekleidung, Armbanduhren, Parfum sowie ausgesprochene Luxusartikel (...) grundsätzlich positiv zu beurteilen haben, weil sie Information vermittelt, die für einen beträchtlichen Teil der Verbraucher entscheidungswesentlich sein dürfte."[111]

---

[107] *Pöchhacker*, a.a.O., 109 f. (Hervorhebungen vom Verfasser hinzugefügt).

[108] *Pöchhacker*, a.a.O., 128 f.

[109] *Pöchhacker*, a.a.O., 129.

[110] Kritisch auch *Wiltschek*, Suggestivwerbung und unlauterer Wettbewerb, ÖJZ 1992, 209 ff.

[111] *Pöchhacker*, a.a.O., 125.

Dieser "beträchtliche Teil der Verbraucher" ist indes alles andere als eindeutig, eine nähere Bestimmung - sind es vielleicht 80, 50 oder doch bloß 25 % aller Verbraucher? - ist faktisch nicht möglich, weshalb auf eine solche Festlegung gegründete normative Schlußfolgerungen nicht anders als willkürlich genannt werden können. Die Feststellung Pöchhackers, "(...) daß dem Verbraucher an der Befriedigung von Prestigebedürfnissen wohl nur beim Kauf bestimmter, nämlich sozial auffälliger Produkte gelegen sein dürfte (...)"[112], ist insoweit wenig dienlich. Wer sonst, wenn nicht der Verbraucher, kann überhaupt bestimmen, ob und in welchem Maße ein Produkt "sozial auffällig" ist? Anders als im Fall des Grundnutzens - das gibt auch Pöchhacker zu[113] - lassen sich die diversen Zusatznutzensarten nicht im Wege des Warentests vergleichen. Es liegt beim Verbraucher, ob er diesen oder jenen Zusatznutzen setzt, und es liegt gleichfalls bei ihm zu entscheiden, ob seine individuelle Zwecksetzung mit der Nutzensbeschreibung durch den Anbieter korrespondiert.

Aus diesem Grund wird es de facto auch schwerlich zu einer entsprechenden Verurteilung kommen: Niemand kann nämlich den Nachweis erbringen, daß seine persönlich-individuelle Zwecksetzung und das "Image" - die "soziale Auffälligkeit" - eines Produkts divergieren. Der Einwand, dieses oder jenes Getränk habe dem Käufer nicht den Anschein verliehen, jung, dynamisch, sportlich etc. zu sein, er selbst sei von seiner Umgebung weiterhin als ältlich, undynamisch und unsportlich eingestuft worden, ist mangels *Objektivierbarkeit* der Vergleichsgröße "jung, dynamisch und sportlich" (= Zusatznutzen) nicht falsifizierbar[114], abgesehen davon, daß nicht jeder Verbraucher mit diesem oder jenem Produkt denselben Zusatznutzen verbinden muß.

---

[112] *Pöchhacker*, a.a.O., 128.

[113] *Pöchhacker*, a.a.O., 124 Fn. 84.

[114] Das anerkennt letztlich auch *Pöchhacker*, a.a.O., 136, wenn er ausführt: "Ein Grund für die mangelnde Objektivierbarkeit von mit Normen arbeitenden Werbeaussagen ist, daß Werbung seltener mit angeblich allgemein anerkannten Normen arbeitet, deren Existenz noch eher überprüfbar wäre, als vielmehr mit angeblich in bestimmten gesellschaftlichen Gruppen herrschenden Normen. Ob die 'Dame von Welt' wirklich X-Strümpfe trägt, läßt sich nicht kontrollieren, schon weil sie niemand zu identifizieren weiß und befragen könnte." - Diametral entgegengesetzt hierzu befindet sich *Baudenbacher*, a.a.O. (Fn. 9), 168, der feststellt: "Eine Täuschung kann endlich gegeben sein, wenn die in der Werbung herausgestellten Zusatznutzen nicht den tatsächlichen Eigenschaften der Ware entsprechen. Anders ausgedrückt: wenn Zusatznutzen bloss versprochen, aber nicht geliefert werden. Unter diesem Gesichtspunkt wäre beispielsweise das Versprechen von sozialem Aufstieg durch Rauchen einer bestimmten Zigarettenmarke dann als unlauter zu bezeichnen, wenn dieser Aufstieg re vara nicht stattfindet (was in aller Regel der Fall sein wird)."

Daraus folgt *zweitens*: Ob die Betonung des Grund- bzw. Zusatznutzens für diesen oder jenen Verbraucher von Interesse ist, ist mitnichten eine Frage des jeweiligen Produkts. Es kommt, entgegen Pöchhacker, nicht darauf an, daß der

> "(...) Zusatznutzen (...) produktadäquat, sachnah sein, mit dem beworbenen Produkt also in einem gewissen Zusammenhang stehen (muß). Fehlt dieser sachliche Konnex, d.h. strebt der Verbraucher beim Konsum des betreffenden Produkts (...) typischerweise nicht den durch die Werbung angesprochenen Zusatznutzen an, so ist derartige zusatznutzenvermittelnde Werbung nicht als im Verbraucherinteresse liegende Information zu werten."[115]

Abgesehen davon, daß das Kriterium "typischerweise" ungenau und damit unbrauchbar ist, ist es, wie gerade dargelegt, Sache des Verbrauchers, darüber zu befinden - und das wohl regelmäßig unter Berücksichtigung seiner persönlichen Zwecksetzung -, welcher Zusatznutzen ihm subjektiv-konkret vermittelt wird und ob dieser Zusatznutzen mit seinen eigenen Nutzenserwartungen korrespondiert. Nur in diesem *subjektiven* Sinne ist zusatznutzenbezogene Werbung für den einzelnen Verbraucher überhaupt von Interesse[116].

Drittens: Gerade weil viele Produkte kraft ihrer wesenseigenen Homogenität nur noch über den Zusatznutzen unterschieden werden können, kommt diesem Kriterium aus Sicht des Verbrauchers gesteigerte Bedeutung zu. Pöchhakker schreibt insoweit:

> "Interessiert sich der Verbraucher für die stofftechnische Qualität (...), so ist es für ihn von großer Bedeutung zu erfahren, daß eben keine stofftechnischen Qualitätsunterschiede zwischen den zur Auswahl stehenden Produkten bestehen. Mit derartigem Wissen versehen kann der Verbraucher seine Entscheidung nach anderen Parametern ausrichten, beispielsweise dem Design oder dem Prestigewert des Produkts."[117]

Wenn aber der Grundnutzen allein kein hinreichendes Differenzierungsmerkmal darstellt, der Verbraucher, so er differenzieren will (nicht muß!), in einer Vielzahl von Fällen - unabhängig davon, ob es sich um eine einmalige und kostspielige Anschaffung handelt oder um einen Gebrauchsgegenstand des täglichen Lebens - auf den Zusatznutzen angewiesen ist, dann macht eine Unterscheidung nach der *Art des Produkts*, wie sie von Pöchhacker vorgeschlagen wird, keinen Sinn: Es gibt, von praktischen Abgrenzungsproblemen einmal ganz abgesehen[118], keine Güter, bei denen die Kaufentscheidung typischerweise am Grundnutzen bzw. am Zusatznutzen orientiert ist[119]. Ebenso wenig kann davon die Rede sein, daß "(...) bei einer Reihe von Produkten (...)

---

[115] *Pöchhacker*, a.a.O., 127.

[116] Vgl. auch *Schuhmacher*, a.a.O., 251; *Wiltschek*, a.a.O., 211.

[117] *Pöchhacker*, a.a.O., 121.

[118] Die Frage, wann man es mit einem "selten angeschafften, relativ kostspieligen Gut" zu tun hat, wird auch bei *Pöchhacker*, a.a.O., 128, nicht beantwortet.

[119] So aber *Pöchhacker*, a.a.O., 236 f.

die Kaufentscheidung an beiden Nutzenarten orientiert (ist)."[120] Damit liegt der Schluß nahe - den Pöchhacker zwar kurz erwägt, dann aber sogleich verwirft[121] -, sowohl sachliche als auch zusatznutzenbetonende Werbung als im Verbraucherinteresse gelegen zu betrachten, und zwar deshalb, weil durch diese *Zwecktransparenz begründet* wird.

b) Der Appell an das Unbewußte als markttransparenzmindernder Faktor?

Die vorstehenden Ausführungen gelten prinzipiell für jede Form einer Betonung von Zusatznutzensarten, unabhängig davon, ob sich der Verbraucher seiner Präferenzen, Bedürfnisse etc. bewußt ist oder nicht. Fraglich ist aber, ob der *Appell an das Unbewußte* die der Kaufentscheidung zeitlich vorgelagerte Markttransparenz zu mindern in der Lage ist. So schreibt die Monopolkommission, durch suggestive Werbung erhielten bestimmte Waren assoziativ ein bestimmtes Image, insoweit würden die Präferenzen der Konsumenten *unbewußt beeinflußt und dadurch die Markttransparenz verzerrt*[122]. Nach Meyer-Cording

[120] *Pöchhacker*, a.a.O., 237.

[121] *Pöchhacker*, ebenda. - Die von *Pöchhacker* vorgebrachten Gegenargumente sind diese: Bei suggestiver Werbung bestehe die Gefahr, daß sie Marktgrunddaten in den Hintergrund dränge. Wegen der Wirkungsweise der Suggestivwerbung dürfte es unschwer möglich sein, ein stofftechnisch inferiores Produkt durch geschickte emotionale Werbung so zu präsentieren, daß es vom Verbraucher positiv erlebt werde. Das erscheine dann bedenklich, wenn dem Verbraucher Grund- wie Zusatznutzen wichtig seien. - Letzteres abstrakt - und damit produktbezogen - nachzuweisen ist, wie gerade dargelegt, tatsächlich nicht möglich. Warum aber das Zurückdrängen von Marktgrunddaten eine Gefahr darstellen soll, läßt sich nicht begründen: Der eine Verbraucher mag eben an diesen Daten überhaupt kein Interesse haben, während der zweite, nachdem er anhand der Marktgrunddaten die grundnutzenbezogene Homogenität der Güter festgestellt hat, zum Zusatznutzen greift, um wenigstens ein Differenzierungskriterium zu haben. Ein Dritter orientiert sich ausschließlich an den Marktgrunddaten, die zwar in den Hintergrund gedrängt sein mögen, aber dennoch noch offenkundig sind, denn daß eine Werbeaussage *ausschließlich* den Zusatznutzen betont, ohne auch nur ein Wort zum Grundnutzen zu verlieren, ist wohl sehr unwahrscheinlich. *Pöchhackers* eigentliche Sorge gilt letztlich solchen Verbrauchern, die zwar eine ausschließlich (oder überwiegend) grundnutzenbezogene *Zwecksetzung* getätigt haben, in der Phase der *Bedarfsbildung* aber durch eine zusatznutzenbetonende Werbung anderen Sinnes werden. Eine solche Änderung entgegen der ursprünglichen Zwecksetzung ist aber keine Frage der Nutzensart, denn auch der umgekehrte Fall - trotz einer zunächst zusatznutzenbezogenen Zwecksetzung erfolgt später, während der Bedarfsbildung, eine Hinwendung zum Grundnutzen - ist möglich.

[122] *Monopolkommission*, a.a.O., Tz. 33.

"(...) wird der Kunde wehrlos, sobald die Reklame 'nach dem Unbewußten greift'. Demgegenüber müssen Grenzen gesetzt werden. Sie liegen da, wo die Beeinflussung überhandnimmt."[123]

Jochen Meyer zufolge erhöht eine den Zusatznutzen vermittelnde Werbung die Markttransparenz nur dann, wenn "(...) auch die *Kenntnis über Ausmaß und Bedeutung* des Zusatznutzens und seine Stellung neben der objektiven Leistung vermittelt wird."[124] Sollte suggestiver Werbung überhaupt markttransparenzmindernde Wirkung zukommen, dann also nicht deshalb, weil Suggestivwerbung diverse Zusatznutzensarten betont, sondern, weil sie zugleich an das Unbewußte im Verbraucher appelliert.

Zunächst ist zu klären, *wessen* sich der Verbraucher im Falle suggestiver Werbung nicht bewußt sein soll; im Schrifttum ist insofern nur sehr uneinheitlich von unbewußten "Bedürfnissen"[125], "Wünschen"[126], "Ängsten"[127] oder "Präferenzen"[128] die Rede. Den oben gemachten Ausführungen zufolge wirkt Werbung hauptsächlich auf der Ebene der Bedarfsbildung. In dieser Phase geht es aus Sicht des Konsumenten darum, die zuvor gesetzten Zwecke im Hinblick auf mögliche Mittel zu konkretisieren. Bezugspunkt eines Werbeappells ist - neben dem Mittel, welches der Werbende anbietet - der *Zweck*, der vom Verbraucher gesetzte Grund- bzw. Zusatznutzen. Auf diesen sucht Werbung maßgeblich Einfluß zu nehmen, seine Erfüllung ist es, was den Empfängerhorizont eines Konsumenten ausmacht. Wenn sich der Verbraucher etwas nicht (hinreichend) bewußt ist, dann sind es die von ihm gesetzten Zwecke[129].

Genau betrachtet stellt sich der Appell an das Unbewußte so dar: Die Werbeaussage betont den Zusatznutzen nicht ausdrücklich, sondern z.B. *symbolisch* oder *akustisch*[130]. Der Konsument ist sich zwar bewußt, daß er angesprochen wird - der Appell als solcher erreicht ihn grundsätzlich in seinem Bewußtsein -, er weiß allerdings nicht, auf welcher Ebene. Er hat, soweit er sich angesprochen fühlt, gewissermaßen ein "gutes Gefühl", ist sich aber nicht bewußt, warum er ein gutes Gefühl hat (bzw. wie dieses gute Gefühl näher aussieht); er ist sich nicht bewußt, daß er deshalb ein gutes Gefühl hat, weil er auf den symbolisch oder akustisch betonten Zusatznutzen gesteigerten Wert legt. Mit anderen Worten: Der Verbraucher ist nicht immer über seine individuelle Zusatznutzensstruktur im Bilde, wenn ihn ein entsprechender Werbeappell er-

---

[123] *Meyer-Cording*, a.a.O., 313.
[124] *Jochen Meyer*, a.a.O., 189 (Hervorhebungen vom Verfasser hinzugefügt).
[125] *Mylaeus*, a.a.O., 23; *Drettmann*, a.a.O., 18.
[126] *Wegener*, a.a.O., 105; *Schricker*, a.a.O. (Fn. 9), 553; *Abromeit*, a.a.O., 121; *Thiedig*, a.a.O., 15.
[127] *Mylaeus*, a.a.O., 23.
[128] *Monopolkommission*, a.a.O., Tz. 33.
[129] Im Ergebnis wie hier auch *Jochen Meyer*, a.a.O., 189.
[130] Vgl. auch *Thiedig*, a.a.O., 15.

reicht, der seinerseits auf eine Aufschlüsselung der Zusatznutzenstruktur verzichtet und es bei einer symbolischen Bezugnahme beläßt. Es ist durchaus denkbar, daß sich ein Verbraucher nicht bewußt ist, daß er, etwa aufgrund eines gleichfalls unbewußten Minderwertigkeitskomplexes, die Zwecke "Ansehen", "Prestige", "Status" etc. setzt, daß er also auffallende, modische, exklusive Kleidung bevorzugt (= Bedarfsbildung), weil er auf diese Weise - unbewußt (!) - höheres "Ansehen" und "Prestige" zu erzielen hofft. Andererseits ist es gängige Werbepraxis, Zusatznutzensarten wie "Ansehen", "Prestige" usw. weniger ausdrücklich als vielmehr symbolisch zu vermitteln. Das mit dem jeweiligen Produkt angeblich verbundene "Prestige" wird nicht beim Namen genannt, sondern - zumeist bildlich - nur angedeutet, gespielt, skizziert.

Wie ist eine solche Werbung unter dem Gesichtspunkt der Markttransparenz zu beurteilen? Jochen Meyer nennt eine

> "(...) die Entscheidungsfreiheit völlig beseitigende Suggestivwerbung (...) markttransparenzmindernd und unzulässig. (...) Der Einsatz suggestiver Elemente verhindert eine bewußte Entscheidung für den Zusatznutzen. Statt dem Verbraucher die Abwägung zu überlassen, wird ihm der Zusatznutzen aufgedrängt. Der Verbraucher kann Qualität, Preis und Zusatznutzen nicht mehr trennen und so auch nicht bewerten, die Konsumentensouveränität wird gefährdet."[131]

Eine solche Argumentation geht davon aus, daß sich der Konsument des Grundnutzens stets bewußt ist, diesen kennt und beachtet. Eine unbewußte Vermittlung des stofflich-technischen Grundnutzens ist ausgeschlossen, so daß nur der Zusatznutzen im Wege des Appells an das Unbewußte betont werden kann. Der Einsatz suggestiver Elemente, so Jochen Meyer, verhindere eine *bewußte Entscheidung für den Zusatznutzen*, was den Schluß nahelegt, daß die Verhinderung einer bewußten Entscheidung für den Grundnutzen durch den Einsatz suggestiver Elemente nicht einmal theoretisch möglich ist. Gerade dies ist aber fraglich, zumindest nicht bewiesen. Ist sich der Konsument wirklich stets der möglichen Grundnutzensarten bewußt, während die verschiedenen Zusatznutzensarten - je nach dem - im Unterbewußtsein "schlummern"?

Aber auch wenn man davon ausgehen wollte, daß nur der - emotionale - Zusatznutzen Gegenstand eines Appells an das Unbewußte sein kann, so ist damit noch nicht bewiesen, daß ein Appell an unbewußte emotionale Zusatznutzensarten eine Verminderung der Markttransparenz bedeutet. Markttransparenz bedeutet Zwecktransparenz, die Minderung von Zwecktransparenz folgt aus der eingeschränkten Vermittlung zweckrelevanter Daten. Wie kann aber aus Sicht des Werbeadressaten von einer eingeschränkten Vermittlung zweckrelevanter Daten - und damit von einer Minderung der Zwecktransparenz - die Rede sein, wenn er sich des zweckrelevanten Datums gar nicht bewußt ist? *Setzt Transparenzminderung nicht voraus, daß aus Sicht des Wer-*

---

[131] *Jochen Meyer*, a.a.O., 190 f.

beadressaten Transparenz zunächst auch existiert hat? Was der Verbraucher gar nicht erst besessen hat, kann ihm nachträglich auch nicht mehr genommen werden; Werbung ist nicht verpflichtet, alle zweckrelevanten Daten zu vermitteln - schon gar nicht ausdrücklich -, um auf diese Weise dem Adressaten auch unbewußte Zwecksetzungen ins Bewußtsein zu rufen.

Gleichwohl: Auch wenn man die Tatsache eines erfolgreichen - d.h.: markttransparenzmindernden - Appells an unbewußte emotionale Zusatznutzensarten unterstellt, so ist es nicht nur möglich, sondern sogar wahrscheinlich, daß die Betonung des Zusatznutzens beim einen Verbraucher einem Appell an das Unbewußtsein gleichkommt - dieser ist sich seiner Zwecksetzung eben nicht bewußt -, während sie beim anderen wie der Appell an ein sensibilisiertes Bewußtsein wirkt. *Soll nun jede werbliche Betonung irgendeines Zusatznutzens untersagt werden, nur weil sie im einen oder anderen Fall auch als Appell an das Unbewußte wirkt?* Das liefe auf ein Verbot jeglicher Suggestivwerbung hinaus, und damit auf ein Verbot fast aller Werbung überhaupt. Denn so gut wie jede Art von Werbung arbeitet inzwischen mit suggestiven Elementen, und das meint auch den Appell an das Unbewußte.

Nach allgemeiner Auffassung ist in bezug auf das tatsächliche Verständnis von Werbeaussagen der Gesamteindruck maßgeblich, den der *Durchschnittsbetrachter* der angesprochenen Verkehrskreise hat[132]. Wie aber läßt sich dieser durchschnittliche Gesamteindruck fixieren und konkretisieren? Kann man nachweisen, daß eine bestimmte Werbeaussage auf den Durchschnittsbetrachter wie ein Appell an das Unbewußte wirkt oder zumindest wirken kann? Die Antwort folgt aus den heute noch gültigen Anmerkungen Schlueps:

> "Zu den höherrangigen Interessen ist aber auch die Rechtssicherheit als Bestandteil der Rechtsidee zu zählen. Es kommt darauf an, daß eine Rechtsordnung Ordnungsgewißheit schafft. (...) Unentbehrlich ist mithin namentlich Tatbestandsbestimmtheit in der Weise, daß der zu ordnende Tatbestand möglichst klar abgegrenzt wird. Aber gerade das macht im hier gegebenen Zusammenhang allergrößte Schwierigkeiten, weil die verschiedenen Werbeformen (scil.: des Appells an das Unbewußte) in praxi nicht scharf auseinandergehalten werden können.
>
> Das liegt vor allem auch daran, daß weiterführende empirische Forschungen über die Werbepsychologie noch fast völlig fehlen. Man kann sich des Eindrucks nicht erwehren, allgemeinste psychologische Erkenntnisse würden entweder ziemlich unbesehen auf die Wirtschaftswerbung übertragen oder blieben dann völlig unverbindlich. Fast zu jeder Aussage fehlen schlüssige Beweise oder auch nur anschauliche Erklärungen. Als Jurist fühlt man sich in einer geheimnisumwitterten Welt der

---

[132] BGH GRUR 1960, 558, 561 - Eintritt in Kundenbestellung; BGH GRUR 1971, 322, 323 - Lichdi-Center; *von Gamm*, Wettbewerbsrecht, Bd. 1, 1. Halbbd., 1987, 7. Kap. Rd. 8; *Nordemann*, Wettbewerbs- und Markenrecht, 1995, Rd. 56; *Loewenheim*, a.a.O. (Fn. 9), 108; *Baumbach/Hefermehl*, a.a.O., § 3 UWG Rd. 32; *Schnorbus*, a.a.O., 23.

Abstraktion und der Spekulation. Ein solches Klima ist weder der Gesetzgebung noch der richterlichen Regelbildung günstig. Man wird daher abwarten müssen, bis die faktischen Zusammenhänge restlos geklärt sind."[133]

Die faktischen Zusammenhänge sind auch heute noch keineswegs hinreichend geklärt, und wenig spricht dafür, daß dies jemals der Fall sein wird[134]; weder der Beweis der Wirksamkeit noch der Unwirksamkeit eines Appells an das Unbewußte scheint empirisch möglich. *Auf die bloß abstrakte Möglichkeit einer Wirksamkeit der Werbung mit einem Appell an das Unbewußte läßt sich ein lauterkeitsrechtliches Urteil aber schwerlich stützen*[135]. Daß das für das Selbstverständnis suggestiver Werbung in rechtstatsächlicher Hinsicht fundamentale Kriterium "Appell an das Unbewußte" keine größere normative Bedeutung hat und insbesondere auch nicht über die Zulässigkeit bzw. Unzulässigkeit suggestiver Werbung entscheiden kann, läßt sich auch daran erkennen, daß das Merkmal "Appell an das Unbewußte" *selbst* so gut wie nie ein wettbewerbsrechtliches Unwerturteil gestützt hat[136]. Dieses Ergebnis bestätigen indirekt auch Baumbach/Hefermehl:

---

[133] *Schluep*, a.a.O. (Fn. 39), 383 f. - Ihm folgend *Schricker*, a.a.O. (Fn. 9), 553 f.; vgl. auch *Hatje*, a.a.O., 27 ff.; *Bülow*, a.a.O. (Fn. 86), 300; *Drettmann*, a.a.O., 228 f.

[134] Bemerkenswert ist, daß das juristische Schrifttum die "faktischen Zusammenhänge" überwiegend für geklärt hält, und das oftmals, ohne diese zuvor überhaupt zur Sprache gebracht zu haben, d.h.: Die Wirksamkeit des Appells an das Unbewußte wird schlicht unterstellt.

[135] Grundsätzlich auch *Sosnitza*, Wettbewerbsbeschränkungen durch die Rechtsprechung, 1995, 32.

[136] Exemplarisch ist die Kommentierung bei *Baumbach/Hefermehl*, a.a.O., § 1 UWG Rd. 192, die zum "Appell an das Unbewußte" zunächst das Urteil des BVerwG (NJW 1959, 1194 - Erinnerungswerbung) anführt, das die konkrete Werbung ausdrücklich trotz ihrer möglichen Wirkung auf das Unbewußte zugelassen hatte. Das zweite Beispiel (KG WRP 1981, 146 - Anreiz zu leichtsinniger Fahrweise durch Werbung) fällt dagegen bereits gar nicht unter die Kategorie "Appell an das Unbewußte", denn der zugrundeliegende Werbehinweis, man könne mit den angepriesenen Kfz-Scheinwerfern auch bei einer Geschwindigkeit von 150 km/h - selbst bei nasser Fahrbahn - hinreichend *sicher* fahren, nennt den Nutzen ja ausdrücklich beim Namen, so daß dieser dem Angesprochenen kaum mehr verborgen geblieben sein dürfte. - Auch ein drittes, bei *Baumbach/Hefermehl* nicht erwähntes Beispiel (LG Hamburg WRP 1987, 517 - Unzulässige vergleichende Werbung eines Heizölhändlers) entpuppt sich letztlich als Fall, in dem die angegriffene Aussage gerade nicht aufgrund der mutmaßlichen Wirkung eines Appells an das Unbewußte untersagt wurde. Denn das LG Hamburg spricht insoweit von "vagen", "unbestimmten" Ängsten (a.a.O., 517) bzw. von "vagen, unbestimmten, nicht näher rationalisierten Emotionen und Angstgefühlen" (a.a.O., 518), was dem allgemeinen Sprachverständnis zufolge etwas anderes bedeutet als "unbewußt".

Einzig die Entscheidung des OLG Saarbrücken (WRP 1992, 510 - Umweltwerbung) kann als Beispiel dafür herangezogen werden, daß wegen der Ansprache an das Unbewußte eine Werbeäußerung untersagt wurde. In dieser Entscheidung stützt das OLG sein Unwerturteil (a.a.O., 512) nämlich ausdrücklich auf die vermeintliche Tatsache,

"Solange aber der Umworbene erkennen kann, daß es sich um eine Werbemaßnahme handelt und er infolgedessen eine eigene Entscheidung treffen kann, wird seine Persönlichkeitssphäre nicht in unzulässiger Weise angetastet. (...) Eine sich auf die Worte 'König-Pilsener' beschränkende Erinnerungswerbung, die sich in Leuchtbuchstaben an dem Geländer einer eine Straße überspannenden Eisenbahnbrücke befand, wurde deshalb (...) trotz ihrer Wirkung auf das Unbewußte zugelassen, weil der Verbraucher kein willenloses Objekt sei, sondern es in der Hand habe, das Wesen ihrer Methoden zu erkennen, daraus entsprechende Folgerungen zu ziehen und sich entsprechend zu verhalten. Auch unter dem Rechtsmaßstab der guten Sitten verstoßen solche suggestiven Werbemaßnahmen nicht gegen § 1 UWG. Bedenklich können sie jedoch werden, wenn sie keinen sachbezogenen Informationsgehalt aufweisen und allein darauf gerichtet sind, den Umworbenen in der Freiheit der Wahl und der Entschließung dadurch zu beeinträchtigen, daß man durch den Appell an das Unbewußte (...) in ihm sachfremde Kaufimpulse hervorruft, um sie zur Förderung des Absatzes auszunutzen. Das kann namentlich bei Genußmitteln oder Kosmetika verwerflich sein, deren Erwerb nicht, wie Slogans oder Leitbilder mitunter vorgaukeln, nur Vergnügen, Freude und Selbstbestätigung schafft, sondern zugleich Nachteile mit sich bringt (...). Unter diesem Aspekt ist daher z.B. das Anpreisen von Tabakwaren oder Alkoholika durch rauchende oder zechende Leistungssportler zu beurteilen. Auswüchse suggestiver Werbung, die den Eindruck erwecken, der Genuß von Tabak oder Alkohol sei gesundheitlich unschädlich, verstoßen gegen § 1 UWG."[137]

Es zeigt sich, daß der eigentliche Vorwurf gegenüber dem Appell an das Unbewußte nicht darin gesehen wird, daß eine entsprechende Werbung (auch) an das Unbewußte appelliert, sondern *ausschließlich* in dem Umstand erblickt wird, daß diese Werbung mehr verspricht, als sie hält. Das aber ist, abgesehen von den Fällen der Irreführung[138], eine Frage der Rationalität der Kaufentscheidung und keine des Bewußtseins.

---

daß sich die konkrete Werbeaussage "HaRa: Damit Mensch und Natur eine Chance haben" "(...) ganz bewußt unterschwelliger Angstgefühle der Verbraucher sowie deren daraus resultierendes schlechtes Gewissen zunutze (macht)." Daß solche pauschalen tatsächlichen Feststellungen nicht Grundlage von normativen Schlußfolgerungen sein können, liegt auf der Hand - woher will das OLG Saarbrücken eigentlich wissen, daß der Durchschnittsbetrachter der angesprochenen Verkehrskreise unterschwellige Angstgefühle besitzt? Gerade weil es sich doch angeblich um *unterschwellige*, also unbewußte Angstgefühle handelt, wird der Durchschnittsbetrachter über diese keine Auskunft geben und folglich auch nicht sagen können, *ob* er überhaupt über irgendwelche unterschwelligen Angstgefühle verfügt. - Insgesamt kritisch jüngst auch der BGH WRP 1997, 724 - Umweltfreundliches Reinigungsmittel.

137 *Baumbach/Hefermehl*, ebenda.

138 Insoweit geht es um Tatsachenbehauptungen - um objektiv nachprüfbare Angaben - und damit nach der Terminologie dieser Untersuchung um *grundnutzenbezogene* Werbeaussagen, die schon gar nicht unter den Begriff der Suggestivwerbung fallen. - Zur Problematik der Irreführung durch umweltbezogene Werbung vgl. unten *Dritter Teil* B I 1. sowie später *Fünfter Teil*.

4. Die relative tatsächliche Gleichartigkeit von informativer und suggestiver Werbung

Die vorstehenden Ausführungen haben die traditionelle Kritik an der Suggestivwerbung auf ihre Stichhaltigkeit hin überprüft, namentlich im Hinblick auf das *Wesen suggestiver Werbung*. Dabei lassen sich die Aussagen keinesfalls unmittelbar in ihr Gegenteil verkehren, das direkte Gegenteil suggestiver Werbung kann nicht zwangsläufig als informativ bezeichnet werden. Informativ ist zwar, im Gegensatz zur Suggestivwerbung, eine Werbung, die auf der Ebene des "Objektiven" operiert und zugleich den "Grundnutzen" betont. Auch eine bloß informative Werbung kann aber - zumindest theoretisch - an das "Unbewußte" appellieren; diesbezüglich können sich informative und suggestive Werbung also entsprechen.

Aus den vorstehenden Überlegungen folgt, daß die beiden Phänomene der informativen und suggestiven Werbung hinsichtlich der Möglichkeit, eine irrationale Kaufentscheidung hervorzurufen bzw. die Markttransparenz zu mindern, *als gleichartig anzusehen* sind. Daß die Betonung des "Subjektiven" die Rationalität der Kaufentscheidung oder gar die Markttransparenz negativ zu beeinflussen geeignet ist, wird von keiner Seite ernsthaft behauptet. Die Betonung des "sozialen Zusatznutzens" hat sogar markttransparenzbegründende Funktion und auf die Rationalität der Kaufentscheidung selbst keinen negativen Einfluß[139]. Ob von einem "Appell an das Unbewußte" negative Auswirkungen auf die Markttransparenz ausgehen, ist an sich schon zweifelhaft und läßt sich jedenfalls nicht nachweisen.

Daß sich aus der relativen tatsächlichen Gleichartigkeit von Informativ- und Suggestivwerbung überhaupt keine *normativen Konsequenzen* ableiten lassen, steht nicht zu vermuten; entsprechende Fragen werden indes fürs erste zurückgestellt. Zunächst interessieren das Verhältnis von Umweltwerbung und gesundheits- bzw. gefühlsbezogener Werbung sowie die Frage ihrer Identität. Dabei geht es insbesondere um das verbrauchertypische Umweltbewußtsein, eine Rechtstatsache, die in der wettbewerbsrechtlichen Diskussion der Umweltwerbung zwar laufend Erwähnung findet, deren Bedeutung bisher aber kaum erfaßt wurde.

---

[139] Hieraus folgt auch eine *relative Gleichartigkeit von informativer und gefühlsbetonter Werbung*.

C. Das Verhältnis von Umweltwerbung und gesundheits- bzw. gefühlsbezogener Werbung

I. Vorüberlegungen

Es gibt Erscheinungen, die sich kraft ihrer Komplexität bereits einer exakten begrifflichen Einordnung zu entziehen scheinen. Daß man in dieser Hinsicht neben dem Phänomen des Wettbewerbs auch dasjenige der Umwelt anführen kann, gründet nicht so sehr in der beispiellosen Bedeutung, welche dieses Thema am Ende des 20. Jahrhunderts für nahezu jeden Bereich eines modernen Staats- und Gemeinwesens gewonnen hat[140]. Das Verhältnis von Mensch und Natur stand seit jeher im Blickfeld öffentlicher, auch wissenschaftlicher Betrachtungen. Noch nie aber gab es jene Fülle an bedenkenswerten Kausalzusammenhängen, Interdependenzen, Unwägbarkeiten, Interessen, die umweltorientierte Entscheidungen so schwierig und vordringlich zugleich haben werden lassen. Nie zuvor hat das Neben- und Gegeneinander von natürlicher und anthropogener Lebensweise solch ein grenzenloses Konfliktpotential hervorgebracht, welches die konkrete Gefahr in sich birgt, durch Fehlentscheidungen und Nichthandeln unumkehrbare Verhältnisse von *immenser globaler Tragweite* zu schaffen. Erinnerungen an internationale Umweltkatastrophen wie den Untergang des Supertankers "Torrey Canyon" vor der britischen Küste (1967), die Dioxinverseuchung im oberitalienischen Seveso (1976), die Giftgaskatastrophe im indischen Bhopal (1984), das Atomreaktorunglück von Tschernobyl (1986) oder die beiden Öltankerhavarien der "Exxon Valdez" vor der Küste Alaskas (1989) und der "Sea Empress" vor der Südwestküste von Wales (1996) sollen insoweit genügen[141].

Es mag auf den ersten Blick verwundern, im Rahmen einer wettbewerbsrechtlichen Arbeit nach dem öffentlichen wie auch veröffentlichten - wissenschaftlichen - Verständnis von Umwelt zu fragen. Keines der mit dem Phäno-

---

140 Immer häufiger begegnet man einem Geschichtsverständnis, das die Zeit für gekommen hält, eine grundlegende Veränderung von Rechts- und Wirtschaftsordnung - eine "Dritte Revolution" nach der Agrarischen und Industriellen Revolution, nach der Befriedigung wirtschaftsliberaler und sozialer Reformbedürfnisse im 19. und 20. Jahrhundert - in Richtung eines *nachhaltigen* Umweltschutzes in Gang zu setzen, vgl. nur *Meadows/Meadows/Randers*, Die neuen Grenzen des Wachstums, 1993, 260 ff.; *von Lersner*, Gibt es Eigenrechte der Natur?, NVwZ 1988, 988; *Ernst Ulrich von Weizsäker*, Erdpolitik, 1994, 8 ff.

141 Zu den gewaltigen, vielfach irreparablen Umweltveränderungen der Gegenwart und absehbaren Zukunft *Hoppe/Beckmann*, a.a.O., § 1 Rd. 5 ff.; *Ernst Ulrich von Weizsäcker*, a.a.O., 6 ff., 56 ff., bes. 65 ff., 113 f.; *Meadows/Meadows/Randers*, a.a.O., 68 ff., bes. 84 ff., 117 ff., bes. 122 ff.; *Simonis*, Globale Klimakonvention, in: *Sautter* (Hrsg.), Entwicklung und Umwelt, 1992, 171, 172 ff.; *Enquête-Kommission "Vorsorge zum Schutz der Erdatmosphäre"* des *Deutschen Bundestages* (Hrsg.), Schutz der Erde, Teilbd. I, 1991, 38 ff., bes. 137 ff.

men der Umweltwerbung befaßten Gerichte hat es bislang für erforderlich gehalten, den Begriff der Umwelt in irgendeiner Weise zu definieren; ebenso wenig findet sich in den oben zitierten Monographien[142] oder in der sonstigen wettbewerbsrechtlichen Literatur der Versuch einer Definition dieses Begriffs. Gleichwohl ist eine Beschäftigung mit dem Begriff der Umwelt nicht zu vermeiden. Ob es sich bei dieser oder jener Werbebotschaft tatsächlich um *Umwelt*werbung handelt, läßt sich nur sagen, wenn man der Frage nachgegangen ist, was die Öffentlichkeit - und das bedeutet insbesondere der typische Verbraucher - mit dem Komplex Umwelt verbindet. Kann man etwa schon von Umweltwerbung sprechen, wenn auf einer Butter- oder Schokoladenverpakkung eine grasende Kuh vor einem Bergpanorama abgebildet ist[143]? Beinhaltet der Hinweis "Eier aus Freilandhaltung" bereits einen Umweltbezug? Wie verhält es sich mit der Anzeige einer Brauerei, die unter der Überschrift "NaTour '93" mit der Verlosung von Wildwasserfahrten wirbt? Was ist von dem Motiv eines vor einer unberührten Naturlandschaft abgelichteten Mannes zu halten, der unter dem Motto "A Man's Nature" für das neue Parfum "Deep Forest" wirbt?

Darüber hinaus ist eine eingehende Beschäftigung mit dem Begriff der Umwelt aber noch aus einem zweiten Grund unerläßlich, nämlich zur näheren Bestimmung des *verbrauchertypischen Umweltbewußtseins*. Augenfälligstes Merkmal umweltbezogener Werbung ist der Umstand, daß sie sich an das Umweltbewußtsein der angesprochenen Rezipienten und der Öffentlichkeit wendet. Daß ein solches öffentliches Bewußtsein für ökologische Zusammenhänge und Problemstellungen in Deutschland überhaupt existiert und zukünftig wohl noch weiter an Bedeutung gewinnen dürfte, wird von keiner Seite bestritten[144]. Einigkeit dürfte im übrigen insoweit bestehen, als es einer Unterscheidung zwischen dem Umweltbewußtsein der Öffentlichkeit und dem potentieller Käufer dann nicht bedarf, wenn man den Adressaten werblicher Aussagen als Teil der öffentlichen Meinung klassifiziert, welcher an Strömungen und Veränderungen öffentlicher Bewußtseinslagen teilnimmt[145].

---

[142] *Erster Teil* Fn. 15.

[143] Vgl. auch *Köhler*, a.a.O., 347.

[144] Vgl. nur *Billig*, Ermittlung des ökologischen Problembewußtseins der Bevölkerung, 1994, 3 f.

[145] Von keinem weiteren Interesse ist dagegen das *tatsächliche Umweltverhalten*, welches keineswegs mit dem Umweltbewußtsein übereinstimmen muß, sondern regelmäßig hinter diesem zurückbleibt, vgl. etwa *Kirsch*, Umweltbewußtsein und Umweltverhalten, ZfU 1991, 249, 259 ff.; *Gierl*, Ökologische Einstellungen und Kaufverhalten im Widerspruch, MA 1987, 2 ff.; *Adelt/Müller/Zitzmann*, Umweltbewußtsein und Konsumverhalten - Befunde und Zukunftsperspektiven, in: *Szallies/Wiswede* (Hrsg.), Wertewandel und Konsum, 1990, 155 ff.; *Vierhaus*, Umweltbewußtsein von oben, 1994, 423 ff. - Nach *Billig*, a.a.O., 54, lassen sich nur 10 bis 15 % des Verhaltens ausschließlich durch Umweltbewußtsein erklären, während der überwiegende Teil

Das Anliegen dieser Untersuchung ist es, die Beschäftigung mit dem konsumrelevanten Umweltbewußtsein nicht, wie üblich, auf die Feststellung zu beschränken, dieses sei in den letzten Jahren in bemerkenswerter Weise gestiegen. In keiner Weise, so muß man festhalten, erfolgt hinsichtlich des Umweltbewußtseins eine Differenzierung bzw. Erläuterung, und dies, obwohl es sich bei diesem um einen umweltpolitischen Schlüsselbegriff handelt[146]. Dabei ist es, entgegen eines in Judikatur und Literatur weit verbreiteten Stereotyps, keineswegs ausgemacht, daß ein gestiegenes Umweltbewußtsein zwangsläufig die Eignung umweltbezogener Werbung begründet (oder erhöht), "emotionale Bereiche im Menschen" anzusprechen. Auch das Schlagwort vom "emotionalen Bereich im Menschen", der durch die Umweltwerbung in besonders geeigneter Weise angesprochen werde, ist zunächst einmal eine Behauptung; die Charakterisierung dieses Bereichs mit den Stichworten "Gesundheit" und "spätere Generationen" wird der weitaus komplexeren Umweltproblematik nicht gerecht. Letztlich wird Umweltbewußtsein von der überwiegenden wettbewerbsrechtlichen Meinung mit "Umweltgefühl" übersetzt, ohne daß dessen inhaltliche Bedeutung auch nur ansatzweise diskutiert worden wäre[147]. Somit dient die Beschäftigung mit dem verbrauchertypischen Umweltbewußtsein und Umweltverständnis einer Überprüfung der Frage, ob Umweltwerbung mit gefühlsbetonter bzw. gesundheitsbezogener Werbung identisch ist[148].

---

des Verhaltens durch andere Faktoren bestimmt wird. Schon aus diesem Grund ist es ohne Bedeutung, welchen Einfluß das Umweltbewußtsein auf das Umweltverhalten letztlich ausübt. Im übrigen bemißt sich die *wettbewerbsrechtliche Zulässigkeit* einer Werbung nicht nach dem tatsächlichen Kauf- und Konsumverhalten - der empirische Nachweis einer exklusiven Kausalität zwischen Werbemaßnahme und Kaufentscheidung ist schlicht nicht möglich -, sondern nach den mutmaßlichen Wirkungen der Werbung auf den Verbraucher (sprich: dessen Bewußtsein).

146 Siehe hierzu etwa: *Spiegler*, Umweltbewußtsein und Umweltrecht, 1990, passim; *Vierhaus*, a.a.O., 29 ff., 183 ff.; *Carl Friedrich von Weizsäcker*, Bewußtseinswandel, 1988, 16 f., 147 ff., 451 ff.; *Balderjahn*, Das umweltbewußte Konsumentenverhalten, 1986, 4 ff.; *Wenke*, Konsumstruktur, Umweltbewußtsein und Umweltpolitik, 1993; *Seybold* (Hrsg.), Umweltplanung, Umweltrecht und Umweltbewußtsein, 1990; *Ernst Ulrich von Weizsäcker*, a.a.O., 10 ff.

147 *Wiebe*, Zur "ökologischen Relevanz" des Wettbewerbsrechts - Lauterkeitsrechtliche Grenzen der Umweltwerbung, WRP 1993, 798, 809, spricht expressis verbis von "Umweltgefühlen" des Verbrauchers; vgl. auch *Graf Lambsdorff/Jäger*, a.a.O., 2302. - Das OLG Stuttgart NJW-RR 1989, 556, 557 - umweltbewußt, beschränkt sich im wesentlichen auf die Feststellung, der Begriff der Umwelt sei schon als solcher "vage und mehrdeutig", wobei diese "Vagheit und Mehrdeutigkeit" durch die Verwendung des Begriffes "umweltbewußt" verstärkt werde. Anschließend übersetzt es den Begriff "umweltbewußt" ohne weiteres mit "Höchstmaß an Umweltschonung".

148 Im Hinblick auf eine eventuelle (Teil)Identität von Umweltwerbung und Suggestivwerbung erweist sich eine Beschäftigung mit dem verbrauchertypischen Umweltbewußtsein als wenig hilfreich, da Suggestivwerbung stets den Appell an das *Unbewußte* umfaßt.

Ob Werbeaussagen einen konkreten Umweltbezug enthalten, ist unter Zugrundelegung eines Sprach- und Begriffsverständnisses zu ermitteln, wie es der Gesamtheit der bundesdeutschen Verbraucher eigen ist; maßgeblich ist kein pauschales, sondern ein repräsentatives Verständnis. Dabei hat die Aufmerksamkeit zunächst dem Umwelt*verständnis* zu gelten (hierzu alsbald III.), und erst dann dem Umwelt*bewußtsein* (zu diesem unten IV.). Bevor man darüber Auskunft zu geben vermag, ob und in welchem Maße man sich etwas bewußt ist, bedarf es zuvor einer Definition dessen, wessen man sich bewußt ist (oder genauer: was man darunter versteht). Was unter "Umwelt" im (natur)wissenschaftlichen Sinne zu verstehen ist und was ein Verbraucher im alltagssprachlichen Umgang unter diesem Begriff versteht, ist zweierlei. Dabei erscheint es problematisch, das Umweltverständnis der angesprochenen Verkehrskreise inhaltlich näher zu bestimmen. Ein Begriff, mit dem sich eine breitangelegte und kontroverse wissenschaftliche Diskussion verknüpft, läßt sich nicht ohne weiteres im Wege einer Verkehrsbefragung profilieren. Es liegt nahe, in einem ersten Schritt zunächst die Frage zu beantworten, was Umwelt *ist* (vgl. sogleich II.). Anschließend soll nach dem verbrauchertypischen Umweltverständnis gefragt werden, danach also, was der eine oder andere Verbraucher meint, wenn er von Umwelt spricht.

Daß eine solche Fragestellung gerade in ihrer Grundsätzlichkeit berechtigt ist, verdeutlicht beispielhaft eine Entscheidung des OLG Düsseldorf[149], in der das Gericht wiederholt von "Natur- und Umweltschutz" spricht bzw. davon, daß die Verbraucher bei der Bezeichnung "bio-FIX" daran dächten, "etwas für die Natur oder die Umwelt" zu tun. Sollte zwischen beiden Begriffen tatsächlich kein Unterschied bestehen, könnte auf eine sprachliche Unterscheidung ohne weiteres verzichtet werden. Im anderen Fall aber bedarf es einer gründlichen Untersuchung der Frage, worin der Unterschied zu erblicken ist.

II. Der Begriff der Umwelt in der wissenschaftlichen Auseinandersetzung

Der Versuch einer Definition des Begriffs "Umwelt" wird von verschiedenen Seiten unternommen, aus ökologischer, politischer, theologischer, juristischer Sicht[150]. Ungeachtet der Tatsache, daß im Rahmen dieser Untersuchung auf einen juristischen Umweltbegriff hinzuarbeiten ist, wird man nicht umhin können, die Begriffsbildung als einen interdisziplinären Erkenntnisprozeß zu begreifen. Die Beziehungen des Menschen zu seiner Umgebung haben eben

---

[149] OLG Düsseldorf GRUR 1988, 55, 56 f. - bio-FIX.

[150] Die diversen umweltspezifischen Gesetze und Verordnungen definieren den Umweltbegriff alles andere als einheitlich, vgl. nur *Dempfle/Müggenborg*, Die "Umwelt", ein Rechtsbegriff?, NuR 1987, 307 f.

sowohl eine biologische, chemische und physikalische als auch eine ethische, soziologische, ökonomische und eine rechtliche Dimension, so daß die wissenschaftliche Bewältigung des Themas "Mensch (bzw. Wirtschaft) und Umwelt" nicht auf das Forschungsgebiet einer einzelnen Fachrichtung beschränkt werden kann[151].

1. Herkömmliche Begriffsbildung

Nicht wenige Versuche einer Bestimmung des Umweltbegriffs leiden daran, daß die Definition nicht in Abgrenzung zu verwandten Termini (Natur, Landschaft, Nach- und Mitwelt, Ökosystem, Biotop etc.) entwickelt wird, sondern aus sich selbst heraus. Nur zu oft wird dabei übersehen, daß es seit jeher gerade der Mensch gewesen ist, der auf verschiedenste Art und Weise, mit unterschiedlicher Intensität in seine Umgebung eingegriffen hat und weiterhin eingreift. Soell beispielsweise definiert Umwelt allein

> "(...) von den potentiellen Gefährdungsrichtungen her (...), d.h., der Umweltbegriff (zerfällt) in einzelne gefährdete Medien (Boden, Wasser, Luft, Natur und Landschaft) und in Gefährdungsrelationen (...)".[152]

Die Frage nach den Ursachen dieser "Gefährdungsrelationen" kann aber aus dem Bemühen, einen gültigen Umweltbegriff zu entwickeln, nicht ausgeblendet werden[153].

Im allgemeinen wird unter Umwelt der Bereich von Boden, Luft und Wasser (d.h die sog. *"Umweltmedien"*), eventuell noch Tier- und Pflanzenwelt sowie die Beziehungen untereinander und zu den menschlichen Lebewesen verstanden[154]. Neben dieser medienbezogenen Betrachtungsweise steht die weit-

---

[151] Ebenso: *Von Lersner*, Die ökologische Wende, 1991, 27 ff.; *Stutzin*, Die Natur der Rechte und die Rechte der Natur, RTh 11 (1980), 344; für das Phänomen der "Umweltwerbung" *Fezer*, Umweltwerbung mit unternehmerischen Investitionen in den Nahverkehr, JZ 1992, 443, 447.

[152] *Soell*, Umweltschutz, ein Grundrecht?, NuR 1985, 205; ebenso *Gronemeyer*, Umweltschutz und Wirtschaft, 1987, 4.

[153] *Tilch* (Hrsg.), Deutsches Rechts-Lexikon, Bd. 3, 1992, Artikel "Umweltschutz", 746, verzichtet gänzlich auf eine Definition des Begriffs "Umwelt" und schreibt statt dessen unter dem Stichwort "Umweltschutz": "Die Überbeanspruchung der Natur ist deshalb so verhängnisvoll, weil mit der Umwelt auch die Lebensgrundlage des Menschen zerstört wird." Man kann sich aber nicht mit Fragen des Umweltschutzes befassen, ohne zuvor das "Schutzobjekt" näher bestimmt zu haben.

[154] Siehe aus dem Bereich der Gesetzgebung Art. 141 I 3 BV ("Boden, Wasser und Luft als natürliche Lebensgrundlagen"), § 1 Nr. 15 der VO über die Gefährlichkeitsmerkmale von Stoffen und Zubereitungen nach dem Chemikaliengesetz v. 18.12.1981, BGBl. I, 1487 ("Wasser, Luft und Boden sowie die Beziehungen unter ihnen einerseits und zu allen Lebewesen andererseits") sowie § 3 I UmweltHG ("Boden, Luft oder Wasser"); weiter dagegen § 2 I 2 UVPG ("Menschen, Tiere und Pflanzen, Boden, Was-

hin verbreitete Aufteilung der Umwelt in zwei gegensätzliche, wenn auch letztlich nicht exakt voneinander zu trennende Bereiche. Man unterscheidet zwischen dem Bereich der *natürlichen*[155] Umwelt, der sog. Biosphäre einerseits, und dem der *künstlichen*[156] oder *sozialen*[157], in einem langen Kultivierungs- und Zivilisationsprozeß *vom Menschen geschaffenen*[158] Umwelt andererseits, wobei der Bereich der natürlichen Umwelt regelmäßig als mit den oben genannten Umweltmedien identisch angesehen wird[159]. Das Verhältnis beider Bereiche zueinander ist zwar seit jeher konfliktträchtig gewesen, am Ende dieses Jahrhunderts besteht indes die begründete Sorge, daß die anthropogene Umwelt die natürliche nicht allein verdrängen, sondern irreversibel zerstören wird. Vor diesem Hintergrund ist es wenig überzeugend, den Begriff der Umwelt auf *beide Bereiche* anzuwenden und einem extensiven Umweltbegriff das Wort zu reden[160]. Wer ökologische und sozioökonomische, kraft ihrer Natur grundsätzlich widerstreitende Belange[161] vermengt, anstatt beide Interessenbereiche zunächst zu trennen und als solche zu beurteilen, begibt sich der Möglichkeit, Ursachen und Wirkungen dieser einzigartigen Verbindung aus natürlichem und künstlichem Ökosystem bis ins einzelne zu verstehen: "Öko-

---

ser, Luft, Klima und Landschaft, einschließlich der jeweiligen Wechselwirkungen, Kultur- und sonstige Sachgüter") und der fast wortgleiche § 1 BImSchG. - Zum medienbezogenen Umweltbegriff vgl. ferner: *Kimminich*, Die Verantwortung für die Umwelt in der Wertordnung des Grundgesetzes, in: *Faller/Kirchhof/Träger*, (Hrsg.), Verantwortlichkeit und Freiheit. FS für *Willi Geiger* zum 80. Geburtstag, Tübingen 1989, 277; *Wicke*, Umweltökonomie, 1991, 6; *Kloepfer*, Umweltrecht, 1989, § 1 Rd. 20; *Gabler-Wirtschafts-Lexikon*, Bd. 3, 1992, Artikel "Natürliche Umwelt", 2365; *Tröndle*, Strafgesetzbuch, 1997, vor § 324 Rd. 3.

[155] Kritisch *Müller-Bromley*, Staatszielbestimmung Umweltschutz im Grundgesetz?, 1990, 103 ff.

[156] *Haber*, Artikel "Umweltbegriff", in: *Dreyhaupt/Peine/Wittkämper* (Hrsg.), Umwelt-Handwörterbuch, 1992, 2 ff.; *Bonus*, a.a.O., 289 ff.; *Gabler-Wirtschafts-Lexikon*, Bd. 4, 1992, Artikel "Umwelt", 3350.

[157] *Von Lersner*, Artikel "Umwelt", in: *Kimminich/von Lersner/Storm* (Hrsg.), Handwörterbuch des Umweltrechts, Bd. II, 1994, Sp. 2111; *Hartkopf/Bohne*, Umweltpolitik, 1983, 2 f.; *Himmelmann*, Artikel "Umwelt", in: *Himmelmann/Pohl/Tünnesen-Harmes*, Handbuch des Umweltrechts, 1994, A.1. Rd. 10.

[158] *Stutzin*, a.a.O., 345; *Steiger*, Begriff und Geltungsebenen des Umweltrechts, in: *Salzwedel* (Hrsg.), Grundzüge des Umweltrechts, 1982, 1, 4 ff.; *Kloepfer*, a.a.O. (Fn. 154), § 1 Rd. 19.

[159] Siehe etwa *Kloepfer*, a.a.O. (Fn. 154), § 1 Rd. 20; *Hartkopf/Bohne*, a.a.O., 3.

[160] In diesem Sinne aber *Steiger*, a.a.O., 6 f.; ähnlich auch *Hofmann*, Natur und Naturschutz im Spiegel des Verfassungsrechts, JZ 1988, 265, 266, der vom Oberbegriff *Natur* ausgehend Umwelt als die "außermenschliche" Natur definiert.

[161] Dieser Konflikt erschöpft sich, kurz gesagt, darin, daß der Bereich der Umwelt - so man nicht auf irgendeine Weise in das Marktgeschehen eingreift - auf der einen Seite Grenzkosten von Null verursacht (der Abbau von Ressourcen ist an sich kostenlos), während er auf der anderen Seite ökonomischen Nutzen stiftet (die Aufnahme von Schadstoffen ist an sich vorteilhaft).

logische Anforderungen erfahren auf diesem Wege keine Betonung. Sie werden vielmehr in die Kette der vielfältigen sonstigen Interessen eingereiht und damit nivelliert."[162] Gerade in Anbetracht des Widerstreits zwischen natürlicher und sozioökonomischer Lebensweise bedarf es Abgrenzungskriterien, um den *homo oeconomicus* an seine Stellung *inmitten* seiner Umgebung zu erinnern und ihm die Lösung des Konflikts *mit* seiner Umwelt aufzudrängen.

2. Eigene Begriffsbildung

Die hier vorgeschlagene *ökologische* Begriffsbildung folgt ihrem Wortlaut nach einer Unterteilung von Lersners, der unter Umweltschutz den Schutz der Natur, der Mitwelt und der Nachwelt versteht[163]. Umwelt hat also einen räumlichen und einen zeitlichen Aspekt, beide Aspekte sind jeweils Teil der Umwelt, sie bilden keinen Gegensatz, sondern ergänzen sich: Die beiden *räumlichen* Aspekte - Natur und Mitwelt [dazu a) und b)] - haben jeweils noch eine *zeitliche* Dimension, die Nachwelt [hierzu später c)]. Daß den vorhandenen Definitionen ein weiterer terminologischer Versuch hinzugefügt werden soll, erklärt sich daraus, daß keine der im Umlauf befindlichen Definitionen zur Gänze überzeugt, sei es, daß es einer gebotenen Differenzierung und Abgrenzung ermangelt, sei es, daß es an einer ausreichend praxis- bzw. beispielsbezogenen Begriffsbildung fehlt.

a) Natur

Die Ökologie legt ihren Überlegungen ein Modell zugrunde, wonach sich die *ursprüngliche* (im Sinne von unberührte) Umgebung aus einer Vielzahl von sog. Ökosystemen (einschließlich sog. "ökologischer Nischen") zusammensetzt. Jedes dieser in Biozönosen, Populationen und Organismen untergliederten Ökosysteme befindet sich in einem dynamischen Gleichgewicht, das seine Stabilität komplizierten Regelkreisbeziehungen und Ausgleichs- bzw.

---

[162] *Erbguth*, Rechtssystematische Grundfragen des Umweltrechts, 1987, 46 f. - Ihm folgend *Himmelmann*, a.a.O., A.1. Rd. 10; s.a. *Kloepfer*, a.a.O. (Fn. 154), § 1 Rd. 19 m.w.N., der sich gegen einen (extensiven) "Allerweltsbegriff" ausspricht, da dieser kaum in der Lage sei, die spezifische Aufgabenstellung des Umweltschutzes im Kreise der übrigen öffentlichen Aufgaben deutlich genug zu konturieren; grundsätzlich *Hartkopf/Bohne*, a.a.O., 3.

[163] *Von Lersner*, a.a.O. (Fn. 140), 988; das Verhältnis von Natur-, Mitwelt- und Nachweltschutz zueinander bleibt bei ihm indes leider unbehandelt. - Zum Verständnis von Umweltschutz als Nachweltschutz auch *Hofmann*, Nachweltschutz als Verfassungsfrage, ZRP 1986, 87; *Eser*, a.a.O., 360 m.w.N.

Rückkoppelungsmechanismen verdankt[164]. Natürliche Ökosysteme bedürfen im Gegensatz zu künstlichen zu ihrer Existenz außer der Sonnenstrahlung keiner weiteren Energiezufuhr, weshalb man von "energetisch offenen Systemen" spricht[165]. *Natur*, so ließe sich vorläufig (lexikalisch) formulieren, ist das, "was wesensgemäß von selbst da ist und sich selbst reproduziert"[166].

Mit dieser Definition ist die Zugehörigkeit des Menschen zur Natur indes weder bewiesen noch widerlegt. Überhaupt geht es weniger darum, den Menschen in seiner Individualität den Bereichen Natur oder Mitwelt zuzuordnen oder auch nur den Zeitpunkt zu bestimmen, ab dem sich der Mensch durch sein Verhalten in Widerspruch zu seiner natürlichen Umgebung gesetzt hat. Daß der Mensch als solcher, bar jedes gesellschaftlichen Einflusses, Teil der Natur ist, steht außer Frage, aber offensichtlich läßt sich von der Lebensweise eines Neugeborenen oder auch eines Neandertalers selbstverständlicher behaupten, daß es sich bei dieser um eine natürliche handelt, als etwa von derjenigen eines Unternehmers, der sein Geld mit der Abholzung und dem Verkauf von Tropenhölzern verdient. Es mag an dieser Stelle die Feststellung genügen, daß, wie Winter zutreffend bemerkt, sich "(...) die Menschen selbst, insofern sie in ihrem Empfinden und ihrer Körperlichkeit Natur sind, aus dem Naturkreislauf (lösen) (...)" und "(...) in den Städten Opfer gesundheitsgefährlicher Arbeits- und Wohnverhältnisse (...)" werden[167]. Die Verhaltens- und Funktionsweise moderner Gesellschaftssysteme der Ersten, Zweiten und Dritten Welt am Ende dieses Jahrhunderts ist noch derart weit entfernt vom Prinzip der Kreislaufwirtschaft[168], von der konsequenten Unterscheidung zwischen regenerationsfähigen und nichtregenerierbaren Rohstoffen, vom Gedanken der

---

164 Vgl. nur *Markl*, Die Dynamik des Lebens: Entfaltung und Begrenzung biologischer Populationen, in: *Markl* (Hrsg.), Natur und Geschichte, 1983, 71, 73 ff.; *Vester*, Neuland des Denkens, 1995, 58 ff.; *Bick*, Veränderungen von Ökosystemen durch Umweltbelastungen, in: *Jänicke/Simonis/Weigmann* (Hrsg.), Wissen für die Umwelt, 1985, 37, 38 ff.; *Rat von Sachverständigen für Umweltfragen*, Umweltgutachten 1978 v. 19.9.1978, BT-Drs. VIII/1938, Tz. 28 ff.; *Frey*, Artikel "Umweltökonomik", in: *Albers/Born/Dürr* u.a. (Hrsg.), Handwörterbuch der Wirtschaftswissenschaften, 8. Bd., 1980, 47, 48.

165 *Haber*, a.a.O., 11 ff.; *Vester*, a.a.O. (Fn. 164), 29 ff.; *Frey*, a.a.O., 48.

166 Diese Begriffsbildung findet sich in der *Brockhaus Enzyklopädie*, 15. Bd., 1991, Artikel "Natur", 372. - S.a. *Meyers Neues Lexikon*, Bd. 5, 1980, Artikel "Natur", 532. - Ferner: *Tilch* (Hrsg.), a.a.O., Bd. 2, 1992, Artikel "Natur", 1121; *Hoffmeister* (Hrsg.), Wörterbuch der philosophischen Begriffe, 1955, Artikel "Natur", 421 f.; *Schischkoff* (Hrsg.), Philosophisches Wörterbuch, 1982, Artikel "Natur", 474; *Sening*, Eigenwert und Eigenrechte der Natur?, NuR 1989, 325; *Höhn*, Natur - Gesellschaft - Kultur, APuZ (B 20) 1991, 28, 31.

167 *Winter*, Perspektiven des Umweltrechts, DVBl. 1988, 659.

168 Strenggenommen müssen diesem Prinzip zufolge benutzte Materialien wieder in Stoffkreisläufe zurückgegeben werden können, da die Erde in ihrem Naturzustand - von der Notwendigkeit externer (solarer) Energiezufuhr einmal abgesehen - ein einziges geschlossenes Ökosystem ("Raumschiff Erde") verkörpert.

Gleichgewichtig- und Nachhaltigkeit und der Wiederverwertung von Sekundärstoffen, daß man derart synthetische Ökosysteme kaum als natürlich oder naturähnlich wird bezeichnen können[169]. Diese Feststellung gilt im Prinzip für alle modernen Wirtschaftsordnungen, ganz gleich, ob diese nun in erster Linie nach marktwirtschaftlichen oder zentralwirtschaftlichen Regeln funktionieren. Allenfalls von verschwindend kleinen *Natur*völkern ließe sich behaupten, daß deren Gesellschaftsform im Einklang mit der Natur stehe und somit eine natürliche sei.

Der dieser Arbeit zugrunde gelegte Naturbegriff umfaßt demnach alles, was ohne Einfluß des Menschen entstanden ist und auch ohne dessen Eingriff fortbestehen und funktionieren kann, ausgenommen die menschlichen Gesellschaften selbst[170]. Man mag dabei gleichermaßen auch von "Natur im engeren Sinne" sprechen bzw. von "natürlichen Ökosystemen im strengen Sinne"[171].

b) Mitwelt

Wie steht es mit einer positiven Definition der Mitwelt? In jedem Falle ausgeschlossen ist ein Verständnis, welches die Mitwelt ganz allgemein als den - restlichen - Bereich der Umwelt definiert, der nicht als Natur im vorgenannten Sinne bezeichnet werden kann. Konsequenterweise hieße dies nämlich, mit dem Schutz der Mitwelt auch jene Bereiche schützen zu wollen, die just für Schäden an der Natur verantwortlich zeichnen, also z.B. die chemische Indu-

---

[169] Auch die Einführung eines "Kreislaufwirtschafts- und Abfallgesetzes" mit Wirkung v. 7.10.1996 (Art. 1 Gesetz zur Vermeidung, Verwertung und Beseitigung von Abfällen v. 27.9.1994, BGBl. I, 2705) wird diesen Zustand auf absehbare Zeit nicht verändern können. - *Psychogramme einer modernen Verkehrsgesellschaft* entwerfen etwa: *Gusy*, Massenverkehr zwischen Ökonomie und Ökologie, ZRP 1993, 439 ff.; *Opaschowski*, Freizeit und Mobilität, 1995, passim; *Rat von Sachverständigen für Umweltfragen*, Umweltgutachten 1994 v. 8.3.1994, BT-Drs. XII/6995, Tz. 609 ff., bes. 617 ff., 638 ff., 730 ff.; *Klenke*, "Freier Stau für freie Bürger", 1995, passim; *Vester*, Crashtest Mobilität, 1995, 25 ff., 49 ff.

[170] Nahezu unveränderte Hochgebirgs- und Moorlandschaften, Teile der Antarktis, der Tiefsee, Sibiriens und des tropischen Regenwaldes zählen hierzu; z.B. *Meadows/ Meadows/Randers*, a.a.O., 83. - Auch die Ordnung des Universums sowie der Planet Erde in seinen Bestandteilen Erdkern, Erdmantel und Erdkruste können als Natur bezeichnet werden. - A.A.: *Höhn*, a.a.O., 31; *Müller-Bromley*, a.a.O., 104 f.; *Meyer-Abich*, Wege zum Frieden mit der Natur, 1984, 130; *Leimbacher*, Die Rechte der Natur, 1988, 101; *Kaufmann*, Gibt es Rechte der Natur?, in: *Seebode* (Hrsg.), FS für *Günter Spendel* zum 70. Geburtstag, 1992, 59, 69 f.

[171] *Rat von Sachverständigen für Umweltfragen*, a.a.O. (Fn. 164), Tz. 31. - Insgesamt kommt der Wildnisbegriff des amerikanischen *Wilderness Act* dem hier verwandten Naturbegriff sehr nahe; vgl. zu jenem etwa *Olbrich*, Die amerikanischen Wildnisgebiete: Freiheit der Natur als Schutzgut, NuR 1997, 381 ff., bes. 384 f.

strie, den Straßenverkehr oder bestimmte Formen der Landwirtschaft[172]. Mitwelt kann nur in bezug auf das zuvor formulierte Naturverständnis begriffen werden, anders wird der Versuch, das erwähnte Spannungsverhältnis von Wirtschaft und Umwelt zu bewältigen, nicht gelingen.

Entsprechend den beiden Merkmalen des Naturbegriffs bedeutet *Mitwelt* zweierlei, zum einen den Bereich, der in seinen Elementen und Faktoren künstlich, also mit Hilfe des Menschen der Natur nachgebildet ist[173], zum anderen jenen Teil, welcher über seine künstliche Entstehung hinaus des Menschen bedarf, um funktionieren und fortbestehen zu können[174]. Mitwelt wird insofern gelegentlich auch als "Natur im weiteren Sinne" bezeichnet oder als "naturnahes Ökosystem"[175]. Aus dem Gesagten folgt, daß gerade die gegenwärtigen anthropogenen Industrie- und Urbansysteme, welche vom Prinzip der Kreislaufwirtschaft und einer umfassenden Rücksichtnahme auf Natur und übrige Mitwelt noch sehr weit entfernt sind, nicht selbst als Bestandteil der Mitwelt - und damit der Umwelt - angesehen werden können.

Nun ist die menschliche Gesellschaft im Laufe der Jahrhunderte so zielstrebig und nachhaltig in die "Natur" eingedrungen, daß eine räumliche Lokalisierung von Naturgebieten tatsächlich immer schwerer fällt. Vereinzelt lassen sich noch natürliche Ökosysteme finden, grundsätzlich aber befindet sich die Natur seit Jahrhunderten auf dem Rückzug[176]. *Umwelt im heutzutage wissenschaftlich gebrauchten Sinne bedeutet deshalb primär Mitwelt.* Wenn es um die Reduzierung von Schadstoffemissionen oder die Verringerung der Grund-

---

[172] Der *Rat von Sachverständigen für Umweltfragen*, a.a.O. (Fn. 164), Tz. 28, unterscheidet "nach abnehmender Intensität der menschlichen Einflußnahme (...) urbanindustrielle Ökosysteme, Agrarökosysteme sowie naturnahe und natürliche Ökosysteme".

[173] Das meint etwa wiederaufgeforstete Wälder, wiederangesiedelte Tierarten, "renaturierte" Auenlandschaften oder auch Naturschutzgebiete, *soweit* diese ihr Gleichgewicht aus eigener Kraft halten können.

[174] Hier läßt sich an botanische Gärten, sonstige Garten- und Parkanlagen, bestimmte landwirtschaftliche Nutzflächen, Wildgehege und Nationalparks denken, so sie ausnahmslos auf die menschliche Pflege angewiesen sind. Die Bezeichnung "*Natur*park" oder "*Natur*schutzgebiet" läßt an ein "natürliches" Ökosystem denken. Solange für die *Anlegung und Unterhaltung* eines solchen Systems der Mensch vonnöten ist, kann man richtigerweise aber nur von einem "naturnahen" Ökosystem reden, vgl. *Rat von Sachverständigen für Umweltfragen*, a.a.O. (Fn. 164), Tz. 31; *Rauschning*, a.a.O., 491.

[175] *Rat von Sachverständigen für Umweltfragen*, ebenda.

[176] Zur "Geschichte der Umweltzerstörung" etwa: *Winter*, a.a.O., 659 ff.; *Kloepfer*, Zur Geschichte des deutschen Umweltrechts, 1994, 7 ff.; *Brüggemeier/Rommelspacher* (Hrsg.), Besiegte Natur, 1987; *Hofmann*, a.a.O. (Fn. 160), 266 f.; *Bock*, Umweltschutz im Spiegel von Verfassungsrecht und Verfassungspolitik, 1990, 22 ff.; *Vierhaus*, a.a.O., 40 f., allesamt m.a.N. - Aus wirtschaftshistorischer Sicht: *Siegenthaler* (Hrsg.), Ressourcenverknappung als Problem der Wirtschaftsgeschichte, 1990, passim; *Hobbensiefken*, Ökologieorientierte Volkswirtschaftslehre, 1991, 33 ff., bes. 42 ff.

wasserbelastung geht, bezweckt die industriell-urbane Gesellschaft vor allem den Schutz ihrer unmittelbaren Umgebung (sprich: der Mitwelt) und weniger den der Natur. Das "klassische" Umweltrecht, um nur ein Beispiel zu geben, hat sich dem Schutz der Mitwelt verschrieben und allenfalls mittelbar dem Schutz der Natur. Was die räumlichen Grenzen der Mitwelt angeht, so enden diese dort, wo es dem Menschen aus technischen Gründen einzugreifen verwehrt bleibt (Erdinneres, Sonnensystem).

c) Nachwelt

Die Aufschlüsselung des Umweltbegriffs in einen räumlichen und einen zeitlichen Aspekt hat keine lange Tradition. Vergegenwärtigt man sich aber nur, daß die Gefahren und Risiken, welche etwa von radioaktiven Reststoffen und Schwermetallabfällen ausgehen, noch in Tausenden von Jahren bestehen werden[177], so läßt sich die zeitliche Dimension von Umweltschäden und Umweltschutz nicht länger übersehen. Gerade auch die Werbewirtschaft macht sich diese Betrachtungsweise zu eigen, indem sie die Zukunftsaussichten von Kindern und Jugendlichen thematisiert[178]. Umwelt im hier verstandenen Sinn heißt also auch *Nachwelt* und meint eine Generation, die unter Belastungen von Natur und Mitwelt zu leiden hat, ohne im Zeitpunkt der Ursachensetzung bereits existiert zu haben[179].

---

[177] Einige Angaben zu dieser Problematik finden sich bei *Hofmann*, a.a.O. (Fn. 163), 87 ff. - Insbesondere die Aufgabe einer vollständigen und endgültigen Entsorgung von Kernkraftwerken und hochradioaktivem Abfall, namentlich im Rahmen eines sog. Endlagers, ist noch immer nicht bewältigt, siehe nur *Vester*, a.a.O. (Fn. 164), 383 ff.

[178] Die Ruhrgas AG, Essen, z.B. wirbt mit einer Serie von Anzeigen, in denen besorgte Kinder nach ihren Umweltperspektiven fragen. Zum Thema Auto und Umwelt bemerkt die Volkswagen AG, Wolfsburg, in einer Anzeige: "Wer heute ein neues Auto kauft, investiert mehr denn je in die Zukunft und in die seiner Kinder. Eine Verantwortung, der Volkswagen gerecht wird: mit Autos, die einerseits bedeutend länger halten als früher und andererseits sogar schon bei der Produktion, wie auch später auf der Straße, weniger Energie und Rohstoffe verbrauchen."

[179] S.a. den neu eingefügten Art. 20 a GG, Gesetz zur Änderung des Grundgesetzes vom 27.10. 1994, BGBl. I, 3146: "Der Staat schützt auch in Verantwortung für die künftigen Generationen die natürlichen Lebensgrundlagen im Rahmen der verfassungsmäßigen Ordnung durch die Gesetzgebung und nach Maßgabe von Gesetz und Recht durch die vollziehende Gewalt und die Rechtsprechung."

III. Das verbrauchertypische Umweltverständnis als Rechtstatsache

1. Eigener Standpunkt

Umweltbewußtsein bezeichnet einen (noch näher zu bestimmenden) Grad der Beschäftigung des Menschen, Verbrauchers usw. mit umweltrelevanten Aspekten seiner Umgebung im weitesten Sinne, wobei sich diese Beschäftigung in unterschiedlicher Intensität und auf unterschiedlichen Ebenen abspielen kann. Rock schreibt in diesem Kontext, Umweltbewußtsein lebe "an der Nahtstelle zwischen Umwelt-Wissen und Umwelt-Gewissen"[180]. Worin aber besteht das "Umwelt-Wissen" des durchschnittlichen Letztverbrauchers, was kennt er von "seiner" Umwelt, was weiß er über sie?

Mit dem Thema "Umwelt" verbinden sowohl Öffentlichkeit als auch Verbraucher mehrheitlich zunächst einmal den Bereich der zeitlich und räumlich erfaßbaren Umgebung. Je näher und konkreter Umwelt in ihrer zeitlich-räumlichen Dimension begriffen wird, desto bewußter ist auch die Beschäftigung der Menschen mit Problemen und Gefahren der Umwelt: Die geplante ICE-Trasse ruft als erste nicht etwa überregionale, sondern örtliche Bürgerinitiativen auf den Plan; ein Ozonloch über der Nordhalbkugel beunruhigt die bundesdeutsche Bevölkerung in der Regel weit eher als ein solches über dem Südpol; Untersuchungen, die ein "Umkippen" des Weltklimas oder die Erschöpfung der Deponien der Bundesrepublik innerhalb der nächsten fünfzig Jahre prognostizieren, erzielen bei jüngeren Generationen durchschnittlich eine größere Aufmerksamkeit als bei älteren Menschen usw.

Unabhängig von der jeweiligen zeitlich-räumlichen Entfernung und Beziehung des Einzelnen zu seiner Umwelt entspringt dessen Beschäftigung mit Fragen der Umwelt fast immer einer persönlichen im Sinne einer *unmittelbaren* "Betroffenheit"[181]. Geht man dieser Betroffenheit einmal auf den Grund,

---

[180] *Rock*, Theologie der Natur und ihre anthropologisch-ethischen Konsequenzen, in: *Birnbacher* (Hrsg.), Ökologie und Ethik, 1980, 72, 89.

[181] *Schluchter*, Artikel "Umweltbewußtsein", in: *Kimminich/von Lersner/Storm* (Hrsg.), Handwörterbuch des Umweltrechts, Bd. II, 1994, Sp. 2121 ff.; *Frank Wimmer*, Umweltbewußtsein und konsumentenrelevante Einstellungen und Verhaltensweisen, in: *Brandt/Hansen/Schoenheit/Werner* (Hrsg.), Ökologisches Marketing, 1988, 44, 59 ff.; *Rock*, a.a.O., 89; *Adlwarth/Wimmer*, a.a.O., 169 ff.; *Langeheine/Lehmann*, Die Bedeutung der Erziehung für das Umweltbewußtsein, 1986, 52, 54 f. - Einschränkend: *Hofrichter*, Artikel "Umweltbewußtsein", in: *Dreyhaupt/Peine/Wittkämper* (Hrsg.), Umwelt-Handwörterbuch, 1992, 37, der der Auffassung ist, die Prominenz des Umweltthemas resultiere weniger aus einer direkten Betroffenheit durch Umweltprobleme, als vielmehr aus einer allgemeinen Sorge hinsichtlich der nationalen und globalen Umweltsituation; in diesem Sinne auch *Strümpel*, Ökologische Gefühle - technokratische Argumente, in: *Jänicke/Simonis/Weigmann* (Hrsg.), Wissen für die Umwelt, 1985, 261, 266 f.; *Dierkes/Fietkau*, Umweltbewußtsein - Umweltverhalten, 1988, 67 ff.,

so kann man häufig genug eine (unter Umständen durchaus komplexe) Sorge um den Bestand und die Qualität von Werten entdecken, welche für Individuum und Gesellschaft von mehr oder weniger existentieller Bedeutung sind: Die körperliche und seelische Unversehrtheit der individuellen Kreatur sei hier genannt, die allgemeine wie auch konkrete Bewegungsfreiheit, die Garantie von Eigentum einschließlich der Möglichkeit seiner ökonomischen Bewertung, die Integrität sog. Kulturgüter[182].

In einer Repräsentativumfrage im Auftrag der Stiftung Verbraucherinstitut, Berlin, aus dem Jahr 1987 bezeichneten 65 % der befragten (westdeutschen) Bürger die Luftverschmutzung als eine besonders störende oder belastende *Umweltbeeinträchtigung*; auf den weiteren Plätzen folgten die Verschmutzung der Gewässer (58 %), die Verschandelung der Umgebung durch Abfälle (56 %), das Tier-, Baum- und Pflanzensterben (54 %), wilde Müllplätze in offener Landschaft (53 %), die chemische Behandlung von Nahrungsmitteln (47 %), Verkehrslärm (41 %), schlechtes Trinkwasser (40 %) und die Zerstörung der Landschaft durch Bebauung (38 %)[183].

1992 nannten von 100 Befragten in Westdeutschland 37 % das Ozonloch, 36 % die Luftverschmutzung, 20 % den Müll, 18 % Klimaveränderungen, 17 % das Trinkwasser, 16 % das Waldsterben, 11 % die Meeresverschmutzung und 9 % den Verkehr als *Umweltprobleme*, während in Ostdeutschland 41 % den Müll, 37 % die Luftverschmutzung, 34 % das Ozonloch, 27 % jeweils das Trinkwasser und das Waldsterben, 25 % die Klimaveränderungen, 24 % den Verkehr und 16 % die Vernichtung der Regenwälder als ihre *Umweltsorgen* bezeichneten[184].

Im Jahre 1995 schließlich waren nach den Ergebnissen einer Umfrage unter mehr als 2000 Wahlberechtigten 39 % der Ostdeutschen wegen der schwindenen Ozonschicht, 36 % wegen der Luftverschmutzung, 35 % wegen des Waldsterbens, 33 % wegen der Abfallmengen, 20 % wegen möglicher Klimaveränderungen und 19 % wegen Verkehrsproblemen beunruhigt. 37 % der Westdeutschen nannten die Zunahme der Luftverschmutzung, 27 % das Ozonloch, jeweils 21 % das Waldsterben und die Gefahr eines möglichen Atomunfalls, 18 % die Trinkwasserqualität und 17 % die Müllproblematik als *Umweltsorgen*[185].

---

73 ff.; *Billig*, a.a.O., 75, 81 f.; *Rat von Sachverständigen für Umweltfragen*, Umweltgutachten 1987 v. 21.12.1987, BT-Drs. XI/1568, Tz. 49.

[182] S.a. *Balderjahn*, a.a.O., 242 ff., demzufolge die Einstellung der Verbraucher zum Problem der Umweltverschmutzung bzw. zum alternativ-naturverbundenen Leben oftmals von persönlichen Werten wie "Soziale/materielle Sicherheit", "Selbstverwirklichung" oder "Sparsamkeit" bestimmt wird.

[183] Vgl. die Nachweise bei *Frank Wimmer*, a.a.O. (Fn. 181), 61.

[184] FAZ Nr. 107 v. 10.5.1993, Beilage "Umwelt und Technik", 7.

[185] SZ Nr. 71 v. 25./26.3.1995, 6.

Die exemplarisch angeführten Umfrageergebnisse mögen von aktuellen, auch wissenschaftlich aufbereiteten Umweltnachrichten ("Robbensterben", "Waldsterben", "Klimakatastrophe" etc.) beeinflußt worden sein und daher nur bedingten Aussagewert besitzen. Jedenfalls läßt sich aber den genannten Einzelaspekten entnehmen, daß das Thema Umwelt durchaus konkrete Gestalt annehmen und die jeweilige persönliche Betroffenheit einen Namen haben kann. Luft- und Meeresverschmutzung oder auch Lärmbelästigung bedeuten einen unmittelbaren Eingriff in das körperliche Wohlbefinden desjenigen, der verschmutzte Luft einatmen, in verdrecktem Meerwasser schwimmen oder in der Nähe von industriell verursachtem Lärm arbeiten und wohnen muß. Anders gewendet: Wer etwas "für die Umwelt tut", unternimmt zugleich auch etwas für seine individuelle Gesundheit, sein persönliches Eigentum (z.B. wenn er Garten- oder Waldbesitzer ist), seine konkrete Bewegungsfreiheit (sofern er etwa durch Umweltschäden davon abgehalten wird, in bestimmte Gebiete zu reisen)[186].

Der Begriff "Umwelt" läßt sich danach durchaus in die Sprache des Letztverbrauchers übersetzen. *Umwelt im verbrauchertypischen Sinn* bedeutet eine von künstlichen, d.h. anthropogen bedingten Eingriffen weitestgehend verschonte Umgebung des Menschen, die ein möglichst umfassendes körperliches und seelisches, materielles und immaterielles Wohlbefinden garantiert. Die Intaktheit der Umwelt wird als notwendige Voraussetzung einer Intaktheit des Menschen begriffen. Daß die Vorstellung des Verbrauchers hinsichtlich dessen, was allgemein unter einer intakten Umgebung zu verstehen ist, oftmals nur eine ungefähre und regelmäßig positive ist ("gute Luft", "heile Natur" etc.), verdient zwar der Erwähnung, ändert aber an der Bedeutung des soeben definierten Sprachverständnisses nichts. Der Mensch sucht Erholung "in der Natur" und meint doch nur seine unmittelbare - nicht selten nur synthetisch hervorgebrachte (Baggerseen, Stadtwald) - Umgebung, die *Mitwelt*. Die Sorge auf Seiten der Europäer um eine Klimaveränderung oder um eine Vergrößerung des Ozonlochs über den Polkappen gilt weniger der bedrohten *Natur* als vielmehr dem eigenen Zustand (Stichwort: erhöhtes Hautkrebsrisiko infolge zunehmender Sonneneinstrahlung; Gefahr einer Überflutung von Küstengegenden infolge eines steigenden Meeresspiegels) innerhalb der bestehenden, alles andere als natürlichen Gesellschaftsstrukturen. Entsprechend selten finden sich denn auch Werbeaussagen, die sich konkret mit dem Be-

[186] Selbstverständlich kann es sich auch so verhalten, daß jemand das Thema Umwelt bewußt und abstrakt unter dem Aspekt der *Eigenwertigkeit der Natur* behandelt. Ein sehr alter oder auch unheilbar kranker Mensch ohne jede Nachfahren wird keinen erkennbaren Vorteil erzielen, wenn sich die Umweltbedingungen während der nächsten Jahrzehnte langsam verbessern sollten; sein eventuelles Engagement für den Umweltschutz dürfte vermutlich von anderen als den genannten Motiven (Sorge um die eigene Gesundheit usw.) herrühren.

reich "Natur" befassen, sieht man einmal von solchen Anzeigen ab, in denen etwa zum Verzicht auf die Verwendung von Tropenhölzern aufgefordert wird.

2. Das verbrauchertypische Umweltverständnis aus Sicht der wettbewerbsrechtlichen Judikatur

Mittelbar spiegelt sich dieses Ergebnis auch in verschiedenen Urteilen zu Fragen der Umweltwerbung wider; die Lektüre dieser Judikate ergibt, daß die bundesdeutschen Wettbewerbsrichter grundsätzlich von einem verbrauchertypischen Umweltverständnis ausgehen, das sich ungefähr mit dem deckt, was Umwelt tatsächlich verkörpert:

In einer bereits zitierten Entscheidung hat der BGH die Auffassung vertreten, Werbemaßnahmen, die an den Umweltschutz anknüpften, erwiesen sich als besonders geeignet, "(...) emotionale Bereiche im Menschen anzusprechen, die von einer Besorgnis um die eigene Gesundheit bis zum Verantwortungsgefühl für spätere Generationen (...)" reichten[187]. Umwelt im verbrauchertypischen Sinne bedeutet danach in zeitlicher Hinsicht *Nachwelt.*

Daß Umwelt im Konsumentensinne in räumlicher Hinsicht namentlich *Mitwelt* bedeutet, wird deutlich, wenn man eine Entscheidung des KG heranzieht. 1990 hatte das Gericht einen Werbeausspruch zu überprüfen ("Schützt unsere Umwelt! Wie wir von Kaiser's")[188], der nach Auffassung des KG das "Idealbild einer mustergültig umweltharmonischen Unternehmensführung" vermitteln sollte. Tatsächlich aber sei auch dieser Geschäftsbetrieb mit typischen Belastungen für die Umwelt verbunden (z.B. motorisierter Liefer- und Kundenverkehr, Müllverursachung durch den Handel mit Fertigpackungen, Aufkommen umweltbelastender tierischer Ausscheidungen infolge des Vertriebs von Fleischwaren)[189]. Alle Beispiele entstammen unserer gegenwärtigen, alles andere als "natürlich" oder "naturnah" beschaffenen Industriegesellschaft und wirken unmittelbar auf die Mitwelt zurück; von dieser ist unsere Gesellschaft umgeben, nicht von der Natur im hier verstandenen Sinne.

Daß Umwelt aus Sicht der Verbraucher gerade nicht (auch) den Bereich der *Natur* umfaßt, hat der BGH in einer neueren Entscheidung betont[190]. In dem Fall hatte die Beklagte die Aussage "unipor Ziegel Bausteine für eine gesunde Welt" verwendet, obwohl, wie das Berufungsgericht ausführte, zur notwendigen Rohstoffgewinnung der Natur zunächst "Wunden geschlagen" würden. Der BGH hat die Gleichsetzung von "Welt" und "Umwelt" zwar gebilligt, die Darstellung des Berufungsgerichts im übrigen aber beanstandet. Mineralische

---

[187] BGH GRUR 1991, 546, 547 - ... aus Altpapier.
[188] KG WRP 1991, 30 - Schützt unsere Umwelt I (Eilverfahren).
[189] KG a.a.O., 31.
[190] BGH NJW-RR 1994, 1126, 1127 - Unipor-Ziegel.

Rohstoffe könnten ohne Natureingriffe nicht gewonnen werden, wovon als allgemein bekannt und selbstverständlich auszugehen sei. Und weiter:

"Der (...) Gesichtspunkt einer gesunden (Um-)Welt darf (...) nicht ohne weiteres im Sinne eines bloßen 'Naturbelassens' verstanden werden, denn es ist selbstverständlich, daß insbesondere die Verwendung von Naturstoffen (...) zu Eingriffen in die Natur führen muß. Das ist aber dem Verkehr - weil selbstverständlich - allgemein bekannt."[191]

Diese wenigen Beispiele verdeutlichen, welches Umweltverständnis die Richter dem Durchschnittsverbraucher unterstellen: Zunächst und in besonderem Maße versteht die Öffentlichkeit unter Umwelt den oben definierten Bereich der Mitwelt, eventuell noch den der Nachwelt. Ziel von *Umwelt*schutzmaßnahmen ist aus Verbrauchersicht die Bewahrung oder Wiederherstellung eines naturähnlichen Gleichgewichts innerhalb der verschiedenen sozioökonomischen Bereiche, d.h. vor allem eine Verbesserung der Boden-, Wasser- und Luftqualität zugunsten der (eigenen) körperlichen Gesundheit und Integrität[192].

3. Teilidentität von Umweltwerbung und Gesundheitswerbung

Immer wieder wird der unmittelbare bzw. mittelbare Zusammenhang zwischen Umweltwerbung und Gesundheitswerbung betont, wobei von den diversen Begründungen letztlich nur eine einzige weiterführt. Baumbach/Hefermehl schreiben insoweit:

"Mit der Gesundheitswerbung steht die Umweltwerbung insoweit im Zusammenhang, als sie sich auch auf Waren oder Leistungen bezieht, die sich auf die Gesundheit auswirken. Sie wird mit Recht ebenso wie diese im Hinblick auf das Umweltbewußtsein und die Schutzbedürftigkeit der weitgehend unkundigen Bevölkerung streng beurteilt."[193]

Hierauf hat Federhoff-Rink entgegnet:

"Bei der Gesundheitswerbung geht es um Waren und Dienstleistungen, deren Ziel und Zwecksetzung es ist, unmittelbar auf den menschlichen Körper einzuwirken und dessen Gesundheit herzustellen, zu fördern oder zu erhalten. (...) Ein Kopfschmerzmittel ist von seiner Zielsetzung her anders zu beurteilen als ein Holzschutzmittel oder ein Waschmittel, auch wenn Wasch- und Holzschutzmittel sich schädigend auf die Gesundheit auswirken können."[194]

---

[191] BGH ebenda.

[192] S.a. BGH GRUR 1991, 550, 551 - Zaunlasur; OLG Düsseldorf WRP 1994, 69 - Benetton-Werbung.

[193] *Baumbach/Hefermehl*, a.a.O., § 1 UWG Rd. 179 a.

[194] *Federhoff-Rink*, a.a.O. (Fn. 9), 196 f. - Ebenso bereits *Graf Lambsdorff*, a.a.O. (Fn. 51), Rd. 2.

Um es auf den Punkt zu bringen: Auch die Verwendung eines Automobils im Straßenverkehr kann sich "auf die Gesundheit auswirken", auf die Gesundheit von Verkehrsteilnehmern nämlich, und zwar dann, wenn es zu einem Unfall kommt. Trotzdem käme niemand auf die Idee, Automobilwerbung als Form der (wenn auch mittelbaren) Gesundheitswerbung zu qualifizieren. Es kann offensichtlich nicht jede denkbare Gesundheitsauswirkung maßgeblich sein, sondern nur eine produkttypische, immanente, "aus Sicht" des jeweiligen Produkts unmittelbare Gesundheitsauswirkung.

Entscheidend im Hinblick auf eine sinnvolle Unterscheidung zwischen Umwelt- und Gesundheitswerbung ist, daß die Bereiche *Umwelt und menschliche Gesundheit aus Verbrauchersicht allenfalls teilidentisch* sind. Die Ausführungen zum verbrauchertypischen Umweltverständnis haben gezeigt, daß unter Umwelt vieles verstanden wird - der Stadtwald, der eigene Garten, Pflanzen- und Artenvielfalt, Abwesenheit von Verkehrslärm, sauberes Trinkwasser etc. Wenn man die oben angeführten *repräsentativen Meinungsumfragen* aus den Jahren 1987, 1992 und 1995 betrachtet, dann fällt auf, daß zwar stets von "Gewässer", "Abfall", "offener Landschaft", "Nahrungsmitteln", "Luft", "Wald" usw. die Rede ist, nicht aber von "Gesundheit" oder "Wohlbefinden"; auf die Frage nach ihren Umweltsorgen und Umweltproblemen hat kein nennenswerter Prozentsatz der Befragten die Antwort "eigene Gesundheit/eigenes Wohlbefinden" gegeben. Umweltverschmutzung - im Sinne von "Meeres- oder Luftverschmutzung" - meint nicht automatisch auch bzw. nur Gesundheitsgefährdung. Ein repräsentatives verbrauchertypisches Umweltverständnis in dem Sinne, daß Umwelt zunächst und immer menschliche Gesundheit bedeutet, läßt sich nicht nachweisen. Selbstverständlich ist der Schritt vom Gedanken an verschmutztes Trinkwasser, Verkehrslärm etc. zur Sorge um die eigene menschliche Gesundheit nur noch ein kleiner, gleichwohl muß er getan werden. Man mag beim Gedanken an die Umwelt (und das meint regelmäßig: Mitwelt) an das eigene Wohlbefinden denken, eine pauschale - grundsätzliche - unmittelbare Gleichsetzung von Umwelt und Gesundheit bedeutet dies aber keinesfalls. Daß weite Teile der wettbewerbsrechtlichen Literatur und Judikatur Umweltwerbung im Hinblick auf ihre angebliche Ähnlichkeit mit der Gesundheitswerbung *in toto* nach einem besonders strengen Maßstab zu beurteilen pflegen[195], läßt sich auf diese Weise nicht rechtfertigen. Aus Sicht des Verkehrs kann umweltbezogene Werbung einen mittelbaren Gesundheitsbezug enthalten, sie muß es aber nicht[196].

---

[195] BGH GRUR 1991, 546, 547 - ... aus Altpapier; BGH GRUR 1991, 548, 549 - Umweltengel; *Schnorbus*, a.a.O., 19; *Rohnke*, a.a.O., 669; *Köhler*, a.a.O., 350; *Baumbach/Hefermehl*, a.a.O., § 1 UWG Rd. 179 a, allesamt m.w.N.

[196] Gegen eine Subsumtion unter die gesundheitsbezogene Werbung: *Federhoff-Rink*, a.a.O. (Fn. 9), 195 ff.; *Graf Lambsdorff/Jäger*, a.a.O., 2302; *Graf Lambsdorff*, a.a.O. (Fn. 51), Rd. 2; *Füger*, a.a.O., 245 ff.; kritisch auch *Büttner*, Kurzkommentar zu

IV. Das verbrauchertypische Umweltbewußtsein als Rechtstatsache

1. Der sog. "Drei-Komponenten-Ansatz"

Worin besteht der oben angesprochene Unterschied zwischen Umweltverständnis und Umweltbewußtsein? Umweltverständnis (bzw. Umweltkenntnis) ist notwendige, aber nicht hinreichende Bedingung von Umweltbewußtsein[197]. Regelmäßig folgt im Anschluß an den Prozeß der ökologischen "Erkenntnis- und Einsichtsgewinnung" (etwa nach der Lektüre eines entsprechenden Zeitungsartikels) eine Phase der "Nachbereitung". Das bedeutet eine mehr oder weniger bewußte, zielgerichtete, verstandes-, aber eben auch gefühlsbestimmte Weiterverarbeitung des Erkannten (durch Nachdenken, Nachlesen, Gesprächsführung etc.):

> "Das Umweltbewußtsein als alltäglicher Kognitions- und Bewertungsvorgang ist an Umweltwahrnehmungen gebunden, wobei diese im einzelnen kaum bekannten Selektions- und Verzerrungsvorgängen unterliegen. Die unmittelbar sinnlichen Umwelterfahrungen werden durch Berichterstattungen in den Medien über umweltbezogene Forschungsergebnisse und Umweltkatastrophen ergänzt, verändert oder gar erst ermöglicht. (...) Umweltbewußtsein als Alltagsphänomen ist somit eine Folge der Zugänglichkeit unmittelbarer und mittelbarer (Medien)Umweltinformationen und psychischer Informationsverarbeitungsprozesse."[198]

Dabei mag es sich, den Umständen entsprechend, um eine äußerst eingehende oder aber auch sehr oberflächliche - um nicht zu sagen: spurlose - Nachbereitung handeln. Die Wahrnehmung von Umwelt einerseits und die sich daran anschließende Beschäftigung mit dieser Wahrnehmung andererseits - ihre Interpretation, Bewertung - können ohne weiteres stark oder ausschließlich emotional dominiert sein, sie müssen es aber nicht. Die Wahrnehmung etwa von Gerüchen oder von Lärm erfolgt bekanntlich über *Sinnesorgane*, also mutmaßlich zunächst einmal nicht unmittelbar vernunftbestimmt; dank seiner verschiedenen Sinne kann der Mensch seine Umgebung instinktiv wahrnehmen - sinnlich und nicht verstandesgemäß. Auch wenn die Menschheit im Laufe ihrer Entwicklung den "Natur-Instinkt" immer stärker eingebüßt und

---

BGH, Urt. v. 20.10.1988 - I ZR 219/87, EWiR § 3 UWG 2/89, 299, 300; *Michalski/Riemenschneider*, a.a.O., 1158; *Brandner*, a.a.O., 31; *Ingerl*, Anmerkung zu BGH, Urt. v. 9.6.1994 - I ZR 116/92, WiB 1994, 879.

[197] *Teutsch*, Lexikon der Umweltethik, 1985, Artikel "Umweltbewußtsein", 105, nennt drei Elemente des Umweltbewußtseins, nämlich (1) einen ausreichenden Einblick in die gegenwärtige Umweltkrise, (2) Kenntnis der wichtigsten Zusammenhänge zwischen menschlichem Verhalten und den Folgen für die Umwelt sowie der wichtigsten gesetzlichen Bestimmungen im Umweltrecht und (3) Bejahung der ethischen Verantwortung für die Umwelt; ähnlich auch *Rock*, a.a.O., 89.

[198] *Dierkes/Fietkau*, a.a.O., 18 f. - S.a. *Hofrichter*, a.a.O., 35 f.; ferner *Schluchter*, a.a.O., Sp. 2118 ff.

die Natur, wie es Rock formuliert, nicht mehr "in ihrem Sinn" hat[199], so verfügt der Mensch doch weiterhin über einen Geruchs-, Geschmacks- oder Hörsinn, um die Umwelt auch sinnlich erfassen zu können. Läßt sich deshalb aber mit Gewißheit sagen, daß - vereinfacht formuliert - die Verarbeitung bestimmter ökologischer Informationen, Daten, Zahlen usw. notwendigerweise auf einer entweder rein "emotionalen" oder rein "rationalen" Ebene stattfinden und das individuelle Umweltbewußtsein dementsprechend entweder rein "emotional" oder aber rein "rational" beschaffen sein muß?

An anderer Stelle[200] konnte bereits festgehalten werden, daß innermenschliche Vorgänge in "aktivierende" und "kognitive" Prozesse unterteilt werden können, wobei die "aktivierenden" Prozesse namentlich den Bereich der sog. *"Einstellung"* umfassen. Dieser Bereich wiederum beinhaltet nach der verhaltenswissenschaftlichen "Drei-Komponenten-Theorie" eine emotional-affektive (= Gefühl, Bewertung, Betroffenheit), eine kognitive (= Wahrnehmung, Einsicht, Wissen) und eine intentional-konative (= Handlungsbereitschaft, Verhaltensabsicht) Dimension[201]. In diesem Zusammenhang weisen Burghold[202] und Wimmer[203] darauf hin, daß das *ökologische Bewußtsein* nach der "Drei-Komponenten-Theorie" in eine affektive, kognitive und konative Komponente aufgespaltet werden kann[204]. Umweltbewußtsein als sog. "mehrdimensionales Einstellungskonstrukt"[205] kann man als ein

> "(...) Gefühl, eine Werthaltung, eine Vorstellung, als Gedanken und Wissen oder auch als eine Handlungsbereitschaft und Verhaltenstendenz verstehen (...). Dies

---

199 *Rock*, a.a.O., 91.

200 Vgl. oben B II 1.

201 Zum "Drei-Komponenten-Ansatz": *Kirchler*, Wirtschaftspsychologie, 1995, 132 ff.; *Schenk/Donnerstag/Höflich*, a.a.O., 101 ff.; *Meffert*, Marketing, 1986, 151 f.; *Kroeber-Riel*, a.a.O., 163 ff.; *von Rosenstiel/Neumann*, a.a.O., 122 ff. - Ferner: *Schweiger/Schrattenecker*, a.a.O., 104 ff.; *Mayer*, a.a.O., 18 ff.; *Huth/Pflaum*, a.a.O., 37 f.

202 *Burghold*, Ökologisch orientiertes Marketing, 1988, 56 m.w.N.

203 *Frank Wimmer*, a.a.O. (Fn. 181), 46 f., 71.

204 In diesem *soziologischen* Sinne - wenn auch nicht ausdrücklich unter Bezugnahme auf das "Drei-Komponenten-Modell" bzw. mit teils unterschiedlicher Betonung einzelner Komponenten - etwa: *Bruhn*, Das soziale Bewußtsein von Konsumenten, 1978, 43, 48 ff., 102; *Fietkau/Kessel/Tischler*, Umwelt im Spiegel der öffentlichen Meinung, 1982, 27 ff., 47 ff.; *Urban*, Was ist Umweltbewußtsein?, ZfS 1986, 363, 365 f.; *Langeheine/Lehmann*, a.a.O., 10, 49 ff.; *Billig/Briefs/Pahl*, Das ökologische Problembewußtsein umweltrelevanter Zielgruppen, 1987, 34 ff.; *Dierkes/Fietkau*, a.a.O., 64 ff. m.w.N.; *Hofrichter*, a.a.O., 36 m.w.N.; *Adelt/Müller/Zitzmann*, a.a.O., 169 f.; *Tiebler*, Umwelttrends im Konsumentenverhalten, in: *Steger* (Hrsg.), Handbuch des Umweltmanagements, 1992, 183, 184; *Billig*, a.a.O., 55 f., 81 f.; *Vierhaus*, a.a.O., 187; *Frank Wimmer*, Der Einsatz von Paneldaten zur Analyse des umweltorientierten Kaufverhaltens von Konsumenten, UWF 1995, 28 ff.; *Merten*, Markenwerbung mit dem Thema "Umwelt", MA 1993, 39, 40.

205 *Dierkes/Fietkau*, a.a.O., 64; *Frank Wimmer*, a.a.O. (Fn. 181), 47; *Hofrichter*, a.a.O., 35; *Urban*, a.a.O., 363.

alles sind verschiedene Elemente des Werte-Einstellungs-Systems, die zugleich verschiedene mögliche Ebenen von 'Umweltbewußtsein' andeuten."[206]

2. Teilidentität von Umweltwerbung und gefühlsbetonter Werbung

Jede umweltbezogene Werbung appelliert an einen aus ihrer Sicht spezifischen "Empfängerhorizont" - das soeben aufgeschlüsselte verbrauchertypische Umweltbewußtsein. *Dieses Umweltbewußtsein läßt sich nicht auf den Bereich des Umweltgefühls reduzieren.* So wenig Umwelt auf den Aspekt menschlicher Gesundheit begrenzt werden kann, so wenig kann die Beschäftigung mit ökologischen Fragen (genauer: ein wie auch immer beschaffenes Umweltbewußtsein) allein mit dem "emotionalen Bereich im Menschen" gleichgesetzt werden. Mitleid mit der ausgebeuteten Umwelt und geschundenen Kreatur, Verantwortungsgefühl für kommende Generationen, Angst um die eigene ökologische Unversehrtheit[207] - das alles sind Teilelemente eines "mehrdimensionalen Einstellungskonstruktes", eines Ganzen[208]. Zwar mag in der Bevölkerung *auch* das Phänomen einer sog. "Umweltangst" existieren, mal stärker, mal weniger stark ausgeprägt[209]. Gleichwohl erlaubt es diese Feststellung nicht, jede Form einer Beschäftigung mit ökologischen Fragen, in Gestalt von Umweltsorgen, Umweltängsten, Umweltinteresse etc., als Ausdruck bloßer emotionaler Affektivität zu bezeichnen. Ein Waldeigentümer verknüpft mit dem Gedanken an und der Sorge um die Umwelt - etwa beim Thema "Waldsterben" - u.U. ganz konkrete wirtschaftliche Interessen, ohne daß sein "Umweltgewissen" tangiert wird; so mancher Autofahrer entscheidet sich für ein schadstoffarmes Modell auch aus Gründen einer möglichen Steuerersparnis; usw.

---

[206] *Frank Wimmer*, a.a.O. (Fn. 181), 46 f. - Vgl. auch *Fietkau*, Vom Umweltbewußtsein zur Umweltpartei, ZParl 1979, 155; *Adelt/Müller/Zitzmann*, a.a.O., 160.

[207] *Schnorbus*, a.a.O., 19 f., diskutiert die Umweltwerbung als eine von mehreren Erscheinungsformen der sog. *"Werbung mit der Angst"*; siehe ferner *Cordes*, a.a.O., 55 f.; *Lappe*, a.a.O. (Fn. 55), 165 f.; OLG Saarbrücken WRP 1992, 510, 511 f. - Umweltwerbung.

[208] Vgl. auch *Teichmann/van Krüchten*, a.a.O., 705. - Wenigstens das LG Hamburg (WRP 1986, 59 - Aktion Grüner Groschen) weist darauf hin, daß die "(...) Erhaltung der Umwelt auch ein rein rational motivierbares Anliegen ist (...)".

[209] Daß eine Vielzahl von Patienten weniger an der Umwelt als vielmehr am sozialen Umfeld und an sich selbst leidet, will jüngst eine interdisziplinäre Querschnittsstudie herausgefunden haben, vgl. *Kraus/Anders/Weber/Hermer/Zschiesche*, Zur Häufigkeit umweltbezogener Somatisierungsstörungen, Arbeitsmed.Sozialmed.Umweltmed. 1995, 147 ff. Danach basieren "Umwelterkrankungen" - Erkrankungen also, die allgemein auf erhöhte Ozonwerte, Elektrosmog, Amalgamfüllungen usw. zurückgeführt werden - weniger auf einer überdurchschnittlichen Schadstoffbelastung, sondern gehen statt dessen oftmals mit psychischen Störungen der Patienten (neurotische Beschwerden, Belastungsstörungen, Hypochondrie etc.) einher.

Umweltbezogene Werbung ist stets umweltbewußtseinsbezogene Werbung. So wenig man Umweltbewußtsein mit Umweltgefühl übersetzen kann, so wenig lassen sich umweltbezogene und gefühlsbetonte Werbung in eins setzen[210]; *letztere sind allenfalls teilidentisch.* Umweltwerbung beschränkt sich nicht auf subjektiv nachvollziehbare Reize, sondern arbeitet auch mit objektiv nachprüfbaren Angaben (z.B. Kohlendioxydwerten). Nicht immer betont Umweltwerbung nur den sozialen bzw. emotionalen Zusatznutzen, dann etwa, wenn Umweltfreundlichkeit und Möglichkeiten der Steuer- oder Stromkostenersparnis miteinander verknüpft werden und der angesprochene Verbraucher sich weniger in seinem schlechten Gewissen als in seinem Wirtschaftlichkeitsdenken angeprochen fühlt[211].

Umweltbezogene Werbung sucht den Zugang zum Konsumenten - wie andere Arten der Werbung auch - über das Mittel der rational-kognitiven und emotional-affektiven Wirkungsweise, also über das Instrument der informativen *und* suggestiven bzw. gefühlsbetonten Werbung; ein etwaiger Strengemaßstab kann nicht damit begründet werden, daß Umweltwerbung stets, "in vielfältiger Weise"[212] und "in besonderem Maße"[213] - mehr als andere Werbephänomene - den emotionalen Bereich im Menschen anzusprechen versucht[214].

D. Exkurs: Zur sog. Natur- bzw. Abenteuerwerbung

Nicht zur Umweltwerbung rechnet die hier so bezeichnete *Natur- bzw. Abenteuerwerbung*:

---

[210] So aber: *Teichmann/van Krüchten*, a.a.O., 704 m.w.N. zur Rspr.; *Baumbach/ Hefermehl*, a.a.O., § 1 UWG Rd. 185 f.; *Thomé-Kozmiensky*, Die Verpackungsverordnung, 1994, 125; *Jacobs*, in: *Gloy*, a.a.O., § 49 Rd. 33. - Wie hier *Graf Lambsdorff*, a.a.O. (Fn. 51), Rd. 1.

[211] In beiden Fällen handelt es sich nach hiesiger Terminologie (Element des Subjektiven, emotionaler Zusatznutzen, bewußter Gefühlsappell) gerade nicht um gefühlsbetonte Werbung.

[212] *Cordes*, a.a.O., 46.

[213] So aber BGHZ 105, 277, 280 f. - Umweltengel, wonach sich der Strengemaßstab dem Zusammenwirken dreier verschiedener Umstände verdankt, nämlich (1) eines "verstärkten Umweltbewußtseins", (2) der besonderen Eignung von Umweltwerbung, "emotionale Bereiche im Menschen" anzusprechen, und (3) der Tatsache, daß "(...) in Einzelheiten noch weitgehende Unklarheiten, insbesondere über Bedeutung und Inhalt der verwendeten Begriffe (...) sowie der hierauf hindeutenden Zeichen (bestehen)."

[214] Gegen eine Gleichsetzung von Umweltwerbung und gefühlsbetonter Werbung auch *Fezer*, a.a.O. (Fn. 151), 447; *Graf Lambsdorff*, a.a.O. (Fn. 51), Rd. 1.

Charakteristisch für diese Art der Werbung ist eine durchweg ambivalente Sicht auf das, was nur unbestimmt als "Natur" bezeichnet wird. Auf der einen Seite wird das Bild einer vermeintlich unberührten, ursprünglichen, beinahe zivilisationsfeindlichen Naturlandschaft entworfen, die der menschlichen Entdeckung harrt. Auf der anderen Seite aber, und dort liegt der Schwerpunkt, sucht die Werbung im Betrachter den Wunsch zu wecken, die Natur in ihrer Gewalttätigkeit zu beherrschen[215]. Nicht die Suche nach einem Ausgleich menschlichen und nichtmenschlichen Daseins ist es, was hinter der Naturwerbung durchscheint - der vordergründig den Naturgewalten gegenüber bezeugte Respekt weicht alsbald einem Verständnis, das die Natur als bloßes Vehikel begreift, um der industriellen Gesellschaft des 20. Jahrhunderts neue Entfaltungsräume zu erschließen. In symbolischer, beinahe mystischer Betrachtungsweise wird nicht zur Umweltschonung aufgefordert, sondern der *Versuch einer Naturbezwingung* propagiert[216] - das Thema "Natur" erhält im Unterschied zur Umweltwerbung eine gänzlich andere Bedeutung[217].

E. Die fehlende Rechtfertigung einer Diskriminierung (im Sinne einer betont strengen Behandlung) umweltbezogener Werbung

I. Das Postulat einer relativen rechtlichen Gleichbehandlung von informativer und nichtinformativer Umweltwerbung

Aus der relativen - also: auf die Frage einer Markttransparenzminderung bzw. der Herbeiführung einer irrationalen Verbraucherentscheidung beschränkten - tatsächlichen Gleichartigkeit von informativer und suggestiver

---

215 Letztlich handelt es sich hierbei um die jahrtausendealte Herausforderung des "zivilisierten", regelmäßig maskulinen Menschen durch die Elemente der Natur (Wasser, Hitze, Eis); s.a. *Merten*, a.a.O., 39.

216 Vorläufer dieser Naturwerbung ist die Kinowerbung diverser Zigarettenfirmen gewesen. - Unter Schlagworten wie "Camel-Trophy" oder "Come To Marlboro Country" wird der Zuschauer in seiner Rolle als Abenteurer angesprochen, das Thema Natur zum Inbegriff bestimmter Sozialwerte wie "Freiheit", "Kameradschaft" und "Unabhängigkeit" stilisiert. In einer Kinowerbung aus dem Jahr 1995 verspricht der amerikanische Zigarettenhersteller Philip Morris GmbH, München, den potentiellen Teilnehmern eines vierzehntägigen Natur- und Abenteuerurlaubs: "No alarm clock, no highways, no rush hour, no elevator, no airplane, no fast food, no television - just pure adventure." - Ein anderes Beispiel ist die Anzeige der Krombacher Brauerei, die unter der Überschrift "NaTour '93" mit einer von ihr finanzierten Verlosung von Wildwasserfahrten wirbt: "River Rafting: Was zunächst aussieht wie pures Kräftemessen, wie ein Kampf mit der Urgewalt des Flusses, ist viel mehr. Sie erleben die rauhe Natur, Sie erleben den Geist im Team. Sie erleben aber vor allem sich selbst. (...) Erleben Sie den Aufbruch zum Ursprung."

217 Vgl. auch *Cordes*, a.a.O., 4.

bzw. gefühlsbetonter Werbung ergibt sich als *erste normative Konsequenz*, daß sich eine eigenständige wettbewerbsrechtliche Behandlung der suggestiven bzw. gefühlsbetonten Werbung *insoweit* nicht länger rechtfertigen läßt. Nichtinformative Werbung ist nicht deshalb strenger zu beurteilen als informative Werbung, weil sie die bekannten Wesenszüge aufweist, sie ist vielmehr *insofern* genauso streng (oder auch nachsichtig) zu behandeln wie informative Werbung, als sie sich in ihren Wirkungen nicht sonderlich von denen informativer Werbung unterscheidet[218]. Die oben festgestellte relative tatsächliche Gleichartigkeit von Informativ- und Suggestivwerbung erlaubt es auch nicht, unter dem Gesichtspunkt "Appell an das Unbewußte" einen im Vergleich zur informativen Werbung verschärften Beurteilungsmaßstab für die Suggestivwerbung zu fordern.

Für das Phänomen der Umweltwerbung bedeutet dies: Soweit man, wie zuvor geschehen, Teilidentität zwischen dieser und der suggestiven bzw. gefühlsbetonten Werbung bejaht, wird man eine Benachteiligung *nichtinformativer umweltbezogener Werbung* im Vergleich zur informativen Werbung aus den genannten Gründen nicht rechtfertigen können. Ein Beispiel - ein Werbefilm der BASF AG, Ludwigshafen, der 1995 in deutschen Kinos zu sehen war - mag insoweit zur Anschauung dienen. Der Film zeigt in drastischen Bildern das Ergebnis der Vernichtung der tropischen Regenwälder, unterlegt mit folgendem Text:

> "Täglich werden tausende Hektar Tropenwald vernichtet, werden zahlreiche Tier- und Pflanzenarten ausgerottet. Wann endlich stellen wir fest, daß das andere Ende der Welt auch unser Ende bedeuten kann? Wir handeln verantwortungsbewußt, denn ohne eine lebenswerte Zukunft haben auch wirtschaftliche Ziele keine Zukunft. Ressourcenschonung - Ein Unternehmensziel der BASF."

Eine solche suggestive Werbung appelliert implizit an ein *Bedürfnis* (eine Art "ökologische Angst") bzw. Mangelempfinden ("Fehlen ökologischer Sicherheit"). Vor allem zielt sie auf eine dem Verbraucher eigene *Zwecksetzung*, den Wunsch nach Beseitigung seiner ökologischen Angst. Indem das Unternehmen suggeriert, zur Beseitigung dieser Angst beitragen bzw. für ein Mehr an ökologischer Sicherheit sorgen zu können, verspricht es einen *Zusatznutzen*. Jede Unternehmenswerbung ist per se mittelbare Produktwerbung, d.h., das Unternehmen setzt darauf, daß der in der Unternehmenswerbung vermittelte Zusatznutzen bei der irgendwann anstehenden Konsumentscheidung Berücksichtigung findet. Es kann also sein, daß der eine oder andere Verbraucher eines Tages ein Produkt des Unternehmens BASF kauft, um (auch) seinem eigenen ökologischen Sicherheitsbedürfnis Rechnung zu tragen. Ob sich der von dem einzelnen Verbraucher gesetzte Zweck mit dem Kauf (bzw. der Verwendung des Produkts) auch wirklich erfüllt, seine individuelle ökologi-

---

[218] So im Ergebnis auch *Teichmann/van Krüchten*, a.a.O., 705.

sche Sicherheit (wieder) hergestellt wird, kann dabei niemand sagen, geschweige denn überprüfen[219].

Damit ist eine solche - suggestive - Umweltwerbung nicht mehr und nicht weniger markttransparenz- und rationalitätsmindernd als eine Anzeige, die den Jahresgeschäftsbericht mit dem Unterpunkt "Ressourcenschonung" zeigt. Der Appell an unterschiedliche Sekundärzwecksetzungen ("Beseitigung ökologischer Ängste", "Erzielen von sozialer Anerkennung infolge eines persönlichen ökologischen Engagements", "Beruhigung des eigenen schlechten Gewissens" usw.) und die entsprechende Betonung der korrespondierenden Zusatznutzensarten (mit dem konkludenten Versprechen ihrer "Einlösung" für den Fall einer positiven Kaufentscheidung) sind wettbewerbsrechtlich weder zu beanstanden noch zu beschränken.

II. Inkonsequente und damit untaugliche Praxis des sog. "Sachlichkeitsgrundsatzes"

Die vorliegende Untersuchung möchte es bei einer *positiven Begründung* des Postulats einer relativen wettbewerbsrechtlichen Gleichbehandlung von informativer und nichtinformativer Umweltwerbung nicht belassen. Grund hierfür ist der Umstand, daß die h.M. seit jeher eine im Vergleich zur Informativwerbung strenge Behandlung nichtinformativer Werbung befürwortet, namentlich unter dem Stichwort des sog. *"Sachlichkeitsgrundsatzes"*. Auch wenn die h.M. ihren Standpunkt regelmäßig nur behauptet und keineswegs näher begründet, soll nachfolgend auf den Sachlichkeitsgrundsatz eingegangen werden; diese Auseinandersetzung wird auf einen *Negativbeweis*, auf eine Widerlegung der h.M. hinauslaufen, und zwar deshalb, weil der Sachlichkeitsgrundsatz nicht konsequent angewandt wird.

Eine Beschäftigung mit dem Sachlichkeitsgrundsatz läßt sich schwerlich auf das Gebiet der Suggestivwerbung beschränken, findet dieser Grundsatz doch allgemeine Anwendung, sowohl im Fall der suggestiven als auch im Fall der gefühlsbetonten und der umweltbezogenen Werbung. Jede Suggestivwerbung ist per se immer auch gefühlsbetonte Werbung, weshalb die Aussagen bezüglich der gefühlsbetonten Werbung auch für die Suggestivwerbung gelten. Umweltwerbung wiederum wird einmal als suggestiv, ein anderes Mal als gefühlsbetont bezeichnet, so daß auch insoweit auf das Phänomen der gefühlsbetonten Werbung zurückzugreifen ist. Alle drei Erscheinungen werden

---

[219] Wenn die Aussage "Ressourcenschonung - Ein Unternehmensziel der BASF" dagegen bereits inhaltlich unrichtig, Ressourcenschonung also gar kein Unternehmensziel der BASF wäre, handelte es sich um einen Fall der *Irreführung* im Sinne von § 3 UWG. - Vgl. insoweit auch OLG Köln WRP 1993, 346 - Werbung mit Hinweis auf Umweltengagement, sowie in extenso unten *Fünfter Teil*.

nachfolgend gesondert dargestellt, wobei die gefühlsbetonte Werbung, als die im Verhältnis zur Suggestivwerbung allgemeinere Form, den Anfang bildet.

1. Gefühlsbetonte Werbung und Sachlichkeitsgrundsatz

Hinsichtlich der gefühlsbetonten Werbung[220] wird überwiegend folgende Ansicht vertreten: Zwar lasse sich ein Grundsatz, demzufolge eine an das Gefühl appellierende Werbung stets wettbewerbswidrig sei, nicht aufstellen[221]. Auch begründe der fehlende Sachbezug bzw. -zusammenhang für sich allein noch nicht die Unlauterkeit einer Werbung[222]. Es widerspreche aber, so die st. Rspr. des BGH, den guten Sitten im Wettbewerb,

> "(...) wenn ein im Eigeninteresse handelndes, gewerbliches Unternehmen mit seiner Werbung zielbewußt und planmäßig an die Hilfsbereitschaft der Kunden appelliert, ohne daß die gebotene Leistung hierfür einen sachlichen Anlaß gibt; denn hierbei tritt die Ausnutzung der Hilfsbereitschaft des Verbrauchers an die Stelle des Leistungswettbewerbs, ohne daß es für diese unsachliche Beeinflussung eine Rechtfertigung gibt."[223]

Zur näheren Begründung dieses Standpunktes schreiben Köhler/Piper:

> "Das Ansprechen und Ausnutzen von Gefühlen ist ein werbewirksames Mittel, die Aufmerksamkeit des Verbrauchers auf das Waren- oder Leistungsangebot des Kaufmanns zu lenken. Dahingehende Werbemaßnahmen sind in hohem Maße geeignet, den Umworbenen zu einer vorwiegend emotional motivierten Kaufentscheidung zu veranlassen"[224]

Vorab ist in terminologischer Hinsicht zu betonen, daß unter Gefühl in diesem Kontext regelmäßig - wenn auch selten ausdrücklich - nur das *altruistische* (uneigennützige) Gefühl verstanden wird. Die h.M. wendet den Sachlichkeitsgrundsatz ausschließlich auf solche Werbeäußerungen an, die an Ge-

---

[220] Gemäß der hiesigen Terminologie handelt es sich um einen (mehr oder weniger) ausdrücklichen, direkten Gefühlsappell, etwa dergestalt, daß in der Werbung von "Helfen, Spenden, Fördern" etc. die Rede ist.

[221] *Baumbach/Hefermehl*, a.a.O., § 1 UWG Rd. 185 m.w.N.

[222] *Baumbach/Hefermehl*, a.a.O., § 1 UWG Rd. 186 a; vgl. auch BGH WRP 1995, 679, 680 - Ölverschmutzte Ente.

[223] BGH GRUR 1987, 534, 535 - McHappy-Tag. - H.M.: BGH GRUR 1976, 308, 310 - UNICEF-Grußkarten mit zust. Anmerkung *Schramm*; BGH NJW-RR 1988, 556, 557 - Werbung mit Förderung des Breitensports; BGH GRUR 1991, 545 - Tageseinnahme für Mitarbeiter; BGH GRUR 1995, 742, 743 - Arbeitsplätze bei UNS; OLG Hamburg WRP 1988, 180, 181 - dsb-Fördermarken; OLG Köln GRUR 1992, 454, 456 - Zigarettenwerbung; *Köhler/Piper*, a.a.O., § 1 Rd. 60; *Baumbach/Hefermehl*, ebenda; *Schott*, Kurzkommentar zu BGH, Urt. v. 9.2.1995 - I ZR 44/93, EWiR § 1 UWG 17/95, 917, 918; vgl. auch *Schünemann*, a.a.O. (Fn. 58), 65; *Nordemann*, a.a.O. (Fn. 132), Rd. 193.

[224] *Köhler/Piper*, ebenda.

fühle wie Mitleid/Mitgefühl, soziale Hilfsbereitschaft, Mildtätigkeit, Spendenfreudigkeit, Nächstenliebe, soziales Verantwortungsgefühl und Frömmigkeit appellieren[225]. Gleichwohl ist eine solche Reduzierung aus tatsächlichen Gründen nicht vertretbar, wie die zuvor[226] gemachten Ausführungen belegen, soll heißen: Wenn das "Ausnutzen von Gefühlen" unter wettbewerbsrechtlichen Gesichtspunkten bedenklich ist, dann muß *jedes Ausnutzen irgendeines Gefühls* als bedenklich angesehen werden[227].

Wo aber verläuft - einigermaßen rechtssicher - die Grenze zwischen "Ansprechen" und "Ausnutzen" von Gefühlen[228]? Bei näherer Betrachtung der h.M. zeigt sich, daß eine entsprechende Antwort einzig an der *Natur und Art des jeweiligen Gefühls* orientiert ist[229]. Ein Ansprechen von Gefühlen wird zwar grundsätzlich toleriert, das Ausnutzen von altruistischen Gefühlen soll

---

225 Vgl. die Nachweise in Fn. 223 sowie OLG München WRP 1994, 413, 416 - Togal (mit Anmerkung *Sosnitza*); wie hier auch *Bamberger*, Mitleid zu Zwecken des Eigennutzes?, in: *Erdmann/Gloy/Herber*, (Hrsg.), FS für *Henning Piper*, 1996, 41, 50 f. - Genau betrachtet verspricht die gefühlsbetonte Werbung, daß die durch die Werbeäußerung angesprochenen Gefühle durch den Kauf des jeweiligen Produkts auch tatsächlich *befriedigt* werden, *Bülow*, Anmerkung zu BGH, Urt. v. 6.7.1995 - I ZR 239/93, ZIP 1995, 1289, 1290. Das ist aber unabhängig von der Art der angesprochenen Gefühle bei *jedem Appell an Gefühle* (= Zusatznutzensarten) der Fall, soll heißen: Jede Betonung eines Zusatznutzens - ob ausdrücklich oder nicht, ob altruistischer oder egoistischer Zusatznutzen - verspricht eine diesem Zusatznutzen entsprechende Zweckerfüllung.

226 Oben Fn. 48.

227 Unerheblich ist der h.M. zufolge, ob es sich bei dem Appell an gemeinnützige Gefühle *zugleich auch* um einen unmittelbaren Kaufappell handelt (z.B.: "Kaufen Sie X - und fördern Sie damit Y"). In den vom BGH entschiedenen Fällen beispielsweise (vgl. Fn. 223) ging es zwar, mit Ausnahme von BGH GRUR 1995, 742 - Arbeitsplätze bei UNS, um eine solche Kombination von altruistischem Gefühlsappell und unmittelbarem Kaufappell. Entscheidend ist aber den Judikaten zufolge *allein die Tatsache*, daß an uneigennützige Gefühle appelliert wird und diese als Kaufmotiv ausgenutzt werden, nur aus diesem Umstand wird das Sachlichkeitsgebot abgeleitet. - Eine Mindermeinung will hingegen nur bei einer Kombination beider Umstände (Gefühlsappell *plus* unmittelbarer Kaufappell) den Sachlichkeitsgrundsatz anwenden, vgl. insbesondere *Fischer*, Politische Aussagen in der kommerziellen Produktwerbung, GRUR 1995, 641, 647; OLG Frankfurt am Main ZUM 1995, 201, 202 - Werbung mit Abbildungen biblischen Bezugs; s.a. *Reichardt*, Gestattet § 1 UWG gefühlsansprechende, unsachliche Werbung?, WRP 1995, 796, 798; *Henning-Bodewig*, Schockierende Werbung, WRP 1992, 533, 536, *Sosnitza*, a.a.O. (Fn. 31), 542; *Ostermann*, Kurzkommentar zu OLG Frankfurt am Main, Beschl. v. 10.2.1994 - 6 W 12/94, EWiR § 1 UWG 10/94, 393, 394. - Zu dieser Mindermeinung aus rechtstatsächlicher Sicht unten *Dritter Teil*, B. III. und IV. sowie in normativer Hinsicht unten *Vierter Teil*, D. IV.

228 Eine solche Grenze ziehen etwa: *Köhler/Piper*, a.a.O., § 1 Rd. 60; *Baumbach/Hefermehl*, a.a.O., § 1 UWG Rd. 185 ff.; *Reichardt*, a.a.O., 797.

229 Die *Intensität* der angesprochenen Gefühle (oder auch ihrer Ausnutzung) ist der h.M. zufolge hingegen kein Kriterium; a.A. *Oechsler*, Kurzkommentar zu OLG Frankfurt am Main, Beschl. v. 3.3.1994 - 6 W 10/94, EWiR § 1 UWG 20/94, 821, 822.

aber regelmäßig wettbewerbswidrig sein. Letztlich liegt der Grund für das Unwerturteil allein in dem Umstand, daß es sich um altruistische Gefühle handelt, auch wenn dies von der h.M. kaum in dieser Deutlichkeit gesagt werden dürfte. Daß eine solche Beschränkung auf ausschließlich edle, gute, uneigennützige Gefühle indes aus tatsächlichen Erwägungen nicht zu rechtfertigen ist, wurde an anderer Stelle[230] ausgeführt, weshalb die Anwendung des Sachlichkeitsgrundsatzes allein auf altruistische Gefühle ohne sachliche Begründung und damit willkürlich ist[231]. Weder läßt sich zwischen altruistischen und egoistischen Gefühlen eine normative Grenze ziehen[232], noch kann eine solche zwischen "Ansprache" und "Ausnutzung" von Gefühlen errichtet werden. Jede Betonung eines Gefühls bedeutet aus der maßgeblichen Sicht des Verbrauchers die Betonung eines Zusatznutzens. Ob dieser mit seiner individuellen Zwecksetzung korrespondiert, liegt allein in dessen Definitions- und Entscheidungsmacht.

Daß der Umworbene zu einer "vorwiegend emotional motivierten Kaufentscheidung"[233] veranlaßt wird, wiegt nach den gemachten Feststellungen unter normativen Gesichtspunkten nicht schwerer als der Fall, daß der Umworbene zu einer "vorwiegend rational motivierten Kaufentscheidung" veranlaßt wird; die Betonung des Grundnutzens ist dem Appell an den Zusatznutzen durchaus ebenbürtig[234]. Wollte man eine "vorwiegend emotional motivierte Kaufentscheidung" vermeiden, dann müßte man jede gefühlsbetonte Werbung untersagen, und damit faktisch jede Werbung überhaupt[235].

Es ist bereits in sich widersprüchlich, eine gefühlsbetonte, also zusatznutzenbezogene Werbung, die sich per definitionem durch einen fehlenden Produkt- und damit Sachbezug auszeichnet, im Wege des Sachlichkeitsgrundsatzes reglementieren zu wollen. Eine gefühlsbetonte Werbung ist stets, unab-

---

[230] Oben Fn. 48.

[231] Gegen eine Anwendung des Sachlichkeitsgrundsatzes auf die gefühlsbetonte Werbung: *Teichmann/van Krüchten*, a.a.O., 705; *Menke*, a.a.O. (Fn. 48), 536 ff.; *Sosnitza*, a.a.O. (Fn. 135), 98 ff.; vgl. auch *Emmerich*, a.a.O. (Fn. 9), 196.

[232] Kritisch auch *Sosnitza*, a.a.O. (Fn. 135), 98.

[233] *Köhler/Piper*, a.a.O., § 1 Rd. 60.

[234] *Menke*, a.a.O. (Fn. 48), 537, formuliert es so (in Erwiderung auf BGH GRUR 1987, 534 - McHappy-Tag): "Wenn sich der Verbraucher zum Besuch eines Fast-Food-Restaurants entschließt, weil der Kaufpreis eines Hamburgers gespendet wird, so ist diese Konsumentscheidung nicht unsachlicher als die desjenigen Verbrauchers, der sich zu dem Restaurantbesuch nur aufgrund des Preises oder des Geschmacks des Hamburgers, der stilvollen Innenausstattung, der Lage des Restaurants, der angenehmen Hintergrundmusik, der ansprechend aussehenden Kellnerinnen usw. oder einer Kombination dieser Produktmerkmale entschließt." S.a. *Knöpfle*, Kurzkommentar zu BGH, Urt. v. 29.11.1990 - I ZR 241/88, EWiR § 1 UWG 8/91, 401, 402.

[235] So auch: *Sosnitza*, a.a.O. (Fn. 31), 541; *Löffler*, a.a.O., 539; *Menke*, a.a.O. (Fn. 48), 536; *Lehmann*, Die "neue Sachlichkeit" des BGH im Wettbewerbsrecht, GRUR 1975, 239, 246 f.

hängig von der Art der angesprochenen Gefühle, eine "unsachliche", eine nicht sachbezogene Werbung. Einen Sachbezug in Einzelfällen einzufordern - konsequent wäre es wenigstens, jede Gefühlsansprache am Sachlichkeitsgrundsatz zu messen - bedeutet nichts anderes, als die gefühlsbetonte Werbung in bestimmten, nicht weiter begründeten Fällen ohne Einschränkung zu untersagen[236]. Den Standpunkt der h.M. kann man so umschreiben: Es gibt keinen Grundsatz, demzufolge eine an das Gefühl appellierende Werbung stets wettbewerbswidrig ist, es sei denn, es handelt es sich um gute, uneigennützige, edle, altruistische Gefühle[237].

2. Suggestivwerbung und Sachlichkeitsgrundsatz - Das Beispiel der "Benetton-Werbung"

Ein ausdrückliches Bekenntnis zum Sachlichkeitsgrundsatz wird man im Hinblick auf die Suggestivwerbung ungleich schwerer finden, als dies hinsichtlich der gefühlsbetonten Werbung noch der Fall war. Das liegt zunächst an dem Umstand, daß es zur suggestiven Werbung - bis auf eine Ausnahme[238] - keine Judikatur gibt, zumindest keine, die auf das Merkmal "Appell an das Unbewußte" abstellt. Auch im Schrifttum sucht man vergebens nach einer Diskussion der suggestiven Werbung unter dem speziellen Gesichtspunkt des Sachlichkeitsgrundsatzes: Von denjenigen Stimmen einmal abgesehen, die zwischen gefühlsbetonter und suggestiver Werbung kaum zu unterscheiden wissen[239], wollen die einen Suggestivwerbung pauschal für unzulässig erklären, während die Gegenseite jede suggestive Werbung gutheißen will, so daß eine Differenzierung unter dem Aspekt des Sachlichkeitsgrundsatzes kaum erwogen wird[240].

---

236 Vgl. auch *Sosnitza*, a.a.O. (Fn. 31), 542. - Im übrigen erweist sich das Kriterium des Sachbezugs auch unter dem Gesichtspunkt der Rechtssicherheit als fragwürdig, denn, so *Teichmann/van Krüchten*, a.a.O., 707, die "(...) Übergänge von der Werbung für das Unternehmen selbst zu einer Produktreihe oder zu einem Einzelprodukt sind (...) fließend (...)".

237 "Dubios" ist also nicht so sehr die Fallgruppe der "gefühlsbetonten Werbung" selbst - so aber *Schricker*, Kurzkommentar zu BGH, Urt. v. 6.7.1995 - I ZR 239/93, EWiR § 1 UWG 18/95, 919, 920 -, sondern der Umgang der h.M. mit dem - durchaus justitiablen - Phänomen der gefühlsbetonten Werbung.

238 OLG Saarbrücken WRP 1992, 510 - Umweltwerbung.

239 Vgl. z.B. *Schünemann*, a.a.O. (Fn. 58), 64.

240 Eine seltene Ausnahme bildet beispielsweise *Simitis*, a.a.O., 30, der sich gegen die These wendet, das Prinzip der Sachlichkeit der Werbung schließe den Appell an das Unterbewußte nicht aus. - Einen Zusammenhang zwischen Sachbezug und unterschwelliger (sprich: subliminaler) Werbung knüpft *Berg*, Kurzkommentar zu BGH, Urt. v. 12.3.1987 - I ZR 40/85, EWiR § 1 UWG 7/87, 815, 816.

Bei näherem Hinsehen stößt man indes auf eine Form der Suggestivwerbung, die in Wissenschaft und Öffentlichkeit kontrovers diskutiert wird, wenn nicht unter dem Stichwort "Suggestivwerbung", so doch gerade unter dem Gesichtspunkt des Sachlichkeitsgrundsatzes. Die Rede ist von der sog. "Schockwerbung" (bzw. "Werbung mit der Realität") des italienischen Textilherstellers Benetton[241]:

Prima facie handelt es sich bei dieser Werbekampagne[242] um einen Fall gefühlsbetonter Werbung[243]. Denn entgegen der insoweit sehr plakativen Bezeichnung als "Schockwerbung" beläßt es eine solche Werbung nicht beim

---

241 *Aus der Rspr.*: BGHZ 130, 196 - Ölverschmutzte Ente; OLG Düsseldorf WRP 1994, 69 - Benetton-Werbung; OLG Frankfurt am Main GRUR 1993, 130 - Benetton-Werbung; OLG Frankfurt am Main WRP 1994, 405 - Verölter Wasservogel; OLG Frankfurt am Main GRUR 1994, 522 - Schockwerbung. - *Aus dem Schrifttum*: *Hoffmann-Riem*, Kommunikationsfreiheit für Werbung, ZUM 1996, 1 ff.; *Henning-Bodewig*, a.a.O. (Fn. 227), 533 ff.; *dies.*, "Werbung mit der Realität" oder wettbewerbswidrige Schockwerbung?, GRUR 1993, 950 ff.; *dies.*, Neue Aufgaben für die Generalklausel des UWG? - Von "Benetton" zu "Busengrapscher" -, GRUR 1997, 180 ff.; *Sosnitza*, Zulässigkeit und Grenzen der sogenannten Image-Werbung, WRP 1995, 786 ff.; *ders.*, a.a.O. (Fn. 31), 540 ff.; *Reichold*, Unlautere Werbung mit der "Realität"? Unlauterkeitsmaßstäbe bei produktunabhängiger Image-Werbung, WRP 1994, 219 ff.; *ders.*, Kurzkommentar zu BGH, Urt. v. 6.7.1995 - I ZR 180/94, EWiR § 1 UWG 14/95, 813 f.; *Bamberger*, a.a.O., 41 ff.; *Löffler*, a.a.O., 536 ff.; *Sevecke*, Die Benetton-Werbung als Problem der Kommunikationsfreiheiten, AfP 1994, 196 ff.; *Ahrens*, Benetton und Busengrapscher - ein Test für die wettbewerbsrechtliche Sittenwidrigkeitsklausel und die Meinungsfreiheit, JZ 1995, 1096 ff.; *Bülow*, a.a.O. (Fn. 225), 1289 ff.; *Ostermann*, a.a.O. (Fn. 227), 393 f.; *Oechsler*, a.a.O., 821 f.; *Schricker*, a.a.O. (Fn. 237), 919 f.; *Paehler*, Elend, Reklame und Recht, Betrifft JUSTIZ, 1995 Nr. 43, 127 ff.; *Reichardt*, a.a.O., 796 ff.; *Baumbach/Hefermehl*, a.a.O., § 1 UWG Rd. 187 a ff.; *Köhler/Piper*, a.a.O., § 1 Rd. 65 ff.; *Gaedertz/Steinbeck*, Diskriminierende und obszöne Werbung, WRP 1996, 978 ff.; *Wünnenberg*, Schockierende Werbung - Verstoß gegen § 1 UWG?, 1996, passim; *Ullmann*, Einige Bemerkungen zur Meinungsfreiheit in der Wirtschaftswerbung, GRUR 1996, 948, 952; *Marly*, Anmerkung zu BGH, Urt. v. 6.7.1995 - I ZR 110/93, 239/93 und 180/94, LM H. 11/1995 § 1 UWG Nr. 691 ff.; *Ring*, Anmerkung zu BGH, Urt. v. 6.7.1995 - I ZR 110/93, 239/93 und 180/94, DZWir 1995, 474 ff.; *Kort*, Zur wettbewerbsrechtlichen Beurteilung gefühlsbetonter Werbung, WRP 1997, 526 ff.; *Kassebohm*, Grenzen schockierender Werbung, Diss. jur. Berlin (FU) 1995, passim. - Zur Frage einer Schadensersatzpflicht von Benetton gegenüber einem Einzelhändler wegen durch die Schockwerbung angeblich erlittener Umsatzeinbußen vgl. OLG Frankfurt am Main NJW-RR 1997, 170, 172 ff.

242 Insgesamt warb Benetton - nicht nur in Deutschland - mit einer Vielzahl unterschiedlicher farbiger Bildmotive, die als großformatige Plakate bzw. in Zeitschriften erschienen. Zum Inhalt dieser bislang einmaligen Kampagne etwa: *Henning-Bodewig*, a.a.O. (Fn. 227), 533; *Sosnitza*, Zulässigkeit und Grenzen der sogenannten Image-Werbung, WRP 1995, 786; *Reichold*, Unlautere Werbung mit der "Realität"? Unlauterkeitsmaßstäbe bei produktunabhängiger Image-Werbung, WRP 1994, 219 f.; *Bamberger*, a.a.O., 41 f.

243 *Bamberger*, a.a.O., 46 f.; *Hoffmann-Riem*, a.a.O., 9; *Kort*, a.a.O., 526 ff.

Schockerlebnis, sondern appelliert (auch) an das Mitgefühl des Betrachters[244], die intendierte (und mutmaßlich auch typische) Reaktion des Verbrauchers besteht nicht allein darin, daß dieser sich schockiert und angewidert abwendet, sondern daß er sich (zugleich) emotional - in seinem Mitgefühl, seiner Solidarität[245], seiner Ohnmacht[246] - angesprochen fühlt. Letztlich ist die Benetton-Werbung aber als Suggestivwerbung zu qualifizieren - die Ansprache an den Verbraucher ist eine ausschließlich bildhafte und assoziative, sie verzichtet auf jedwede Nennung der angesprochenen Gefühle[247]. Gerade weil die einzelnen Gefühle nicht beim Namen genannt werden, ist es möglich, daß der eine oder andere Verbraucher sich seines Mitgefühls, seiner Ohnmacht im Zeitpunkt der Ansprache durch die Werbung *gar nicht bewußt* ist und die Veröffentlichung der Farbphotos auf diese Weise wie ein Appell an das Unbewußte wirkt[248].

---

[244] OLG Frankfurt am Main GRUR 1993, 130 - Benetton-Werbung; BGH WRP 1995, 679, 680 - Ölverschmutzte Ente; *Reichold*, a.a.O. (Fn. 242), 222.

[245] Eine mögliche Solidarisierung des Betrachters mit dem abgebildeten Leid ist ohne eine vorherige Ansprache an Gefühle wie Mitleid oder Ohnmacht nicht möglich, so daß es sich bei der Benetton-Werbung *nicht deshalb* um eine besondere Form der Suggestivwerbung handelt, weil sie Solidarität in Anspruch nimmt (so aber wohl der BGH WRP 1995, 679, 680 - Ölverschmutzte Ente). Letzteres läßt sich nämlich auch von einer Werbung behaupten, die etwa an die Spendenfreudigkeit des Publikums appelliert.

[246] *Wünnenberg*, a.a.O., 5, zählt zu den ihrer Ansicht nach einschlägigen "intensiven emotionalen Erregungen" mit Recht auch die "Bewunderung ob einer mutigen Äußerung", was allerdings - das räumt auch *Wünnenberg* ein - gegen den Begriff der "Schockwerbung" spricht.

[247] Außer einem Photo ist lediglich der Firmenschriftzug "United Colors of Benetton" abgebildet, so daß man von einer typischen Beispiel der Imagewerbung sprechen kann; ebenso: *Sosnitza*, a.a.O. (Fn. 242), 786; *Reichold*, a.a.O. (Fn. 242), 219; BGH WRP 1995, 679, 680 - Ölverschmutzte Ente.

[248] Anderes scheint *Wünnenberg*, a.a.O., 70 ff., zu behaupten, dies freilich ohne jede Beschäftigung mit dem Wesen suggestiver Werbung, namentlich mit dem Aspekt "Appell an das Unbewußte", ohne jedwede Rezeption der einschlägigen Forschung, ohne auch nur den Versuch einer Subsumtion der Benetton-Werbung unter den Tatbestand der Suggestivwerbung. Statt dessen schließt *Wünnenberg* von der angeblichen Sittenwidrigkeit subliminaler Werbung auf die prinzipielle Sittengemäßheit jeder anderen nichtsubliminalen Werbung (a.a.O., 71), wobei ihre abschließenden Ausführungen den Eindruck einer Verwechselung von subliminaler und suggestiver Werbung nicht auszuräumen vermögen (a.a.O., 72).

Die von *Wünnenberg*, a.a.O., 4, vorgelegte *Definition der "schockierenden Werbung"*, die doch v.a. der Abgrenzung dienen sollte, überzeugt nicht, und zwar aus dreierlei Gründen. *Erstens*: Soweit *Wünnenberg* unter schockierender Werbung das Werben mit einer gestellten oder realistischen Bildaufnahme versteht, erhebt sich die Frage, was dann *nicht* schockierende Werbung sein soll; jede Bildaufnahme ist entweder "echt" oder "nachempfunden". - *Zweitens*: Der fehlende Sachbezug - angeblich typisches Merkmal schockierender Werbung - ist gleichfalls kein maßgebliches Abgrenzungskriterium, wie das bei *Wünnenberg* in Fn. 31 angeführte vermeintliche "Gegenbeispiel" beweist. Danach wirbt eine amerikanische Versicherung für ihr Produktangebot mit den Todesschreien eines gerade von einer Brücke Gestürzten. Es ist nicht ein-

Dabei ist es - entgegen Bamberger - ohne Bedeutung, daß Benetton mit seiner Kampagne eigennützige, nämlich betriebswirtschaftliche Ziele verfolgt[249]; insoweit unterscheidet sich Benetton nicht von anderen Wirtschaftsunternehmen[250]. Ohne Bedeutung ist weiterhin die Tatsache, daß die aufsehenerregenden Motive zwar Gefühle der Ohnmacht und des Mitleids auszulösen vermögen, nicht aber - anders als etwa im Falle suggestiver Zigarettenwerbung - den Betrachter *zum Zwecke der Bewältigung dieser Gefühle* zum Kauf eines Pullovers zu bewegen[251]. Daß sich ein Produkt zur Bewältigung dieses oder jenes Gefühls eignet, die Stiftung dieses oder jenes Zusatznutzens verspricht, mag zwar die Regelaussage gegenwärtiger Imagewerbung sein, notwendiges Wesensmerkmal suggestiver Werbung ist dies aber nicht (vgl. oben B II). So besehen unterscheidet sich die Benetton-Werbung nicht von anderen - in keiner Weise lauterkeitsrechtlich beanstandeten - imagefördernden Anzeigenkampa-

---

zusehen, weshalb man in diesem Fall nicht von "schockierender Werbung" sprechen soll; *Wünnenberg* selbst schreibt insoweit von einem "auf Schockwirkung abzielenden Werbetrend". - *Drittens*: Im Fall der Schockwerbung handelt es sich nach *Wünnenberg* um eine Bildaufnahme, die aufgrund ihres "unerwarteten Motivs" - wie ein solches (doch wohl adressatenbezogenes und damit subjektives) Kriterium der Abgrenzung dienen soll, bleibt offen - "Reaktionen vielfältigster Art von heftigster Intensität" hervorrufen. Letzteres trifft indes nicht nur auf Bilder zu, die "Not, Leid und Elend, aber auch religiöse oder politisch höchst sensible Themen" zum Inhalt haben, sondern auch auf andere Bildaufnahmen - man denke nur an das reichhaltige Gebiet erotischer Bildwerbung (Empörung, Begeisterung, Lust). - Damit ist nicht allein die Untauglichkeit des Begriffs "Schockwerbung" bewiesen. Vielmehr steht fest: Das *Ungewohnte und Besondere der Benetton-Werbung* liegt weder im Mittel (großflächige Farbfotografien) noch im fehlenden Sachbezug, sondern in der - im Bereich der Werbung bislang unbekannten - Thematisierung trauriger, brutaler, ungerechter Zustände dieser Erde, kurz: in der Abwendung von der schönen Konsumwelt hin zu einer häßlichen Lebenswelt.

[249] Das unternehmerische "Nahziel" Benettons dürfte in der Erregung von Aufmerksamkeit bzw. in der Bekanntmachtung des Unternehmens bestehen, so daß die Bezeichnung der Benetton-Werbung als sog. *"Aufmerksamkeitswerbung"* (z.B.: BGH WRP 1995, 679, 680 - Ölverschmutzte Ente; *Bamberger*, a.a.O., 43 ff.) durchaus Sinn macht. Das "Fernziel" der Werbekampagne dürfte die Steigerung des Produktabsatzes sein, sprich: Gewinnstreben.

[250] Nach *Bamberger*, a.a.O., 49 ff., bes. 51, ist der *Zweck* der Werbekampagne (= eigennützige Zielsetzung) neben dem *Mittel* der Werbekampagne (= Appell an *gemeinnützige* Gefühle) "mitbegründend" für den Vorwurf der Sittenwidrigkeit. - Indes verträgt sich diese Ansicht nicht mit der Behandlung jener wettbewerbsrechtlich bislang unbeanstandeten Fälle, in denen aus gleichfalls eigennütziger Zielsetzung an *eigennützige* Gefühle des Verbrauchers appelliert wird. Die von *Bamberger* hervorgehobene Alternative "gemeinnützige Zielsetzung/Appell an gemeinnützige Gefühle" (= BGH GRUR 1976, 308 - UNICEF-Grußkarten) ist hingegen ein Ausnahmefall, der für die Behandlung solcher Fälle mit eigennütziger Zielsetzung - gleich, ob Appell an eigennützige oder gemeinnützige Gefühle - nicht herzuhalten vermag.

[251] So: *Henning-Bodewig*, a.a.O. (Fn. 227), 536; *Sosnitza*, a.a.O. (Fn. 31), 542; *Reichold*, a.a.O. (Fn. 242), 222; *Hoffmann-Riem*, a.a.O., 7; *Bamberger*, a.a.O., 47 Fn. 33; *Bülow*, a.a.O. (Fn. 225), 1290.

gnen[252], in denen unter Überschriften wie "Das wollen wir ändern." (Shell) oder "Was würdest Du tun?" (Esprit) soziale Fragen behandelt werden[253]. Stets soll sich der Verbraucher zuerst mit einem - positiven oder negativen - Attribut bzw. Zusatznutzen ("Freiheit", "Mitleid", "Verantwortungsgefühl") identifizieren, ehe es zum Rückschluß von der verinnerlichten Wertvorstellung auf das werbende Unternehmen kommen soll, nach dem Motto: "Shell (Esprit, Benetton) engagiert sich in sozialen Fragen, das finde ich gut!"[254]

Die Benetton-Werbung ist also suggestive Werbung, weshalb die Prüfung des Sachlichkeitsgrundsatzes, wie sie in Literatur und Judikatur bisweilen vorgenommen wird[255], an sich konsequent ist; sie entspricht der typischen Behandlung der Gefühlswerbung, als deren spezielle Ausformung die Suggestivwerbung zu gelten hat. Aus diesem Grund sind aber auch die soeben hinsichtlich der gefühlsbetonten Werbung gemachten negativen Feststellungen auf die Suggestivwerbung zu übertragen, d.h., gerade weil der Sachlichkeitsgrundsatz nicht zur Reglementierung gefühlsbetonter Werbung taugt, taugt er auch nicht zur Reglementierung suggestiver Werbung:

Daß die Benetton-Werbung auf eine Solidarisierung des Betrachters nicht nur mit dem abgebildeten Leid, sondern - (auch) - mit dem "Namen und zugleich mit der Geschäftstätigkeit" des Unternehmens abzielt[256], ist bereits

---

[252] Bemerkenswert ist ein in Schaufenstern von Filialen der Body Shop GmbH, Neuss, aufgehängtes Plakat, das eine Gruppe von Schwarzafrikanern zeigt, überschrieben mit den Worten: "Nigeria hat sein Gesicht verloren. Ken Saro-Wiwa sein Leben. Und die 19 inhaftierten Ogoni ihre Hoffnung."

[253] Vgl. auch *Hoffmann-Riem*, a.a.O., 9; *Teichmann/van Krüchten*, a.a.O., 706.

[254] Gleichsinnig *Bülow*, a.a.O. (Fn. 225), 1290.

[255] OLG Frankfurt am Main GRUR 1993, 130 - Benetton-Werbung; OLG Frankfurt am Main GRUR 1994, 522 - Schockwerbung; OLG Frankfurt am Main WRP 1994, 405, 406 f. - Verölter Wasservogel; *Reichardt*, a.a.O., 797; *Henning-Bodewig*, a.a.O. (Fn. 227), 536 f.; *dies.*, "Werbung mit der Realität" oder wettbewerbswidrige Schockwerbung?, GRUR 1993, 950, 952; *Nordemann*, a.a.O. (Fn. 132), Rd. 193 Fn. 6 a. - Der BGH (WRP 1995, 679, 680 - Ölverschmutzte Ente; WRP 1995, 682, 683 - Kinderarbeit) scheint im Fall der "Schockwerbung" folgende Zweiteilung vorzunehmen: Zum einen ist eine Werbung, die "(...) im geschäftlichen Verkehr Gefühle des Mitleids oder der Solidarität mit sozialem Engagement ohne sachliche Veranlassung zu Wettbewerbszwecken ausnutzt (...)", dann wettbewerbswidrig, wenn sie "(...) unmittelbar oder mittelbar im Zusammenhang mit dem Waren- oder Dienstleistungsangebot des werbenden Unternehmens steht (...)", d.h., trotz eines bestehenden Sachbezugs ist eine solche, sachlich nicht veranlaßte Werbung wettbewerbswidrig. Zum anderen ist eine sachlich nicht veranlaßte Werbung aber auch ohne einen Sachbezug wettbewerbswidrig, wenn sie "(...) im wesentlichen nur zur Steigerung des Ansehens des Unternehmens bei den Verbrauchern eingesetzt wird." Mit anderen Worten: Maßgeblich ist nicht länger das Merkmal des *fehlenden Sachbezugs*, sondern das Kriterium der *fehlenden sachlichen Veranlassung* einer Werbung, wie sie der BGH zuvor in tatsächlicher Hinsicht beschrieben hat.

[256] So namentlich der BGH WRP 1995, 679, 680 - Ölverschmutzte Ente.

fraglich; soweit die Anzeigen auf Abscheu, Empörung und Entsetzen stoßen, dürfte eine Solidarisierung dieser Verbraucher mit demjenigen, der solche Reaktionen hervorruft, schwer vorstellbar sein[257]. Aber auch für den Fall, daß sich die Reaktionen in Gefühlen wie "Ohnmacht" und "Mitleid" erschöpfen, bleibt die Frage, mit welcher Begründung die "Instrumentalisierung von Mitleid, Solidarität und Hilfsbereitschaft der angesprochenen Verbraucher"[258] - die "Instrumentalisierung von Leid, Elend und Hilflosigkeit der Opfer der dargestellten Katastrophen"[259] bemißt sich vor allem nach dem bürgerlichen Recht (§§ 823, 1004 BGB) - zu verbieten ist, da die Instrumentalisierung von Glückseligkeit, Erotisierbarkeit und Freizeitdrang der Verbraucher doch ohne weiteres geduldet wird. Werden diese - eigennützigen - Gefühle etwa nicht "(...) für Zwecke mißbraucht (...), für welche diese Gefühle nach allgemein geltenden Wertvorstellungen *nicht verfügbar und nicht benutzbar* sein sollen"[260]?

Nicht allein, daß sich darüber streiten läßt, ob es solche "allgemein gültigen Wertvorstellungen" überhaupt noch gibt, wonach - lediglich (!) - die Ausnutzung von "Leid und Mitleid, Hilflosigkeit, Hilfsbereitschaft und Solidarität in intensiver Weise ausschließlich für kommerzielle Zwecke"[261] unzulässig ist - es fehlt vor allem an einer hinreichenden Begründung dafür, daß nur altruistische Gefühle schutzwürdig sind, nicht aber auch egoistische. Bamberger meint im Hinblick auf gemeinnützige Gefühle wie Mitleid oder Mitgefühl:

> "Die angesprochenen Gefühle sind so eng und untrennbar mit der Person verbunden, daß ihre Ausnutzung durch Wirtschaftswerbung die Person selbst verletzt, die von einem Vorrang derartiger dem privaten und Individualbereich zugehöriger Gefühle vor wirtschaftlichem Gewinnstreben ausgehen kann - und die sich deshalb auch *belästigt* fühlt."[262]

Exakt diese Aussage, bar ihrer Pauschalität, läßt sich aber auch bezüglich jedes eigennützigen Gefühls treffen. Zu Erinnerung: Die Feststellung, daß die Benetton-Werbung eine Reglementierung mittels des Sachlichkeitsgrundsatzes nicht verträgt, ist einem tatsächlichen Geschehen geschuldet; vorliegend geht es also - nicht anders als im Fall der gefühlsbetonten Werbung - einzig um die Frage, was eigennützige und gemeinnützige Gefühle - und zwar aus Sicht des angesprochenen Verbrauchers - *in tatsächlicher Hinsicht unterscheidet*, nicht aber in normativer, namentlich moralischer[263] oder gar religiöser[264] Hinsicht.

---

[257] In diesem Sinne auch: *Bamberger*, a.a.O., 48; *Schricker*, a.a.O. (Fn. 237), 920.
[258] *Bamberger*, ebenda.
[259] *Bamberger*, ebenda.
[260] *Bamberger*, a.a.O., 49 (Hervorhebungen im Original).
[261] *Bamberger*, a.a.O., 52.
[262] *Bamberger*, a.a.O., 55 f. (Hervorhebung im Original).
[263] In diesem Sinne aber *Bamberger*, a.a.O., 56.
[264] So indes *Bamberger*, a.a.O., 53.

Daß Mitleid, Hilfsbereitschaft und Solidarität "Bindungen erzeugen", Eigennutz und Konkurrenz dagegen "tendenziell trennen"[265], mag man - die Richtigkeit dieser Beobachtung einmal unterstellt und abseits weiterer ethischer Implikationen - als einen tatsächlichen Unterschied ansehen, im hier interessierenden Kontext der *Beurteilung von Werbewirkungen* kommt diesem Unterschied aber keinerlei Bedeutung zu. Art und Natur des Zusatznutzens haben auf die Rationalität der Kaufentscheidung keinen Einfluß, die relative Gleichartigkeit von Informativ- und Suggestivwerbung existiert unabhängig vom Inhalt des jeweiligen Zusatznutzens. *Unter diesen tatsächlichen Gesichtspunkten* ist eine Reglementierung der Benetton-Werbung nicht zu rechtfertigen:

> "Wenn Sonnenschein, Urlaubsglück, unbeschwerte Jugend oder erotische Attraktion bislang die Image-Werbung mit Gefühlen und Stimmungen dominierten und trotz fehlender Sachbezogenheit wegen ihrer netten Harmlosigkeit keine Unlauterkeitsdebatte auslösten, dann kann sich an der rechtlichen Beurteilung doch nichts deswegen ändern, weil plötzlich erschreckende Realität auf farbigem Glanzpapier den Betrachter überfällt."[266]

Nichts anderes ergibt sich bezüglich der von Henning-Bodewig aufgeworfenen Frage einer möglichen "psychischen Beeinträchtigung und Belästigung" durch die Benetton-Werbung[267]. Sie selbst spricht davon, daß auch andere Werbung für manchen Betrachter schockierend sei, namentlich die Werbung mit sexuellen Szenen[268]. Doch handele es sich bei dem "Bikinimädchen in der Reifenwerbung" um eine Darstellung,

> "(...) die zwar von manchen Verbrauchern als ärgerlich empfunden werden mag, von anderen jedoch als erfreulich oder zumindest neutral: In aller Regel wird jedoch niemand behaupten, derartig in seinen Gefühlen verletzt zu werden, daß von einem Eindringen in die 'emotionale Privatsphäre' gesprochen werden könnte. Dabei spielt auch eine Rolle, daß die gesellschaftspolitische Haltung zu sexuellen Fragen und Darstellungen in den letzten Jahrzehnten wesentlich lockerer geworden ist, was sich auch in der Interpretation des Begriffs der Sittenwidrigkeit niederschlägt. Auch hier gibt es jedoch Grenzen: "Eindeutige" Darstellungen, die womöglich an Pornographie grenzen, sind in der Werbung genauso verboten wie rassistische, menschenverachtende oder den Verbraucher grob schockierende/belästigende."[269]

Hierauf ist zu erwidern, daß das "Bikinimädchen in der Reifenwerbung" auch heute noch - wenn wohl nur vereinzelt - nicht nur als *geschmacklos* und

---

[265] *Bamberger*, a.a.O., 53, 56.

[266] *Reichold*, a.a.O. (Fn. 242), 222. - Zust. *Hoffmann-Riem*, a.a.O., 9 f. - Gleichsinnig *Löffler*, a.a.O., 539; *Sosnitza*, a.a.O. (Fn. 242), 789 f. - Gegen ein Verbot der "Schockwerbung" nach § 1 UWG: *Sosnitza*, a.a.O. (Fn. 31), 540 ff.; *Paehler*, a.a.O., 127 ff.; *Sevecke*, a.a.O., 196 ff.; vgl. auch *Schricker*, a.a.O. (Fn. 237), 920.

[267] *Henning-Bodewig*, a.a.O. (Fn. 227), 535 ff.

[268] *Henning-Bodewig*, "Werbung mit der Realität" oder wettbewerbswidrige Schockwerbung?, GRUR 1993, 950, 952.

[269] *Henning-Bodewig*, a.a.O (Fn. 227), 536.

ärgerlich, sondern auch als *belästigend* empfunden werden mag. Umgekehrt gibt es Verbraucher, die die Benetton-Werbung begrüßen, weil auf diese Weise bestimmte Themen im öffentlichen Dialog gehalten werden. Das jüngste Werbebeispiel der Benetton-Kampagne - zwei kopulierende Pferde (schwarz und weiß) und somit Sinnbild dafür, daß die Natur selbst nicht nach der Fellfarbe unterscheidet - mag weniger pornographisch (sondern *natürlich*!) anmuten als die Anzeige der Zeitschrift *Cosmopolitan* (Titel: "Wir brechen das letzte Tabu - den Preis!"), die unzweideutig die Unterkörper eines nackten Liebespaares zeigt. Als empirisches, nicht normatives Merkmal verstanden[270], erweist sich das Kriterium der sog. "psychischen Belästigung" bereits mit Blick auf seine rechtliche Praktikabilität - wann fühlen sich "die" Verbraucher belästigt, wieviele Verbraucher (80, 50, 35 % alle angesprochenen Verbraucher?) müssen sich belästigt fühlen, wie läßt sich der entsprechende Prozentsatz rechtstatsächlich ermitteln[271] - als untauglich, von seiner zweifelhaften rechtstheoretischen Herleitung und dogmatischen Verankerung im Gefüge der großen Generalklausel ganz zu schweigen[272].

Will man mit Ahrens[273] und Gaedertz/Steinbeck[274] darauf abstellen, daß die Benetton-Werbung in *"Tabu-Bereiche"* eindringt, dann muß man hinzufügen, daß die moderne Werbung per se in eine Vielzahl von Tabu-Bereichen eindringt, die sich nicht auf die im Zusammenhang mit der Benetton-Werbung genannten Bereiche "Tod, Krankheit, Elend, Pietät, Religion oder Minderheiten"[275] beschränken, sondern namentlich den Bereich "Sexualität" umfas-

---

[270] *Henning-Bodewig*, a.a.O. (Fn. 227), 535, begnügt sich mit der - gänzlich unbewiesenen - tatsächlichen Behauptung, "viele Verbraucher" empfänden die Benetton-Werbung als in ihre Intimsphäre eindringend und deshalb belästigend.

[271] Ob eine Verbraucherbefragung weiterhilft, erscheint, von allgemeinen demoskopischen Problemen ganz abgesehen, als bedenklich. Die Art und Weise, in der *Henning-Bodewig*, a.a.O. (Fn. 268), 952, die bei ihr angeführten Umfrageergebnisse vorschnell zugunsten eines Verbots der Benetton-Werbung instrumentalisiert, mahnt zur Zurückhaltung: In der von ihr zitierten Umfrage hatten 75 % der Befragten die Werbekampagne für "schlecht bis sehr schlecht" gehalten (a.a.O., 950 Fn. 6), 63 % von einem "Mißbrauch menschlichen Leids zu Absatzzwecken" gesprochen (a.a.O., 952) und 38 % ein Verbot der Benetton-Werbung gefordert (ebenda), was indes über den *Grad einer möglichen psychischen Belästigung* selbst noch nichts aussagt. *Henning-Bodewig* faßt diese Ergebnisse aber mit den Worten zusammen, daß "die überwiegende Anzahl der Verbraucher eine derartige Werbung als unmoralisch, unethisch, belästigend" empfinde.

[272] Zur tatsächlichen und infolgedessen normativen Unvergleichbarkeit von Benetton-Werbung und verbotener Telefonwerbung z.B. *Sosnitza*, a.a.O. (Fn. 31), 541; vgl. auch *Wünnenberg*, a.a.O., 76 ff.

[273] *Ahrens*, a.a.O., 1097.

[274] *Gaedertz/Steinbeck*, a.a.O., 978 f.

[275] *Gaedertz/Steinbeck*, a.a.O., 978.

sen[276]. Gerade die heutzutage weitgehende Enttabuisierung ehemals tabuisierter Bereiche ist Kennzeichen unseres "Kommunikationszeitalters", weshalb der Hinweis auf das "Eindringen in Tabu-Bereiche" allein kaum der Abgrenzung dient und ins Leere geht[277].

Eine andere Frage ist, ob bestimmte schockierende Werbeaussagen *aus anderen als den genannten tatsächlichen Gründen* zu untersagen sind. Löffler[278] und Reichold[279] verweisen insoweit auf Vorschriften des StGB (§§ 131, 166 und 185 ff.), des GjS (§§ 1 und 6) sowie auf die "Publizistischen Grundsätze (Pressekodex) des deutschen Presserates". Andere nennen die Würde des Menschen (Art. 1 Abs. 1 GG)[280] bzw. der geschundenen Umwelt[281]. Im Falle einer Verletzung solcher *normativer* Maßstäbe erscheint ein Werbeverbot in der Tat auch wegen Unlauterkeit im Sinne von § 1 UWG als gerechtfertigt. Allerdings darf eine solche Verletzung nicht einfach behauptet werden, sondern verlangt nach einer eingehenden, eventuell auch verfassungsrechtlichen Begründung. Wer sich ausdrücklich auf einen Verstoß gegen Art. 1 Abs. 1 GG beruft, trägt die entsprechende Darlegungs- und Argumentationslast: Ob die Benetton-Werbung die *Intimsphäre des Menschen* verletzt und damit gegen Art. 1 Abs. 1 GG verstößt[282], ob ein *allgemeines Verbraucherpersönlichkeitsrecht* das Recht begründet, von bestimmten - negativen - Werbemotiven (Tod, Krieg, Elend, Krankheit, Naturkatastrophen) "in Ruhe gelassen" zu werden (Art. 2 Abs. 1 i.V.m. Art. 1 Abs. 1 GG)[283], ob die Abbildung eines Gesäßes

---

[276] Vgl. auch das KG als Berufungsinstanz in BGH WRP 1995, 688 - Busengrapscher.

[277] Gleichsinnig: *Gaedertz/Steinbeck*, a.a.O., 980; *Sosnitza*, Besprechung zu Ulrike Wünnenberg, Schockierende Werbung - Verstoß gegen § 1 UWG?, WRP 1996, 822, 823.

[278] *Löffler*, a.a.O., 540 f.

[279] *Reichold*, a.a.O. (Fn. 242), 224 f.

[280] BGH WRP 1995, 686, 687 - H.I.V. POSITIVE. - Zust.: *Bülow*, a.a.O. (Fn. 225), 1290; *Schricker*, a.a.O. (Fn. 237), 920; *Reichold*, Kurzkommentar zu BGH, Urt. v. 6.7.1995 - I ZR 180/94, EWiR § 1 UWG 14/95, 813, 814; *Marly*, a.a.O., Nr. 691. - Sehr kritisch *Hoffmann-Riem*, a.a.O., 10 ff.

[281] *Bülow*, a.a.O. (Fn. 225), 1290.

[282] So *Henning-Bodewig*, a.a.O. (Fn. 227), 537, allerdings ohne Diskussion der Frage, wie man den Bereich der Intimsphäre nach geltendem Verfassungsrecht zu verstehen hat.

[283] So: *Wünnenberg*, a.a.O., 132 ff.; *Henning-Bodewig*, a.a.O. (Fn. 227), 537 ff. - Ein solcher Ansatz erscheint in mancherlei Hinsicht als fragwürdig. *Erstens* ist nicht einsichtig, weshalb *Wünnenberg* die Frage eines Rechts auf In-Ruhe-gelassen-werden auf den *Bereich der Werbung* beschränkt (a.a.O., 132 f.); es bedarf der Begründung, inwieweit der Verbraucher (k)ein Recht hat, von Verbänden, Parteien, Kirchen etc. - was ist mit deren Werbung? - in Ruhe gelassen zu werden. - *Zweitens*: *Wünnenberg* diskutiert das Recht des Verbrauchers, von bestimmten Themen in Ruhe gelassen zu werden, ausschließlich mit Blick auf solche Themen, die "vielfältige Reaktionen heftigster Intensität hervorrufen" bzw. "innerste Gefühle und Empfindungen" des Verbrauchers

mit einem "H.I.V. positive"-Stempelaufdruck die *Würde von Aids-Kranken oder HIV-infizierten Menschen* verletzt[284] - solche Fragen bedürfen einer in der bisherigen wettbewerbsrechtlichen Diskussion sträflich vernachlässigten verfassungsrechtlichen Erörterung[285]. Zumindest bezüglich der "Ölverschmutzten Ente" - einziges *umweltbezogenes* Beispiel der Benetton-Werbung - kommt eine Untersagung nach § 1 UWG nicht in Betracht, denn die Anzeige verstößt gegen keine der angeführten Vorschriften, namentlich nicht gegen Art. 1 Abs. 1 GG, der die Würde des Menschen schützt, nicht aber die der *Natur*[286].

---

treffen. Darunter fielen insbesondere Abbildungen solcher Ereignisse und Situationen, denen ein jeder ohnmächtig und machtlos gegenüberstehe, die er gerne ändern wollte, bei denen ihm dies aber nicht möglich sei und er sich quasi dem Schicksal fügen und mit der Gegebenheit abfinden müsse (a.a.O., 133). Indes ist diese inhaltliche Begrenzung *in keiner Weise begründet* und mehr als zweifelhaft: Es gibt, je nach Verbraucher, auch andere - positive - Themen (Geburt eines Kindes; Lottogewinn etc.), die bei diesem vielfältige Reaktionen heftigster Intensität auslösen und innerste Gefühle (auch solche der Schicksalsdankbarkeit!) tangieren mögen (nicht müssen!). Erneut zeigt sich damit die *in werbetatsächlicher Hinsicht fehlende Unterscheidbarkeit gemein- und eigennütziger Empfindungen*. - *Drittens*: Nach *Wünnenberg* würden durch den Einsatz der fraglichen Motive diese trivialisiert, der Verbraucher würde gleichzeitig vor den Kopf gestoßen, seine mit dem jeweiligen Motivinhalt verbundenen Empfindungen und Einstellungen herabgewürdigt und daher mißbraucht, kurz: die Intimsphäre des Verbrauchers beeinträchtigt (ebenda). Indes wird auch diesmal nur mit *Behauptungen* operiert. Daß die Thematisierung von Tod oder Krankheit (aber auch: Mutterglück!) automatisch einer Trivialisierung gleichkommt und der Verbraucher infolgedessen in seiner Intimsphäre beeinträchtigt wird, läßt sich in dieser Pauschalität ernsthaft nicht begründen, von der Frage ganz abgesehen, ob und inwieweit die konkrete Trivialisierung (wieso kommt es im übrigen auf diese an und nicht etwa auf die Verhöhnung?) der Motive die Intimsphäre des Adressaten - allgemein oder konkret - zu beeinträchtigen überhaupt in der Lage ist; maßgeblich kann doch in jedem Fall allein die Art und Weise sein, in der das jeweilige Thema in concreto behandelt wird. - Insgesamt ist ein erstaunlich leichtfertiger Umgang mit Fragen des Verfassungsrechts zu konstatieren; kritisch bezüglich Konstruktion und Inhalt eines sog. "Verbraucherpersönlichkeitsrechts" auch *Sevecke*, a.a.O., 197 Fn. 27 und 203; ferner: *Sosnitza*, a.a.O. (Fn. 31), 541; s.a. *Reichold*, a.a.O. (Fn. 242), 224.

[284] So BGH WRP 1995, 686, 687 - H.I.V. POSITIVE, indes ohne eine auch nur ansatzweise Konkretisierung des Begriffs der Menschenwürde, ohne eine irgendwie geartete Diskussion oder Rezeption der verfassungsrechtlichen Judikatur, schließlich ohne den Versuch einer Subsumtion der Benetton-Werbung unter den Tatbestand "Verletzung der menschlichen Würde"; zum Ganzen *Hoffmann-Riem*, a.a.O., 10 ff.

[285] Vgl. auch *Hoffmann-Riem*, a.a.O., 16; *Sevecke*, a.a.O., 205.

[286] So aber *Bülow*, a.a.O. (Fn. 225), 1290, freilich ohne jede Erörterung der Frage, wie - entgegen dem eindeutigen Verfassungswortlaut - die Würde der Natur nach Art. 1 Abs. 1 GG geschützt sein soll.

3. Umweltwerbung und Sachlichkeitsgrundsatz

Nach weit verbreiteter Ansicht findet der Sachlichkeitsgrundsatz auch auf die umweltbezogene Werbung Anwendung, wobei grundsätzlich zwei Sachverhaltskonstellationen zu unterscheiden sind, denen ihrerseits mit unterschiedlichen Ausformungen des Sachlichkeitsprinzips begegnet wird:

Die *erste* Sachverhaltsvariante erschöpft sich darin, daß sich der Werbende auf die Aussage beschränkt, *er selbst* tue etwas für den Umweltschutz. Daß dieses Engagement letztlich nur möglich ist, solange der Werbende seine Produkte absetzt und Gewinne erzielt, der umworbene Adressat dieses Engagement also mittelbar durch einen Kauf unterstützen kann, bleibt bei dieser Variante im Gegensatz zur zweiten unerwähnt. Bezüglich der ersten Konstellation wird gelegentlich, wenn auch selten ein sachlicher Zusammenhang zwischen der Ware und der Betonung des eigenen Umweltschutzengagements gefordert[287].

Die *zweite* Sachverhaltsvariante besteht darin, daß der Werbende betont, *der Kunde* trage durch den Kauf dieses oder jenes Produktes insofern zum Umweltschutz bei, als das Unternehmen einen Teil des Erlöses in den Umweltschutz investiere. Zu dieser Fallgruppe existieren im Hinblick auf den Sachlichkeitsgrundsatz zwei verschiedene Meinungen, wobei es innerhalb der einzelnen Ansichten beachtliche Unterschiede bezüglich der Frage gibt, ob im konkreten Fall ein sachlicher Zusammenhang besteht oder nicht: Nach *einer Meinung* ist ein sachlicher Zusammenhang zwischen der Ware und der Betonung des Umweltschutzengagements durch den Kunden erforderlich, um die Werbung zulässig sein zu lassen, nicht mehr und nicht weniger[288]. Eine *zweite Auffassung* verlangt neben dem sachlichen Zusammenhang zwischen Ware

---

[287] Vgl. etwa LG Frankfurt am Main WRP 1994, 554, 556 - Der Natur zuliebe Verpackungen aus Papier (mit abl. Anmerkung *Rinze*); OLG Stuttgart MD 1996, 343, 347 ff. - ... unterstützt die Aktionsgemeinschaft Artenschutz e.V.

[288] *Füger*, a.a.O., 298; *Nordemann*, a.a.O. (Fn. 132), Rd. 193, 206; *Reifner*, a.a.O., 191; *Drescher/Lips*, Anmerkung zu BGH, Urt. v. 18.10.1990 - I ZR 113/89, NuR 1991, 447, 448; *Spätgens*, Umwelt und Wettbewerb, in: *Baur/Jacobs/Lieb/Müller-Graff* (Hrsg.), FS für *Ralf Vieregge* zum 70. Geburtstag am 6. November 1995, 1995, 813, 826 ff.; *Wenzel*, Nochmals: Fahrpreiserstattung, WRP 1991, 545, 548; *Baumbach/Hefermehl*, a.a.O., § 1 UWG Rd. 182 a, 184 c; *Stillner*, Natur und Umwelt in der Werbung, VuR 1992, 46, 49; *Piper*, a.a.O., 282; *Wiebe*, "Super-Spar-Fahrkarten" für Versicherungskunden im Dienste des Umweltschutzes aus wettbewerbsrechtlicher Sicht, WRP 1995, 445, 446. - Aus der Rspr. etwa: BGHZ 112, 311, 315 - Biowerbung mit Fahrpreiserstattung; OLG Hamburg WRP 1988, 45, 46 f. - Bäumchen-Aktion. - Im Einzelfall besteht allerdings Streit, ob der sachliche Zusammenhang überhaupt gegeben ist, was Zweifel an der Rechtssicherheit des Sachlichkeitsgrundsatzes nährt; vgl. BGHZ 112, 311 - Biowerbung mit Fahrpreiserstattung einerseits und *Reifner*, a.a.O., 191 f.; *Fezer*, a.a.O. (Fn. 151), 448; *Klaas*, Kurzkommentar zu BGH, Urt. v. 18.10.1990 - I ZR 113/89, EWiR § 1 UWG 1/91, 87, 88 andererseits.

und der Betonung des Umweltschutzengagements zusätzlich den Nachweis paralleler spezifischer Umweltentlastung durch den Werbenden[289] (sog. Kompensationsgedanke)[290].

Einer Anwendung des Sachlichkeitsgrundsatzes auf umweltbezogene Werbeäußerungen ist indes schon im Ansatz entgegen zu treten: Umweltbezogene Werbung ist mit gefühlsbetonter bzw. suggestiver[291] Werbung *teilidentisch*, weshalb die vorstehenden prinzipiellen Ausführungen und Konsequenzen insoweit ohne Einschränkung auch für die Umweltwerbung gelten[292]. Daraus folgt, daß eine wettbewerbsrechtliche Überprüfung umweltbezogener Werbung anhand des Sachlichkeitsgrundsatzes nicht weiter zu rechtfertigen ist[293]. So wenig bereits eine Reglementierung der Gefühls- und Suggestivwerbung anhand des Sachlichkeitsprinzips begründet werden kann, so wenig läßt sich erst recht eine analoge Anwendung des Sachlichkeitsgrundsatzes auf die spezielle Form der Umweltwerbung begründen[294].

---

[289] Also etwa: Finanzierung der Neuanpflanzung von Birken wegen der Verwendung von Birkenrinde bei der Produktion.

[290] *Cordes*, a.a.O., 51 f.; *Jacobs*, in: *Gloy* (Hrsg.), a.a.O., § 49 Rd. 33; s.a. *Kloepfer*, Unlauterkeitsrecht und Umweltschutz, in: *Storm/Schenkel* (Hrsg.), Umwelt: Politik, Technik, Recht. *Heinrich von Lersner* zum 60. Geburtstag, 1990, 181, 185. - A.A.: KG WRP 1984, 607, 608 - Gefühlsbetonte Werbung mit Umweltschutzmaßnahmen; LG Hamburg WRP 1986, 59 - Aktion Grüner Groschen; *Lappe*, a.a.O. (Fn. 55), 193 f.

[291] Siehe das Benetton-Beispiel "Ölverschmutzte Ente" (BGH WRP 1995, 679).

[292] Das betrifft insbesondere die Entscheidung des OLG Stuttgart MD 1996, 343, 348 - ... unterstützt die Aktionsgemeinschaft Artenschutz e.V. Maßgeblich ist nicht die - vom OLG Stuttgart allemal nur behauptete, keinesfalls bewiesene - Tatsache, ein im Fall der Umweltsponsoring-Werbung offenkundiger Mangel an Uneigennützigkeit in Gestalt einer Verknüpfung von Umweltengagement und Geschäftsinteressen werde gerade von sachlich engagierten Verbrauchern als mißbräuchlich und anstößig empfunden und für unerlaubt gehalten. Es kommt eben nicht darauf an, ob Umweltsponsoring-Werbung moralisch (genauer: wirtschaftsethisch) einwandfrei ist, schon gar nicht aus Sicht der Verbraucher, sondern darauf, wie Umweltsponsoring-Werbung unter den Aspekten "Rationalität der Kaufentscheidung" und "Markttransparenzminderung" wirkt. Nicht die Eigennützigkeit (oder Uneigennützigkeit) des unternehmerischen Verhaltens interessiert, sondern die in bezug auf die Beurteilung von Werbewirkungen fehlende tatsächliche Unterscheidbarkeit von eigen- und uneigennützigen verbrauchertypischen Gefühlen.

[293] Vgl. auch *Rinze*, Anmerkung zu LG Frankfurt am Main, Urt. v. 4.5.1994 - 3/8 O 73/93, WRP 1994, 557; ferner *Ingerl*, a.a.O., 879.

[294] Im Ergebnis wie hier: *Brandner*, a.a.O., 31; *Federhoff-Rink*, a.a.O. (Fn. 9), 169 f. - Ausgenommen werden hier solche Überlegungen, die unter dem Stichwort der "rechtlichen Akzessorietät" nicht auf vermeintliche Wesensunterschiede zwischen informativer und nichtinformativer Werbung abstellen, sondern den Ansatz für eine strenge Behandlung der Umweltwerbung in der *Koppelung von Umweltschutzengagement und Kaufabschluß* (nach dem Motto: "Sie kaufen bei uns - wir fördern den Umweltschutz") erblicken; vgl. *Federhoff-Rink*, a.a.O. (Fn. 9), 242 ff., 269 f.; *Baum-*

F. Schlußfolgerungen

Ausgangsbasis des *Zweiten Teils* war die seitens der h.M. vertretene These einer Gleichartigkeit von umweltbezogener und nichtinformativer Werbung sowie die hieran anknüpfende weitgehende Unzulässigkeitserklärung umweltbezogener Werbung; beide Aspekte sind vorstehend auf ihre rechtstatsächliche Richtigkeit hin überprüft worden:

Zunächst kann allenfalls von einer teilweisen Identität zwischen umweltbezogener und nichtinformativer Werbung gesprochen werden (vgl. oben B. III. und C. IV. 2.). Konsequenzen aus dieser Teilidentität ergeben sich in zweifacher Hinsicht. Soweit man umweltbezogene Werbung als nichtinformativ begreift, läßt sich im Hinblick auf das Wesen nichtinformativer Werbung unter dem *Aspekt der Markttransparenzminderung bzw. der Herbeiführung einer irrationalen Verbraucherentscheidung* eine im Vergleich zur Informativwerbung strengere wettbewerbsrechtliche Beurteilung nichtinformativer umweltbezogener Werbung nicht begründen (s.o. E. I.). Wesen und Inhalt des Zusatznutzens haben auf die Rationalität der Kaufentscheidung keinen Einfluß, die relative Gleichartigkeit von informativer und nichtinformativer Umweltwerbung existiert unabhängig von der Art des jeweiligen Zusatznutzens. *Insofern mangelt es im Hinblick auf die entscheidende Frage einer Beurteilung unterschiedlicher Werbearten und -wirkungen an einer hinreichenden rechtstatsächlichen Unterscheidbarkeit von eigen- und gemeinnützigen Gefühlen*; die Beschränkung des Sachlichkeitsgrundsatzes auf solche Werbemaßnahmen, die an ausschließlich altruistische Gefühle appellieren, ist willkürlich, der Sachlichkeitsgrundsatz selbst kein geeigneter Maßstab zur Reglementierung nichtinformativer Umweltwerbung (vgl. zuvor E. II.) [295].

Was die oben C. III. 3. festgestellte Teilidentität von umwelt- und gesundheitsbezogener Werbung betrifft, so kann überhaupt nur von einer mittelbaren teilweisen Gleichartigkeit die Rede sein. Umweltbezogene Werbung wirbt für Produkte oder Dienstleistungen, die gerade nicht - anders als etwa ein Arzneimittel - unmittelbar der Gesundheit, sondern der Umwelt zugute kommen sollen; die Mißbrauchs- und Gesundheitsschädigungsgefahr ist im Fall einer Werbung für umweltfreundliche Produkte nicht größer als bei einer Werbung zugunsten von kinder-, bedienungs- oder fahrerfreundlichen Produkten (Spielzeug, Küchengeräte, Automobile etc.). Umweltwerbung wirkt anders als gesundheitsbezogene Werbung, weshalb die an eine unmittelbar gesundheitsbezogene Werbeaussage gestellten strengen wettbewerbsrechtlichen Anforderungen auf umweltbezogene Angaben nicht übertragen werden können.

---

bach/Hefermehl, a.a.O., § 1 UWG Rd. 182 a, 184 c; *Füger*, a.a.O., 295 ff. - Dazu unten *Dritter Teil* B III und IV sowie *Vierter Teil* D IV.

[295] Wie hier im Ergebnis: *Brandner*, a.a.O., 31. - Ferner Großkomm./*Lindacher*, § 3 UWG Rd. 711.

Solche Resultate gebieten die Entwicklung eines *eigenständigen wettbewerbsrechtlichen Beurteilungs- und Strengemaßstabs* für umweltbezogene Werbeäußerungen, unabhängig von den bekannten Fallgruppen [296].

---

[296] Ebenso: *Fezer*, a.a.O. (Fn. 151), 447; *Federhoff-Rink*, a.a.O. (Fn. 9), 192 ff.; *Graf Lambsdorff*, a.a.O. (Fn. 51), Rd. 1.

Dritter Teil

Versuch einer Typologie umweltbezogener Werbung - Antwort auf die besondere Kritik an der Umweltwerbung

A. Notwendigkeit und Wesen typologischer Betrachtung

I. Das Kriterium der Rechtstatsächlichkeit

Die traditionelle Kritik an der Umweltwerbung agiert auf zwei unterschiedlichen rechtstatsächlichen Ebenen, einer allgemeinen und einer besonderen. Der nachfolgende *Dritte Teil* begibt sich auf die besondere Ebene dieser Kritik, zum Zwecke einer *Antwort auf die besondere Kritik an der Umweltwerbung*. Es geht es um einen Beweisantritt zugunsten der These, daß die herkömmliche - weitgehende - Unzulässigkeitserklärung umweltbezogener Werbung auch aus besonderen rechtstatsächlichen Erwägungen nicht zu rechtfertigen ist.

Dieser spezifische Gegenentwurf zum traditionellen Verständnis umweltbezogener Werbung bemüht sich um eine Darstellung der tatsächlichen Unterschiede und Gemeinsamkeiten *innerhalb der Umweltwerbung*. Eine solche typologische Ordnung muß dabei dem Anspruch umfassender Erörterung aller Erscheinungen genügen und über die vorgenommene Differenzierung Auskunft geben können[1]. Noch geht es ausschließlich um rechtstatsächliche Fragen, das Kriterium einer rechtlich begründeten Unterscheidung spielt dabei keine Rolle. Erst im Anschluß an eine - geglückte - tatsächliche Typologie der Umweltwerbung stellt sich die Frage einer entweder gruppenspezifischen oder gruppenübergreifenden wettbewerbsrechtlichen Beurteilung (dazu unten *Vierter* und *Fünfter Teil*). Daß diese Arbeit auf eine exakte Fallgruppenbildung so großen Wert legt, rührt im übrigen daher, daß sie zumindest eines vermeiden will - eine vorschnelle, pauschale Einordnung der Umweltwerbung, also: das "Über-einen-Kamm-Scheren" eines vielgestaltigen und interessensreichen

---

[1] Üblicherweise, wenn auch meist ohne nähere Herleitung oder Differenzierung wird umweltbezogene Werbung in zwei Gruppen unterteilt, nämlich in eine *produktbezogene* und eine *unternehmensbezogene* Umweltwerbung; *Bruhn/Mehlinger*, Rechtliche Gestaltung des Sponsoring, Bd. II, 1994, 183 ff.; *Cordes*, a.a.O., 9, 11 ff.; *Graf Lambsdorff*, Werbung mit Umweltschutz, 1993, Rd. 28; *Lappe*, Die wettbewerbsrechtliche Beurteilung der Umweltwerbung, 1995, 6 ff.; *Stillner*, a.a.O., 47 ff.; s.a. *Füger*, a.a.O., 2 f., 109 ff., 281 ff.; *Federhoff-Rink*, Umweltschutz und Wettbewerbsrecht, 1994, 90 ff., 264.

Werbephänomens[2]. Nur wer in tatsächlicher Hinsicht zu differenzieren weiß, wird es auch in normativer Hinsicht können[3].

II. Die Disziplin der Rechtstatsachenerfassung

Beim Versuch einer möglichst präzisen Sachverhaltsprofilierung stößt man auf das weite, noch verhältnismäßig unbestellte Feld der *Rechtstatsachenforschung*[4]. Deren Programm besteht darin, "(...) gesellschaftliche, wirtschaftliche, technische, rechtliche oder anderweitig wirksame Gegebenheiten in ihrer Bedeutung für die Schaffung und Anwendung von Recht zu erforschen."[5] Wichtigste Untersuchungstechnik der Rechtstatsachenforschung ist das Mittel der Befragung, das demoskopische Gutachten[6]; gerade auf dem Gebiet des Privatrechts, v.a. auf dem des Bürgerlichen Rechts und des Wettbewerbsrechts, hat die Rechtstatsachenforschung an Boden gewonnen, namentlich hinsichtlich der Konkretisierung von Generalklauseln wie derjenigen der §§ 138, 157 und 242 BGB, 346 HGB oder 1 UWG[7].

So hat der zuständige Senat des BGH für Wettbewerbssachen einzelne Urteile aufgehoben und die Sache zur anderweitigen Verhandlung und Entscheidung an das Berufungsgericht zurückverwiesen, weil die Vorinstanzen bestimmten Fragen der Rechtsauslegung allein aufgrund eigener Lebenserfahrung, aus allgemeinen Erwägungen oder aus eigener Sachkunde entschieden

---

[2] Entgegen *Graf Lambsdorff*, a.a.O. (Fn. 1), Rd. 32 Fn. 85, steht nicht von vornherein fest, daß eine "(...) strenge Unterscheidung zwischen produktbezogener Werbung (Produkt-, Absatzwerbung) und allgemeiner Firmenwerbung (Unternehmens-, Imagewerbung) bei der Umweltwerbung nicht notwendig (...)" ist, zumal der Begriff der Imagewerbung nach hiesiger Terminologie gerade produkt- *und* unternehmensbezogene Werbung umfaßt.

[3] Die Aufgabe hinreichender normativer Differenzierung ist angesichts der beiden wettbewerbsrechtlichen Generalklauseln von besonderer Bedeutung.

[4] Begründet wurde die Rechtstatsachenforschung von *Nußbaum*, Die Rechtstatsachenforschung, 1914.

[5] *Von Falckenstein*, a.a.O., 80.

[6] *Röhl*, Rechtssoziologie, 1987, 107 ff.; *Schweizer*, Repräsentative Rechtstatsachenermittlung durch Befragen, in: *Chiotellis/Fikentscher* (Hrsg.), Rechtstatsachenforschung, 1985, 9, 19.

[7] Vgl. etwa: *Pieger*, Rechtstatsachenforschung - Ziele, Gegenstand, bisherige Erscheinungsformen, in: *Chiotellis/Fikentscher* (Hrsg.), Rechtstatsachenforschung, 1985, 127, 135 f.; *Röhl*, a.a.O., 88; *Manfred Rehbinder*, Rechtssoziologie, 1993, 12; *Baumbach/Hefermehl*, a.a.O., Einl UWG Rd. 476 f.; *Spätgens*, Voraussetzungen, Möglichkeiten und Grenzen demoskopischer Umfragen, in: *Loewenheim/Raiser* (Hrsg.), FS für *Fritz Traub* zum 65. Geburtstag, 1994, 375, 384 ff. m.w.N.; *Müller*, Die demoskopische Ermittlung der Verkehrsauffassung im Rahmen des § 3 UWG, 1987, 12 f., 216 f.; skeptisch *von Gamm*, Wettbewerbsrecht, Bd. 1, 1. Halbbd., 1987, 7. Kap. Rd. 15; insgesamt abl. gegenüber einer rein empirisch ermittelten Verkehrsauffassung *Spliethoff*, Verkehrsauffassung und Wettbewerbsrecht, 1992, 153 ff., 157 ff., bes. 163 ff., 171 ff.

und auf die Einholung eines Umfragegutachtens verzichtet hatten. Insbesondere die Bejahung oder Verneinung einer Irreführungs[8] - bzw. Verwechslungsgefahr[9] im Rahmen der kleinen Generalklausel (§ 3 UWG) - diese wird üblicherweise unter Zugrundelegung der sog. Verkehrsgeltung bzw. *Verkehrsauffassung* ermittelt - wollte der BGH nicht ohne weiteres ins Ermessen der Gerichte stellen, zumindest dann nicht, wenn Umstände vorliegen, die eine bestimmte Auffassung als bedenklich erscheinen lassen[10]. Für diesen Fall seien "(...) alle Beweismittel zu erschöpfen und gegebenenfalls Umfragen über die Verkehrsauffassung zu veranstalten (...)"[11], unabhängig davon, ob das Berufungsgericht den angesprochenen Verkehrskreisen angehört oder nicht[12].

Der den erwähnten BGH-Entscheidungen jeweils zugrundeliegende Sachverhalt betraf regelmäßig die Frage, welchen Sinn der Verkehr einer bestimmten Werbebehauptung beimißt. Zweifelsohne wird es in begründeten Einzelfällen geboten sein, auf das Beweismittel einer repräsentativen Meinungsumfrage zurückzugreifen, um die in bezug auf den Bedeutungsgehalt einer konkreten Werbeaussage maßgeblichen Verkehrsanschauung zu ermitteln. Wollte man der Frage nachgehen, welche Bedeutung die angesprochenen Verkehrskreise dem Begriff "Umwelt" beigeben oder was unter dem Umweltzeichen "Blauer Engel" verstanden wird, käme also die Einholung eines Umfragegutachtens in Betracht.

Die vorliegende Arbeit hat dennoch auf eine demoskopische Rechtstatsachenermittlung verzichtet. Untersuchungsgegenstand ist nicht irgendeine bestimmte Werbeaussage, sondern das Phänomen der Umweltwerbung als solches. Eine Meinungserhebung zu der Frage, was die angesprochenen Verbraucher unter umweltbezogener Werbung im allgemeinen (rechts)tatsächlich verstehen, erscheint insoweit wenig erfolgversprechend. Daß es darüber hinaus aber auch unterlassen wurde, einzelne Begriffe wie "bio" und "naturbelassen" oder spezielle Werbeerscheinungen wie die Einführung des "Grünen Punktes" im Wege der Demoskopie zu untersuchen, hat seinen Grund in praktischen Überlegungen. Nicht allein, daß der mutmaßliche Umfang einer solchen demoskopischen Untersuchung den Rahmen dieser Arbeit gesprengt hätte, es wäre auch darüber zu entscheiden gewesen, was durch ein Umfragegutachten

[8] BGH GRUR 1982, 491 - Möbel-Haus; BGH GRUR 1982, 564 - Elsässer Nudeln; BGH WRP 1984, 62 - Das unmögliche Möbelhaus.

[9] BGH GRUR 1957, 553 - Tintenkuli; BGH GRUR 1982, 431 - POINT.

[10] Ebenso *von Gamm*, a.a.O. (Fn. 7), 7. Kap. Rd. 6, 12.

[11] BGH GRUR 1982, 491, 492 - Möbel-Haus. - Vgl. auch BGH GRUR 1984, 465, 467 - Natursaft.

[12] BGH GRUR 1982, 491, 492 - Möbel-Haus. - Zur Ermittlung der sog. *Verkehrssitten* - also der "guten Sitten", der "Handelsbräuche" und der "Verkehrssitten" im Sinne der §§ 138, 157, 242, 826 BGB, 346 HGB, 1 UWG oder 226 a StGB - mittels der Rechtstatsachenforschung siehe etwa *Nußbaum*, a.a.O., 17 f.; *Röhl*, a.a.O., 223 ff.; *Manfred Rehbinder*, a.a.O., 13 ff.; Großkomm./*Schünemann*, Einl D Rd. 23 ff. m.w.N.

belegt sein muß und was (gerade noch) aufgrund der jeweils eigenen Lebenserfahrung definiert werden kann. Schließlich aber: Die Aufgabe, nachzuweisen, daß der Verkehr diese oder jene Aussage in dieser oder jener Weise versteht, kann selbstverständlich mittels der demoskopischen Rechtstatsachenerforschung gelöst werden, zwingend ist diese Form der Tatsachenermittlung nicht[13]. Der BGH hat das Mittel der Befragung keineswegs als unverzichtbar vorgeschrieben, sondern lediglich in gewissen Fällen den Nachweis besonderer Sachkunde verlangt und dem Gericht auferlegt, "(...) im Wege der Beweiserhebung zusätzliche Erkenntnismittel aus(zu)schöpfen, um die maßgebliche Verkehrsauffassung feststellen zu können."[14] Entscheidend ist, daß die Gerichte nicht dazu neigen, "sich Sachkunde beizulegen, wo sie ihnen fehlt und fehlen muß"[15], daß die Verkehrsauffassung nicht bedenkenlos bejaht wird. So - wie im Fall der vorliegenden Arbeit - auf die Demoskopie verzichtet wird, muß der Nachweis der eigenen "Sachkunde" bzw. der eigenen "Lebenserfahrung" - u.U. mittels zusätzlicher Erkenntnismittel (z.B. Gutachten) - um so gründlicher und gewissenhafter erbracht werden.

Nur höchst selten hat die Rspr. im Falle der Umweltwerbung auf die Ergebnisse von Meinungsumfragen zurückgegriffen und statt dessen in aller Regel auf die vermeintlich hinreichende eigene Sachkunde vertraut: Ein beredtes Beispiel für die Fragwürdigkeit dieser Vorgehensweise[16] geben die beiden Entscheidungen des LG Berlin[17] und des KG[18] zur wettbewerbsrechtlichen Zulässigkeit des sog. "Grünen Punktes". Beide Instanzen beriefen sich in der Frage der relevanten Verbrauchererwartungen auf die jeweils eigene Sachkunde und kamen solchermaßen zu vollständig unterschiedlichen Resultaten[19]. Mutmaßlich hätte gerade im Fall des höchst umstrittenen "Grünen Punktes" eine entsprechende Verbraucherbefragung zur inhaltlichen Ermittlung der "Angabe" (§ 3 UWG) Wichtiges beizutragen vermocht[20].

---

[13] Vor allem die gerichtseigene *Sachkunde* und sog. Sätze der *Lebenserfahrung* können eine Beweiserhebung ersetzen; *von Gamm*, a.a.O. (Fn. 7), 7. Kap. Rd. 12; *Baumbach/Hefermehl*, a.a.O., Einl UWG Rd. 476; BGH GRUR 1990, 607 - Meister-Kaffee.

[14] BGH GRUR 1982, 491, 493 - Möbel-Haus.

[15] *Baumbach/Hefermehl*, a.a.O., Einl UWG Rd. 476.

[16] Kritisch insoweit auch: *Lappe*, a.a.O. (Fn. 1), 50 ff; *Graf Lambsdorff*, Anmerkung zu OLG Köln, Urt. v. 14.8.1992 - 6 U 13/92, WRP 1993, 196, 197.

[17] LG Berlin ZUR 1993, 176 - Der Grüne Punkt.

[18] KG WRP 1994, 625 - Der Grüne Punkt.

[19] Vgl. auch *Strecker*, Anmerkung zu KG, Urt. v. 14.6.1994 - 5 U 1738/93, BB 1994, 2301 f.

[20] Ebenso *Becker-Schwarze/Schnieders*, Anmerkung zu LG Berlin, Urt. v. 22.1.1993 - 91 O 345/92, ZUR 1993, 177, 178; *von Gamm*, Wettbewerbs- und kartellrechtliche Fragen im Bereich der Abfallwirtschaft, in: *Loewenheim/Raiser* (Hrsg.), FS für *Fritz Traub* zum 65. Geburtstag, 1994, 133, 140. - Nachweise einer solchen Umfrage (Stand: September 1991) finden sich z.B. bei *Mattmüller/Trautmann*, Zur Ökologisierung des

Die - soweit ersichtlich - einzige Ausnahme von einer insgesamt umfrageunfreundlichen Rspr. zur Umweltwerbung macht das OLG Düsseldorf, das in einer älteren Entscheidung die Gutachten verschiedener unabhängiger Meinungsforschungsinstitute herangezogen hat, um sein Ergebnis hinsichtlich der Frage, welche Bedeutung der Bezeichnung "Bio" nach der Verkehrsanschauung zukomme, demoskopisch zu untermauern[21].

III. Die Fallgruppen im Überblick

Im folgenden geht es darum, die tatsächlichen Kriterien zu benennen, an denen sich die Bildung der verschiedenen Fallgruppen zu orientieren hat:

Ein wichtiges Kriterium ist der Gegenstand, für den die einzelne Botschaft werben soll. Das kann das individuelle Produkt sein, eine Produktgruppe, ein Dienstleistungsangebot, ein Produktionsverfahren oder dergleichen. *Umweltbezogene Produktwerbung* (s.u. B. I.) als die Fortentwicklung klassischer Produktwerbung zeichnet sich dadurch aus, daß sie dem Verbraucher ein Produktions- oder Dienstleistungsergebnis mit einem wie auch immer gearteten Bezug zu Fragen der Umwelt präsentiert. In den meisten Fällen wird sich die Werbung auf die Feststellung beschränken, dieses oder jenes Produkt habe die Eigenschaft, die Umwelt weniger zu belasten bzw. verstärkt zu entlasten. So besehen ist umweltbezogene Produktwerbung qualitätsbezogene Produktwerbung, vergleichbar mit einer Werbung, die die Hautverträglichkeit, Langlebigkeit oder Kinderfreundlichkeit einer Ware herausstellt.

Aber auch das Unternehmen als solches, seine Geschäftspolitik, die Einstellung des Produzenten zum Thema Umwelt können Gegenstand der Werbung sein. Wenn ein Unternehmen werbewirksam auf umweltrelevante Verbesserungen in internen, unmittelbar produktionsunabhängigen Geschäftsbereichen aufmerksam macht oder öffentlich als "Umweltsponsor" in Erscheinung tritt, so dient diese unternehmensbezogene Medientätigkeit mittelbar natürlich auch dem Produktabsatz; Werbung für das Unternehmen ist immer zugleich Werbung für seine Produkte (zur *umweltbezogenen Unternehmenswerbung* B. II.).

Von den ersten beiden Fallgruppen unterscheidet sich die dritte Fallgruppe der *umweltbezogenen Kauf- und Unterstützungsappelle* (s.u. B. III.) dadurch, daß die umweltrelevante Leistung des werbenden Unternehmens im Zeitpunkt der werblichen Ansprache noch aussteht. Anders als im Fall der umweltbezogenen Produkt- und Unternehmenswerbung, die dem Rezipienten ein konkre-

---

Handels-Marketing - Der Handel zwischen Ökovision und Ökorealität, GfK 1992, 129, 149 f.

[21] OLG Düsseldorf GRUR 1988, 55, 56 - bio-FIX.

tes, abgeschlossenes Umweltengagement präsentiert, ist es im Fall der umweltbezogenen Kauf- und Unterstützungsappelle am Verbraucher, den ersten Schritt zu machen. Zunächst kommt dessen Kaufentscheidung, dann erst löst das Unternehmen sein "Umweltversprechen" ein. Insoweit macht es einen Unterschied, ob die Wirtschaft zunächst einmal in den Umweltschutz oder eine umweltverträglichere Produktgestaltung investiert, in der Hoffnung, der Markt werde dieses Engagement schon gebührend honorieren, oder ob das Unternehmen nur für den Fall, daß der Markt auf das "Umweltversprechen" eingeht und eine positive Kaufentscheidung fällt, überhaupt zu einer umweltbezogenen Leistung verpflichtet ist. Aus Sicht des Verbrauchers ist es gleichfalls ein Unterschied, ob er ein fertiges Produktangebot vorgelegt bekommt, bei dem ihm das letzte Wort vorbehalten ist, oder ob er sich auf ein - regelmäßig produktunabhängiges - Versprechen einläßt.

Die vierte Kategorie der *umweltbezogenen Kaufappelle mit einem Unterstützungsangebot* (dazu B. IV.) unterscheidet sich von der dritten Fallgruppe dadurch, daß das werbende Unternehmen keine eigene, unmittelbar umweltrelevante Leistung in Aussicht stellt, sondern den Verbraucher in seinem umweltbewußten Verhalten finanziell zu fördern verspricht; bei der dritten Fallgruppe appelliert das Unternehmen an die Verbraucher, ihn zu unterstützen, im Fall der vierten Fallgruppe bietet das Unternehmen an, die Verbraucher zu unterstützen.

Der Wortlaut der beiden "Generalklauseln" bringt es mit sich, daß alle vier Fallgruppen dem Maßstab der "guten Sitten" (§ 1 UWG) unterfallen (zu diesen rechtlichen Fragen ausführlich unten *Vierter Teil*), während die produktbezogene Fallgruppe namentlich an § 3 UWG ("Beschaffenheit einzelner Waren oder gewerblicher Leistungen") zu messen ist (sogleich B. I. 1. sowie später *Fünfter Teil*).

B. Die einzelnen Fallgruppen umweltbezogener Werbung

I. Die Fallgruppe umweltbezogener Produktwerbung

Die erste Fallgruppe umfaßt die *umweltbezogene Produktwerbung*. Ihr Thema ist die Werbung für Waren der Konsum- und Investitionsgüterindustrie einerseits (dazu alsbald 2.) sowie für jegliche Art von Dienstleistungsangeboten andererseits (s.u. 4.)[22]. Während die umweltbezogene Dienstleistungswer-

[22] Wenn *Kisseler*, Markenartikel und Umweltschutz in wettbewerbsrechtlicher Hinsicht, MA 1992, 202, in bezug auf *Markenartikel* die Ansicht vertritt, das Kriterium der Umweltverträglichkeit werde zu einer unverzichtbaren Grundvoraussetzung und damit unbrauchbar zur Markendifferenzierung, dann ist dem allerdings entgegenzuhalten: Erstens ist der Weg hin zur Selbstverständlichkeit einer umweltverträglichen

bung noch in den Kinderschuhen steckt, beschreitet die umweltbezogene Güterwerbung zunehmend neue Wege, indem sie etwa mit produktbezogenen Umweltbilanzen wirbt oder verstärkt Umweltsymbole (zu zwei besonderen Umweltzeichen unten 3.) verwendet, mag es sich bei diesen um das "Umweltpärchen" Frosch und Schildkröte der Tengelmann Warenhandelsgesellschaft, Mühlheim, handeln[23], um einen Regenbogenkreis, den "Grünen Koffer" als Symbol für umweltfreundlichen Tourismus[24], das "Markenzeichen schadstoffgeprüfter Textilien"[25] oder diverse Pflanzensymbole[26].

Normativer Maßstab umweltbezogener Produktwerbung ist in erster Linie § 3 UWG[27]. Als besonders problematisch hinsichtlich der Auslegung dieser Norm erweist sich die "Vermischung empirischer und normativer Elemente innerhalb des Anwendungsprozesses"[28]. Um beide Ebenen hinreichend unterscheiden zu können, sind grundsätzliche und zugleich auf das allgemeine Wesen umweltrelevanter Produktwerbung bezogene Ausführungen unumgänglich:

1. Der Prozeß der Auslegung von § 3 UWG, dargestellt am Beispiel der umweltbezogenen Produktwerbung

Die Auslegung der kleinen Generalklausel erfolgt in sechs verschiedenen Schritten, die teils rechtstatsächlich, teils rechtsdogmatisch ausgebildet sind[29]: Zunächst geht es (a) um den Begriff der *Angabe* sowie (b) um die Bestimmung des *Adressatenkreises.* Alsdann ist (c) das tatsächliche *Angabenverständnis* zu

---

Produktions-, Vertriebs- und Entsorgungsweise noch ein sehr weiter, und zweitens erlaubt gerade die Vielgestaltigkeit relativer Umweltverträglichkeit auch weiterhin eine Unterscheidung zwischen *mehr oder weniger* umweltverträglichen Produkten.

[23] Hierzu *Grüßer*, Image durch erfolgreiches Ökosponsoring mit 50 Fallbeispielen, 1992, 90 ff.

[24] Vgl. Die Zeit Nr. 44 v. 23.10.1992, 81.

[25] Dazu der Bericht in der FAZ Nr. 127 v. 4.6.1993, 15.

[26] Zur Verwendung öffentlicher und privater Umweltzeichen ausführlich mit weiteren Beispielen etwa: *Graf Lambsdorff*, a.a.O. (Fn. 1), Rd. 8 ff.; *Burghold*, a.a.O., XXIII ff. (Anhang IV); *Landmann*, Umwelt- und Verpackungszeichen in Europa, 1997, passim.

[27] Soweit ersichtlich, erfolgte die Untersagung produktbezogener Umweltwerbung nur dreimal kumulativ nach § 1 *und* § 3 UWG (OLG Nürnberg GRUR 1989, 686 - baubiologisch; OLG Saarbrücken WRP 1992, 510 - Umweltwerbung; OLG Köln WRP 1993, 346 - Werbung mit Hinweis auf Umweltengagement).

[28] *Keßler*, Das ökologische Argument in der Konsumgüterwerbung - zur dogmatischen und rechtstatsächlichen Struktur des wettbewerbsrechtlichen Irreführungsverbots, Berlin 1988, 30. - Ferner: *Büttner*, Die Irreführungsquote im Wandel, GRUR 1996, 533, 534 ff.

[29] Vgl. auch *Hösl*, Interessenabwägung und rechtliche Erheblichkeit der Irreführung bei § 3 UWG, 1986, 121 ff.

ermitteln, bevor dieses (d) hinsichtlich seiner *Konformität* mit der Wirklichkeit überprüft werden kann. Nachfolgend ist (e) die wettbewerbsrechtliche *Relevanz* der festgestellten Divergenz von Angabenverständnis und Wirklichkeit für die Kaufentscheidung zu untersuchen, woran sich (f) regelmäßig eine *Interessenabwägung* anschließt.

a) Der Begriff der Angabe

Umweltbezogene Begriffe und Symbole sind solange als "Angabe" im Sinne von § 3 UWG zu qualifizieren, wie sie wenigstens einen nachprüfbaren Tatsachenkern enthalten[30]. Problematisch ist allenfalls die Frage, ob eine Aussage wie "Schützt unsere Umwelt! Wie wir von Kaiser's"[31] noch als Angabe über die "Beschaffenheit des gesamten Angebots" anzusehen ist, wobei das KG diese Frage letztlich zu Recht bejaht hat: Um nämlich den Anwendungsbereich von § 3 UWG nicht von vornherein zu sehr zu begrenzen, wird der Begriff der "Angabe" traditionell weit ausgelegt[32].

b) Die Bestimmung des maßgeblichen Adressatenkreises

Umweltbezogene Produktwerbung beschränkt sich selten auf ein Fachpublikum (Hersteller etc.), sondern richtet sich (auch) an den fachunkundigen Laien[33]. Zielt Werbung sowohl auf ein Fach- als auch auf ein Laienpublikum, genügt zur Bestimmung des maßgeblichen Adressatenkreises das Angabenverständnis eines dieser Verkehrskreise[34], also auch ein laienhaftes Angabenverständnis. Einer Unterscheidung zwischen Fach- und Laienpublikum dürfte zudem insoweit keine Bedeutung zukommen, als spezielle umweltbezogene Pro-

---

[30] Allgemein: BGH GRUR 1973, 594, 595 - Ski-Sicherheitsbindung; *Baumbach/Hefermehl*, a.a.O., § 3 UWG Rd. 12 f.; *Helm*, in: *Gloy* (Hrsg.), a.a.O., § 48 Rd. 29; *Nordemann*, Wettbewerbs- und Markenrecht, 1995, Rd. 58. - Diese Feststellung gilt für Begriffe wie "umweltfreundlich", "umweltverträglich", "umweltschonend", "weniger umweltbelastend", "nicht umweltbelastend", "umweltbewußt", "umweltgerecht", "umweltschützend", "bio", "öko", "Recycling" oder "Mehrweg" gleichermaßen. - In bezug auf umweltbezogene Symbole s.a. *Füger*, a.a.O., 119 f.; ferner *Lappe*, Lauterkeitsrechtliche Aspekte der Kennzeichnung von Produkten mit Hilfe des "Grünen Punktes", BB 1992, 1661, 1662.

[31] KG WRP 1991, 30 - Schützt unsere Umwelt I (Eilverfahren); KG MD 1993, 289 - Schützt unsere Umwelt II (Hauptverfahren).

[32] BGH GRUR 1963, 482, 483 - Hollywood Duschbad; *Baumbach/Hefermehl*, a.a.O., § 3 UWG Rd. 12; *von Gamm*, a.a.O. (Fn. 7), 36. Kap. Rd. 13.

[33] Vgl. auch OLG Köln WRP 1988, 392, 393 - Kaltreiniger I; OLG Köln GRUR 1988, 630, 631 - Kaltreiniger II.

[34] Vgl. nur *Köhler/Piper*, a.a.O., § 3 Rd. 73; Großkomm./*Lindacher* § 3 UWG Rd. 135.

duktkenntnisse auch seitens eines Fachpublikums nur begrenzt vorhanden sein dürften[35].

c) Die Ermittlung des tatsächlichen Angabenverständnisses

Von für das Auslegungsergebnis im Rahmen von § 3 UWG entscheidender Bedeutung ist die Frage, in welchem tatsächlichen Sinne der soeben definierte Adressatenkreis die Werbeangabe versteht. Die Ermittlung des konkreten Angabenverständisses erfolgt in zwei Schritten, einem allgemeinen [sogleich aa)] und einem besonderen [dazu später bb)]:

aa) Zur Konkretisierung des allgemeinen Angabenverständnisses

Die Frage nach dem tatsächlichen Verständnis von Produktangaben - nicht nur von solchen mit einem Umweltbezug - ist zum einen die Frage, welches Maß an Aufmerksamkeit, Sachkenntnis, Erfahrung, Beurteilungsvermögen etc. der angesprochene Adressatenkreis der Angabe entgegenbringt (1), zum anderen die Frage, wie groß der Teil dieses Verkehrskreises sein muß, dessen Tatsachenverständnis zur Definition des konkreten Angabenverständnisses bereits ausreicht (2).

(1) Das Verständnis eines durchschnittlichen und flüchtigen Betrachters

Innerhalb des angesprochenen Adressatenkreises ist hinsichtlich des wettbewerblich relevanten Bedeutungsgehaltes einer Werbeangabe diejenige Bedeutung maßgeblich, die der Durchschnittsbetrachter, -leser oder -hörer[36] (bzw. im Falle von Massen- und Markenartikeln des täglichen Bedarfs der "flüchtige" und "unkritische"[37] Durchschnittsverbraucher) aufgrund eines Ge-

---

[35] Das LG Köln (GRUR 1988, 59, 61 - Kaltreiniger) ist der Ansicht, daß von einer allgemeinen Kenntnis der Wirkungsweise des konkret beworbenen Produktes (in casu: eines Motor-Kaltreinigers), die in der Werbung nicht zum Ausdruck kommt, auch in Fachkreisen nicht ausgegangen werden könne. - Vgl. auch OLG Köln GRUR 1988, 630, 631 - Kaltreiniger II; OLG Stuttgart NJW-RR 1989, 556, 557 - umweltbewußt; a.A. *Füger*, a.a.O., 249.

[36] Großkomm./*Lindacher*, § 3 UWG Rd. 154; *Baumbach/Hefermehl*, a.a.O., § 3 UWG Rd. 32; *Nordemann*, a.a.O. (Fn. 30), Rd. 56; *Köhler/Piper*, a.a.O., § 3 Rd. 82; *Doepner*, in: *Amann/Jaspers* (Hrsg.), Rechtsfragen in Wettbewerb und Werbung, 1993, 3.0 Rd. 309.

[37] *Baumbach/Hefermehl*, a.a.O., § 3 UWG Rd. 33; *Helm*, in: *Gloy* (Hrsg.), a.a.O., § 48 Rd. 36., jeweils m.w.N. zur Rspr.

samteindrucks[38] der konkreten Angabe tatsächlich entnimmt. Weder das Verständnis des Werbetreibenden selbst[39] noch eine objektive Interpretation der Angabe im Lichte ihrer überkommenen semantischen[40] oder (natur)wissenschaftlichen[41] Bedeutung spielen insoweit eine Rolle.

Bezüglich der *Verwendung umweltbezogener Symbole* ist eine Besonderheit festzuhalten: Solange sich nämlich Werbung immer auch im Wege des geschriebenen oder gesprochenen Wortes (in Verbindung mit Bildern, Farben, Musik etc.) an den Werbeadressaten wendet, wird sich dieser in der Hauptsache darauf beschränken, die sprachlich formulierte Aussage - soweit überhaupt erforderlich - in sein gewohntes Vokabular zu übersetzen. Im Fall der Werbung mit Umweltzeichen verhält es sich insoweit anders, als der Adressat das verwandte Symbol in jedem Fall dechiffrieren, zunächst also ein entsprechendes sprachliches Synonym finden muß. Dabei wird sich der Verbraucher u.U. auch anderer, mittelbarer Auslegungshilfen bedienen (z.B. äußerer Umstände, begleitender Werbung), vor allem dann, wenn das Symbol ohne nähere Erläuterung auf den Markt kommt und bloße Assoziationen zu seinem Verständnis (noch) nicht genügen [dazu auch unten 3. b) bb) (1)][42].

(2) Die Bestimmung des beachtlichen Teils der angesprochenen Verkehrskreise (Mindestirreführungsquote)

Maßgebend hinsichtlich einer weiteren Konkretisierung des tatsächlichen Angabenverständnisses ist

> "(...) die Bedeutung, die ein nicht völlig unbeachtlicher Teil der Verkehrskreise, an die sich die Ankündigung richtet, dieser in ungezwungener Auffassung beilegt."[43]

Die Entscheidung, daß das Verständnis eines nicht völlig unbeachtlichen Teils der angesprochenen Verkehrskreise wettbewerbsrechtlich maßgeblich sein soll - dasjenige einer Minderheit also und nicht etwa einer Mehrheit -, ist *normativer* - wertender - Natur[44]. Dabei wird dieser Teil von der h.M. - wenn

---

[38] Vgl. nur Großkomm./*Lindacher*, § 3 UWG Rd. 139; *Köhler/Piper*, a.a.O., § 3 Rd. 63, 76.

[39] BGHZ 13, 244, 253 - Cupresa-Kunstseide; *Baumbach/Hefermehl*, a.a.O., § 3 UWG Rd. 23.

[40] BGH GRUR 1983, 554, 555 - Nachhilfeunterricht; *Keßler*, a.a.O. (Fn. 28), 194.

[41] RG GRUR 1940, 375, 377 - Naturessig.

[42] S.a. BGH GRUR 1981, 656 - Schlangenzeichen (mit zust. Anmerkung *Kicker*), wonach bei Beantwortung der Frage, welche Vorstellung der Verkehr mit einem bestimmten Warenzeichen verbinde, neben dem Zeichen auch die übrige Aufmachung der Verpackung, insbesondere deren Beschriftung, zu berücksichtigen sei.

[43] A.M., vgl. nur *Baumbach/Hefermehl*, a.a.O., § 3 UWG Rd. 27.

[44] Großkomm./*Lindacher*, § 3 UWG Rd. 104; *Schricker*, Möglichkeiten zur Verbesserung des Schutzes der Verbraucher und des funktionsfähigen Wettbewerbs, ZHR 139

auch nicht zwingend[45], so doch regelmäßig - bei 10-15 % angesiedelt[46]. Ob ein solcher - normativ zu begründender - Prozentsatz für die umweltbezogene Produktwerbung als ausreichend angesehen werden kann[47], ist zu einem späteren Zeitpunkt zu entscheiden (vgl. unten *Fünfter Teil* C I 1. und II 1.). Zumindest aus *tatsächlichen* Gründen ist aber an dieser Stelle solchen Stimmen zu widersprechen, die bezüglich der umweltbezogenen Produktwerbung einem strengeren Maßstab das Wort reden und - ähnlich der Gesundheitswerbung[48] - ein Quorum von 5-6 % fordern. Zur Begründung einer solchen Forderung wird dabei auf die vermeintliche Ähnlichkeit von umweltbezogener Produktwerbung und Gesundheitswerbung verwiesen[49], namentlich auf die von der umweltbezogenen Produktwerbung ausgehenden

---

(1975), 208, 225 f.; *Helm*, in: *Gloy* (Hrsg.), a.a.O., § 48 Rd. 42; *Köhler/Piper*, a.a.O., § 3 Rd. 99; *Hösl*, a.a.O., 125 f.; *Traub*, Probleme der Interessenabwägung bei Anwendung des § 3 UWG, in: *Bruchhausen/Hefermehl/Hommelhoff/Messer* (Hrsg.), FS für *Rudolf Nirk* zum 70. Geburtstag, 1992, 1017, 1023 f.; *Tilmann/Ohde*, Die Mindestirreführungsquote im Wettbewerbsrecht und im Gesundheitsrecht - 1. Teil, GRUR 1989, 229, 230; *Büttner*, a.a.O. (Fn. 28), 535.

[45] Maßgeblich sind letztlich die Umstände des Einzelfalls, so daß sich der rechtlich beachtliche Teil nicht generell zahlenmäßig festlegen läßt; *Köhler/Piper*, a.a.O., § 3 Rd. 98; *Schricker*, a.a.O. (Fn. 44), 225; *Doepner*, in: *Amann/Jaspers* (Hrsg.), a.a.O., 3.0 Rd. 312. - A.A. Großkomm./*Lindacher*, § 3 UWG Rd. 110 ("aus Gründen der Rechtssicherheit einzelfallunabhängig").

[46] BGH GRUR 1979, 716, 718 - Kontinent-Möbel (mit zust. Anmerkung *Micheli*) (10 %); BGH GRUR 1981, 71, 74 - Lübecker Marzipan (13,7 %); BGH GRUR 1992, 66, 68 - Königl.-Bayerische Weisse (15 %); OLG Bremen WRP 1972, 320, 322 - Eiskorn (15 %); *von Gamm*, a.a.O. (Fn. 6), 36. Kap. Rd. 24 (10 %); *Nordemann*, a.a.O. (Fn. 30), Rd. 56 Fn. 14 (10 %); *Köhler/Piper*, a.a.O., § 3 Rd. 99 (10 %); *Tilmann/Ohde*, a.a.O., 239 (10-15 %). - Zur Kritik an der Höhe dieses Quorums: *Baumbach/Hefermehl*, a.a.O., § 3 UWG Rd. 27; *Emmerich*, Das Recht des unlauteren Wettbewerbs, 1995, 229 f., 234 f.; *Schricker*, a.a.O. (Fn. 44), 225 f.; *Strauch*, a.a.O., 541 f.; *Graf Lambsdorff*, a.a.O. (Fn. 1), Rd. 144; grundsätzlich: Großkomm./*Lindacher*, § 3 UWG Rd. 100 f.

[47] So im Ergebnis *Füger*, a.a.O., 201 f., 249; *Federhoff-Rink*, a.a.O. (Fn. 1), 256 ff.; *Beckmann*, Umwelt Werbung, 1994, 26.

[48] OLG Köln WRP 1973, 656, 659 - medizinisch rein (8 %); OLG München WRP 1990, 59, 61 - Biolarium (8 %); *Baumbach/Hefermehl*, a.a.O., § 3 UWG Rd. 28 (5-6 %); *Teplitzky*, Der (besondere) Rechtsschutz gegen Gefährdungen durch gesundheitsbezogene Werbung und Warenkennzeichnung, GRUR 1980, 478, 480 f. ("deutlich unter 10 %"); Großkomm./*Lindacher*, § 3 UWG Rd. 111 (5-6 %); *Kehl*, Wettbewerbsrecht, 1990, § 11 Rd. 10 (5-6 %).

[49] *Köhler*, a.a.O., 350 (5-6 %); Großkomm./*Lindacher*, § 3 UWG Rd. 112, 706 (5-6 %); *Lappe*, a.a.O. (Fn. 30), 1663 (5-6 %); *Wiebe*, Zur "ökologischen Relevanz" des Wettbewerbsrechts - Lauterkeitsrechtliche Grenzen der Umweltwerbung, WRP 1993, 798, 801 (5-6 %); vgl. auch OLG München WRP 1990, 59, 61 - Biolarium (8 %); *Hefermehl*, Die Konkretisierung der wettbewerbsrechtlichen Generalklausel durch Rechtsprechung und Lehre, in: *Beier/Kraft/Schricker/Wadle* (Hrsg.), Gewerblicher Rechtsschutz und Urheberrecht in Deutschland, Bd. II., 1991, 897, 921 ("ein unter 10 % lie-

"(...) Gefahr einer stark geminderten Kritikfähigkeit der Umworbenen, weil die Botschaft nicht nur den Intellekt, sondern im weitem Maße auch emotionale Bereiche anspricht (...)."[50]

Wie oben (vgl. *Zweiter Teil,* F.) bereits ausgeführt, wird man dem Phänomen der umweltbezogenen Werbung mit Etiketten wie "gesundheitsbezogen" oder "gefühlsbetont" nur sehr unzureichend und allenfalls teilweise gerecht, so daß sich eine 5-6 %ige Irreführungsquote für die umweltbezogene Produktwerbung wenigstens in tatsächlicher Hinsicht nicht begründen läßt.

bb) Das besondere Verständnis umweltbezogener Produktangaben

In welchem speziellen Sinne umweltbezogene Produktangaben von einem durchschnittlichen, flüchtigen Betrachter aufgefaßt werden, ist Gegenstand der nachfolgenden Überlegungen. Dabei kann die Bestimmung des konkreten Angabenverständnisses prinzipiell nur einzelfallbezogen erfolgen und muß u.U. demoskopisch untermauert werden[51].

(1) Umweltbezogene Produktwerbung als mehrdeutiger Erklärungstatbestand

Umweltbezogene Begriffe und Zeichen sind ihrem Inhalt nach *mehrdeutig*[52]. Dabei läßt sich zwischen mehr oder weniger mehrdeutigen Begriffen

---

gender Teil"); *Cordes,* a.a.O., 93 ("weniger als 10 %"); *Kehl,* ebenda (ohne %-Angabe); *Keßler,* a.a.O. (Fn. 28), 64 ("eher unter 10 %)". - Kritisch insoweit aber neuerdings BGH NJW 1996, 3419, 3420 f. - PVC-frei; zustimmend *Reich,* Das Phantom "Verbraucherrecht" - Erosion oder Evolution des Privatrechts?, JZ 1997, 609.

[50] Großkomm./*Lindacher,* § 3 UWG Rd. 706.

[51] *Sack,* Irreführende Werbung mit wahren Angaben, in: *Graf von Westphalen/Sandrock* (Hrsg.), Lebendiges Recht - Von den Sumerern bis zur Gegenwart. FS für *Reinhold Trinkner* zum 65. Geburtstag, 1995, 293, 295, betont, das geltende Wettbewerbsrecht untersage auch Werbung mit *wahren* Angaben, wenn diese irrezuführen geeignet seien. Eine Irreführungsgefahr im Sinne von § 3 UWG liege vor, wenn ein nicht unerheblicher Teil der angesprochenen Verkehrskreise *wahre* Angaben mißverstehe und mit ihnen Fehlvorstellungen verbinde. - Es kommt indes nicht darauf an, ob die einzelne Angabe per se - objektiv - wahr oder unwahr ist, sondern - allein - darauf, in welchem speziellen subjektiven Sinne die Angabe konkret verstanden wird; Irreführung liegt dann vor, wenn subjektives Angabenverständnis und Wirklichkeit divergieren (dazu unten d).

[52] BGHZ 105, 277, 281 - Umweltengel; OLG Stuttgart NJW-RR 1989, 556, 557 - umweltbewußt; *Füger,* a.a.O., 123 f.; Großkomm./*Lindacher,* § 3 UWG Rd. 711; *Federhoff-Rink,* a.a.O. (Fn. 1), 94; *Köhler/Piper,* a.a.O., § 1 Rd. 72. - Unklar *Strauch,* a.a.O., 540 f., der sich auf der einen Seite gegen die Ansicht wendet, das Präfix "bio" sei ein mehrdeutiger und unbestimmbarer Begriff und von der "Mär vom mystischen und ungeklärten Begriff 'Bio'" schreibt. Auf der anderen Seite behauptet *Strauch* aber,

nicht weiter unterscheiden[53], ist der Grund der Mehrdeutigkeit - die Bezugnahme auf den mehrdeutigen Begriff "Umwelt"[54] (oder "öko", "bio" usw.) - doch stets derselbe[55]. Auch eine sinnvolle Unterscheidung zwischen Produktgruppen, die als solche gar nicht umweltverträglich sein können[56], und anderen Produktgruppen ist nicht möglich[57]. Ob die Bezeichnung "bio", "öko" etc. zur Art des in concreto beworbenen Produkts paßt oder nicht, hängt stets allein vom aktuellen Verständnis eines erheblichen Teils der Verbraucher ab, davon also, in welchem subjektiv eindeutigen Sinne eine objektiv mehrdeutige umweltbezogene Produktwerbung interpretiert wird[58].

Die objektive Mehrdeutigkeit umweltbezogener Angaben verlangt es, jede Werbeäußerung danach zu befragen, in welchem - subjektiv - eindeutigen Sinne der jeweils maßgebliche Teil des Publikums die Angabe konkret versteht, welche unterschiedlichen Vorstellungen die einzelnen nicht unbeachtlichen Verkehrsteile mit dieser verbinden[59].

---

es gebe keine Verfestigung auf eine einzige Bedeutung. Bio bedeute nicht nur Leben, sondern stehe auch für Natürlichkeit und synonyme Bedeutungen.

[53] Ebenso: BGHZ, ebenda; *Emmerich*, a.a.O. (Fn. 46), 241; *Cordes*, a.a.O., 110; vgl. auch LG Berlin VuR 1989, 292, 293 - 00 Null-Null WC-Reiniger. - A.A.: *Graf Lambsdorff*, a.a.O. (Fn. 1), Rd. 50, 64 ff.; vgl. auch OLG München GRUR 1990, 290, 291 - Bioclean.

[54] Zum verbrauchertypischen Umweltverständnis oben *Zweiter Teil* C III 1. - Vgl. auch OLG Stuttgart, NJW-RR 1989, 556, 557 - umweltbewußt; *Spätgens*, Umwelt und Wettbewerb, in: *Baur/Jacobs/Lieb/Müller-Graff* (Hrsg.), FS für *Ralf Vieregge* zum 70. Geburtstag am 6. November 1995, 1995, 813, 819 f.

[55] Etwas anderes gilt für solche - eindeutigen - Begriffe, die ihrerseits bereits als Konkretisierung und Erläuterung umweltbezogener Begriffe dienen, wie z.B. "*grundwasser*neutral", "*lärm*arm" oder "*luft*entlastend".

[56] Das OLG Düsseldorf GRUR 1988, 55, 58 - bio-FIX, beispielsweise hat "ergänzend" darauf hingewiesen, daß es Erzeugnisse gebe bzw. geben könne, auf die der Begriff Natur- oder Umweltschutz schlechthin nicht passe. Es könne deshalb auch sein, daß bei Wasch- und Reinigungsmitteln sich überhaupt jeder Hinweis auf eine Natur- oder Umweltverträglichkeit verbiete, weil jedes Waschmittel für die Umwelt belastend sei. - Gleichsinnig: Großkomm./*Lindacher*, § 3 UWG Rd. 709; *Wiebe*, a.a.O. (Fn. 49), 802; *Köhler*, a.a.O., 354; *Brandner*, a.a.O., 31 f.; *Cordes*, a.a.O., 107.

[57] In diesem Sinne auch *Federhoff-Rink*, a.a.O. (Fn. 1), 148.

[58] Vgl. auch: BGHZ 105, 277, 281 - Umweltengel; OLG Köln GRUR 1993, 568, 569 - Wasserbehandlungsgerät; *Baumbach/Hefermehl*, a.a.O., § 1 UWG Rd. 180 b; *Köhler/Piper*, a.a.O., § 1 Rd. 72.

[59] Die Auslegung von Werbeangaben ist diffizil, wie der Beschl. des OLG Köln (GRUR 1993, 690 - ... recyclingfähig) beweist. Zur Beurteilung stand die Angabe "... ist recyclingfähig und damit umweltfreundlich". Diese Angabe, so das OLG Köln, werde von einem nicht unerheblichen Teil der angesprochenen Verkehrskreise so aufgefaßt, daß die mit dieser Ankündigung beworbenen Produkte auch tatsächlich recycelt werden. Die Aussage sei im Zusammenhang mit dem Begriff "umweltfreundlich" geeignet, dem flüchtigen Betrachter zu suggerieren, daß die benutzten Produkte auch der Wiederverwertung zugeführt würden. - Daß ein nicht unerheblicher Teil der angespochenen Verkehrskreise den Begriff "recyclingfähig" in Verbindung mit dem Begriff

(2) Umweltbezogene Produktwerbung als relativer Erklärungstatbestand

Umweltbezogene Begriffe und Zeichen sind *relative* Angaben. Die Frage, ob ein nicht unbeachtlicher Teil der angesprochenen Verkehrskreise umweltbezogene Begriffe und Zeichen im Sinne einer *absoluten*[60] oder einer *relativen Umweltfreundlichkeit*[61] versteht, ist grundsätzlich im letzteren Sinne zu beantworten:

Nach überwiegender - zutreffender - Meinung gibt es "(...) nur noch wenige Menschen, die bei von Menschenhand geschaffenen Produkten eine absolute Umweltverträglichkeit annehmen."[62] Es dürfte mittlerweile Allgemeinwissen sein, daß es absolute Umweltfreundlichkeit nicht gibt[63], zumal ein gestiegenes Umweltbewußtsein auf ein gestiegenes "Umwelt-Wissen" schließen läßt. *Die*

"umweltfreundlich" in einem *dem eigentlichen Wortsinne* völlig widersprechenden Sinne versteht, ist aber keineswegs ausgemacht und hätte im konkreten Fall der näheren Erläuterung, eventuell mittels eines Meinungsumfragegutachtens, bedurft. Es ist bis zum Beweis des Gegenteils doch sehr zweifelhaft, ob das Wort "umweltfreundlich" allein schon genügt, um - quasi wie ein "Zauberwort" - der Aussage "... ist recyclingfähig" aus Sicht eines nicht unerheblichen Teils der angesprochenen Verkehrskreise eine ganz andere und wesentlich weitergehende Bedeutung (nämlich: "... wird recycelt") zu geben.

60 OLG München GRUR 1990, 290, 291 - Bioclean; LG Köln GRUR 1988, 53, 54 - Umweltzeichen; LG Köln GRUR 1988, 55 - Holzschutzmittel; OLG Düsseldorf GRUR 1988, 55, 58 - bio-FIX; OLG Hamburg NJW-RR 1991, 113 - Recycling-Leder; LG Köln GRUR 1988, 59, 60 - Kaltreiniger; s.a. *Baumbach/Hefermehl*, a.a.O., § 1 UWG Rd. 180 a; *Köhler*, a.a.O., 352 f.; *Cordes*, a.a.O., 103; *Federhoff-Rink*, a.a.O. (Fn. 1), 221.

61 OLG Düsseldorf GRUR 1988, 55, 58 - bio-FIX (für den Begriff "umweltfreundlich"); OLG Karlsruhe WRP 1993, 122, 123 - ein bißchen umweltfreundlicher; OLG Frankfurt am Main NJW-RR 1994, 676, 677 - Werbung mit Umweltfreundlichkeit. - Aus der Literatur: *Brandner*, a.a.O., 31 ff.; *Federhoff-Rink*, a.a.O. (Fn. 1), 115 f., 122; *Köhler/Piper*, a.a.O., § 1 Rd. 72; *Lindacher*, Kurzkommentar zu OLG Frankfurt am Main, Urt. v. 30.9.1993 - 6 U 14/93, EWiR § 3 UWG 1/94, 189, 190. - Einschränkend Großkomm./*Lindacher*, § 3 UWG Rd. 714, für Begriffe wie "bio" oder "öko", mit denen ein Teil des Publikums einen engeren Sinngehalt (als den einer nur relativ umweltverträglichen Produktbeschaffenheit) verbände, nämlich die Vorstellung, das beworbene Produkt sei "frei von Chemie".

62 *Michalski/Riemenschneider*, a.a.O., 1159; *Federhoff-Rink*, a.a.O. (Fn. 1), 115 f. - Aus der Rspr.: OLG Stuttgart WRP 1993, 628, 630 - Umweltbezogene Werbung für Erdgas; OLG Düsseldorf GRUR 1988, 55, 58 - bio-FIX; OLG Karlsruhe WRP 1993, 122, 123 - ein bißchen umweltfreundlicher; OLG Köln GRUR 1988, 51, 52 - Umweltengel; OLG Köln GRUR 1988, 630, 631 - Universal-Kaltreiniger.

63 BGHZ 105, 277, 282 - Umweltengel; BGH DB 1994, 1977 - Unipor-Ziegel; *Kucsko*, a.a.O., 93; *Graf Lambsdorff/Jäger*, a.a.O., 2303; *Keßler*, Die umweltbezogene Aussage in der Produktwerbung - dogmatische und wettbewerbstheoretische Aspekte des Irreführungsverbotes, WRP 1988, 714, 721; *Rohnke*, a.a.O., 671; *Graf Lambsdorff*, a.a.O. (Fn. 1), Rd. 61.

Relativität umweltbezogener Produktwerbung folgt aus der Relativität des Umweltschutzes. Angesichts der Relativität aller Umweltschutzbemühungen können Begriffe wie umweltbewußt, -gerecht, -schonend, -verträglich, oder -entlastend nicht im Sinne von *umweltunschädlich* verstanden werden. Nur ausnahmsweise kann sich ein gegenteiliges Verständnis im Sinne absoluter Umweltfreundlichkeit ergeben, wofür indes deutlichere Formulierungen als solche wie umweltfreundlich oder umweltschonend gewählt werden müssen[64], also etwa der (konkrete) Hinweis "aus 100 % Altpapier" oder die (abstrakte) Aussage "absoluter Umweltschutz"[65].

Eine andere Frage ist, ob im Falle relativ verstandener Umweltverträglichkeit die maßgeblichen Verkehrskreise diese Relativität in einem eher strengen Sinne verstehen oder nicht. Im ersteren Fall müßte das werbende Unternehmen eine "signifikante Verbesserung seines Produkts nachweisen"[66], im letzteren hingegen genügte jede noch so geringe Verbesserung[67]. Ob der einen oder anderen Auffassung zu folgen ist, ist zunächst eine tatsächliche Frage, die

---

[64] So *Michalski/Riemenschneider*, a.a.O., 1159. - Gleichsinnig: BGH GRUR 1991, 550 f. - Zaunlasur; OLG Hamburg MD 1991, 113 - Werbung für Korrekturflüssigkeit; Großkomm./*Lindacher*, § 3 UWG Rd. 710; *Baumbach/Hefermehl*, § 1 Rd. 180 a. - Auch in bezug auf das Merkmal der Relativität bereitet die Auslegung umweltbezogener Produktangaben Schwierigkeiten, was die Entscheidung des KG WRP 1991, 30 - Schützt unsere Umwelt I (Eilverfahren) verdeutlicht: Danach vermittelt die Aussage "Schützt unsere Umwelt! Wie wir von Kaiser's" aus Sicht eines nicht unbeachtlichen Teils der angesprochenen Verkehrskreise den Eindruck, bei dem beklagten Einzelhandelsunternehmen werde der Lebensmitteleinzelhandel in einer Weise betrieben, die uneingeschränkt jedweden Anforderungen des Umweltschutzes gerecht werde (KG a.a.O., 31). - Gegen diese Interpretation entschieden Großkomm./*Lindacher*, § 3 UWG Rd. 979: Daß der Betrieb eines Lebensmitteleinzelhandels in Filialketten unbeschadet verschiedener Umweltaktivitäten mit typischen Belastungen verbunden sei, die solcher Art Einzelhandel nun einmal mit sich bringe - so die Beschreibung der tatsächlichen Verhältnisse durch das KG -, wüßten wohl nicht nur Richter, sondern auch "einfache" Verbraucher, weshalb *Lindacher* bereits das Vorliegen einer "aufgreifrelevanten Minderheit" bezweifelt. - Gewißheit hätte letztlich nur eine Meinungsumfrage erbracht.

[65] Siehe etwa das Beispiel OLG Saarbrücken WRP 1992, 510, 512 - Umweltwerbung. - Kritisch zu dieser Entscheidung aber jüngst der BGH (WRP 1997, 724 - Umweltfreundliches Reinigungsmittel).

[66] *Michalski/Riemenschneider*, a.a.O., 1159. - In diesem Sinne: *Kucsko*, a.a.O., 93; *Rohnke*, a.a.O., 671; Großkomm./*Lindacher*, § 3 UWG Rd. 710; *Spätgens*, a.a.O. (Fn. 54), 821 f.; BGH NJW-RR 1994, 1126, 1127 - Unipor-Ziegel; OLG Düsseldorf GRUR 1988, 55, 59 - bio-FIX; OLG Karlsruhe WRP 1993, 122, 123 - ein bißchen umweltfreundlicher. - Unklar OLG Stuttgart NJW-RR 1989, 556, 557 - umweltbewußt, das "umweltbewußt" im Sinne von "Höchstmaß an Umweltschonung" übersetzt (genauer: in dem Sinne, daß ein verbleibender Rest an Umweltschädlichkeit praktisch vernachlässigt werden könne).

[67] So etwa das LG Berlin VuR 1989, 292, 294 - 00 Null-Null WC-Reiniger; vgl. auch OLG Frankfurt am Main NJW-RR 1994, 676, 677 - Werbung mit Umweltfreundlichkeit.

rechtssicher nur im Einzelfall (auf der Grundlage einer Verkehrsbefragung) beantwortet werden kann. Ob darüber hinaus auch normative Aspekte eine Rolle spielen können[68], soll fürs erste zurückgestellt und zu einem späteren Zeitpunkt erörtert werden[69].

(3) Umweltbezogene Produktwerbung als Werbung mit Selbstverständlichkeiten

Unabhängig von der prinzipiellen Mehrdeutigkeit und Relativität umweltbezogener Produktangaben mag es sich bei diesen Angaben zudem vereinzelt um eine Werbung mit *Selbstverständlichkeiten*[70] handeln[71]. Entscheidend ist die Feststellung, daß ein nicht unbeachtlicher Teil der angesprochenen Verkehrskreise eine Werbeäußerung als Hinweis auf einen besonderen Vorzug auffaßt. Erkennt der Verkehr, daß es sich um die Betonung einer puren Selbstverständlichkeit handelt, ist eine Irreführung von vornherein ausgeschlossen[72].

(4) Umweltbezogene Produktwerbung als Werbung mit unvollständigen Angaben

Bei umweltbezogenen Produktangaben kann es auch um Werbung mit *unvollständigen Angaben*[73] gehen[74]. Die Frage ist die, ob ein erheblicher Teil des

---

[68] Hierzu: Großkomm./*Lindacher*, § 3 UWG Rd. 709 f., 716; *Kloepfer*, Unlauterkeitsrecht und Umweltschutz, in: *Storm/Schenkel* (Hrsg.), Umwelt: Politik, Technik, Recht. *Heinrich von Lersner* zum 60. Geburtstag, 1990, 181, 191, 193 f.; *Lindacher*, Kurzkommentar zu OLG Frankfurt am Main, Urt. v. 30.9.1993 - 6 U 14/93, EWiR § 3 UWG 1/94, 189, 190; vgl. auch OLG Frankfurt am Main NJW-RR 1994, 676, 677 - Werbung mit Umweltfreundlichkeit.

[69] Vgl. unten *Fünfter Teil,* C. I. 2.

[70] Dazu etwa: BGH GRUR 1990, 1029 - incl. MwSt III (mit abl. Anmerkung *Doepner*); *Baumbach/Hefermehl*, a.a.O., § 3 UWG Rd. 53 ff.; *von Gamm*, a.a.O. (Fn. 7), 36. Kap. Rd. 27; *Nordemann*, a.a.O. (Fn. 30), Rd. 54; *Michalski*, Das Verbot der Werbung mit Selbstverständlichkeiten, BB 1992, 440 ff.

[71] Großkomm./*Lindacher*, § 3 UWG Rd. 708; *Füger*, a.a.O., 140 f.; *Cordes*, a.a.O., 146 ff.; *Lappe*, a.a.O. (Fn. 1), 76 ff.

[72] *Michalski*, a.a.O., 444.

[73] Hierzu allgemein: BGH GRUR 1990, 1024, 1025 - Lohnsteuerhilfeverein IV; *von Gamm*, a.a.O. (Fn. 7), 36. Kap. Rd. 14; *Baumbach/Hefermehl*, a.a.O., § 3 UWG Rd. 48 ff.; *Nordemann*, a.a.O. (Fn. 30), Rd. 60 f.; *Köhler/Piper*, a.a.O., § 3 Rd. 56, 114; Großkomm./*Lindacher*, § 3 UWG Rd. 182 ff.; *Hoffrichter-Daunicht*, Die "halbe Wahrheit" - Irreführung durch lückenhafte Werbung, Diss. jur. Frankfurt am Main 1984, 27 ff.; *Loewenheim*, Aufklärungspflichten in der Werbung, GRUR 1980, 14 ff.; *Keyßner*, Täuschung durch Unterlassen - Informationspflichten in der Werbung, 1986, 13 ff., 23 ff., 167 ff.

[74] Vgl. auch *Emmerich*, a.a.O. (Fn. 46), 241.

Verkehrs eine konkrete umweltbezogene Produktangabe ausnahmsweise[75] als eine vollständige Angabe versteht.

Dabei bedeutet Vollständigkeit mitnichten die Behauptung absoluter Umweltverträglichkeit; Relativität und Unvollständigkeit umweltbezogener Angaben unterscheiden sich. Gerade weil die Relativität umweltbezogener Produktwerbung allgemein bekannt ist, kann sich die ausnahmsweise Betonung der Vollständigkeit umweltbezogener Produktangaben nur auf die Relativität dieser Angaben erstrecken. *Vollständigkeit umweltbezogener Produktwerbung meint die Erfassung aller Aspekte dieser Relativität*[76]. Dementsprechend hat das OLG München die Bezeichnung "aus wertvollen und bewährten Rohstoffen" für einen Dünger, der auch ein chromhaltiges Abfallprodukt der Lederindustrie enthält, untersagt, weil die Werbeaussage bei unbefangener Betrachtungsweise jedenfalls von einem nicht unerheblichen Teil der angesprochenen Verkehrskreise dahin zu verstehen sei,

> "(...) daß der beworbene Dünger ausschließlich aus 'wertvollen und bewährten Rohstoffen' hergestellt ist."[77]

Es wurde nicht der Eindruck erweckt, der Dünger bestehe aus "absolut bzw. 100 % wertvollen und bewährten Rohstoffen", sondern, dieser bestehe *ausschließlich* aus - wie auch immer im einzelnen beschaffenen - wertvollen und bewährten Rohstoffen, enthalte also - negativ formuliert - *keine Stoffe*, die das genaue Gegenteil eines "wertvollen und bewährten Rohstoffs" verkörpern (wie z.B. ein chromhaltiges Abfallprodukt der Lederindustrie).

Wann ein nicht unerheblicher Teil des Verkehrs eine umweltbezogene Produktangabe als eine vollständige Angabe versteht, ist grundsätzlich von Fall zu Fall zu entscheiden. Dabei können sich aus der ausdrücklichen oder konkludenten *In-Beziehung-Setzung* der eigenen Leistung zur Mitbewerberleistung[78] durchaus "gesteigerte Informationserwartungen des angesprochenen

[75] Eine allgemeine Pflicht zur Vollständigkeit von Produktangaben besteht nicht und wird vom Verkehr auch nicht erwartet, a.M.; vgl. statt aller *Emmerich*, a.a.O. (Fn. 46), 237 f.; Großkomm./*Lindacher*, § 3 UWG Rd. 185.

[76] Ebenso Großkomm./*Lindacher*, § 3 UWG Rd. 712; ferner *Köhler/Piper*, a.a.O., § 1 Rd. 72.

[77] OLG München NJW-RR 1991, 114 - Düngemittel. - Kritisch *Graf Lambsdorff*, a.a.O. (Fn. 1), Rd. 84.

[78] Beispiele sind etwa die Aussagen: "Abgefüllt mit umweltfreundlichem Treibgas ohne FCKW frei von chlorierten Lösungsmitteln" trotz einer Reihe anderer "beachtlich umweltschädlicher" Stoffe (OLG Stuttgart NJW-RR 1989, 556, 557 - umweltbewußt); Bezeichnung eines aus porösem Blähton und Harnstoff bestehenden Streumittels als "ökologisch sauber, da salzfrei", obwohl auch der Einsatz von Harnstoff die Qualität des Grundwassers gefährdet (LG Frankfurt am Main WRP 1985, 245 - Ökotau); "PVC-frei" als Bezeichnung für ein Verpackungsmaterial (hier: Polypropylen und Polystyrol), das bei einer ökobiologischen Gesamtbetrachtung nicht wesentlicher umweltfreundlicher als PVC ist (OLG Frankfurt am Main GRUR 1994, 524, 525 - PVC-frei).

Verkehrs"[79] ergeben: "In der vom Werbenden selbst bestimmten Vergleichsbreite muß der vermittelte Gesamteindruck richtig sein."[80]

Grenzen einer überspannten Interpretation von Angaben im Sinne von vollständigen Produktangaben hat derweil der BGH aufgezeigt: Die Ankündigung "Bausteine für eine gesunde (Um-)Welt" ist danach zwar aus Sicht eines nicht unerheblichen Teils der Verbraucher dahin zu verstehen,

> "(...) daß die Ziegel (...) umweltschonend seien und ihre Verwendung zumindest im Vergleich zu anderen Materialien von erheblichem Vorteil für die Umwelt sei."[81]

Daß die in Frage stehenden Verkehrskreise nicht nur die Herstellung der Ziegel als solche, sondern auch die notwendige Rohstoffgewinnung in ihre Vorstellung einbezögen, insoweit also, da zur Rohstoffgewinnung der Natur zunächst "Wunden geschlagen" werden müßten, die Verkehrserwartung einer gesunden (Um-)Welt enttäuscht werde, begegnet nach Ansicht des BGH aber durchgreifenden Bedenken:

> "Mineralische Rohstoffe, um die es im Streitfall geht, können ohne Natureingriffe nicht gewonnen werden. Ist aber hiervon als ***allgemein bekannt und selbstverständlich*** auszugehen, muß die Annahme (...), ein nicht unerheblicher Teil der Leser der in Rede stehenden Anzeige werde voraussetzen, den Ziegel der Bekl. seien überhaupt keine negativen Auswirkungen auf Natur und Umwelt beizumessen, und zwar weder bei der Verwendung der Ziegel noch bei deren Gewinnung bzw. Herstellung, jedenfalls insoweit als erfahrungswidrig angesehen werden, als sie auch - wie das BerGer. ausgeführt hat - die Rohstoffgewinnung als solche einbezieht."[82]

d) Irreführung als Divergenz zwischen Angabenverständnis und Tatsache

Nachfolgend geht es um die Feststellung der Irreführung (aa) sowie um die Frage, inwieweit eine Irreführung durch den Werbenden ausgeschlossen werden kann (bb):

---

[79] Großkomm./*Lindacher*, § 3 UWG Rd. 186. - S.a.: OLG Karlsruhe WRP 1987, 46, 47 - Systemvergleich; OLG München NJW-RR 1994, 551, 552 - Ökologischer Systemvergleich (Verbot nach § 1 UWG).

[80] Großkomm./*Lindacher*, ebenda. - Zum Ganzen auch *Cordes*, a.a.O., 71 ff.

[81] BGH NJW-RR 1994, 1126, 1127 - Unipor-Ziegel.

[82] BGH ebenda. (Hervorhebungen vom Verfasser hinzugefügt) - Was jeweils als "selbstverständlich" oder "allgemein bekannt" vorausgesetzt werden kann, ist im Zweifelsfall durch ein entsprechendes Umfragegutachten zu klären; gleichsinnig *Ingerl*, a.a.O., 879.

aa) Feststellung der Divergenz zwischen Angabenverständnis und Tatsache

Die Feststellung der Irreführung betrifft das Verhältnis von Angabenverständnis und Tatsache, so daß zu differenzieren ist:

(1) Divergenz zwischen mehrdeutigem Angabenverständnis und eindeutiger Tatsache

Ob Angabenverständnis und Wirklichkeit divergieren, hängt davon ab, wie beide Determinanten inhaltlich bestimmt sind. Im Fall einer umweltbezogenen, also objektiv mehrdeutigen Angabe ist jedes Begriffs- und Sprachverständnis eines nicht unerheblichen Teils des Verkehrs zu berücksichtigen. Jede beachtliche und als solche eindeutige Verständnisvariante wiederum muß vollständig mit der - ihrerseits eindeutigen - Wirklichkeit übereinstimmen. Allgemein läßt sich daher sagen:

> "Ist (...) eine Ankündigung mehrdeutig, so ist sie schon dann nach § 3 UWG unzulässig, wenn sie von einem irgendwie beachtlichen Teil des Verkehrs in einem Sinne verstanden wird, der den tatsächlichen Verhältnissen nicht entspricht."[83]

Allerdings folgt hieraus nicht, daß sich die Realität in dem subjektiv-eindeutigen Angabenverständnis erschöpfen muß. Um eine Divergenz zwischen subjektiv-eindeutigem Angabenverständnis und objektiv-eindeutiger Tatsache zu vermeiden, genügt es, daß ersteres *Teilmenge* einer umfassenderen Wirklichkeit ist. Eine pauschale - und damit stets auch mehrdeutige - Umweltverträglichkeitsberühmung ist

> "(...) nur dann nicht zu beanstanden, wenn beim beworbenen Produkt Verwendung, Herstellung und Entsorgung unter Umweltaspekten eine positive Beurteilung rechtfertigen."[84]

Mag dieses Beispiel - genau genommen müßte noch der Vertrieb genannt werden - auch als sehr unrealistisch anzusehen sein, so ist es doch denkbar, daß zwei verschiedene, subjektiv-eindeutige Verständnisvarianten von ein und derselben Tatsache aufgenommen werden: Die Angabe "biologisch abbaubar" (oder "wiederverwertbar") wird von einem beachtlichen Teil der angesprochenen Verkehrskreise im Sinne von "100 % biologisch abbaubar" verstanden,

---

[83] BGH GRUR 1970, 609, 610 - regulärer Preis; a.M.: *Baumbach/Hefermehl*, a.a.O., § 3 UWG Rd. 27, 44 ff. m.w.N. zur Rspr.; Großkomm./*Lindacher*, § 3 Rd. 163; *Nordemann*, a.a.O. (Fn. 30), Rd. 62; *Helm*, in: *Gloy* (Hrsg.), a.a.O., § 48 Rd. 40; *Köhler/Piper*, a.a.O., § 3 Rd. 101; *von Gamm*, a.a.O. (Fn. 7), 36. Kap. Rd. 34; *Emmerich*, a.a.O. (Fn. 46), 236 f.; *Doepner*, in: *Amann/Jaspers* (Hrsg.), a.a.O., 3.0 Rd. 276. - Zur umweltbezogenen Produktwerbung: OLG Düsseldorf WRP 1992, 209 - BIO-Pack; LG Hamburg MD 1992, 434, 437 - umweltfreundlich/Umweltengel.

[84] Großkomm./*Lindacher*, § 3 UWG Rd. 711.

von einem anderen Teil im Sinne von "überwiegend biologisch abbaubar" usw.; das Wort "abbaubar" drückt einen Prozeß aus, der von 0-100 % reicht[85]. Um die Möglichkeit einer Divergenz auszuschließen, gibt es nun zwei Alternativen: *Zum einen* läßt sich an eine Konkretisierung der Angabe, genauer: an eine Reduzierung einer vormals objektiv-mehrdeutigen auf eine nunmehr objektiv-eindeutigen Angabe denken (z.B. "Waschaktive Reinigungsstoffe zu 95 % biologisch abbaubar")[86], die mit der Wirklichkeit vollständig identisch sein muß. *Zum anderen* ist es aber auch möglich, die objektive Mehrdeutigkeit der Angabe zu belassen und trotzdem allen Verständnisvarianten ("zu 100 %, zu 80 %, überwiegend usw. biologisch abbaubar") gerecht zu werden. Soweit nämlich das Produkt tatsächlich annähernd 100 % biologisch abbaubar ist, macht es, was den Grad der Divergenz zwischen Angabenverständnis und Tatsache angeht, keinen Unterschied, ob man die Angabe "biologisch abbaubar" im Sinne von "50, 80 oder 99 % biologisch abbaubar" versteht. Ein Verbraucher, der "biologisch abbaubar" im Sinne von "50 % biologisch abbaubar" begreift, ist bei einer 100 %igen Abbaubarkeit nicht getäuscht, denn 100 %ige Abbaubarkeit beeinhaltet 50 %ige Abbaubarkeit; sein subjektiv-eindeutiges Angabenverständnis geht in der tatsächlich 100 % biologischen Abbaubarkeit auf.

Eine umweltbezogene, objektiv mehrdeutige Angabe ist also dann irreführend, wenn die eindeutige Wirklichkeit sich in einer der verschiedenen beachtlichen subjektiv-eindeutigen Verständnisvarianten abschließend erschöpft. Oder umgekehrt: Jedes beachtliche Angabenverständnis muß zu 100 % identisch sein mit der Wirklichkeit, wobei Teilidentität genügt.

(2) Divergenz zwischen absolutem Angabenverständnis und relativer Tatsache

Im Fall eines - ausnahmsweise - absoluten Angabenverständnisses ist eine Irreführung bereits dann zu bejahen, wenn die tatsächlichen Verhältnisse hinter dem angegebenen Maßstab zurückbleiben[87]. Das gilt *prinzipiell* für alle abstrakt-absoluten Angaben, denn absolute Verhältnisse im Sinne einer abstrakten absoluten Umweltfreundlichkeit existieren nicht. Was dagegen konkret-

[85] Entsprechend hat das OLG Düsseldorf (GRUR 1988, 55, 58 - bio-FIX) "biologisch abbaubar" als eine - in den Augen eines nicht unbeachtlichen Teils der angesprochenen Personen - absolute Aussage (nämlich im Sinne von "100 % biologisch abbaubar") bezeichnet und nach § 3 UWG untersagt, weil die tatsächliche Abbaubarkeit nur bei 94 % lag. - Das gleiche gilt für Angaben wie "kompostierbar" oder "wiederverwertbar"; a.A. *Graf Lambsdorff*, a.a.O. (Fn. 1), Rd. 59.

[86] Vgl. auch *Füger*, a.a.O., 256 Fn. 36.

[87] Zur Bestimmung der tatsächlichen Verhältnisse etwa BGH GRUR 1991, 550, 551 - Zaunlasur.

absolute Angaben[88] betrifft, so sind solche - praktisch sehr häufig vorkommenden - Produktangaben nur dann irreführend, wenn beispielsweise ein Produkt *nicht* annähernd aus 100 % Altpapier besteht (bzw. 100 % biologisch abbaubar ist)[89].

(3) Divergenz zwischen spezifischem Angabenverständnis und selbstverständlicher Tatsache

Hinsichtlich der Feststellung, wann eine Tatsache als "selbstverständlich" zu bezeichnen ist, lassen sich mit Michalski[90] grundsätzlich zwei Alternativen unterscheiden:

Als selbstverständlich wird allgemein die Einhaltung gesetzlicher Anforderungen angesehen, so daß die Bezeichnung eines Waschmittels als "umweltfreundlich, weil biologisch abbaubar" irreführend ist, wenn der Verkehr diese Angabe als die Betonung eines besonderen Vorzugs begreift, § 3 Abs. 1 WRMG[91] diese Eigenschaft aber ohnehin für jedes Wasch- und Reinigungsmittel vorschreibt[92]. *Daß* die Einhaltung gesetzlicher Anforderungen von einem nicht unbeachtlichen Teil der Verkehrskreise als selbstverständlich angesehen wird, ist allerdings eine bloße Behauptung, die im Einzelfall (demoskopisch) abgesichert werden muß.

Daneben ist eine "selbstverständliche Tatsache" - genauer: eine selbstverständliche Produkteigenschaft, denn auf diese bezieht sich ja eine Angabe im Sinne von § 3 UWG - auch jede *wesensimmanente* Produkteigenschaft[93], wobei die Frage der Grenzziehung gleichfalls empirisch zu beantworten ist[94].

---

88 Also: "100 % biologisch abbaubar", "aus 100 % Altpapier" etc.

89 Daß es eine *exakt* 100 %ig biologische Abbaubarkeit im naturwissenschaftlichen Sinne nicht gibt und folglich auch nicht erreicht werden kann, ändert insofern nichts an der wettbewerbsrechtlichen Beurteilung, als der Verbraucher eine solche exakt 100 %ig biologische Abbaubarkeit schwerlich erwarten wird.

90 *Michalski*, a.a.O., 441 ff.

91 WRMG v. 5.3.1987, BGBl. I, 875 ff.

92 Großkomm./*Lindacher*, § 3 UWG Rd. 708.

93 *Michalski*, a.a.O., 444.

94 S.a. *Michalski*, ebenda, der auf die "Erwartung der relevanten Verbraucherkreise" abstellen will. - Ferner OLG Stuttgart NJW-RR 1988, 1385, 1386 - Erdgaswerbung.

(4) Divergenz zwischen vollständigem Angabenverständnis und unvollständiger Tatsache

Schließlich liegt eine Irreführung vor, wenn das tatsächliche Maß an relativen Produkteigenschaften hinter dem in der Werbung ausnahmsweise im Sinne von "vollständig" angegebenen Maß zurückbleibt.

bb) Vermeidung von Divergenz durch Einhaltung sog. "Aufklärungspflichten"

In der Diskussion um die umweltbezogene Produktwerbung ist immer wieder von sog. *"Aufklärungspflichten"* des Werbenden die Rede. Damit ist, dogmatisch besehen, die Frage der Vermeidung einer Irreführung angesprochen[95]. Bestand und Inhalt dieser Aufklärungspflichten haben sich an der festgestellten Divergenz (soeben aa) zu orientieren:

Um die Divergenz zwischen aktuellem Angabenverständnis und tatsächlichen Verhältnissen aufzuheben, muß umweltbezogene Produktwerbung grundsätzlich (1) *eindeutig*[96] und (2) *relativ* sein. So eine allgemein *selbstverständliche* Produkteigenschaft thematisiert wird, muß dies (3) auch zum Ausdruck gebracht werden. Schließlich darf umweltbezogene Produktwerbung (4) *Vollständigkeit* nur behaupten, soweit dies auch tatsächlich der Fall ist.

(1) Die Pflicht zur Eindeutigkeit

Zunächst obliegt dem Werbenden die Pflicht zur Eindeutigkeit. Mehrdeutige umweltbezogene Produktangaben wie "umweltfreundlich", "öko" und dergleichen bedürfen der *zusätzlichen Erläuterung*[97], mit dem Ziel einer Reduzie-

---

[95] Zu widersprechen ist namentlich *Federhoff-Rink*, a.a.O. (Fn. 1), 206 f., der zufolge "(...) wegen der Bedeutung des Umweltschutzes als eines wichtigen Gemeinschaftsgutes bei der umweltbezogenen Unternehmenskommunikation Informationspflichten nach § 3 UWG bestehen (können)." - Nicht die (normativ abgesicherte) Bedeutung des Umweltschutzes, sondern die tatsächliche Irreführung eines nicht unbeachtlichen Teils der angesprochenen Verkehrskreise ist Grund für die Statuierung von Aufklärungspflichten.

[96] Von diesem Grundsatz der Eindeutigkeit gibt es eine *Ausnahme*, die nämlich, daß eine objektiv-eindeutige Wirklichkeit (100 % biologisch abbaubar) verschiedene subjektiv-eindeutige Verständnisvarianten (50 %, 85 % und 100 % biologisch abbaubar) widerspiegelt, vgl. soeben aa) (1).

[97] A.M: BGHZ 105, 277, 281 - Umweltengel; BGH WRP 1996, 290, 291 - Umweltfreundliches Bauen; KG NJW-RR 1993, 943 - eine umweltschonende Heizung; OLG Düsseldorf NJW-RR 1992, 678, 679 f. - BIO-Pack; OLG Köln GRUR 1988, 630 - Kaltreiniger II; OLG München GRUR 1990, 290, 291 - Bioclean; OLG Nürnberg GRUR 1989, 686 - baubiologisch; OLG Frankfurt am Main WRP 1989, 252, 253 - biologisch düngen; Großkomm./*Lindacher*, § 3 UWG Rd. 711, 713; *Emmerich*, a.a.O.

rung auf einen eindeutigen Inhalt. Dabei richtet sich der Umfang der Erläuterungspflicht nach den tatsächlichen Verhältnissen im Einzelfall (Art der Ware, Grad und Ausmaß der Umweltfreundlichkeit)[98]:

Der Werbende muß "(...) bereits in der Blickfangwerbung über die in Frage stehenden Eigenschaften eindeutig aufklären."[99] Im übrigen verlangt die Mehrdeutigkeit des Umweltbezugs nach einer Aufklärung darüber, ob sich die Umweltfreundlichkeit des Produkts auf die Umweltfreundlichkeit der Herstellung (Zusammensetzung), der Distribution, der Verwendung (Wirkungsweise) oder der Entsorgung bezieht *und* reduziert[100]. Der erforderlichen Eindeutigkeit der Aufklärungspflicht ist Genüge getan, wenn zur näheren Konkretisierung objektiv eindeutige Begriffe und Angaben Verwendung finden, solche Bezeichnungen also, die von den verschiedenen, jeweils beachtlichen Teilen der angesprochenen Verkehrskreise in einem konkret-übereinstimmenden Sinne verstanden werden[101]. Beispiele sind etwa "asbestfrei"[102], "PVC-frei"[103], "grundwasserneutral", "lärmarm", "aus 100 % Altpapier"[104] oder "treibmittelfreie Alternative"[105]. Nicht objektiv eindeutig und ihrerseits erklärungsbedürftig sind dagegen Begriffe wie "chemiefrei" (was bedeutet das Wort "Chemie"?) und "schadstoffarm" (welche Schadstoffe sind gemeint?)[106] oder Bezeichnungen wie "umweltschonender Diesel" (worin besteht das Umweltschonende eines Dieselmotors?)[107].

(Fn. 46), 241 f.; *Faylor*, a.a.O., 726 f.; *Baumbach/Hefermehl*, a.a.O., § 1 UWG Rd. 180 b; *Köhler/ Piper*, § 1 Rd. 72; *Graf Lambsdorff*, a.a.O. (Fn. 1), Rd. 53, 62 f.; *Cordes*, a.a.O., 144 f.; *Federhoff-Rink*, a.a.O. (Fn. 1), 208 f.; *Graf Lambsdorff/Jäger*, a.a.O., 2304; *Stillner*, a.a.O., 48; *Paulus*, a.a.O., 740; *Füger*, a.a.O., 254 f.; *Spätgens*, a.a.O. (Fn. 54), 820 f.; *Beckmann*, a.a.O., 21.

[98] *Köhler/Piper*, a.a.O., 72 f.; *Baumbach/Hefermehl*, ebenda; *Füger*, a.a.O., 254.

[99] BGHZ 105, 277, 282 - Umweltengel. - Ebenso: OLG München GRUR 1990, 290, 291 - Bioclean.

[100] Vgl. auch BGHZ 105, 277, 281 f. - Umweltengel; OLG Frankfurt am Main WRP 1989, 252, 253 - biologisch düngen; OLG Köln GRUR 1988, 51, 52 - Umweltengel.

[101] Sehr anschaulich insoweit auch: BGH WRP 1996, 290, 291 f. - Umweltfreundliches Bauen; BGH NJW 1996, 3419, 3420 ff. - PVC-frei.

[102] Ebenso *Graf Lambsdorff*, Anmerkung zu OLG Köln, Urt. v. 14.8.1992 - 6 U 13/92, WRP 1993, 196.

[103] BGH NJW 1996, 3419, 3421 f. - PVC-frei.

[104] Zum entsprechenden Umweltzeichen auch BGH GRUR 1991, 546 - ... aus Altpapier.

[105] OLG Hamburg NJW-RR 1994, 555 - Irreführung durch Umweltzeichen.

[106] Vgl. auch *Federhoff-Rink*, a.a.O. (Fn. 1), 217 Fn. 70.

[107] Ebenso: KG MD 1993, 383, 384 f. - Werbung für Kfz mit umweltverträglich; KG MD 1994, 137, 139 f. - Werbung für Kfz mit Umweltbegriffen; LG Berlin MD 1993, 240, 241 f. - Umweltfreundliches Kfz; LG Berlin MD 1994, 106, 107 f. - umweltfreundliche Autoverwertung.

(2) Die Pflicht zur Relativierung

Den Werbenden trifft des weiteren eine Relativierungspflicht, genauer: eine Unterlassungspflicht, die Pflicht nämlich zur Vermeidung jedes Eindrucks abstrakt-absoluter Umweltfreundlichkeit. Will der Werbende nicht unter das Irreführungsverbot von § 3 UWG fallen, muß er (in den Augen eines nicht unbeachtlichen Teils des Verkehrs) jeden Anschein vermeiden, sein Produkt sei per se absolut umweltverträglich, d.h. *umweltunschädlich.*

Entgegen anderer Ansicht läßt sich eine Aufklärungspflicht gerade nicht aus der Relativität von Umweltaussagen herleiten[108], sondern - im Gegenteil - aus der Reduktion dieser Relativität auf eine Absolutheit umweltbezogener Produktangaben. Der isolierte Gebrauch eines umweltbezogenen Begriffs ist nicht seiner - ihm eigenen - Relativität, sondern seiner Mehrdeutigkeit wegen irreführend[109]; erst die "Erhöhung" eines relativen zu einem abstrakt-absoluten Umweltbegriff (z.B. statt "umweltverträglich" etwa "absolut umweltverträglich") macht ihn *auch* unter diesem Gesichtspunkt irreführend[110].

(3) Die Pflicht zur Kenntlichmachung von Selbstverständlichkeiten

Weiterhin besteht eine Pflicht zur Kenntlichmachung an sich selbstverständlicher umweltbezogener Produktangaben. Der Verkehr ist davor zu bewahren, Äußerungen als Hinweis auf einen besonderen Vorzug zu verstehen, wenn es sich bei diesem Vorzug tatsächlich um eine reine Selbstverständlichkeit handelt. Die Kennzeichnung von Fahrrädern als "abgasfrei" beispielsweise ist die Behauptung einer objektiv richtigen und zudem wesensimmanenten, mithin selbstverständlichen Tatsache[111]. Diese Tatsache dürfte aber - anders als im Fall gesetzlicher Anforderungen (vgl. z.B. § 3 Abs. 1 WRMG) - auch als selbstverständlich *erkennbar* und damit nicht irreführend sein; die Pflicht zur Kenntlichmachung entfällt also.

---

[108] So aber *Federhoff-Rink*, a.a.O. (Fn. 1), 207; *Faylor*, a.a.O., 728. - Gleichsinnig wohl auch *Füger*, a.a.O., 254.

[109] Eine sinnvolle Unterscheidung zwischen der Mehrdeutigkeit und der Relativität umweltbezogener Produktangaben gelingt weder *Cordes*, a.a.O., 103, noch *Federhoff-Rink*, a.a.O. (Fn. 1), 207 und Fn. 28 sowie 227.

[110] Die Umdeutung einer an sich mehrdeutigen Produktangabe ("biologisch abbaubar") in eine *konkret*-absolute - eindeutige - Formulierung ("100 % biologisch abbaubar") ist dagegen nicht prinzipiell unzulässig, sondern nur dann, wenn diese Formulierung nicht den Tatsachen entspricht.

[111] Vgl. oben d) aa) (3).

(4) Die Pflicht zur Beschränkung

Eine Irreführung, so wurde vorhin festgestellt[112], liegt u.a. dann vor, wenn der tatsächliche Umfang an relativen Produkteigenschaften hinter dem in der Werbung angegebenen zurückbleibt *und* ein nicht unerheblicher Teil des Verkehrs diese umweltbezogene Produktangabe im Sinne einer vollständigen Angabe interpretiert. Namentlich im Fall einer In-Beziehung-Setzung der eigenen Leistung zur Mitbewerberleistung besteht, vorbehaltlich einer Prüfung aller Umstände des Einzelfalls, Anlaß zu der Annahme, ein nicht unbeachtlicher Teil der angesprochenen Verkehrskreise verstehe Formulierungen wie "salzfrei" oder "ohne FCKW" als Hinweis auf die Absenz in vergleichbarer Weise umweltschädlicher Stoffe[113].

Um den "gesteigerten Informationserwartungen des angesprochenen Verkehrs"[114] - und damit seiner Aufklärungspflicht - gerecht zu werden, muß sich der Werbende auf solche Angaben *beschränken*, die auch durch tatsächliche Umstände gerechtfertigt sind; Begriffe wie "chlorfrei" usw. sind nur dann zulässig, wenn das beworbene Produkt auch von vergleichbaren Stoffen frei ist.

e) Zur wettbewerblichen Relevanz der Irreführung (abschlußmotivierende bzw. anlockende Wirkung)

Ob der festgestellten Irreführung eine konkrete wettbewerbliche (sprich: kaufentscheidungserhebliche) Relevanz eignet, ist eine Frage teils tatsächlicher[115], teils normativer[116] Natur, die einzelfallbezogen zu entscheiden ist[117]. In tatsächlicher Hinsicht lassen sich zwei Varianten unterscheiden[118]: Relevant ist zum einen jede Irreführung, die eine *irgendwie unmittelbar "geschäftsabschlußmotivierende Wirkung"* zeitigt[119]. Relevant ist zum anderen aber bereits jede *bloße Anlockwirkung* einer irreführenden Angabe:

---

[112] Vgl. oben d) aa) (4).

[113] Siehe die Nachweise oben in Fn. 78.

[114] Großkomm./*Lindacher*, § 3 UWG Rd. 186.

[115] *Hösl*, a.a.O., 122; *von Gamm*, a.a.O. (Fn. 7), 36. Kap. Rd. 11; vgl. auch BGH GRUR 1991, 852, 854 ff.- Aquavit.

[116] Ausführlich Großkomm./*Lindacher*, § 3 UWG Rd. 118, 121, 125 f.

[117] Die Anmerkung *Lindachers* (Großkomm./*Lindacher*, § 3 UWG Rd. 122), daß die Praxis nicht selten unreflektiert oder zumindest vorschnell spekulativ die Marktentscheidungsrelevanz bejaht, verdient ungeteilte Zustimmung.

[118] Zu den Unterschieden, namentlich in bezug auf die - normative - Bestimmung des im Hinblick auf die wettbewerbliche Relevanz der Irreführung nicht unerheblichen Teils der angesprochenen Verkehrskreise (sog. Konfusionsrate), auch Großkomm./*Lindacher*, § 3 UWG Rd. 125; ferner *Keßler*, a.a.O. (Fn. 28), 39.

[119] Großkomm./*Lindacher*, § 3 UWG Rd. 119, 123.

"Der Kaufentschluß selbst braucht durch die irreführende Angabe nicht maßgebend beeinflußt zu sein. Es genügt, daß eine Angabe geeignet ist, Kaufinteressenten anzulocken und zur Beschäftigung mit dem Angebot geneigter zu machen, das sie sonst möglicherweise nicht beachtet hätten."[120]

Hinsichtlich der umweltbezogenen Produktwerbung ist die Tendenz zu beobachten, von einer grundsätzlichen wettbewerblichen Relevanz irreführender umweltbezogener Produktangaben auszugehen. Das gilt zunächst für die *erste Alternative* der geschäftsabschlußmotivierenden Wirkung. Das OLG Köln ist insoweit der Ansicht:

"Die Entscheidung des Verbrauchers über den Kauf wird maßgebend bestimmt von seinen Erwägungen über Preis und Qualität der angebotenen Ware. Die 'Umweltfreundlichkeit' ist (...) als ein für zahlreiche Verbraucher wesentliches Qualitätsmerkmal anzusehen."[121]

Denn:

"Mit der allgemeinen Anerkennung der Umwelt als eines wertvollen und schutzbedürftigen Gutes hat sich in den letzten Jahren zunehmend ein verstärktes Umweltbewußtsein entwickelt, das dazu geführt hat, daß der Verkehr vielfach Waren (Leistungen) bevorzugt, auf deren besondere Umweltverträglichkeit hingewiesen wird."[122]

So ist es nur konsequent, irreführender umweltbezogener Produktwerbung als solcher eine unmittelbar kaufabschlußmotivierende Wirkung zu unterstellen[123].

Auch in bezug auf die *zweite Alternative* einer bloßen Anlockwirkung ist von einer grundsätzlichen wettbewerblichen Relevanz irreführender umweltbezogener Produktangaben auszugehen. Folge eines gestiegenen Umweltbe-

---

[120] *Baumbach/Hefermehl*, a.a.O., § 3 UWG Rd. 89 a; Großkomm./*Lindacher*, § 3 UWG Rd. 124; *von Gamm*, a.a.O. (Fn. 7), 36. Kap. Rd. 37; *Emmerich*, a.a.O. (Fn. 46), 244, allesamt m.w.N. zur Rspr.

[121] OLG Köln GRUR 1988, 51, 53 - Umweltengel.

[122] St. Rspr.: BGHZ 105, 277, 280 - Umweltengel; BGH GRUR 1991, 546, 547 - ... aus Altpapier; BGH GRUR 1991, 550, 551 - Zaunlasur.

[123] In diesem Sinne: BGHZ 105, 277, 281 - Umweltengel; BGH GRUR 1991, 546, 547 - ... aus Altpapier; OLG Köln GRUR 1988, 630, 631 - Kaltreiniger II; OLG Stuttgart NJW-RR 1989, 556 - umweltbewußt; OLG München GRUR 1990, 290, 291 - Bioclean; KG WRP 1991, 30, 31 - Schützt unsere Umwelt I; OLG Köln WRP 1993, 191, 195 - ASBESTFREI/INNOVATIV; LG Hamburg WRP 1987, 146 - Öko-Plus-System; LG Köln GRUR 1988, 59, 60 - Kaltreiniger. - Auch im Schrifttum - so die Frage der wettbewerblichen Relevanz überhaupt thematisiert wird - besteht die Tendenz, die Marktentscheidungsrelevanz einer Irreführung durch umweltbezogene Produktwerbung prinzipiell zu bejahen, so etwa *Cordes*, a.a.O., 150 f.; vgl. auch *Köhler*, a.a.O., 359 f.; *Füger*, a.a.O., 169. - Soweit ersichtlich, wurde bislang nur in einem einzigen Fall die wettbewerbliche Relevanz der Irreführung verneint, vgl. OLG Stuttgart NJW-RR 1988, 1385, 1386 - Erdgaswerbung; dagegen wiederum *Köhler*, a.a.O., 360.

wußtseins[124] ist nicht allein die Bereitschaft, umweltverträgliche Produkte zu kaufen, sondern (erst Recht), sich unter eben diesem Aspekt der Umweltverträglichkeit für diese Produkte zu interessieren, zur Beschäftigung mit dem entsprechenden Angebot geneigter zu sein, sich "anlocken" zu lassen[125].

Was die *normative Seite der wettbewerblichen Relevanz der Irreführung* anbetrifft, so wird insoweit auf die späteren Ausführungen (s.u. *Fünfter Teil,* C. I. 3. und II. 2.) verwiesen.

f) Zur sog. "Interessenabwägung"

Die abschließende "Interessenabwägung" - traditionelles, wenn auch nicht einziges Einfallstor des Gedankens einer "ökologischen Instrumentalisierbarkeit des Wettbewerbsrechts"[126] - ist von ausschließlich normativem Charakter und wird zu einem späteren Zeitpunkt (unten *Fünfter Teil,* C. I. 4.) zur Sprache kommen.

2. Die umweltbezogene Konsum- und Investitionsgüterwerbung

Diese Werbung bildet den Ausgangspunkt umweltbezogener Werbung und dürfte auch zu Beginn der Neunziger Jahre immer noch den größten Anteil an dieser ausmachen. In Anlehnung an die vier betriebswirtschaftlichen Stufen eines Produktlebens, die Entwicklungsstufen *Produktion, Distribution, Konsumtion* und *Entsorgung*, läßt sich die umweltbezogene Güterwerbung in vier relativ klar voneinander abgrenzbare Untergruppen unterteilen[127].

Den Schwerpunkt bildete bis vor wenigen Jahren die Umweltwerbung mit Bezug zu Fragen der *Produktion*, d.h. der Rohstoff- und Energiegewinnung, der Rohstoffauswahl und der Roh- bzw. Wertstoffverarbeitung. Als Beispiele mögen hier etwa der Hinweis auf einen bestimmten Altpapieranteil bei Papierprodukten bzw. auf die Verarbeitung von "nachwachsenden Rohstoffen" dienen oder die Werbung für 100 % FCKW-, FKW-, chlor-, cadmium- oder bleifreie Konsumgüter. (Seltenes) Beispiel einer Werbung mit *produktbezogenen Umweltbilanzen* ist die Alfred Ritter Schokoladenfabrik GmbH & Co. KG, Waldenbuch, auf deren Produktverpackung sich der Hinweis findet: "Ein-

---

[124] Hierauf kommt es an, nicht aber auf die vermeintliche Identität von Umweltbewußtsein und "emotionaler Begeisterungsfähigkeit" bzw. "Leichtgläubigkeit", vgl. oben *Zweiter Teil,* C. IV. 2.

[125] Vgl. auch OLG Köln GRUR 1988, 630, 631 - Kaltreiniger II; ferner *Cordes*, a.a.O., 149 f.

[126] S.a. *Köhler*, a.a.O., 360 ff.; *Lappe*, a.a.O. (Fn. 1), 95.

[127] Ähnlich auch *Lappe*, a.a.O., (Fn. 1), 8.

Folien-Verpackung aus Polypropylen: Günstige Öko-Bilanz, ohne Aluminium, weniger Verpackung, Energieeinsparung."[128]

Mögliches Beispiel für eine umweltrelevante Güterwerbung im Hinblick auf den *Vertrieb* wäre der Hinweis des Herstellers oder Händlers, die Waren aus ökologischen Gründen mit der Eisenbahn anstelle des Lastkraftverkehrs zu transportieren. So bedankt sich die Hertie Waren- und Kaufhaus GmbH, Frankfurt, in einer Zeitungsannonce für die Auszeichnung mit dem "Umweltpreis für den Handel 1993", mit welchem die erfolgreiche Verlagerung der Herstellerlieferungen von der Straße auf die Schiene - binnen zweier Jahre erhöhte sich der Anteil des Schienentransports von 15 % auf 70 % - prämiert worden sei. Ein anderer Fall ist etwa die Werbung für den Aufbau einer ressourcenschonenden Absatzorganisation durch Mehrwegsysteme.

Im Hinblick auf umweltrelevante Aspekte des *Konsums* machen die AEG AG, Frankfurt, und die Siemens AG, München, in Anzeigenserien auf die Möglichkeit einer Einsparung von Energie, Wasser, Waschpulver und Enthärter bei der Verwendung entsprechender Haushaltsprodukte aufmerksam. Andere Beispiele sind Hinweise auf einen sparsameren Verbrauch von Haushaltsreinigern wegen einer sog. "Ökopumpe" oder einen im Vergleich zum Vorgängermodell geringeren Benzinverbrauch bei Autos.

Zweifellos am stärksten expandiert die umweltorientierte Güterwerbung in bezug auf Fragen der *Entsorgung*: Es gibt in der alltäglichen Werbung mittlerweile zahllose Beispiele für die sog. "(vollständig) biologische Abbaubarkeit von Tensiden", die "Recyclingfähigkeit von Wert- und Kunststoffen", die Möglichkeit einer getrennten Entsorgung von Verpackungsmaterialien ("Öko-Leicht-Pack") oder eine "Recycling-Garantie" für neugekaufte Fernseher und Kraftfahrzeuge[129].

---

[128] Umweltbezogener Produktion scheinen im übrigen keine Grenzen gesetzt, was die Herstellung von "biologisch voll abbaubaren" Naturfaser-Särgen und sog. "Öko-Urnen" beweist, vgl. *o. V.*, Auf den Kompost, Der Spiegel Nr. 12 v. 20.3.1995, 142 f.

[129] Im Zusammenhang mit der öffentlich geführten Diskussion um die ökologischen Vor- und Nachteile bestimmter Roh- und Wertstoffe und ihrer industriellen Verwendung gehen einzelne Unternehmen und Industrieverbände mittlerweile in die Offensive: Unter der Überschrift "ALUVISION: Der Einkäufer der Zukunft kennt viele Wege, den Ausverkauf der Natur zu verhindern" vertritt die VAW Aluminium AG, Bonn, die These, "mit Aluminium den idealen Werkstoff einer ökologischen Kreislaufwirtschaft" zu besitzen - das Leichtmetall lasse sich ohne Qualitätsverlust recyceln, und zwar mit nur fünf Prozent der ursprünglich eingesetzten Energie. Der Verband Kunststofferzeugende Industrie e.V., Frankfurt, behauptet in einer Anzeigenserie, Kunststoffverpackungen ersparten viele Tonnen Abfall, senkten den Energieverbrauch und die Kosten und entlasteten so die Umwelt. Ein "Arbeitskreis Kreislauf-Verpackung", Düsseldorf, wirbt unter dem Schlagwort "Kreislauf-Verpackung" für ein Nebeneinander von Einweg- und Mehrwegverpackungen, dargestellt am Beispiel der Getränkeverpackungen. Der Getränkeverpackungshersteller Tetra Pak, Hochheim, tritt der weitverbreiteten

3. Insbesondere: Die Verwendung von Umweltzeichen

a) Der "Blaue Engel"

Eine im Vergleich zu anderen Symbolen große Bekanntheit genießt das Umweltzeichen des sog. *"Blauen Engels"*, zum einen deshalb, weil es zu den älteren Umweltzeichen gehört, zum anderen wohl auch deshalb, weil es die einzige umweltbezogene Auszeichnung darstellt, die von einer unabhängigen "Jury Umweltzeichen" und zudem branchenübergreifend vergeben wird[130]. Ursprünglich bestand das kreisförmige Umweltzeichen aus dem Umweltschutzemblem der Vereinten Nationen - dem "Blauen Engel" - und der Umschrift "*umweltfreundlich*, weil ..."[131]. Seit dem 1.6.1988 lautet die Umschrift "*Umweltzeichen*, weil ... (aus 100 % Altpapier, Mehrwegflasche usw.)". Inhaber

Auffassung entgegen, Verbundverpackungen aus Aluminium, Papier und Polyethylen seien nicht wiederverwertbar, da sie sich nicht wieder in ihre einzelnen Bestandteile zerlegen ließen. Das Informations-Zentrum Weißblech e.V., Düsseldorf, wendet sich per Anzeige gegen die "fünf größten Vorurteile gegen Dosen" und betont: "Weißblech wird via Magnet aus dem Müll gezogen und recycelt - energiesparend, ohne Qualitätsverlust."

[130] Zu den rechtlichen Grundlagen des Umweltzeichens und seiner Verleihung: *Wiebe*, a.a.O. (Fn. 49), 805 ff.; *Janiszewski*, Das Umweltzeichen, 1992, 23 ff.; *Ossenbühl*, Umweltpflege durch hoheitliche Produktkennzeichnung, 1995, 6 f., 13 ff. - Zu den Anforderungen des Vergabeverfahrens: *Ossenbühl*, a.a.O., 7 ff.; *RAL* (Hrsg.), Umweltzeichen: Produktanforderungen, Zeichenanwender und Produkte, 1995, passim; *Umweltbundesamt* (Hrsg.), 20 Argumente gegen das Umweltzeichen ... und was man davon zu halten hat, 1990, passim; *dass.* (Hrsg.), Das Umweltzeichen - Ziele - Hintergründe - Produktgruppen -, 1990, passim; *dass* (Hrsg.), Das Umweltzeichen stellt sich vor, 1994, 18 ff. - Zur Verordnung (EWG) Nr. 880/92 v. 23.3.1992, ABl.EG Nr. L 99 v. 11.4.1992, 1 ff., "betreffend ein gemeinschaftliches System zur Vergabe eines Umweltzeichens": *Roller*, Der "Blaue Engel" und die "Europäische Blume", EuZW 1992, 499 ff.; *Diederichsen*, Ein neues Umweltzeichen für Europa, RIW 1993, 224 ff.; *Cordes*, a.a.O., 211 ff.; *Füger*, a.a.O., 104 ff. - Zu den verschiedenen Vorentwürfen: *Peter Scherer*, a.a.O., 908 ff., sowie die Nachweise bei *Füger*, a.a.O., 105 Fn. 84. - Zum Gütezeichen allgemein: *Wiebe*, Wettbewerbs- und zivilrechtliche Rahmenbedingungen der Vergabe und Verwendung von Gütezeichen, WRP 1993, 74 ff. und 156 ff.; *Stephan Gruber*, Verbraucherinformation durch Gütezeichen, 1986, 139 ff., 188 ff.

[131] Das OLG Düsseldorf hatte sich 1986, also noch zu Zeiten der *alten Fassung*, mit der Frage befaßt, ob die Verwendung des Begriffs "umweltfreundlich" nicht auch dann als irreführend im Sinne von § 3 UWG bezeichnet werden kann, wenn das Produkt zur Führung des Blauen Engels berechtigt ist. Das Gericht kam insoweit zu dem Ergebnis, daß die Bedeutung des Begriffs "umweltfreundlich", wie sie von der "Jury Umweltzeichen" verstanden wird, mit den entsprechenden Vorstellungen der maßgeblichen Verkehrskreise nicht in Einklang gebracht werden könne (GRUR 1988, 55, 59 - bio-FIX). Während es zur Vergabe des Umweltzeichens genüge, wenn "(...) nur kleine - um im bisherigen Sprachgebrauch zu bleiben - Schritte in Richtung Umweltschutz getan worden sind (...)", erwarte der Verbraucher von einer solchen Formulierung, daß das Erzeugnis "einen echten Fortschritt hin zur natürlichen Umwelt" bringe (ebenda).

des Umweltzeichens ist der Bundesminister für Umwelt, Naturschutz und Reaktorsicherheit[132], die eigentliche Zeichenvergabe erfolgt durch den privatrechtlich organisierten RAL, der dazu aufgrund einer mit dem Umweltbundesamt geschlossenen Vereinbarung ermächtigt und verpflichtet wurde[133].

Im Unterschied zu den meisten anderen Umweltsignets nimmt der "Blaue Engel" in seiner Umschrift ausdrücklich auf den Grund der Vergabe Bezug. Das Umweltzeichen, so der erste Eindruck, informiert den Verbraucher konkret und ausdrücklich über eine auf einen bestimmten Aspekt begrenzte, vergleichsweise, also *relative Umweltfreundlichkeit* des Produkts, seiner Herstellung etc.[134]. Die Eindeutigkeit des Symbolgehalts infolge seiner Ausdrücklichkeit scheint eine Irreführung des Verbrauchers auszuschließen[135]. Um so mehr verwundert, daß in der Vergangenheit die Verwendung des Umweltzeichens zu Werbezwecken von seiten der deutschen Wettbewerbsrichter mehrheitlich ausgesprochen streng bewertet wurde. Auch wenn die Entscheidungen überwiegend noch die alte Formulierung "umweltfreundlich, weil ..." zum Gegenstand haben, ist eine Lektüre der verschiedenen Voten von erheblichem Interesse[136]. Denn es zeigt sich, daß letztlich in keinem einzigen Fall das Umweltzeichen selbst als Grundlage für ein Unwerturteil im Sinne des § 3 UWG gedient hat und mit einer "irreführenden Angabe" gleichgesetzt wurde. Häufig ging es um eine vergabewidrige Abänderung des Umweltzeichens [s.u. aa)] bzw. um zusätzliche Werbeaussagen, die in erläuternder oder ergänzender Weise über den eigentlichen Symbolcharakter des "Blauen Engels" hinaus auf diesen Bezug nahmen [s.u. bb)]. Ausweislich der einschlägigen Judikate lassen sich insoweit zwei Kategorien unterscheiden [zum tatsächlichen Aussagegehalt aus Sicht der maßgeblichen Verkehrskreise alsdann unten cc)]:

aa) Vergabewidrige Abänderung des eigentlichen Zeicheninhaltes

Von diesen bezieht nur die *erste* Kategorie ihre Irreführungsgefahr unmittelbar aus dem Umweltzeichen selbst. Das LG Köln hatte mehrmals Anlaß, die Verwendung des "Blauen Engels" zu rügen, weil der jeweilige Hinweis bzw.

---

132 Vgl. *RAL* (Hrsg.), Umweltzeichen Richtlinien, 1991, 6.

133 *RAL* (Hrsg.), a.a.O. (Fn. 132), 6; zur verwaltungsrechtlichen Qualifizierung der Rolle des *RAL* auch *Janiszewski*, a.a.O., 30 ff., 108.

134 *Peter Scherer*, a.a.O., 908; vgl. auch *Rohnke*, a.a.O., 671.

135 Kritiker wenden dagegen ein, die angesprochenen Verkehrskreise gingen davon aus, bei einem mit dem "Blauen Engel" ausgezeichneten Produkt handelte es sich um ein für die Umwelt insgesamt, also *absolut verträgliches* Produkt, vgl. etwa *Federhoff-Rink*, a.a.O. (Fn. 1), 232; *Janiszewski*, a.a.O., 203 f.; *Cordes*, a.a.O., 32, 135 ff.; *Graf Lambsdorff*, a.a.O. (Fn. 1), Rd. 9 f.; *Köhler*, a.a.O., 352 f.

136 Bei *Janiszewski*, a.a.O., 199 ff., finden sich zahllose Nachweise solcher, größtenteils unveröffentlichter Entscheidungen, die sich mit dem "Blauen Engel" beschäftigen.

Zusatz in der Umschrift (z.B. "weil schadstoffarm") entweder unleserlich[137], zu klein[138] oder ganz unterblieben[139] war. In einem anderen Fall war es dem Unternehmen nach dem mit dem RAL geschlossenen Vergabevertrag zur Auflage gemacht worden, nur in Verbindung mit einem genau bestimmten Warnhinweis für das mit dem "Blauen Engel" ausgezeichneten Produkt zu werben. Das LG Köln erachtete deshalb die Verwendung des Umweltzeichens ohne den entsprechenden Hinweis als irreführend im Sinne von § 3 UWG[140].

bb) Inhaltliche Veränderung des Umweltzeichens durch zusätzliche Hinweise

Im Fall der *zweiten* Kategorie[141] rührt die Gefahr der Irreführung nach Ansicht der Gerichte daher, daß die inkriminierte Werbung gerade durch eine vom eigentlichen Umweltzeichen *getrennte Aussage* dessen Bedeutung in einer für den Adressaten nicht (bzw. nicht ohne weiteres) erkennbaren Weise verändert.

So warb in einem Fall das beklagte Unternehmen mit einer drucktechnisch besonders herausgehobenen Überschrift (Inhalt: "Hygiene-Krepp aus Altpapier ist umweltfreundlich. Denn die Verwendung von Altpapier schont unsere Baumbestände.") und dem Umweltzeichen, während in einem wesentlich kleiner gehaltenen Begleittext ausgeführt wurde, daß der "Blaue Engel" wegen eines Altpapieranteils von mindestens 51 % vergeben worden sei[142].

Andererseits hat der BGH die Formulierung "mit dem 'Blauen Engel' ausgezeichnet" entgegen der Berufungsinstanz (OLG Köln) gebilligt. Der Gebrauch des Wortes "ausgezeichnet" werde zwar von den angesprochenen Verkehrskreisen dahin verstanden, das Produkt sei gegenüber anderen von einer neutralen, hierzu berufenen Stelle ausgezeichnet oder offiziell hervorgehoben. Nach dem allgemeinen Sprachgebrauch bedeute auszeichnen, daß der betref-

---

137 LG Köln 31 O 525/85 v. 28.1.1986, 8 (unveröffentlicht).

138 LG Köln 81 O 108/96 v. 7.10.1986, 8 (unveröffentlicht); LG Köln GRUR 1988, 53, 54 - Umweltzeichen; LG Köln GRUR 1988, 55 - Holzschutzmittel; OLG Köln WRP 1992, 504 - Umweltzeichen III; dagegen wiederum *Lindacher*, Anmerkung zu OLG Köln, Urt. v. 21.2.1992 - 6 U 100/91, JZ 1993, 101 f.

139 Vgl. LG Köln 31 O 508/86 v. 10.2.1987, 11 f. (unveröffentlicht) sowie die bestätigenden Urteile des OLG Köln GRUR 1988, 51, 52 - Umweltengel und des BGHZ 105, 277, 278 - Umweltengel.

140 LG Köln GRUR 1988, 59, bestätigt durch das OLG Köln 6 U 168/87 v. 6.1.1988, 14 f. (unveröffentlicht).

141 Vgl. hierzu auch *Graf Lambsdorff*, a.a.O. (Fn. 1), Rd. 10.

142 Vgl. das Urteil des BGH GRUR 1991, 546 - ... aus Altpapier, das die vorangegangenen Entscheidungen des LG Köln 31 O 394/86 v. 23.12.1986, 8 ff. (unveröffentlicht) und des OLG Köln VuR 1989, 109 - Hygiene-Krepp bestätigt, sowie die beiden bei *Janiszewski*, a.a.O., 200 zitierten, unveröffentlichten Judikate des LG Köln 31 O 447/87 v. 19.1.1988, 18 ff. und LG Köln 31 O 670/87 v. 3.5.1988, 8 ff.

fende Gegenstand hervorgehoben, belobigt und mit besonderen Zeichen versehen werde. Sei aber einem Produkt in einer dem Vergabeverfahren entsprechenden Weise das Umweltzeichen verliehen worden, enthalte die Formulierung "ausgezeichnet mit dem 'Blauen Engel'" keine Irreführung der angesprochenen Verkehrskreise[143].

cc) Der Aussagegehalt des Umweltzeichens aus Sicht der maßgeblichen Verkehrskreise

Worin besteht aber nun aus Sicht der maßgeblichen Verkehrskreise der tatsächliche Aussagegehalt des "Blauen Engels" in seiner Fassung vom 1.6.1988? Janiszewski faßt das Ergebnis seiner Untersuchungen zum "Blauen Engel" folgendermaßen zusammen:

> "Der wirkliche Aussagegehalt des Umweltzeichens erschöpft sich (...) in der Erklärung, das in dieser Weise ausgezeichnete Produkt erfülle die in der jeweiligen Vergabegrundlage festgeschriebenen Mindestanforderungen für die Verleihung des Zeichens. Die Auszeichnung mit dem Umweltzeichen besagt insbesondere nicht, daß nicht auch andere, nicht in der Weise prädikatisierte Erzeugnisse diese Anforderungen erfüllen oder gar über sie hinausgehen. Sie enthält ferner keine Aussage darüber, daß ein solches nicht ausgezeichnetes Produkt nicht im Verhältnis zu bestimmten Umweltzeichenprodukten weniger umweltbelastend wirkt."[144]

Es gibt keinen Grund, dem durchschnittlichen Endverbraucher ein ebensolches Zeichenverständnis absprechen zu wollen. Daß ein nicht unerheblicher Teil der angesprochenen Verkehrskreise das Umweltzeichen in einem absoluten Sinne versteht, wird zwar gelegentlich behauptet[145], tatsächlich nachge-

---

[143] BGH GRUR 1991, 550, 551 f. - Zaunlasur. - A.A. ist weiterhin das OLG Köln (NJW-RR 1992, 874 - Umweltzeichen II), das die Ansicht äußert, ein nicht unerheblicher Teil der angesprochenen Endverbraucher verstehe unter dem Begriff "auszeichnen" ein Hervorheben "als bester aus dem Kreis der Mitbewerber". Diese Vorstellung sei aber unrichtig, da das Vergabeverfahren des Umweltzeichens kein Auswahlverfahren zur Ermittlung des besten Produkts aus der Gesamtheit der Konkurrenzprodukte sei (ebenda). - *Beater*, a.a.O., 195, sprach hinsichtlich eines solchen Tatsachenverständisses schon früher zu Recht von einer "grotesken Überinterpretation", während der BGH GRUR 1994, 523, 524 - Ölbrennermodelle, die vom OLG Köln untersagte Werbeaussage "5 Brennermodelle wurden mit dem 'Blauen Engel' ausgezeichnet" mangels einer "irreführenden Alleinstellungsbehauptung" guthieß; in diesem Sinne auch OLG Hamburg NJW-RR 1994, 555 - Irreführung durch Umweltzeichen: "Die Auszeichnung mit dem Umweltengel enthält begrifflich keinen Hinweis auf eine Alleinstellung und wird vom Verkehr auch so nicht verstanden."

[144] *Janiszewski*, a.a.O., 204. - Ebenso *Cordes*, a.a.O., 129.

[145] Siehe in diesem Sinne die Nachweise oben Fn. 47.

wiesen wurde ein solches Zeichenverständnis bislang aber nicht[146]. Auch wenn der Durchschnittsverbraucher dem "Blauen Engel" einen quasi-offiziellen Charakter und damit ein erhöhtes Maß an *Glaubwürdigkeit* beimißt[147], bedeutet dies noch längst nicht, daß ein nicht unerheblicher Teil der Konsumenten *deshalb* den eindeutig relativen Zeichenzusatz in einem ausschließlich absoluten Sinne interpretiert[148].

Eine spezifische Rechtfertigung für eine strenge Zeichenauslegung stammt von Janiszewski, der von angeblichen Fehlvorstellungen der mit dem Einsatz des Umweltzeichens befaßten "staatlichen Stellen" über den Aussagegehalt des Umweltzeichens auf entsprechende Fehlvorstellungen der angesprochenen

---

[146] Allein das OLG Düsseldorf GRUR 1988, 55 - bio-FIX, hat einmal zur Beantwortung der Frage, wie die maßgeblichen Verkehrskreise "umweltfreundlich" verstehen, ein Umfragegutachten herangezogen.

[147] In diesem Sinne etwa: *Wiebe*, a.a.O. (Fn. 49), 807; *Federhoff-Rink*, a.a.O. (Fn. 1), 232.

[148] So aber *Graf Lambsdorff/Jäger*, a.a.O., 2302: "Auch die Bezeichnung 'Umweltzeichen, weil ...' ist für sich genommen ebenfalls mehrdeutig und erweckt beim Verbraucher falsche Assoziationen. Dies gilt insbesondere deshalb, weil die angesprochenen Verkehrskreise dem 'Umweltengel' einen gewissen amtlichen Charakter beimessen." *Brandner*, a.a.O., 34, schreibt: "Erwähnt sei nur, daß die Werbung mit einem offiziell verliehenen Umweltzeichen den Eindruck hervorzurufen vermag, es seien die Produkte der betreffenden Warengruppe durchweg auf ihre Umweltverträglichkeit hin von einer neutralen Stelle überprüft und es sei den in dieser Beziehung relativ 'besten' von ihnen eine Art amtliches Gütesiegel erteilt worden." - In der Tat kann dem Umweltzeichen entnommen werden, daß die Produkte der betreffenden Warengruppe durchweg auf ihre Umweltverträglichkeit hin von einer neutralen Stelle überprüft worden sind, allerdings - das übersieht *Brandner* - eben nur auf ihre *relative* Umweltfreundlichkeit. Ein weitergehender Eindruck liegt prima facie gerade nicht auf der Hand, müßte also zunächst nachgewiesen werden. Daß der Umweltengel hinsichtlich der prädikatisierten Produkte den Eindruck vermittelt, "(...) den in dieser Beziehung relativ 'besten' von ihnen (sei) eine Art amtliches Gütesiegel erteilt worden (...)", kann man dem Umweltzeichen selbst nicht entnehmen. Auch insoweit fehlt es an einer konkreten Begründung, warum die Relativität des Umweltzeichens, die sich seinem Wortlaut nach ja ausschließlich auf den *Vergabegrund* bezieht und reduziert, zusätzlich auch auf die Gesamtheit aller nicht ausgezeichneten *Konkurrenzprodukte* erstrecken soll. Die vergabekonforme Verwendung des Umweltzeichens vermittelt mitnichten den Eindruck, den in dieser Beziehung relativ besten aller tatsächlich auf dem Markt befindlichen Produkte der betreffenen Warengruppe sei eine Art amtliches Gütesiegel erteilt worden - dann handelte es sich in der Tat um eine irreführende *Alleinstellungsbehauptung* -, sondern beschränkt sich auf den Hinweis, das einzelne Produkt sei hinsichtlich einer einzigen konkreten umweltrelevanten Eigenschaft (luftentlastend, lärmarm, aus 100 % Altpapier etc.) von einer neutralen Stelle überprüft und mit einer Auszeichnung versehen worden. Daß auch andere Produkte derselben Warengruppe diese konkrete Eigenschaft besitzen (können), wird durch die Verwendung des Umweltzeichens nicht ausgeschlossen. Es handelt sich beim "Blauen Engel" gerade nicht um ein *Exklusivzeichen*. Ein solches Zeichen müßte dann anders lauten, nämlich etwa so: "Umweltzeichen, weil nur dieses Produkt aus 100 % Altpapier".

Verkehrskreise schließt. Für diese Bewertung spreche zudem die Tatsache, daß die genannten Fehlvorstellungen der staatlichen Organe auch in an die Allgemeinheit gerichteten Informationsschriften geäußert worden seien[149]. Hierzu ist anzumerken, daß der Schluß von einem fehlerhaften Zeichenverständnis seitens der "staatlichen Stellen" - dieses sei der Einfachheit halber unterstellt - auf ein entsprechend fehlerhaftes Zeichenverständnis der angesprochenen Verkehrskreise nicht zwingend ist. Daß aber die angesprochenen Verkehrskreise *aufgrund* der "an die Allgemeinheit gerichteten Informationsschriften" zum Umweltzeichen ein fehlerhaftes Zeichenverständnis entwickelt haben, ist nichts weiter als eine Behauptung, die es zu beweisen gilt.

Man wird nach diesen Ausführungen festhalten können, daß die dem vorangegangenen Vergabeverfahren inhaltlich entsprechende Angabe "Umweltzeichen, weil ..." aus Sicht der maßgeblichen Verkehrskreise den Hinweis auf eine *insoweit relative* Umweltfreundlichkeit des Produkts bedeutet, nicht mehr und nicht weniger[150]. Der Hinweis auf den jeweiligen Vergabegrund muß - wie bei allen anderen Umweltzeichen im übrigen auch - "eindeutig"[151] und für einen "durchschnittlichen" bzw. "flüchtigen" Betrachter verständlich sein[152]. Im übrigen besteht keinerlei Veranlassung, den angesprochenen Verkehrskreisen bzw. auch nur einem nicht unerheblichen Teil dieser Verkehrskreise ein anderes als ein relatives Zeichenverständnis zu unterstellen; eine betont strenge Sichtweise ist konstruiert und damit willkürlich[153]. Zwar hat der BGH die Frage ausdrücklich offengelassen, ob

---

149 *Janiszewski*, a.a.O., 204.

150 In diesem Sinne auch BGHZ 105, 277, 282 - Umweltengel.

151 BGH ebenda.

152 BGH ebenda. - Vgl. auch OLG Karlsruhe WRP 1993, 122, 123 - ein bißchen umweltfreundlicher. - Was das Verständnis eines durchschnittlichen bzw. flüchtigen Betrachters im einzelnen bedeutet, ist wohl vor allem Tatfrage, vgl. dazu etwa *Federhoff-Rink*, a.a.O. (Fn. 1), 127 f.; OLG Köln WRP 1992, 504 - Umweltzeichen III; gegen dieses wiederum *Lindacher*, a.a.O. (Fn. 138), 101 f.

153 Ein eklatantes Negativbeispiel ist OLG Hamburg 3 U 69/92 v. 12.11.1992 (unveröffentlicht), zitiert nach *Federhoff-Rink*, a.a.O. (Fn. 1), 128 Fn. 134. Danach - und insoweit entgegen LG Hamburg MD 1992, 434, 439 ff. - umweltfreundlich/Umweltengel - versteht der Verbraucher den Hinweis "Umweltzeichen, weil luftentlastend" nicht wörtlich, sondern in einem übertragenen Sinne, nämlich im Sinne von "Umweltzeichen, weil nicht zusätzlich luftbelastend". Die "Umdeutung" durch das OLG Hamburg hatte zur Folge, daß die Werbung verboten wurde. Denn daß die Verwendung eines Antitranspirant-Sprays die Luft weiterhin belastet, wenn auch womöglich in einem geringeren Ausmaße - und nur auf diesen *relativen* Umstand der verminderten Luftbelastung, sprich: Luftentlastung bezog sich der ursprüngliche Hinweis! -, steht außer Frage. - *Federhoff-Rink*, a.a.O. (Fn. 1), 129, ist nachdrücklich zuzustimmen, wenn sie prognostiziert, daß eine solche Rechtsauffassung dazu führen wird, daß das Umweltzeichen nur in seltenen Fällen in der Werbung Verwendung finden wird, da der Verbraucher bei entsprechenden Umschriften weitergehende positive Umweltwirkungen vermuten wird. - Grundsätzlich kritisch hinsichtlich überspannter Anforderungen an

"(...) bei der beanstandeten Werbung nicht allein deshalb strengere Anforderungen an die erforderliche Aufklärung zu stellen sind, weil der Verkehr in solchen Fällen infolge der Einschaltung offizieller Stellen bei der Einräumung der Benutzungsbefugnis für den 'Umweltengel' und entsprechende Hinweise eine dementsprechend strengere Kontrolle erwartet."[154]

Andererseits hat der BGH aber zuvor in derselben Entscheidung ausgeführt:

"Zwar gibt es - wie das Berufungsgericht festgestellt hat - eine absolute 'Umweltfreundlichkeit' nicht, wie übrigens auch den angesprochenen Verkehrskreisen bekannt sei. Bezieht sich die Beklagte in ihrer blickfangmäßigen Werbung aber für die von ihr vertriebenen Erzeugnisse auf deren Umweltfreundlichkeit, also auf einen in seinen Grundlagen noch unaufgeklärten und mit widersprüchlichen Erwartungen, Vorstellungen und Emotionen belegten Begriff, ist sie zu einer entsprechenden Aufklärung verpflichtet. Andernfalls führt sie über die ihren Waren vom Verkehr beigelegten Eigenschaften irre. Sie muß daher bereits in der Blickfangwerbung über die in Frage stehenden Eigenschaften eindeutig aufklären. Sie kommt dieser ihr obliegenden Aufklärungspflicht jedenfalls nicht nach, wenn sie nicht zumindest auf die Einschränkungen hinweist, unter denen auch der Hersteller für die Waren nur werben darf. Denn dieser darf mit dem Umweltzeichen nur in der verliehenen Form werben."[155]

Die Beklagte kommt also der ihr obliegenden Aufklärungspflicht *zumindest* dann nach, wenn sie das Umweltzeichen mit dem Hinweis auf den Verleihungsgrund verwendet[156]. *Mit der Festlegung dieser Mindestanforderung ist aber zugleich auch das erforderliche Höchstmaß an Aufklärung umschrieben.* Es gibt keinen Grund, auch nur einem - nicht unerheblichen - Teil der angesprochenen Verkehrskreise ein Zeichenverständnis zu unterstellen, das eine über die soeben definierte Mindestanforderung hinausgehende, verschärfte Aufklärungspflicht erforderlich machte[157].

---

das Umweltzeichen auch *Büttner*, Kurzkommentar zu BGH, Urt. v. 20.10.1988 - I ZR 219/87, EWiR § 3 UWG 2/89, 299, 300; *Lindacher*, a.a.O. (Fn. 138), 102.

[154] BGHZ 105, 277, 283 - Umweltengel.

[155] BGH a.a.O., 282.

[156] Vgl. auch *Federhoff-Rink*, a.a.O. (Fn. 1), 127.

[157] In diesem Sinne: *von Gamm*, a.a.O. (Fn. 20), 140; *Köhler/Piper*, a.a.O., § 1 Rd. 74; *Baumbach/Hefermehl*, a.a.O., § 1 UWG Rd. 181 a f.; *Stillner*, a.a.O., 48; noch weitergehend offensichtlich *Lindacher*, a.a.O. (Fn. 138), 101. - Auch das jüngste BGH-Urteil zum "Blauen Engel" (BGH GRUR 1994, 523 - Ölbrennermodelle) kommt zu keinem anderen Schluß: Der BGH hatte die vergabekonforme und wahrheitsgemäße Werbeaussage "5 Brennermodelle wurden mit dem 'Blauen Engel' ausgezeichnet" gebilligt, weil die Aussage nicht ausschließe, daß dieselbe Auszeichnung auch Konkurrenzmodellen verliehen worden sei. Stichhaltige Feststellungen, daß der Verkehr der angegriffenen Aussage eine Alleinstellungsbehauptung entnehme - also: die betreffenden Produkte sind im Vergleich und im Wettbewerb mit Konkurrenzprodukten als beste in bezug auf Abgaswerte und Wirkungsgrad ausgezeichnet worden -, habe das Berufungsgericht nicht getroffen. - Wenn aber bereits die zitierte Werbeaussage keine

b) Der "Grüne Punkt"

aa) Vorüberlegungen

Schwierigkeiten einer tatbestandlichen Einordnung bereitet insbesondere die Werbung mit dem sog. *"Grünen Punkt"*. Was genau ist aus Sicht des maßgeblichen Teils der angesprochenen Zeichenadressaten[158] die objektive Aussage dieses Symbols? Insoweit ist von Bedeutung, daß das sog. "Duale System" respektive der "Grüne Punkt" mit der Zeit ihr Aussehen verändert haben:

Zum *einen* wurden die im September 1990 erfolgte Gründung der DSD[159], die ihre Arbeit offiziell zum 1.1.1993 aufnahm[160], sowie die Markteinführung des "Grünen Punktes" von einer beispiellosen bundesweiten Bekanntmachungs- und Einführungswerbung begleitet, die mittlerweile vollständig aus den Medien verschwunden ist. Das rechtstatsächliche verbrauchertypische Verständnis hat sich naturgemäß in der Zeit seit Bekanntmachung des "Grünen Punktes" gebildet und nicht schlagartig zu einem bestimmten Stichtag, so daß sich die Frage stellt, welcher Zeitpunkt zur Bestimmung dieses Verbraucherverständnisses der maßgebende sein soll. Zum *zweiten* hat sich die im Rahmen der Begleitwerbung "versprochene Leistung" der DSD im Laufe der Jahre geändert, genauer: die jeweils gültigen Erfassungs-, Sortierungs- und Verwertungsquoten (vgl. Anhang zu § 6 Abs. 3 VerpackV). Gegenwärtig erbringen die DSD und die ihr angeschlossenen Recyclingunternehmen eine weit umfangreichere Verwertungs- bzw. Entsorgungsleistung als noch in den Jahren 1992 oder 1993, einem Zeitpunkt, zu dem sich das "Duale System" noch im Aufbau befand. Hat sich das mit dem "Grünen Punkt" verbundene Leistungsversprechen der DSD auf den Anfang oder eher auf das Ende dieses Aufbauprozesses bezogen? *Zum dritten* wurde die Einführung des "Grünen Punktes" von einer kritisch-aufmerksamen Öffentlichkeit - Presse, Parteien,

---

Alleinstellungsbehauptung aufstellt, dann wird man *erst recht nicht* dem schlichten - vergabekonformen und wahrheitsgemäßen - Hinweis auf den "Blauen Engel" eine solche Alleinstellungsbehauptung entnehmen können.

[158] Sprich: Jeweils 10-15 % der angesprochenen Verkehrskreise, vgl. oben 1. c) aa) (2).

[159] Das Unternehmen zeichnet für Aufbau und Umsetzung des "Dualen Systems" - also die Erfassung, Sortierung und Verwertung von Verpackungsabfällen neben den bereits vorhandenen Sammel- und Verwertungssystemen der entsorgungspflichtigen Körperschaften (vgl. § 6 Abs. 3 VerpackV v. 12.6.1991, BGBl. I, 1234) - verantwortlich. Der "Grüne Punkt" ziert solche Einwegverpackungen, deren Hersteller bzw. Händler die entsprechende Lizenzgebühr an die *DSD* entrichtet haben und für die sog. "Abnahme- und Verwertungsgarantien" der Verpackungsindustrie vorliegen. Von diesem Verhältnis "Lizenzgeber-Lizenznehmer" - dem "Innenverhältnis" - zu unterscheiden ist das "Außenverhältnis", die Frage also, was Dritte, namentlich die Verbraucher, unter dem "Grünen Punkt" verstehen (dürfen).

[160] Vgl. *Thomé-Kozmiensky*, a.a.O., 129.

Verbänden - verfolgt und kommentiert. Erste Engpässe, Fehlentwicklungen und Skandale ("illegale Müllverschiebung"[161], "Trittbrettfahrer"[162]) wurden umgehend publik gemacht und dürften ihren Eindruck auf den Verbraucher nicht verfehlt haben.

Welches Symbolverständnis soll nun gelten - dasjenige eines quasi unverbildeten, unvoreingenommenen Betrachters, dasjenige nach Kenntnisnahme der Begleitwerbung oder dasjenige nach Kenntnisnahme der kommentierenden Medienarbeit?[163] Wir haben es offenkundig mit zwei sich berührenden Problemfeldern zu tun, mit einem im Laufe der Zeit möglicherweise eingetretenen *Wandel der Verkehrsauffassung*[164] im Hinblick auf die Bedeutung des "Grünen Punktes" [auf der dritten Ebene innerhalb der Prüfung des § 3 UWG, s.o. 1. c)] einerseits und einem nachweislich eingetretenen *Wandel der tatsächlichen Verhältnisse* [auf der vierten Ebene, s.o. 1. d)] andererseits. Dabei soll zunächst die Frage einer Bestimmung der maßgeblichen Verkehrsauffassung von Interesse sein [siehe sogleich bb) und cc)]; inwieweit dagegen die Leistung der DSD hinter dem zurückbleibt, was sie mit dem "Grünen Punkt" verspricht, ist eine Frage der Irreführung, die anschließend zu beantworten ist [dazu unten dd)].

Als *Stichtag* für die Entscheidung, ob - und gegebenenfalls: ab wann - sich die Verkehrsauffassung hinsichtlich der Bedeutung des "Grünen Punktes" gewandelt hat, legt diese Arbeit das (allmähliche) Einsetzen der sog. "Medienschelte" zugrunde: Wenn das durchschnittliche Verbraucherverständnis des "Grünen Punktes" im Vergleich zum Ausgangsverständnis überhaupt eine Abweichung erfahren haben sollte, dann wäre dieser Umstand auf eine Berichterstattung zurückzuführen, die die Aussage(n) des "Grünen Punktes" korrigiert hat. Der Zeitraum "ex ante" [vgl. sogleich bb)] interessiert nicht zuletzt deshalb, weil das gesamte Schrifttum (stillschweigend) diesen den eigenen

---

[161] Unter solchen illegalen Müllexporten ist die vom Regelwerk des "Dualen Systems" nicht gedeckte Verbringung und Beseitigung (Verbrennung, Deponierung) von Verpackungen mit dem "Grünen Punkt" zu verstehen; vgl. dazu die Berichte in: Die Welt Nr. 20 v. 24.1.1996, 12; Die Welt Nr. 149 v. 28.6.1996, 13; SZ Nr. 274 v. 27.11.1996, 3; vgl. auch FAZ Nr. 299 v. 23.12.1996, 11.

[162] Bei diesen handelt es sich um Unternehmen, die das Logo des "Grünen Punktes" verwenden, damit also Leistungen der *DSD* in Anspruch nehmen, ohne die entsprechenden Lizenzgebühren zu entrichten; siehe dazu etwa: FAZ Nr. 196 v. 24.8.1995, 13; Die Zeit Nr. 52 v. 20.12.1996, 18; Focus Nr. 51 v. 16.12.1996, 60 f.; FAZ Nr. 105 v. 7.5.1997, 17.

[163] Ausdrücklich wird die Frage, *wann* der Durchschnittsverbraucher *was* unter dem "Grünen Punkt" verstehen durfte - ab der Markteinführung des "Grünen Punktes" mit Beginn des Jahres 1992, mit Aufnahme der Arbeit seitens der *DSD* am 1.1.1993 oder unter Berücksichtigung erster negativer Schlagzeilen im Laufe des Jahres 1992 - weder im Schrifttum noch vom KG (WRP 1994, 625 - Der Grüne Punkt) diskutiert.

[164] Hierzu *von Gamm*, a.a.O. (Fn. 7), 7. Kap. Rd. 17; *Baumbach/Hefermehl*, a.a.O., § 3 UWG Rd. 40 ff.

Betrachtungen zugrunde legt. Der Zeitraum "ex post" [dazu später cc)] dagegen ist für die Entscheidung über den tatsächlichen Inhalt der ursprünglichen und - eventuell - gewandelten Verkehrsauffassung auch deshalb maßgeblich, weil er zugleich dem prozeßrechtlichen Standpunkt "Tatsachendarstellung zum Schluß der mündlichen Verhandlung" entspricht.

bb) Die maßgebliche Verkehrsauffassung bis zur sog. "Medienschelte" (Erstbedeutung)

Was war die maßgebliche Aussage des "Grünen Punktes" aus der Sicht eines (flüchtigen und unkritischen) Durchschnittskonsumenten bis zum Einsetzen der sog. "Medienschelte", was wurde dem Verbraucher zu Beginn der Einführung des "Grünen Punktes" versprochen?

(1) Zum Erscheinungsbild des "Grünen Punktes" und der Art seiner Verbreitung

Anfänglich begegnete man dem "Grünen Punkt" im wesentlichen auf zweierlei Art und Weise, *zum einen* in Gestalt der Verwendung des Symbols auf den Produktverpackungen selbst, *zum anderen* über Plakatwerbung, die Veröffentlichung ganzseitiger Anzeigenkampagnen in Zeitungen und Zeitschriften sowie die bundesweite Ausstrahlung von Funk- und Fernsehspots, in denen der Rezipient unter dem Motto "Recycling lebt vom Mitmachen" zur aktiven Unterstützung des Recyclingkonzepts "Grüner Punkt" aufgefordert wurde.

Das eigentliche Zeichen - zwei in sich verschlungene grüne Pfeile, die an einen *Kreislauf* erinnern - enthält außer der Formulierung "Der Grüne Punkt" keinen weiteren Zusatz, d.h., es ist aus sich selbst heraus nicht weiter verständlich. Allein schon aus Gründen der Bekanntmachung und der Erklärung dieses neuen Symbols bedurfte es einer langfristig und großflächig konzipierten flankierenden Informationsarbeit[165], ohne die die bundesdeutsche Öffentlichkeit das Symbol entweder schon gar nicht wahrgenommen oder zumindest nicht einmal ansatzweise verstanden hätte. Die Bedeutung dieser Feststellungen kann gar nicht genug betont werden, wird doch in der Diskussion um die wettbewerbsrechtliche Zulässigkeit des "Grünen Punktes" auf allen Seiten mit einem angeblichen Verbraucherverständnis operiert, ohne daß hinreichend geklärt worden wäre, worauf sich dieses Verbraucherverständnis - und damit der maßgebliche Empfängerhorizont - überhaupt stützt.

---

[165] *Graf Lambsdorff*, a.a.O. (Fn. 1), Rd. 11, stellt zu Recht fest, daß die Werbung und Öffentlichkeitsarbeit der *DSD* kaum einem Bundesbürger verborgen geblieben sein kann.

(a) Die "Grüne Punkt"-Entscheidung des KG v. 14.6.1994[166]

Das KG ist der Ansicht, das Zeichen selbst treffe keine Aussage über die Leistungen der DSD und ihre Güte, etwa über die Art der Entsorgung oder den Erfassungsgrad des Systems, sondern sage für den angesprochenen Verkehr lediglich aus, daß das so gekennzeichnete Produkt über das Duale System entsorgt werden könne[167]:

> "Das Zeichen an sich, der 'Grüne Punkt', gibt seinem Inhalt nach keine Hinweis auf eine Güte der Entsorgungsdienstleistung. Eine weitergehende Bedeutung eines Verbandszeichens müßte aber eindeutig aus diesem hervorgehen. Dies wäre etwa der Fall, wenn im verwendeten Signet etwa erklärt wäre: '100% Recycling'."[168]

Dieser Auffassung des KG kann indes nicht gefolgt werden. Daß das Zeichen die Aussage treffen soll - und zwar exakt diese -, daß "(...) das so gekennzeichnete Produkt über das Duale System entsorgt werden (...)" könne[169], kann dem "Grünen Punkt" *selbst* nicht entnommen werden. In diesem Fall müßte, um das KG beim Wort zu nehmen, im verwendeten Symbol etwa "angeschlossen an das *Duale System*" oder dergleichen erklärt sein. Zuzugeben ist dem KG dagegen, daß das Zeichen "Der Grüne Punkt" als solches - bar jedweder ergänzenden Erklärung - keine (anderen) konkreten Aussagen trifft, also auch nicht solche über die Wiederverwertbarkeit der gekennzeichneten Verpackungen.

Das Urteil des KG wirft im übrigen mehr Fragen auf, als es zu beantworten vermag: Eine Beweiserhebung mittels Meinungsumfrage, d.h. die Befragung der Verbraucher danach, ob sie mit dem Zeichen "Der Grüne Punkt" irgendeine besondere Gütevorstellung hinsichtlich der Leistungen der DSD verbinden (Wiederverwertbarkeit, Wiederverwertung der Verpackungen etc.), lehnt das Gericht mit dem Hinweis ab, diese

> "(...) würde gegenwärtig nur darauf hinauslaufen, eine Bejahung dieser Frage nahezulegen. Viele Befragte würden dem Zeichen nach durch eine solche Fragestellung ausgelöstem Nachdenken erstmals eine derartige Aussage zumessen, die ihnen vorher mangels entsprechender auf Durchsetzung von Gütevorstellungen gerichteter Handlungen der Beklagten nicht bewußt war (...)"[170].

---

[166] Der BGH hat mit Beschl. v. 5.4.1995 (I ZR 148/94) die Revision gegen das Urteil des KG (WRP 1994, 625) nicht angenommen, da die Rechtssache keine grundsätzliche Bedeutung habe und die Revision im Ergebnis auch keine Aussicht auf Erfolg hätte.

[167] KG WRP 1994, 625, 627 - Der Grüne Punkt. - Ebenso *Kisseler*, Wettbewerbsrecht und Umweltschutz, WRP 1994, 149, 155.

[168] KG ebenda.

[169] KG ebenda.

[170] KG a.a.O., 628.

Einmal abgesehen davon, daß die Richter des KG kaum vorhersehen können, was die Befragten - mit oder ohne zuvor "ausgelöstem Nachdenken" - auf die Frage nach der individuellen Gütevorstellung antworten würden[171], befremdet es schon sehr, daß es das KG für angebracht hält, eine (hypothetische) Verkehrsauffassung deshalb *nicht* zu berücksichtigen, weil sich der Verkehr dieser Auffassung vor der Befragung "nicht bewußt" gewesen sein soll. Nach dem Motto: Da es nach (nicht weiter begründeter) Ansicht des KG "entsprechender auf Durchsetzung von Gütevorstellungen gerichteter Handlungen" der DSD ermangelt, konnte sich der Verkehr einer derartigen Zeichenaussage schon gar nicht bewußt sein, weshalb eine etwaige Verkehrsbefragung ein auf solche Gütevorstellungen gerichtetes Zeichenverständnis quasi suggerieren und damit erst zur Entstehung bringen würde[172].

Die Entscheidung des KG - ebenso wie zuvor bereits das Urteil des LG Berlin[173] - ruft die Erinnerung an die "normative Kraft des Faktischen" ins Gedächtnis: Um das "Duale System" als solches auf keinen Fall in Frage zu stellen, wurde die Problematik der wettbewerbsrechtlichen Zulässigkeit des "Grünen Punktes" nur oberflächlich behandelt, unter Verzicht auf eine ange-

---

171 Kritisch auch *Strecker*, a.a.O. (Fn. 19), 2302. - Tatsächlich hat eine Umfrage zu Beginn des Monats September 1991 ergeben, daß von 1002 repräsentativ ausgewählten Befragten 70 % überhaupt noch nichts von dem "Grünen Punkt" gehört hatten, während die überwiegende Mehrheit der verbleibenden 30 % alles andere als dezidierte Gütevorstellungen mit dem Umweltzeichen verbanden. Lediglich ca. 2 % nannten das Merkmal "recyclingfähige Verpackungen" und 3 % das Merkmal "recyclingfähige Produkte", vgl. *Mattmüller/Trautmann*, a.a.O., 149 f. - Eine solche Umfrage zu Beginn der Einführungswerbung besagt indes noch nichts darüber, wie die entsprechende Verkehrsauffassung etwa ein Jahr später beschaffen gewesen ist.

172 Das LG Berlin ZUR 1993, 175 - Der Grüne Punkt, hat in seinem Ausgangsurteil zwar ebenfalls auf eine Beweiserhebung, etwa durch ein Meinungsforschungsgutachten, verzichtet. Gleichwohl hat das LG Berlin aber wenigstens hilfsweise den Fall erwogen, daß "(...) eine größere Anzahl von Verbrauchern bereits jetzt die Erwartung hat, es werde sämtlicher in die sogenannten gelben Tonnen eingeworfene Kunststoffverpackungsmüll recycelt (...)." Für diesen Fall hat das Gericht auf der Stufe der *Interessenabwägung* - auf einer ausschließlich normativen Ebene also - eine Irreführungsgefahr verneint, und zwar mit der Begründung, daß im Hinblick auf die Aufbauphase, in der sich das Duale System befinde, ein weniger strenger Maßstab hinsichtlich der Relevanz eines Prozentsatzes von in ihren Erwartungen getäuschten Verbrauchern anzulegen sei. Es sei gerade auch im Interesse der Verbraucher, eine Interessenabwägung vorzunehmen zwischen dem Interesse, nicht in geweckten Erwartungen getäuscht zu werden und dem ebenso vorhandenen Interesse der Verbraucher an einem funktionierenden Entsorgungs- und Wiederverwertungssystem. Eine vollständige Aufklärung der Verbraucher über die Einzelheiten, insbesondere die gestaffelten Anforderungen an das zu errichtende Entsorgungssystem in der Einführungsphase, erscheine nur schwer möglich. Es müsse daher hingenommen werden, wenn in der Aufbauphase dieses alternativen Entsorgungsystems möglicherweise eine Anzahl von Verbrauchern Fehlvorstellungen unterliege (a.a.O., 176 f.). - Vgl. hierzu unten *Fünfter Teil*, B. I. und C. I. 4.

173 In diesem Sinne auch *Becker-Schwarze/Schnieders*, a.a.O., 177.

messene Beweiserhebung und unter vollständiger Nichtberücksichtigung der Einführungswerbung; offenkundig hat im Fall des "Grünen Punktes" das Ziel den Weg vorgegeben.

(b) Das Verbraucherverständnis des "Grünen Punktes" aus Sicht der Literatur

Auch im - keinesfalls nur juristischen - Schrifttum zum "Grünen Punkt" wird wie selbstverständlich von einer bestimmten Bedeutung des "Grünen Punktes" aus Konsumentensicht ausgegangen, ohne diese näher zu begründen:

Zunächst einmal bestehe die Gefahr, daß der Verbraucher den "Grünen Punkt" mit dem "Blauen Engel" verwechsele oder für ein staatlich vergebenes Umweltzeichen halte[174]. Der Zeitpunkt, zu dem das "Duale System" seine Arbeit aufnehme, sei dem "Grünen Punkt" nicht zu entnehmen[175]; obwohl das "Duale System" erst mit dem 1.1.1993 zu arbeiten begonnen habe, seien bereits vor dem 1.1.1993 Verpackungen mit dem "Grünen Punkt" gekennzeichnet worden, ohne daß diese in den vom "Dualen System" vorgesehenen Wiederverwertungsvorgang gelangten[176]. Möglicherweise werde von den Verbrauchern angenommen, die gekennzeichneten Produkte seien gegenüber den (nicht mit dem "Grünen Punkt" versehenen) Mehrwegverpackungen unter Umweltschutzaspekten vorzugswürdig[177]. Auch über das "Ausmaß der mit der stofflichen Wierderverwertung verbundenen ökologischen Vorteile" kämen Irreführungen in Betracht[178]. Der Verbraucher nehme möglicherweise an, der *Gebrauch* der verpackten Ware schone die Umwelt oder die Herstellung der Ware sei auf besonders umweltfreundliche Weise erfolgt[179]. Alle diese Überlegungen haben indes rein hypothetischen Charakter, solange man ihren Anknüpfungspunkt ausschließlich in dem Symbol des "Grünen Punktes" erblickt - weder das "Duale System" noch die angestrebte stoffliche Wiederverwertung sind Gegenstand des Zeichens oder werden von diesem auch nur angedeutet.

---

[174] *Thomé-Kozmiensky*, a.a.O., 125; vgl. auch *Cordes*, a.a.O., 138; *Wenke*, a.a.O., 99.

[175] *Lappe*, a.a.O. (Fn. 30), 1663; *Thomé-Kozmiensky*, a.a.O., 129; *Cordes*, a.a.O., 140.

[176] *Thomé-Kozmiensky*, a.a.O., 129; vgl. auch *Strecker*, Der "Grüne Punkt" - ein Fragezeichen?, BB 1993, 743, 744.

[177] *Thomé-Kozmiensky*, a.a.O., 132; ebenso *Strecker*, a.a.O. (Fn. 176), 745; *Cordes*, a.a.O., 139; *Mattmüller/Trautmann*, a.a.O., 149; vgl. insoweit auch den Entwurf einer Mustervereinbarung zwischen der *DSD* und dem Bayerischen Städtetag, SZ Nr. 50 v. 29.2./1.3.1992, 23.

[178] *Cordes*, a.a.O., 139.

[179] *Lappe*, a.a.O. (Fn. 30), 1663. - Ihm folgend: *Thomé-Kozmiensky*, a.a.O., 127; *Cordes*, a.a.O., 139.

Selbstverständlich sind im Falle des "Grünen Punktes" Formulierung, Farbgebung und Kreislaufmotiv ganz bewußt gewählt worden, um den fraglichen Umweltbezug möglichst stark hervorzuheben. Bereits durch die Wortwahl "Grüner Punkt", so Lappe, werde bei den Verbrauchern die Vorstellung einer besonderen Umweltfreundlichkeit der gekennzeichneten Produkte angeregt, da sich die Farbe "Grün" längst als Synonym für Umwelt- und Naturfreundlichkeit etabliert habe. Diese Vorstellung werde optisch durch die regelmäßig grüne Farbgestaltung des Zeichens unterstützt[180]. Damit zählt der "Grüne Punkt" zu den typischen Umweltzeichen, auch wenn dieser weder ausdrücklich als Umweltzeichen tituliert wird noch etwa die Begriffe "Umwelt" oder "umweltfreundlich" in Verbindung mit dem "Grünen Punkt" Erwähnung finden[181]. Zuzugeben ist daher der Literaturmeinung, daß allein durch Farbgebung und Wortwahl beim Verbraucher der Eindruck einer nicht näher konkretisierten, ungefähren Umweltfreundlichkeit der mit dem "Grünen Punkt" versehenen Ware (genauer: Verpackung) erweckt wird[182]. Das Zeichen als solches konkretisiert indes den angedeuteten Umweltbezug in keiner Weise. Wenn die Öffentlichkeit mit dem "Grünen Punkt" mittlerweile überhaupt eine konkrete Vorstellung verbindet, dann ist dieser Umstand *allein auf die begleitenden Medieninitiativen zurückzuführen*[183].

Zwar wird dieser Umstand im Schrifttum durchweg mit Stillschweigen übergangen. Genau besehen verbleibt aber gar keine andere Möglichkeit, als eben doch auf die begleitende Kommunikationspolitik der DSD zurückzugreifen, will man dem "Grünen Punkt" die Aussage "Recyclingfähigkeit"[184] bzw. "Wiederverwertung"[185] entnehmen. Auch seitens der *Politik* wird im übrigen

---

[180] *Lappe*, ebenda. - Ihm folgend: *Strecker*, a.a.O. (Fn. 176), 745; *Cordes*, a.a.O., 138.

[181] *Thomé-Kozmiensky*, a.a.O., 126; ebenso *Graf Lambsdorff*, a.a.O. (Fn. 1), Rd. 11.

[182] So auch *Thomé-Kozmiensky*, a.a.O., 125; *Beckmann*, a.a.O., 76, während *Cordes*, a.a.O., 138, *Strecker*, a.a.O. (Fn. 176), 745, und *Lappe*, a.a.O. (Fn. 30), 1662, sogar von einer aus Verbrauchersicht *besonderen* Umweltfreundlichkeit sprechen; a.A.: *Graf Lambsdorff*, a.a.O. (Fn. 1), Rd. 12; *Gornig/Silagi*, Vom Ökodumping zum Ökoprotektismus, EuZW 1992, 753, 754.

[183] Wie hier auch *Lappe*, a.a.O. (Fn. 30), 1662; ferner *Graf Lambsdorff*, a.a.O. (Fn. 1), Rd. 12, der auf die umfangreichen Aufklärungskampagnen der *DSD* verweist, um im Anschluß daran freilich zu dem - tatsächlich falschen - Ergebnis zu gelangen, die *DSD* habe "(...) keinen Zweifel an der Vorläufigkeit des Systems und dem vorbereitenden Charakter ihrer Bemühungen gelassen."

[184] So: *Gornig/Silagi*, a.a.O., 754; *Graf Lambsdorff*, a.a.O. (Fn. 1), Rd. 11; *Wenke*, a.a.O., 98; *Füger*, a.a.O., 267; *Runge*, Bonner Mogelpackung?, Politische Ökologie, 1992 Nr. 26, 14, 16; vgl. auch *Mattmüller/Trautmann*, a.a.O., 150.

[185] So: *Philipp*, Duales System, Rücknahmepflicht und Pfandregelung, Diss. rer. pol. Mainz 1993, 41; *Thomé-Kozmiensky*, a.a.O., 127, 132; *Cordes*, a.a.O., 137, 139; *Lappe*, a.a.O. (Fn. 1), 9 f., 77; *Strecker*, a.a.O. (Fn. 176), 744; *ders.*, a.a.O. (Fn. 19), 2302; *Wenke*, a.a.O., 98; *Füger*, a.a.O., 267; *Wagner/Vogel*, Das "Duale System" als Herausforderung für die Entsorgungswirtschaft, in: *von Hauff/Schmid* (Hrsg.), Ökonomie und

immer wieder der Vorwurf erhoben, die Kennzeichnung mit dem "Grünen Punkt" sei irreführend, weil nicht alle Verpackungen wiederverwertet würden[186] bzw. schon gar nicht tatsächlich wiederverwertbar seien[187]. Die Frage, woher der Verbraucher eigentlich wissen soll, daß alle gekennzeichneten Verpackungen wiederverwertbar sein und wiederverwertet werden sollen, wird allerdings auch von der Politik nicht beantwortet.

Das Schrifttum bietet ein widersprüchliches Bild: Auf der einen Seite plädiert es dafür, den "Grünen Punkt" im Sinne von "Wiederverwertbarkeit", "Wiederverwertung", "besondere Umweltfreundlichkeit" usw. zu interpretieren, auf der anderen Seite vermeidet es aber jede Aussage darüber, worauf sich ein solches tatsächliches Symbolverständnis denn eigentlich stützen soll. Entweder wird der "Grüne Punkt" isoliert betrachtet - dann ist sein Aussagewert gleich Null - oder aber unter Rückgriff auf die Einführungswerbung der DSD. Wenn man den Aussagewert des "Grünen Punktes" indes nicht von vornherein auf Null reduzieren will, kommt man nicht umhin, auf andere, außerhalb des eigentlichen Zeichens liegende Umstände zur Zeichenauslegung, also zur Ermittlung der im Hinblick auf die Bedeutung des "Grünen Punktes" relevanten Verkehrsauffassung zurückzugreifen[188]:

Ökologie, 1992, 219, 229; *Beckmann*, a.a.O., 76; vgl. auch *Strecker/Berndt*, Kommentar zur Verpackungsverordnung, 1992, 2.7 zu § 6.

[186] Siehe etwa die Stellungnahme der Umweltminister und -senatoren der Bundesländer aus dem Jahr 1992. Diese hatten von der *DSD* verlangt, nur noch solche Verpackungen mit dem "Grünen Punkt" auszuzeichnen, die auch tatsächlich wiederverwertet würden, vgl. SZ Nr. 125 v. 1.6.1992, 23; vgl. auch die Kritik des badenwürttembergischen Umweltministers *Schäfer*, SZ Nr. 191 v. 21.8.1995, 17.

[187] Vgl. die Äußerungen der schleswig-holsteinischen Umweltministerin *Edda Müller* und des umweltpolitischen Sprechers der SPD-Bundestagsfraktion *Michael Müller*, FAZ Nr. 158 v. 11.7.1995, 13; ferner Die Welt Nr. 177 v. 31.7.1996, 2; s.a. das Interview mit dem bayerischen Umweltminister *Gauweiler*, SZ Nr. 106 v. 10.5.1993, 34.

[188] Auch dem LG Berlin (ZUR 1993, 175, 177 - Der Grüne Punkt) ist eine widersprüchliche Sichtweise zu attestieren, wenn auch in einem anderen Sinne: Auf der einen Seite untersagte das Gericht nämlich der *DSD* aus Gründen der Irreführung (§ 3 UWG), in einer Broschüre die Behauptung aufzustellen, der "Grüne Punkt" garantiere die vollständige Rückführung von Kunststoffverkaufsverpackungen in den Produktionskreislauf, soweit diese Materialien getrennt vom Hausmüll eingesammelt werden. Auf der anderen Seite unterließ es das Gericht aber, die Frage zu stellen, inwieweit Broschüren und sonstige Werbebehauptungen dieser Art nicht längst in das durchschnittliche Symbolverständnis der Verbraucherschaft Eingang gefunden haben; die Feststellung, daß die konkrete Broschüre "den Mitgliedern der Kammer bisher nicht bekannt gewesen (ist)" (a.a.O., 176), genügt jedenfalls nicht.

(2) Die Zurechenbarkeit der sog. "Einführungswerbung" für den "Grünen Punkt"

Der Aufdruck des Zeichens auf der einzelnen Verpackung läßt sich, gerade aus Sicht des Konsumenten, ohne weiteres dem jeweiligen Hersteller zurechnen. Wie aber verhält es sich mit der *begleitenden Kommunikationspolitik*, für die ausdrücklich die DSD verantwortlich zeichnet? Kann man eine Trennung vornehmen, derzufolge die Zeichenverwendung einzig eine Sache des Unternehmens, die darüber hinausgehende Aufklärung der Öffentlichkeit über die Bedeutung dieses Symbol aber allein der DSD zuzuschreiben ist? Das KG meint, der "Grüne Punkt" beinhalte als eingetragenes Verbandszeichen von Haus aus keinen Hinweis auf Gütemerkmale der Leistung[189]. Nur auf Grund besonderer Umstände könne

> "(...) sich im Einzelfall im Verkehr die Vorstellung bilden, daß die mit einem Zeichen vertriebenen Dienstleistungen eine bestimmte Beschaffenheit oder Güte aufweisen (...)."[190]

Daß *besondere Umstände* im Fall des "Grünen Punktes" vorliegen könnten, wird vom KG, offensichtlich mangels eines entsprechenden klägerischen Vortrages, nicht erwogen, daß solche Umstände in der *massiven bundesweiten* Einführungswerbung gesehen werden könnten, schon gar nicht. Zwar ergänzt das KG an anderer Stelle:

> "Um ausnahmsweise Gütevorstellungen zugunsten des Verbandszeichens "Grüner Punkt" durchzusetzen, (...), bedürfte es der steten Wiederholung des Einwirkens auf den Endverbraucher über die Verbreitung einer Broschüre hinausgehend, wie sie Gegenstand des erstinstanzlichen Verfahrens gewesen ist."[191]

Weder im Ausgangs- noch im Berufungsverfahren wurde aber die Frage diskutiert, inwieweit in der überregionalen, flächendeckenden, multimedialen (Rundfunk, Fernsehen, Zeitungen, Zeitschriften, Plakatwände, Werbebroschüren), langfristig konzipierten Einführungswerbung eine *stete Wiederholung des Einwirkens auf den Endverbraucher* zu sehen ist. Indes: Aus wirtschaftstatsächlicher Perspektive besehen muß die Kommunikationspolitik der DSD zum Verständnis des "Grünen Punkts" herangezogen werden[192]. Wenn man von besonderen Umständen sprechen kann, die im Wege einer steten Wiederholung des Einwirkens auf den Endverbraucher zu einer Erstbedeutung im Sinne einer bestimmten Gütevorstellung geführt haben, dann in bezug auf die - in nichts mit der gewöhnlichen, produktbezogenen Bekanntmachungswer-

---

189 KG WRP 1994, 625, 627 - Der Grüne Punkt.

190 KG ebenda.

191 KG a.a.O., 628.

192 In diesem Sinne auch *Strecker*, a.a.O. (Fn. 176), 744.

bung eines Markenherstellers vergleichbaren - DSD-Medienaktivitäten, mag man diese nun als Werbung oder als Öffentlichkeitsarbeit bezeichnen[193].

Die Einführungswerbung der DSD ist bei der Ermittlung der Erstbedeutung des "Grünen Punktes" zu berücksichtigen. Letztlich verfährt auch das KG nicht anders: Es beruft sich nämlich darauf, daß der Kläger im Berufungsverfahren, ein Verbraucherschutzverband, "für den typischen Verbraucher" stehe, der der "Medienschelte am Dualen System" erliege. Dieser typische Verbraucher glaube nicht, daß das Duale System in der Lage sei, seine Leistungen zu erbringen, was Irreführungen ausschließe[194]. Ergo: Das typische Verbraucherverständnis des "Grünen Punktes" läßt sich, was auch gar nicht bestritten wird, nicht allein und ausschließlich aus dem Symbol als solchem ableiten. Warum indes die Medienschelte - die kritische Berichterstattung in der Öffentlichkeit - in tatsächlicher Weise verständnisfördernd gewertet werden soll, die alles andere als kritische Einführungs- und Begleitwerbung der DSD hingegen nicht, läßt sich aus rechtstatsächlicher Sicht nicht begründen.

(3) Schlußfolgerungen

Worin besteht aber nun aus Verbrauchersicht die eigentliche inhaltliche Erstbedeutung des Symbols "Grüner Punkt"? *Erstens*: Das jeweils mit dem

---

[193] Es gibt Anzeigen, in denen sich die *DSD* ausdrücklich an den "Bürger" wendet und die Formulierung "Verbraucher" vermeidet, so daß man den Eindruck gewinnen könnte, es handele sich um eine Public-Relations-Maßnahme; vgl. auch *Graf Lambsdorff*, a.a.O. (Fn. 1), Rd. 11 f. Tatsächlich sah sich die *DSD* infolge von Berichten über illegale Müllverschiebungen nach Frankreich, bei denen auch Kunststoffverpackungen mit dem "Grünen Punkt" exportiert wurden, veranlaßt, bei der bundesdeutschen Bevölkerung, die das Duale System durch die Sammlung der entsprechenden Verpackungen ja aktiv unterstützen soll, um Vertrauen für die zugrundeliegende Konzeption und deren praktische Durchführung zu werben. Man mag diese Form der Vertrauensbildung als einen typischen Fall von Öffentlichkeitsarbeit verstehen, soweit sie sich an die bundesdeutsche Bevölkerung als solche gerichtet hat und nicht etwa an den potentiellen Verbraucher. - Im Ergebnis wird man im Fall des "Grünen Punktes" kaum zwischen *Werbung* und klassischer, ausschließlich auf Vertrauensbildung zielender *Öffentlichkeitsarbeit* differenzieren können. Nicht zuletzt deswegen kennzeichnet die *DSD* ihre Kommunikationsstrategie selbst mit dem Stichwort "integrierte Kommunikation": Für die "Vernetzung von Werbung und Öffentlichkeitsarbeit" sei ein Konzept entwickelt worden, das die Vermittlung einer einheitlichen Botschaft sicherstelle; vgl. *DSD* (Hrsg.), Die Informationsbroschüre, o.J., 20. - Einer solchen Perspektive, die Zeichennutzung und sonstige Medienaktivitäten in einem Kontext sieht, entspricht auch das gemeinsame Interesse, welches die rund 550 als Gesellschafter an der *DSD* beteiligten Unternehmen aus Handel, Konsumgüter- und Verpackungsindustrie - vgl. *DSD* (Hrsg.), Geschäftbericht 1996, 77 ff. (Stand: 31.12.1996) - am Absatz der mit dem Umweltsymbol ausgezeichneten Produkte haben.

[194] KG WRP 1994, 625, 628 - Der Grüne Punkt.

"Grünen Punkt" ausgezeichnete Verpackungsmaterial ist *wiederverwertbar*[195]. Dieser Eindruck ergibt sich zum einen aus diversen Anzeigen, in denen die DSD von "verwertbaren" oder "wiederverwertbaren" Verpackungen spricht[196]. Das Leitmotiv "Recycling lebt vom Mitmachen" setzt im übrigen voraus, daß die entsprechende Verpackung einer Wiederverwertung überhaupt zugänglich, also "recyclingfähig" (sprich: "wiederverwertbar") ist. In einer Werbeschrift erklärt die DSD überdies ausdrücklich, der "Grüne Punkt" bescheinige der Verpackung, daß deren Material wiederverwertbar sei[197].

Zweitens besagt das Umweltzeichen der DSD, daß die mit dem "Grünen Punkt" ausgezeichneten Verpackungen auch *tatsächlich wiederverwertet werden*[198], *falls diese getrennt vom Hausmüll - regelmäßig in einer sog. "Gelben Tonne" - eingesammelt werden*[199]. Die beiden ineinander verschlungenen grünen Pfeile lassen sich auf dem Hintergrund der Einführungswerbung unschwer als ein Symbol für den angestrebten und allgemein wünschenswerten Materialkreislauf interpretieren[200]. Das Funktionieren eines solchen Packmittelkreislaufes setzt aber neben der theoretischen Möglichkeit einer Wiederverwertung auch die tatsächliche Sammlung, Sortierung und stoffliche Verwertung des wiederverwertbaren Materials voraus. Das Kreislaufsymbol "Der Grüne Punkt" verspricht nicht etwa nur einen Anfang - sozusagen die ersten 90° oder 120° des durch die beiden Pfeile gebildeten Kreises -, sondern signalisiert bereits das Ziel des vom DSD unter dem Motto "Verpackungen sind Rohstoff" propagierten Recyclingkonzepts: Die Vermeidung von Verpak-

---

[195] Wie hier, wenn auch nur im Ergebnis: *Graf Lambsdorff*, a.a.O. (Fn. 1), Rd. 11; *Wenke*, a.a.O., 98; *Gornig/Silagi*, a.a.O., 754; *Füger*, a.a.O., 267; *Runge*, a.a.O., 16; *Wicke*, Umweltökonomie, 1993, 278; *Römer/Feld*, Einstieg in die ökologische Kreislaufwirtschaft: Recycling am Beispiel des Dualen Systems Deutschland, in: *Bartel/Hackl* (Hrsg.), Einführung in die Umweltpolitik, 1994, 199, 207.

[196] Siehe die Beispiele in *DSD* (Hrsg.), Die Informationsbroschüre, o.J., 20 f., z.B.: "Er (scil. der 'Grüne Punkt') kennzeichnet Verpackungen, deren Material wiederverwertbar ist." - Vgl. auch *Lappe*, a.a.O. (Fn. 30), 1662.

[197] *DSD* (Hrsg.), Ein Zeichen für den Wertstoffkreislauf, o.J., 2.

[198] Im Ergebnis ebenso, wenn auch ohne nähere Begründung, *Lappe*, a.a.O. (Fn. 30), 1662, wonach der "Grüne Punkt" "(...) den Verbrauchern die Zugehörigkeit der gekennzeichneten Produkte zum Dualen System und damit eine innerhalb des Systems stattfindende stoffliche Wiederverwertung der Produktverpackungen signalisieren soll." - Vgl. ferner die Nachweise oben Fn. 185.

[199] Diese Feststellung findet sich expressis verbis in der oben zitierten Werbeschrift der *DSD* (Hrsg.), a.a.O. (Fn. 197), 2. - Die Verwendung des "Grünen Punktes" ist insgesamt nicht einheitlich. Es gibt - seltene - Fälle, in denen sich auf der Verpackung neben dem "Grünen Punkt" noch erläuternde Angaben zur Bedeutung des Symbols finden, wobei nicht wenige Unternehmen die zweite Aussage des "Grünen Punktes" gar nicht erst in ihre Werbung aufnehmen, sondern allein mit der "Recyclingfähigkeit" der Verpackung werben (z. B.: "Wiederverwertbare Verpackung. Sie besteht aus Rohstoffen, die recycled werden können. Die Garantie dafür ist 'DER GRÜNE PUNKT'").

[200] *Strecker*, a.a.O. (Fn. 176), 743 ff.; *Lappe*, a.a.O. (Fn. 30), 1663.

kungsabfall durch eine konsequente Wiederverwertung von Verpackungsmaterialien[201]. Daß der "Grüne Punkt" nicht allein die Wiederverwertbarkeit von Packmitteln, sondern auch deren tatsächliche Wiederverwertung in Aussicht stellt, belegt nicht zuletzt das Leitmotiv der DSD-Werbung "Recycling lebt vom Mitmachen". Dieser vielen Zeitungsannoncen und Plakatanzeigen vorangestellte Satz nennt zugleich auch die Bedingung, unter welcher das Konzept der DSD überhaupt nur funktionieren kann - die "haushaltsnahe" Sammlung mit dem "Grünen Punkt" gekennzeichneter Verpackungen durch den Verbraucher *zum Zwecke ihrer anschließenden stofflichen Verwertung*[202].

Nicht gefolgt werden kann hier den Ausführungen Graf Lambsdorffs, soweit es um den Inhalt der von ihm so bezeichneten "umfangreichen Aufklärungskampagnen" der DSD, d.h. der begleitenden Einführungswerbung geht[203]. Die DSD, so Graf Lambsdorff, habe

> "(...) zum einen in der Öffentlichkeitsarbeit keinen Zweifel an der Vorläufigkeit des Systems und dem vorbereitenden Charakter ihrer Bemühungen gelassen. Zum anderen wird nach Schaffung eines flächendeckenden (nicht notwendig 100 % vollständigen) Entsorgungsnetzes der 'Grüne Punkt' genau das bringen, was er jetzt für die Zukunft verspricht, eine getrennte Erfassung der verschiedenen Verpackungsmaterialien."[204]

Diese Darstellung entspricht nicht den Tatsachen. Vielmehr verhielt es sich so, daß die DSD (bzw. die sie tragenden Unternehmen) im Rahmen der von ihr zu verantwortenden Einführungswerbung alles andere als Zweifel an der Zulänglichkeit des von ihr getragenen "Dualen Systems" genährt hat. Erst nach Bekanntwerden von Entsorgungsproblemen sah sich die DSD zu einer offensiven Informationspolitik veranlaßt[205], freilich ohne die genannten Werbeäußerungen und -slogans zu widerrufen oder auch nur zu relativieren[206].

---

201 In diesem Sinne auch *Strecker*, a.a.O. (Fn. 176), 744 f., der noch einen Schritt weitergeht. Seiner Ansicht nach beschreibt die *DSD* in ihrer Medienwerbung das Zeichen als Ausdruck des Materialkreislaufs durch Sammlung, stoffliche Verwertung und *Wiederverwendung* für das gekennzeichnete Objekt.

202 Siehe auch das Beispiel in *DSD* (Hrsg.), a.a.O. (Fn. 196), 21.

203 *Graf Lambsdorff*, a.a.O. (Fn. 1), Rd. 12.

204 *Graf Lambsdorff*, ebenda.

205 Vgl. etwa die ganzseitige Antwort der *DSD* auf den Vorwurf illegaler Müllverschiebung, Die Zeit Nr. 38 v. 11.9.1992, 17; zu diesen Vorwürfen rückblickend etwa *Brendel*, Schmutzige Geschäfte, Greenpeace Magazin 1993 Nr. 1, 47; *o.V.*, Recycling ist nur der zweitbeste Weg, Der Spiegel Nr. 25 v. 21.6.1993, 34, 40 f., 48; *Thomé-Kozmiensky*, a.a.O., 96 m.w.N.

206 Beispielhaft ist die Anzeige in Die Zeit Nr. 38 v. 11.9.1992, 17, mit der Überschrift "Recycling: *Wir stehen zu unserem Wort*" und folgendem Text: "Verpackungen sollen nicht mehr als Abfall enden. Darum wird zur Zeit in ganz Deutschland die Sammlung gebrauchter Verpackungen eingeführt (...). Darum kümmert sich unsere Gesellschaft, das Duale System Deutschland. (...) *Die gesammelten Verpackungen*

Dieses Auslegungsergebnis - also: "Wiederverwertbarkeit" und tatsächliche "Wiederverwertung" der mittels der (dem Sinn des § 3 UWG entsprechenden) Angabe "Der Grüne Punkt" gekennzeichneten Verpackung - wird im übrigen bestätigt, wenn man sich etwas eingehender mit den entsprechenden (dem Verbraucher nur in den allerseltensten Fällen bekannten) Rechtsgrundlagen des "Dualen Systems" beschäftigt. Nach § 6 Abs. 1, 1a und 2 VerpackV[207] sind Hersteller und Vertreiber von *Verkaufs*verpackungen verpflichtet, diese nach Gebrauch vom Endverbraucher kostenlos zurückzunehmen und "einer erneuten Verwendung oder einer stofflichen Verwertung außerhalb der öffentlichen Abfallentsorgung zuzuführen" (§ 6 Abs. 2 S. 1 VerpackV). Diese Verpflichtungen entfallen gem. § 6 Abs. 3 S. 1 VerpackV für solche Hersteller und Vertreiber, die sich an einem System beteiligen, das flächendeckend eine regelmäßige Abholung gebrauchter Verkaufsverpackungen beim Endverbraucher oder in seiner Nähe in ausreichender Weise gewährleistet *und* die im Anhang zur VerpackV genannten Anforderungen erfüllt. Diesen Anforderungen zufolge hat das System sicherzustellen, daß die Verpackungen nach genau bestimmten Mindestquoten tatsächlich erfaßt, in stofflich verwertbarer Qualität aussortiert und *einer stofflichen Verwertung zugeführt* werden. Zur Umsetzung dieses Systems wurde 1991 die DSD gegründet. Um den "Grünen Punkt" auf der jeweiligen Verpackung verwenden zu können, müssen zwei Voraussetzungen erfüllt sein. Zum einen muß der jeweilige Hersteller bzw. Händler der zu verpackenden Ware, in bestimmten Fällen auch der Verpackungshersteller, als Zeichennehmer mit der DSD (Zeichengeber) einen Vertrag über die Nutzung

---

werden sortiert und der Verwertung zugeführt. So schreibt es die Verpackungsverordnung vor. Eine schwere Aufgabe für alle Beteiligten, bei der neben Erfolgen auch mit Rückschlägen zu rechnen war. Ein solcher Rückschlag war die illegale Verschiebung von Müll nach Frankreich, von der auch Kunststoffverpackungen mit dem Grünen Punkt betroffen waren. Mittlerweile werden mit unserer Unterstützung die Vorfälle aufgeklärt und die Verantwortlichen zur Rechenschaft gezogen. (...)" (Hervorhebungen vom Verfasser hinzugefügt).

[207] Zu Fragen der VerpackV grundsätzlich: *Rummler/Schutt*, Verpackungsverordnung, 1991; *Strecker/Berndt*, Kommentar zur Verpackungsverordnung, 1992; *Schmeken/Schwade*, Verpackungsverordnung, 1991; *Scholz/Aulehner*, Grundfragen zum Dualen System, BB 1993, 2250 ff.; *Flanderka*, Grundfragen zur Verpackungsverordnung: Anwendungsbereich und Gestaltungsmöglichkeiten, BB 1992, 1574 ff.; *Thomé-Kozmiensky*, a.a.O., 23 ff.; *von Gamm*, a.a.O. (Fn. 19), 133 ff.; *Philipp*, a.a.O., 28 ff.; *Staudt/Kunhenn/Schroll/Interthal*, Die Verpackungsverordnung, 1997, passim. - En détail: *Versteyl*, Die Verpackungsverordnung - Anfang vom Ende der Wegwerfgesellschaft?, NVwZ 1991, 848 ff.; *Fluck*, Ausgewählte Rechtsfragen der Verpackungsverordnung, DB 1992, 193 ff., DB 1993, 211 ff.; *Flanderka/Winter*, Die Rücknahmepflicht von Transportverpackungen nach der Verpackungsverordnung, BB 1992, 149 ff.; *Strecker*, Folgen der Rücknahmepflicht für Umverpackungen ab 1.4.1992, BB 1992, 1152 ff.; *ders.*, Transport- und Umverpackungen aus Sicht der Verpackungsverordnung, BB 1991, 1499 f.; *ders.*, Transport- und Umverpackungen aus neuer Sicht der VerpackV, BB 1994, 880 f.

des Zeichens "Der Grüne Punkt" abschließen und eine entsprechende Lizenzgebühr entrichten[208]. Zusätzlich zu diesem Zeichennutzungsvertrag bedarf es noch einer sog. "Abnahme- und Verwertungsgarantie", durch welche sich der Garantiegeber - das sind eigens hierzu gegründete Gesellschaften der Verpackungsindustrie - der DSD gegenüber verpflichten, die hergestellten Verpackungsmaterialien zurückzunehmen und *stofflich zu verwerten*; die Garantiegeber haben ihrerseits die Packmittelhersteller verpflichtet, für die Verwertung zu sorgen[209]. Mit anderen Worten: Durch die "Abnahme- und Verwertungsgarantie" ist

> "(...) sichergestellt, daß nur Verpackungen, die für ein Recycling geeignet und für die tatsächlich Recyclingmöglichkeiten gegeben sind, mit der Kennzeichnung versehen werden können."[210]

Fassen wir zusammen: Der "Grüne Punkt" signalisiert dem Verbraucher ohne Wenn und Aber, daß die gekennzeichnete Verpackung wiederverwertet werden kann und auch tatsächlich wiederverwertet wird. Anders als im Fall des "Blauen Engels" ergibt sich diese zeichenimmanente, verkehrstypische Bedeutung nicht aus dem Symbol selbst, sondern erst im Rückgriff auf die begleitende Einführungswerbung. Der "Grüne Punkt" wird allgemein[211] als ein Symbol verstanden, das den Gedanken des Wertstoffkreislaufes, namentlich der Wiederverwertung von Verpackungen, verkörpert. "Recycling" und "Wiederverwertung" werden dabei gleichgesetzt, unabhängig davon, daß der Begriff der Wiederverwertung in den Wissenschaften eine Differenzierung erfährt[212].

---

[208] Vgl. *DSD*, a.a.O. (Fn. 196), 9. - Dieses Nutzungsrecht umfaßt auch das Recht, "(...) Abbildungen der mit dem Zeichen 'Der Grüne Punkt' gekennzeichneten Verpackungen in der Werbung zu verwenden", vgl. § 1 Abs. 3 des Zeichennutzungsvertrages für das Zeichen "Der Grüne Punkt" in der Fassung v. 5.9.1994.

[209] *DSD*, a.a.O. (Fn. 196), 5 f., 16.

[210] *Rummler/Schutt*, a.a.O., 40.

[211] Eine nähere Beschäftigung mit der Frage, wieviel % der angesprochenen Verkehrskreise ein solches Angabenverständnis besitzen, ist nicht notwendig - daß es sich um weit mehr als 10-15 % handeln muß, steht angesichts der Massivität der Einführungwerbung außer Frage. Das hier zugrundegelegte Angabenverständnis ist also das für die Feststellung der wettbewerbsrechtlichen Zulässigkeit der "Grünen Punktes" maßgebliche Zeichenverständnis, diese subjektiv-eindeutige Verständnisvariante muß mit der eindeutigen Wirklichkeit übereinstimmen, und zwar unabhängig von anderen - denkbaren - subjektiv-eindeutigen Verständnisvarianten, vgl. oben 1. d) aa) (1).

[212] Vgl. auch *Füger*, a.a.O., 267 Fn. 74, der darauf verweist, daß es sich bei der *einmaligen* Wiederverwertung von Kunst- und Verbundstoffen nicht um "Recycling", sondern um ein sog. "Downcycling" handelt, ein Standpunkt, der zwar wissenschaftlich begründet ist, dem durchschnittlichen Verbraucher aber mutmaßlich nicht bekannt sein dürfte. - Zur Terminologie auch *Graf Lambsdorff*, a.a.O. (Fn. 1), Rd. 127.

cc) Die Verkehrsauffassung im Anschluß an die sog. "Medienschelte"

Die soeben dargelegte, ursprüngliche Bedeutung des "Grünen Punktes" aus Sicht des durchschnittlichen Endverbrauchers - die sog. Erstbedeutung - könnte sich im Zuge einer äußerst kritischen öffentlichen Berichterstattung gewandelt haben. Das KG etwa behauptet, der "typische Verbraucher" erliege der "Medienschelte am Dualen System" und glaube nicht, daß das Duale System in der Lage sei, seine Leistungen zu erbringen, was Irreführungen ausschließe[213]. Was unter "Leistungserbringung" nach dem zunächst maßgeblichen Ausgangsverständnis der Letztkonsumenten zu verstehen ist, wurde gerade erst - und in Abweichung vom KG - definiert. Ob dieses Verständnis durch die Medienschelte eine Wandelung erfahren hat, kann hingegen erst beurteilt werden, nachdem die Medienschelte selbst näher in Augenschein genommen worden ist:

Erste negative Schlagzeilen beschäftigten sich mit der Frage, ob die von der VerpackV vorgegebenen Verwertungsquoten für Kunststoffverpackungen überhaupt termingerecht eingehalten werden können[214]. Die Arbeitsgemeinschaft der Verbraucherverbände, Bonn, monierte, daß die in der VerpackV vorgeschriebenen Hinweise auf die Rücknahmemöglichkeit von Umverpakkungen im Kassenbereich der Geschäfte bzw. entsprechende Sammelgefäße häufig fehlten[215]. Ende 1992 räumte der Geschäftsführer der DSD Brück gegenüber der Presse ein, daß die Leistung des dualen Abfallsystems - also die Sammlung, Sortierung und Verwertung von Verkaufsverpackungen - noch verbessert werden müsse[216]; bereits im Sommer 1992 erschienen die ersten der oben erwähnten Berichte über "illegale Müllverschiebungen"[217]. 1993 widmete sich die Berichterstattung vor allem den finanziellen Schwierigkeiten der DSD[218] bzw. weiter bestehenden Verwertungsproblemen, vorwiegend in bezug auf Kunststoffverpackungen[219]. Ein Jahr später rückte das "Duale System" in die Kritik der Monopolkommission, derzufolge es sich bei diesem um ein Regelungssystem handeln würde, das "horizontale und vertikale Wettbewerbsbe-

[213] KG WRP 1994, 625, 628 - Der Grüne Punkt.

[214] SZ Nr. 90 v. 16./17.4.1992, 48.

[215] SZ Nr. 167 v. 22.7.1992, 26.

[216] FAZ Nr. 298 v. 23.12.1992, 15.

[217] Vgl. jüngst wieder SZ Nr. 274 v. 27.11.1996, 3.

[218] SZ Nr. 138 v. 19./20.6.1993, 21; FAZ Nr. 200 v. 30.8.1993, 11. - Ausweislich des Geschäftsberichts 1996 hat die *DSD* im Jahr 1996 einen Jahresüberschuß in Höhe von rund 385 Millionen DM erzielt und damit den Verlustvortrag aus dem Vorjahr vollständig getilgt, vgl. *DSD* (Hrsg.), Geschäftsbericht 1996, 70 f.

[219] SZ Nr. 105 v. 8./9.5.1993, 21; SZ Nr. 150 v. 3./4.7.1993, 6.

schränkungen" nach sich ziehe[220]. Das Problem der "Trittbrettfahrer" schließlich blieb auch 1995 und 1996 auf der Tagesordnung[221].

Inwieweit hatten solche und ähnliche Vorwürfe, die ja bundesweit und vereinzelt auch massiv erhoben wurden, Einfluß auf die Erwartungshaltung des maßgeblichen Teils der angesprochenen Verbraucher? Glaubt der "typische Verbraucher" tatsächlich nicht (mehr), daß das Duale System in der Lage sei, seine Leistungen zu erbringen? Zunächst einmal ist festzuhalten, daß es auf den Grund für den Wandel der Verkehrsauffassung grundsätzlich nicht ankommt[222]. Im übrigen folgt aus der Natur der Sache, daß die ursprüngliche Erstbedeutung die im Hinblick auf § 3 UWG maßgebende Verkehrsauffassung bleibt, solange "ein nicht unbeachtlicher Teil des Publikums die Bezeichnung noch in ihrer ursprünglichen Bedeutung versteht (...)"[223]. Es ist also die Frage zu entscheiden, ob ein "nicht unerheblicher Teil des Verkehrs" *trotz der Medienschelte* den "Grünen Punkt" weiterhin im Sinne seiner Erstbedeutung versteht und dem Symbol gerade keine - wie auch immer beschaffene - neue Zweitbedeutung beimißt.

Diese Frage stellen, heißt sie zu bejahen[224]. Daß die Medienschelte mutmaßlich nicht einmal annähernd die Anzahl an Verbrauchern erreicht haben dürfte, die von der Einführungswerbung angesprochen wurde, daß also weiterhin ein beachtlicher Teil wohl von der Einführungswerbung, nicht aber darüber hinaus auch von der Medienschelte erreicht worden sein dürfte, folgt aus vier allgemeinen Überlegungen:

Zunächst einmal wurden die erwähnten Vorwürfe in aller Regel sporadisch und *punktuell* in die Öffentlichkeit getragen - es ging weniger um allgemeine und pauschale Angriffe als um konkrete Kritik. Des weiteren dürften die Vorwürfe allenfalls *wenige Tage*, meistens sogar nur am Tage ihrer Veröffentlichung im Bewußtsein der Öffentlichkeit geblieben sein. Die Kritik wurde auf einem regelmäßig hohen Niveau geübt, die Diskussion eindeutig als eine *sachbezogene* geführt. Schließlich aber wurde die Kritik *selten multimedial* transportiert, sondern statt dessen vor allem über die "anspruchsvollen" Nachrichtenmedien (Abendnachrichten, überregionale Tageszeitungen) verbreitet.

Von der Einführungswerbung unterschied sich die Medienschelte also im Großen und Ganzen wie folgt: Hier die massive, auf größtmögliche Breitenwirkung angelegte, multimediale, plakative, monatelang auf das Verbraucher-

220 SZ Nr. 158 v. 12.7.1994, 23.

221 FAZ Nr. 196 v. 24.8.1995, 13; Die Zeit Nr. 52 v. 20.12.1996, 18; FAZ Nr. 105 v. 7.5.1997, 17.

222 Vgl. *von Gamm*, a.a.O. (Fn. 7), 7. Kap. Rd. 17 m.w.N. zur Rspr.

223 BGH GRUR 1960, 567, 571 - Kunstglas; *Baumbach/Hefermehl*, a.a.O., § 3 UWG Rd. 42.

224 Letzte Gewißheit erbrächte ein entsprechendes Meinungsumfragegutachten.

bewußtsein zielende Einführungswerbung, dort die nur selten massive, (tages)aktuelle, alles andere als plakative, über mehrere Jahre gestreute und zumeist an ein "Fachpublikum" gerichtete Medienschelte. Kurz: Die Berichterstattung *über* den "Grünen Punkt" war, einer allgemeinen Beobachtung zufolge, alles andere als geeignet, die Werbung *für* den "Grünen Punkt" quasi durch eine Art "Gegenwerbung" derart zu entwerten, daß nicht einmal mehr ein beachtlicher Teil des angesprochenen Verkehrs der Einführungswerbung Glauben geschenkt hätte.

Damit bleibt es aber bei der oben[225] formulierten maßgeblichen Verkehrsauffassung, die auch heute noch mit der Erstbedeutung des Umweltzeichens identisch ist: Mit dem "Grünen Punkt" gekennzeichnete Verpackungen sind wiederverwertbar und werden auch wiederverwertet, so sie getrennt vom Hausmüll eingesammelt werden. Die Richtigkeit dieser Feststellungen soll anhand einiger *aktueller Werbebeispiele* exemplarisch untermauert werden: Im März 1994 veröffentlichen die "deutschen Cigarettenhersteller" eine "Presseerklärung zur Einführung des Grünen Punktes" auf Zigarettenschachteln. In dieser Erklärung heißt es:

> "Der Aufdruck des 'Grünen Punktes' signalisiert die Einführung einer Verpackung, die Umwelt- und *Recyclinggesichtspunkten noch besser gerecht wird*. Der Karton des Päckchens besteht aus Papier ebenso wie der Inneneinschlag, der auf bedrucktes oder speziell behandeltes Papier umgestellt wurde. Beides kann jetzt als Altpapier entsorgt werden. Nur die Außenfolie gehört in die Wertstofftonne."[226]

Im Sommer 1995 - Jahre noch nach Beendigung der Einführungswerbung - steht auf einer Verpackung des Getränkeverpackungsherstellers Tetra Pak GmbH & Co., Hochheim, unter dem Zeichen des "Grünen Punktes" folgende Zusatzerklärung zu lesen:

> "*Recycling* lebt vom Mitmachen. Damit dieser Tetra Pak *recycelt werden kann*, sind wir auf Ihre Mithilfe angewiesen: Bitte entleeren Sie ihn vollständig. Ziehen Sie die Laschen nach außen, falten Sie ihn flach zusammen und geben Sie ihn in die gelbe Tonne oder entsprechende Behälter. *Dann können wir neue nützliche Dinge aus ihm herstellen*. Für Sie und unsere Umwelt."[227]

Ende 1995 hieß es in ganzseitigen Anzeigen zum "Grünen Punkt":

> "Achten Sie beim Kauf auf den Grünen Punkt. Um die Ressourcen der Erde zu schonen, *müssen auch Verpackungen gesammelt und verwertet werden*. Der Grüne Punkt finanziert diese Leistung."[228]

---

225 Vgl. oben bb) (3).

226 Vgl. die Anzeige in der SZ Nr. 52 v. 4.3.1994, 57 (Hervorhebungen vom Verfasser hinzugefügt).

227 Hervorhebungen vom Verfasser hinzugefügt.

228 FAZ Nr. 263 v. 11.11.1995, 5 (Hervorhebungen vom Verfasser hinzugefügt).

Die McDonald's Deutschland Inc., München, wirbt noch im Jahr 1996:

"Einfälle statt Abfälle. Das Unternehmen McDonald's übernimmt ökologische Verantwortung für sein wirtschaftliches Handeln. McDonald's beteiligt sich am Dualen System Deutschland: der 'Grüne Punkt' ermöglicht, daß *Verpackungen haushaltsnah erfaßt, wiederverwertet und in den Rohstoffkreislauf zurückgeführt werden können.*"[229]

dd) Divergenz zwischen Angabenverständnis und Tatsache

Das maßgebliche - subjektiv-eindeutige - Angabenverständnis besteht in der Wiederverwertbarkeit und Wiederverwertung der mit dem "Grünen Punkt" gekennzeichneten Verpackungen. Die Frage, ob diesem Angabenverständnis zum jetzigen Zeitpunkt tatsächlich auch entsprochen wird, muß nach dem derzeitigen Kenntnisstand verneint werden - *die Werbung mit dem "Grünen Punkt" ist insoweit irreführend*[230]. Das maßgebliche Angabenverständnis meint eine umfassende Wiederverwertbarkeit und Wiederverwertung, nicht irgendwelche Wahrscheinlichkeits- oder Näherungswerte. Vergleichbar mit Angaben wie "100 % Altpapier" oder "vollständig biologisch abbaubar" signalisiert der "Grüne Punkt" *100 %ige Wiederverwertbarkeit und -verwertung*. Ebenso wie bei jeder anderen umweltbezogenen Produktwerbung ist zur Vermeidung einer Irreführung die vollständige Kongruenz von Angabenverständnis und Wirklichkeit zu fordern [s.o. 1 d aa) (2)]; die Strenge, mit der etwa dem "Blauen Engel" begegnet wird, ist auch gegenüber dem "Grünen Punkt" anzumahnen.

Ob tatsächlich alle mit dem "Grünen Punkt" gekennzeichneten Verpackungen überhaupt wiederverwertbar sind, kann offen bleiben, schließlich werden zumindest nicht alle Verpackungen tatsächlich wiederverwertet[231], sondern landen auch auf Deponien[232].

---

[229] Hervorhebungen vom Verfasser hinzugefügt.

[230] Im Ergebnis wie hier auch *Lappe*, a.a.O. (Fn. 1), 77 m.w.N.

[231] Vgl. die jüngsten - nach den Materialfraktionen Glas, Papier/Pappe/Karton, Kunststoffe, Weißblech, Aluminium sowie Verbunde aufgeteilten - Mengenstromnachweise in *DSD* (Hrsg.), a.a.O. (Fn. 218), 12 ff.

[232] Zur illegalen Entsorgung von mit dem "Grünen Punkt" gekennzeichneten Verkaufsverpackungen auf ausländischen Mülldeponien vgl. zuletzt den Bericht in der SZ Nr. 274 v. 27.11.1996, 3. In seiner als Leserbrief verfaßten Erwiderung spricht der *DSD*-Aufsichtsratsvorsitzende *Baum* zwar von einem Fall des Exports von Gewerbeabfall, der außerhalb des Verantwortungsbereichs des Dualen Systems vorgefallen sei; vgl. SZ Nr. 286 v. 11.12.1996, 37. Dem zuvor erhobenen Vorwurf, bei 32 der 50 im Hafen von Hong Kong lagernden Müllcontainer hätte es sich laut TÜV Rheinland ausschließlich um Material aus Sammlungen des Dualen Systems gehandelt, versucht *Baum* aber gar nicht erst zu begegnen.

4. Die umweltbezogene Dienstleistungswerbung

Seltener als im Fall der Konsum- und Investitionsgüterwerbung trifft man im Bereich der *Dienstleistungswerbung* auf Aspekte des Umweltschutzes. Grund hierfür dürfte der Umstand sein, daß das Feld möglicher ökologisch-ökonomischer Konflikte seit jeher vom verarbeitenden Gewerbe besetzt ist. Eine nachhaltige Tendenz in Richtung umweltbezogener Dienstleistungswerbung ist aber dennoch unübersehbar:

Banken werben mittlerweile mit der Finanzierung von Umweltschutzinvestitionen und alternative Reisebüros für ihr umweltfreundliches Tourismusprogramm. Die Öko-Bank e.G., Frankfurt, betreibt seit Jahren ihre Geschäfte. Banken und Börsendienste empfehlen den Kauf von "Öko-Fonds" und sog. "Grünen Aktien", die Oeco Capital Lebensversicherung AG, München, investiert das Kapital ihrer Kunden "ausnahmslos in ökologisch und gesellschaftlich sinnvolle Projekte"[233], wobei sich allerdings das Problem einer adäquaten Bewertung stellt, die Frage also, nach welchen Kriterien eine Kapitalanlage als ökologisch ausgerichteter Zukunftswert bezeichnet werden kann[234]. Die Deutsche Bahn AG, Frankfurt, hat in Kooperation mit der Umweltstiftung World Wide Fund for Nature Deutschland, Frankfurt, eine Initiative "Im Auftrag der Zukunft" gegründet, mit deren Hilfe Reisen "umwelt-, kosten- und energiebewußt" geplant werden sollen; in Eisenbahnabteilen liest man den Satz: "Sie achten bei der Produktion auf die Umwelt, wir beim Transport". Die Verkehrsverbunde Rhein-Sieg, Köln und Rhein-Ruhr weisen auf ihr im Vergleich zum Auto relativ umweltfreundliches Transportangebot hin. In Großstädten wird zunehmend für sog. "Stadt-Teil-Autos" geworben, die im Wege eines Benutzerpools Interessenten gegen einen monatlichen Beitrag zur Verfügung gestellt werden. Der Privatsender SAT.1, Berlin, macht in ganzseitigen Anzeigen unter der Überschrift "TV for Nature" auf die "erste internationale TV-Kampagne gegen die Klimakatastrophe" aufmerksam: Damit das, was der "SAT.1-Umwelt-Thriller American Inferno" zeige, nicht schon bald schreckliche Realität werde, wolle der Sender "etwas dagegen tun" - "eine Woche für die Umwelt" solle das Bewußtsein des Werbeadressaten schärfen und an seine Verantwortung appellieren.

---

233 Siehe die Anzeige in der SZ Nr. 95 v. 24.4.1996, 11.

234 Vgl. dazu die Berichte in: SZ Nr. 23 v. 3./4.7.1993, 23; Die Zeit Nr. 29 v. 14.7.1995, 21; SZ Nr. 211 v. 13.9.1995, 22. - Aus der Rspr.: LG Berlin MD 1995, 1315 - Werbung für Kapitalanlage mit "gut für die Umwelt"; KG WM 1996, 1701 - Für den Schutz der Umwelt. - Kritisch gegen dieses *Steinbeck*, Anmerkung zu KG, Urt. v. 23.1.1996 - 5 U 7117/95, WuB V B. § 1 UWG 3.96, 1095, 1096 ff.

Auch die *Mitglieder- und Spendenwerbung gemeinnütziger Umweltschutzorganisationen*[235] bedeutet umweltbezogene Dienstleistungswerbung. Typisches Beispiel *unmittelbarer* Eigenwerbung ist etwa das Muster:

"Der Umwelt zuliebe: David gegen Goliath e.V., München (...) Unterstützen Sie uns und werden Sie Mitglied!"

Bei diesem Fall unmittelbarer Eigenwerbung wird zwar nicht direkt "für die Umwelt" geworben; der angesprochene Zeitungsleser tut offenkundig nicht direkt etwas für die Umwelt, wenn er Mitglied bei Greenpeace etc. wird, sondern für die jeweilige Umweltschutzorganisation. Ausdrücklich heißt es bei David gegen Goliath e.V., München: "Unterstützen Sie uns und werden Sie Mitglied!" - und nicht: "Unterstützen Sie die Umwelt und werden Sie Mitglied!" Wie selbstverständlich aber unternehmerische Nahziele und umweltpolitische Fernziele in Eins gesetzt werden können, belegt ein anderes Beispiel:

"Unterstützen Sie erfolgreichen Umweltschutz. Werden Sie Fördermitglied bei Greenpeace!"

Unmittelbare Mitglieder- und Spendenwerbung kann also nur sekundär - *mittelbar* - der Umwelt dienen, so daß sich die Frage stellt, worin die umweltbezogene Gegenleistung der Umweltschutzorganisationen zu erblicken ist. Diese sind im Laufe der Zeit zu einer Art großer "Dienstleistungsunternehmen"[236] geworden. Sie

"(...) bieten dem Einzelnen (...) die Möglichkeit, von ihm für förderungswürdig gehaltene Zwecke auch dort zu verfolgen, wo er allein nicht wirksam tätig werden kann. (...) Die Organisationen (...) erbringen ihre karitativen oder gemeinnützigen Leistungen deshalb (...) auch als eine Art Dienstleistung im Auftrag ihrer Spender, die solche Leistungen, die von Einzelnen nicht erbracht werden könnten, erbracht sehen möchten. Die Werbung um Spenden ist damit zugleich eine Werbung um 'Aufträge' für weitere karitative oder gemeinnützige Leistungen."[237]

Die Dienstleistungen, die Greenpeace et alii im Gegenzug für Spenden oder Mitgliedsbeiträge erbringen, mögen in einer Protestaktion bestehen, in der Beauftragung und Finanzierung eines alternativen Steuergutachtens, in der wissenschaftlichen Untersuchung von Umweltbelastungen etc. Jedenfalls wird eine Umweltschutzorganisation dafür entlohnt, daß sie etwas für die Umwelt tut,

---

[235] Z.B.: Greenpeace e.V., Hamburg; Umweltstiftung World Wide Fund for Nature Deutschland, Frankfurt; Deutsche Umwelthilfe e.V., Radolfzell; Bund für Umwelt- und Naturschutz in Deutschland e.V., Bonn; Robin Wood e.V., Bremen; Artists for Nature e.V., München.

[236] *Hoffrichter-Daunicht*, Unlauterer Wettbewerb auf dem Spendenmarkt?, in: *Erdmann/Mees/Piper/Teplitzky* (Hrsg.), FS für *Otto-Friedrich Freiherr von Gamm*, 1990, 39, 44.

[237] *Hoffrichter-Daunicht*, ebenda. - Zum Fremd- und Eigenverständnis regierungsunabhängiger Umweltschutzorganisationen *Caroline Fetscher*, Menschheitsretter Greenpeace?, Merkur 1996, 858 ff.

stellvertretend für den Spender oder das Mitglied. So betrachtet verkörpert die unmittelbare Spenden- und Mitgliederwerbung einer Umweltschutzorganisation - unter Betonung des Spenden- bzw. Beitragszweckes - nur eine Variante der umweltbezogenen Dienstleistungswerbung, mögen diese Organisationen (im Gegensatz zu anderen nicht gemeinnützigen Unternehmen) die *Dienstleistung Umweltschutz* auch exklusiv anbieten und erbringen. Ob ein Unternehmen auf der Grundlage eines Geschäftsbesorgungsvertrages (Öko-Bankgeschäfte), eines Werkvertrages (Beförderung im Rahmen des ÖPNV), eines Schenkungsvertrages (Spende) oder einer Mitgliedschaft (Vereinsbeitrag) etwas für die Umwelt tut, macht in tatsächlicher Hinsicht keinen Unterschied.

Neben der unmittelbaren Eigenwerbung existieren auch verschiedene Formen einer rein *mittelbaren* Mitglieder- und Spendenwerbung. Diese sucht in einem ersten Schritt zunächst das allgemeine Sachinteresse des Rezipienten zu wecken, sei es bezüglich einer bestimmten Umweltfrage ("Wenn Sie mehr Informationen über die Müllproblematik haben wollen ..."), sei es dergestalt, daß nach einer Problemeinführung die Organisation selbst in den Mittelpunkt gerückt wird ("Wenn Sie mehr über uns wissen wollen ..."). Auch die mittelbare Eigenwerbung ist aber letztlich Spenden- und Beitragswerbung und damit umweltbezogene Dienstleistungswerbung ("Spenden und Beiträge gegen Dienst am Umweltschutz").

II. Die Fallgruppe umweltbezogener Unternehmenswerbung

Unter die zweite Fallgruppe der Umweltwerbung fällt die *umweltbezogene Unternehmenswerbung*. Damit ist die Werbung eines Unternehmens mit (zumindest unmittelbar) produktunabhängigen Aktivitäten auf dem Gebiet des Umweltschutzes gemeint, eine Werbung, die dem Verbraucher ein bestimmtes *Image* des Unternehmens vermitteln soll, weshalb umweltbezogene Unternehmenswerbung nicht selten mit Imagewerbung übersetzt oder in einem Atemzug genannt wird[238]. Gleichwohl soll aus Gründen einer sachgerechten Differenzierung an der oben entwickelten, strengen Definition der Imagewerbung festgehalten werden, so daß man Unternehmenswerbung nicht per se als Imagewerbung wird bezeichnen können. Zum gegenwärtigen Zeitpunkt lassen sich vier verschiedene Varianten umweltbezogener Unternehmenswerbung herausarbeiten:

---

[238] So beispielsweise *Graf Lambsdorff*, a.a.O. (Fn. 1), Rd. 32 Fn. 85.

1. Werbung mit einem Bezug zu allgemeinen Fragen des Umweltschutzes

a) Umweltmanagement-Werbung

Typisch für eine *Werbung mit einem Bezug zu allgemeinen Fragen des Umweltschutzes* sind vor allem Hinweise auf produktunabhängige Investitionen in werkeigene Umwelttechnologien[239] oder auf die Berücksichtigung ökologischer Erwägungen bei der Unternehmensführung (Stichwort: Umweltmanagement, Sustainable Development). In einer in der Farbe Grün gehaltenen, ganzseitigen Zeitungsannonce verpflichtet sich beispielsweise die Adam Opel AG, Rüsselsheim, zu sieben "Umweltleitlinien". Einleitend heißt es dort:

> "Wir haben verstanden. Mobilität ist eine unverzichtbare Voraussetzung für moderne Gesellschaften. Der damit verbundene Ressourcenverbrauch kann und muß durch stetige Innovation kontinuierlich verringert werden. (...) Für die Adam Opel AG ist die umweltorientierte Unternehmensführung ein wesentliches Instrument zur Sicherung der Zukunft des Unternehmens. Wir bekennen uns zu unserer besonderen Mitverantwortung für den Schutz der menschlichen Gesundheit, der Natur und der natürlichen Ressourcen."[240]

b) Die "Erdgassteuer"-Entscheidung des BGH v. 25.6.1992

Auch die "Erdgassteuer"-Entscheidung des BGH ist Beispiel allgemeiner umweltbezogener Unternehmenswerbung. Ein Verband inländischer Gasversorgungsunternehmen hatte einen "Appell an Bundesregierung und Bundestagsparteien" veröffentlicht, in dem es hieß:

> "DEN UMWELTSCHUTZ NICHT DER FISKALPOLITIK OPFERN! Im Interesse von Natur und Umwelt keine Erdgassteuer! Erdgas erspart unserer Umwelt jährlich 400.000 Tonnen Schwefeldioxid im Bundesgebiet neben großen Mengen an Stickstoffoxid und Kohlendioxid. Die Erdgassteuer bedeutet: mehr Heizöl und mehr Atomenergie. Die Erdgassteuer belastet mit einer 30prozentigen Verteuerung des Erdgases die deutsche Industrie schwer, auch bei ihren Umweltschutzbemühungen. (...) Die Erdgassteuer bedroht 20 Millionen umweltbewußte Verbraucher mit drastischen Preiserhöhungen (...)."[241]

---

[239] Im Vorfeld der Berliner Klimaschutz-Konferenz Ende März 1995 traten insbesondere die Chemische Industrie und deren Dachverband mit ganzseitigen Zeitungsanzeigen an die Öffentlichkeit. Diesen war zu entnehmen, daß die chemische Industrie die Forderungen der Umweltkonferenz von Rio (1992) nicht nur ernst nähmen, sondern teilweise - namentlich hinsichtlich einer Reduktion der Kohlendioxydemissionen bis zum Jahr 2000 auf das Niveau von 1990 - bereits erfüllt hätten.

[240] Vgl. etwa die Anzeige in der SZ Nr. 210 v. 12.9.1995, 8.

[241] BGH MD 1992, 815 - Erdgassteuer. - Der BGH hat diese Form der *wirtschaftspolitischen Werbung* ohne Einschränkung gutgeheißen, da die "(...) angegriffenen

c) *Umweltbezogene Unterstützungsappelle*

Ungewöhnlich, weil ohne jeden Bezug zum eigenen unternehmerischen Umweltengagement - in diesem Sinne aber soeben a und b - sind solche *umweltbezogenen Unterstützungsappelle*, die sich an den Verbraucher wenden und diesen zum Umweltschutz auffordern. So kann man in den Schaufenstern der Body Shop GmbH, Neuss, den Aufruf lesen:

"Schützt den Tropenwald! Pflanzt einen Baum!"

Dieses Beispiel erinnert an einen anderen Fall, in dem die Tengelmann Warenhandelsgesellschaft, Mühlheim, folgende Werbeaussage getroffen hatte:

"Schützt unsere Umwelt! Wie wir von Kaiser's."

Das KG untersagte die Werbung als irreführend nach § 3 UWG und führte aus:

> "Die Wendung 'Schützt unsere Umwelt! Wie wir von Kaiser's' ist geeignet, bei den angesprochenen Verkehrskreisen zu einem nicht unbeachtlichen Teil eine falsche Vorstellung über die Beschaffenheit des gesamten Angebots der Antragsgegnerin hervorzurufen."[242]

Im Unterschied zum ersten blieb es im zweiten Fall nicht beim schlichten Unterstützungsappell - es folgte eine in ihrer Pauschalität *unzutreffende* Aussage über Umweltschutzaktivitäten. Der bloße Unterstützungsappell indes ist nicht weiter zu beanstanden.

d) *Umweltbezogene Suggestivwerbung - Die "Ölverschmutzte Ente"-Entscheidung des BGH v. 6.7.1995*

Daß es sich bei der sog. "Schockwerbung" des italienischen Textilherstellers Benetton im Fall der "ölverschmutzten Ente" zugleich um eine Form der umweltbezogenen Unternehmenswerbung handelt, wurde bisher nicht hinreichend zur Kenntnis genommen. Mehr noch: Die Werbung mit dem Motiv der "ölverschmutzten Ente" ist nicht allein Beispiel umweltbezogener Unternehmenswerbung, sondern seltenes Exempel *umweltbezogener, produktunabhängiger Suggestiv- und Imagewerbung*. Alle drei Entscheidungen zum Motiv der "ölverschmutzten Ente" betonen den Umweltbezug, auch wenn sie darauf ver-

---

Textpassagen der Anzeige weder im einzelnen noch in ihrer Gesamtheit unrichtige oder unsachliche Elemente (...)" aufwiesen (a.a.O., 820). - Zur politischen Werbung allgemein auch *Fischer*, a.a.O., 641 ff.

[242] KG WRP 1991, 30, 31 - Schützt unsere Umwelt I (Eilverfahren). - A.A.: *Graf Lambsdorff*, a.a.O. (Fn. 1), Rd. 75; Großkomm./*Lindacher*, § 3 UWG Rd. 979. - Zu einem ähnlichen Fall auch LG Mannheim VuR 1990, 227 - Umwelt schützen - Mach' mit!

zichten, die Benetton-Werbung selbst in concreto als eine umweltbezogene zu bezeichnen[243].

Nur kurz sei daran erinnert, daß sich eine wettbewerbs*rechtliche* Überprüfung umweltbezogener Suggestivwerbung anhand des Sachlichkeitsgrundsatzes aus *tatsächlichen* Gründen nicht rechtfertigen läßt; dieser ist grundsätzlich ungeeignet, nichtinformative Umweltwerbung zu reglementieren[244].

e) Exkurs: Umweltbezogene Öffentlichkeitsarbeit - Die "Greenpeace"-Entscheidung des BGH v. 12.10.1993

Nicht zur klassischen Eigenwerbung von Umweltschutzverbänden zählt das bislang spektakulärste Beispiel einer Greenpeace-Veröffentlichung, eine Plakat- und Anzeigenkampagne, mittels derer die Organisation sog. "Klimafeinde" in Gestalt der Vorstandsvorsitzenden Hilger (Hoechst AG, Frankfurt), Piëch (Volkswagen AG, Wolfsburg) und Kuhnt (RWE AG, Essen) abbildete und in satirisch-sarkastischer Weise kritisierte[245].

Eine solche "Werbung" ist, unabhängig von ihrer zivilrechtlichen Beurteilung[246], nicht ohne weiteres als mittelbare Spenden- bzw. Mitgliederwerbung zu qualifizieren. Erklärtes Ziel und unmittelbarer Zweck der Aktion war eine bewußte und kalkulierte Verschärfung der ohnehin kontroversen Klimaschutzdebatte[247]; mit der Betonung umweltpolitischer Aspekte hat die Umweltschutzorganisation eine jener Dienstleistungen erbracht, die sie nach der Bestimmung von Spenden und Mitgliedsbeiträgen so oder so ähnlich auch schuldete. Indem Greenpeace in die Rolle des Anklägers schlüpft, zielt die Organisation *auch* auf eine eigene positive Resonanz, jedenfalls bei einem solchen Publikum, welches die negative Darstellung von Hilger, Piëch und Kuhnt

---

[243] Vgl. BGH WRP 1995, 679, 680 - Ölverschmutzte Ente; OLG Düsseldorf WRP 1994, 69 - Benetton-Werbung; OLG Frankfurt am Main WRP 1994, 405, 406 - Verölter Wasservogel.

[244] Vgl. oben *Zweiter Teil* E II. - Zur fehlenden Einschlägigkeit der Fallgruppen "psychischer Kaufzwang" und "übertriebenes Anlocken" vgl. nur *Wünnenberg*, a.a.O., 72 ff.

[245] Rspr., Literatur und Presse reagierten unterschiedlich. Während das OLG Braunschweig und der BGH (NJW 1994, 124 - Greenpeace) die Plakataktion gegen *Piëch* respektive *Hilger* guthießen (zust. *Würkner*, Das Greenpeace-Urteil des BGH: Gratwanderung zwischen Liberalität und Libertinage?, NJW 1994, 914 ff.; ebenso wohl auch *Nieper*, Kurzkommentar zu BGH, Urt. v. 12.10.1993 - VI ZR 23/93, EWiR § 823 BGB 1/94, 133 f.), wurde die Aktion gegen *Kuhnt* vom OLG Essen auf der Grundlage der §§ 22, 23 KunstUrhG, §§ 823 I, 1004 I BGB untersagt (gleichsinnig: *Jeske*, Die Klimavergifter, FAZ Nr. 11 v. 13.1. 1995, 13; *o.V.*, Am Pranger, FAZ Nr. 289 v. 13.12.1994, Beilage "Technik und Motor", 1).

[246] Dazu BGH ebenda; *Würkner*, ebenda; *Nieper*, ebenda.

[247] Vgl. auch *Würkner*, a.a.O., 915.

billigt. Damit wirbt Greenpeace mit ihren Protestaktionen zwar auch für sich[248] - ob mit Erfolg, ist eine andere Frage. Solche indirekten ökonomischen Absichten treten indes bei der vorliegenden Plakataktion derart weit in den Hintergrund, daß schwerlich noch von einer mittelbaren Eigenwerbung gesprochen werden kann. Der Beklagte (Greenpeace e.V.) verfolgt, wie der BGH zu Recht betont, mit der *konkreten* Plakataktion

> "(...) keine eigennützigen Ziele, vielmehr behandelt er ein Thema, das wegen seiner elementaren Bedeutung zu engagierten Meinungsäußerungen herausfordert. (...) Die Plakataktion des Bekl. stellt sich damit als ein Beitrag zum geistigen Meinungskampf in einer die Öffentlichkeit wesentlich berührenden Frage dar."[249]

Der Plakattext:

> "Absolute Spitze bei Ozonzerstörung und Treibhauseffekt: Verantwortlich für die deutsche Produktion des Ozon- und Klimakillers FCKW. Rufen Sie an: Hoechst-AG (...) Eine Information von Greenpeace"[250]

mag als überspitzt und sarkastisch bezeichnet werden, mit einer sog. "Schockwerbung", wie sie namentlich von dem italienischen Bekleidungshersteller Benetton verbreitet wird[251], läßt sich die Greenpeace-Aktion jedoch nicht vergleichen[252]. Nicht nur, daß den abgebildeten Benetton-Fotos jeder Bezug zur Produktpalette des Bekleidungskonzerns fehlt und in den Aussagen der Greenpeace-Plakate wahre Tatsachenbehauptungen und Wertungen zusammenwirken[253]: Greenpeace führt im konkreten Fall an erster Stelle einen "geistigen Meinungskampf" in einer umwelt- und gesellschaftspolitischen Grundsatzfrage und nicht so sehr einen wettbewerbsorientierten Kampf um die Verteilung des bundesdeutschen "Spenden- und Beitragskuchens". Die Anzeigenkampagne bewegt sich nahe der Grenze zur umweltbezogenen Eigenwerbung, ohne diese indes zu überschreiten. Es handelt sich vielmehr (noch) um *umweltbezogene Öffentlichkeitsarbeit*[254], mit dem Ziel, "(...) eine gesellschaftspolitisch

---

[248] *Jeske*, a.a.O., 13, meint, die Umweltschutzorganisation brauche immer wieder Spektakel, um ihre Existenzberechtigung nachweisen und damit das Spendenaufkommen absichern zu können.

[249] BGH NJW 1994, 124, 126 - Greenpeace.

[250] BGH a.a.O., 124 f.

[251] Dazu oben *Zweiter Teil* E II 2.

[252] So aber *Jeske*, a.a.O., 13.

[253] BGH a.a.O., 125.

[254] Dazu: *Meffert*, Marketing, 1986, 493 ff.; *Oeckl*, Die Public Relations im Überblick, in: *Tietz* (Hrsg.), Die Werbung, Bd. 1, 1981, 272 ff., 286 ff.; *Meyer/Hermanns*, Theorie der Wirtschaftswerbung, 1981, 25 ff.; *Hundhausen*, Über einige Unterschiede zwischen Wirtschaftswerbung und Public Relations, in: *Kosiol/Sundhoff* (Hrsg.), Betriebswirtschaft und Marktpolitik. FS für *Rudolf Seÿffert* zum 75. Geburtstag, 1968, 219 ff.; *Kreft*, in: *Gloy* (Hrsg.), a.a.O., § 14 Rd. 2 Fn. 6 m.w.N.; *Kroeber-Riel/Trommsdorff*, a.a.O., 638.

informierte Gesellschaft zu schaffen(...)"[255]. Ihr geht es weniger darum, eine bestimmte wirtschaftsbezogene Handlung beim Plakatbetrachter auszulösen, sondern um eine "(...) Haltung, um Wirkungen im Bereich des Wissens, der Meinungen und Attitüden."[256]

Daß man die Frage einer sinnvollen Abgrenzung von Öffentlichkeitsarbeit und Unternehmenswerbung nur mit Blick auf den Inhalt der Ansprache treffen kann, beweist ein anderes typisches Beispiel von Öffentlichkeitsarbeit, die *Vertrauenswerbung* der Deutsche Shell AG, Hamburg, als Reaktion auf die internationale Kontroverse um die Versenkung der Lager- und Verladeplattform "Brent Spar" in der Nordsee im Frühjahr 1995[257]. Bei dieser Antwort ging es einzig und allein um die Wiederherstellung eines infolge öffentlich (Rundfunk, Fernsehen, Presse) verbreiteter, unternehmensbezogener Nachrichten eingebüßten Vertrauens. In einer bundesweit geschalteten, ganzseitigen Anzeige wandte sich der Konzern mit folgenden Worten an die Leser:

> "(...) Wir haben gelernt, daß die Öffentlichkeit unsere Argumente nicht nachvollziehen konnte. Aber nicht nur das. Uns ist auch bewußt geworden, daß wir auf Sie, unsere Kunden, mehr und genauer hören müssen. (...) Wir wollen erreichen, daß Sie uns wieder akzeptieren. Und wir wünschen uns, daß das, worauf wir stolz sind, von Ihnen wieder anerkannt wird: unsere Glaubwürdigkeit und Integrität."[258]

In einem dritten Beispielsfall, auf dem Höhepunkt der Auseinandersetzungen um die Wiederaufnahme der Atomtestreihe im Südpazifik durch Frankreich im Sommer 1995, äußerte sich die Yves Rocher GmbH, Stuttgart, in einem als Anzeige veröffentlichten "Brief der Gruppe Yves Rocher an die französische Umwelt- und Forschungsministerin zur Wiederaufnahme der Atomversuche im Pazifik":

> "Was berechtigt uns heute zu so einem Schritt? Es ist schlicht und einfach die Philosophie unseres Unternehmens. Wir haben uns stets dafür engagiert - und werden es auch in Zukunft tun -, die Natur zu verstehen, sie zu respektieren und zu schützen. (...) Es ist der Glaube, das tiefe Urvertrauen in den Menschen und die Natur, das uns dazu veranlaßt, die Wiederaufnahme der Atomversuche in Frage zu stellen. (...) Die Yves Rocher Gruppe beschäftigt weltweit 100 000 Frauen und Männer. Millionen Frauen schenken ihr das Vertrauen."[259]

---

[255] *Baumbach/Hefermehl*, a.a.O., vor §§ 3-8 UWG Rd. 4.

[256] *Müller-Vogg*, Werbung und PR: Unterschiede, Gemeinsamkeiten, Zusammenwirken, in: *Kalt* (Hrsg.), Öffentlichkeitsarbeit und Werbung, 1989, 115, 116.

[257] Zu der von Greenpeace initiierten Kampagne gegen die Versenkung von "Brent Spar": *Möllers*, Zur Zulässigkeit des Verbraucherboykotts - Brent Spar und Mururoa, NJW 1996, 1374 ff.; *Winkler*, Weltuntergang mit Zuschauerbeteiligung, Merkur 1996, 851 ff.; *Caroline Fetscher*, a.a.O., 858 ff.

[258] Siehe etwa das Beispiel in der SZ Nr. 145 v. 27.6.1995, 9.

[259] SZ Nr. 190 v. 19./20.8.1995, 5. - Andere Beispiele einer solchen Öffentlichkeitsarbeit sind Zeitungsannoncen, in denen etwa eine "Große Koalition" aus führenden

Gerade der Schluß dieses Briefes zeigt, daß es dem Unternehmen im konkreten Fall primär um eine Art "vertrauensbildende Maßnahme" - also um Öffentlichkeitsarbeit - ging und weniger um die Vermittlung unternehmens- und zugleich umweltbezogener Daten.

2. Werbung mit sog. "Umweltsponsoring" - Die "Werbung mit Hinweis auf Umweltengagement"-Entscheidung des OLG Köln v. 8.1.1993

Von steigender tatsächlicher Bedeutung ist insbesondere die *Werbung mit dem sog. "Umweltsponsoring"*. Unter dem Umweltsponsoring selbst[260] hat man die Unterstützung von Umweltschutzverbänden und Umweltschutzinitiativen[261], die Initiierung von Umweltschutzaktionen durch Unternehmen (Gründung von Umweltstiftungen, Finanzierung von Umweltpraktika etc.)[262] sowie die Ausschreibung von Öko- bzw. Umweltpreisen[263] durch den jeweiligen Sponsor zu verstehen. Sponsoring läßt sich also als eine Förder- bzw. Unterstützungsleistung begreifen[264]. Solche Unterstützungsleistungen sind in

---

deutschen Unternehmen und dem Bund für Umwelt und Naturschutz Deutschland e.V. eine ökologische Steuerreform fordert, bzw. Anzeigen, die über einen sog. "Umweltpakt Bayern" zwischen der Bayerischen Staatsregierung und Unternehmen der Bayerischen Wirtschaft aufklären.

260 Der Begriff des "Sponsoring" entstammt der Betriebswirtschaftslehre, vgl. etwa *Weiand*, Kultur- und Sportsponsoring im deutschen Recht, 1993, 23 ff. - Zum Umweltsponsoring in rechtstatsächlicher Hinsicht ausführlich etwa *Meyer/Kohtes*, Nein danke? Umwelt-Sponsoring als Herausforderung für Gesellschaft und Mangagement, in: *Strahlendorf* (Hrsg.), Jahrbuch Sponsoring '91, 1991, 73 ff.; vgl. auch *von Nostitz*, Sponsoring - mit Steuergeldern die öffentliche Meinung steuern?, ZRP 1996, 84 ff. - Zur wettbewerbsrechtlichen Beurteilung einer *Werbung des Sponsors im Fernsehen*, insbesondere zur Abgrenzung gegenüber der sog. "getarnten Werbung" (Product Placement): KG GRUR 1988, 40 - Sponsorennennung; BGH GRUR 1991, 611 - Werbung im Programm; *Ullmann*, Spenden - Sponsern - Werben, in: *Loewenheim/Raiser* (Hrsg.), FS für *Fritz Traub* zum 65. Geburtstag, 1994, 411, 414 ff.; *Bork*, Werbung im Programm, 1988, 62 ff., 98 f., bes. 100 ff.; *ders.*, Product Placement und Wettbewerbsrecht - zu den Grenzen "medialer" Fernsehwerbung, GRUR 1988, 264 ff.; *Henning-Bodewig*, Product Placement und Sponsoring, GRUR 1988, 867 ff.; *dies.*, Sponsoring, AfP 1991, 487 ff.; *Rüggeberg*, Product Placement und Sponsoring, GRUR 1988, 873 ff.; *Sack*, Neue Werbeformen im Fernsehen - rundfunk- und wettbewerbsrechtliche Grenzen, AfP 1991, 704 ff.

261 Die McDonald's Deutschland, Inc., München, und die Underberg AG, Dietlikon/Zürich etwa sind "Offizieller Sponsor des Umweltprogramms der Vereinten Nationen". - Weitere Beispiele bei: *Zillessen/Rahmel* (Hrsg.), Umweltsponsoring, 1991, 159 ff., 178 ff.; *Bruhn*, Sozio- und Umweltsponsoring, 1990, 28 f.; *Meyer/Kohtes*, a.a.O., 80 f.; *Grüßer*, a.a.O., 71 ff.

262 Siehe dazu etwa *Zillessen/Rahmel* (Hrsg.), a.a.O., 129 ff., 184 ff.; *Bruhn*, a.a.O. (Fn. 261), 29 f.; *Meyer/Kohtes*, a.a.O., 81.

263 Vgl. *Zillessen/Rahmel* (Hrsg.), a.a.O., 165 ff.; *Bruhn*, a.a.O. (Fn. 261), 30 f.

264 *Bruhn/Mehlinger*, Rechtliche Gestaltung des Sponsoring, Bd. I, 1995, 3 ff.

aller Regel, wenn auch nicht zwingend mit der entsprechenden Gegenleistung einer werblichen Möglichkeit verbunden[265]: "Sponsoring soll und kann zwar regelmäßig werbliche Wirkungen für den Sponsor erzielen, ist aber nicht mit Werbung gleichzusetzen."[266]

Umweltbezogene Produkt- und Unternehmenswerbung hat mit dem Instrument der Werbung mit dem Umweltsponsoring insoweit nichts gemein, als es ihr am Sponsoringpartner fehlt[267]. Auf der anderen Seite beschränkt sich die Werbung mit dem Umweltsponsoring - der sog. "Sponsorhinweis" - auf die Tatsache des Sponsoring, ohne daß diese mit dem Produkt oder seinem Absatz näher in Verbindung gebracht würde[268]. Der werbliche Hinweis auf das Sponsoring ist zwar der Hinweis auf ein soziales Engagement des Unternehmens - man kann also von Werbung mit "Social Sponsoring" reden -, es fehlt aber jeglicher Appell, gerade dieses sozialen Engagements wegen das Produkt XY zu kaufen.

Im Rahmen dieser Arbeit interessiert nicht das Umweltsponsoring an sich, sondern die Werbung des Sponsors mit dem Umweltsponsoring. Dieser Feststellung kommt in zweierlei Hinsicht Bedeutung zu: Zum einen fehlt es gerade im wettbewerbsrechtlichen Schrifttum an einer einheitlichen sachlichen Systematisierung, was die Werbung des Sponsors mit dem Umweltsponsoring betrifft[269]. Zum anderen werden mit dem Schlagwort "Umweltsponsoring" häufig auch solche Erscheinungen behandelt, die mit einer *Werbung des Sponsors mit dem Umweltsponsoring* im hier verstandenen engen Sinne nichts gemein haben, namentlich die *umweltbezogenen Kauf- und Unterstützungsappelle* (hierzu unten III.). Gerade in bezug auf diese beiden Phänomene fehlt es oftmals an einer hinreichenden tatsächlichen Unterscheidung. Zum besseren Verständnis beider Erscheinungen sollen zwei Beispiel aus der Rspr. gegeben werden: Ein Waschmittelhersteller warb auf Produktverpackungen mit der Darstellung eines schwimmenden Wasservogels und der Aufschrift

> "L. unterstützt das Bodensee-Umweltschutzprojekt der Deutschen Umwelthilfe e.V. (...) Deutsche Umwelthilfe."[270]

---

[265] *Bruhn*, a.a.O. (Fn. 261), 2, 17.

[266] *Weiand*, a.a.O., 30.

[267] *Bruhn/Mehlinger*, a.a.O. (Fn. 1), 175 f.

[268] Prinzipiell ist zwischen produktunabhängiger und produktabhängiger Umweltsponsoringwerbung zu unterscheiden; s.a. *Cordes*, a.a.O., 49 ff., 52 ff.; *Wiebe*, a.a.O. (Fn. 49), 810 Fn. 174; *Federhoff-Rink*, Social Sponsoring in der Werbung, GRUR 1992, 643, 646; *Grüßer*, a.a.O., 140 ff., 187 ff.

[269] Nicht selten wird die *Werbung mit dem Umweltsponsoring* selbst bereits als Umweltsponsoring bezeichnet, vgl. etwa *Cordes*, a.a.O., 49 ff.

[270] OLG Köln WRP 1993, 346 - Werbung mit Hinweis auf Umweltengagement. - Zum Sachverhalt vgl. auch *Zillessen/Rahmel* (Hrsg.), a.a.O., 89 ff. - Nach zutreffender Ansicht des OLG Köln versteht ein Teil der Verbraucher die Aussage dahingehend,

Im Gegensatz zu dieser klassischen Umweltsponsoring-Werbung hat ein umweltbezogener Kauf- und Unterstützungsappell etwa folgendes Gepräge:

> "Und noch etwas: Mit jeder Mark, die ich bei F. bezahle, tue ich auch etwas für die Umwelt. Denn F. pflanzt Bäume, unterstützt Greenpeace, hilft Schulen und Gemeinden, fördert Künstler."[271]

Der Unterschied zwischen diesen Beispielen ist die im ersten Falle fehlende Verknüpfung zwischen Umweltengagement einerseits und denkbarem Vertragsabschluß andererseits; insoweit fordert das Unternehmen - der Sponsor - gerade nicht zum Kauf des Waschmittels auf, weder ausdrücklich noch dem Sinne nach, sondern beschränkt sich auf eine rein unternehmensbezogene Darstellung umweltrelevanter Aktivitäten (hier: Sponsoring)[272]. Im zweiten Fall, so das OLG Hamburg, werde den Umworbenen eindringlich zu verstehen gegeben, daß der für die Inanspruchnahme der Leistungen des werbenden Unternehmens zu zahlende Preis substantiell (auch) der Förderung sozialer Belange zufließe. Daß zwischen dem den Umworbenen angesonnenen Kauf und der wünschenswerten Förderung der Belange der Umwelt ein Zusammenhang hergestellt werde, sei unverkennbar[273]. Nach Auffassung des OLG Hamburg handelt es sich also der Sache nach um einen umweltbezogenen Kauf-

---

daß Teile des Verkaufserlöses zugunsten einer konkreten Umweltschutzmaßnahme an die Deutsche Umwelthilfe e.V. abgeführt werden, bzw. daß mit dem Kauf des Produkts eine mittelbare Unterstützung des Umweltschutzprojekts einhergeht. Tatsächlich aber war in casu der Beitrag, durch den der Sponsor das Umweltschutzprojekt unterstützte, bereits abschließend erbracht, so daß durch den Kauf des Produkts die herausgestellte Umweltschutzmaßnahme weder unmittelbar noch mittelbar gefördert werden konnte (OLG Köln, a.a.O., 347). Allein aus diesem Grunde bejahte das OLG Köln eine Irreführungsgefahr im Sinne von § 3 UWG; vgl. auch *Graf Lambsdorff*, a.a.O. (Fn. 1), Rd. 149.

[271] OLG Hamburg GRUR 1989, 614 - Umweltengagement; vgl. auch OLG Nürnberg MD 1990, 786 - F. pflanzt Bäume.

[272] Wie hier *Federhoff-Rink*, a.a.O. (Fn. 268), 650. - A.A. ist offenbar *Wiebe*, a.a.O. (Fn. 49), 810, der zwischen Umweltsponsoring-Werbung und dem direkten umweltbezogenen Kauf- und Unterstützungsappell nicht weiter unterscheiden will, und zwar mit der Begründung, daß in beiden Fällen "(...) für den Verbraucher ein Bezug zwischen dem Kauf des Produkts und dem Umweltschutz hergestellt wird, der (...) zur Beeinflussung der Kaufentscheidung geeignet ist." - Mit dieser Begründung indes ist *jedes* Bemühen um eine weitergehende Differenzierung zum Scheitern verurteilt, denn auch eine rein unternehmensbezogene Umweltwerbung betont in ihrer Funktion als mittelbare Produktwerbung den Bezug zwischen Produktkauf und Umweltschutz, wenn natürlich auf eine andere, ihr eigene Art und Weise. Auf die jeweils konkrete *Art und Weise* der Verknüpfung von Produktkauf und Umweltengagement kommt es indes an, und in dieser - tatsächlichen - Hinsicht ist die bloße Betonung des unternehmerischen Umweltengagements (= Umweltsponsoring-Werbung) wohl doch von einer anderen Art als die offene, ausdrückliche, direkte Aufforderung zum Kaufabschluß (= Kauf- und Unterstützungsappell).

[273] OLG Hamburg ebenda.

und Unterstützungsappell und nicht um eine Form der Umweltsponsoring-Werbung[274].

Die Werbung mit dem Umweltsponsoring unterläßt hingegen *jede* ausdrückliche oder konkludente Verknüpfung zwischen einer Förderung umweltsozialer Belange einerseits und einem möglichen Vertragsabschluß andererseits. Es geht bei dieser Art der Unternehmenswerbung gerade nicht darum, darauf hinzuweisen, daß es letztlich der Kunde ist, der durch seinen Kauf die Förderung umweltsozialer Belange ermöglicht[275]. Jede umweltbezogene Unternehmenswerbung - diese ist per se immer auch mittelbare Produktwerbung - handelt davon, daß der Verbraucher mit seinem Kauf mittelbar "etwas für die Umwelt tut", es wird nur, im Unterschied zum umweltbezogenen Kauf- und Unterstützungsappell, nicht explizit formuliert[276].

Was die Frage allgemeiner wettbewerbsrechtlicher Zulässigkeit[277] der Umweltsponsoring-Werbung anbetrifft, so läßt sich diese entgegen dem OLG Stuttgart[278] nicht mit dem Hinweis auf eine (allenfalls teilweise) Identität von Umweltsponsoring-Werbung und gefühlsbetonter Werbung - unter Rückgriff auf den "Sachlichkeitsgrundsatz" - verneinen[279]. Auch eine vom OLG Stuttgart behauptete Nähe zur "Schockwerbung"[280] berührt die Zulässigkeit der Umweltsponsoring-Werbung nicht: Gerade weil die Benetton-Werbung selbst nach der hier vertretenen Ansicht unter dem Gesichtspunkt ihrer tatsächlichen Wirkungsweise nicht untersagt werden kann, insoweit also wettbewerbsrechtlich zulässig ist[281], kann sie nicht zur Untersagung der Werbung mit dem Umweltsponsoring herangezogen werden.

---

[274] A.A. *Federhoff-Rink*, a.a.O. (Fn. 268), 650, die von einer "Werbung mit rechtlich akzessorischem Umweltsponsoring" schreibt.

[275] Gesetzt den Fall, durch den Hinweis auf die Sponsortätigkeit werde der Eindruck vermittelt, mit dem Kauf des Produkts indirekt etwas für die Umwelt zu tun, so wird man diesen Eindruck doch schwerlich als das Empfinden einer - psychologischen, faktischen, latenten - *Zwangslage* bezeichnen können; so aber *Lappe*, a.a.O. (Fn. 1), 195 ff.

[276] Ähnlich auch OLG Stuttgart MD 1996, 343, 347 f. - ... unterstützt die Aktionsgemeinschaft Artenschutz e.V.

[277] Zum *speziellen Fall einer Irreführung* durch Umweltsponsoring-Werbung (§ 3 UWG) vgl. oben Fn. 270.

[278] OLG Stuttgart MD 1996, 343, 346 ff. - ... unterstützt die Aktionsgemeinschaft Artenschutz e.V.

[279] Zur Begründung oben *Zweiter Teil*, E. I. und II. 3.

[280] OLG Stuttgart a.a.O., 348 f.

[281] Zur Argumentation s.o. *Zweiter Teil*, E. II. 2.

3. Werbung mit umweltbezogenen Unternehmensauszeichnungen

In einer dritten Untergruppe findet sich die Werbung mit *produktunabhängigen Auszeichnungen des Unternehmens*, namentlich in Gestalt von sog. "Umweltpreisen": 1992 beispielsweise wurde die Karstadt AG, Essen, ein Jahr später die Hertie Waren- und Kaufhaus GmbH, Frankfurt, mit dem "Umweltpreis für den Handel" ausgezeichnet. Bereits 1989 wurde der Tengelmann Warenhandelsgesellschaft, Mülheim, vom Deutschen Komitee für das Umweltprogramm der Vereinten Nationen der "Weitblickende Falke" verliehen[282].

4. Werbung mit sog. "Öko-Controlling"

Werbung eines Unternehmens mit Maßnahmen und Aspekten des sog. *"Öko-Controlling"*[283] bildet die letzte Untergruppe innerhalb der umweltbezogenen Unternehmenswerbung: Das "Öko-Controlling" - der Begriff stammt aus der Betriebswirtschaftslehre - basiert in der Regel auf unternehmensbezogenen "Umwelt- bzw. Ökobilanzen"[284] einerseits sowie auf standortbezogenen "Umwelt- bzw. Ökoaudits"[285] andererseits. Dementsprechend betont die Ytong GmbH, München, in einer mehrseitigen Zeitungsanzeige:

> "Wir ziehen nicht nur für uns Bilanz, sondern auch für die Natur. Wir behaupten nicht, daß YTONG umweltverträglich ist. Wir beweisen es mit unserer Ökobilanz. Der ersten, die je für einen Wandbaustoff erstellt worden ist."[286]

Bezüglich der *"Umwelt-Audit-Verordnung"*[287] genügt der Hinweis, daß neben der Verwendung einer sog. "Umwelt"- bzw. "Teilnahmeerklärung" gegen-

---

282 Aus der Rspr.: OLG München MD 1996, 624 - Europäischer Umweltpreis 1992.

283 Dazu etwa *Bundesumweltministerium/Umweltbundesamt* (Hrsg.), Handbuch Umweltcontrolling, 1995; *Pfriem/Hallay*, Öko-Controlling als Baustein einer innovativen Unternehmenspolitik, in: *Steger* (Hrsg.), Handbuch des Umweltmanagement, 1992, 295 ff.

284 Umwelt- bzw. Ökobilanzen publizieren beispielsweise die Kunert AG, Immenstadt, die Ludwig Stocker Hofpfisterei GmbH, München, und die Ytong Holding GmbH, München. - Allgemein hierzu: *Günther*, Öko-Bilanzen als Grundlage eines Umwelt-Auditings, in: *Steger* (Hrsg.), Umwelt-Auditing, 1991, 59 ff.; *Müller-Wenk*, "Ökologische Buchhaltung" - Eine Einführung, in: *Simonis* (Hrsg.), a.a.O., 13 ff.; *Niemeyer/ Sartorius*, Umwelt-Auditing, in: *Steger* (Hrsg.), a.a.O. (Fn. 283), 311 ff.

285 Zum "Öko-Audit" vgl. *Hopfenbeck/Jasch/Jasch*, Öko-Audit, 1995; *Gerrit Rost*, Durchführung von Öko-Audits, in: *Bundesumweltministerium/Umweltbundesamt* (Hrsg.), a.a.O., 561 ff.

286 Vgl. die Anzeige in Der Spiegel Nr. 12 v. 20.3.1995, 121 ff.

287 Die entsprechende *Verordnung (EWG) Nr. 1836/93 des Rates v. 29.6.1993* ist am 13.7.1993 unter dem Titel "Über die freiwillige Beteiligung gewerblicher Unternehmen an einem Gemeinschaftssystem für das Umweltmanagement und die Umweltbetriebsprüfung" in Kraft getreten, ABl.EG Nr. L 168 v. 10.7.1993, 1 ff. und gilt in der Bundesrepublik seit dem 15.4.1995; siehe hierzu etwa: *Joachim Scherer*, Umwelt-

über der Öffentlichkeit[288] namentlich die Verwendung eines sog. "Audit-Labels" vorgesehen ist[289]. Dieses Umweltzeichen - hierbei handelt es sich um eine neutral gefaßte Graphik (15 kreisförmig angeordnete EG-Sterne mit einem entsprechenden Text und Hinweis auf die einzelnen Standorte) - kann durchaus mit Hilfe der Werbung eingesetzt werden, ohne daß dieses aber im Rahmen der Produktwerbung oder auf Erzeugnissen bzw. deren Verpackung erfolgen darf[290]. Dagegen kann das grundsätzlich standortbezogene Gütezeichen ohne weiteres auf dem Briefkopf und insbesondere für die *Unternehmenswerbung* verwendet werden[291]. In diesem Sinne haben die Bayer AG, Leverkusen, die Volkswagen AG, Wolfsburg, und die Audi AG, Ingolstadt, in überregionalen Tageszeitungen damit geworben, daß ihre Produktionsstandorte Dormagen (Bayer), Emden (VW) und Neckarsulm (Audi) als erster großer Chemie-Produktionsstandort bzw. als erste Automobilwerke in Deutschland mit dem Umweltzertifikat nach der Öko-Audit-Verordnung ausgezeichnet wurden.

III. Die Fallgruppe umweltbezogener Kauf- und Unterstützungsappelle

Typisch für diese im Vergleich zu den beiden vorherigen Fallgruppen homogene Fallgruppe[292] ist der Umstand, daß das von Seiten des Unternehmens

Audits: Instrument zur Durchsetzung des Umweltrechts im europäischen Binnenmarkt?, NVwZ 1993, 11 ff.; *Förschle/Hermann/Mandler*, Umwelt-Audits, DB 1994, 1093 ff.; *Knopp*, Neue EG-Verordnung zum "Umwelt-Audit", EWS 1994, 80 ff.; *Wiebe*, Umweltschutz durch Wettbewerb, NJW 1994, 289 ff.; *Schottelius*, Das EG-Umwelt-Audit als Gesamtsystem, BB 1995, 1549 ff.; *Köck*, Umweltschutzsichernde Betriebsorganisation als Gegenstand des Umweltrechts: Die EG-"Öko-Audit"-Verordnung, JZ 1995, 643 ff.; aus betriebswirtschaftlicher Sicht *von Werder/Nestler*, Grundsätze ordnungsmäßiger Umweltschutzorganisation als Maßstab des europäischen Umwelt-Audit, RIW 1995, 296 ff. - *Zum UAG*: *Lübbe-Wolff*, Das Umweltauditgesetz, NuR 1996, 217 ff.; *Vetter*, Das Umweltauditgesetz, DVBl. 1996, 1223 ff. - *Zum UAG im Entwurfsstadium*: *Bohnen*, Das Umweltauditgesetz im Streit zwischen Bundesrat und Bundestag, BB 1995, 1757 ff.; *Ewer*, Öko-Audit: Der Referentenentwurf für ein Umweltgutachter- und Standortregistrierungsgesetz und die Übergangslösung zur Anwendung der EG-Öko-Audit-Verordnung, NVwZ 1995, 457 ff. - *Zu den diversen Kommissionsvorschlägen*: *Führ*, Umweltbewußtes Management durch "Öko-Audit"?, EuZW 1992, 468 ff.; *Cordes*, a.a.O., 214 ff.

[288] Art. 5 Abs. 1, 3 der Verordnung (EWG) Nr. 1836/93.

[289] Art. 10 Abs. 1, 2 der Verordnung (EWG) Nr. 1836/93 und Anhang IV.

[290] Vgl. Art. 10 Abs. 3 der Verordnung (EWG) Nr. 1836/93, § 31 Abs. 1 Nr. 2 UAG. - S.a. *Wiebe*, a.a.O. (Fn. 287), 291; *Knopp*, a.a.O., 83.

[291] Siehe *Knopp*, a.a.O., 83, 86; *von Werder/Nestler*, a.a.O., 296; *Beckmann*, a.a.O., 75.

[292] Aus der Rspr.: KG WRP 1984, 607 - Gefühlsbetonte Werbung mit Umweltschutzmaßnahmen; OLG Hamburg WRP 1988, 45 - Bäumchen-Aktion; OLG Hamburg

versprochene umweltrelevante Verhalten zuvor eine positive Kaufentscheidung des umworbenen Verbrauchers verlangt. Der Unternehmer verspricht, "etwas für die Umwelt zu tun", falls der Kunde bei ihm *kauft* und ihn dadurch in seinem Umweltengagement *unterstützt*[293]. Indem das Unternehmen sein *eigenes unmittelbares* Umweltengagement von dem Kaufentschluß des Verbrauchers abhängig macht, überträgt er diesem die Entscheidung darüber, ob das Unternehmen etwas für die Umwelt tut oder nicht. Der Verbraucher wird vor die Alternative gestellt, sich entweder für das Produkt zu entscheiden oder dem unternehmerischen Umweltengagement die Unterstützung vorzuenthalten[294]. Auf diese Weise stellt sich der Kaufentschluß des Kunden als ein *eigenes mittelbares* Umweltengagement dar, der Verbraucher meint, mit dem Kauf persönlich "etwas für die Umwelt zu tun"[295].

Falls sich der Kunde zum Kauf entschließt, erhält er nicht nur die eigentliche Ware. Das Unternehmen leistet darüber hinaus zwar nicht an ihn, aber wenigstens "an die Umwelt" einen Unterstützungs- und Förderbeitrag, d.h., der Kunde bekommt für sein Geld - sozusagen als "Nebenleistung" - ein "gutes Gewissen" oder ein Stück "Selbstzufriedenheit"[296]. Dieses Junktim ist es, was in der Literatur[297] mit dem Schlagwort "Akzessorietät" belegt wird, von den einen unter *rechtlichen*[298], von den anderen unter *psychologischen* Gesichtspunkten[299]:

1. Das Kriterium der "rechtlichen Akzessorietät"

Im Hinblick auf das Kriterium der rechtlichen Akzessorietät ist zunächst festzustellen, daß dieses zwar wiederholt und ausdrücklich als Abgrenzungs-

---

GRUR 1989, 614 - Umweltengagement; OLG Nürnberg MD 1990, 786 - F. pflanzt Bäume; LG Hamburg WRP 1986, 59 - Aktion Grüner Groschen (zum Sachverhalt vgl. auch *Kurt Huber*, Image, 1987, 240 ff.).

293 Vgl. auch *Jacobs*, in: *Gloy* (Hrsg.), a.a.O., § 49 Rd. 33.

294 LG Hamburg WRP 1986, 59, 60 - Aktion Grüner Groschen.

295 Ebenso OLG Hamburg GRUR 1989, 614 - Umweltengagement.

296 LG Hamburg WRP 1986, 59 - Aktion Grüner Groschen. - In diesem emotionalen Zusatznutzen erschöpft sich die Nebenleistung *an den Kunden*. Der Förderbeitrag selbst - etwa die Stiftung eines Baumes - ist keine Nebenleistung an den Kunden, denn der Baum wird ja nicht bei diesem im Garten gepflanzt; so indes *Federhoff-Rink*, a.a.O. (Fn. 1), 248; vgl. ferner auch KG WRP 1984, 607, 608 - Gefühlsbetonte Werbung mit Umweltschutzmaßnahmen.

297 Zur Untauglichkeit des in diesem Kontext von der Rspr. favorisierten Sachlichkeitsprinzips vgl. bereits oben *Zweiter Teil*, E. II.

298 *Federhoff-Rink*, a.a.O. (Fn. 268), 643 ff., bes. 648 ff.; *Baumbach/Hefermehl*, a.a.O., § 1 UWG Rd. 184 c; *Graf Lambsdorff*, a.a.O. (Fn. 1), Rd. 43 f.; *Lappe*, a.a.O. (Fn. 1), 195 ff.

299 *Wiebe*, a.a.O. (Fn. 49), 810; *Füger*, a.a.O., 296; *Jacobs*, in: *Gloy* (Hrsg.), a.a.O., 76 (Nachtrag 1989 zu § 49).

merkmal Verwendung findet, insoweit im einzelnen aber höchst Unterschiedliches gemeint ist. So schreiben Baumbach/Hefermehl, eine Sponsoringwerbung - gemeint ist nach hiesiger Terminologie die Fallgruppe der umweltbezogenen Kauf- und Unterstützungsappelle -, die

"(...) durch einen mittels *rechtlichen Kaufzwangs* zustande gekommenen Kaufabschluß bewirkt wird, ist grundsätzlich nach § 1 UWG wettbewerbswidrig."[300]

Graf Lambsdorff spricht hinsichtlich des "akzessorischen Umweltsponsoring" - auch er meint die Fallgruppe der umweltbezogenen Kauf- und Unterstützungsappelle - davon, daß solche Werbemaßnahmen dann gegen § 1 UWG verstoßen,

"(...) wenn das versprochene Umweltsponsoring nur dann und nur in den Fällen gewährt werden soll, wenn der Käufer die Ware oder Leistung erwirbt, wenn also eine *rechtliche Koppelung* des Sozialengagements mit dem Leistungsangebot vorliegt."[301]

Federhoff-Rink schließlich bemerkt zur "Sponsoringwerbung" - wiederum ist nach hiesiger Terminologie von der Fallgruppe der umweltbezogenen Kauf- und Unterstützungsappelle die Rede - :

"Sponsoringwerbung ist rechtlich akzessorisch, wenn eine rechtliche Koppelung zwischen dem Leistungsangebot des Unternehmens und seinem Social Sponsoring besteht. Dies ist dann der Fall, wenn zwischen dem Absatz des Produkts und dem Sozialengagement des Unternehmens - etwa dessen Beitrag zum Umweltschutz - ein *rechtlicher Bedingungszusammenhang* besteht, der über den Kauf der Ware durch den Verbraucher hergestellt wird."[302]

Eine Lektüre dieser Stellungnahmen zeigt, daß Baumbach/Hefermehl mit dem Begriff des rechtlichen Kaufzwangs das *Zustandekommen* des Kaufvertrages, den Weg bis zum Kaufvertrag, meinen. Graf Lambsdorff und Federhoff-Rink hingegen bezeichnen mit den Termini "rechtliche Koppelung" bzw. "rechtlicher Bedingungszusammenhang" das Ergebnis, den *Inhalt* des Kaufvertrages. Anders gewendet: Nach Baumbach/Hefermehl entfaltet das Recht bereits im Vorfeld, genauer: *bis zum Abschluß des Kaufvertrages* seine Wirkung, Federhoff-Rink ("über den Kauf der Ware") und Graf Lambsdorff ("wenn der Käufer die Ware oder Leistung erwirbt") zufolge dagegen erst *mit*

---

300 *Baumbach/Hefermehl*, a.a.O., § 1 UWG Rd. 184 c. (Hervorhebungen vom Verfasser hinzugefügt) - Das Zitat ist in sich widersprüchlich, denn eine Werbung kann nicht "bewirkt werden", sondern allenfalls selbst "wirken". Aus diesem Grund können *Baumbach/Hefermehl* eigentlich nur eine Sponsoringwerbung meinen, die einen mittels rechtlichen Kaufzwangs zustande gekommenen Kaufabschluß bewirkt.

301 *Graf Lambsdorff*, a.a.O. (Fn. 1), Rd. 44 (Hervorhebungen vom Verfasser hinzugefügt).

302 *Federhoff-Rink*, a.a.O. (Fn. 268), 652 (Hervorhebungen vom Verfasser hinzugefügt).

Abschluß des Kaufvertrages. Den unterschiedlichen Perspektiven ist im folgenden nachzugehen.

a) Zum Merkmal des "rechtlichen Bedingungszusammenhangs"

Was den Standpunkt von Federhoff-Rink und Graf Lambsdorff betrifft, so ist mit dem Kriterium der *rechtlichen* Akzessorietät im Ergebnis nichts gewonnen[303]:

Nach dieser Meinung besteht der rechtliche Bedingungszusammenhang darin, daß das Sozialengagement des Unternehmens vom Kaufabschluß des Verbrauchers abhängig gemacht wird. Der Kaufabschluß ist die Bedingung, er sorgt für den Zusammenhang zwischen Leistungsangebot und Sozialengagement. Worin besteht aber das "Rechtliche" dieses Bedingungszusammenhangs? Genau besehen läßt sich nur insoweit von einem rechtlichen Bedingungszusammenhang sprechen, als die Bedingung als solche ein *Rechtsgeschäft* verkörpert. Keinesfalls ist davon die Rede, daß das Unternehmen durch den Kaufabschluß in *rechtlicher* Weise verpflichtet werde, ihr versprochenes Sozialengagement auch wirklich zu leisten; wäre hierin das Rechtliche des Bedingungszusammenhangs zu sehen, bräuchte es schwerlich eines Verbraucherschutzes (in Gestalt eines Verbotes nach § 1 UWG). Von rechtlicher Qualität ist mithin allenfalls der Kaufabschluß als solcher. Die Tatsache, daß der Käufer sich zunächst - in rechtlich verbindlicher Weise - für den Kauf dieses oder jenes Produkts entscheiden muß, ehe das Unternehmen seinen Teil erbringt und die Umwelt fördert, die Tatsache, daß der Käufer also - in rechtlich verbindlicher Weise - eine Art "Vorleistung" erbringt, führt offensichtlich zu dem Bestreben, den Verbraucher vor dieser rechtlichen Verpflichtung schützen zu wollen. Wenn man Federhoff-Rink und Graf Lambsdorff richtig versteht, dann ist der Verbraucher nicht deshalb schutzwürdig, weil es sich um eine Koppelung von Sozialengagement und Leistungsangebot handelt, sondern weil das entsprechende Junktim - der Kaufabschluß - von rechtlicher Natur ist.

Allerdings - das ist der Grund, warum man mit dem Kriterium des rechtlichen Bedingungszusammenhangs nicht weiterkommt - ist es mitnichten ein typisches Wesensmerkmal gerade der Kauf- und Unterstützungsappelle, daß die Bedingung, die Leistungsangebot und Umweltengagement verknüpft, von rechtlicher Qualität ist. Auch im Fall der umweltbezogenen Unternehmenswerbung liegen die Dinge letztlich, wenn auch weniger offenkundig so, daß der Verbraucher durch seinen - rechtlich relevanten - Kauf zur unternehmerischen Umsatz- und Gewinnsteigerung beiträgt, aus der sich das allgemeine Umweltengagement (z.B. das Umweltsponsoring) überhaupt erst speist. Auch

---

303 Kritisch auch *Spätgens*, a.a.O. (Fn. 54), 827 f.

im Fall der ausschließlich unternehmens-, mittelbar also produktbezogenen Umweltwerbung unterstützt der Verbraucher mit seinem - rechtlich verbindlichen - Kauf indirekt das unternehmerische Engagement für die Umwelt. Der Unterschied zwischen der zweiten und der dritten Fallgruppe umweltbezogener Werbung besteht allein in der werblichen Darstellung dieser tatsächlichen Umstände. Es ist zwar in der Tat etwas anderes, ob das Unternehmen lediglich mit dem schlichten Hinweis

"Wir unterstützen den Umweltschutz!"

an die Öffentlichkeit geht, oder ob es die Aussage zuspitzt und wie folgt formuliert:

"Wenn Sie kaufen, helfen Sie uns gleichzeitig, den Umweltschutz zu unterstützen. Denn von jedem verkauften Produkt gehen 50 Pfennig an den Naturschutzbund!"

Rechtlich - und im übrigen auch betriebswirtschaftlich - gesehen, ist es im Ergebnis aber gleich, ob der Kunde aufgrund der ersten oder der zweiten Anzeige kauft - wenn er nur kauft. Der getätigte Kaufabschluß ist stets rechtliche und ökonomische condicio sine qua non des unternehmerischen Umweltengagements.

Der Unterschied zwischen Kauf- und Unterstützungsappell und schlichter Unternehmenswerbung besteht vielmehr darin, daß der Verbraucher auf die rechtliche Bedingung des Kaufabschlusses im Fall des Kauf- und Unterstützungsappells wesentlich direkter, ausdrücklicher hingewiesen wird als etwa im Fall der Werbung mit dem Umweltsponsoring. Dieses - in tatsächlicher, nicht in rechtlicher Hinsicht - unterschiedlich intensive Maß der Käuferansprache ist es, was allein eine wettbewerbsrechtlich unterschiedliche Beurteilung von Kauf- und Unterstützungsappell und Unternehmenswerbung rechtfertigen könnte (zu dieser Frage alsbald 2.).

Es ist bezeichnend, daß Federhoff-Rink hinsichtlich der umweltbezogenen Kauf- und Unterstützungsappelle - zur näheren Umschreibung dessen, was sie mit dem Begriff der rechtlichen Akzessorietät meint - verschiedentlich von einem "moralischen Druck"[304] bzw. von einer "emotionalen" und "moralischen Zwangslage"[305] des Verbrauchers spricht. Im Hinblick auf ein etwaiges Unwerturteil kommt es letztlich auch nach Federhoff-Rink nicht auf das "Rechtliche" des Bedingungszusammenhangs an, sondern allein auf die - zunächst einmal nur behauptete - Tatsache, daß ein Kauf- und Unterstützungsappell den Verbraucher in eine - besondere (?) - emotionale oder moralische Zwangssituation bringt; das Kriterium der rechtlichen Akzessorietät entpuppt sich als ein Kriterium der tatsächlichen emotional-moralischen Zwanghaftigkeit (näher zum Ganzen unten 2.). Damit stellt Federhoff-Rink aber doch nicht auf

---

304 *Federhoff-Rink*, a.a.O. (Fn. 268), 652.
305 *Federhoff-Rink*, a.a.O. (Fn. 268), 651.

den Zeitraum ab Kaufvertrag ab, sondern - wie auch Baumbach/Hefermehl - auf die Phase bis zum Abschluß des Kaufvertrages, was auch überzeugt, denn allein insoweit kann Werbung überhaupt nur Wirkung entfalten.

b) Zum Merkmal des "rechtlichen Kaufzwangs"

Baumbach/Hefermehl erblicken die Wettbewerbswidrigkeit umweltbezogener Kauf- und Unterstützungsappelle in dem Umstand, daß eine entsprechende Werbung einen mittels "rechtlichen Kaufzwangs" zustande gekommenen Kaufabschluß bewirkt[306]. Den "rechtlichen Kaufzwang" wiederum definieren Baumbach/Hefermehl - unter gleichzeitiger Einordnung unter den Begriff der *Verlockung* (genauer: der *Wertreklame*) - allgemein wie folgt:

> "Dem Kunden wird eine geldwerte Vergünstigung für den Fall in Aussicht gestellt, daß er eine Ware oder eine bestimmte Warenmenge kauft. (...) Wird die Vergünstigung nicht besonders berechnet, so wird meist eine unzulässige Zugabe vorliegen (...). Wird sie berechnet, wenn auch zu einem niedrigen Preis, so scheidet eine Anwendung der ZugabeVO aus, es sei denn, daß es sich um einen Scheinpreis handelt. Wohl aber kann diese Form der Wertreklame wettbewerbswidrig sein, wenn die Vergünstigung einen Kaufreiz ausübt, der geeignet ist, die Entschließung des Kunden zu verfälschen, so daß er die Hauptware weniger wegen ihrer Qualität und Preiswürdigkeit im Vergleich zu konkurrierenden Waren, sondern vornehmlich deshalb kauft, um die Vergünstigung zu erhalten. Eine solche sachwidrige Bestimmung des Kunden zum Kauf widerspricht dem Leitbild des Leistungswettbewerbs. Die besondere Gefährlichkeit einer Wertreklame mit rechtlichem Kaufzwang liegt darin, daß der Kunde die Hauptware zunächst kaufen muß."[307]

Unter Berücksichtigung dieser Definition wird man der Fallgruppe der umweltbezogenen Kauf- und Unterstützungsappelle schwerlich mit Hilfe des rechtlichen Kaufzwangs beikommen: Zunächst ist es mehr als fraglich, ob das im Fall der umweltbezogenen Kauf- und Unterstützungsappelle typische Umweltengagement - das Stiften eines Baumes, die Spende eines Geldbetrages pro Geschäftsabschluß - als eine "geldwerte Vergünstigung" *für den Kunden* angesehen werden kann. Man wird das Versprechen eines Umweltengagement kaum als "Wertreklame" bezeichnen können, denn dem Kunden selbst wird allenfalls ein "gutes Gewissen" oder etwas "Selbstzufriedenheit" für den Fall des Kaufabschlusses in Aussicht gestellt, und das zudem noch nicht einmal ausdrücklich.

Darüber hinaus zeigen die Ausführungen Baumbach/Hefermehls, daß der Schwerpunkt der Wettbewerbswidrigkeit des rechtlichen Kaufzwangs darin gesehen wird, daß "(...) die Vergünstigung einen Kaufreiz ausübt, der geignet

---

[306] Vgl. oben Fn. 300.
[307] *Baumbach/Hefermehl*, a.a.O., § 1 UWG Rd. 88.

ist, die Entschließung des Kunden zu verfälschen (...)[308]. *Dieser Kaufreiz aber ist ein tatsächlicher, kein rechtlicher Kaufreiz*, weshalb man im Hinblick auf die Fallgruppe der umweltbezogenen Kauf- und Unterstützungsappelle in keinem Fall von einem rechtlichen Kaufzwang sprechen kann. Ähnlich wie schon zuvor im Fall des rechtlichen Bedingungszusammenhangs stützen auch Baumbach/Hefermehl ihr Unwerturteil nicht auf eine rechtliche, sondern auf eine tatsächliche - eine emotionale (bzw. moralische) - Zwangslage (hierzu sogleich 2.).

2. Das Kriterium der "psychologischen Akzessorietät"

Gelegentlich wird im Fall der umweltbezogenen Kauf- und Unterstützungsappelle von einem "psychologischen Kaufzwang"[309], einem "psychologischen Band"[310] bzw. von einer "moralischen" und "emotionalen Zwangslage"[311] gesprochen. Als erstes ist aus Verständnisgründen darauf hinzuweisen, daß dem Begriff des psychologischen Kaufzwangs in der herkömmlichen wettbewerbsrechtlichen Terminologie ein anderer Sinn beigegeben wird als der, den der Begriff bei Füger erhält. Dieser spricht mit Blick auf die Fallgruppe der umweltbezogenen Kauf- und Unterstützungsappelle davon, daß solche Hinweise auf Belange des Umweltschutzes

> "(...) den Verbraucher vor die - aufgrund des hierin enthaltenen Appells an das soziale Verantwortungsgefühl einen psychologischen Kaufzwang bewirkende - Wahl stellen, ein Produkt zu kaufen oder auf einen Beitrag zum Umweltschutz zu verzichten (...)."[312]

Im Schrifttum hingegen wird der Begriff des psychologischen Kaufzwangs überwiegend auf einen - im Vergleich zum Kauf- und Unterstützungsappell vollkommen verschiedenen - Sachverhalt angewandt, der sich dadurch auszeichnet,

> "(...) daß der Erhalt der Vergünstigung nicht vom Kauf einer Ware abhängig ist und die Teilnehmer dies auch durchweg wissen. Die Aktion zur Werbung neuer oder Erhaltung alter Kunden ist jedoch so aufgezogen, daß die Umworbenen durch die Vergünstigung in eine psychologische Zwangslage geraten, in der sie es als unanständig oder jedenfalls peinlich empfinden, nichts zu kaufen. Sie haben das Gefühl, sich wegen der ihnen gemachten Zuwendung erkenntlich zeigen zu müssen, und da-

---

308 *Baumbach/Hefermehl*, ebenda.

309 *Füger*, a.a.O., 296; zuvor bereits *Jacobs*, in: *Gloy* (Hrsg.), a.a.O., 76 (Nachtrag 1989 zu § 49).

310 *Wiebe*, a.a.O. (Fn. 49), 810.

311 *Federhoff-Rink*, a.a.O. (Fn. 268), 651.

312 *Füger*, a.a.O., 296.

her Hemmungen, nicht zu kaufen. Die Ware wird daher nicht wegen ihrer Güte und Preiswürdigkeit, sondern 'anstandshalber' gekauft."[313]

Dementsprechend wird im Rahmen dieser Darstellung auf die Verwendung des Begriffs "psychologischer Kaufzwang" verzichtet und statt dessen der Begriff der *"psychologischen Akzessorietät"* vorgeschlagen[314]. Damit kommt zum Ausdruck, daß die Verknüpfung von Leistungsangebot (= Hauptware) und "gutem Gewissen" (= Nebenware) ein "psychologisches Moment" enthält. Die Alternative, etwas zu kaufen und damit indirekt der Umwelt zu helfen oder nichts zu kaufen und der Umwelt einen Förderbeitrag zu versagen, ist keine ökonomische, sondern eine psychologische Alternative. Das "gute Gewissen" ist kein ökonomisches, sondern ein ökologisches Gewissen, und die Nebenware des persönlichen Wohlbefindens - die "Selbstzufriedenheit" - ist gerade keine geldwerte Zuwendung. Die in bezug auf die psychologische Akzessorietät entscheidende tatsächliche Frage ist diese:

Wird der Adressat eines umweltbezogenen Kaufappells lediglich vor die Alternative gestellt, sich entweder für das Produkt zu entscheiden oder dem unternehmerischen Umweltengagement seine eigene mittelbare Unterstützung zu vorzuenthalten[315]? Oder muß man, wie Baumbach/Hefermehl, bereits davon reden, daß der Verbraucher "(...) genötigt (wird), entweder die angebotene Ware wegen des Appells an das soziale Verantwortungsgefühl zu erwerben oder vom Kauf und damit von einem Beitrag zur Förderung der Umwelt abzusehen (...)"[316]? Ist Füger in seiner Ansicht zuzustimmen, daß "(...) die Wahl, ein Produkt zu kaufen oder auf einen Beitrag zum Umweltschutz zu verzichten (...)" einen "psychologischen Kaufzwang" bewirkt[317]?

---

[313] *Baumbach/Hefermehl*, a.a.O., § 1 UWG Rd. 89. - In diesem - engen - Sinne eines "psychologischen Kaufzwangs" ferner: *Emmerich*, Das Recht des unlauteren Wettbewerbs, 1995, 191; *Köhler/Piper*, a.a.O., § 1 Rd. 41 f.; *von Gamm*, a.a.O. (Fn. 7), 25. Kap. Rd. 24; *Borck*, Zur Psychopathologie der Wertreklame, in: *Wild/Schulte-Franzheim/Lorenz-Wolf* (Hrsg.), FS für *Alfred-Carl Gaedertz* zum 70. Geburtstag, 1992, 61 ff.; *Piper*, a.a.O., 281; *Michael Gruber*, a.a.O., 434; *Hofmann*, Kostenloser Kundentransport und psychologischer Kaufzwang, WRP 1970, 290 ff.; *Schricker*, Wettbewerbsrechtliche Aspekte des Verbraucherschutzes, RabelsZ 40 (1976), 535, 550; *Sosnitza*, Wettbewerbsbeschränkungen durch die Rechtsprechung, 1995, 22 ff.

[314] Vgl. auch *Spätgens*, a.a.O. (Fn. 54), 828 ("werbepsychologische Akzessorietät").

[315] Daß ein umweltbezogener Kauf- und Unterstützungsappell grundsätzlich überhaupt erst einmal diese Alternative eröffnet - wie jeder andere Kauf- und Unterstützungsappell im übrigen auch -, dürfte allgemeiner Konsens sein. - Allerdings ist nach Meinung des LG Hamburg WRP 1986, 59, 60 - Aktion Grüner Groschen, in "dieser unmittelbaren, betragsmäßig fixierten Kopplung" bereits an sich - ohne nähere Begründung - ein "Verstoß gegen die Grundsätze des lauteren Leistungswettbewerbs" zu sehen.

[316] *Baumbach/Hefermehl*, a.a.O., § 1 UWG Rd. 182 a.

[317] *Füger*, a.a.O., 296. - Nach der hier vorgeschlagenen Terminologie meint *Füger* mit "psychologischem Kaufzwang" "psychologische Akzessorietät". - *Federhoff-Rink*,

Eine entsprechende Antwort hat Füger im Grunde schon selbst gegeben. Mit Blick auf die "Biowerbung mit Fahrpreiserstattung"-Entscheidung des BGH (zu dieser unten IV) schreibt Füger nämlich, an einem solchen "Nötigungseffekt" (wie bei den umweltbezogenen Kauf- und Unterstützungsappellen) fehle es bei der genannten BGH-Entscheidung, denn:

> "Der konkret herausgestellte Umweltschutzbeitrag des Verbrauchers - die Benutzung von Bus und Bahn - ist unabhängig von jeder Kaufentscheidung möglich."[318]

Genau dieses Begründung trifft aber auf *jeden* umweltbezogenen Kauf- und Unterstützungsappell zu[319]. Das Stiften eines Baumes, die Finanzierung von Greenpeace, die Unterstützung der Deutschen Umwelt-Aktion etc., jeder einzelne dieses Umweltschutzbeiträge ist nicht nur dem Unternehmen, sondern auch dem einzelnen Verbraucher - seinen persönlichen finanziellen Kräften entsprechend - stets und ohne weiteres möglich, unabhängig von einem positiven oder negativen Kaufentschluß. Der Verbraucher hat angesichts eines umweltbezogenen Kauf- und Unterstützungsappells die Wahl zwischen Kauf oder Versagung des Umweltengagements. Das LG Hamburg spricht insoweit mit Recht davon, daß die Unterstützung einer Umweltschutzaktion geeignet ist,

> "(...) Selbstzufriedenheit auszulösen, während andererseits durch Verweigerung Schuldgefühle provoziert werden können."[320]

Allerdings ist nicht einzusehen, weshalb die Betonung des Zusatznutzens "Selbstzufriedenheit" (oder die "Androhung" des Zusatznutzens "Schuldgefühl") im Fall der umweltbezogenen Kauf- und Unterstützungsappelle zu einem lauterkeitsrechtlichen Unwerturteil führen soll. Solange man die Fallgruppe der umweltbezogenen Kauf- und Unterstützungsappelle als eine *zusatznutzensbezogene* Werbung versteht, gelten für jene exakt die tatsächlichen und normativen Konsequenzen, welche an anderer Stelle bereits ausführlich dargestellt wurden (s.o. *Zweiter Teil,* B. IV. 4. sowie E. I., II. 2. und 3.). Aus dem Umstand, daß ein umweltbezogener Kauf- und Unterstützungsappell den einen oder anderen Zusatznutzen betont, lassen sich insoweit keine - im Unterschied zu einer grundnutzensbezogenen Werbung - strengeren normativen Schlußfolgerungen ableiten.

Die ausdrückliche Betonung der Verknüpfung von positivem Kaufentschluß einerseits und dadurch erst ermöglichtem unternehmerischem Umweltengagement andererseits entfaltet realiter auch keinen Nötigungseffekt, vor allem

---

a.a.O. (Fn. 268), 651, spricht von einer "emotionalen" bzw. "moralischen Zwangslage" des Verbrauchers.

[318] *Füger*, ebenda.

[319] Die nähere Erklärung besteht darin, daß, wie noch zu zeigen ist (siehe sogleich IV.), auch der "Biowerbung mit Fahrpreiserstattung"-Entscheidung ein umweltbezogener Kaufappell zugrunde lag, freilich kombiniert mit einem Unterstützungs*angebot*.

[320] LG Hamburg WRP 1986, 59 - Aktion Grüner Groschen.

keine - mit der Situation des psychologischen (oder moralischen) Kaufzwangs vergleichbare - Zwangswirkung.

Zur Erinnerung: Unter einem psychologischen Kaufzwang ist tatsächlich nur der Fall zu verstehen, daß die Vergünstigung gerade *nicht* vom Kauf irgendeiner Ware abhängig ist. Im Gegensatz zum Kauf- und Unterstützungsappell, wo der Verbraucher derjenige ist, der zuerst leistet, ist es im Fall des psychologischen Kaufzwangs der Unternehmer, der eine Art "Vorleistung" erbringt, in der Hoffnung, der Kunde werde es ihm lohnen. So in einem konkreten Fall tatsächlich eine psychologische Zwangslage besteht, dann allein deshalb, weil es dem Kunden peinlich ist, etwas *nicht* zu kaufen[321], weil er die durch seinen Geschäftsbesuch, durch die Annahme irgendeines Vorteils ausgelösten Erwartungen *nicht* enttäuschen will[322].

Das Kaufmotiv im Falle des psychologischen Kaufzwang besteht nicht in der Erfüllung eines Grund- oder Zusatznutzens, der Kunde kauft nicht, um im Anschluß hieran "selbstzufriedener" zu sein. Der psychologische Kaufzwang läßt sich nicht in den zuvor skizzierten Prozeß der Verbraucherentscheidung einordnen, weil jener zu keinem Zeitpunkt auf bereits existente Bedürfnisse, Zwecksetzungen, Bedarfe des Kunden einzugehen sucht. Sein Ziel ist nicht die Kongruenz von verbrauchereigener Zwecksetzung und werbetypischer Nutzensbetonung, sondern die Konditionierung des Konsumenten in Richtung einer *außerhalb der eigenen Nutzenshierarchie liegenden* Kaufentscheidung. In einer tatsächlich als solcher empfundenen psychologischen (oder moralischen) Zwangslage kauft der Kunde weder aus Mitleid mit der geschundenen Kreatur noch etwa der Umwelt zu liebe, sondern ausschließlich aus Mitleid mit dem Werbenden selbst, aufgrund eines allein diesem gegenüber existierenden schlechten Gewissens.

Eine solche Zwangslage ist im Fall der umweltbezogenen Kauf- und Unterstützungsappelle nicht gegeben. Es ist deshalb nur konsequent, zwei in tatsächlicher Hinsicht vollkommen verschiedene Werbephänomene auch in normativer, also wettbewerbsrechtlicher Hinsicht unterschiedlich zu behandeln, soll heißen: Aus dem tatsächlichen Merkmal der psychologischen Akzessorietät lassen sich - im Unterschied zum Merkmal des psychologischen Kaufzwangs - keine normativen Konsequenzen ableiten, das Kriterium der psychologischen Akzessorietät als solches ist nicht geeignet, ein eventuelles lauterkeitsrechtliches Unwerturteil zu stützen.

---

[321] *Baumbach/Hefermehl*, a.a.O., § 1 UWG Rd. 89.

[322] *Borck*, a.a.O. (Fn. 313), 64 f.

IV. Die Fallgruppe umweltbezogener Kaufappelle mit einem Unterstützungsangebot

Diese Fallgruppe knüpft zwar gleichfalls an den positiven Kaufentschluß des Kunden an, im übrigen verspricht das Unternehmen aber nicht etwa ein eigenes Umweltengagement, eine eigene umweltrelevante "Leistung", sondern stellt statt dessen das mögliche umweltbewußte Verhalten des Kunden oder eines Dritten heraus - letzteres verspricht das Unternehmen mit einem (anteiligen) Geldbetrag zu *unterstützen*. Im Fall der umweltbezogenen Kaufappelle mit einem Unterstützungsangebot steht der Werbeadressat vor der Alternative, die Hauptware zu *kaufen* und zugleich selbst unmittelbar etwas für die Umwelt zu tun oder auf den Erwerb und damit auf den eigenen Umweltschutzbeitrag zu verzichten.

Die tatsächliche Unterschiede zwischen der zweiten, dritten und vierten Fallgruppe umweltbezogener Werbung lassen sich am besten anhand eines fiktiven praktischen Beispiels verdeutlichen. Im Fall der umweltbezogenen Unternehmenswerbung würde das Unternehmen mit der bloßen Aussage werben:

> "Unterstützt den Umweltschutz!" [s.o. II. 1. c)] bzw. "Wir unterstützen den Umweltschutz!" [s.o. II. 2.]

Im Fall eines umweltbezogenen Kauf- und Unterstützungsappells würde es heißen:

> "Wenn Sie kaufen, *unterstützen Sie uns* gleichzeitig in unserem Bemühen, den Umweltschutz zu unterstützen: Denn von jedem verkauften Produkt gehen 50 Pfennig an den Naturschutzbund!"

Im Fall der umweltbezogenen Kaufappelle mit einem Unterstützungsangebot schließlich könnte die Werbung etwa so lauten:

> "Wenn Sie kaufen, *unterstützen wir Sie* gleichzeitig in Ihrem Bemühen, den Umweltschutz zu unterstützen: Denn bei einem Kauf ab DM 10,- und der Vorlage einer Bus- oder Bahnfahrkarte erstatten wir Ihnen DM 1,50 zurück!"

Die tatsächlichen Unterschiede zwischen der dritten und vierten Fallgruppe liegen prima vista auf der Hand: Dort der Appell des Unternehmers, ihn in seinem Umweltengagement zu unterstützen, hier - genau umgekehrt - das Angebot des Unternehmers an den Kunden, diesen[323] in seinen Umweltschutzbe-

---

[323] *Wenzel*, Nochmals: Fahrpreiserstattung, WRP 1991 545, 548, ist zwar insoweit zuzustimmen, als es - etwa im Fall der "Biowerbung mit Fahrpreiserstattung"-Entscheidung des BGH - natürlich nicht der Einzelhändler, sondern der kommunale Verkehrsbetrieb ist, der die umweltschonendere Beförderungsleistung erbringt. Auch der Kunde erbringt aber eine umweltschonende Leistung, nämlich in Form einer Annahme der Beförderungsleistung unter gleichzeitigem Unterlassen der Autofahrt, und allein

mühungen finanziell zu unterstützen. Überdies besteht die unternehmerische "Nebenleistung" im Fall des umweltbezogenen Kaufappells mit einem Unterstützungsabgebot - anders als eben im Fall der dritten Fallgruppe - nicht allein in der Verschaffung eines "guten Gewissens" oder eines Stücks "Selbstzufriedenheit, sondern zusätzlich in einer *geldwerten Zuwendung*[324].

Die rechtstatsächliche Diskussion der umweltbezogenen Kaufappelle mit einem Unterstützungsangebot erfolgt regelmäßig unter drei verschiedenen Aspekten - unter dem des "psychologischen Kaufzwangs" (dazu sogleich 1.), unter dem des "übertriebenen Anlockens" (siehe später 2.) und unter dem des "rechtlichen Kaufzwangs" (hierzu schließlich 3.).

Auch wenn die jeweilige tatsächliche "Fallgruppe" allgemein immer zugleich im Hinblick auf wettbewerbs*rechtliche* Erwägungen und Schlußfolgerungen diskutiert wird, so darf hierüber nicht vergessen werden, daß es sich stets um zwei verschiedene Schritte handelt, die auch also solche gesetzt werden müssen. Zum gegenwärtigen Zeitpunkt geht es - wie schon zuvor - allein um die *tatsächliche* Frage, worin das Wesen der vierten Fallgruppe besteht und welche Wirkung von dieser auf den Werbeadressaten ausgeht.

---

diesen Umweltschutzbeitrag will der Einzelhändler belohnen; gleichsinnig BGH WRP 1995, 102, 103 - Fahrtkostenerstattung I.

[324] Aus der Rspr.: BGHZ 112, 311, 312 - Biowerbung mit Fahrpreiserstattung (Ausgangsinstanz: LG Köln GRUR 1989, 521 - Bio-Fahrtkostenerstattung); BGH WRP 1995, 102 - Fahrtkostenerstattung I (Ausgangsinstanz: LG Hamburg WRP 1992, 665 - Fahrtkostenerstattung); BGH WRP 1995, 699 - Fahrtkostenerstattung II; BGH WRP 1995, 485 - Super-Spar-Fahrkarten; OLG Hamburg WRP 1991, 592 - Fahrtkostenerstattung; OLG München WRP 1993, 49 - Fahrpreiserstattung; OLG München NJW-RR 1994, 1129 - Zuschüsse der Stadtwerke bei Energieumstellung; OLG München WRP 1993, 197 - "Geld gespart dank AutoCard"; OLG München WRP 1992, 264 - "Super-Spar-Fahrkarten" (mit zust. Anmerkung *Wenzel*); LG München I WRP 1991, 542 - MVV-Tickets; OLG Düsseldorf 2 U 160/93 v. 28.4.1994, vgl. auch FAZ Nr. 189 v. 16.8.1994, 12.

Seit der Änderung von § 1 Abs. 2 d der ZugabeVO v. 25.7.1994 (BGBl. I, 1688) gelten die in § 1 Abs. 1 ZugabeVO normierten "Zugabeverbote" wegen Handelsüblichkeit nicht für eine "(...) im Hinblick auf den Wert der Ware oder Leistung angemessene teilweise oder vollständige Erstattung oder Übernahme von Fahrtkosten für Verkehrsmittel des öffentlichen Personennahverkehrs, die im Zusammenhang mit dem Besuch des Geschäftslokals oder des Orts der Erbringung der Leistung aufgewendet werden (...)". - Die Fahrtkostenerstattung in dieser Form des § 1 Abs. 2 d ZugabeVO ist damit fortan zugaberechtlich unbedenklich, was zur Folge hat, daß man regelmäßig auch keinen Verstoß gegen § 1 UWG wird feststellen können, vgl. BGH WRP 1995, 102, 103 - Fahrtkostenerstattung I; zust. *Klaas*, Kurzkommentar zu BGH, Urt. v. 3.11.1994 - I ZR 82/92, EWiR § 1 ZugVO 1/95, 207, 208. - Zum Entwurf eines Gesetzes zur Änderung der ZugabeVO und zur entsprechenden Stellungnahme der Bundesregierung auch *Borck*, Freie Fahrt für die Fahrtkostenvergütung?, WRP 1993, 1 ff.; *Cordes*, a.a.O., 66 ff.

1. Zum Merkmal des "psychologischen Kaufzwangs"

Nach der oben zugrundegelegten Definition des "psychologischen Kaufzwangs" läßt sich die Fallgruppe der umweltbezogenen Kaufappelle mit einem Unterstützungsangebot schon gar nicht als ein Fall des "psychologischen Kaufzwangs" begreifen, da im Fall der vierten Fallgruppe die Vergünstigung gerade *nicht unabhängig* vom Kauf der Ware versprochen wird. Hieraus folgt, daß das finanzielle - geldwerte - Unterstützungsangebot des Unternehmers kaum geeignet sein dürfte, den Umworbenen aus "Verlegenheit" oder "Dankbarkeit" das Hauptgeschäft vornehmen zu lassen[325].

2. Zum Merkmal des "übertriebenen Anlockens" - Die "Bio-Fahrtkostenerstattung"-Entscheidung des LG Köln v. 14.3.1989

Das lauterkeitsrechtliche Hauptaugenmerk hinsichtlich der vierten Fallgruppe gilt traditionell dem Merkmal des sog. *"übertriebenen Anlockens"*[326]. Maßgebend für die Frage, ob ein Anlocken übertrieben und damit unzulässig ist, sind dabei

> "(...) die Gesamtumstände, insbesondere der Anlaß der unentgeltlichen Zuwendung, ihr Zweck und Wert, ferner die Art und Weise ihrer Verteilung - vornehmlich im Hinblick auf die Verbindung mit einem Warenvertrieb und einer auch nur mittelbaren Einflußnahme auf den Kaufentschluß - und schließlich die Person des Zuwenders und des Empfängers."[327]

In seiner Grundsatzentscheidung zur umweltbezogenen Fahrtkostenerstattung[328] hat der BGH "(...) Geldzuwendungen, die sich nicht in den Grenzen einer bloßen Aufmerksamkeitswerbung halten (...), als Mittel der Wertreklame" qualifiziert. Die im konkreten Falle angegriffene Werbung mit Vergünsti-

---

[325] Ebenso: *Ebert-Weidenfeller*, Fahrtkostenerstattungen: Verkehrspolitik im Unternehmensinteresse versus Wettbewerbsrecht?, GRUR 1992, 94, 99; *Wenzel*, a.a.O. (Fn. 323), 549; *Baumbach/Hefermehl*, a.a.O., § 1 UWG Rd. 105.

[326] BGHZ 112, 311, 313 ff. - Biowerbung mit Fahrpreiserstattung; BGH WRP 1995, 102, 103 - Fahrtkostenerstattung I; OLG Hamburg WRP 1991, 592, 594 - Fahrtkostenerstattung; OLG München WRP 1993, 49, 51 f. - Fahrpreiserstattung; OLG München NJW-RR 1994, 1129, 1130 f. - Zuschüsse der Stadtwerke bei Energieumstellung; LG Hamburg WRP 1992, 665, 668 - Fahrtkostenerstattung; LG Köln GRUR 1989, 521, 524 f. - Bio-Fahrtkostenerstattung; *Füger*, a.a.O., 301 f.; *Cordes*, a.a.O., 63 f.; *Ebert-Weidenfeller*, a.a.O. (Fn. 325), 99 f.; *Wiebe*, a.a.O. (Fn. 49), 811 f. - Kritisch allgemein *Emmerich*, Übertriebenes Anlocken - Was ist das eigentlich?, in: *Erdmann/Gloy/ Herber* (Hrsg.), FS für *Henning Piper*, 1996, 171 ff.

[327] *Von Gamm*, a.a.O. (Fn. 7), 26. Kap. Rd. 13 m.w.N. - S.a.: *Baumbach/Hefermehl*, a.a.O., § 1 UWG Rd. 90; OLG München NJW-RR 1994, 1129, 1130 - Zuschüsse der Stadtwerke bei Energieumstellung.

[328] BGHZ 112, 311- Biowerbung mit Fahrpreiserstattung.

gungen habe, jedenfalls im Bereich der Waren der unteren Preisklassen, eine "anlockende Wirkung"[329]:

"Denn - abweichend von der Auffassung des Landgerichts - führt die Herausstellung des Umweltschutzes in Verbindung mit der Wertreklame nicht zu deren Rechtfertigung, sondern zu einem verstärkten - jedenfalls in dieser Kombination die Wettbewerbswidrigkeit begründenden - Anlockeffekt."[330]

Diese Grundsatzentscheidung dürfte durch die Änderung der ZugabeVO[331] freilich mittlerweile überholt sein. Der BGH ist jetzt nämlich der Ansicht, im Sinne von § 1 Abs. 2 d ZugabeVO als angemessen zu wertende Fahrpreiserstattungen könnten weder als Mittel übertriebenen Anlockens gewertet werden, noch übten sie einen unzulässigen psychologischen Kaufzwang aus[332]. Daß auch eine *Kombination* von Wertreklame und Herausstellung des Umweltschutzes nicht länger so beanstanden ist[333], betont der BGH in seiner zweiten Entscheidung zur umweltbezogenen Fahrtkostenerstattung - diese ist zugleich die erste nach Änderung der ZugabeVO - explizit:

"Eine unsachliche Beeinflussung des Verkehrs kann vorliegend darüber hinaus auch nicht dem werbenden Hinweis entnommen werden, daß der Kunde mit der Fahrpreiserstattung für umweltbewußtes Verhalten belohnt werden solle."[334]

Der Meinungswandel des BGH hat also letztlich ausschließlich wettbewerbsrechtliche - genauer: wettbewerbs*rechtssystematische* - Gründe, die in der Gewährleistung eines Gleichlaufs von UWG und ZugabeVO zu sehen sind. Um so interessanter sind daher die Stellungnahmen derjenigen, die sich - gleich dem BGH in seiner Grundsatzentscheidung - ausdrücklich und ausschließlich zur *tatsächlichen* Frage einer verstärkten Anlockwirkung eines umweltbezogenen Kaufappells mit einem Unterstützungsangebot geäußert haben. Die sich in diesen Stellungnahmen widerspiegelnde Problematik der vierten Fallgruppe läßt sich - namentlich aufgrund ihrer ausführlichen Urteilsbegründung - am besten anhand einer Entscheidung des LG Köln verdeutlichen. Das LG Köln - seinerseits Ausgangsinstanz der "Biowerbung mit Fahrpreiserstattung"-Entscheidung des BGH - meinte in seiner Urteilsbegründung zur möglichen Anlockwirkung der umweltbezogenen Fahrtkostenerstattung:

"Ebenso kann nicht ernstlich in Zweifel gezogen werden, daß der Kunde einem Kaufzwang insoweit ausgesetzt wird, als er Waren für mindestens 10,- DM kaufen muß, will er in den Genuß des Erstattungsbetrages von 1,50 DM kommen. Wenn die Kammer gleichwohl einen Verstoß gegen § 1 UWG nicht festzustellen vermag,

[329] BGH a.a.O., 313.
[330] BGH a.a.O., 314.
[331] Vgl. oben Fn. 324.
[332] BGH WRP 1995, 102, 103 - Fahrtkostenerstattung I.
[333] So noch ausdrücklich BGHZ 112, 311, 314 - Biowerbung mit Fahrpreiserstattung.
[334] BGH WRP 1995, 102, 103 - Fahrtkostenerstattung I.

so liegt dies daran, daß der Lockeffekt der angekündigten Vergünstigung, nicht zuletzt auch aufgrund der konkreten Form der Werbung und der Tatsache, daß der Bekl. den Handel mit Möbeln betreibt, *nicht so stark* ist, daß von einem übertriebenen Anlocken gesprochen werden könnte, oder daß er geeignet wäre, das Urteilsvermögen des angesprochenen Lesers zu trüben und ihn unter Verdrängung sachlicher Überlegungen zum Kauf der Hauptware zu bestimmen.
Im Rahmen der hier gebotenen Abwägung war es für die Kammer (...) zunächst von Bedeutung, daß (...) derjenige, der die Zuwendung des Bekl. erhalten will, ***nicht gezwungen ist, eine bestimmte Ware käuflich zu erwerben***. (...)
Unabhängig von dem Vorstehenden hatte die Kammer (...) insbesondere auch zu berücksichtigen, daß die Geldzuwendung hier ***in einer ganz bestimmten Form angekündigt*** worden ist: die Werbung kündigt nicht etwa blickfangmäßig und isoliert die Zahlung von Geld für den Fall des Kaufs von Waren zu einem bestimmten Mindestpreis und der Vorlage einer Bus- oder Bahnfahrkarte an. Vielmehr ist die Motivation des Bekl., die ihm Anlaß zu seiner Aktion gegeben hat, in der Werbeanzeige relativ umfänglich und deutlich geschildert, wenn dort im Fließtext (...) die (...) vorherrschenden Verkehrsverhältnisse beschrieben werden, bis alsdann - und zwar ebenfalls im Fließtext und nicht optisch hervorgehoben - das 'Angebot' des Bekl. folgt. Die von einem versprochenen Geldgeschenk grundsätzlich in massiver Weise ausgehende Anlockwirkung wird *dadurch insoweit relativiert*, als der Text der Werbeanzeige versucht, das Umweltbewußtsein des Lesers zu wecken und von ihm zum Erhalt des Geldgeschenks verlangt, zunächst einmal eine Entscheidung zu treffen, ob er auf die Fahrt mit dem Auto verzichten und statt dessen auf öffentliche Verkehrsmittel zurückgreifen will. Dabei weiß der Leser, daß die Benutzung von Bus und Bahn auch - so jedenfalls wird es empfunden - Nachteile mit sich bringt (...). Der für im Zusammenhang mit dem Straßenverkehr stehende Umweltprobleme ohnehin sensibilisierte oder durch die Werbeanzeige des Bekl. sensibilisierte Leser wird deshalb das Angebot des Bekl. zur (teilweisen) Erstattung von Fahrtkosten eher als Geste und möglicherweise als zusätzlichen Anreiz verstehen, nicht sein Kraftfahrzeug, sondern öffentliche Verkehrsmittel zu benutzen. Die Kammer erachtet es jedoch als ***lebensfremd, daß von diesem Anreiz eine solche übermäßige und unsachliche Beeinflußung ausgehen könnte***, daß der Umworbene nicht nur auf die (gewohnte) Autofahrt verzichtet, sondern überdies den Geschäftsbetrieb des Bekl. - ein Möbelhaus - aufsucht, nur um in den Genuß von 1,50 DM und damit zu eines Geldbetrages zu kommen, der die mit der Bahnfahrt entstehenden Kosten niemals vollständig deckt.
Schon deshalb liegt die Annahme nahe, daß allein schon wegen der Wirkung der konkreten Werbung auf den Leser von einem 'übertriebenen' Anlocken nicht gesprochen werden kann. Es kommt aber noch ein weiterer Umstand hinzu (...). Insoweit spricht der Bekl. zu Recht die gängige Praxis bei der *Erstattung von Park(haus)gebühren* an. (...)
Ist aber der von der Werbeanzeige des Bekl. angesprochene Verkehr daran gewöhnt, daß ihm beim Kauf von Waren Park(haus)gebühren teilweise erstattet werden und fühlt er sich hierdurch nicht - gegenteiliges hat auch der Kl. nicht behauptet - in wie auch immer gearteter Weise unsachlich beeinflußt, empfindet er es als ebensowenig anstößig, wenn von ihm zum Erhalt des Erstattungsbetrages von 1,50 DM verlangt wird, Waren für mindestens 10,- DM zu kaufen (...)."[335]

Die Ausführungen des LG Köln bewegen sich auf verschiedenen rechtstatsächlichen Stufen, die Gegenstand der nachfolgenden Überlegungen sein sollen:

a) Das Argument des fehlenden konkreten Kaufzwangs

Am Anfang steht die Feststellung, daß der Lockeffekt der angekündigten Vergünstigung nicht so stark sei, daß von einem übertriebenen Anlocken gesprochen werden könne. Zur Begründung verweist das LG Köln zunächst auf die Tatsache, daß der Verbraucher, um die Zuwendung zu erhalten, nicht gezwungen sei, eine *bestimmte Ware* käuflich zu erwerben[336]. Dagegen läßt sich allerdings einwenden, daß der Verbraucher zumindest irgendeine Ware des Unternehmens käuflich erwerben muß, um in den Genuß der teilweisen Fahrpreiserstattung zu gelangen. Anders als in zwei ähnlich gelagerten Beispielsfällen aus Hamburg und München - dort hatte jeweils ein *Zusammenschluß von Einzelhändlern* mit einer Teilvergütung der Fahrtkosten geworben[337] - steht es dem Kunden im Fall des "Kölner Modells" zumindest nicht frei, bei welchem der zahlreichen Geschäfte er seinen Gutschein einlöst. Beim Kölner "Unterstützungsangebot" handelt es sich um ein Einzelangebot; wer die Vergünstigung in Anspruch nehmen will, kann sie nur bei dem konkreten Einzelhändler in Anspruch nehmen, d.h., er muß bei diesem kaufen[338].

b) Das Argument der Beschränkung auf den Bereich der Waren der unteren Preisklassen

Damit ist aber keinesfalls die Frage beantwortet, ob das singuläre umweltbezogene Unterstützungsangebot für sich genommen einen Zwang im Sinne eines übertriebenen Anlockens zu entfalten vermag oder nicht. Der BGH hat in diesem Zusammenhang ausgeführt, jedenfalls *im Bereich der Waren der unteren Preisklassen* habe eine Werbung mit Vergünstigungen eine anlocken-

---

335 LG Köln GRUR 1989, 521, 524 f. - Bio-Fahrtkostenerstattung (Hervorhebungen vom Verfasser hinzugefügt).

336 In diesem Sinne auch *Drescher/Lips*, a.a.O., 448; *Wiebe*, a.a.O. (Fn. 49), 811.

337 Dazu: OLG Hamburg WRP 1991, 592, 594 - Fahrtkostenerstattung; LG Hamburg WRP 1992, 665, 668 - Fahrtkostenerstattung; OLG München WRP 1993, 49, 51 f. - Fahrpreiserstattung.

338 Auch im Fall der "Geld gespart dank AutoCard"-Entscheidung des OLG München (WRP 1993, 197, 201) lagen die Dinge so, daß der Umworbene Kunde eines ganz bestimmten Versicherungsunternehmens werden mußte, um eine konkrete geldwerte Vergünstigung zu erlangen.

de Wirkung[339]. Indes kann prinzipiell - nicht nur bei geringwertigen Waren - ein Mißverhältnis zwischen dem Wert der Hauptware und dem Wert der versprochenen Zuwendung entstehen, so daß die Frage der Grenzziehung zwischen Verhältnis- und Unverhältnismäßigkeit losgelöst vom konkreten Warenwert zu bestimmen ist.

Wegen übertriebenen Anlockens - und damit als in diesem Sinne *unverhältnismäßig* - wurde vom OLG München[340] ein umweltbezogenes Unterstützungsangebot ("Wie halten Sie es mit Energieeinsparung und Umweltschutz?") untersagt, in welchem die Stadtwerke München den Hauseigentümern im Versorgungsgebiet für den Fall der Umstellung ihrer Heizungsanlage auf Erdgas und bei Verwendung einer sog. "Brennwerttechnik" einen *30 %igen Zuschuß* (in Höhe von DM 12.250,-) auf die Gesamtherstellungskosten (in Höhe von DM 38.000,-) versprachen. Auch der BGH stützte sein Unwerturteil in der "Super-Spar-Fahrkarten"-Entscheidung[341] - wie zuvor bereits das OLG München[342] - maßgeblich auf die Unverhältnismäßigkeit der Zuwendung im Hinblick auf den Wert der Hauptware: *Fahrkostenermäßigungen von 33 % bis 50 %* für AutoCard-Inhaber - also Versicherungsnehmer - bedeuteten im Bedarfsfall eine erhebliche Ersparnis. Ersparnisse in dieser Größenordnung seien ohne weiteres geeignet, die umworbenen - derzeitigen und potentiellen - Kunden zu veranlassen, Kunden der Beklagten zu bleiben bzw. zu werden[343]. Diese Feststellungen wiegen um so schwerer, als die Inhaber einer Auto-Card nach den Worten des BGH die verbilligten Fahrkarten von vornherein für Personen kaufen oder Fahrkarten ohne weiteres an Personen weitergeben konnten, die ohnehin kein Privatfahrzeug benutzen[344].

Ob als *Untergrenze* der Unverhältnismäßigkeit bereits ein Satz von "bis zu 15% des Kaufpreises" zu gelten hat[345], erscheint dagegen fraglich. Zwar weist Michael Gruber in seiner Anmerkung zur "Biowerbung mit Fahrpreiserstat-

---

339 BGHZ 112, 311, 313 - Biowerbung mit Fahrpreiserstattung. - Ebenso: *Cordes*, a.a.O., 63 f.; *Piper*, a.a.O., 282; vgl. auch *Nacken*, a.a.O., 214; *Michael Gruber*, a.a.O., 434.

340 OLG München NJW-RR 1994, 1129 - Zuschüsse der Stadtwerke bei Energieumstellung. - Ferner: OLG Düsseldorf NJW-RR 1995, 1193 - Werbung für Erdgas mit Förderbetrag; OLG Karlsruhe RdE 1996, 113 - Umwelt-Bonus; gegen dieses *Erman*, Beschränkung der Erdgaswertwerbung als Folge der kartellrechtlichen Bereichsausnahme des § 103 Abs. 1 GWB?, RdE 1996, 100 ff.

341 BGH WRP 1995, 485 - Super-Spar-Fahrkarten.

342 OLG München WRP 1992, 264, 267 - Super-Spar-Fahrkarten (Eilverfahren) und OLG München WRP 1993, 197, 201 - "Geld gespart dank AutoCard" (Hauptverfahren).

343 BGH WRP 1995, 485, 486 - Super-Spar-Fahrkarten. - A.A. *Ebert-Weidenfeller*, a.a.O. (Fn. 325), 100.

344 BGH ebenda.

345 So etwa *Nacken*, a.a.O., 214.

tung"-Entscheidung des BGH - in dieser Entscheidung ging es ebenso wie in der des LG Köln um die Anzeige eines "Biomöbel-Händlers" - darauf hin, daß zumindest größere Möbelhäuser auch Kleinartikel (Gläser, Bilder, Körbe etc.) führten[346]. Indes enthebt diese Feststellung nicht von der Notwendigkeit der Bestimmung einer - einigermaßen rechtssicheren - Grenze, ab der sich die Relation von (Klein)Artikel und Zuwendung in eine unzulässige verkehrt[347]. Man wird das Verhältnis von Kaufpreis- und Zuschußhöhe daher allenfalls als *Indiz* für die jeweilige Verhältnis- oder Unverhältnismäßigkeit der geldwerten Zuwendung ansehen können[348].

c) Das Argument der verbrauchereigenen nichtökonomischen Gegenleistung

Das LG Köln hat in seiner Ausgangsentscheidung u.a. die Auffassung vertreten, der für Umweltprobleme sensibilisierte Leser werde das streitgegenständliche Angebot zur (teilweisen) Erstattung der Fahrtkosten *eher als Geste* und möglicherweise als *zusätzlichen Anreiz* verstehen, nicht sein Kraftfahrzeug, sondern öffentliche Verkehrsmittel zu benutzen[349]. Die Kammer - so das LG Köln - erachte es jedoch als *lebensfremd*,

> "(...) daß von diesem Anreiz eine solche übermäßige und unsachliche Beeinflußung ausgehen könnte, daß der Umworbene nicht nur auf die (gewohnte) Autofahrt verzichtet, sondern überdies den Geschäftsbetrieb des beklagten Möbelhauses aufsuche, nur um in den Genuß von 1,50 DM und damit eines Geldbetrages zu kommen, der die mit der Bahnfahrt entstehenden Kosten niemals vollständig deckt."[350]

Diese Ausführungen sind geeignet, eine erste Begründung *pro* Zulässigkeit der umweltbezogenen Fahrtkostenerstattung zu liefern und zugleich ein even-

---

[346] *Michael Gruber*, a.a.O., 434.

[347] Vgl. allgemein auch *Emmerich*, a.a.O. (Fn. 326), 176 ff.

[348] A.A. sind offensichtlich *Baumbach/Hefermehl*, a.a.O., § 1 UWG Rd. 90, die die Höhe der Zuschüsse als entscheidend bezeichnen. - Unerheblich ist im übrigen auch, ob das zuwendende Unternehmen die jeweilige Vergünstigung "verschenkt", also zum Einkaufspreis weitergibt oder nicht; a.A. *Ebert-Weidenfeller*, a.a.O. (Fn. 325), 100. Maßgeblich ist insoweit allein die Perspektive des Umworbenen, also die Frage, ob dieser in dem Gegenstand der Wertreklame einen vermögenswerten Vorteil erblickt oder nicht; OLG München WRP 1993, 197, 200 f. - "Geld gespart dank AutoCard".

[349] Vgl. auch OLG Hamburg WRP 1991, 592, 594 - Fahrtkostenerstattung, und LG Hamburg WRP 1992, 665, 668 - Fahrtkostenerstattung: Beide Gerichte sind übereinstimmend der Ansicht, die "Belohnung des umweltbewußten Kunden" und das in der Presseinformation vorgestellte Motto "Bus und Bahn - 1 Mark spar'n" gehe nicht wesentlich über das hinaus, was dem Interessenten, dem eine Fahrkosten-Teilrückerstattung versprochen werde, *als Motiv einer solchen Aktion* (umweltfreundliche Entlastung des Innenstadt-Straßenverkehrs) ohnehin durch die Aktion als solche geläufig und offenkundig sei. - Der BGH (WRP 1995, 102, 103 - Fahrtkostenerstattung) hat die Ausführungen des LG Hamburg ohne weiteres gebilligt.

[350] LG Köln GRUR 1989, 521, 524 - Bio-Fahrtkostenerstattung.

tuelles Indiz *contra* Zulässigkeit [dazu soeben b)] zu widerlegen. Das LG Köln hebt nämlich zu Recht die Tatsache hervor, daß ja nicht jeder Kunde, der das Geschäft des Unternehmers besucht, automatisch eine geldwerte Zuwendung erhält. Voraussetzung dafür, daß der Unternehmer sein geldwertes Versprechen einlöst, ist, daß der Kunde nicht nur das Geschäftslokal aufsucht, sondern zudem und zunächst - nachweislich - eine eigene umweltschonende "Leistung" erbringt, nämlich in Gestalt der Benutzung des öffentlichen Personennahverkehrs. Der Verbraucher bekommt seine geldwerte Zuwendung gerade nicht "umsonst" - das ist der maßgebliche Unterschied zur Fallgruppe der umweltbezogenen Kauf- und Unterstützungsappelle. Im Gegensatz zur dritten Fallgruppe erhält der Kunde zwar nicht nur einen Zusatznutzen ("gutes Gewissen", "Selbstzufriedenheit"), sondern zusätzlich einen geldwerten Vorteil. Im Gegensatz zur dritten Fallgruppe muß der Kunde aber auch mehr "leisten" als nur die Anbahnung des Geschäftskontaktes bzw. den Kaufabschluß. Im Verzicht auf die gewohnte Autofahrt, die eine überwiegende Mehrheit der bundesdeutschen Endverbraucher immer noch als ein persönliches Privileg, als einen immateriellen - nichtökonomischen - Vorteil empfinden, steckt die - gleichfalls ökonomisch nicht quantifizierbare - Gegenleistung des Kunden. Der Lockeffekt der geldwerten Zuwendung, schreibt Füger zu Recht, erhält auf diese Weise einen "empfindlichen Dämpfer"[351].

Das Verhältnis von unternehmerischer Leistung und verbrauchereigener Gegenleistung ist im Fall der umweltbezogenen Kauf- und Unterstützungsappelle ein ausgewogenes. Die beiderseitige Erweiterung dieses Austauschverhältnisses im Rahmen der vierten Fallgruppe - hier die Zuwendung eines geldwerten Vorteils, dort die Erbringung einer ökologisch relevanten Leistung - tangiert dieses Gleichgewicht von Leistung und Gegenleistung nicht:

Im Fall der umweltbezogenen Kauf- und Unterstützungsappelle verspricht das Unternehmen dem Kunden neben der Hauptware das Erbringen einer umweltsozialen "guten Tat" und damit ein verbrauchereigenes "gutes Gewissen". Auf den Punkt gebracht: Der Kunde bekommt *Ware und gutes Gewissen gegen Geld.* Im Fall der umweltbezogenen Kaufappelle mit einem Unterstützungsangebot verspricht der Unternehmer neben der Hauptware die finanzielle - zweckgebundene - Zuwendung an den Kunden, kurz: Dieser erhält *Ware, gutes Gewissen und geldwerten Vorteil gegen Geld und die eigene umweltschonende Leistung.* Das Verhältnis von geldwertem Vorteil und tatsächlicher erbrachter ökologischer Leistung erscheint indes nicht derart unausgewogen, daß man von einem "übertriebenen Anlocken" sprechen kann. Oder anders formuliert: Es steht nicht zu befürchten, daß sich die Verbraucher die Bus- bzw. Bahnfahrt als solche - also: den eigentlichen Transport abzüglich des entgangenen Komforts, der eventuellen Wartezeit an den Haltestellen, der be-

---

[351] *Füger*, a.a.O., 302.

grenzten Möglichkeit der Gepäckablage etc. - mit einem Geldvorteil in Höhe von DM 1,50 entlohnen lassen.

Aus diesen Überlegungen folgt aber auch: Nur solange, wie der Kunde diese nichtökonomische Gegenleistung tatsächlich auch erbringt, ist die Verneinung des Vorliegens eines übertriebenen Anlockens auch gerechtfertigt; die *bloße Möglichkeit* der Leistungserbringung durch den Kunden genügt insoweit nicht. Unter diesem Gesichtspunkt betrachtet, ist es durchaus konsequent, eine Werbung zu untersagen, mittels derer dem Kunden das Angebot eines - beliebig oft *wiederholbaren* - Erwerbs stark ermäßigter Fahrkarten unterbreitet wurde[352]. Denn der Erwerb von dauerhaft verbilligten Fahrkarten ist mit der eigentlichen Bus- oder Bahnfahrt und dem einhergehenden Verzicht auf die gewohnte Autofahrt keinesfalls identisch. Es macht einen Unterschied, ob der Kunde seine eigene umweltschonende Leistung bereits erbracht hat[353] oder ob es ihm de facto freigestellt wird, die umweltschonende Leistung - etwa durch die Weitergabe der verbilligten Fahrkarten an einen Dritten - von diesem erbringen zu lassen und im Gegenzug womöglich den regulären, nicht verbilligten Fahrpreis zurückzuerhalten. Konsequent ist insoweit auch die Entscheidung des OLG Düsseldorf, eine Werbung gutzuheißen, die das Unterstützungsangebot - es ging um den *einmaligen* Zuschuß von DM 100,- beim Erwerb eines überdurchschnittlich stromsparenden Haushaltsgeräts - an den tatsächlichen Abschluß des Kaufvertrages knüpfte: Eine Mißbrauchsmöglichkeit war laut Unterstützungsangebot insofern ausgeschlossen, als jeder Haushalt im Versorgungsgebiet die geldwerte Zuwendung nur einmal erhalten sollte[354].

d) Schlußfolgerungen

Anhand der "Bio-Fahrtkostenerstattung"-Entscheidung des LG Köln sind die engen tatsächlichen Grenzen aufgezeigt geworden - also: Unerheblichkeit des Fehlens eines konkreten Kaufzwangs [soeben a)], bloße Indizwirkung des Verhältnisses von Hauptwaren- und Zuschußwert [dazu b)] und Rechtfertigung im Fall der Erbringung einer eigenen Gegenleistung durch den Umworbenen [schließlich c)] -, innerhalb derer das Vorliegen eines übertriebenen Anlockens und *insoweit* die Unzulässigkeit eines umweltbezogenen Kaufappells mit einem Unterstützungsangebot zu verneinen ist.

---

352 Vgl. hierzu, wenn auch mit anderen Untersagungsgründen: BGH WRP 1995, 485 - Super-Spar-Fahrkarten; OLG München WRP 1993, 197 - "Geld gespart dank Auto-Card"; zum Eilverfahren vgl. auch OLG München WRP 1992, 264 - "Super-Spar-Fahrkarten" (mit zust. Anmerkung *Wenzel*) und LG München I WRP 1991, 542 - MVV-Tickets.

353 So lag es im Fall von LG Köln GRUR 1989, 521 - Bio-Fahrtkostenerstattung.

354 OLG Düsseldorf, Urt. v. 28.4.1994 - 2 U 160/93, vgl. FAZ Nr. 189 v. 16.8.1994, 12.

Aus dem Gesagten ergeben sich zwei Konsequenzen. *Erstens*: Soweit sich ein umweltbezogener Kaufappell mit einem Unterstützungsangebot tatsächlich innerhalb der soeben aufgezeigten Zulässigkeitsgrenzen bewegt und von einem übertriebenen Anlocken jedenfalls nicht gesprochen werden kann, bedarf es auch keiner weitergehenden Rechtfertigung durch einen Vergleich mit der *Erstattung von Park(haus)gebühren*[355].

Zweitens: Die Diskussion der Frage, ob der tatsächliche Anlockeffekt einer bestimmten Werbung durch den Umweltbezug eher verstärkt[356] oder doch eher relativiert[357] wird, ist in einem dritten Sinne zu beantworten - sie ist offenzulassen. Ein "nicht übertriebenes Anlocken" ist und bleibt "nicht übertrieben", unabhängig von einem etwaigen Umweltbezug. Wie an anderer Stelle dargestellt, tangiert die Herausstellung des Umweltbezuges, die Ansprache des Umweltbewußtseins als eines "mehrdimensionalen Einstellungskonstruktes", verschiedene, durchaus widersprüchliche Bewußtseinsebenen. Aus dieser Mehrdimensionalität des Umweltbewußtseins folgt, daß bereits eine *konkrete* Aussage darüber, wie dieser bestimmte Anlockeffekt mit jenem bestimmten Appell an das Umweltbewußtsein zusammenwirkt, nicht getroffen werden kann. Mehr noch: So wenig die Betonung des Umweltgedankens pauschal mit "Gefühlsansprache" oder "Gesundheitswerbung" gleichzusetzen ist, so wenig läßt sich der Nachweis führen, daß ein "nicht übertriebenes Anlocken" durch einen zusätzlichen Umweltbezug *grundsätzlich* relativiert oder forciert wird.

3. Zum Merkmal des "rechtlichen Kaufzwangs"

Soweit ersichtlich, ist Piper der einzige, der die Fallgruppe der umweltbezogenen Kaufappelle mit einem Unterstützungsangebot ausdrücklich am Merkmal des "rechtlichen Kaufzwangs" mißt. Er schreibt in diesem Zusammenhang:

---

[355] In einem solchen Sinne etwa: LG Köln GRUR 1989, 521, 524 f. - Bio-Fahrtkostenerstattung; *Nordemann*, a.a.O. (Fn. 30), Rd. 212; *Fezer*, Umweltwerbung mit unternehmerischen Investitionen in den Nahverkehr, JZ 1992, 443, 447; *Drescher/ Lips*, a.a.O., 448.

[356] So etwa noch BGHZ 112, 311, 314 - Biowerbung mit Fahrpreiserstattung; s.a. OLG München WRP 1993, 197, 201 - "Geld gespart dank AutoCard"; *Cordes*, a.a.O., 64; *Piper*, a.a.O., 282.

[357] Vgl. beispielsweise: LG Köln GRUR 1989, 521, 524 - Bio-Fahrtkostenerstattung; *Ebert-Weidenfeller*, a.a.O. (Fn. 325), 99.

"Geldzuwendungen, die über eine bloße Aufmerksamkeit hinausgehen, üben einen *starken Kaufanreiz* aus, der in seiner unsachlichen Kundenbeeinflussung noch stärker wird, wenn die geldwerte Vergünstigung - wie bei der Übernahme von Fahrtkosten - *vom Kauf einer Ware abhängig* gemacht wird, mithin ein rechtlicher Kaufzwang besteht. (...) Entscheidend ist, ob die Vergünstigung geeignet ist, den Kunden in seiner wirtschaftlichen Entschließung unsachlich zu beeinflussen. (...) Jedenfalls bei Einkäufen in diesen Preisklassen (scil. im Bereich der Waren der unteren Preisklassen) besteht die Gefahr, daß sich die Kunden nicht mehr allein nach Preiswürdigkeit und Qualität entscheiden, sondern nach dem sachfremden Angebot der Fahrtkostenerstattung."[358]

Gerade die letzten Ausführungen belegen, namentlich im Vergleich mit der Rspr.[359], daß Piper mit seinem Begriff des "rechtlichen Kaufzwangs" letztlich nichts anderes meint als den "Tatbestand" des übertriebenen Anlockens; insbesondere meint Piper keinen rechtlichen, sondern einen *tatsächlichen* Kaufzwang. Aus diesem Grund kann hinsichtlich der von Piper gemachten Aussagen ausnahmslos auf die soeben 2 c und d getroffenen tatsächlichen Feststellungen und Schlußfolgerungen verwiesen werden.

C. Schlußfolgerungen

Die vorstehenden - besonderen - Ausführungen zur Typologie umweltbezogener Werbung haben zweierlei gezeigt:

Erstens: Solange sich umweltbezogene Werbeäußerungen in der Verbreitung objektiv nachprüfbarer Angaben im Sinne von § 3 UWG erschöpfen, geht es zunächst einmal um die Überprüfung dieser Angaben im Hinblick auf ihren *Wahrheitsgehalt*. Umweltwerbung, die in tatsächlicher Hinsicht nachweislich unwahr und damit irreführend ist, fällt - vorbehaltlich einer abschließenden normativen Betrachtung[360] - unter das Verdikt des § 3 UWG[361].

Zweitens: Die vorgelegte Typologie bestätigt darüber hinaus eine oben[362] getroffene - allgemeine - Feststellung, die nämlich der Notwendigkeit eines eigenständigen wettbewerbsrechtlichen Beurteilsmaßstabes in bezug auf umweltbezogene Werbeaussagen. Eine eingehende Beschäftigung insbesondere mit der zweiten, dritten und vierten Fallgruppe hat zu dem Ergebnis geführt,

---

[358] *Piper*, a.a.O., 281 f.

[359] Vgl. etwa: BGH WRP 1995, 485, 486 - Super-Spar-Fahrkarten; OLG München WRP 1993, 197, 201 - "Geld gespart dank AutoCard".

[360] Siehe zu dieser unten *Fünfter Teil*.

[361] Das gilt zuvörderst für jede Form der umweltbezogenen Produktwerbung, namentlich für die Werbung mit dem "Grünen Punkt" [s.o. B. I. 3. b) dd)]. Auch im Fall der umweltbezogenen Unternehmenswerbung ist ein Verstoß gegen § 3 UWG denkbar, vgl. oben B. II. 1. c) und B. II. 2. Fn. 270.

[362] *Zweiter Teil*, F.

daß die Einordnung der einzelnen Werbephänomene in die herkömmlichen rechtstatsächlichen Kategorien nicht gelingt. Weder läßt sich die umweltbezogene Benetton-Werbung vermöge des Sachlichkeitsgrundsatzes begreifen und reglementieren [vgl. oben B. II. 1. d)], noch wird man der dritten Fallgruppe mit Schlagworten wie rechtlicher [dazu B. III. 1. b)] und psychologischer Kaufzwang (s.o. B. III. 2.) gerecht bzw. der vierten Fallgruppe mit dem Begriff des übertriebenen Anlockens (vgl. oben B. IV. 2.). Das Wesentliche umweltbezogener Werbung entzieht sich solch hergebrachter - rechtstatsächlicher *und* zugleich wettbewerbsrechtlicher - Kategorien und bedarf, im Anschluß an die soeben erfolgte tatsächliche Einordnung, einer eigenen normativen Beurteilung (dazu unten *Vierter* und *Fünfter Teil*).

Vierter Teil

Das Gebot prinzipieller Zulassung umweltbezogener Werbung - Chance und Pflicht zur Förderung einer ökologischen Wirtschaftsweise (§ 1 UWG)

A. Der Gedanke einer ökologischen Instrumentalisierung von § 1 UWG

I. Die prinzipielle Offenheit unbestimmter Rechtsbegriffe für ökologische Erwägungen

Seit Keßlers Veröffentlichung[1] wird - v.a. im Schrifttum, vereinzelt auch seitens der Rspr.[2] - die *Frage eines möglichen umweltpolitischen Beitrags des Wettbewerbsrechts* diskutiert, und zwar unter zwei Aspekten, dem einer "ökologischen Instrumentalisierbarkeit des Wettbewerbsrechts" einerseits sowie dem einer unerwünschten "ökologischen Kontraproduktivität des Wettbewerbsrechts" andererseits[3]. Auch wenn die Diskussion hauptsächlich § 3 UWG betrifft, namentlich die Frage einer abschließenden Interessenabwägung[4], so wird gelegentlich auch die Unbestimmtheit und Ausfüllungsbedürftigkeit von § 1 UWG zum Ausgangspunkt einer möglichen ökologischen Instrumentalisierung genommen:

> "Die aufgeworfene Problematik, den Umweltbezug der Werbung wettbewerbsrechtlich sachgerecht in die Generalklausel des § 1 UWG einzubeziehen, verbirgt die allgemeine, methodische Fragestellung, inwieweit ethische, moralische, sozialpolitische, ökonomische und ökologische, kurz: öffentliche Interessen in die wettbewerbsrechtliche Unrechtswertung Eingang finden."[5]

---

[1] *Keßler*, Die umweltbezogene Aussage in der Produktwerbung - dogmatische und wettbewerbstheoretische Aspekte des Irreführungsverbots, WRP 1988, 714 ff.

[2] OLG Frankfurt am Main NJW-RR 1994, 676, 677 - Werbung mit Umweltfreundlichkeit.

[3] Vgl. die Nachweise oben Einleitung Fn. 5 und 6.

[4] Dazu bereits oben *Dritter Teil,* B. I. 1. f) sowie ausführlich unten *Fünfter Teil,* B. I. und C. I. 4.

[5] *Fezer*, Umweltwerbung mit unternehmerischen Investitionen in den Nahverkehr, JZ 1992, 443, 447. - S.a. *Medicus*, Zivilrecht und Umweltschutz, JZ 1986, 778, 779. - Die Eignung unbestimmter Rechtsbegriffe als "Instrumente einer gesetzesimmanenten Gleitklausel" für die politische Umdeutung der Privatrechtsordnung angesichts diverser *Wirtschafts- und Sozialkrisen* betont *Rüthers*, Das Recht zwischen Ökonomie und Me-

Die *prinzipielle Offenheit unbestimmter Rechtsbegriffe für ökologische Erwägungen* enthebt indes nicht von einer rechtsdogmatisch eindeutigen Entscheidung der Frage, worauf die verstärkte Berücksichtigung umweltrelevanter Belange im Rahmen von § 1 UWG gründen soll. Gerade wegen der besonderen Offenheit von § 1 UWG bedarf eine um ökologische Erwägungen erweiterte Auslegung eines hinreichend festen Fundamentes; die Unbestimmtheit der großen Generalklausel eröffnet nicht nur Auslegungschancen, sondern auch Mißbrauchsmöglichkeiten, womit das verfassungsrechtliche Gebot der richterlichen Gesetzesbindung tangiert ist. Denkbare Grenzen einer prinzipiellen ökologischen Offenheit der wettbewerbsrechtlichen Blankettnorm ergeben sich unter dem Gesichtspunkt der sog. "wirtschaftspolitischen Neutralität" des UWG einerseits (vgl. nachfolgend II. 1.) sowie hinsichtlich des Typus des sog. "Leistungswettbewerbs" andererseits (dazu später II. 2.):

II. Mögliche Grenzen einer ökologischen Instrumentalisierung von § 1 UWG

1. Die sog. "wirtschafts- und gesellschaftspolitische Neutralität" des UWG

Die lauterkeitsrechtliche Beurteilung der Umweltwerbung wirft gelegentlich die Frage nach dem Schutzzweck und Aufgabenbereich des UWG auf. Köhler etwa schreibt:

> "Es ist nicht die Aufgabe des Wettbewerbsrechts, den Wettbewerbsprozeß materiell zu steuern, etwa für mehr Umweltschutz im Produktions- und Konsumtionsprozeß zu sorgen. Richtig ist zwar, daß gesetzliche Vorschriften zur Steuerung der Warenproduktion und -distribution, um damit bestimmte gesellschaftspolitische Zwecke zu erreichen, auf das Wettbewerbsrecht ausstrahlen können. So können Verstöße gegen solche Vorschriften, wenn sie zu Wettbewerbszwecken erfolgen, durchaus einen Sittenverstoß im Sinne des § 1 UWG darstellen. Die Existenz solcher Vorschriften bedeutet aber nicht, daß das dahinterstehende gesellschaftspolitische Anliegen ohne weiteres verselbständigt und von seiner konkreten gesetzlichen Regelung losgelöst werden könnte. Konkret: Daß es gesetzliche Bestimmungen zum vermehrten Umweltschutz gibt, bedeutet noch lange nicht, daß damit ein allgemeines Leitprinzip gegeben wäre, in dessen Dienst das Wettbewerbsrecht zu stellen wäre."[6]

---

taphysik - Orientierungsschwierigkeiten nach Systemwechseln -, in: Verhandlungen des 60. DJT Münster 1994, Bd. II (Sitzungsberichte) Teil I, 1994, 5, 16 ff.; zuvor *Rebe*, Privatrecht und Wirtschaftsordnung, 1978, 4 f., 36. - Soweit man heute von einer *Umweltkrise* zu sprechen bereit ist, läßt sich die grundsätzliche ökologische Instrumentalisierbarkeit von § 1 UWG wenigstens auf den ersten Blick nicht leugnen.

[6] *Köhler*, a.a.O., 362.

Auch gibt es Autoren, die hinsichtlich der Umweltwerbung den Zeitgeist gleichsam auf einer "Umweltwelle" reiten sehen und die Forderung erheben,

> "(...) den Umweltschutz bei der Beurteilung der Werbung nicht zu einer Art Ersatzreligion entarten zu lassen, also z.B. gesetzgeberische Initiativen auf diesem Gebiete zu fordern (...). Der Gesundheitswelle vergangener Jahre scheint nun eine Umweltwelle zu folgen und die Gefahr, daß letztere uns überspülen könnte, ist nicht von der Hand zu weisen."[7]

Damit ist - wenn nicht ausdrücklich, so doch dem Sinn nach[8] - die Diskussion einer *wirtschafts- und gesellschaftspolitischen Neutralität* des UWG berührt[9]. Gegenstand dieser Diskussion ist die Frage, inwieweit sich in den wettbewerbsrechtlichen Auslegungsprozeß - namentlich hinsichtlich der großen Generalklausel - wirtschafts-[10] und gesellschaftspolitische[11] Aspekte integrieren lassen. Dabei wird das UWG überwiegend wenigstens insoweit als wirtschafts- und gesellschaftspolitisch neutral begriffen, als diesem eine unmittelbare - immanente - wirtschafts- und gesellschaftspolitische Zweckverfolgung grundsätzlich fremd ist und auch nicht aus der Bezugnahme auf die guten Sitten und die dadurch einbezogene Berücksichtigung des Allgemeininteresses hergeleitet werden kann[12]. Das UWG selbst verfolgt keine bestimmte wirtschafts- oder wettbewerbspolitische Konzeption[13], dem Richter kommen im

---

[7] *Graf Lambsdorff*, Werbung mit Umweltschutz, 1993, Rd. 144. - Die Gegenposition vertritt *Fezer*, a.a.O. (Fn. 5), 447, dem zufolge das Wettbewerbsrecht "(...) wie alles Recht in die Kultur einer Zeit eingebunden (ist)."

[8] Deutlich wird dies bei einem Blick in die von *Köhler* (a.a.O., 362 Fn. 68) zur Unterstützung seiner Auffassung angeführten Rechtsprechungsnachweise, die als ein Bekenntnis zur wirtschaftspolitischen Neutralität des UWG verstanden werden können. - Den umgekehrten Weg beschreitet *von Gamm*, der zur Unterstützung seiner Ansicht, dem UWG fehle in wirtschafts- und wettbewerbspolitischer Hinsicht eine unmittelbare Zweckbezogenheit, auch die BGH-Entscheidung zur "Biowerbung mit Fahrpreiserstattung" anführt; vgl. *von Gamm*, Gesetz gegen den unlauteren Wettbewerb, 1993, Einf A Rd. 17 Fn. 55. - In dieser Entscheidung äußert der BGH zwar "grundsätzliche Bedenken" gegen eine "wahrheitsgemäße Anknüpfung der Werbung an Fragen des Umweltschutzes" (BGHZ 112, 311, 315), nimmt aber zur Frage einer etwaigen wirtschaftspolitischen Neutralität des UWG selbst in keiner Weise Stellung.

[9] Gleichsinnig *Fezer*, a.a.O. (Fn. 5), 447.

[10] Genauer: verbraucher-, struktur-, mittelstands- oder wettbewerbspolitische Aspekte.

[11] Also: sozial-, gesundheits- oder *umweltpolitische* Aspekte.

[12] *Von Gamm*, Wettbewerbsrecht, Bd. I, 1987, 18. Kap. Rd. 2; s.a. *Hefermehl*, Die Konkretisierung der wettbewerbsrechtlichen Generalklausel durch Rechtsprechung und Lehre, in: *Beier/Kraft/Schricker/Wadle* (Hrsg.), Gewerblicher Rechtsschutz und Urheberrecht in Deutschland, Bd. II, 1991, 897, 913.

[13] H.M.: Großkomm./*Schünemann*, Einl UWG Rd. A 37; *Baumbach/Hefermehl*, a.a.O., Einl UWG Rd. 75; *Kreft*, in: *Gloy* (Hrsg.), a.a.O., § 9 Rd. 6 m.w.N.; *Peter Ulmer*, Der Begriff "Leistungswettbewerb" und seine Bedeutung für die Anwendung von GWB und UWG-Tatbeständen, GRUR 1977, 565, 578. - A.A. *Merz*, Die Vorfeldthese,

Rahmen der Auslegung von § 1 UWG keine eigenen wirtschaftspolitischen Entscheidungsbefugnisse zu[14]. Der Standpunkt der h.M. läßt sich sowohl mit dem Fehlen einer ausdrücklichen Regelung zugunsten einer wirtschafts- bzw. gesellschaftspolitischen Ausrichtung des UWG als auch mit dem grundsätzlichen Bemühen um eine hinreichende Zeitlosigkeit des wettbewerbsrechtlichen Unwerturteils[15] begründen. Aus der fehlenden *unmittelbaren* gesellschafts- und damit umweltpolitischen Zweckverfolgung des UWG ergibt sich somit eine erste Begrenzung der prinzipiellen ökologischen Offenheit von § 1 UWG.

Streit herrscht dagegen hinsichtlich der Frage einer möglichen *mittelbaren* wirtschafts- und gesellschaftspolitischen Zweckverfolgung des Wettbewerbsrechts, wobei sich drei Ansätze unterscheiden lassen: Eine *erste* Ansicht versteht den Begriff der - unmittelbaren - wirtschaftspolitischen Neutralität des UWG im Sinne einer - mittelbaren - wirtschaftspolitischen Offenheit[16], eine

---

1988, 245; *Baudenbacher*, Zur funktionalen Anwendung von § 1 des deutschen und Art. 1 des schweizerischen UWG, ZHR 144 (1980), 145, 153 f.

[14] H.M.: *Baumbach/Hefermehl*, a.a.O., Einl UWG Rd. 75; *Merz*, a.a.O., 245; Großkomm./*Schünemann*, Einl UWG Rd. A 40; *Kraft*, Die Berücksichtigung wirtschaftspolitischer und gesellschaftspolitischer Belange im Rahmen des § 1 UWG, in: *Harms/Heckelmann/Knöpfle/Teichmann* (Hrsg.), Entwicklungstendenzen im Wirtschafts- und Unternehmensrecht. FS für *Horst Bartholomeÿczik* zum 70. Geburtstag, 1973, 223, 234 f.; *Fezer*, in: *Amann/Jaspers* (Hrsg.), a.a.O., 3.0 Rd. 30. - A.A. *Ott*, Systemwandel im Wettbewerbsrecht, in: *Baur/Esser/Kübler/Steindorff* (Hrsg.), Funktionswandel der Privatrechtsinstitutionen. FS für *Ludwig Raiser* zum 70. Geburtstag, 1974, 403, 417 ff.; ihm folgend *Rebe*, a.a.O., 158 ff.

[15] Elastizität und Entwicklungschancen des deutschen Lauterkeitsrechts, die auf die Konstruktion des § 1 UWG als unbestimmten Rechtsbegriff und damit auf die Entscheidung für ein betont richterrechtlich geprägtes Wettbewerbsrecht zurückgehen, bedeuten keineswegs den Verzicht auf eine gewisse Dauerhaftigkeit des konkreten Auslegungsergebnisses.

[16] Eine *wirtschaftspolitische Zielsetzung des UWG (genauer: die Verbindlichkeit der im GWB normierten wirtschaftspolitischen Ziele für die Auslegung des UWG gerade wegen dessen Neutralität bzw. wegen einer durch ein und dasselbe Schutzobjekt bedingten identischen "Stoßrichtung" von Kartell- und Lauterkeitsrecht*) bejahen: *Fikentscher*, Wirtschaftsrecht, Bd. II, 1983, 368 m.w.N.; *Rittner*, Wettbewerbs- und Kartellrecht, 1995, § 1 Rd. 46; Großkomm./*Schünemann*, Einl UWG Rd. A 37 ff., bes. Rd. A 41; *Peter Ulmer*, a.a.O., 578 f.; *Emmerich*, Wettbewerbsbeschränkungen durch die Rechtsprechung, in: *Lange/Nörr/Westermann* (Hrsg.), FS für *Joachim Gernhuber* zum 70. Geburtstag, 1993, 857, 859; *Eugen Ulmer*, Sinnzusammenhänge im modernen Wettbewerbsrecht, 1932, 15, bes. 23; *Rinck/Schwark*, Wirtschaftsrecht, 1986, Rd. 657; *Rebe*, a.a.O., 145; *Ott*, a.a.O., 425 ff.; *Sack*, § 1 UWG und Wirtschaftspolitik, WRP 1974, 247 ff.; *ders.*, Zur Zulässigkeit von Vorspannangeboten, WRP 1975, 65, 71 ff.; *ders.*, Lauterer und leistungsgerechter Wettbewerb durch Wettbewerbsregeln, GRUR 1975, 297, 301; *Baudenbacher*, Suggestivwerbung und Lauterkeitsrecht, 1978, 132 ff.; *Merz*, a.a.O., 234 ff.; *Lehmann*, Wirtschaftspolitische Kriterien in § 1 UWG, in: Gewerblicher Rechtsschutz - Urheberrecht - Wirtschaftsrecht. Mitarbeiterfestschrift zum 70. Geburtstag von *Eugen Ulmer*, 1973, 321, 327 ff.; *Bundeskartellamt*, Beschl. v. 18.3.1963, BB 1963, 492, 493 - Wettbewerbsregeln des Kraftfahrzeughandels; vgl.

zweite Auffassung betont den Einfluß des GG auf die Auslegung des UWG[17], eine *dritte* Meinung wendet sich strikt gegen die Berücksichtigung solcher wirtschafts- und gesellschaftspolitischer Aspekte im Rahmen des UWG, die im Wege der Gesetzgebung bereits selbst zur Rechtsnorm geworden sind (etwa im GWB oder StabG)[18]. Hinsichtlich der Frage einer möglichen mittelbaren umweltpolitischen Zweckverfolgung enthalten sich die ersten beiden Positionen jeglicher Stellungnahme[19], so daß hier allein die dritte Alternative interessiert. Deren Problematik läßt sich anschaulich am Beispiel der Kontroverse zwischen Sack und Knöpfle verdeutlichen. Nach der Ansicht von Sack sind nämlich

> "(...) Bedenken dagegen, wirtschafts- und strukturpolitische Vorstellungen des Gesetzgebers, die Norm geworden sind, in den sozialethischen Begriff der guten Sitten zu integrieren, (...) nicht berechtigt."[20]

Argumentierte man so, schreibt Knöpfle in seiner Erwiderung,

> "(...) so müßten auch wohl die sozial-, umweltschutz- und gesundheitspolitischen Vorstellungen des Gesetzgebers und dessen Vorstellungen auf vielen anderen Gebieten als Element der guten Sitten angesehen werden; dann wären die Schleusen für eine Rezeption gesetzgeberischer Vorstellungen und Wertungen, die in anderen

---

auch OLG Frankfurt am Main WRP 1975, 367, 369 - "Eintrittsgelder" (mit zust. Anmerkung *Löhr*). - Grundsätzlich: *Wiethölter*, Die Position des Wirtschaftsrechts im sozialen Rechtsstaat, in: *Cong/Kronstein/Mestmäcker* (Hrsg.), Wirtschaftsordnung und Rechtsordnung. FS zum 70. Geburtstag von *Franz Böhm* am 16. Februar 1965, 1965, 41, 61; *Steindorff*, Einführung in das Wirtschaftsrecht der Bundesrepublik Deutschland, 1985, 8.

[17] Für eine *Berücksichtigung wirtschaftsverfassungsrechtlicher Grundsätze (und damit auch wirtschaftspolitischer Gesichtspunkte) bei der Auslegung des UWG*: *Baumbach/Hefermehl*, a.a.O., Einl UWG Rd. 75; vgl. auch *Emmerich*, Das Recht des unlauteren Wettbewerbs, 1995, 62 f.; Großkomm./*Schünemann*, Einl UWG Rd. A 39.

[18] Die Ansicht von einer *wirtschafts- bzw. wettbewerbspolitischen Neutralität des UWG im Sinne einer grundsätzlichen Wertungsautonomie* vertreten: *Knöpfle*, Die marktbezogene Unlauterkeit, 1983, 52 ff.; *Kraft*, a.a.O. (Fn. 14), 234 ff., bes. 236 ff.; *Kroitzsch*, Wirtschaftspolitische Entscheidungen durch Wettbewerbsregeln oder durch die UWG-Rechtsprechung?, BB 1977, 220 ff.; *von Gamm*, a.a.O. (Fn. 12), 3. Kap. Rd. 9 f.; *Nordemann*, Wettbewerbs- und Markenrecht, 1995, Rd. 8, 227; *Meyer-Cording*, a.a.O., 276 f.; aus der Rspr. etwa: BGHZ 43, 278, 283 - Kleenex; BGHZ 81, 291, 295 - Bäckerfachzeitschrift; BGH GRUR 1984, 204, 207 - Verkauf unter Einstandspreis II (mit Anmerkung *Klette*); BGH GRUR 1989, 116, 118 - Nachtbackverbot. - A.A.: *Fezer*, in: *Amann/Jaspers* (Hrsg.), a.a.O., 3.0 Rd. 30.

[19] Die erste Ansicht erklärt lediglich die im GWB (bzw. im StabG) normierten *wirtschafts*politischen Ziele in bezug auf die Auslegung des UWG für verbindlich, ohne von einer Verbindlichkeit der im Umweltrecht normierten *umwelt*politischen Ziele zu sprechen. Auch die zweite Meinung will allein *wirtschafts*verfassungsrechtliche und keine - wie auch immer beschaffenen - *umwelt*verfassungsrechtlichen Grundsätze berücksichtigen.

[20] *Sack*, Zur Zulässigkeit von Vorspannangeboten, WRP 1975, 65, 73.

Gesetzen zum Ausdruck kommen, in das UWG geöffnet. Die Anwendung dieses Gesetzes ginge ins Uferlose, und die Wirtschaftsfreiheit wäre in untragbarer Weise eingeschränkt."[21]

Die Nähe zwischen Knöpfle und Köhler[22] ist offenkundig. Soweit sich beide dagegen wenden, aus der bloßen Existenz gesetzlicher Vorschriften auf dem Gebiet der Umweltpolitik die Maßgeblichkeit dieser Vorschriften für das Verständnis des Wettbewerbsrechts zu folgern, wird man ihnen zustimmen müssen. Dem Grunde nach geht es um ein Kompetenzproblem, und zwar im Verhältnis von Legislative und - im Wege der Rechtsfortbildung agierender - Judikative. Dieses Problem negiert Lappe, indem er zunächst auf die Verankerung des Umweltschutzes "durch den Gesetzgeber innerhalb der gesamten Rechtsordnung als politische Grundentscheidung" (Beispiele: Staatsziel Umweltschutz; Umwelt- und Technikrecht) verweist, um dann zu dem Schluß zu kommen,

"(...) daß der Umweltschutz heute nicht mehr als politische Wertentscheidung in Frage gestellt werden kann. Soweit der Richter bei der Auslegung des UWG umweltpolitische Belange mit berücksichtigt, dürfte daher kaum zu befürchten sein, daß Wertentscheidungen des Gesetzgebers vorweggenommen oder konterkariert werden. Der verfassungsrechtliche Grundsatz der Gewaltenteilung bildet heute aufgrund der uneingeschränkten gesetzlichen Akzeptanz des Umweltschutzes kein Hindernis mehr gegen eine ökologische Anreicherung des Lauterkeitsrechts."[23]

Eben diese Folgerungen sind aber, zumal in ihrer Grundsätzlichkeit, mehr als zweifelhaft. Daß die Rspr. zur Konkretisierung der großen Generalklausel vom Gesetzgeber ermächtigt ist, bedeutet nicht, daß sie jedwede in Form eines Gesetzes manifestierte "Wertentscheidung" des Gesetzgebers in den Konkretisierungsprozeß aufnehmen kann. Das deutsche Unlauterkeitsrecht ist zumindest *insoweit auch mittelbar umweltpolitisch neutral*, es ist "(...) in erster Linie ein Instrument der Lauterkeitswacht und nicht des Umweltschutzes."[24] Das zum einen.

Zum anderen ist damit aber noch nichts bezüglich einer *weitergehenden mittelbaren umweltpolitischen Zweckverfolgung des UWG* gesagt. Es ist fraglich, ob es die Aufgabe des Wettbewerbsrechts ist, "für mehr Umweltschutz im Produktions- und Konsumtionsprozeß zu sorgen" oder nicht[25]. Insofern bedarf es einer Beschäftigung mit dem Aufgabenbereich des Wirtschafts- und Wett-

---

[21] *Knöpfle*, a.a O. (Fn. 18), 52.

[22] Vgl. seine eingangs zitierte Stellungnahme.

[23] *Lappe*, Zur ökologischen Instrumentalisierbarkeit des Wettbewerbsrechts, WRP 1995, 170, 175.

[24] *Kloepfer*, Unlauterkeitsrecht und Umweltschutz, in: *Storm/Schenkel* (Hrsg.), Umwelt: Politik, Technik, Recht. *Heinrich von Lersner* zum 60. Geburtstag, 1990, 181, 194. - Vgl. ferner: *Brandner*, a.a.O., 27 f.; allgemein auch *Ahrens*, a.a.O., 1100.

[25] Letzteres behauptet aber *Köhler*, a.a.O., 362.

bewerbsrechts, wobei Aufgabenbereich und Schutzzweck des UWG eng verschränkt sind.

2. Der Typus des sog. "Leistungswettbewerbs"

Eine weitere Begrenzung der prinzipiellen ökologischen Offenheit von § 1 UWG könnte sich unter dem Aspekt des sog. "Leistungswettbewerbs" ergeben. Der BGH etwa urteilt:

> "Werden jedoch - ohne sachlichen Zusammenhang - die Belange des Umweltschutzes unter Ankündigung von Geldzuwendungen an den umworbenen Verbraucher dazu benutzt, um den eigenen Warenabsatz zu fördern, so ist das nicht mehr mit den Grundsätzen eines lauteren Leistungswettbewerbs zu vereinbaren."[26]

Dabei gilt die Auseinandersetzung mit dem Rechtsbegriff des Leistungswettbewerbs bei genauer Betrachtung weniger einem abstrakt-allgemeinen, univoken Begriff - um einen Gesetzesbegriff handelt es sich schon gar nicht -, als vielmehr einem Prinzip oder Leitgedanken und damit einem *Typus*, der nicht definiert, sondern nur beschrieben werden kann, der nicht das "Entweder-Oder" kennt, sondern nur das "Mehr-oder-Minder"[27]. Der seitens der h.M.[28] zum lauterkeitsrechtlichen Leitbild erhobene Typus des Leistungswettbewerbs ist, gerade hinsichtlich seiner rechtsdogmatischen Begründung und inhaltlichen Ausformung, umstritten, weshalb das Verhältnis von wettbewerbsrechtlichem Schutzzweck des § 1 UWG und Typus des Leistungswettbewerbs ins Zentrum weiterer Überlegungen rückt[29].

---

[26] BGHZ 112, 311, 315 - Biowerbung mit Fahrpreiserstattung.

[27] Zur Lehre vom Typus *Kaufmann*, Analogie und "Natur der Sache", 1982, 44 ff.; *Larenz*, a.a.O., 303 f., 461 ff.

[28] *Köhler/Piper*, a.a.O., Einf Rd. 12; *Baumbach/Hefermehl*, a.a.O., Einl UWG Rd. 96 ff.; *Hefermehl*, a.a.O. (Fn.12), 917 f.; *von Gamm*, a.a.O. (Fn. 12), 3. Kap. Rd. 17., 18. Kap. Rd. 21; *Nordemann*, a.a.O. (Fn. 18), Rd. 3; *Fezer*, Teilhabe und Verantwortung, 1986, 539 ff.; *Vogt*, Lexikon des Wettbewerbsrechts, 1994, 190; *Greuner*, in: *Gloy* (Hrsg.), a.a.O., § 2 Rd. 19; *Gloy*, Die Entwicklung des Wettbewerbsrechts und seiner Nebengebiete, in: *Beier/Kraft/Schricker/Wadle* (Hrsg.), a.a.O., 855, 887; *Ullmann*, Der Verbraucher - ein Hermaphrodit, GRUR 1991, 789, 791; *Meyer-Cording*, a.a.O., 311 ff. - Aus der Rspr.: BGH NJW-RR 1994, 1126, 1127 - Unipor-Ziegel; BGHZ 112, 311, 315 - Biowerbung mit Fahrpreiserstattung; OLG Hamburg WRP 1988, 45, 46 - Bäumchen-Aktion; OLG Hamburg GRUR 1989, 614 - Umweltengagement.

[29] Vgl. auch *Köhler/Piper*, a.a.O., Einf Rd. 12.

B. Verständnis und Erfüllung wettbewerbsrechtlicher Aufgaben

I. Das Verhältnis von Wirtschaftswirklichkeit, Wirtschaftsordnung und Rechtsordnung

Mitunter ist von dem "ungeklärten Verhältnis von Wettbewerbsrecht, Wirtschaftsordnung und Wirtschaftspolitik" die Rede[30], sowie davon, daß man insoweit bislang davor zurückschreckte, eine "klare Abgrenzung und Aufgabenverteilung sowie eine Offenlegung des interdependenten Zusammenhangs" zu erarbeiten[31]. Ausgangspunkt vieler Fehleinschätzungen, so Rüthers[32], sei die bei Juristen verbreitete Unkenntnis über die Verschränkungen von Rechtsordnung und Wirtschaftsordnung.

Eine Perspektive, die sich auf das Verhältnis von *Wirtschaftsrechtsordnung* und *normativer Wirtschaftsordnung*[33] beschränkt[34], läuft Gefahr, eine weitere Ordnungsebene aus dem Auge zu verlieren, die Teil des angesprochenen "ungeklärten Verhältnisses" ist, die Ebene der empirisch-deskriptiven Wirtschaftsordnung, also der *Wirtschaftswirklichkeit*[35]. "Wettbewerb und Markt als grundlegende Institutionen unserer Gesellschafts-, Wirtschafts- und Rechtsordnung"[36] sind nicht ausschließlich normativ zu begreifen, ihr institutioneller Charakter verdankt sein Gepräge nicht allein dem Sollen, sondern auch dem Sein. Wenn von "wirtschaftlichen und rechtlichen Funktionsbedingungen des Marktes"[37] die Rede ist, die zum Ausgangs- und Bezugspunkt eines lauter-

---

30 *Lehmann*, a.a.O. (Fn. 16), 322.

31 *Lehmann*, a.a.O. (Fn. 16), 323.

32 *Rüthers*, a.a.O., 22.

33 Auch das Feld der Wirtschaftspolitik rechnet nach hiesigem Verständnis dazu.

34 So: *Schwintowski*, Recht und Gerechtigkeit, 1996, 143 ff., 152 ff.; *Ullmann*, a.a.O. (Fn. 28), 791; *Emmerich*, a.a.O. (Fn. 17), 60; *Fezer*, Verantwortete Marktwirtschaft, JZ 1990, 657 ff.; *Fikentscher*, Die umweltsoziale Marktwirtschaft - als Rechtsproblem -, 1991, 4 ff.; *Lehmann*, a.a.O. (Fn. 16), 321 ff.; *Schünemann*, Wettbewerbsrecht, 1989, 47 f.; *Rebe*, a.a.O., 32 ff.; *Meyer-Cording*, a.a.O., 310 ff.

35 Im Sinne einer Unterscheidung zwischen normativer und empirisch-deskriptiver Wirtschaftsordnung: *von Hayek*, Arten der Ordnung, in: *ders.*, Freiburger Studien, 1969, 32 ff.; *Rebe*, a.a.O., 26 ff., 32 ff.; *Rinck/Schwark*, a.a.O., Rd. 50 f.; Großkomm./ *Schünemann*, Einl UWG Rd. A 43 m.w.N. - Vgl. auch *Fikentscher*, Wirtschaftsrecht, Bd. I, 1983, 1: "Der Begriff der Wirtschaft ist außerrechtlich vorgegeben und einerseits der Lebenswirklichkeit, andererseits den Wirtschaftswissenschaften zu entnehmen."

36 *Schünemann*, a.a.O. (Fn. 34), 48.

37 *Schünemann*, ebenda. - Als eine - normative - Grundbedingung des Marktes kann man mit *Fezer*, a.a.O. (Fn. 34), 658, die "individuellen Freiheiten des Bürgers" bezeichnen. - Zu den *sozialen* Rahmenbedingungen des Marktes vgl. auch *Fikentscher*, a.a.O. (Fn. 34), 4 ff.

keitsrechtlichen Sittengebotes erhoben werden[38], so dürfen die *tatsächlichen Funktionsbedingungen des Marktes*, die als solche - unabhängig von der jeweils zugrundeliegenden normativen Wirtschaftsordnung (Verkehrswirtschaft, Planwirtschaft) - in der Welt sind, nicht aus dem Blick geraten. Zu diesen tatsächlichen Funktionsbedingungen des Marktes zählen beispielhaft das "Gesetz der knappen Güter"[39], das Erste Gossensche "Gesetz vom abnehmenden Grenznutzen"[40], das Saysche "Gesetz von Angebot und Nachfrage"[41] oder auch der wohlbekannte menschliche Eigennutz als Antriebsfeder ökonomischen Handelns[42]. Jedes dieser ökonomischen "Naturgesetze"[43] gründet in der physischen und psychischen Beschaffenheit des einzelnen Wirtschaftsbürgers und ist nicht einfach außer Kraft zu setzen[44]:

> "Ausgehend von der Idee einer natürlichen Ordnung, steht das Verhalten der Menschen, wie sie sind und nicht, wie sie, ideologisch, sein sollten, im Mittelpunkt der Überlegung. Die Antriebskraft oder der Motor für die ökonomische, politische und kulturelle Entwicklung eines Gemeinwesens ist das Streben des einzelnen Menschen, (a) seine Existenz zu sichern, (b) seine Wohlfahrt zu steigern und (c) seine Stellung und Anerkennung in der Gemeinschaft zu verbessern. Dieses auf Eigenliebe gegründete Selbstinteresse, und nicht etwa der Egoismus oder gar die Selbstsucht, ist das tragende Fundament einer solchen Ordnung. Es ist nicht nur im Wirtschaftsleben Leitmotiv für den Leistungswillen. (...)
> Dieses Eigeninteresse ist als Gefühl oder Affekt oder Motiv dem Menschen angeboren. Es ist zwischen Instinkt und Vernunft, also subrational angesiedelt und von

---

38 Ein solcher wettbewerbsfunktionaler Ansatz, der den Begriff der "guten Sitten" aus den Funktionsbedingungen und Gesetzmäßigkeiten einer durch den Wettbewerb gesteuerten - normativen - Wirtschaftsordnung entwickelt, stößt im neueren Schrifttum auf wachsende Zustimmung, vgl. etwa *Schünemann*, ebenda; *Emmerich*, a.a.O. (Fn. 17), 60; *Merz*, a.a.O., 262 ff.; *Koppensteiner*, Wettbewerbsrecht, Bd. 2, 1987, 247 f., 253; *Baudenbacher*, a.a.O. (Fn. 16), 154.

39 Ausführlich zu diesem Marktgesetz unten C. II. 2. b).

40 Hierzu etwa *Woll*, a.a.O., 130 ff.

41 Dazu z.B.: *Gutmann*, Volkswirtschaftslehre, 1991, 18 ff.; *Heertje/Wenzel*, Grundlagen der Volkswirtschaftslehre, 1993, 35 ff., 208 ff.

42 Näher *Fikentscher*, Oikos und polis und die Moral der Bienen - eine Skizze zu Gemein- und Eigennutz, in: *Haft/Hassemer/Neumann/Schild/Schroth* (Hrsg.), Strafgerechtigkeit. FS für *Arthur Kaufmann* zum 70. Geburtstag, 1993, 71 ff., bes. 76 ff.

43 Gleichsinnig *Fikentscher*, a.a.O. (Fn. 16), 37.

44 Vgl. auch *Rüthers*, a.a.O., 23. - Daß diese Naturgesetze eine normative Veränderung erfahren (können) und man deshalb auch von "rechtlich mitgeprägten" wirtschaftlichen Naturgesetzen sprechen kann (*Rebe*, a.a.O., 34), ändert an der grundsätzlichen Ausgangsbedeutung dieser Naturgesetze nichts. - Insofern verdient die Feststellung *Raisers*, Rechtsschutz und Institutionenschutz im Privatrecht, in: Summum ius summa iniuria, 1963, 145, 157, Zustimmung, wonach der wirtschaftliche Wettbewerb *in der Marktwirtschaft* kein Naturereignis, sondern eine vom Recht hinsichtlich ihrer Voraussetzungen und ihrer Schranken geordnete Veranstaltung, also ein Rechtsinstitut eigener Art ist; gleichsinnig *Häberle*, Soziale Marktwirtschaft als "Dritter Weg", ZRP 1993, 383, 384.

Raum und Zeit unabhängig. Wie Handel und Tausch, so ist auch das Selbstinteresse ein natürliches Gefühl, das den Menschen sein Leben lang begleitet. Jeder kann es jederzeit erfahren und beobachten, auch in primitiven Gesellschaften. Es ist also weder erdacht noch ersonnen oder gar fingiert. Dieses zentrale Axiom der ökonomischen Wissenschaft ist mithin kein Wunschbild einer Ideologie oder Ergebnis reiner (metaphysischer) Abstraktion, etwa eine Hypothese (...). Es ist nicht fiktiv und auch nicht eigens für einen analytischen Zweck konstruiert, wie etwa J. St. Mills homo oeconomicus oder K. Marx' Arbeitswert einer Ware. Vielmehr ist das Eigeninteresse eine unveränderliche Tatsache der Natur, die man durch innere und äußere Erfahrung erkennt und die auch ein Kollektiv oder eine kollektive Idee, wie immer geartet, selbst durch Zwang nicht zu beseitigen, höchstens für kurze Zeit unter extremen Bedingungen zurückzudrängen vermag."[45]

Mit von Hayek läßt sich Markt (oder umfassender: Wirtschaftswirklichkeit) als eine "spontan sich bildende Ordnung", als "das Ergebnis menschlichen Handelns, aber nicht menschlicher Absichten"[46] bezeichnen:

"Der wesentliche Punkt, daß die Entwicklung der Rechtsregeln stets auf die Verbesserung einer gegebenen *Seinsordnung* gerichtet war, die der Mensch weder bewußt geschaffen hatte noch wirklich verstand, ist wohl kaum bestreitbar."[47]

Was das Verhältnis von Rechtsordnung und Wirtschaftswirklichkeit[48] angeht, so ist dieses dadurch gekennzeichnet, daß das Recht - Legislative, Judikative - auf faktisch bereits vorhandene bzw. immer wieder *evolutiv* sich verändernde Wirtschaftstatsachen[49] reagieren muß. Das Verhältnis von Rechtsordnung und Wirtschaftswirklichkeit ist insoweit von der Wirtschaftswirklichkeit bestimmt, als ökonomische Veränderungen ihren Ausgang auf tatsächliche Weise nehmen, ehe sie abgefedert, angehalten, umgelenkt oder auch verstärkt werden[50]. Die Entdeckung einer Marktlücke geht der Entdeckung - und eventuellen Schließung - einer korrespondierenden Rechtslücke voraus[51], weshalb sich der Gesetzgeber im Fall des § 1 UWG auch für eine unbestimmte und weite Fassung entschieden hat[52]. Die Wirtschaftswirklichkeit ist dem Recht immer einen Schritt voraus:

---

[45] *Recktenwald*, Die Klassik der ökonomischen Wissenschaft, WiSt 1983, 195 f.

[46] *Von Hayek*, Rechtsordnung und Handelnsordnung, in: *ders.*, Freiburger Studien, 1969, 161, 163.

[47] *Von Hayek*, a.a.O. (Fn. 46), 182 (Hervorhebungen vom Verfasser hinzugefügt).

[48] Zum Verhältnis von Rechtsordnung und normativer Wirtschaftsordnung unten II 2. b) und III.

[49] Näher zu diesem Prozeß: *Hoppmann*, Über Funktionsprinzipien und Funktionsbedingungen des Marktsystems, in: *Wegehenkel* (Hrsg.), Marktwirtschaft und Umwelt, 1981, 219, 222 ff.; *Schwintowski*, a.a.O., 159 ff.

[50] Vgl. auch *Raiser*, a.a.O. (Fn. 44), 147.

[51] Nicht zu Unrecht nennt *von Lersner*, Gibt es Eigenrechte der Natur?, NVwZ 1988, 988, "(...) die Juristen (...) die Nachhut des gesellschaftlichen Fortschritts."

[52] Vgl. nur BVerfGE 32, 311, 317 - Grabsteinwerbung; *Baumbach/Hefermehl*, a.a.O., Allg Rd. 80.

"Wie das staatliche Familienrecht nicht die Familie geschaffen hat, sondern die Familie sich erst gebildet hatte, und die Gesetzgeber ihr dann eine gewisse Form geben wollten, so liegt es auch meist in der Wirtschaft. Gesetzgeber und Rechtsprechung versuchen, durch Normen und Urteile die bereits vorhandene Wirtschaftsordnung umzuformen."[53]

Aus dem soeben skizzierten Verhältnis von Recht und Wirtschaft folgt das konkrete Aufgabenverständnis des Wirtschafts- und Wettbewerbsrechts.

II. Wesen und Aufgaben des Wirtschafts- und Wettbewerbsrechts

1. Die Aufgaben des Wirtschaftsrechts

Wirtschaftsrecht als die "Lehre über das Zusammenwirken von Recht und Wirtschaft"[54] verknüpft drei unterschiedliche Bereiche (oder Ordnungen) miteinander, den Bereich des ökonomischen Seins, den Bereich des ökonomischen Sollens und den Bereich des rechtlichen Sollens[55]. Aufgabe des Rechts in bezug auf die Wirtschaft - auf den Bereich des ökonomischen Sollens, nicht minder aber auch auf den Bereich des ökonomischen Seins - ist deren Ordnung, Steuerung, Förderung, Überwachung[56]. Seine Aufgabe ist es nicht,

"(...) das Wirtschaften zu ersetzen, sondern es zu ermöglichen, zu stützen, zu fördern und zu kontrollieren. Die 'Unübersichtlichkeit' des Wirtschaftsrechts ist (...) nicht nur die Folge einer unsystematischen Gesetzgebung und Begriffsbildung,

---

[53] *Eucken*, Die Grundlagen der Nationalökonomie, 1989, 55 f., der freilich Wirtschaftswirklichkeit mit Wirtschaftsordnung übersetzt.

[54] *Tilmann*, Wirtschaftsrecht, 1986, 5.

[55] Jeder dieser Bereiche verkörpert ein eigenständiges *System*, das sich durch die Erzeugung und Erhaltung einer *Differenz* zu seiner Umgebung und allen übrigen Systemen konstituiert und erhält; dazu *Luhmann*, Soziale Systeme, 1994, 35 ff.

[56] *Rittner*, Wirtschaftsrecht, 1987, § 1 Rd. 44 ("möglichst gerechte Ordnung des 'Wirtschaftslebens'"); *Böhm*, Wettbewerb und Monopolkampf, 1933 (1964), 189 ("soziale Ordnung und Lenkung des wirtschaftlichen Gesamtprozesses"); *Rüthers*, a.a.O., 18, 22 ("Steuerung des gesamten künftigen Wirtschaftslebens"); *Schluep*, Was ist Wirtschaftsrecht?, in: *Jagmetti/Schluep* (Hrsg.), FS für *Walther Hug* zum 70. Geburtstag, 1968, 25, 71 ff., bes. 74 ("wirtschaftliche Koordination oder Wirtschaftsordnung"); *Rinck/ Schwark*, a.a.O., Rd. 29 ("Steuerung des gesamten Wirtschaftsprozesses"); *Wiethölter*, a.a.O., 54 ("Gewährleistung des optimalen Wirtschaftsablaufs zwischen Produktion und Konsumtion"); *Stober*, Wirtschaftsverwaltungsrecht, 1996, 15 ("Einwirkung auf die Rechtsbeziehungen der am Wirtschaftsleben Beteiligten"); *Fezer*, a.a.O. (Fn. 34), 660 ("Erstellung einer Rahmenordnung von Verhaltensregeln am Markt"); *Steindorff*, a.a.O., 5 ("besondere Steuerungsaufgabe im Sinne einer Aufgabe der Gestaltung einer marktwirtschaftlichen Ordnung"); *Ott*, a.a.O., 424 ("Voraussetzung jeglichen Wirtschaftens ist das Vorhandensein eines verbindlichen und zuverlässigen Ordnungsrahmens"); *Schünemann*, Wirtschaftsprivatrecht, 1993, 15 ("Unter Wirtschaftsprivatrecht läßt sich jener Teil des Privatrechts verstehen, der spezifisch für das wirtschaftliche Geschehen von Belang ist.").

vielmehr ein Beweis dafür, daß im Zusammenwirken des Rechts mit den Medien des Wirtschaftens letztere führend sind in dem Sinne, daß das Recht ihre Leistungen fördern und nicht verhindern will."[57]

Dabei meint Wirtschaftsrecht grundsätzlich - *erstens* - neben der gesetzgeberischen Tätigkeit auch die Aufgabe der Rechtsauslegung und Rechtsanwendung. Angesichts eines sich beinahe täglich wandelnden Wirtschaftslebens vermag die Rechtsordnung oftmals nicht anders zu reagieren als in Gestalt und mit den Mitteln einer der Judikative überantworteten Rechtsfortbildung[58]. Wirtschaftsrecht meint im Rahmen dieser Darstellung - *zweitens* - auch die unter dem Begriff "Besonderes Wirtschaftsrecht" zusammengefaßten Einzelgebiete (Wettbewerbsrecht, Kartellrecht usw.), welche zwar einer zusätzlichen, spezifischen Behandlung bedürfen, im übrigen aber teilhaben an allgemeinen wirtschaftsrechtlichen Überlegungen[59]. Das deutsche Lauterkeitsrecht zählt zu den klassischen Gebieten des "Besonderen Wirtschaftsrechts"[60]; das wirtschaftsrechtliche Aufgabenverständnis ist damit Teil des besonderen wettbewerbsrechtlichen Aufgabenverständnisses.

2. Die Aufgaben des Wettbewerbsrechts

Auch das wettbewerbsrechtliche Aufgabenverständnis hat einen zweifachen Bezugspunkt, die Wirtschaftswirklichkeit in ihrer Naturgesetzmäßigkeit zum einen und die Wirtschafts- und Wettbewerbsordnung in ihrer ökonomischen Normativität zum anderen. *Aufgabe des Wettbewerbsrechts* ist es, beide - zudem wechselbezüglichen - Bereiche zu ordnen, zu steuern, zu fördern, zu kontrollieren, kurz: zu gestalten.

a) Die Aufgabe der Gestaltung der Wirtschafts- und Wettbewerbswirklichkeit

Zunächst ist es dem Wettbewerbsrecht darum zu tun, die Eigengesetzlichkeit des Wettbewerbs- und Marktgeschehens normativ abzusichern. Das, was von der Natur vorgegeben (und normativ nicht ohne weiteres zu ändern) ist, muß von der Wettbewerbsrechtsordnung respektiert und protegiert werden. Es ist - um einmal ein Beispiel zu geben - aussichtslos, im Wege der Rechtssetzung und -anwendung das ökonomische Handlungsmotiv des persönlichen Eigennutzes durch das Ideal des Gemeinsinns ersetzen zu wollen. Gerade der

---

[57] *Tilmann*, a.a.O. (Fn. 54), 52 f. - Unter "Medien der Wirtschaft" versteht *Tilmann*, a.a.O. (Fn. 54), 54 ff. m.w.N., die *Organisation*, den *Plan*, das *Geld* und den *Markt*.

[58] BVerfGE 32, 311, 317 - Grabsteinwerbung; *Baumbach/Hefermehl*, a.a.O., Einl UWG Rd. 72.

[59] Vgl. auch *Rinck/Schwark*, a.a.O., Rd. 655 f.

[60] BVerfGE 26, 246, 254 - Ingenieurgesetz.

Niedergang der osteuropäischen Planwirtschaften zeigt, daß gewisse grundlegende ökonomische Realitäten - und zu diesen zählt namentlich der menschliche Egoismus als Antriebsfeder jedweder privatwirtschaftlicher Eigeninitiative - normativ nicht hinwegzudenken sind.

b) Die Aufgabe der Gestaltung der Wirtschafts- und Wettbewerbsordnung

Nicht allein das ökonomische Sein, auch das ökonomische Sollen verdient es, auf rechtlich verbindliche Weise gestaltet zu werden. Das Verhältnis von ökonomischem und rechtlichem Sollen muß als kompliziert und keineswegs abschließend erörtert bezeichnet werden, gleichwohl steht außer Zweifel, daß die normative Wirtschafts- und Wettbewerbsordnung von der Rechtsordnung nicht ignoriert werden kann und rechtlicher Regeln bedarf. Tatsächlich wird das lauterkeitsrechtliche Aufgabenverständnis mehrheitlich sogar exklusiv an der Wirtschaftsordnung ausgerichtet. Bereits 1932 schrieb Eugen Ulmer:

> "Nach welchen Prinzipien schützen wir im Wettbewerbsrecht die geschäftliche Betätigung, das Unternehmen insbesondere? Oder genauer: Welche *Prinzipien möglicher Wirtschaftsordnung* kommen im heutigen Wettbewerbsrecht zum Ausdruck? (...)
> Es (scil. das Wettbewerbsrecht) ist also nur ein Teilgebiet, für das wir die Frage stellen, nach welchen Wirtschaftsprinzipien die rechtliche Gestaltung ausgerichtet ist; ein Teilgebiet, in dem wir als Juristen eine *Spiegelung unserer Wirtschaftsordnung* suchen (...)."[61]

Ein Jahr später erhob Böhm die durch das Privatrecht konstituierte dezentrale Wettbewerbsordnung zum Referenzsystem des UWG:

> "Heute dagegen liegen die Dinge so, daß der *Wettbewerb als Ordnungsprinzip des Wirtschaftslebens*, und zwar als primäres Ordnungsprinzip, erkannt und anerkannt ist. Aus diesem Grunde ist die individuelle wirtschaftliche Bewegungsfreiheit der Rechtsgenossen in ihrer Eigenschaft als unerläßliche Voraussetzung einer Wettbewerbswirtschaft zu einem schutzwürdigen Rechtsgut erhoben worden. (...)
> Das Gesetz gegen den unlauteren Wettbewerb dient ausschließlich dem Zwecke, der *Institution des Wirtschaftskampfes* die Eignung zur Verwirklichung der individuellen Gerechtigkeit in höchstmöglichem Grade zu erhalten und verfälschende Einzelwirkungen, vor allem aber verfälschende Entwicklungs- und Entartungseinflüsse von ihr fernzuhalten."[62]

Seither gilt die bestehende Wirtschaftsordnung als Bezugspunkt eines wettbewerbsrechtlichen Aufgabenverständnisses[63]. Auch der BGH hat Wettbe-

---

[61] *Eugen Ulmer*, a.a.O., 9 f. (Hervorhebungen vom Verfasser hinzugefügt).

[62] *Böhm*, a.a.O., 105 und 273 (Hervorhebungen vom Verfasser hinzugefügt).

[63] Vgl. z.B.: *Lehmann*, a.a.O. (Fn. 16), 328, 331 ("Gewährleistung der Grundvoraussetzung für einen Wettbewerbskampf mit den unserer Wirtschaftsordnung gemäßen Mitteln"); *Emmerich*, a.a.O. (Fn. 17), 60 ("Beitrag zum Schutz einer durch unsere

werbsrechtsordnung und Wettbewerbsordnung miteinander verknüpft und ausgeführt:

> "Indessen folgt daraus nicht, daß jede Werbemethode und insbesondere auch eine solche zulässig wäre, die geeignet ist, die *Grundlagen der bestehenden Wirtschafts- und Wettbewerbsordnung* anzutasten. (...) Gerade weil die *Wettbewerbsordnung* auf der Auffassung beruht, daß sich der *Wettbewerb* in lauterem und freiem Kräftespiel *entwickeln soll*, muß eine Werbemaßnahme als unzulässig gelten, die den Bestand des Wettbewerbs aufhebt (...)."[64]

Wenn heute von der "Funktionsbezogenheit des Wertmaßstabes der 'guten Sitten'" die Rede ist[65], dann meint dies - richtig verstanden - folgendes: Die Bonimores-Klausel ist zur Einbruchstelle eines wettbewerbsrechtlichen Aufgabenverständnisses geworden, dessen Prämisse die Verschränkung von ökonomischer und rechtlicher Sollensordnung ist[66]. Infolge eines *funktionalen Verständnisses* der Generalklausel erlangen "(...) die Gesetzmäßigkeiten des Wettbewerbssystems (...) über § 1 UWG normativen Rang."[67]

3. Das wettbewerbsrechtliche Aufgabenverständnis als untaugliche Grenze einer prinzipiellen ökologischen Offenheit von § 1 UWG

Gerade das soeben dargelegte lauterkeitsrechtliche Aufgabenverständnis spricht - entgegen der eingangs zitierten Ansicht Köhlers - nicht gegen, sondern für eine wettbewerbsrechtliche Aufgabe der "materiellen Steuerung des Wirtschaftsprozesses" (genauer: der Wirtschaftsordnung und -wirklichkeit). Eingedenk dieses Aufgabenverständnisses spricht weiterhin zunächst nichts dagegen, die *Aufgabe einer Gestaltung von Wirtschaftswirklichkeit und -ordnung (auch) im Sinne einer ökologischen Gestaltung* zu verstehen und zu konkretisieren. Aus einer prinzipiellen Zuordnung der ökologischen Gestaltung des Wirtschaftsprozesses zum Aufgabengebiet des Wettbewerbsrechts - dem grundsätzlich zulässigen *Ob* - ergibt sich allerdings noch keine Antwort

---

Rechtsordnung konstituierte, ganz bestimmte Wirtschaftsordnung"); *Ott*, a.a.O., 428 ("§ 1 UWG als ein das GWB ergänzendes Instrument zur Kontrolle wirtschaftlicher Macht"); *Rebe*, a.a.O., 158 ("Wettbewerbsrecht als Wirtschaftsordnungsrecht"). - Siehe ferner die Nachweise bei *Reichold*, Lauterkeitsrecht als Sonderdeliktsrecht, AcP 193 (1993), 204, 216 Fn. 53.

[64] BGHZ 23, 365, 371 - Suwa. (Hervorhebungen vom Verfasser hinzugefügt) - S.a. *Meyer-Cording*, a.a.O., 310 f.; *von Gamm*, a.a.O. (Fn. 12), 18. Kap. Rd. 13.

[65] *Baumbach/Hefermehl*, a.a.O., Einl UWG Rd. 105; *Schünemann*, a.a.O. (Fn. 33), 48 f.; *Lehmann*, a.a.O. (Fn. 16), 330. - Allgemein auch: *Rinck/Schwark*, a.a.O., Rd. 31.

[66] Vgl. auch *Baudenbacher*, a.a.O. (Fn. 13), 146, der unter einer "funktionalen Rechtsanwendung" die "Ausrichtung auf die rechtlich anerkannte Wirtschaftsordnung" versteht.

[67] *Emmerich*, a.a.O. (Fn. 17), 58. - Zum sog. "funktionalen Verständnis" siehe ferner die Nachweise bei *Lappe*, a.a.O. (Fn. 23), 170 Fn. 11.

auf die Frage nach dem *Wie* einer ökologischen Gestaltung des Wirtschaftsprozesses. Aus dem Vorstehenden allein läßt sich noch nichts im Hinblick auf eine - weitergehende - mittelbare umweltpolitische Zweckverfolgung des UWG und seiner großen Generalklausel folgern.

III. Die Bedeutung der Wirtschaftswissenschaften für die Erfüllung wettbewerbsrechtlicher Aufgaben

Ihre Aufgaben können Wirtschafts- und Wettbewerbsrecht nur erfüllen, wenn sie Kenntnis besitzen von den tatsächlichen und normativen Zusammenhängen, Bedingungen, Funktionen, Gesetzmäßigkeiten einer modernen Volkswirtschaft. Die Auslegung von Wirtschaftsgesetzen erfordert neben der Rechtskenntnis auch ein wirtschaftstatsächliches und wirtschaftsnormatives *Vorverständnis*[68], um den konkreten Sachverhalt, als ein Bruchstück gegenwärtiger Ordnung, begreifen zu können. Der Wirtschaftsrechtler, sagt Tilmann, weiß

> "(...) wenig von der Wirksamkeit seiner Normen, wenn er nicht die Medien der Wirtschaft und den Beitrag des Rechts zu ihrer Funktion erforscht, ja seine Rechtsmaterien auf diese Medien hin ordnet. (...) Das Wirtschaftsrecht muß daher an den Medien der Wirtschaft 'entlangsehen', so wie ein Weinberg seine Ordnung nur zeigt, wenn man in Richtung der Rebzeilen sieht."[69]

Zu Anfang der Gesetzesauslegung macht sich das Wirtschaftsrecht die Sicht der Wirtschaft zu eigen, indem es nach ihrem Selbstverständnis fragt, sowie - weitergehend - danach, welchen Beitrag das Recht "zur Erreichung der Ziele des Wirtschaftens"[70] leisten kann. Wenn nach dem Verständnis von Wirtschaftstatsachen gefragt ist - nach ihrer Erklärung, noch nicht nach ihrer Veränderung -, dann ist nicht die Wirtschaftspolitik (im Sinne einer Verbraucher-, Struktur-, Mittelstands- oder Wettbewerbspolitik) angesprochen, sondern die Wirtschaftstheorie[71]. Die entsprechende wirtschaftstheoretische Frage lautet: "Was ist und was kann Wirtschaft?" - und noch nicht: "Was soll Wirtschaft können?" Begriffs- und Sprachverständnis kann insoweit nur dasjenige der

---

[68] Zum sog. "hermeneutischen Vorverständnis" eingehend: *Gadamer*, Wahrheit und Methode, 1986, 281 ff.; *Esser*, Vorverständnis und Methodenwahl in der Rechtsfindung, 1972, 136 ff.; *Kaufmann*, Durch Naturrecht und Rechtspositivismus zur juristischen Hermeneutik, JZ 1975, 337, 340 f.; *Larenz*, a.a.O., 207 ff.

[69] *Tilmann*, a.a.O. (Fn. 54), 52 f.

[70] *Tilmann*, a.a.O. (Fn. 54), 53.

[71] Im Sinne einer solchen Unterscheidung: *Fikentscher*, Wettbewerb und gewerblicher Rechtsschutz, 1958, 111 Fn. 231; *Eucken*, a.a.O. (Fn. 53), 158; *Rittner*, a.a.O. (Fn. 56), § 1 Rd. 72 f.

Volkswirtschaftslehre sein[72]. Oftmals werden die Beziehungen zwischen Wirtschafts- und Rechtswissenschaften auf das Verhältnis von Wirtschaftspolitik und Rechtsanwendung und damit - unter dem Stichwort der "Wettbewerbstheorien" - auf die Frage nach der *normativen* Wirkung von wirtschafts*politischen* Modellvorstellungen reduziert[73]. Daß das Bemühen um die Gewährleistung eines "optimalen" Wettbewerbsprozesses (sprich: einer "optimalen Allokation knapper Ressourcen"[74]) als erstes die Kenntnis gewisser, unveränderlicher ökonomischer Grundgesetze zur Voraussetzung hat, ist nach dieser Ansicht offenkundig nicht weiter von Bedeutung.

Zwar mögen Raisch/Schmidt "(...) die Prämisse, daß es wertfreie wirtschaftstheoretische Aussagen geben könne, teilweise eine Selbsttäuschung (...)" nennen, um dergestalt zu dem Ergebnis zu gelangen, daß die die Abgrenzung zwischen Wirtschaftswissenschaft und Wirtschaftspolitik kennzeichnende Grenze der Werturteilsfreiheit beseitigt sei[75]. Tatsächlich aber gibt es solche werturteilsfreien Aussagen[76], die, anders als etwa lediglich theoreti-

---

[72] Die Bedeutung der Wirtschaftswissenschaften für das Verständnis von *Wirtschaftstatsachen* betonen auch: *Stober*, a.a.O., 13; *Fikentscher*, a.a.O. (Fn. 35), 1; *Rebe*, a.a.O., 36 f.; Großkomm./*Schünemann*, Einl UWG Rd. A 6.; *Reiner Schmidt*, Wirtschaftspolitik und Verfassung, 1971, 86 ff.; *Lehmann*, a.a.O. (Fn. 16), 329; *Fezer*, in: *Amann/Jaspers* (Hrsg.), a.a.O., 3.0 Rd. 49; *Baudenbacher*, a.a.O. (Fn. 13), 149. - Die Maßgeblichkeit der Wirtschaftswissenschaften in bezug auf das Verständnis *wirtschaftswissenschaftlicher Tatbestandsmerkmale* in Rechtsnormen - Beispiele: "Wettbewerb" (§ 1 GWB), "marktwirtschaftliche Ordnung" (§ 1 StabG) oder "gesamtwirtschaftliches Gleichgewicht" (Art. 109 GG) - unterstreichen: *Rinck*, Wirtschaftswissenschaftliche Begriffe in Rechtsnormen, in: *Ule/Schwab/Nipperdey/Ulmer/Seidl-Hohenveldern* (Hrsg.), Recht im Wandel, 1965, 361, 364 f., 371 m.w.N.; *Rebe*, a.a.O., 48 f.; *Kreft*, in: *Gloy* (Hrsg.), a.a.O., § 9 Rd. 5. - Vgl. auch *Raisch/Schmidt*, Rechtswissenschaft und Wirtschaftswissenschaften, in: *Grimm* (Hrsg.), Rechtswissenschaft und Nachbarwissenschaften, Erster Bd., 1976, 143, 158, 162 ff.; weniger weitgehend: *Coing*, Wirtschaftswissenschaften und Rechtswissenschaften, in: *Raiser/Sauermann/Schneider* (Hrsg.), Das Verhältnis der Wirtschaftswissenschaft zur Rechtswissenschaft, Soziologie und Statistik, 1964, 1, 4 ff.; *Baudenbacher*, a.a.O. (Fn. 13), 149 f.

[73] So etwa: *Spliethoff*, a.a.O., 241 ff.; Großkomm./*Schünemann*, Einl UWG Rd. A 37 ff.; *Stephan Gruber*, a.a.O., 19 ff.; *Füger*, a.a.O., 53 ff.; *Baudenbacher*, a.a.O. (Fn. 13), 148 ff., 157.

[74] Zur Perspektive einer Theorie der *Ökonomischen Analyse des Rechts*, die einem ökonomisch-normativen Zugriff auf Rechtsvorschriften, namentlich auf sog. "offene Wertbegriffe" (Treu und Glauben, gute Sitten etc.) das Wort redet, vgl. etwa: *Ott/Schäfer*, Die ökonomische Analyse des Rechts - Irrweg oder Chance wissenschaftlicher Rechtserkenntnis?, JZ 1988, 213, 214, 216 f.; *Schäfer/Ott*, Lehrbuch der ökonomischen Analyse des Zivilrechts, 1995, 1 ff.; *Salje*, Ökonomische Analyse des Rechts aus deutscher Sicht, RTh 15 (1984), 277 ff.

[75] *Raisch/Schmidt*, a.a.O., 156 f. - Vgl. auch *Rebe*, a.a.O., 33 f.

[76] Zu einigen Beispielen vgl. bereits oben I.

sche Annahmen, bereits kraft ihrer faktischen Wirkung Geltung besitzen[77]. Um solche ökonomischen Gesetzmäßigkeiten hat sich der Wirtschafts- und Wettbewerbsrechtler unter Anleitung des Nationalökonomen zunächst zu kümmern[78]. Dabei darf das Wirtschaftsrecht die Ergebnisse der Wirtschaftspolitik ebenso wenig kritiklos übernehmen und in eine normative Fassung gießen wie die Ergebnisse der Wirtschaftstheorie. Wenn Wirtschaftsrecht schon nicht lediglich die "Widerspiegelung gesellschaftlicher und wirtschaftlicher Verhältnisse" bedeutet, sondern vielmehr eine "wirtschaftskritische Funktion" besitzt[79], dann kann Wirtschaftsrecht um so weniger lediglich die "Widerspiegelung" bestimmter (herrschender) wirtschaftspolitischer Vorstellungen bedeuten.

C. Wettbewerbsrechtlicher Schutzzweck von § 1 UWG und Typus des Leistungswettbewerbs

Die zuvor aufgeworfene Frage einer - über die fehlende Maßgeblichkeit umweltgesetzlicher Vorschriften für die Interpretation des deutschen Wettbewerbsrechts hinausgehenden - weiteren mittelbaren umweltpolitischen Zweckverfolgung des UWG rückt die Erörterung des lauterkeitsrechtlichen Schutzzweckverständnisses in das Zentrum nachfolgender Überlegungen. Chancen und Grenzen einer ökologischen Instrumentalisierung von § 1 UWG, das zeigt sich auch im Hinblick auf den Typus des Leistungswettbewerbs, lassen sich nur im Rückgriff auf teleologische Erwägungen zu bestimmen.

---

[77] Auch *Raisch/Schmidt*, a.a.O., 153, wissen letztlich zwischen in tatsächlicher Weise vorgegebenen Gesetzen einerseits und theoretischen Annahmen andererseits zu unterscheiden: "Für den Gesetzgeber kann (...) kein wirtschaftswissenschaftlicher Bereich bedeutungslos sein. Dennoch muß auch er sehen, wie weit die Feststellung der ökonomischen Wirklichkeit reicht, wo die Ermittlung von nur gedachten Gesetzen des Wirtschaftslebens und wo schließlich der Bereich wertabhängiger Wirtschaftspolitik beginnt (...)." - Diese Feststellungen gelten, soweit es um die Auslegung von § 1 UWG geht, nicht minder für den *Rechtsanwender*, der hinsichtlich der Konkretisierung unbestimmter Rechtsbegriffe an die Stelle des Gesetzgebers getreten ist.

[78] Daß sich die Jurisprudenz von der Nationalökonomie über die "Natur der Sache", mit der sie es zu tun hat, aufklären lassen muß, betonen auch: *Veit*, Wirtschaftswissenschaften und Rechtswissenschaft, in: *Raiser/Sauermann/Schneider* (Hrsg.), Das Verhältnis der Wirtschaftswissenschaft zur Rechtswissenschaft, Soziologoe und Statistik, 1964, 8, 10 f.; *Mestmäcker*, Das Verhältnis der Wirtschaftswissenschaft zur Rechtswissenschaft im Aktienrecht, in: *Raiser/Sauermann/Schneider* (Hrsg.), a.a.O., 103 ff., bes. 113 ff.; *Coing*, a.a.O., 2.; siehe ferner *Schricker*, Gesetzesverletzung und Sittenverstoß, 1970, 233 ff.

[79] *Fikentscher*, a.a.O. (Fn. 35), 17 f.

I. Zur systematisch-teleologischen Auslegung von § 1 UWG

Nach allgemeiner Ansicht erschließt sich das deutsche Privatrecht - auf der Grundlage der "Wertungsjurisprudenz" - mit Hilfe der *grammatischen, historischen, systematischen* und *teleologischen* Auslegungsmethode[80]. Hinsichtlich § 1 UWG können dabei nur die beiden letztgenannten Methoden als Auslegungshilfe dienlich sein[81]. Die Interpretation von § 1 UWG nach dem *Bedeutungszusammenhang*, wie er sich in bezug auf den einzelnen Rechtssatz aus der Gesamtschau aller Normen eines Gesetzes (oder einer Rechtsordnung) ergibt, verspricht für sich genommen allerdings wenig Erfolg: Die Bedeutung der "guten Sitten" kann schon deshalb nicht allein im Gesamtzusammenhang der übrigen Normen des UWG verstanden werden, weil die große Generalklausel - das ergeben sowohl historische als auch systematische Auslegung - bewußt an den Anfang eines Rechtsgebietes gestellt wurde, ohne in irgendeiner Weise auf die kommenden Rechtssätze Bezug zu nehmen[82].

Übrig bleibt damit nur die Ergänzung der systematischen Auslegung um die Frage nach der *ratio legis*[83], also eine Interpretation im Wege der sog. "systematisch-teleologischen Auslegungsmethode"[84]. Mit den Worten Schünemanns läßt sich formulieren:

> "Die zweckorientierte Auslegung der Einzelnorm ist vielmehr ihrerseits im Lichte der Teleologik des Normensystems vorzunehmen (...). Teleologische und systematische Interpretation sind mithin komplementäre Größen und können nicht, mit unterschiedlicher Wertigkeit versehen, einander gegenüber gestellt werden (...). Namentlich die lauterkeitsrechtlichen Normen mit generalklauselartig 'offenen' Tatbe-

---

[80] Vgl. nur: *Larenz*, a.a.O., 119 ff., 125 ff., 320 ff.; Großkomm./*Schünemann*, Einl UWG Rd. A 35; *Palandt/Heinrichs*, Bürgerliches Gesetzbuch, 1997, Einl Rd. 28 ff., 35 ff.; BGHZ 46, 74, 76 ff. - Preisbindung für Schallplatten.

[81] Zunächst wird man dem Begriff der "guten Sitten" unter dem Aspekt des *Wortlautes* (bzw. des möglichen Wortsinns) nicht näher kommen. Es ist ein allgemeines Wesensmerkmal unbestimmter Rechtsbegriffe, daß sie sich einer sprachlichen Annäherung gerade verschließen und in einer mehrdeutigen Umschreibung erschöpfen. Die Bestimmung eines "allgemeinen Sprachgebrauchs" in bezug auf die "guten Sitten" ist ebenso unmöglich, wie die Verweisung auf die sog. "Anstandsformel" - also auf das "Anstandsgefühl der verständigen und gerecht denkenden Durchschnittsgewerbetreibenden" - willkürlich ist. Die *Vorstellung des historischen Gesetzgebers* kann gleichfalls keine Rolle spielen, hat dieser doch bewußt die Figur der Generalklausel gewählt und für eine gewisse Ausfüllungsbedürftigkeit des Begriffs der guten Sitten gestimmt, um der Rspr. die Möglichkeit zu eröffnen, das Wettbewerbsrecht flexibel und lebendig (und damit dem tatsächlichen Wettbewerbsgeschehen denkbar ähnlich) zu gestalten.

[82] Gleichsinnig bezüglich der Wendung "zu Zwecken des Wettbewerbes" *Knöpfle*, Der Rechtsbegriff "Wettbewerb" und die Realität des Wirtschaftslebens, 1966, 30 f.

[83] *Larenz*, a.a.O., 332, versteht hierunter eine "(...) Auslegung gemäß den erkennbaren Zwecken und dem Grundgedanken einer Regelung (...)".

[84] In diesem Sinne: Großkomm./*Schünemann*, Einl UWG Rd. A 36; *Knöpfle*, a.a.O. (Fn. 82), 33 f.

ständen wie § 1 UWG (...) bedürfen eines übergeordneten gedanklichen Bezugspunktes, der der hier geforderten Konkretisierung Richtung und Grenzen weist (...)."[85]

Die der systematisch-teleologischen Auslegung zugrundeliegende Frage ist die nach dem *Schutzzweck* des § 1 UWG, eine Frage, die von der Frage nach dem Schutzzweck des UWG nicht getrennt werden kann[86]. Zweck des Wettbewerbsrechts ist der

"(...) Schutz aller im Wettbewerbsgeschehen aufeinanderstoßenden Interessen an einem lauteren Verhalten im Wettbewerb."[87]

Zu diesen Interessen zählen nach heute überwiegender Ansicht die *Interessen* der Mitbewerber, der Verbraucher, der sonstigen Marktteilnehmer sowie der Allgemeinheit[88], wobei indes keinem dieser - regelmäßig widerstreitenden - Interessen per se ein Vorrang gebührt[89]. Erforderlich ist damit ein Maßstab, anhand dessen eine - grundsätzlich notwendige[90] - *Interessenabwägung* erfolgen kann[91]. Bei einer entsprechenden Suche ist insbesondere der Frage nachzugehen, ob zu den Interessen der Allgemeinheit auch der Schutz des Leistungswettbewerbs rechnet[92] bzw. ob der Leistungswettbewerb selbst *übergeordneter Schutzzweck des UWG* ist.

---

[85] Großkomm./*Schünemann*, Einl UWG Rd. A 36.

[86] *Hefermehl*, a.a.O. (Fn. 12), 901: "Der Schutzzweck des Lauterkeitsrechts geht mit dem der Generalklausel konform." - Ferner: *Greuner*, in: *Gloy* (Hrsg.), a.a.O., § 2 Rd. 1 f.; *Knöpfle*, a.a.O. (Fn. 82), 34; Großkomm./*Schünemann*, Einl UWG Rd. C 1; *Köhler/Piper*, a.a.O., Einf Rd. 10.

[87] *Von Gamm*, a.a.O. (Fn. 12), 4. Kap. Rd. 13. - Zum Verhältnis von Zweck- und Interessenjurisprudenz auch *Fikentscher*, Methoden des Rechts, Bd. III, 1976, 373 ff.

[88] *Hefermehl*, a.a.O. (Fn. 12), 901 f.; *Baumbach/Hefermehl*, a.a.O., Allg Rd. 79, Einl Rd. 41 ff.; *Köhler/Piper*, a.a.O., Einf Rd. 12; *von Gamm*, a.a.O. (Fn. 12), 18. Kap. Rd. 21; Großkomm./*Schünemann*, Einl UWG Rd. C 15 ff.; *Weimar/Schimikowski*, Grundzüge des Wirtschaftsrechts, 1993, Rd. 265; *Kehl*, a.a.O., § 3 Rd. 1; *Baudenbacher*, a.a.O. (Fn. 16), 130; *Knöpfle*, a.a.O. (Fn. 82), 52; *Greuner*, in: *Gloy* (Hrsg.), a.a.O., § 2 Rd. 6 m.w.N. zur Rspr. - Kritisch hinsichtlich des Schutzes der Interessen von Verbraucher und Allgemeinheit: *Emmerich*, a.a.O. (Fn. 17), 19 f.; *Schünemann*, a.a.O. (Fn. 34), 49; *Nordemann*, a.a.O. (Fn. 18), Rd. 17.

[89] *Von Gamm*, a.a.O. (Fn. 12), 4. Kap. Rd. 14.

[90] *Baumbach/Hefermehl*, a.a.O., Einl UWG Rd. 83; *von Gamm*, a.a.O. (Fn. 12), 6. Kap. Rd. 5; *Kraft*, Interessenabwägung und gute Sitten im Wettbewerbsrecht, 1963, 122 ff.; *Köhler/Piper*, a.a.O., Einf Rd. 184.

[91] Großkomm./*Köhler*, § 1 UWG Rd. D 1; *Baumbach/Hefermehl*, a.a.O., Einl UWG Rd. 51; Großkomm./*Schünemann*, Einl UWG Rd. C 21; *Hefermehl*, Rechtsfortbildung im Wettbewerbsrecht, in: Richterliche Rechtsfortbildung. FS der Juristischen Fakultät zur 600-Jahr-Feier der Ruprecht-Karls-Universität Heidelberg, Heidelberg 1986, 331, 334 f.

[92] In diesem Sinne: *Köhler/Piper*, a.a.O., Einf Rd. 12; *von Gamm*, a.a.O. (Fn. 12), 18. Kap. Rd. 11.

II. Die Gewährleistung eines Wettbewerbs um knappe Güter als Schutzzweck von § 1 UWG

1. Der Typus des Leistungswettbewerbs als tauglicher Schutzzweck von § 1 UWG?

Der Gebrauch des Begriffes "Leistungswettbewerb" im deutschen Wettbewerbsrecht hat Tradition und erscheint doch gleichsam "chaotisch"[93], der Begriff der Leistung selbst "mehrdeutig"[94] und "schillernd"[95]: Einerseits wird die Meinung vertreten, dem UWG liege die Idee des Leistungswettbewerbs zugrunde[96], nach anderer Auffassung läßt sich der Wettbewerbsbegriff des UWG nicht einfach mit dem Begriff des Leistungswettbewerbs gleichsetzen[97]; während nach einer Ansicht negativ gefaßte Begriffe wie Nichtleistungswettbewerb oder Behinderungswettbewerb bei der Anwendung des UWG helfen[98] und das Begriffspaar Leistungswettbewerb - Nichtleistungswettbewerb weitere wichtige Anhaltspunkte zur Konkretisierung des Begriffs der guten Sitten bietet[99], halten andere das Kriterium des Leistungswettbewerbs seiner Leerformel- bzw. Zirkelschlußhaftigkeit wegen schlicht für unbrauchbar[100].

Bedenken gegen eine unkritische Verwendung des Begriffspaares Leistungs- und Nichtleistungswettbewerb als (auch nur ein) Mittel zur Unterscheidung zwischen der Lauterkeit und der Unlauterkeit einer Wettbewerbshandlung sind jedenfalls insoweit geboten, als sich die Rspr. insbesondere beim Auftauchen neuer Wettbewerbsmethoden am Leitbild des Leistungswett-

---

[93] *Knöpfle*, a.a.O. (Fn. 18), 59; *Kreft*, in: *Gloy* (Hrsg.), a.a.O., § 9 Rd. 21. - Die vom BGH immer wieder verwandte Formulierung vom "lauteren Leistungswettbewerb" ist dagegen eine Tautologie.

[94] *Baumbach/Hefermehl*, a.a.O., Einl UWG Rd. 97; *Rittner*, a.a.O. (Fn. 16), § 2 Rd. 19; vgl. auch *Ohm*, Definitionen des Leistungswettbewerbs und ihre Verwendungsfähigkeit für die praktische Wirtschaftspolitik, in: *Seraphim* (Hrsg.), Zur Grundlegung wirtschaftspolitischer Konzeptionen, 1960, 239, 245 f., 253 f.

[95] *Von Godin*, Wettbewerbsrecht, 1974, § 1 Tz. 12; gleichsinnig auch *Rittner*, a.a.O. (Fn. 16), § 1 Rd. 24; *Knöpfle*, a.a.O. (Fn. 18), 57.

[96] Vgl. die Nachweise oben Fn. 28.

[97] *Rittner*, a.a.O. (Fn. 16), § 1 Rd. 24; *Rinck/Schwark*, a.a.O., Rd. 667. - Vgl. auch *Kehl*, a.a.O., § 13 Rd. 9; *von Gamm*, a.a.O. (Fn. 12), 3. Kap. Rd. 17; *Emmerich*, a.a.O. (Fn. 17), 57 f.; *Baumbach/Hefermehl*, a.a.O., Einl UWG Rd. 96; *Freitag*, Der Leistungswettbewerb als rechtliche Denkfigur, Diss. jur. Göttingen 1968, 122 f.

[98] *Rittner*, a.a.O. (Fn. 16), § 1 Rd. 24 und § 2 Rd. 20; s. a. *Peter Ulmer*, a.a.O., 570 f.

[99] *Baumbach/Hefermehl*, a.a.O., Einl UWG Rd. 105; *Kehl*, a.a.O., § 13 Rd. 6, 9; *Rinck/Schwark*, a.a.O., Rd. 667.

[100] Sehr deutlich *Ott*, a.a.O., 407 ff.; Großkomm./*Schünemann*, Einl UWG Rd. D 85, 96 f.; *Merz*, a.a.O., 275 ff. - Zum Streitstand: *Knöpfle*, a.a.O. (Fn. 18), 59 Fn. 118; Großkomm./*Schünemann*, Einl UWG Rd. D 97 Fn. 204; *Emmerich*, a.a.O. (Fn. 17), 57 Fn. 66 f., jeweils m.a.N.

bewerbs orientiert, um den Unwert eines wettbewerblichen Verhaltens zu konkretisieren[101]. Ohne jede dogmatische Herleitung der Gleichsetzung von Leistungswettbewerb und Lauterkeit einerseits, ohne jede inhaltliche Bestimmung des Typus andererseits verkommt dieser zur Leerformel. Eine wie selbstverständlich praktizierte, nicht weiter begründete Berufung auf den Typus des Leistungswettbewerbs gerade im Hinblick auf neuartige, weniger bekannte Werbeerscheinungen muß als Ausdruck von Ignoranz verstanden werden oder als ein Zeichen von Ratlosigkeit.

Der Typus des Leistungswettbewerbs ist zuerst von den Wirtschaftswissenschaften beim Namen genannt worden[102], wenngleich er auch umgehend Eingang in die Rechtswissenschaften fand[103]. Typen wie Leistungsprinzip, -gesellschaft oder -wettbewerb sind ihrem ursprünglichen Sinne nach keine juristischen Fachtermini, sie dienen der Umschreibung eines ökonomisch-normativen Tatbestandes[104], ohne daß sich aus diesem ohne weiteres ein rechtliches Sollen ableiten ließe. Die Frage einer inhaltlichen *Bestimmung* des Typus des Leistungswettbewerbs (dazu sogleich 2.) ist also von der Frage der *Begründung* der normativen Verbindlichkeit dieses Typus für die Auslegung von § 1 UWG (hierzu später 3.) zu trennen.

2. Inhaltliche Bestimmung des Leistungswettbewerbs

Obwohl es sich beim Typus des Leistungswettbewerbs dem Grunde nach um einen wirtschaftswissenschaftlichen Typus handelt und ein wirtschaftstheoretisches Vorverständnis unumgänglich ist [dazu unten b)][105], versuchen Rspr. und Literatur zumeist eine eigenständige inhaltliche Ausfüllung des

---

[101] *Baumbach/Hefermehl*, a.a.O., Einl UWG Rd. 105 m.w.N. zur Rspr.

[102] *Sombart*, Der moderne Kapitalismus, Dritter Bd., Zweiter Halbbd., 1928, 557 ("Leistungskonkurrenz").

[103] *Nipperdey*, Wettbewerb und Existenzvernichtung, 1930, 16 ff. ("Leistungs- und Behinderungswettbewerb"); *Böhm*, a.a.O., 73, 178 ff., bes. 210 ff., 250 ff. ("Leistungs- und Nichtleistungswettbewerb"). - Zur nachfolgenden Rezeption in Literatur und Judikatur: *Freitag*, a.a.O., 3 ff., 19 ff., 28 ff., 48 ff.; *Emmerich*, a.a.O. (Fn. 17), 56 ff.; Großkomm./*Schünemann*, Einl UWG Rd. D 81 ff.

[104] Vgl. auch *Eucken*, a.a.O. (Fn. 53), 241; *Baumbach/Hefermehl*, a.a.O., Einl UWG Rd. 98.

[105] Für eine Inhaltsbestimmung des Begriffs "(Leistungs)Wettbewerb" in einem (auch) wirtschaftswissenschaftlich orientierten Sinne bereits: *Freitag*, a.a.O., 2 f.; *Kreft*, in: *Gloy* (Hrsg.), a.a.O., § 9 Rd. 5 m.w.N.; Großkomm./*Schünemann*, Einl UWG Rd. A 6 m.w.N.; *Schünemann*, a.a.O. (Fn. 34), 48; gegen diesen wiederum *Rittner*, a.a.O. (Fn. 16), § 2 Rd. 15 Fn. 18.

fraglichen Typus [siehe sogleich a)]. Ansatzpunkt ist eine Beschäftigung mit dem Begriff der Leistung[106].

a) Das wettbewerbsrechtliche Verständnis des Leistungsbegriffs

aa) Zu den sog. "Aktionsparametern"

Üblich - wenn auch nicht hilfreich, da untauglich - ist der Versuch einer Annäherung an den Begriff der Leistung mittels einer Bestimmung der sog. *"Aktionsparameter"*:

> "Auszugehen ist von der auf einem bestimmten Markt angebotenen Leistung eines einzelnen Wettbewerbers, die in bezug auf Preis, Qualität, Konditionen, Vertrieb, Service u.a. mit den Leistungen der Mitbewerber zum Vergleich steht."[107]

Nipperdey wußte zwischen zwei Arten von Wettbewerbshandlungen zu unterscheiden, solchen, die "in der Förderung der Absatztätigkeit mit den Mitteln der eigenen Leistung bestehen (Preisunterbietung, Qualitätssteigerung)", und solchen, die "nur eine Behinderung des Mitbewerbers herbeiführen, um dadurch erst freie Bahn für den eigenen Absatz zu schaffen", wobei er hauptsächlich an die "Sperre und sperrähnliche Maßnahmen" dachte[108]. Im Anschluß an die Bestimmung dieser Aktionsparameter wird regelmäßig darauf abgestellt, ob die einzelne Wettbewerbshandlung den Leistungswettbewerb dadurch fördert, daß sie die *Vergleichbarkeit* der Leistungen verbessert und dem

---

[106] *Freitag*, a.a.O., 90 ff.; *Knöpfle*, a.a.O. (Fn. 18), 59 ff.; *Baumbach/Hefermehl*, a.a.O., Einl UWG Rd. 97; Großkomm./*Schünemann*, Einl UWG Rd. D 86; *von Nell-Breuning*, Kritisches zum Begriff "Wettbewerbsordnung", WuW 1952, 371, 372; *Ohm*, a.a.O., 243.

[107] *Baumbach/Hefermehl*, a.a.O., Einl UWG Rd. 97. - Die Ansicht, daß zur Leistung die Absatzleistung mit ihren Aktionsparametern Preis, Qualität, Konditionen, Service, Vertrieb, Verkaufszeit (letzteres meint Großkomm./*Schünemann*, a.a.O., Einl UWG Rd. A 3 Fn. 7) etc. sowie die leistungsbezogene Werbung gehören, ist herrschend: *Baumbach/Hefermehl*, a.a.O., Einl UWG Rd. 98; *von Gamm*, a.a.O. (Fn. 12), 3. Kap. Rd. 17; *Kreft*, in: *Gloy* (Hrsg.), a.a.O., § 9 Rd. 20 und zuvor 7 ff.; *Peter Ulmer*, a.a.O., 567; *von Godin*, a.a.O., § 1 Tz. 12; *Kehl*, a.a.O., § 13 Rd. 7; *Vogt*, a.a.O., 190; *Fezer*, in: *Amann/ Jaspers* (Hrsg.), a.a.O., 3.0 Rd. 50; vgl. ferner *Freitag*, a.a.O., 106 m.w.N. - Aus der Judikatur: BGHZ 15, 356 , 365 - Progressive Kundenwerbung ("Qualität und Preiswürdigkeit"); BGH GRUR 1962, 198, 200 - Franziskaner (mit Anm. *Droste*) ("Güte und Preis der Ware, Kundendienst"); BGH GRUR 1976, 308, 310 - UNICEF-Grußkarten (mit zust. Anm. *Schramm*) ("Eigenschaften der Ware, Qualität, Preiswürdigkeit"); BGH GRUR 1987, 534, 535 - McHappy-Tag ("Bedarf, Preis und Qualität"); OLG Hamburg WRP 1988, 45, 46 - Bäumchen-Aktion ("Eigenschaften der Ware, Herstellungsart, Preiswürdigkeit"); BGHZ 112, 311, 315 - Biowerbung mit Fahrpreiserstattung ("Qualität, Preiswürdigkeit und Service").

[108] *Nipperdey*, a.a.O., 16.

Abnehmer seine Schiedsrichterfunktion erleichert[109]. Daß sich zwei Dinge (hier: Leistungen) hinsichtlich verschiedener, frei gewählter Merkmale (hier: der Aktionsparameter) vergleichen lassen, sagt indes noch nichts über deren Wesen, über das Unvergleichliche beider Dinge sowie über ihr Verhältnis zu einem etwaigen dritten[110]. Letztlich wird der Begriff der Leistung durch den der Aktionsparameter ersetzt, ohne indes eine Konkretisierung des Leistungsbegriffs zu bewirken.

Mehr noch: Auch nach traditionellem Verständnis ist ein Rekurs auf die genannten Aktionsparameter hinsichtlich der Unlauterkeit eines Wettbewerbsverhaltens *nicht konstitutiv* - eine produktbezogene Werbung, die eo ipso bestimmte Parameter wie Preis oder Qualität thematisiert, kann trotzdem einem lauterkeitsrechtlichen Unwerturteil anheimfallen, während eine unternehmensbezogene Werbung, die auf jeden Bezug zu Preis, Qualität oder Service verzichtet, dennoch zulässig sein kann. Die *Willkürlichkeit* der Bestimmung der jeweiligen Parameter zeigt sich letztlich daran, daß nichts dagegen spräche, weitere Parameter einzuführen, z.B. den Aktionsparameter "Umweltqualität" (oder "Umweltbezug")[111].

bb) Zum sog. "Leistungsprinzip"

Nicht selten findet sich im Kontext mit dem Typus des Leistungswettbewerbs der Verweis auf das sog. *"Leistungsprinzip"*, welches der bestehenden Gesellschafts- und Wirtschaftsordnung eine "soziale Zielrichtung" gebe[112]. Schon Böhm nennt - "im Sinne der klassischen Wirtschaftslehre" - die

> "(...) spezifische Kampftugend der freien Wettbewerbswirtschaft die ehrliche und echte wirtschaftliche Leistungskraft."[113]

Damit wird das Leistungsprinzip zum entscheidenden Kriterium des "gewerblichen Wettbewerbs als einer Institution der sozialen Wirtschaftsordnung"[114] und (im Anschluß an Nipperdey) zum Abgrenzungsmerkmal zwi-

---

109 *Baumbach/Hefermehl*, a.a.O., Einl UWG Rd. 98 f.; *Kreft*, in: *Gloy* (Hrsg.), a.a.O., § 9 Rd. 22; *Peter Ulmer*, a.a.O., 567 f., 570 f.; *Hefermehl*, a.a.O. (Fn. 12), 905 f., 917 f.; *Fezer*, in: *Amann/Jaspers* (Hrsg.), a.a.O., 3.0 Rd. 50.

110 Kritisch auch *Knöpfle*, a.a.O. (Fn. 18), 58 f.; Großkomm./*Schünemann*, Einl UWG Rd. D 97.

111 So etwa *Brandner*, a.a.O., 28 f., der ohne nähere Herleitung von einem "umweltfreundlichen Parameter" schreibt. - Insgesamt kritisch auch *Sosnitza*, Wettbewerbsbeschränkungen durch die Rechtsprechung, 1995, 80 f.

112 So etwa *Baumbach/Hefermehl*, a.a.O., Einl UWG Rd. 96 f. - Ferner *Meyer-Cording*, a.a.O., 310; *von Godin*, a.a.O., § 1 Tz. 14; *Schricker*, a.a.O. (Fn. 78), 262 Fn. 19.

113 *Böhm*, a.a.O., 73.

114 *Böhm*, ebenda.

schen Leistungs- und Nichtleistungswettbewerb erhoben. Kehl schreibt in diesem Zusammenhang:

> "In Anknüpfung an den Gedanken vom grundsätzlich freien Wettbewerb, dessen Ausübung (lediglich) in geordneten Bahnen gelenkt werden muß, bietet das Begriffspaar Leistungswettbewerb - Nichtleistungswettbewerb weitere wichtige Anhaltspunkte zur Konkretisierung des Begriffs der guten Sitten.
> Dem liegt der Gedanke zugrunde, daß - immer ausgehend von einer einheitlichen Wettbewerbsordnung - freier wirtschaftlicher Wettbewerb sich auf Dauer nur dann verwirklichen läßt, wenn er auf einheitlichen, allgemein anerkannten Prinzipien aufbaut. Hierzu gehört in der bestehenden Gesellschafts- und Wirtschaftsordnung in erster Linie das Leistungsprinzip. Es liegt deshalb nahe, diesen Ansatzpunkt auch für die Abgrenzung zwischen erlaubten und unerlaubten Wettbewerbshandlungen fruchtbar zu machen."[115]

Bei näherer Betrachtung ist eine solche Berufung auf das Leistungsprinzip[116] Ausdruck eines wettbewerbsrechtlichen Aufgabenverständnisses, das sich über den Schutz der bestehenden Wirtschafts- und Wettbewerbsordnung definiert; soweit sich Kehl und Baumbach/Hefermehl auf das Leistungsprinzip berufen, bewegen sie sich also im Rahmen des anerkannten wettbewerbsrechtlichen Aufgabenfeldes. Indes hilft die schlichte Berufung auf das Leistungsprinzip nicht weiter, was die inhaltliche Konkretisierung des Leistungsbegriffs und damit des Typus des Leistungswettbewerbs anbetrifft.

b) Das wirtschaftstheoretische Verständnis des Leistungsbegriffs - Zum sog. "Knappheitsgesetz"

Das wirtschaftswissenschaftliche Vorverständnis des Leistungswettbewerbs ist nicht auf das ökonomische Sollen beschränkt, sondern setzt früher an - beim ökonomischen Sein, bei der Wirtschaftswirklichkeit. Die Nationalökonomie kann Aussagen über das ökonomische Sollen nur dann treffen, wenn sie sich über das ökonomische Sein - seine Regeln, Voraussetzungen etc. - hinreichend Klarheit verschafft hat.

Der Begriff der Leistung erfordert "(...) zunächst eine Vergewisserung des Zwecks von Wirtschaft und Wettbewerb in einer Gesellschaft"[117]. Bereits 1952

---

[115] *Kehl*, a.a.O., § 13 Rd. 6. - Gleichsinnig: *Fikentscher*, a.a.O. (Fn. 71), 117, bes. 307: "Grundsätzlich drückt also das Leistungsprinzip dem Handeln der Menschen im Wettbewerb den Stempel von Recht und Unrecht auf."

[116] Kritik am öffentlichen - weil undifferenzierten - Verständnis des Leistungsprinzips äußert aus wirtschaftspolitischer Sicht *Ohm*, a.a.O., 242 f., 254 f., während letzteres bei *Fikentscher*, a.a.O. (Fn. 71), 115 ff., insbes. 117, grundsätzlich Zustimmung findet; unklar *Knöpfle*, a.a.O. (Fn. 18), 60. - Weitere Nachweise zur Frage des Leistungsprinzips bei *Peter Ulmer*, a.a.O., 567 Fn. 12; *Freitag*, a.a.O., 18 Fn. 5.

[117] *Kreft*, in: *Gloy* (Hrsg.), a.a.O., § 9 Rd. 21 m.w.N.

hat von Nell-Breuning festgestellt, daß sich erst bestimmen ließe, was eine Leistung ist, wenn vorweg geklärt sei, was denn der Sinn der Wirtschaft sei[118]. Nach Knöpfle muß "(...) es sich um einen Leistungsbegriff handeln, der aus den Prinzipien der Marktwirtschaft hergeleitet und daher mit ihnen konform ist."[119] Hefermehl zufolge ist Leistung aus der Funktion des freien Wettbewerbs zu begreifen[120]. Das Ziel der Wirtschaft

> "(...) besteht vor allem in einer möglichst günstigen Versorgung der Allgemeinheit mit den Gütern und Leistungen, die sie wünscht. (...) Es ist in einer Marktwirtschaft Sache der Nachfrager, darüber zu entscheiden, ob eine Leistung vorliegt und wie groß diese ist."[121]

Die Frage, ob der ökonomische Leistungsbegriff handlungs- oder erfolgsorientiert zu verstehen ist[122], wird damit in dem Sinne beantwortet, daß von einem erfolgsbezogenen Leistungsbegriff auszugehen ist[123] und die subjektive Leistung des Handelnden - mag diese nun auf persönlicher Anstrengung und Tüchtigkeit beruhen, auf Glück oder Zufall - für die Eingrenzung des Begriffs Leistung keine Rolle spielt[124]. Der objektive Leistungserfolg findet seinerseits Ausdruck in der Präsentation eines ökonomischen Gutes. Hierunter versteht man entweder ein Objekt (eine Sache) oder eine Handlung; eine dritte Form des Gutes ist unserer Verkehrswirtschaft nicht bekannt[125]. Konsequenterweise spricht man gewöhnlich von *Waren* (etwa dem hergestellten Holzstuhl) sowie

---

[118] *Von Nell-Breuning*, a.a.O., 373.

[119] *Knöpfle*, a.a.O. (Fn. 18), 60 Fn. 119.

[120] *Hefermehl*, a.a.O., 906.

[121] *Knöpfle*, a.a.O. (Fn. 18), 60 f., der grundsätzlich zwischen der "Leistung beim Verkauf" (59 ff.) und der "Leistung beim Einkauf" (63 ff.) unterscheidet; ebenso *Kreft*, in: *Gloy* (Hrsg.) a.a.O., § 9 Rd. 22. - Vgl. aber auch *Rittner*, a.a.O. (Fn. 16), § 2 Rd. 19, der eine Leistung im wirtschaftlichen Wettbewerb für objektiv nicht meßbar hält, weil dieser Wettbewerb als planmäßiges Handeln im Ungewissen grundsätzlich keine Grenzen habe und der Verbraucher über den Wert der Angebote erst entscheiden solle; gleichsinnig *Emmerich*, a.a.O. (Fn. 17), 58.

[122] Großkomm./*Schünemann*, Einl UWG Rd. D 87; *Fleischmann*, Artikel "Leistung", in: *Enderle/Homann/Honecker/Kerber/Steinmann* (Hrsg.), Lexikon der Wirtschaftsethik, 1993, Sp. 602; *Ohm*, a.a.O., 243 f.

[123] H.A.: *Freitag*, a.a.O., 102 f.; Großkomm./*Schünemann*, Einl UWG Rd. D 87, beide m.w.N.; kritisch dagegen *Wallraff*, Belastungen des Leistungsbegriffes, in: *Sauermann/Mestmäcker* (Hrsg.), Wirtschaftsordnung und Staatsverfassung. FS für *Franz Böhm* zum 80. Geburtstag, 1975, 625, 627 ff.

[124] *Röper*, Zur Verwirklichung des Leistungswettbewerbs, in: *Seraphim* (Hrsg.), Zur Grundlegung wirtschaftspolitischer Konzeptionen, 1960, 261, 282 f.; *Fikentscher*, a.a.O. (Fn. 71), 116; ebenso: *von Godin*, a.a.O., § 1 Tz. 12; *Baumbach/Hefermehl*, a.a.O., Einl UWG Rd. 97; *Freitag*, a.a.O., 103 f.

[125] *Siebert*, Einführung in die Volkswirtschaftslehre, 1996, 17; *Woll*, a.a.O., 50; *Hardes/Mertes*, Grundzüge der Volkswirtschaftslehre, 1994, 14; *Cezanne*, a.a.O., 2.

von *Diensten* (z.B. der Untersuchung eines Kranken durch einen Arzt)[126]. *Dem wirtschaftstheoretischen Sprachverständnis zufolge meint Leistung nichts anderes als das Angebot bzw. die Nachfrage eines Gutes.*

Eine weitere inhaltliche Konkretisierung des wirtschaftstheoretischen Leistungsbegriffs ergibt sich unter dem Aspekt, daß es sich bei dem im Einzelfall angebotenen Gut - als dem Gegenstand und Ergebnis ökonomischen Handelns - stets um ein *knappes* Gut handelt. Es ist eine allgemeine Erfahrung, daß die aktuellen menschlichen Bedürfnisse in aller Regel größer sind als die Vorräte an Gütern, welche zu ihrer Befriedigung dem einzelnen Wirtschaftssubjekt - und damit der Gesellschaft als Ganzem - zur Verfügung stehen; nicht die tatsächliche Begrenztheit der Güter, sondern die prinzipielle, einem Naturgesetz gleiche Unbegrenztheit der menschlichen Bedürfnisse, also die jeweils am Markt auftretende (und eben regelmäßig nicht vollständig zu befriedigende) Nachfrage nach diesen Gütern führt dazu, daß es sich bei diesen um knappe Güter handelt[127]. Güterknappheit ist grundsätzlich *relativ* und "(...) Ausdruck einer Spannung zwischen Bedürfnissen und Gütern."[128] Knappe Güter werden allgemein auch als *wirtschaftliche Güter* bezeichnet[129], während man bei nicht knappen Gütern von *freien Gütern* spricht[130]. Diese Ausführungen bedürfen in mehrfacher Hinsicht der Ergänzung:

Erstens ist der Tatbestand der Knappheit letztlich ein doppelter. Güterknappheit rührt nicht allein daher, daß ihre vorhandene Menge nicht ausreicht, um alle menschlichen Bedürfnisse zu befriedigen. Hinzu kommt der Umstand einer tatsächlichen *absoluten* Knappheit der vorhandenen natürli-

---

126 *Gruber/Kleber*, Grundlagen der Volkswirtschaftslehre, 1994, 11, definieren Dienstleistungen als "Güter, bei denen Herstellung und Verwendung zeitlich zusammentreffen." - Daß Zeit Geld bedeutet, läßt sich im übrigen auch dem Dienstvertragsrecht des BGB und dessen §§ 615 ff. entnehmen, wonach tatsächlich versäumte Arbeit keinesfalls nachgeleistet werden muß, auch wenn dies möglich wäre; vgl. nur *Medicus*, Bürgerliches Recht, 1996, Rd. 278.

127 Zum "Knappheitsgesetz": *Neumann*, Theoretische Volkswirtschaftslehre I, 1991, 9 f.; *Siebert*, a.a.O., 17 f.; *Thieme*, Wirtschaftssysteme, in: *Vahlens Kompendium der Wirtschaftstheorie und Wirtschaftspolitik*, Bd. 1, 1992, 1, 3; *Samuelson/Nordhaus*, Volkswirtschaftslehre, Bd. 1, 1987, 62; *Carell*, Allgemeine Volkswirtschaftslehre, 1972, 15; *Suchanek*, Artikel "Knappheit", in: *Enderle/Homann/Honecker/Kerber/Steinmann* (Hrsg.), Lexikon der Wirtschaftsethik, 1993, Sp. 518 f.; *Gutmann*, a.a.O., 13 ff.; *Hanusch/Kuhn*, Einführung in die Volkswirtschaftslehre, 1994, 1; *Hardes/Mertes*, a.a.O., 14; *Gruber/Kleber*, a.a.O., 2; *Woll*, a.a.O., 50 ff. - Vgl. auch *Eukken*, Grundsätze der Wirtschaftspolitik, 1990, 7 ff., 39, 111, 140 f., 370.

128 *Woll*, a.a.O., 50. - Vgl. auch *Hardes/Mertes*, a.a.O., 15; *Gruber/Kleber*, a.a.O., 2.

129 *Carell*, a.a.O., 22; *Dahl*, a.a.O., 70; *Cezanne*, a.a.O., 3; *Hardes/Mertes*, a.a.O., 14; *Woll*, a.a.O., 51.

130 *Gruber/Kleber*, a.a.O., 2: "Ein freies Gut ist so reichlich vorhanden oder so wenig beansprucht, daß das Bedürfnis nach diesem Gut in jedem Fall befriedigt werden kann." - S.a. *Siebert*, a.a.O., 17; *Blum*, Volkswirtschaftslehre, 1992, 3; *Woll*, a.a.O., 50.

chen Ressourcen, welche zur Güterproduktion erforderlich sind[131]. Die Knappheit von Gütern folgt also aus der Begrenztheit natürlicher Ressourcen einerseits und der Unbegrenztheit menschlicher Bedürfnisse andererseits; insoweit wird eine "nicht gänzlich aufzuhebende Grenze absoluter Knappheit natürlicher Ressourcen"[132] angenommen. *Zweitens* ist die Feststellung, dieses oder jene Gut habe Knappheitscharakter, zeitpunktbezogen. Daß bestimmte Güter augenblicklich nicht knapp sind, sagt nichts darüber aus, ob sie nicht in bezug auf einen bestimmten Zeithorizont infolge einer entsprechenden Nachfrage zu knappen Gütern werden[133]. *Drittens*: Als Beispiele für *freie Güter* werden in der volkswirtschaftlichen Literatur immer wieder etwa der Wüstensand[134], die Luft zum Atmen[135], die Sonnenwärme[136] oder das Meereswasser[137] genannt. Tatsächlich handelt es sich aber selbst bei diesen Gütern jedenfalls dann um knappe, wenn man unter "Luft zum Atmen" *saubere* Luft, unter "Meereswasser" *unverschmutztes* Meereswasser versteht[138]. Dieser letzte Schritt wird indes häufig nicht mehr gegangen:

> "Systemtheoretisch ist die Umwelt für die Ökonomie ein freies Gut bzw. eine allen gehörende öffentliche Sache, der sie sich durch Umweltverbrauch (Inputs) und Umweltbelastung (Outputs) bedient."[139]

Umwelt im hier verstandenen Sinne - und das meint v.a. Umwelt in ihrer Ursprünglichkeit (= Natur) bzw. nachgebildeten Ursprünglichkeit (= Mitwelt)[140] - ist einem konsequenten volkswirtschaftlichen Verständnis zufolge längst zu einem knappen Gut geworden.

Fassen wir zusammen: Dem wirtschaftstheoretischen Grund- und Vorverständnis nach bedeutet Leistung das Angebot eines wirtschaftlichen Ergebnisses - eines Gutes -, das sich primär durch seine Knappheit auszeichnet. Der Typus des Leistungswettbewerbs ist damit *Synonym für einen Wettbewerb um knappe Güter* - nicht mehr und nicht weniger; nur insoweit kann überhaupt sinnvoll von einem Leitbild des Leistungswettbewerbs gesprochen werden.

---

131 *Siebert*, a.a.O., 19 f.; *Hanusch/Kuhn*, a.a.O., 1.

132 *Hardes/Mertes*, a.a.O., 15. - Vgl. auch *Leipert/Simonis*, a.a.O., 113.

133 *Blum*, a.a.O., 3; *Neumann*, a.a.O., 9.

134 *Siebert*, a.a.O., 17; *Gruber/Kleber*, a.a.O., 2; *Neumann*, a.a.O., 10.

135 *Cezanne*, a.a.O., 3; *Blum*, a.a.O., 3; *Woll*, a.a.O., 50; *Neumann*, ebenda.

136 *Blum*, ebenda.

137 *Blum*, ebenda.

138 *Gruber/Kleber*, a.a.O., 2; *Heertje/Wenzel*, a.a.O., 8; *Fikentscher*, a.a.O. (Fn. 34), 24.

139 *Hobbensiefken*, a.a.O., 11.

140 Vgl. oben *Zweiter Teil*, C. II. 2.

3. Normative Verbindlichkeit des Leistungswettbewerbs

Fraglich ist, ob dem auf diese Weise konkretisierten Typus des Leistungswettbewerbs normative - wettbewerbsrechtliche - Bindungswirkung zukommt. Meint lauterer Wettbewerb Leistungswettbewerb, ist Schutzzweck von § 1 UWG die Gewährleistung eines Wettbewerbs um knappe Güter?

Aufgabe des Wettbewerbsrecht, so konnte oben festgestellt werden, ist die normative Absicherung der Eigengesetzlichkeit des Wettbewerbsgeschehens, verstanden im Sinne einer unverrückbaren Wirtschaftswirklickeit. Die tatsächlichen Funktionsbedingungen des Marktes sind als wirtschaftliche Naturgesetze normativ zu achten und zu gewährleisten. Zu diesen Gesetzen gehört maßgeblich auch das Gesetz der knappen Güter, das gleichsam als ökonomisches Grundgesetz alles Wirtschaften bestimmt, sei es nun unter markt- oder planwirtschaftlichem Vorzeichen. Nur knappe Güter finden den Weg auf den Markt und sind dialogfähig[141]. Aus diesem wettbewerbsrechtlichen Aufgabenverständnis läßt sich als - ein den verschiedenen Interessen - übergeordneter Schutzzweck des Wettbewerbsrechts und damit von § 1 UWG die *Gewährleistung eines Wettbewerbs um knappe Güter* ableiten.

In der wettbewerbsrechtlichen Literatur und Judikatur erfährt das Knappheitsgesetz so gut wie keine ausdrückliche Behandlung. In der Diskussion über Wesen und Funktion des Leistungswettbewerbs wird keinerlei Wert auf die Feststellung gelegt, daß es sich bei dem Angebot bzw. der Nachfrage von Wirtschaftsgütern dem ökonomischen Grundverständnis nach nur um das Angebot bzw. die Nachfrage eines knappen Gutes handeln kann[142]. Eine seltene Ausnahme bildet Kreft, der den "wirtschaftlichen Wettbewerb" als einen "Wettbewerb auf dem Gebiet der Produktion und Distribution von (knappen)

---

[141] *Fikentschers* Wort vom Markt als "Gesamtheit der Dialoge über wirtschaftliche Werte untereinander austauschbarer Güter", a.a.O. (Fn. 35), 10, gilt für jeden Markt, auf dem Knappes und Vergleichbares angeboten und nachgefragt werden kann.

[142] Auch wenn bislang kein Grund gesehen wurde, das Knappheitsgesetz im Zusammenhang mit der Beurteilung einer Wettbewerbshandlung ausdrücklich zur Entscheidungsgrundlage zu machen, so legt die Behandlung - beispielsweise - der *umweltbezogenen Werbung* doch die Vermutung nahe, die h.M. habe das Knappheitsgesetz nolens volens in den Prozeß der Auslegung der großen Generalklausel einbezogen und verstehe Leistung - als Bezugspunkt des Leistungswettbewerbs - im Sinne von Angebot bzw. die Nachfrage eines knappen Gutes. Denn die h.M. schreibt - zur Begründung der wettbewerbsrechtlichen Unzulässigkeit von Werbung - überwiegend von einem fehlenden "sachlichen Zusammenhang" zwischen Leistung und - z.B. - dem Angebot einer Fahrpreiserstattung, womit ein Bezug der Werbung zu sachfremden im Sinne von *warenfremden* (oder allgemeiner: güterfremden) Belangen gemeint sein dürfte; ähnlich auch *Nordemann*, Der verständige Durchschnittsgewerbetreibende, GRUR 1975, 625, 631. - Damit läßt sich der Eindruck gewinnen, daß Sachbezug nichts anderes bedeutet als Warenbezug, auch wenn die Knappheit dieser Ware selbst keine Erwähnung findet.

Waren und gewerblichen Leistungen"[143] beschreibt. Dabei verweist Kreft auf Fikentscher, welcher, soweit ersichtlich, als einziger im wettbewerbsrechtlichen Schrifttum zur Frage der Knappheit wirtschaftlicher Güter Stellung bezogen hat:

"Die Rechtsprechung hat den Wettbewerbsbegriff des UWG nicht aus volkswirtschaftlichen Überlegungen hergeleitet, sondern aus praktischen Erwägungen in dieser Weise angenommen. Er zeichnet sich, für den hier interessierenden Zusammenhang, dadurch aus, daß er auf die Verletzbarkeit des einen Mitbewerbers durch den anderen aufbaut. Das ist für den Praktiker selbstverständlich, schon deswegen, weil die Möglichkeit eines Schadensersatz- oder eines Unterlassungsanspruchs voraussetzt, daß eine Verletzbarkeit des einen Mitbewerbers durch den anderen gegeben ist. Die Rechtsprechung zum UWG geht daher, mehr unbewußt als bewußt, von der Vorstellung aus, daß sich der Wettbewerb auf Güter und Leistungen bezieht, die nur begrenzt zur Verfügung stehen, die also nur entweder von dem einen oder von dem anderen Mitbewerber erworben werden können. Mit anderen Worten, das *Knappheitsgesetz als Grundlage des wirtschaftlichen Wettbewerbs* wurde von der Rechtsprechung zum UWG richtig erkannt und *dem Wettbewerbsbegriff des unlauteren Wettbewerbs zugrunde gelegt.*"[144]

Diese Ausführungen sind nur insoweit ergänzungsbedürftig, als das Knappheitsgesetz nicht allein dem "Wettbewerbsbegriff des unlauteren Wettbewerbs" zugrunde zu legen ist, sondern - aus den soeben genannten Gründen - dem Schutzzweck des § 1 UWG und damit dem Maßstab der guten Sitten. Anders gewendet: *Es ist von einer prinzipiellen wettbewerbsrechtlichen Zulässigkeit einer werblichen Bezugnahme auf knappe Güter nach § 1 UWG auszugehen.*

Aus dem Gesagten folgt: Der Knappheitsbezug[145] ist grundsätzlich - wenn auch nicht zwingend, weil widerlegbar[146] - Ausdruck von Lauterkeit im Sinne von § 1 UWG. Was die an anderer Stelle[147] festgestellte tatsächliche und - in der Folge - normative Bedeutungslosigkeit des Sachlichkeitsgrundsatzes angeht, so folgt aus dieser gerade nicht die zwingende Erforderlichkeit des Knappheitsbezuges für eine Billigung nach § 1 UWG. Eine rein unternehmensbezogene Werbung, die naturgemäß auf jeden Knappheitsbezug verzichtet, ist in dieser Hinsicht nicht weniger zulässig als eine produktbezogene Werbung[148].

---

[143] *Kreft*, in: *Gloy* (Hrsg.), a.a.O., § 9 Rd. 2.

[144] *Fikentscher*, a.a.O. (Fn. 71), 32, der zu den genannten Gütern namentlich auch die Kaufkraft der Kunden zählt (Hervorhebungen vom Verfasser hinzugefügt).

[145] Oder in den Worten der h.M.: *Sachbezug*.

[146] Die werbliche Bezugnahme auf ein knappes Gut kann aus anderen Gründen unzulässig sein, insbesondere unter dem Aspekt der Irreführung (§ 3 UWG); hierzu unten *Fünfter Teil*.

[147] Vgl. oben *Zweiter Teil*, E. II.

[148] Das betont jüngst auch der BGH (WRP 1995, 679, 680 - Ölverschmutzte Ente).

III. Die Gewährleistung der Funktionsfähigkeit einer konkreten Wirtschafts- und Wettbewerbsordnung als Schutzzweck von § 1 UWG

An anderer Stelle wurde als Aufgabe des Wettbewerbsrechts die Gestaltung der bestehenden Wirtschafts- und Wettbewerbsordnung definiert. Übergeordnetes Schutzgut von § 1 UWG ist demnach, neben der Wirtschafts- und Wettbewerbswirklichkeit, auch die konkrete Wirtschafts- und Wettbewerbsordnung[149]. Allerdings kann diese schwerlich uneingeschränkt dem Schutzzweck von § 1 UWG unterfallen; anderenfalls wäre zum einen jedweder - unmittelbaren und mittelbaren - wirtschaftspolitischen Zweckverfolgung Tür und Tor geöffnet, zum anderen wäre auch jede eigenständige tatsächliche Veränderung der bestehenden Ordnung ausgeschlossen, da diese ja umfassend, in ihrem status quo geschützt wäre[150]. Fraglich ist also, wo die Grenzen verlaufen, diesseits derer die konkrete Wirtschafts- und Wettbewerbsordnung, wenn auch nicht in toto, so doch in Teilen lauterkeitsrechtlich geschützt ist. Hefermehl ist in diesem Kontext der Auffassung, die Generalklausel des § 1 UWG bezwecke

> "(...) nicht die Erhaltung des Wettbewerbs in seinem Bestand oder seiner Funktionsfähigkeit, sondern die Lauterkeit des Wettbewerbs."[151]

Indes geht es bei der Bestimmung des Schutzzweckrahmens von § 1 UWG gerade um die nähere inhaltliche Bestimmung dessen, was unter der Lauterkeit des Wettbewerbs zu verstehen ist, so daß mit der Hefermehlschen Definition nichts gewonnen ist. Die Frage der Schutzzweckbestimmung reduziert

---

[149] BVerfG GRUR 1979, 773, 777 - Weinbergsrolle ("Wettbewerb"); *Emmerich*, a.a.O. (Fn. 17), 60 ("durch die Rechtsordnung konstituierte Wirtschaftsordnung"); *Spliethoff*, a.a.O., 267 ("Wettbewerb als Institution"); *Hefermehl*, a.a.O. (Fn. 12), 917 ("freier Wettbewerb"); *Baumbach/Hefermehl*, a.a.O., Allg. Rd. 88 ("Institution des Wettbewerbs als eine selbständige Ordnungseinheit des sozialen Lebens"); *Schluep*, Vom lauteren zum freien Wettbewerb, GRUR Int. 1973, 446, 448 ("Wettbewerb schlechthin"); *Tilmann*, Über das Verhältnis von GWB und UWG, GRUR 1979, 825, 828, 834 ("Wettbewerb"); *Rebe*, a.a.O., 144 ("Institution des Wettbewerbs"); *Ott*, a.a.O., 419; Großkomm./*Schünemann*, Einl UWG Rd. C 30 ("Aufrechterhaltung des wettbewerblichen Prozesses durch das Zur-Geltung-Bringen seiner wesentlichen Voraussetzungen, nämlich individueller Handlungs- und Entscheidungsfreiheiten").

[150] "Wettbewerb ist kein Zustand, sondern ein Verhaltensprozeß." (*Baumbach/Hefermehl*, a.a.O., Allg Rd. 24) - Vgl. auch Großkomm./*Schünemann*, Einl UWG Rd. D 99: "Die 'Ordnung des Ganzen' figuriert dabei im übrigen als verfehlte wirtschaftspolitische Dezision für ein rein statisches Wettbewerbsverständnis, einer 'gesunden Marktsituation', in der alles seinen festen Platz hat, die ökonomischen Variablen auf das äußerste beschränkt sind und das Wirtschaftsleben idyllisch gleichsam als ruhig dahinfließender Strom erscheint." - Ferner: *Schwintowski*, a.a.O., 143 ff.

[151] *Hefermehl*, a.a.O. (Fn. 12), 909. - Ebenso bereits *Knöpfle*, a.a.O. (Fn. 18), 52. - Vgl. aber auch *Baumbach/Hefermehl*, a.a.O., Einl UWG Rd. 55: "Zum anderen umfaßt der Schutz der Allgemeinheit auch den Schutz des Wettbewerbs gegen Gefährdung in seinem Bestand durch nicht leistungsgerechte Praktiken."

sich vielmehr auf die Frage, ob das UWG und seine maßgebliche Generalklausel den Bestand[152] oder die Funktionsfähigkeit[153] der konkreten Wirtschafts- und Wettbewerbsordnung schützen. Wollte man den Schutzzweck des UWG im Sinne eines wettbewerblichen Bestandsschutzes definieren, so liefe dies auf einen Schutz der *bestehenden* Wirtschafts- und Wettbewerbsordnung als solche hinaus, was soeben als zu weitgehend abgelehnt worden ist.

Damit kann, um dem oben zugrundegelegten Aufgabenverständnis gerecht zu werden, Schutzzweck von § 1 UWG nur die *Gewährleistung der Funktionsfähigkeit einer konkreten Wirtschafts- und Wettbewerbsordnung* sein. Der Maßstab der guten Sitten ist also "unter Einbeziehung der unserer Wettbewerbsordnung immanenten Ordnungsprinzipien"[154] dergestalt zu instrumentalisieren, daß unzulässiges von zulässigem Verhalten unterschieden werden kann. Nach der Ansicht von Ott ist es das

> "(...) Ziel des UWG, den Wettbewerb als 'selbständiges Ordnungsprinzip des wirtschaftlichen und sozialen Lebens' zu institutionalisieren und zu erhalten."[155]

Oder anders formuliert: Schutzzweck des Wettbewerbsrechts ist

> "(...) der Wettbewerb als das prinzipielle Ordnungsregulativ der Wirtschaft. Die Rechtsprechungsanalyse hat gezeigt, daß nicht nur das Entstehen und Bestehen von Wettbewerb geschützt werden soll, sondern auch *die diesen Wettbewerb strukturierenden Ordnungsprinzipien*. Auf diese Ordnungsprinzipien sind auch die Verhaltenssätze zu beziehen, die durch § 1 UWG für rechtsverbindlich erklärt werden."[156]

Zwar ist die "Funktionsfähigkeit des Wettbewerbs" mit "Sittenwidrigkeit des Wettbewerbs" nicht in eins zu setzen[157], anderenfalls hätte der Gesetzgeber diese Gleichsetzung selbst vornehmen können. Gleichwohl hat ein Verhalten zugunsten (genauer: im Einklang mit) einer funktionsfähigen Wirtschafts- und Wettbewerbsordnung prima facie das Indiz der Sittengemäßheit auf seiner Seite. Es fragt sich aber, was man in concreto unter den *Ordnungsprinzipien der Wirtschafts- und Wettbewerbsordnung* zu verstehen hat. Auch wenn diese,

---

[152] So *Baudenbacher*, a.a.O. (Fn. 13), 154, 166; *Rebe*, a.a.O., 151.

[153] H.M.: *Raiser*, Marktbezogene Unlauterkeit, GRUR Int. 1973, 443, 445 ("Funktionsfähigkeit der marktwirtschaftlichen Ordnung"); *Sack*, a.a.O. (Fn. 20), 71 ("Funktionsfähigkeit des Wettbewerbs"); *Baudenbacher*, a.a.O. (Fn. 13), 154, 166 ("Funktionieren des Wettbewerbs"); *Emmerich*, a.a.O. (Fn. 17), 63 ("Funktionsfähigkeit unseres durch den Wettbewerb gesteuerten Wirtschaftssystems"); *Schünemann*, a.a.O. (Fn. 34), 47 f. ("Funktionsfähigkeit von Wettbewerb und Markt als grundlegende Institutionen unserer Gesellschafts-, Wirtschafts- und Rechtsordnung"); *Hefermehl*, a.a.O. (Fn. 91), 333 ("Schutz eines unverfälscht funktionierenden Wettbewerbs"). - Vgl. auch Großkomm./*Schünemann*, Einl UWG Rd. D 37 m.w.N. zur Literatur.

[154] *Lehmann*, a.a.O. (Fn. 16), 330.

[155] *Ott*, a.a.O., 419.

[156] *Rebe*, a.a.O., 151 (Hervorhebungen vom Verfasser hinzugefügt).

[157] *Baumbach/Hefermehl*, a.a.O., Einl UWG Rd. 73.

wie soeben gesehen, zum Schutzzweck des Wettbewerbsrechts erklärt werden, so fehlt doch regelmäßig eine weiterführende inhaltliche Bestimmung dieser Prinzipien. Was sind, im Unterschied zu den tatsächlichen Funktionsbedingungen der Wirtschaftswirklichkeit, die normativen Funktionsbedingungen der Sozialen Marktwirtschaft[158]? Umfaßt der wettbewerbsrechtliche Schutzzweck "Gewährleistung des wirtschaftlichen Wettbewerbs" ohne weiteres auch den Teilschutzzweck "Schutz wirtschaftlicher Ressourcen"[159]? Müssen ökologische Aspekte im Wettbewerbsgeschehen einen neuen Stellenwert erhalten, nur weil "(...) die soziale Marktwirtschaft dabei ist, sich zur ökologisch sozialen Marktwirtschaft fortzubilden (...)"[160]? Solchen Fragen ist im folgenden Abschnitt nachzugehen.

D. Die prinzipielle wettbewerbsrechtliche Zulässigkeit umweltbezogener Werbung nach § 1 UWG

Bislang ist es nicht gelungen, die lauterkeitsrechtliche Unzulässigkeit umweltbezogener Werbung zu begründen. Fortan soll der Gegenbeweis einer prinzipiellen Zulässigkeit der Umweltwerbung (§ 1 UWG) angetreten werden.

I. Umwelt als Gegenstand eines Wettbewerbs um knappe Güter

1. Die mittelbare Wettbewerbsfähigkeit des Gutes "Intakte Umwelt"

Es fand bereits Erwähnung, daß Umwelt nach herkömmlichem wirtschaftstheoretischen Verständnis als freies Gut begriffen und lediglich im Hinblick auf eine *intakte Umwelt* von einem knappen Gut gesprochen wird. Die vorliegende Darstellung hat sich diesen Begriff der intakten Umwelt zu eigen gemacht und dem verbrauchertypischen Umweltverständnis zugrundegelegt, *so daß unter umweltbezogener Werbung zugleich eine auf ein knappes Gut bezogenen Werbung verstanden werden kann.* Eine solche Bezugnahme aber ist zunächst - prinzipiell - wettbewerbsrechtlich nicht zu beanstanden und zulässig (s.o. C. II. 3.).

Auch wenn es sich bei der intakten Umwelt um ein im ökonomischen Sinne knappes Gut handelt, so läßt sich über dieses selbst, im Unterschied zu anderen knappen Gütern, nicht verfügen. Die Verfügung über das Gut "saubere Luft" oder "unbelastetes Grundwasser" ließe sich zwar - zumindest theoretisch - privat- oder öffentlichrechtlich regeln, tatsächlich aber stehen einer Verfüg-

---

[158] Zu einem bereits genannten Beispiel s.o. Fn. 37.

[159] So *Rebe*, a.a.O., 158.

[160] So *Schricker*, Hundert Jahre Gesetz gegen den unlauteren Wettbewerb - Licht und Schatten, GRUR Int. 1996, 473, 477.

barkeit erhebliche praktische Probleme entgegen. Intakte Umwelt ist nicht eigentumsfähig und damit weder verfügbar noch dialogfähig, kurz: nicht wettbewerbsfähig. Dies liegt darin begründet, daß es sich bei der Umwelt zugleich um ein *öffentliches Gut* handelt und damit das sog. "Ausschlußprinzip" keine Anwendung findet. Dieses Prinzip - Kennzeichen *privater Güter* - besagt, daß im Fall der Nutzung eines Gutes durch ein Wirtschaftssubjekt die kostenlose zeitgleiche Nutzung durch ein anderes Wirtschaftssubjekt ausgeschlossen werden kann bzw. ausgeschlossen wird[161]. Da sich der Nutzungsausschluß in bezug auf das öffentliche Gut - z.B. - der "sauberen Luft" nicht durchsetzen läßt, macht die Erhebung eines entsprechenden Nutzungsentgelts ebenso wenig einen Sinn wie die Begründung praktisch nicht durchsetzbarer Eigentumsrechte[162].

Danach kann man das knappe Gut der Umwelt allenfalls in einem *mittelbaren Sinne als wettbewerbsfähig* bezeichnen. Ausdruck dieser mittelbaren Wettbewerbsfähigkeit ist der Umstand, daß der ökonomisch wie auch rechtlich motivierte Schutz der Umwelt auf jeden Versuch verzichtet, das knappe Gut der Umwelt eo ipso als marktfähig zu begreifen und - etwa - an dieser Eigentumsrechte zu begründen[163]. Statt dessen gibt es - zusätzlich zu anderen In-

---

[161] Zu diesem Prinzip etwa: *Gabler-Wirtschafts-Lexikon*, Bd. 4, 1992, Artikel "öffentliche Güter", 2459; *Paul*, Umweltpolitik, in: *Neubäumer/Hewel* (Hrsg.), Volkswirtschaftslehre, 1994, 557, 564 f.; *Priddat*, Artikel "Öffentliche Güter, meritorische Güter", in: *Enderle/Hommann/Honecker/Kerber/Steinmann* (Hrsg.), Lexikon der Wirtschaftsethik, 1993, Sp. 767 ff.; *Hewel/Neubäumer*, Einführung, in: *Neubäumer/Hewel* (Hrsg.), Volkswirtschaftslehre, 1994, 1, 6; *Neumann*, a.a.O., 33. - Vgl. auch § 903 BGB: "Der Eigentümer einer Sache kann, soweit nicht das Gesetz oder Rechte Dritter entgegenstehen, mit der Sache nach Belieben verfahren und andere von jeder Einwirkung ausschließen."

[162] *Weimann*, Umweltökonomik, 1995, 226; *Wicke*, Umweltökonomie, 1993, 41; *Hobbensiefken*, a.a.O., 46; *Frey*, a.a.O., 48; *Steinmann*, a.a.O., 89; *Fikentscher*, a.a.O. (Fn. 34), 24 ff.

[163] Neben Rechten *an der Umwelt* sind auch Rechte *der Umwelt* denkbar. - Zum Gedanken, den Schutz der Umwelt dadurch zu effektivieren, daß man ihr eigene Rechte einräumt und diese bei der Auslegung und Anwendung bestehender Rechtsvorschriften berücksichtigt ("Rechtssubjektivität der Natur"), vgl. etwa: *Stone*, Umwelt vor Gericht, 1987, passim; *Tribe*, Was spricht gegen Plastikbäume?, in: *Birnbacher* (Hrsg.), Ökologie und Ethik, 1980, 20 ff.; *Stutzin*, a.a.O., 344 ff.; *von Lersner*, a.a.O. (Fn. 51), 988 ff.; *Iring Fetscher*, Ein Beitrag des Rechts zur Erhaltung der natürlichen Lebensbedingungen?, in: *Kaufmann/Mestmäcker/Zacher* (Hrsg.), Rechtsstaat und Menschenwürde. FS für *Werner Maihofer* zum 70. Geburtstag, 1988, 135 ff.; *Bosselmann*, Eigene Rechte für die Natur?, KJ 1986, 1 ff.; *Kaufmann*, Gibt es Rechte der Natur?, in: *Seebode* (Hrsg.), FS für *Günter Spendel* zum 70. Geburtstag am 11. Juli 1992, 1992, 59, 71 ff.; *Eser*, a.a.O., 361 ff.; *Medicus*, Umweltschutz als Aufgabe des Zivilrechts - aus zivilrechtlicher Sicht, NuR 1990, 145, 153 f.; *Leimbacher*, a.a.O., passim; *Rat von Sachverständigen für Umweltfragen*, Umweltgutachten 1987 v. 21.12.1987, BT-Drs. XI/1568, Tz. 1604 ff. - Aus der Rspr.: VG Hamburg NVwZ 1988, 1058 f. - Seehunde.

strumenten des kooperativen Umweltschutzes[164] - Überlegungen, das knappe Gut der Umwelt insoweit zu schützen, als man die *Belastungen der Umwelt* in ihrer Eigenschaft als gesamtwirtschaftlich betrachtet "negative externe Effekte bzw. Kosten" zum Marktthema erhebt und damit internalisiert[165]. Entsprechende Beispiele sind die Erhebung von sog. Umwelt- bzw. Ökosteuern einerseits[166] sowie der - gleichfalls staatlicherseits initiierte und kontrollierte - Handel mit sog. Umwelt- bzw. Emissionszertifikaten andererseits[167].

Geht es auch stets um die Frage eines "Entgelts für die Teilnahme an der Umwelt und ihren Gütern"[168], so lassen sich insoweit doch prinzipiell zwei verschiedene Lösungsansätze denken, zum einen unter dem Gesichtspunkt der Wirtschafts- und Wettbewerbswirklichkeit (dazu sogleich 2.), zum anderen unter dem Gesichtspunkt der Wirtschafts- und Wettbewerbsordnung (hierzu später II. 1.):

2. Die unmittelbare Wettbewerbsfähigkeit des Gutes "Umweltschonung"

Allein im Hinblick auf das - *gleichfalls knappe*[169] - *Gut der "Umweltschonung"*[170] kann von einem Wettbewerb im *eigentlichen, unmittelbaren Sin-*

---

[164] Zu diesen etwa *Paefgen*, Imperativer und kooperativer Umweltschutz in wettbewerbspolitischer und unternehmensstrategischer Sicht, NuR 1994, 424, 430 ff.

[165] Vgl. *Eser*, a.a.O., 378 ff.; *Eckard Rehbinder*, Wirtschaftsordnung und Instrumente des Umweltschutzes, in: *Sauermann/Mestmäcker* (Hrsg.), Wirtschaftsordnung und Staatsverfassung. FS für *Franz Böhm* zum 80. Geburtstag, 1975, 499, 507 ff.; *Stober*, a.a.O., 57 f. - Aus Sicht der *Ökonomischen Analyse des Rechts* z.B. *Ott/Schäfer*, a.a.O., 219 f.; allgemein zur Internalisierung externer Kosten auf der Grundlage von sog. "property rights" z.B. *Salje*, a.a.O., 282 ff.; betont kritisch insoweit aber *Fezer*, Aspekte einer Rechtskritik an der economic analysis of law und am property rights approach, JZ 1986, 817, 820 f.

[166] Dazu z.B.: *Gusy*, a.a.O., 440 f.; *Fikentscher*, a.a.O. (Fn. 33), 34 ff.; *Paefgen*, a.a.O., 431 Fn. 94; *Ernst Ulrich von Weizsäcker*, a.a.O., 159 ff.; *Stiglbauer*, Emissionen, Treibhauseffekt und Umweltzustand: Ökologische Steuerpolitik, in: *Bartel/Hackl* (Hrsg.), Einführung in die Umweltpolitik, 1994, 159 ff.

[167] Grundgedanke dieses indirekten Lenkungsinstruments ist folgender: Der Staat gibt für ein ökologisches Belastungsgebiet einen bestimmten Auflagenrahmen vor, den die einzelnen Emittenten zwar nicht über-, wohl aber unterschreiten können. Im letzteren Fall wird die Übererfüllung der staatlichen Umweltschutzauflagen dem Emittenten als Kredit gutgeschrieben, den dieser regelmäßig an Neuansiedlungswillige verkaufen kann; vgl. zum Ganzen die ausführliche Literaturübersicht bei *Paefgen*, a.a.O., 430 Fn. 87; ferner: *Eser*, a.a.O., 380; *Bonus*, a.a.O., 317 ff.; *Wicke*, a.a.O. (Fn. 162), 223 ff.

[168] *Fikentscher*, a.a.O. (Fn. 34), 34.

[169] Die Knappheit der Umweltschonung folgt daraus, daß es sich bei der intakten Umwelt um ein knappes Gut handelt; Umweltschonung meint immer die Schonung bzw. Wiederherstellung intakter Umwelt.

[170] Umweltschonung ist als solche ein Dienst, in Verbindung mit einer Ware läßt sich insgesamt von einer Ware sprechen. Dabei wird das Gut der Umweltschonung

ne gesprochen werden. Umweltschonung wird nicht verschenkt, sondern entgeltlich angeboten, unterfällt somit der Preisbildung im Rahmen von Angebot und Nachfrage. Soweit es zu einem Wettbewerb um Umweltschonung kommt, ist dies Ausdruck des Knappheitsgesetzes, nicht aber bereits das Ergebnis einer normativen Wirtschaftsordnung. Auch die Ordnung einer Umweltsozialen Marktwirtschaft vermag die Nachfrage nach Umweltschonung nicht zu beeinflussen. Wenn der Preis der Umweltschonung zu hoch ist (oder zu viele Anbieter das Gut der Umweltschonung anbieten) und die Nachfrage dementsprechend sinkt, dann spiegeln sich darin die tatsächlichen Funktionsbedingungen der Wirtschaftswirklichkeit wider.

Werbung, die den Wettbewerb um das knappe Gut der Umweltschonung zum Gegenstand hat, ist damit *Ausdruck von Leistungswettbewerb* und also prinzipiell nicht zu beanstanden. Grundsätzliche Bedenken, die der BGH im Hinblick auf eine wahrheitsgemäße Anknüpfung der Werbung an Fragen des Umweltschutzes äußert[171], sind nicht gerechtfertigt. Die traditionelle wettbewerbsrechtliche Beurteilung der Umweltwerbung, die sich durch eine betont strenge Behandlung auszeichnet, verkennt die Knappheit des Gutes "Umweltschonung" und bedeutet eine nicht zu begründende Diskriminierung umweltbezogener Werbeäußerungen.

Diese Feststellungen gelten ohne weiteres für die *Fallgruppe der umweltbezogenen Produktwerbung*, bei der die Umweltschonung Bestandteil der Ware ist (Stichwort: "Umweltqualität" der Ware)[172]. Der Käufer eines FCKW-freien Kühlschranks (eines Pkw mit 3-Wege-Katalysator, eines chlorfreigebleichten Schreibpapiers etc.) erwirbt eben nicht nur einen gewöhnlichen Kühlschrank, sondern zugleich auch das - ökonomisch quantifizierbare, weil regelmäßig in der Preisgestaltung sich widerspiegelnde - Gut der Umweltschonung[173].

Auch im Hinblick auf die *Fallgruppe der umweltbezogenen Kauf- und Unterstützungsappelle* kann von einem Wettbewerb um das knappe Gut der Um-

---

aber nie isoliert, sondern stets im Zusammenhang mit einem anderen knappen Gut angeboten - Umweltschonung ist nur der Zusatznutzen, die Möglichkeit der Fortbewegung (im Fall eines Automobils z.B.) dagegen der Grundnutzen.

[171] BGHZ 112, 311, 315 - Biowerbung mit Fahrpreiserstattung. - Den Wandel, den die höchstrichterliche Rspr. im Laufe von fünf Jahren vollzogen hat, dokumentiert ein Judikat von Ende 1995 (BGH WRP 1996, 290, 291 - Umweltfreundliches Bauen), in dem es heißt: "Umweltbezogene Werbeaussagen sind - auch im Interesse der Förderung des Umweltschutzes und der Information der Verbraucher - grundsätzlich zulässig."

[172] Im Ergebnis auch *Lappe*, Die wettbewerbsrechtliche Beurteilung der Umweltwerbung, 1995, 163 f.

[173] Eine Ausnahme von der prinzipiellen wettbewerbsrechtlichen Zulässigkeit umweltbezogener Produktwerbung ergibt sich eventuell unter dem besonderen Gesichtspunkt der *Irreführung* (§ 3 UWG); vgl. hierzu unten *Fünfter Teil*.

weltschonung gesprochen werden. Wie zuvor ausgeführt, bekommt der Kunde in diesem Fall Ware und gutes Gewissen gegen Geld, wobei das gute Gewissen auf den Umstand zurückzuführen ist, daß das Unternehmen einen Teil des Geldes in den Bereich der Umweltschonung investiert. Kehrseite des käufereigenen guten Gewissens ist die Umweltschonung, die dem Käufer allerdings - anders wie im Fall des FCKW-freien Kühlschranks - nicht unmittelbar, sondern mittelbar (etwa in Gestalt der Unterstützung eines Naturparks) zugewandt wird. Auch in diesem Fall aber entfällt ein Teil des Kaufpreises auf das Gut der Umweltschonung.

Was die *Fallgruppe der umweltbezogenen Kaufappelle mit einem Unterstützungsangebot* angeht, so besteht das Austauschverhältnis zwischen Käufer und Verkäufer in "Ware, gutes Gewissen und geldwerter Vorteil" gegen "Geld und käufereigene Umweltschonung". Es fragt sich, ob auch in diesem Fall das knappe Gut der Umweltschonung gewissermaßen seinen "Besitzer" wechselt und - wie in den anderen beiden Fallgruppen - vom Verkäufer zum Käufer wandert. Letzteres ist indes zu verneinen, da diesmal das Unternehmen einen Mehrpreis an den Kunden zahlt, damit dieser sich umweltschonend verhält (z.B. die Auto- gegen eine Busfahrt eintauscht). Anders als in den ersten beiden Fällen "kauft" hier das Unternehmen vom Käufer die Umweltschonung. Auch wenn die Richtung des Austauschverhältnisses in diesem Fall eine umgekehrte ist, so kommt es trotzdem zu einem Austausch "Umweltschonung gegen Geld", weshalb auch hier von einer - prinzipiell zulässigen - werblichen Bezugnahme auf das knappe Gut der Umweltschonung gesprochen werden muß.

Einzig im *Fall der umweltbezogenen Unternehmenswerbung* fehlt es an einer unmittelbaren werblichen Bezugnahme auf das knappe Gut der Umweltschonung; diese Werbung verspricht keinen Austausch "Geld gegen Umweltschonung", unterscheidet sich also maßgeblich von den zuvor genannten Fallgruppen. Umweltbezogene Unternehmenswerbung fällt damit nicht unter den Schutzzweck "Gewährleistung eines Wettbewerbs um knappe Güter". Allerdings schützt § 1 UWG zusätzlich die Funktionsfähigkeit der konkreten Wirtschafts- und Wettbewerbsordnung, so daß zu prüfen bleibt, ob sich nicht unter diesem Gesichtspunkt eine - prinzipielle - Zulässigkeit umweltbezogener Unternehmenswerbung ergibt.

II. Die sog. "Umweltsoziale Marktwirtschaft" als Verkörperung einer funktionsfähigen Wirtschafts- und Wettbewerbsordnung

Daß die Gewährleistung einer funktionsfähigen Wirtschaftsordnung übergeordneter Schutzzweck von § 1 UWG ist, konnte an anderer Stelle festgehalten werden (s.o. C. III.), gleichwohl steht eine aussagekräftige Profilierung dieser normativen Ordnung und seiner tragenden Ordnungsprinzipien noch aus. Allerdings interessiert im Rahmen dieser Untersuchung nicht jeder Aspekt einer ökonomisch-normativen Ordnung, sondern nur der Ausschnitt, der den "Ausgleich von Marktwelt und Umwelt"[174] betrifft, kurz: Es geht um die normativen Ordnungsprinzipien einer sog. *"Umweltsozialen Marktwirtschaft"*[175].

Dabei ist zunächst Fragen nach der ökonomisch-normativen Gültigkeit des Modells der Umweltsozialen Marktwirtschaft (dazu sogleich 1.) und dem Stellenwert umweltbezogener Werbung in diesem Gefüge (später 2.) nachzugehen, bevor abschließend zur Frage wettbewerbsrechtlicher Konsequenzen Stellung zu nehmen ist (s.u. 3.).

1. Erweiterung des Modells der Sozialen Marktwirtschaft um den Aspekt der Umweltpflichtigkeit

Die prinzipielle Notwendigkeit einer Weiterentwicklung der Sozialen Marktwirtschaft im Sinne einer Umweltsozialen Marktwirtschaft ist unter Ökonomen und (Wirtschafts)Juristen kaum mehr umstritten[176]; Uneinigkeit besteht allenfalls hinsichtlich der näheren normativen Ausgestaltung einer solchen Ordnung[177]. Die Feststellung ist im Grunde eine Banalität, daß das

---

[174] *Fikentscher*, a.a.O. (Fn. 34), 39.

[175] Die Fortschreibung der Sozialen Marktwirtschaft in einem (auch) ökologischen Sinne hat verschiedene Namen ("Ökologische Marktwirtschaft", "Öko-Soziale Marktwirtschaft"); der hier forthin verwandte Begriff der "Umweltsozialen Marktwirtschaft" geht auf *Fikentscher* (Fn. 34) zurück.

[176] In diesem Sinne: *Fikentscher*, a.a.O. (Fn. 34), 21 ff.; *Fezer*, a.a.O. (Fn. 34), 661 f.; *Steinmann*, a.a.O., 83 ff., bes. 88 ff., 101 ff.; *Wicke/de Maizière, L./de Maizière, T.*, Öko-Soziale Marktwirtschaft, o. J., 24 f., 31 f., 103 ff.; *Peter M. Huber*, Der Beitrag des Rechts zum Einstieg in eine "ökologische Marktwirtschaft", ZRP 1994, 396 ff., bes. 399 ff.; *Hobbensiefken*, a.a.O., passim; *Simonis*, Ökologische Orientierung der Ökonomie, in: *Jänicke/Simonis/Weigmann* (Hrsg.), Wissen für die Umwelt, 1985, 215 ff., bes. 228 ff.; *Eckard Rehbinder*, a.a.O., 499 ff.; *Paefgen*, a.a.O., 430 ff.; *Stober*, a.a.O., 56 ff.; *Bonus*, a.a.O., 289 ff., bes. 296 ff., 313 ff.; *Wicke*, a.a.O. (Fn. 162), 624 ff.; *Immler*, Welche Wirtschaft braucht die Natur?, 1993, 37 ff., 135 ff.; *Ernst Ulrich von Weizsäcker*, a.a.O., 143 ff.; *Schmidt-Bleek*, Wieviel Umwelt braucht der Mensch?, 1994, 215 ff.; *Meadows/Meadows/Randers*, a.a.O., 230 ff.; *Weizsäkker/Lovins/Lovins*, Faktor vier, 1995, 31 ff., 102 ff., 145 ff. - Aus (partei)politischer Sicht: *Töpfer*, Umweltpolitische Grundsätze, in: *Organisationsforum Wirtschaftskongress* e.V. (Hrsg)., Umweltmanagement im Spannungsfeld zwischen Ökologie und Ökonomie, 1991, 29, 31 ff.; *Biedenkopf*, Zeitsignale, 1989, 94 ff., 107 ff.; *Bündnis 90/Die Grünen*, Programm zur Bundestagswahl 94, o.J., 7 ff.; *SPD*, Grundsatzprogramm der Sozialdemokratischen Partei Deutschlands, o.J., 37 ff.; *CDU*, Freiheit in Verantwortung, o.J., 40 ff.; *FDP*, Liberal denken. Leistung wählen, o.J., 33 ff.

[177] Vgl. z.B. *Masberg*, Konzeptionen einer "ökologischen Marktwirtschaft" - Anmerkungen aus der Sicht einer Politik der Umweltvorsorge, in: *von Hauff/Schmid* (Hrsg.), Ökonomie und Ökologie, 1992, 17 ff.

herkömmliche Verständnis von ökonomischer Ordnung das knappe, aber zugleich öffentliche Gut der Umwelt schlicht übersehen und in der Folge aus dem "Dialog über Werte"[178] ausgeklammert hat[179]. Die Knappheit des Gutes "Umweltschonung" wurde nicht allein vom BGH verkannt, sondern zuvor bereits von der klassischen Nationalökonomie bzw. von der auf dieser gründenden Sozialen Marktwirtschaft. Insoweit, als in bezug auf das knappe Gut der Umwelt(schonung) die Steuerung des Marktes durch Preisbildung und damit die Selbstregulierung des Marktes nicht funktioniert, kann mit Recht von einem *Marktversagen* gesprochen werden[180]. Es gibt nach traditionellem Verständnis keinen Preisanreiz zur Schonung der Umwelt - die Sprache der Preise versagt[181].

Heute steht außer Zweifel, daß die Preise auch die "ökologische Wahrheit" sagen müssen[182], daß zwar nicht die Umwelt selbst zu vermarkten ist, wohl aber ihre Schonung bzw. Inanspruchnahme. Es geht nicht länger um die schlichte Akzeptanz einer dem Naturgesetz der knappen Güter gehorchenden Herausnahme des Umweltguts aus dem Markt[183], sondern um die *künstliche Einbindung der Umwelt in das Marktgeschehen*. Damit ist das Verhältnis von Wirtschaftswirklichkeit und Wirtschaftsordnung in seinem Kern berührt. Fikentscher schreibt zu diesem Verhältnis:

> "Die Summe dieser (scil.: kooperatives Spiel, die Einhaltung ethischer Regeln, ein funktionierendes Recht sowie ein Wettbewerbssystem) und anderer Bedingungen für das Funktionieren der vielen Egoismen in Richtung auf das eine Gemeinwohl heißt heute 'Soziale Marktwirtschaft'. Erst die Einhaltung sozialer Rahmenbedingungen ermöglicht und garantiert die Wahrung und Mehrung des Gemeinwohls durch Eigennutz."[184]

---

[178] *Fikentscher*, a.a.O. (Fn. 35), 10.

[179] Eine einzige Ausnahme hiervon bildet - ob seiner Markt-, weil Eigentumsfähigkeit - das Umweltmedium des "Bodens" mitsamt seinen Schätzen (Rohstoffe, Pflanzen, Tiere); vgl. auch *Bonus*, a.a.O., 313 f.

[180] *Binswanger/Minsch*, Theoretische Grundlagen der Umwelt- und Ressourcenökonomie - Traditionelle und alternative Ansätze, in: *von Hauff/Schmid* (Hrsg.), Ökonomie und Ökologie, 1992, 41, 43 f.; *Schmidt-Bleek*, a.a.O., 217; *Bartel*, Allgemeine Grundlagen der Umweltpolitik, in: *Bartel/Hackl* (Hrsg.), Einführung in die Umweltpolitik, 1994, 3, 16 f.; *Endres*, Umweltökonomie, 1994, 13 ff.; *Schwintowski*, a.a.O., 157 f.; *Steinmann*, a.a.O., 88 ff.; *Möller*, Umweltschutz in der sozialen Marktwirtschaft, 1993, 43 ff.

[181] Zur Sprachlosigkeit der Preise angesichts einer Verknappung der natürlichen Ressourcen *Luhmann*, Die Wirtschaft der Gesellschaft, 1994, 33 ff., 42.

[182] *Ernst Ulrich von Weizsäcker*, a.a.O., 143 ff.; *Bonus*, a.a.O., 317 ff.; *Siebert*, a.a.O., 211 f.

[183] Vgl. auch *Fezer*, a.a.O. (Fn. 34), 658.

[184] *Fikentscher*, a.a.O. (Fn. 42), 78.

Daß aus dem ökonomischen Naturgesetz des menschlichen Eigennutzes allgemeines wirtschaftliches Wohl erwächst[185], folgt nicht aus der bloßen - und als solcher unabänderbaren - Gültigkeit dieses Naturgesetzes, sondern setzt dessen *normative Gestaltung* voraus, sprich: Der menschliche Eigennutz wird als Tatsache akzeptiert und in eine bestimmte Richtung gelenkt. Zu den sozialen Rahmenbedingungen, die zur Umwandlung von Eigennutz in Gemeinnutz vonnöten sind, selbst aber nicht zum Markt gehören und mithin auch nicht einem Dialog über Werte ausgesetzt sind, zählt auch eine intakte Umwelt[186]. Man kann solche Bedingungen oder Werte - im Gegensatz zu den Markt-, genauer: Gebrauchs- bzw. Verbrauchswerten - als Grundwerte oder "Metawerte"[187] bezeichnen:

> "Der Markt braucht nicht nur Teilnehmer, sondern auch ein Umfeld, in dem er sich entfalten kann. Sicher bedeutet die Umwelt mehr als einen Wirtschaftsfaktor. Aber sie ist auch ein Wirtschaftsfaktor. Auf verseuchtem Gelände kann man keine Wohnungen bauen. (...) Die Umwelt ist also, vermittelt durch die Marktteilnehmer, sozialer Faktor einer freien Wirtschaft. Dieser Sozialfaktor hat bedingende Kraft: Die lebenswerte Umwelt und Mitwelt ist Rahmenbedingung für den am Markt geführten Wettbewerb und sein wirtschaftliches Ergebnis: das Eigentum."[188]

Damit erweitert sich der Begriff der Sozialpflichtigkeit unserer Wirtschaftsordnung um den Gesichtspunkt einer *Umweltpflichtigkeit der Sozialen Marktwirtschaft*. Anders gewendet: Das marktungeeignete Gut der Umwelt folgt in seiner Regelung[189] nicht der "invisible hand" des Marktes[190], sondern der "visible hand" des (ökonomischen bzw. rechtlichen) Normgebers[191].

2. Der Stellenwert umweltbezogener Werbung im Gefüge der Umweltsozialen Marktwirtschaft

Der Stellenwert einer auf das knappe Gut der Umweltschonung bezogenen Werbung im Gefüge einer auf den Metawert der Umwelt gegründeten Marktwirtschaft ist der einer *Mittlerrolle*: Umweltbezogene (genauer: umweltschonungsbezogene) Werbung ebnet den Weg zu einem Dialog über das Gut der Umweltschonung. Grundvoraussetzung eines funktionsfähigen Wettbewerbs-

---

[185] Was unter letzterem - also: dem *Sozialen* in der Sozialen Marktwirtschaft - im einzelnen zu verstehen ist, wird etwa von *Fikentscher*, a.a.O. (Fn. 34), 12 ff., vertieft.

[186] *Fikentscher*, a.a.O. (Fn. 42), 78 f.

[187] *Fikentscher*, a.a.O. (Fn. 34), 22.

[188] *Fikentscher*, a.a.O. (Fn. 34), 21.

[189] Das bedeutet nichts anderes als die Regelung seiner Schonung.

[190] Dazu nur *Fikentscher*, a.a.O. (Fn. 34), 4 ff.

[191] *Fikentscher*, a.a.O. (Fn. 34), 28. - Zur "sichtbaren Hand des Rechts" vgl. nur *Mestmäcker*, Die sichtbare Hand des Rechts, 1978, 147 f., 157 ff., 164 f., 168 ff.

prozesses ist Transparenz[192]; der Prozeßbeteiligte hat nur dann überhaupt eine Chance, sein Wirtschaftsziel zu erreichen, wenn er sich ständig über den aktuellen Stand sowohl der Mitanbieter als auch der Mitnachfrager informieren kann. Diese Aufgabe der Schaffung von Markttransparenz kommt in der Marktwirtschaft (neben der Informationspolitik offizieller Stellen oder der Öffentlichkeitsarbeit von Verbraucherverbänden) insbesondere der Wirtschaftswerbung zu. Nicht allein als Ausdruck und Fortschreibung verfassungsmäßig garantierter Kommunikationsrechte muß Werbung verstanden und ihre Legitimität begründet werden - funktional betrachtet ist Werbung condicio sine qua non jedweden marktwirtschaftlichen Wettbewerbs.

Nichts anderes gilt für das Phänomen der umweltbezogenen Wirtschaftswerbung, denn anders als im Fall des originären Umweltthemas - dieses ist fürwahr kein Marktthema - handelt es sich beim Thema "Umweltschonung" sehr wohl um ein *Marktthema*. Umweltschonung hat ihren Preis, dieser vermag durchaus das Angebot und die Nachfrage nach Umweltschonung zu lenken. Eine entsprechende Wirtschaftswerbung bewegt sich keinesfalls auf markt- und wettbewerbsfremdem Terrain, sondern im Einklang mit den umweltsozialen Rahmenbedingungen der konkreten Wirtschafts- und Wettbewerbsordnung. Mehr noch: *Umweltbezogene Werbung ist condicio sine qua non jedweden umweltsozial-marktwirtschaftlichen Wettbewerbs*[193]. *Ernst Ulrich von Weizsäcker* bezeichnet die umweltverträgliche Wirtschaft als

> "(...) geradezu die logische Folge eines umweltpolitischen Rahmens, der dafür sorgt, daß die 'Preise die ökologische Wahrheit sagen'."[194]

In diesem Sinne kann man - abgewandelt - formulieren: Die prinzipielle wettbewerbsrechtliche Zulässigkeit umweltbezogener Werbung ist Ausdruck dieses umweltpolitischen Rahmens und zugleich unverzichtbare Bedingung einer Umweltsozialen Marktwirtschaft, die sich darum bemüht, daß die Preise neben der ökonomischen auch die ökologische Wahrheit sagen.

Damit ist eines der tragenden Ordnungsprinzipien Umweltsozialer Marktwirtschaft angesprochen. Die zentrale Bedeutung des Preismechanismus für die Funktionsfähigkeit des Marktgeschehens[195] hat gleichsam eine ökologische Seite: Ebenso wie der Preis als Knappheitssignal wesentliches Ordnungsprinzip einer Sozialen Marktwirtschaft ist, ist der die ökologische Wahrheit sa-

---

[192] Siehe insoweit auch schon oben *Zweiter Teil*, B. V. 3.

[193] Vgl. auch *Lappe*, a.a.O. (Fn. 172), 144.

[194] *Ernst Ulrich von Weizsäcker*, a.a.O., 182. - Ausführlich *Bonus*, a.a.O., 316 ff.

[195] Siehe nur: *Fikentscher*, a.a.O. (Fn. 35), 5 ff., 10; *Schwintowski*, a.a.O., 149 f.; *Bonus*, a.a.O., 305 ff., bes. 312 f.; *Luhmann*, a.a.O. (Fn. 182), 14 ff., bes. 33 ff.

gende Preis wesentliches Ordnungsprinzip einer Umweltsozialen Marktwirtschaft[196].

Was nun den *Fall der umweltbezogenen Unternehmenswerbung* anbetrifft, so geht es insoweit, trotz der fehlenden unmittelbaren werblichen Bezugnahme auf das knappe Gut der Umweltschonung, wenigstens um die Vorbereitung eines Dialogs über das Gut der Umweltschonung, um das Vorfeld einer Diskussion der ökologischen Preise. Umweltbezogene Unternehmenswerbung fällt zwar nicht unter den Schutzzweck der Gewährleistung eines Wettbewerbs um knappe Güter, wohl aber unter den der Gewährleistung einer funktionsfähigen Umweltsozialen Wirtschaftsordnung:

3. Der Schutzzweck "Gewährleistung einer funktionsfähigen Umweltsozialen Marktwirtschaft" als Ausdruck mittelbarer umweltpolitischer Zweckverfolgung von § 1 UWG

Oben konnte festgestellt werden, daß zum übergeordneten Schutzzweck von § 1 UWG auch die Gewährleistung einer funktionsfähigen Wirtschaftsordnung zählt. Diese normative Ordnung ist nach dem soeben Gesagten (vgl. zuvor 1.) im Sinne einer *Umweltsozialen Wirtschaft- und Wettbewerbsordnung* zu begreifen. Aus diesem Grunde müssen in der Tat, wie es Schricker formuliert hat, "(...) ökologische Aspekte im Wettbewerbsgeschehen einen neuen Stellenwert erhalten."[197] Das bedeutet zwar keineswegs bereits die Uminterpretation des genannten Schutzzwecks im Sinne eines "Schutzes wirtschaftlicher Ressourcen"[198]; anderenfalls hieße dies nämlich nichts anderes als die Umdeutung des Lauterkeitsrechts in ein Umweltschutzrecht, ein Schritt, vor dem zu Recht gewarnt wird[199]. "Ökologische Aspekte im Wettbewerbsgeschehen" sind aber trotzdem höher zu bewerten, als das bislang der Fall gewesen ist, namentlich im Wege einer prinzipiellen Zulassung umweltbezogener Werbeäußerungen. Diese unterstehen dem lauterkeitsrechtlichen Schutz eines Wettbewerbs um das knappe Gut der Umweltschonung einerseits sowie dem Schutz einer funktionsfähigen Umweltsozialen Wirtschaftsordnung andererseits.

Damit ist auch eine Antwort auf die eingangs thematisierte *Frage einer möglichen mittelbaren umweltpolitischen Zweckverfolgung von § 1 UWG* (s.o. A. II. 1.) gefunden. Tatsächlich befähigt ein aus dem allgemeinen wettbewerbsrechtlichen Aufgabenverständnis entwickeltes spezifisches Schutzzweck-

---

[196] Vgl. auch: *Bonus*, a.a.O., 313 ff., bes. 317 ff.; *Rennings/Brockmann/Bergmann*, Selbstverpflichtungen im Umweltschutz: kein marktwirtschaftliches Instrument, GAIA 1996, 152 f., bes. 161 ff.

[197] *Schricker*, a.a.O. (Fn. 160), 477.

[198] So aber *Rebe*, a.a.O., 158.

[199] *Piper*, a.a.O., 276 f.; *Kloepfer*, a.a.O. (Fn. 24), 194; *Brandner*, a.a.O., 27 f.

verständnis den Rechtsanwender - in Vertretung des Gesetzgebers[200] - zu einer bestimmten, auf diesen spezifischen Schutzzweck von § 1 UWG bezogenen Umweltpolitik, denn: Jedes Verbot umweltbezogener Werbung ist Ausdruck indirekter, wenn auch negativer Umweltpolitik (Stichwort: Verhinderung von Verbraucheraufklärung), jede Zulassung umweltbezogener Werbung befördert eine Politik der Umweltschonung[201]. Der Begriff der umweltpolitischen Zweckverfolgung wird dem eigentlichen Anliegen des UWG letztlich aber nicht gerecht. Von § 1 UWG unmittelbar und exklusiv verfolgter Schutzzweck ist die "Gewährleistung der Funktionsfähigkeit einer Umweltsozialen Wirtschafts- und Wettbewerbsordnung" bzw. die "Gewährleistung eines Wettbewerbs um das knappe Gut der Umweltschonung". *Dieser Zweck allein gebietet aus Sicht des Wettbewerbsrechts eine prinzipielle Zulassung umweltbezogener Werbung.* Daß sich die unmittelbare lauterkeitsrechtliche Zweckverfolgung zugleich als mittelbare umweltpolitische Zweckverfolgung darstellt, mag man zwar begrüßen, ist aber im Schutzzweckverständnis des § 1 UWG selbst nicht angelegt und von diesem auch nicht intendiert. Damit bestätigt sich, was Sack - wenn nicht im Hinblick auf die Umwelt-, so doch mit Blick auf die Wirtschaftspolitik - schon vor Jahren formuliert hat:

> "Die Grenze zwischen zulässiger und unzulässiger Wirtschaftspolitik im Rahmen des § 1 UWG deckt sich nicht mit der Grenze von Rechtsanwendung und Rechtsetzung (...)."[202]

III. Zur Frage einer abschließenden "ökologischen Interessenabwägung"

Der zur näheren Bestimmung des Verhältnisses der verschiedenen konfligierenden Interessen erforderliche *übergeordnete normative Bezugspunkt* ist nach hiesigem Verständnis die Gewährleistung eines Wettbewerbs um knappe Güter sowie einer funktionsfähigen umweltsozialen Marktwirtschaft[203]. Es

---

[200] *Ott*, a.a.O., 417. - Allgemein etwa *Ossenbühl*, in: *Isensee/Kirchhof* (Hrsg.), Handbuch des Staatsrechts, Bd. III, 1988, § 61 Rd. 37 ff. (unbestimmte Generalklauseln als "ein Stück offengelassener Gesetzgebung").

[201] Ähnlich im Ergebnis in bezug auf die Wirtschaftspolitik bereits *Krüger-Nieland*, Schwerpunkte der wettbewerbsrechtlichen Rechtsprechung des BGH, WRP 1979, 1; zustimmend *Mestmäcker*, Der verwaltete Wettbewerb, 1984, 77.

[202] *Sack*, § 1 UWG und Wirtschaftspolitik, WRP 1974, 247, 254.

[203] Allgemein: *Emmerich*, a.a.O. (Fn. 17), 18 ("Sicherstellung der Funktionsfähigkeit unserer Wettbewerbsordnung"); Großkomm./*Schünemann*, Einl UWG Rd. C 30 ("Aufrechterhaltung des wettbewerblichen Prozesses durch das Zur-Geltung-Bringen seiner wesentlichen Voraussetzungen"); sehr deutlich *Kraft*, a.a.O. (Fn. 90), 267: "Der Maßstab für die Bewertung und Abwägung der Interessen ergibt sich aus der Rechtsordnung, und sofern sie keinen oder keinen ausreichenden Hinweis enthält, aus der 'Natur

fragt sich aber, ob nicht zusätzlich, im Rahmen der Interessen von Verbraucher bzw. Allgemeinheit, *ökologische Interessen* in die wettbewerbsrechtliche Unrechtswertung Eingang finden können oder müssen[204]. So schreibt Ebert-Weidenfeller mit Blick auf die Fallgruppe umweltbezogener Kaufappelle mit einem Unterstützungsangebot:

> "Ein übertriebenes Anlocken im Sinne von § 1 UWG (...) liegt aber dann nicht vor, wenn es in der Hauptsache um die *Verfestigung von verkehrspolitisch begrüßenswerten Zielvorstellungen im Allgemeininteresse* geht und die Umweltschutzaspekte in einem allgemein geläufigen und nicht aufdringlichen Umfang als Werbemittel eingebracht werden."[205]

Auch wenn die Diskussion um eine "ökologische Interessenabwägung" gemeinhin im Hinblick auf § 3 UWG geführt wird[206], ist eine ergänzende bzw. abschließende ökologische Interessenabwägung im Rahmen von § 1 UWG zumindest denkbar[207]. Indes erscheint eine solche Interessenabwägung in ihrer Grundlegung und Handhabung sehr zweifelhaft:

Zunächst fehlt es an einer rechtsdogmatisch sauberen "Einstiegsstelle": Sind "ökologische Interessen" solche der Verbraucher, (eines Teils) der Allgemeinheit, der Mitbewerber? Unterfallen "ökologische Interessen" per se dem Schutzzweck von § 1 UWG? Des weiteren: Wie lassen sich "ökologische Interessen" der Allgemeinheit annähernd rechtssicher definieren? Stehen sich im Falle "verkehrspolitisch begrüßenswerter Zielvorstellungen im Allgemeininteresse"[208] nicht eigentlich zumindest die Zielvorstellungen von Autofahrern und Nichtautofahrern (Benutzer des ÖPNV, Radfahrer) gegenüber? Die zu Beginn dieses *Vierten Teils* angesprochene grundsätzliche Mißbrauchsmöglichkeit im Umgang mit unbestimmten Rechtsbegriffen verbietet die Operation mit dem unscharfen und deshalb gefährlichen Instrument der "ökologischen Interessenabwägung"[209]. Daß es einer solchen Operation nicht bedarf, um die prinzipielle lauterkeitsrechtliche Zulässigkeit umweltbezogener Werbung zu begründen, ist zuvor hinreichend deutlich geworden. Letztlich ist der Grund-

---

der Sache', d.h. aus dem Wesen des Wettbewerbs, wie er unserer freiheitlichen Wirtschaftsordnung zugrunde liegt."

[204] In diesem Sinne bereits *Fezer*, a.a.O. (Fn. 5), 447.

[205] *Ebert-Weidenfeller*, Fahrtkostenerstattungen: Verkehrspolitik im Unternehmensinteresse versus Wettbewerbsrecht?, GRUR 1992, 94, 99 (Hervorhebungen vom Verfasser hinzugefügt).

[206] Dazu unten *Fünfter Teil* B I und C I 4.

[207] Gleichsinnig *Lappe*, a.a.O. (Fn. 23), 174.

[208] *Ebert-Weidenfeller*, a.a.O. (Fn. 205), 99.

[209] Kritisch in bezug auf die Berücksichtigung eines Interesses der Allgemeinheit am Umweltschutz auch *Wiebe*, Zur "ökologischen Relevanz" des Wettbewerbsrechts - Lauterkeitsrechtliche Grenzen der Umweltwerbung, WRP 1993, 798, 810.

satz einer Ausrichtung der verschiedenen divergierenden Interessen[210] auf die beiden übergeordneten Schutzzwecke selbst Ausdruck einer Art "Interessenabwägung".

Für eine ergänzende oder abschließende Einbeziehung des Umweltschutzinteresses in den lauterkeitsrechtlichen Abwägungsprozeß streitet auch nicht das *Prinzip der Einheit der Rechtsordnung*[211]. Nach diesem Prinzip muß sich die aus den verschiedensten Rechtsquellen und Rechtsnormen bestehende Rechtsordnung zwar zu einem - möglichst - widerspruchslosen Ganzen zusammenfügen, bestimmte, auf das Wirken unterschiedlicher Normgeber und die Verfolgung unterschiedlicher normgeberischer Zwecke zurückgehende *Widersprüche*[212] sind indes unvermeidbar und nicht vollständig auflösbar[213]. Die Einheit der Rechtsordnung, so auf diese rekurriert wird, darf deshalb nicht als bloßes Ideal mißverstanden werden[214]. Vielmehr bedarf es einer

> "(...) besonderen Art von Normen (...), denen die Aufgabe zufällt, solche Normwidersprüche aufzulösen. Diese kollisionslösende Funktion kommt den Regeln über die Rangordnung der Rechtsnormen zu. Sie schaffen eine Rechtsquellenhierarchie, die bei Normwidersprüchen den Normvorrang festlegt."[215]

---

[210] Von diesen ist das "ökologische Interesse der Allgemeinheit" - so man sich auf ein solches überhaupt verständigen mag - nur eines von mehreren Interessen.

[211] So aber: *Kartte/Stahl-Hoepner*, Artikel "Wettbewerbsrecht", in: *Kimminich/von Lersner/Storm* (Hrsg.), a.a.O., Sp. 2763 f.; *Lappe*, a.a.O. (Fn. 23), 176 f.

[212] Nach *Engisch*, Die Einheit der Rechtsordnung, 1935, 43, lassen sich vier Arten von Widersprüchen beobachten, die technischen Widersprüche (43 ff.), die Konkurrenzwidersprüche (46 ff.), die teleologischen und Wertungswidersprüche (59 ff.) sowie die Prinzipienwidersprüche (64 ff.). - Mit Blick auf die Umweltwerbung mag vordergründig von widerstreitenden Grundprinzipien des Umwelt- und Wettbewerbsrechts die Rede sein, letztendlich aber geht es um die Frage einer möglichen Relevanz umweltrechtlicher Grundgedanken für das Verständnis der wettbewerbsrechtlichen Generalklausel. Damit handelt es sich nicht um den Fall eines Prinzipienwiderspruchs, sondern um die *Frage eines möglichen Wertungswiderspruchs*, darum also, ob ein bestimmter Wertungsgedanke eines bestimmten Teilrechtsgebietes konsequent auf vergleichbare andere Teilrechtsgebiete Anwendung finden kann, damit "gleich Erachtetes nicht grundlos verschieden" behandelt wird, vgl. zu dieser Frage grundlegend *Engisch*, a.a.O., 61 ff., bes. 64 Fn. 2.

[213] Näher *Ossenbühl*, in: *Isensee/Kirchhof* (Hrsg.), a.a.O., § 61 Rd. 62; *Kirchhof*, Unterschiedliche Rechtswidrigkeiten in einer einheitlichen Rechtsordnung, 1978, 8, 10 f., 25 ff., 30 ff.; *Engisch*, a.a.O., 41 ff., 55 ff., 63 ff., 84 ff.

[214] Sehr deutlich *Schröder*, Verwaltungsrecht als Vorgabe für Zivil- und Strafrecht, VVDStRL 50 (1991), 196, 205 f.: "Angesichts unterschiedlicher Aufgaben der Teilrechtsordnungen (...) erweist sich der Einheitstopos als viel zu pauschaler Maßstab für die Verknüpfung von Teilrechtsordnungen. Er ist deshalb auch nicht rechtsstaatlich begründbar, vielmehr dazu angetan, legitime, nach Art. 3 (scil.: GG) sogar verfassungsrechtlich notwendige Wertungsdifferenzen zwischen Rechtsgebieten hinter einem bloßen Ideal der Einheit verschwinden zu lassen."

[215] *Ossenbühl*, in: *Isensee/Kirchhof* (Hrsg.), a.a.O., § 61 Rd. 62.

Was bedeuten diese Feststellungen für das Verhältnis von Wettbewerbs- und Umweltrecht? Selbstverständlich können umweltrechtliche Regelungen den Wettbewerb ebenso beeinflussen wie wettbewerbsrechtliche Entscheidungen der Umweltschutz[216]; das Verhältnis von Wettbewerbsrecht und Umweltrecht (bzw. Umweltschutz) ist nicht spannungsfrei[217]. Trotz möglicher oder tatsächlicher Widersprüche zwischen beiden Teilrechtsordnungen berühren sich beide aber in ihren Regelungsbereichen grundsätzlich nicht[218]. Genauer: Umweltrecht und Wettbewerbsrecht berühren sich nicht stärker, als es z.B. Familienrecht und Wettbewerbsrecht tun; auch diese beiden Regelungsbereiche können zueinander in einem Spannungsverhältnis stehen, etwa dergestalt, daß die gegenwärtige - sehr wohl bereits reglementierte[219] - Tabakwerbung Bestrebungen, das Wohl des Kindes umfassend zu schützen, weiterhin (partiell) entgegen zu wirken droht.

Die *Auflösung von Wertungswidersprüchen* zwischen materiell abgrenzbaren Rechtsgebieten erfolgt, wie soeben gesehen, nicht einfach dadurch, daß bestimmte gesetzgeberische Wertentscheidungen von einer Teilrechtsordnung auf die andere übertragen werden. Aus dem Grundsatz der Einheit der Rechtsordnung selbst folgt noch nicht, daß "grundlegende Wertentscheidungen" des Gesetzgebers "im gesamten Bereich des Umweltrechts" bei der Auslegung wettbewerbsrechtlicher Vorschriften Berücksichtigung finden müssen[220]. Ein solches Verständnis des Einheitsgebotes wäre nichts anderes als die Öffnung des Lauterkeitsrechts für jede denkbare wirtschafts- und gesellschaftspolitische

---

[216] So *Kartte/Stahl-Hoepner*, Artikel "Wettbewerbsrecht", in: *Kimminich/von Lersner/Storm* (Hrsg.), a.a.O., Sp. 2763.

[217] *Kloepfer*, Umweltrecht, 1989, § 6 Rd. 12; *Brandner*, a.a.O., 28.

[218] *Kartte/Stahl-Hoepner*, Artikel "Wettbewerbsrecht", in: *Kimminich/von Lersner/Storm* (Hrsg.), a.a.O., Sp. 2763.

[219] Vgl. § 22 Abs. 1 und 2 LMBG; §§ 2 f. TabKTHmV v. 29.10.1991, BGBl. I, 2053, geändert durch VO v. 5.7.1994, BGBl. I, 1461; Wortlaut des Selbstbeschränkungsabkommens der Zigarettenindustrie in der geänderten Fassung v. 12.6.1980, in: *Zipfel/Rathke*, Lebensmittelrecht, Bd. II (Stand: 1.5.1996), § 22 C 100 Rd. 15 ff. - *Aus der Rspr.*: BGH WRP 1994, 175 - Warnhinweis; BVerfG WRP 1997, 424 - Rauchen schadet der Gesundheit. - *Auf der Ebene des EG-Rechts*: Art. 13 der Richtlinie des Rates 89/552/EWG v. 3.10.1989 zur Koordination bestimmter Rechts- und Verwaltungsvorschriften der Mitgliedsstaaten über die Ausübung der Fernsehtätigkeit (EG-Rundfunkrichtlinie), Abl.EG Nr. L 298, 28; zu den diversen - immer wieder überarbeiteten - Richtlinienvorschlägen der Kommission zur Kodifizierung des Tabakwerberechts: *Lerche*, Grundrechtsfragen eines gemeinschaftsrechtlichen Verbots mittelbarer Werbung, 1990, passim; *Andreas Meyer*, Produktspezifische Werberegelungen in Deutschland und der Europäischen Gemeinschaft, 1996, 134 ff.

[220] So aber die Forderung von *Lappe*, a.a.O. (Fn. 23), 176; *Füger*, a.a.O., 13 f.; beide unter ausdrücklicher Berufung auf *Kloepfer*, Kartellrecht und Umweltrecht, in: *Gutzler* (Hrsg.), Umweltpolitik und Wettbewerb, 1981, 57, 70 f., 77 ff., der eine solche Auflösung von Wertungswidersprüchen für das Verhältnis von Kartellrecht und Umweltrecht vorschlägt.

Zweckverfolgung (Verkehrspolitik, Familienpolitik etc.), eine Entwicklung, der bereits an anderer Stelle entgegen getreten wurde (vgl. oben A. II. 1. und D. II. 3.). Der Versuch, eventuelle Wertungswidersprüche zwischen Umwelt- und Wettbewerbsrecht aufzulösen, ist überhaupt nur mittels eines übergeordneten Prinzips - eben der "Regeln über die Rangordnung" - denkbar, wobei im Fall von Normkollisionen auf ein und derselben Stufe der lex-specialis-Regel grundsätzlich, wenn auch nicht zwingend der Vorrang vor der lex-posterior-Regel gebührt[221]. Was nun das Phänomen der Umweltwerbung anbetrift, so ist das *UWG lex specialis im Verhältnis zum Umweltrecht*; das deutsche Umweltrecht enthält hinsichtlich der umweltbezogenen Werbung außer dem sehr allgemeinen Präventionsprinzip keine konkrete normative Wertung. Auf das Prinzip der Einheit der Rechtsordnung läßt sich eine ergänzende ökologische Interessenabwägung also nicht bauen.

Nichts anderes gilt, wenn man das Gebot der Einheit der Rechtsordnung auf den Aspekt einer *Einheit der Verfassungsrechtsordnung* reduzieren und die Regeln über die Rangordnung als ein prozessuales Instrument der Normkollisionslösung durch materielles Verfassungsrecht ersetzen wollte[222]. Unter diesem Gesichtspunkt läßt sich zwar eine mittelbare Drittwirkung von *Grundrechten* in bezug auf die Auslegung von § 1 UWG denken[223], eine unmittelbare Einwirkung des *Staatsziels Umweltschutz* (Art. 20 a GG) auf die Interpreta-

---

[221] *Ossenbühl*, in: *Isensee/Kirchhof* (Hrsg.), a.a.O., § 61 Rd. 71. - Ferner: *Engisch*, a.a.O., 43, 46 ff.; *Kirchhof*, a.a.O., 11.

[222] In diesem Sinne offensichtlich, wenn auch ohne nähere Herleitung und Konkretisierung, *Federhoff-Rink*, Umweltschutz und Wettbewerbsrecht, 1994, 179: "So wie andere, ebenfalls in Verfassungsrang erhobene Prinzipien ist der Umweltschutz bei der Auslegung des einfachen Gesetzesrechts und bei der Konkretisierung von Generalklauseln - im Rahmen der wettbewerbsrechtlichen Interessenabwägung - als ein Wertfaktor zu berücksichtigen."

[223] Hierzu nur *Baumbach/Hefermehl*, a.a.O., Allg Rd. 44, Einl UWG Rd. 92 f. - Zwar kann man mit Blick auf Art. 2 Abs. 2 S. 1 GG von einem Schutz nicht nur des Lebens und der körperlichen Unversehrtheit, sondern auch eines "ökologischen Existenzminimums" im Sinne eines Grundrechtsvoraussetzungsschutzes sprechen; so etwa *Kloepfer*, a.a.O. (Fn. 217), § 2 Rd. 11. Auch wird man die Sozialpflichtigkeit des Eigentums um den Aspekt der "Umweltpflichtigkeit" erweitern können; Umweltschutz, so *Isensee*, Die Ambivalenz des Eigentumsgrundrechts, in: *Ossenbühl* (Hrsg.), Eigentumsgarantie und Umweltschutz, 1990, 3, 4, ist ein verfassungslegitimes öffentliches Interesse, das die Sozialbindung leitet und die Privatnützigkeit des Eigentums überlagert. Ein sog. "Umweltgrundrecht" läßt sich auf der Grundlage des gegenwärtigen Grundrechtskataloges aber nicht begründen, insbesondere auch kein abstrakter Anspruch des Einzelnen auf "seine" Umwelt und deren Schutz; vgl. nur BVerwG DVBl. 1977, 897, 899 ff. - Umweltgrundrecht; *Benda*, Verfassungsrechtliche Aspekte des Umweltschutzes, UPR 1982, 241, 242 ff. - A.A. etwa *Stein*, Staatsrecht, 1995, 273, dem zufolge "(...) Art. 2 II 1 (...) auch ein Recht auf eine gesunde Umwelt beinhaltet."

tion von § 1 UWG hingegen, mangels entsprechenden Grundrechtscharakters[224], nicht.

Umweltbezogene Werbung thematisiert das Verhältnis von Wirtschaft und Umwelt, die Aufgabe ihrer wettbewerbsrechtlichen Beurteilung widerspiegelt die Notwendigkeit eines "Ausgleichs von Marktwelt und Umwelt"[225]. Eine verfassungsrechtlich abgesicherte "wirksame Verzahnung von Wettbewerbsrecht und Umweltrecht"[226] bedarf es insoweit nicht.

IV. Zur Frage der Zulässigkeit einer Koppelung von Umweltschonung, sonstiger Ware, Gefühls- und Kaufappell

An anderer Stelle wurde auf eine Ansicht im Schrifttum verwiesen, wonach bei einer Kombination von altruistischem Gefühlsappell und unmittelbarem Kaufappell - diese Kombination betrifft namentlich die beiden Fallgruppen der umweltbezogenen Kauf- und Unterstützungsappelle und der umweltbezogenen Kaufappelle mit einem Unterstützungsangebot - der Sachlichkeitsgrundsatz anzuwenden sei[227]. Unabhängig davon, daß der Sachlichkeitsgrundsatz bereits im Ansatz verfehlt ist, geht es bei dieser Kombination der Sache nach - im unmittelbaren Innenverhältnis zwischen Verbraucher und Unternehmer - um den Austausch "Ware und gutes Gewissen gegen Geld" bzw. "Ware, gutes Gewissen und geldwerten Vorteil gegen Geld und die verbrauchereigene umweltschonende Leistung". In beiden Fällen, so wurde weiterhin gesagt, ist das knappe Gut der Umweltschonung entweder *unmittelbar* (Kaufappell mit Unterstützungsangebot) oder *mittelbar* (Kauf- und Unterstützungsappell) ein Teil des Austauschverhältnisses. Wenn man nun den altruistischen Gefühlsappell als solchen (Stichwort: gutes Gewissen) als ebenso wettbewerbsrechtlich zulässig erachtet[228] wie die Bezugnahme auf das knappe Gut der Umweltschonung[229], dann ist nicht einzusehen, weshalb die bloße Kombination beider Gesichtspunkte mit einem - an sich gleichfalls nicht zu beanstandenen - Kaufappell zu einem lauterkeitsrechtlichen Unwerturteil führen soll. Auch die Verbindung zweier knapper Güter - Umweltschonung einerseits, sonstige Ware andererseits - in einer werblichen Äußerung ist nicht weiter bedenklich.

---

224 Zur Unterscheidung etwa *Hesse*, Grundzüge des Verfassungsrechts der Bundesrepublik Deutschland, 1995, Rd. 208.

225 *Fikentscher*, a.a.O. (Fn. 33), 39.

226 *Füger*, a.a.O., 9. - Um eine wirksame Verzahnung von Wettbewerbsrecht und *Umweltpolitik* kann es insoweit schon gar nicht gehen; in diesem Sinne aber eigentlich *Füger*, a.a.O., 16 ff., bes. 33 ff., 88 f.

227 Siehe hierzu die Nachweise oben *Zweiter Teil*, Fn. 227 und 294.

228 Vgl. oben *Zweiter Teil*, F. I.

229 S.o. I. 2.

E. Schlußfolgerungen

Die vorstehenden Ausführungen haben die *prinzipielle Eignung der großen Generalklausel zur Förderung eines ökologischen Wirtschaftsprozesses* (sprich: eines Wettbewerbs um das knappe Gut der Umweltschonung bzw. zur Vorbereitung eines diesbezüglichen Dialogs) bestätigt[230]. Insofern könnte man § 1 UWG ohne weiteres als ökologisch instrumentalisierbar bezeichnen[231]. Bei näherer Betrachtung ist mit einer solchen Feststellung allerdings wenig gewonnen, verdankt sich die genannte Eignung von § 1 UWG im Ergebnis dreier verschiedener Umstände: Zunächst ist ein konsequentes *korrespondierendes wettbewerbsrechtliches Aufgaben- und Schutzzweckverständnis* unumgänglich (vgl. oben B. II. und C. II.). Auf der Grundlage dieses allgemeinen Normverständnisses läßt sich der Wettbewerb um das *knappe Gut der Umweltschonung* ohne Schwierigkeiten als vom Schutzzweck des § 1 UWG umfaßt begreifen (s.o. C. II. und D. I. 2.). Schließlich ist die bloße Anbahnung eines Dialogs um ökologisch wahre Preise Ausdruck einer *Umweltsozialen Marktwirtschaft*, die in ihrer Funktionsfähigkeit gleichfalls dem Schutzzweck von § 1 UWG untersteht (dazu C. III. sowie D. II. 3.).

Vor diesem Hintergrund ist die vermeintliche ökologische Instrumentalisierbarkeit der großen Generalklausel ihrer Grundlegung nach Ausdruck eines konsequenten, wirtschaftstheoretisch fundierten (s.o. B. III.), also ökonomisch ausgerichteten Rechtsauslegung[232]. Umweltbezogene Werbung ist nicht deshalb zulässig, weil das Schicksal der Umwelt als solches über die Interessen der Allgemeinheit Eingang in das deutsche Lauterkeitsrecht gefunden hätte (siehe soeben D. III.)[233]. Zweifelsohne geht es im Wettbewerbsrecht vornehmlich um die rechtliche Bewältigung ökonomischer Konflikte[234]. Entscheidend ist aber die Erkenntnis, daß das Gebiet der Umweltschonung nicht nur Rah-

---

230 Im Ergebnis wie hier auch *Steinbeck*, a.a.O., 1096.

231 Vgl. auch *Kloepfer*, a.a.O. (Fn. 24), 193.

232 Man mag das Lauterkeitsrecht mit *Wiebe*, a.a.O. (Fn. 209), 799, als "indirektes Instrument zum Schutz der Umwelt" bezeichnen - ähnlich auch *Lappe*, a.a.O. (Fn. 172), 141 ff. -, tatsächlich handelt es sich aber v.a. um ein *ungewollt* indirektes Instrument zum Schutz der Umwelt.

233 Es geht insbesondere nicht um einen wettbewerbsrechtlichen Schutz der Umwelt *um ihrer selbst willen*; zu diesem sog. "anthropozentrischen Ansatz" in der gegenwärtigen Diskussion um eine Verbesserung des Umweltschutzes etwa *Richard von Weizsäkker*, Der Rang der Umwelt und Natur im Gefüge unserer Wertordnung, Bulletin des Presse- und Informationsamts der Bundesregierung 1986, 1025, 1026; *Rat von Sachverständigen für Umweltfragen*, a.a.O. (Fn. 163), Tz. 1604 ff.; *Kimminich*, a.a.O., 284 ff.

234 *Lappe*, a.a.O. (Fn. 23), 180.

menbedingung ökonomischer Konflikte ist, sondern sich als knappes, d.h. ökonomisches Gut selbst im ökonomischen Konflikt, sprich: im Wettbewerb befindet.

Eine in diesem Sinne verstandene Auslegung von § 1 UWG präsentiert sich in der Tat als ein Beitrag zur Förderung eines ökologischen Wirtschaftsprozesses. Die Nichtgewährung eines nach § 1 UWG grundsätzlich möglichen Unterlassungsanspruchs als Ausdruck einer prinzipiellen Zulässigkeit umweltbezogener Werbung macht eine so verstandene Norm zu einer *im ökologischen Sinne mittelbar präventiv wirkenden Rechtsvorschrift*[235]. Man kann insofern durchaus, in Anlehnung an Kloepfer[236], von einer lauterkeitsrechtlichen "Funktion der ökologischen Umverteilung" sprechen - weg von einer auf § 1 UWG gestützten Sanktion, hin zur Emanzipation eines Dialogs über das knappe Gut der Umweltschonung[237]. Die grundsätzliche wettbewerbsrechtliche Zulässigkeit umweltbezogener Werbung nach § 1 UWG begründet einen (unter gesamtwirtschaftlichen wie ökologischen Gesichtspunkten notwendigen) positiven mikroökonomischen Anreiz, die eigene Produktions- und Distributionsweise - als Antwort auf eine ökologisch ausgerichtete Nachfragestruktur - gleichfalls ökologisch auszurichten und solcherart zu einem insgesamt verstärkt ökologisch orientierten Wirtschaftsprozeß beizutragen[238]. Das Ergebnis eines solchen lauterkeitsrechtlichen Grundverständnisses ist die relative Vermeidung von Friktionen zwischen Ökologie und Ökonomie, der relative Ausgleich von Marktwelt und Umwelt; ökonomische Natur- und Sachgesetzlichkeiten werden - wenn auch unbeabsichtigt - in den Dienst des Umweltschutzes gestellt. Es gilt: Das deutsche Wettbewerbsrecht hat nicht allein die Chance, sondern die Pflicht, den Dialog über das knappe Gut der Umweltschonung (s.o. D. I. 2.) bzw. die Vorbereitung dieses Dialogs (s.o. D. II. 2.) normativ abzusichern und so zu ermöglichen.

Daß sich eine *Diskriminierung* (im Sinne einer im Vergleich zu anderen Formen der Wirtschaftswerbung besonders strengen Behandlung) umweltbe-

---

[235] In diesem eingeschränkten Sinne - und nur insoweit - mag man von einem Beispiel *ökologischer Rechtsauslegung und -entwicklung* sprechen; allgemein hierzu: *Eser*, a.a.O., 349 ff.; *Stober*, a.a.O., 15 ff.; *Murswiek*, Hoffen auf die große Krise. Der Unterschied zwischen Umweltrecht und ökologischem Recht, FAZ Nr. 249 v. 26.10.1992, 38.

[236] *Kloepfer*, Zur Rechtsumbildung durch Umweltschutz, 1991, 5.

[237] Auch das Benetton-Beispiel der "Ölverschmutzten Ente" ist insoweit einschlägiger, wenn auch ungewöhnlicher Diskussionsbeitrag.

[238] Vgl. auch: *Lindacher*, Anmerkung zu OLG Köln, Urt. v. 21.2.1992 - 6 U 100/91, JZ 1993, 101; *Kloepfer*, a.a.O. (Fn. 24), 181 f.; Großkomm./*Lindacher*, § 3 UWG Rd. 979; *Graf Lambsdorff/Jäger*, a.a.O., 2298; *Lappe*, a.a.O. (Fn. 172), 140 ff.

zogener Werbeäußerungen nicht rechtfertigen läßt, konnte bereits früher (s.o. *Zweiter Teil,* E. I. und II. 3.) festgestellt werden; die Notwendigkeit einer eigenständigen wettbewerbsrechtlichen Beurteilung umweltbezogener Werbung steht außer Frage (s.o. *Zweiter Teil,* F. und *Dritter Teil,* C.). Nunmehr hat eine solche eigenständige Behandlung umweltbezogener Werbeäußerungen zur prinzipiellen *Emanzipation* umweltbezogener Werbung im Verhältnis zu anderen nicht umweltbezogenen Äußerungen geführt, so daß die Frage einer denkbaren *Privilegierung* umweltbezogener Angaben nach § 3 UWG zu erörtern bleibt (dazu nachfolgend *Fünfter Teil*).

Fünfter Teil

Das Verbot einer Privilegierung umweltbezogener Werbung - Grenze der Förderung einer ökologischen Wirtschaftsweise (§ 3 UWG)

A. Der Gedanke einer ökologischen Instrumentalisierung von § 3 UWG

Umweltbezogene Produktwerbung - diese allein läßt sich nicht nur anhand von § 1 UWG, sondern auch anhand von § 3 UWG überprüfen[1] - ist prinzipiell, also unter dem Aspekt allgemeiner Lauterkeit (§ 1 UWG) nicht zu beanstanden[2]. Das schließt die Möglichkeit einer speziellen Unzulässigkeit umweltbezogener Produktwerbung auf der Grundlage von § 3 UWG nicht aus, der unabhängig von § 1 UWG Anwendung findet[3]. Die Konstruktion des § 3 UWG als - wenn auch "kleine" - Generalklausel scheint dabei zunächst eher für als gegen den Gedanken einer ökologischen Instrumentalisierung zu sprechen.

I. Der Vorschlag von Keßler

Wege, die zu einer stärker ökologisch ausgerichteten Interpretation von § 3 UWG führen sollen, hat zunächst Keßler[4] beschritten. Seiner Ansicht nach handelt es sich bei der Normanwendung um einen Vorgang wertenden Betrachtens, der die Offenlegung des Wertungsprozesses verlangt. Im übrigen seien innerhalb des Konkretisierungsprozesses vorrangig solche Gesichtspunkte heranzuziehen, die ihrerseits Niederschlag in der positiven Rechtsordnung gefunden hätten und den immanenten Funktionsbedingungen des zu regelnden Sachverhalts entsprächen[5].

Im Hinblick auf eine solche normative Fernwirkung außertatbestandlicher Vorschriften verweist Keßler zunächst auf die im Rahmen von § 3 UWG üblicherweise stattfindende *abschließende Interessenabwägung*. Die hierbei erfor-

---

[1] Vgl. oben *Dritter Teil,* A. III.

[2] Dazu oben *Vierter Teil,* E.

[3] Siehe nur *Baumbach/Hefermehl,* a.a.O., § 3 UWG Rd. 4.

[4] *Keßler,* Die umweltbezogene Aussage in der Produktwerbung - dogmatische und wettbewerbstheoretische Aspekte des Irreführungsverbots, WRP 1988, 714 ff.

[5] *Keßler,* a.a.O. (Fn. 4), 719.

derliche Gegenüberstellung von Täuschungsgefahr und Informationsinteresse sei der überkommene Ansatzpunkt einer wettbewerblichen Betrachtung der Norm[6]. Im konkreten Fall der Gesundheitswerbung lasse sich ein in quantitativer Hinsicht besonders strenger Irreführungsschutz - u. U. genügen bereits 5-6 % der angesprochenen Verbraucherschaft als relevante Irreführungsquote[7] - unmittelbar auf legislative Wertentscheidungen des positiven Rechts zurückführen[8]. Die durch die Verfassung vorgeschriebene und vom Gesetzgeber umgesetzte Gewährleistung eines vorbeugenden Gesundheitsschutzes ist damit Beispiel für die normative Festlegung der wettbewerblich maßgeblichen Irreführungsquote anhand außerwettbewerblicher Gesichtspunkte.

An dieser Stelle drängen sich dem Betrachter Parallelen zum Präventionsprinzip im deutschen Umweltrecht[9] auf: Die Frage vorbeugenden Umweltschutzes, so könnte man einwerfen, hat mittlerweile eine solche - auch rechtlich relevante - Tragweite erhalten, daß ein besonders strenger Irreführungsschutz im Fall der Umweltwerbung nur folgerichtig ist[10]. Keßlers weitere Überlegungen führen indes in eine andere Richtung. Angesichts des kommunikativen Charakters wettbewerblicher Prozesse habe die Interpretation der kleinen Generalklausel dem Informationsbedarf des Marktes Rechnung zu tragen[11]. Keßler geht es um die Bewirkung einer umweltgerechten Ausrichtung des Wirtschaftsprozesses durch eine entsprechende kommunikative Beeinflußung der Konsumentscheidung[12] und damit - im Rahmen einer funktionalen Betrachtung des Irreführungsverbotes - um eine "Effektivierung der Norm im Sinne ihrer ökologischen Funktion"[13].

Gedanken dieser Art sind derweil nicht gänzlich neu. In der Literatur gibt es Stimmen, die vor einem überspannten Irreführungsschutz warnen[14]. Überstrenge Maßstäbe könnten im Ergebnis durchaus ein weniger an Verbraucherschutz bedeuten und förmlich kontraproduktiv wirken, wenn der Mehrheit der Konsumenten eine für diese unmißverständliche und wesentliche Produktinformation vorenthalten werde[15]. Keßler geht aber noch einen Schritt weiter, indem er den Einwand der Kontraproduktivität weniger im Sinne einer un-

---

[6] *Keßler*, a.a.O. (Fn. 4), 720.

[7] Vgl. oben *Dritter Teil,* B. I. 1. c) aa) (2).

[8] *Keßler*, a.a.O. (Fn. 4), 720, nennt insoweit die Vorschriften des LMBG.

[9] Zu diesem Prinzip: *Nicklisch* (Hrsg.), Prävention im Umweltrecht, 1988, passim; *Hoppe/Beckmann*, a.a.O., § 1 Rd. 49; *Kloepfer*, Umweltrecht, 1989, § 3 Rd. 5 ff.

[10] So wohl auch *Keßler*, a.a.O. (Fn. 4), 720 f. ("Teilbereich der Lebenswelt"). - Ähnlich, wenn auch aufgrund anderer Begründung *Köhler*, a.a.O., 350, m.w.N. zur Rspr.

[11] *Keßler*, a.a.O. (Fn. 4), 718.

[12] *Keßler*, a.a.O. (Fn. 4), 717.

[13] *Keßler*, a.a.O. (Fn. 4), 721.

[14] *Büttner*, a.a.O., 300; *Strauch*, a.a.O., 540.

[15] *Beater*, a.a.O., 195; *Falke*, a.a.O., 100.

mittelbaren ökonomisch-informativen, als vielmehr im Sinne einer *mittelbaren ökologischen Kontraproduktivität* versteht:

"Die dargestellte Sichtweise (scil.: einer im Fall des 'Blauen Engels' von der Bedeutung absoluter Umweltfreundlichkeit ausgehenden Meinung) läßt die den Interpretationsprozeß prägenden Vorgaben der außerwettbewerblichen Rechtsordnung weitgehend unberücksichtigt und führt letzlich zu einem kontraproduktiven Ergebnis. Die Chancen, den Konsumtions- und damit auch den Produktionsprozeß ökologisch auszurichten, werden vertan."[16]

Das Ergebnis seiner Ausführungen verdeutlicht Keßler am Beispiel der Werbung mit absoluter Umweltverträglichkeit, die von einer überwiegenden Mehrheit richtigerweise als eine solche mit relativer Umweltverträglichkeit verstanden wird. Den Interessen der potentiell getäuschten Abnehmer seien die Interessen derjenigen gegenüberzustellen, die der Werbeaussage lediglich den zutreffenden Hinweis auf ein wesentlich geringeres ökologisches Gefährdungspotential der Erzeugnisse entnähmen[17].

II. Die Kritik von Köhler

Dezidierte Kritik an dieser Öffnung der kleinen Generalklausel für außerwettbewerbliche Wertungen kommt von Köhler, der sich gegen eine ökologische Instrumentalisierung des Irreführungsverbots ausspricht[18]. Seine Begründung - diese wurde zumindest hinsichtlich § 1 UWG bereits an anderer Stelle widerlegt[19] - ist allgemeiner Natur: Es sei nicht die Aufgabe des Wettbewerbsrechts, den Wettbewerbsprozeß materiell zu steuern und etwa für mehr Umweltschutz im Produktions- und Konsumtionsprozeß zu sorgen. Auch Köhler warnt im übrigen vor der Gefahr einer ökologischen Kontraproduktivität, wenn auch im umgekehrten Sinne: Seiner Ansicht nach könnten Verbraucher, die eine umweltbezogene Produktwerbung richtig, nämlich relativierend, verständen, davon abgehalten werden, völlig schadstofffreie Konkurrenzprodukte zu kaufen[20].

---

[16] *Keßler*, a.a.O. (Fn. 4), 721. - Ebenso *Cordes*, a.a.O., 93 f.; s.a. *Brandner*, a.a.O., 32 f., der zur Beurteilung eines werblich herausgestellten Umweltarguments auch auf die "Sicht des Umweltschutzes" rekurrieren will.

[17] *Keßler*, a.a.O. (Fn. 4), 721. - In Begründung und Ergebnis ihm folgend *Falke*, a.a.O., 99 f.; s.a. *Lindacher*, Kurzkommentar zu OLG Frankfurt am Main, Urt. v. 30.9.1993 - 6 U 14/93, EWiR § 3 UWG 1/94, 189, 190.

[18] *Köhler*, a.a.O., 360 ff.

[19] Vgl. oben *Vierter Teil*, B. II. 3.

[20] *Köhler*, a.a.O., 362 f. - Gleichsinnig *Cordes*, a.a.O., 155 f., 158. - A.A. Großkomm./*Lindacher*, § 3 UWG Rd. 709.

III. Mögliche Wertungsfragen im Rahmen einer Auslegung von § 3 UWG

Wie auch immer man prima vista die Frage einer ökologischen Instrumentalisierung von § 3 UWG beurteilen und den Standpunkten Keßlers und Köhlers gegenüberstehen mag - ein solches Vorhaben (bzw. dessen Ablehnung) bedarf der einwandfreien dogmatischen Verankerung im Gefüge der kleinen Generalklausel. Ohne grundlegende Beschäftigung mit den verschiedenen allgemeinen Wertungsfragen im Rahmen einer Auslegung von § 3 UWG wird sich kaum sagen lassen, ob - und gegebenenfalls inwieweit - von einer ökologischen Instrumentalisierung der kleinen Generalklausel gesprochen werden kann.

Zu den möglichen - im Anschluß an die Beschäftigung mit den tatsächlichen Aspekten einer Auslegung von § 3 UWG noch ungeklärten - normativen Fragen zählen, wie zuvor bereits erwähnt, (1) die Bestimmung des rechtlich beachtlichen Teils der angesprochenen Verkehrskreise[21], (2) die Frage der Relevanz normativer Aspekte hinsichtlich einer näheren Bestimmung des relativen Angabenverständnisses der maßgeblichen Verkehrskreise[22], (3) der normative Aspekt der wettbewerblichen Relevanz der Irreführung[23] sowie (4) der Gesichtspunkt einer abschließenden bzw. ergänzenden Interessenabwägung[24]. Zwar ist es richtig, daß sich keine dieser Fragen unmittelbar aus dem Wortlaut des § 3 UWG ergibt; es fehlt insoweit an einer - mit der Wertungsoffenheit von § 1 UWG ("gute Sitten") vergleichbaren - "normativen Einbruchstelle"[25]. Gleichwohl enthält der Tatbestand des § 3 UWG einen der begrenzten Wertung zugänglichen Begriff, den nämlich der "Irreführung":

> "Was Irreführung ist, läßt das Gesetz offen, kann es letztlich auch gar nicht abschließend bestimmen, denn was den einen irreführt, läßt bei anderen Werbungsadressaten keine Täuschung aufkommen."[26]

Einzig denkbarer Sitz der genannten Wertungsfragen ist also das *gesetzliche Merkmal der Irreführung*. Damit geht es im folgenden um zwei Fragenkomplexe. *Erstens*: Welche der Wertungsfragen ist für eine Konkretisierung des Begriffs der Irreführung nicht nur hilfreich, sondern auch unverzichtbar

---

21 Vgl. oben *Dritter Teil,* B. I. 1. c) aa) (2).

22 S.o. *Dritter Teil,* B. I. 1. c) bb) (2).

23 Dazu bereits oben *Dritter Teil,* B. I. 1. e).

24 Vgl. oben *Dritter Teil,* B. I. 1. f).

25 Vgl. auch *von Gamm*, Wettbewerbsrecht, Bd. 1, 1. Halbbd., 1987, 36. Kap. Rd. 45.

26 *Michalski*, a.a.O., 445. - Vgl. auch *Hösl*, a.a.O., 116, 121 ff.; *Schricker*, Möglichkeiten zur Verbesserung des Schutzes der Verbraucher und des funktionsfähigen Wettbewerbs im Recht des unlauteren Wettbewerbs, ZHR 139 (1975), 208, 224 ff.; ferner Großkomm./*Lindacher*, § 3 UWG Rd. 246 f.

(s.u. C. I.)[27]? Und *zweitens*: Welche dieser unverzichtbaren Wertungsfragen ist dem Gedanken einer ökologischen Instrumentalisierung zugänglich (vgl. unten C. II.)? Die Beantwortung dieser Fragen hängt - auch - davon ab, welchen Maßstab man den genannten Wertungsfragen zugrunde legt, weshalb mit einer entsprechenden Untersuchung der Anfang gemacht werden soll (siehe nachfolgend B.):

B. Wettbewerbsrechtlicher Schutzzweck von § 3 UWG

Eine ökologische Instrumentalisierung von § 3 UWG ist - ebensowenig wie die von § 1 UWG - ohne eine Beschäftigung mit dem Schutzzweck der Vorschrift nicht möglich; auch das Institut der abschließenden Interessenabwägung geht in seiner Grundlegung auf rein teleologische Erwägungen zurück[28]. Was aber die Frage des Schutzzwecks von § 3 UWG betrifft, so gelten zwar die zuvor[29] erarbeiteten Schutzzwecke des § 1 UWG als Schutzzwecke des UWG und damit - mittelbar - auch als solche von § 3 UWG[30]; bestimmte Fragen, die bereits im Rahmen der Auslegung von § 1 UWG von Bedeutung waren, kehren bei § 3 UWG in beinahe unveränderter Gestalt wieder[31]. Ob sich der Schutzzweckgehalt der kleinen Generalklausel im Schutzzweckgehalt der großen Generalklausel erschöpft, ist damit aber noch nicht gesagt. Die Frage, inwieweit im Kontext der genannten Wertungsfragen auch spezifisch ökologische Gesichtspunkte eine Rolle spielen, läßt sich nicht allein unter dem Aspekt des allgemeinen wettbewerbsrechtlichen Schutzzweckverständnisses beantworten (zu diesem gleichwohl bedeutsamen Aspekt unten II.). Der spezielle Schutzzweck von § 3 UWG ist mit dem allgemeinen von § 1 UWG - mutmaßlich - lediglich teilidentisch, die systematisch-teleologische Auslegung von § 3 UWG dürfte eigenen Gesetzen folgen:

---

[27] Man kann - zur näheren Bestimmung des Irreführungsmerkmals - anstelle von Wertungsfragen auch von sog. "Hilfskriterien" reden; vgl. etwa *Hösl*, a.a.O., passim, z.B. 150; *Michalski*, a.a.O., 445.

[28] Siehe nur *von Gamm*, a.a.O. (Fn. 25), 36. Kap. Rd. 45 ("Abwägung aus Billigkeitsgründen").

[29] Vgl. oben *Vierter Teil*, C. II. und III. sowie D. I. 2. und II. 3.

[30] Ähnlich auch *Tilmann*, Zur Bestimmung des Kreises der an einer geographischen Herkunftsangabe Berechtigten, GRUR 1980, 487, 489 f.; *Keßler*, "Marktordnung, Wettbewerb und Meinungsfreiheit" - wettbewerbstheoretische und verfassungsrechtliche Aspekte des § 6 e UWG, WRP 1987, 75, 78.

[31] Vgl. nur die - etwa von *Hösl*, a.a.O., 385, abschließend verneinte - Frage einer Offenheit des § 3 UWG "(...) für alle denkbaren, insbesondere wirtschafts- oder wettbewerbspolitischen, gesellschaftlichen oder anderen tendenziellen Wertungen (...)", sprich: die Frage einer *wirtschaftspolitischen Neutralität* der kleinen Generalklausel; ebenso bereits auch *Seydel*, Anmerkung zu BGH, Urt. v. 10.6.1964 - Ib ZR 128/62, GRUR 1965, 102.

I. Der spezifisch-wettbewerbsrechtliche Schutzzweck von § 3 UWG

Auf der Grundlage einer systematisch-teleologischen Auslegung kann man als Schutzzweck von § 3 UWG den Schutz der Mitbewerber einerseits sowie den *Schutz allgemeiner Interessen*, namentlich den Schutz der Verbraucher andererseits bezeichnen[32]. Nicht ohne weiteres zu bejahen ist dagegen die Frage, ob diesen allgemeinen Interessen auch ökologische Interessen zuzuordnen sind. Fällt unter das allgemeine Interesse auch das Interesse am Schutz der Umwelt? Und wenn dem so wäre: Folgt daraus die Rechtfertigung irreführender umweltbezogener Werbung? Tatsächlich wird von verschiedener Seite einer ökologische Instrumentalisierung der kleinen Generalklausel im Wege einer *gesonderten Berücksichtigung ökologischer Interessen* das Wort geredet[33]. Namentlich Lindacher zählt zu den

> "(...) im Rahmen ergänzender Interessenabwägung berücksichtigungsfähigen Interessen (...) das *Allgemeininteresse an Umweltschonung*."[34]

Allerdings fehlt es an einer Begründung, warum zu den von § 3 UWG geschützten Interessen der Allgemeinheit explizit ein Interesse an Umweltschonung rechnen soll, ein Interesse an - beispielsweise - der Verhütung von Unfällen mit Kleinkindern (oder an der Rücksichtnahme auf alte bzw. behinderte Mitmenschen) dagegen nicht[35]. Die bedenkenlose Aufnahme des Interesses an Umweltschonung in den Katalog der durch § 3 UWG geschützten Allge-

---

[32] Siehe nur: *Baumbach/Hefermehl*, a.a.O., § 3 UWG Rd. 3; *von Gamm*, a.a.O. (Fn. 25), 36. Kap. Rd. 1; *Helm*, in: *Gloy* (Hrsg.), a.a.O., § 48 Rd. 3 f.; *Hösl*, a.a.O., 10.

[33] Vgl. grundsätzlich auch *Medicus*, Umweltschutz als Aufgabe des Zivilrechts - aus zivilrechtlicher Sicht, NuR 1990, 145, 155: "Wir betreiben heute im Zivilrecht eine Wertungsjurisprudenz. Deren Ergebnisse hängen davon ab, welche Werte überhaupt berücksichtigt werden und welches Gewicht ihnen zugemessen wird. Hier kann der Umweltschutz in den allerverschiedensten Zusammenhängen große, das Ergebnis ändernde Bedeutung erlangen."

[34] Großkomm./*Lindacher*, § 3 UWG Rd. 285. (Hervorhebungen vom Verfasser hinzugefügt) - Ebenso: *Kloepfer*, Unlauterkeitsrecht und Umweltschutz, in: *Storm/Schenkel* (Hrsg.), Umwelt: Politik, Technik, Recht. *Heinrich von Lersner* zum 60. Geburtstag, 1990, 181, 192; *Lindacher*, Anmerkung zu OLG Köln, Urt. v. 21.2.1992 - 6 U 100/91, JZ 1993, 101; *Lappe*, Die wettbewerbsrechtliche Beurteilung der Umweltwerbung, 1995, 136, 145 f.; ferner *Wiebe*, Zur "ökologischen Relevanz" des Wettbewerbsrechts - Lauterkeitsrechtliche Grenzen der Umweltwerbung, WRP 1993, 798, 801; vgl. auch *Cordes*, a.a.O., 92, 155.

[35] Während eine - prima vista - irreführende, weil von einem beachtlichen Teil der angesprochenen Verkehrskreise mißverstandene Werbung für *umweltfreundliche* Produkte unter dem Gesichtspunkt eines "Allgemeininteresses an Umweltschonung" - u.U. - gerechtfertigt sein soll, wird die Möglichkeit eines solchen Dispenses im Fall einer Werbung für *kinderfreundliche* (z.B. Kinderverriegelung bei den rückwärtigen Autotüren) oder *behindertengerechte* (z.B. Kinoaufgang für Rollstuhlfahrer) Waren und Dienste gar nicht erst erwogen.

meininteressen setzt sich dem Vorwurf einer übermäßigen umweltpolitischen Zweckverfolgung im Rahmen von § 3 UWG aus, einem Vorwurf, der bereits im Fall von § 1 UWG erhoben wurde[36] und der Gewicht besitzt. Lappe argumentiert vom - durchaus wünschenswerten - Ergebnis her, wenn er schreibt:

> "Wenn durch umweltbezogene Werbeangaben die Durchsetzung des umweltverträglicheren Produkts am Markt gefördert werden kann (...), so muß bei der Beurteilung der produktbezogenen Umweltwerbung auf der Seite der Erhaltungsinteressen das Interesse der Allgemeinheit am Umweltschutz berücksichtigt werden."[37]

Was ökonomisch machbar und umweltpolitisch begrüßenswert ist, muß unter lauterkeitsrechtlichen Aspekten nicht zwingend zulässig sein; die Berufung auf das Prinzip der Einheit der Rechtsordnung[38] genügt, wie bereits gesagt[39], insoweit keinesfalls. Auch wenn man bereit wäre, die - in ihrer inhaltlichen Ausformung zumindest doch sehr unbestimmten - "allgemeinen Interessen" gerade um den Gesichtspunkt ökologischer Interessen zu erweitern[40], so fehlte es weiterhin an einem *übergeordneten normativen Bezugspunkt*, der das Rangverhältnis der verschiedenen allgemeinen Interessen untereinander sowie in Relation zu den Interessen der Mitbewerber regelt:

Mag die Forderung nach einer allgemeinen (also: jede der vier genannten Wertungsfragen betreffenden)[41] bzw. speziellen (d.h.: lediglich eine dieser Wertungsfragen tangierenden)[42] Interessenabwägung auch weit verbreitet sein, die *Frage nach einem gültigen Maßstab zur Bewertung und Abwägung der regelmäßig konfligierenden, im Ansatz aber gleichrangigen Interessen*[43] wird - soweit ersichtlich - nicht gestellt, geschweige denn beantwortet[44]. Wenn der BGH das - in concreto - individuelle, nur einer Minderheit eignende Verbraucherinteresse an einer umgehenden - gegenwärtigen - Vermeidung von Irre-

---

36 Vgl. oben *Vierter Teil*, A. II. 1.

37 *Lappe*, a.a.O. (Fn. 34), 145.

38 *Lappe*, ebenda.

39 S.o. *Vierter Teil*, D. III.

40 Kritisch insoweit wohl *Wiebe*, a.a.O. (Fn. 34), 803.

41 So wohl: *Köhler/Piper*, a.a.O., § 3 Rd. 143 f.; *Michalski*, a.a.O., 446 m.w.N.; *Borck*, Die Interessenabwägung bei Irreführender Werbung, WRP 1985, 63, 67 f. ("exzessive Interessenabwägung").

42 So: *Keßler*, a.a.O. (Fn. 4), 720 f.; OLG Köln GRUR 1988, 630, 631 - Kaltreiniger II; LG Berlin ZUR 1993, 175, 176 f. - Der Grüne Punkt; *Borck*, a.a.O. (Fn. 41), 63 ff. ("immanente Interessenabwägung").

43 Zu diesen allgemein: *Hösl*, a.a.O., 215 ff.; *Borck*, a.a.O. (Fn. 41), 63 ff.; *Traub*, a.a.O., 1020 ff. - Zu den im Falle *umweltbezogener Produktwerbung* tangierten Interessen z.B. *Cordes*, a.a.O., 152 ff.; *Lappe*, a.a.O. (Fn. 34), 133 ff.

44 Vgl. etwa *Schricker*, a.a.O. (Fn. 26), 225 f.; *Michalski*, a.a.O., 445 f.; Großkomm./*Lindacher*, § 3 UWG Rd. 6. - Zu den Schwierigkeiten einer Bestimmung der *Wertigkeit* der abzuwägenden Interessen etwa *Leisner*, "Abwägung überall" - Gefahr für den Rechtsstaat, NJW 1997, 636, 637 ff.

führungen hinter dem allgemeinen Interesse an einer auf Dauer angelegten - zukünftigen - Verbraucheraufklärung zurückstehen läßt[45], dann bedarf es einer Herleitung, warum das eine das andere Interesse - nicht nur im Einzelfall, sondern grundsätzlich - überwiegt. Oder: Die Feststellung, das rein individuelle Interesse eines Markeninhabers - dessen Dispositionsbefugnis - wiege stärker als der Schutz der Verbraucher vor Irreführungen[46], provoziert förmlich die Frage nach dem "wieso". Auch die Deklarierung der Interessenabwägung als eine Abwägung aus "Billigkeitsgründen"[47] enthebt nicht von der Verpflichtung zur Suche nach einem annähernd rechtssicheren Billigkeitsmaßstab, anderenfalls die Billigkeit zur Willkürlichkeit zu mißraten droht. Es ist jede Form der Interessenabwägung ein aussichtsloses Unterfangen, solange der Abwägungsmaßstab im Dunkeln bleibt.

Nichts anderes gilt für das Gebiet der *umweltbezogenen Produktwerbung*. So stellt das LG Berlin in seiner Entscheidung zur Zulässigkeit der Werbung mit dem "Grünen Punkt" das Interesse der Verbraucher, "nicht in geweckten Erwartungen getäuscht zu werden", dem Interesse der Verbraucher "an einem funktionierenden Entsorgungs- und Wiederverwertungssystem" gegenüber, um sich sodann - ohne weitere Begründung - für den Vorrang des zuletzt genannten Interesses zu entscheiden[48]. Auch das OLG Köln[49] rühmt sich zwar der Vornahme einer "Interessen- und Güterabwägung", verzichtet aber gleichwohl auf eine Konkretisierung und Offenlegung des Abwägungsmaßstabes. Im Schrifttum schließlich ist zwar von der Notwendigkeit einer Interessenabwägung die Rede, nicht aber davon, nach welchem *übergeordneten Maßstab* diese zu erfolgen hat. Mit der Feststellung, daß die sog. "Verbots- und Verbotsgeginteressen" gegeneinander abzuwägen sind[50], ist nur der Vorgang als solcher bezeichnet, nicht mehr und nicht weniger. Soweit dem Allgemeininteres-

[45] BGHZ 42, 134, 140 ff. - 20 % unter dem empfohlenen Richtpreis.

[46] So *Traub*, a.a.O., 1022 f., mit Blick auf BGH GRUR 1967, 100 - EDEKA-Schloß-Export.

[47] *Von Gamm*, a.a.O. (Fn. 25), 36. Kap. Rd. 45 f.; *Michalski*, a.a.O., 445. - Kritisch insoweit aber *Hösl*, a.a.O., 147 ff.

[48] LG Berlin ZUR 1993, 175, 176 - Der Grüne Punkt. - Die "Interessenabwägung" schließt mit der lapidaren Feststellung, eine vollständige Aufklärung der Verbraucher über die Einzelheiten, insbesondere die gestaffelten Anforderungen an das zu errichtende Entsorgungssystem in der Einführungsphase, erscheine nur schwer möglich. Es müsse daher hingenommen werden, wenn in der Aufbauphase dieses alternativen Entsorgungssystems möglicherweise eine Anzahl von Verbrauchern Fehlvorstellungen unterliege (a.a.O., 176 f.).

[49] OLG Köln GRUR 1988, 630, 631 - Kaltreiniger II. - Ebenso OLG Köln NJW-RR 1992, 874, 875 - Umweltzeichen II; OLG Köln WRP 1993, 191, 195 - ASBEST-FREI/INNOVATIV (mit abl. Anmerkung *Graf Lambsdorff*).

[50] Auf diese Feststellung beschränken sich etwa: *Kloepfer*, a.a.O. (Fn. 34), 192; *Keßler*, a.a.O. (Fn. 4), 721; *Cordes*, a.a.O., 152 ff.; Großkomm./*Lindacher*, § 3 UWG Rd. 252, 286.

se am Umweltschutz der Vorrang vor den Verbotsinteressen eingeräumt wird, fehlt es an einer entsprechenden Begründung; daß durch das Hinzutreten des Umweltschutzinteresses die Informationsinteressen von Anbietern und nicht irregeführten Nachfragern ein stärkeres Gewicht erhalten, kann man zwar annehmen[51], man muß es aber nicht. Der Sache nach geht es um die Frage der *Schutzwürdigkeit* konkreter Verbots- bzw. Verbotsgegeninteressen, also um deren individuelle Gewichtung. Eine solche Gewichtung läßt sich aber letztlich nur behaupten, zwingend ist sie auf der Grundlage von § 3 UWG in keinem Fall[52].

Der fragliche Abwägungsmaßstab, das sei der soeben kritisierten h.M. zugestanden, ist mit dem Instrumentarium der systematisch-teleologischen Auslegung von § 3 UWG selbst nicht zu ermitteln. Es ist richtig, daß das herkömmliche spezifische Schutzzweckverständnis der kleinen Generalklausel nur die abwägungsrelevanten Interessen zu Tage fördert, nicht dagegen den notwendigen Maßstab zur Gewichtung der Interessen im einzelnen sowie zur Bestimmung ihres Gewichts im Verhältnis zueinander. Der der h.M. gleichwohl zu eröffnende Vorwurf erschöpft sich in der Feststellung, daß sie es unterlassen hat, nach einem außerhalb des Schutzzweckbereichs des § 3 UWG liegenden Abwägungsmaßstab zu forschen (dazu nachfolgend II.).

II. Übergeordneter Bezugspunkt der diversen allgemeinen Interessen? - Der allgemein-wettbewerbsrechtliche Schutzzweck von § 3 UWG

Unter dem Gesichtspunkt des allgemeinen lauterkeitsrechtlichen Schutzzweckverständnisses spricht einiges für eine ausdrückliche Berücksichtigung eines Interesses an Umweltschonung bei der Auslegung von § 3 UWG, denn Umweltschonung als solche ist - anders als etwa die Verhütung von Unfällen mit Kleinkindern - als knappes Gut unter den Schutz des UWG und seiner großen Generalklausel gestellt[53]. Es entspricht dem verfassungsrechtlichen

---

[51] So *Lappe*, a.a.O. (Fn. 34), 146.

[52] Ähnlich bereits *Seydel*, a.a.O., 102. - *Lappe*, a.a.O. (Fn. 34), 134, bezeichnet die Frage der Schutzwürdigkeit der Verbotsinteressen (im Anschluß an *Hösl*, a.a.O., 183) als ein Problem der Zurechnung des Irrtums, der beim Verbraucher aufgetreten sei; es sei danach zu unterscheiden, ob der Irrtum in den Risikobereich des Werbenden oder in den der getäuschten Werbeadressaten falle. Abgesehen von den Schwierigkeiten einer Abgrenzung des jeweiligen Risikobereichs ist die Gewichtung der einzelnen Verbotsinteressen im Wege einer Irrtumszurechnung lediglich eine - man denke nur an die vermeintlich notwendige Strenge im Fall gesundheitsbezogener Prouktangaben - von mehreren Alternativen.

[53] Dazu ausführlich oben *Vierter Teil*, C. II. und D. I. 2.

Gebot der Einheit der (Wettbewerbs)Rechtsordnung[54], wenn der allgemein-wettbewerbsrechtliche Schutzzweck "Wettbewerb um das knappe Gut der Umweltschonung" über den unmittelbaren Anwendungsbereich des § 1 UWG hinaus auf die Interpretation von § 3 UWG ausstrahlt; auch der Schutzzweck "Funktionsfähigkeit einer Umweltsozialen Marktwirtschaft" wirkt auf das teleologische Textverständnis von § 3 UWG ein[55].

Die nach § 3 UWG geschützten, gleichwohl konfligierenden Interessen sind nach dem übergeordneten Schutzzweck von § 1 UWG abzuwägen und durchzusetzen. Keineswegs kann allein auf der Grundlage des § 3 UWG von der Vorrangigkeit des Schutzes irgendeines Interesses ausgegangen werden[56], vielmehr ist diese Vorrangigkeit im Wege teleologischer Erwägungen erst zu ermitteln. Ebenso wenig läßt sich allein mit dem Schutzzweck des § 3 UWG begründen, warum die Duldung einer relevanten Irreführung - was immer man hierunter im einzelnen verstehen mag - auf solche Fälle beschränkt bleiben soll, in denen eine Änderung bzw. Präzisierung der Angabe dem Werbetreibenden nicht zuzumuten ist[57]. Daß § 3 UWG als Ausdruck eines *Verbraucher- und Minderheitenschutzrecht* zu verstehen ist[58], setzt gleichfalls eine dogmatische Fundierung voraus, die über den Schutzzweckbereich der kleinen Generalklausel hinausführt.

---

[54] Zu diesem Prinzip ausführlich bereits oben *Vierter Teil*, D. III.

[55] Vgl. allgemein auch *Lindacher*, Funktionsfähiger Wettbewerb als Final- und Beschränkungsgrund des lauterkeitsrechtlichen Irreführungsverbotes, in: *Bruchhausen/ Hefermehl/Hommelhoff/Messer* (Hrsg.), FS für *Rudolf Nirk* zum 70. Geburtstag, 1992, 587 ff.; *Tilmann*, a.a.O. (Fn. 30), 489.

[56] So aber etwa *Cordes*, a.a.O., 152.

[57] So die wohl h.M., vgl. z.B.: OLG Köln NJW-RR 1992, 874, 875 - Umweltzeichen II; *Cordes*, a.a.O., 154; *Füger*, a.a.O., 272 f.; *Lappe*, a.a.O. (Fn. 34), 146 Fn. 761 m.w.N.; *Hösl*, a.a.O., 274 ff., bes. 301 f.

[58] Explizit, wenn auch ohne nähere Begründung Großkomm./*Lindacher*, § 3 UWG Rd. 102. - Die Bedeutung des Minderheitenschutzes im Rahmen von § 3 UWG betont auch *Helm*, in: *Gloy* (Hrsg.), a.a.O., § 48 Rd. 4; ähnlich *Büttner*, Die Irreführungsquote im Wandel, GRUR 1996, 533, der den Schutzzweck von § 3 UWG mit dem Minderheitenschutz verknüpft. - Dagegen beschränkt sich der BGH (GRUR 1983, 512, 513 f. - Heilpraktikerkolleg) auf die Feststellung, der Schutz gerade solcher Bevölkerungskreise mit weniger Erfahrung und weniger umfassender Kenntnis stehe im Vordergrund der durch § 3 UWG verfolgten Ziele, wobei offenbleibt, ob es sich hierbei um eine Minderheit oder vielleicht sogar die Mehrheit der Verkehrskreise handelt. - Kritisch hinsichtlich des Minderheitenschutzes *Strauch*, a.a.O., 541.

C. Die ökologische Instrumentalisierung von Wertungsfragen im Rahmen einer Auslegung von § 3 UWG

Inwieweit das allgemein-wettbewerbsrechtliche Schutzzweckverständnis - und damit der Gedanke einer Ökologisierung im Sinne von § 1 UWG - auf das Auslegungsverständnis von § 3 UWG ausstrahlt und das Verhältnis der konfligierenden Interessen bestimmt, richtet sich nach Struktur und Bedeutung der verschiedenen - ungeschriebenen - normativen Einbruchstellen (= Wertungsfragen) der kleinen Generalklausel. Erst wenn deren Unverzichtbarkeit hinsichtlich einer weiteren Konkretisierung des Merkmals der Irreführung feststeht (hierzu sogleich I.), kann es um die Frage einer ökologischen Instrumentalisierung gehen (dazu II.).

I. Zur Frage der Unverzichtbarkeit von Wertungsfragen hinsichtlich einer Konkretisierung des Begriffs der "Irreführung"

1. Die Bestimmung des rechtlich beachtlichen Teils der angesprochenen Verkehrskreise (Mindestirreführungsquote)

Die Entscheidung, daß das Angabenverständnis einer Minderheit - und nicht einer Mehrheit - der angesprochenen Verkehrskreise wettbewerbsrechtlich erheblich sein soll, ist ebenso *wertender Natur* wie die Entscheidung, daß eine solche Minderheit regelmäßig bei etwa 10-15 % angesiedelt wird; es gibt keinen tatsächlichen Grund, die Quote nicht statt dessen auch auf 5 % einerseits oder 40 % andererseits festzusetzen[59]. Was die - grundsätzliche - Gleichsetzung von Verbraucher- und Minderheitenschutz im Hinblick auf eine Auslegung von § 3 UWG angeht, so ist jene, gerade auch in bezug auf ein einheitliches europäisches Wettbewerbsrecht[60], zumindest fragwürdig:

Wenn das erklärte Ziel des Verbraucherschutzes der *Schutz nicht nur weniger, sondern möglichst vieler Verbraucher* ist, es damit also nicht nur um Mehrheiten, sondern auch um Minderheiten gehen muß, dann ist eigentlich nur eine denkbar strenge Handhabung der Irreführungsquote gerechtfertigt. Abgesehen von dem - unbeachtlichen - Teil der angesprochenen Verkehrskreise, bei welchem eine Irreführung aufgrund seines niedrigen intellektuellen Verständnisniveaus tatsächlich nicht auszuschließen ist[61], läge die maßgebli-

---

[59] Vgl. bereits oben *Dritter Teil,* B. I. 1. c) aa) (2).

[60] Dazu etwa: *Emmerich*, Das Recht des unlauteren Wettbewerbs, 1995, 226 ff.; Großkomm./*Lindacher*, § 3 Rd. 15; *Schwanhäuser*, Die Zukunft der "irreführenden" Werbung (§ 3 UWG), GRUR 1988, 180 ff.; *Büttner*, a.a.O. (Fn. 58), 534 Fn. 9.

[61] Wollte man, was zumindest denkbar ist, selbst auf diesen Bevölkerungsteil - dieser wird regelmäßig mit etwa 5 % beziffert - wettbewerbsrechtlich Rücksicht nehmen, so liefe dies im Ergebnis auf das Verbot jeglicher Werbung mit Angaben im Sinne von

che Irreführungsquote stets bei circa 5 % der angesprochenen Verkehrskreise aufwärts[62]. Jedwede Aufweichung dieser Quote - z.B. im Rahmen einer abschließenden Interessenabwägung - müßte vor diesem Hintergrund als inkonsequent bezeichnet werden.

Bedenken ergeben sich indes hinsichtlich der *Konsequenzen eines solchen Minderheitenschutzes.* Gegen eine Quote von 5 % aufwärts spricht nämlich, daß im Fall des Verbots einer lediglich eine Minderheit irreführenden Werbung einer mutmaßlich nicht irregeführten Mehrheit wichtige Marktinformationen vorenthalten werden[63]. Zwar ist regelmäßig nur von den Interessen der *Allgemeinheit* die Rede, gemeint ist letztlich aber die - regelmäßig nicht irregeführte - *Mehrheit.* Daß in bestimmten Ausnahmefällen trotz vorliegender Irreführung aus Gründen eines deutlich überwiegenden Informationsinteresses der Allgemeinheit auf eine Untersagung der Werbung verzichtet wird[64], läßt sich allein damit erklären, daß es gerade nicht die Mehrheit ist, die durch die - lediglich eine Minderheit - irreführende Werbung einen Nachteil erleidet. Setzt man die vielzitierte "Allgemeinheit" mit der nicht täuschungsgefährdeten Mehrheit der angesprochenen Verkehrskreise gleich, so liegt es eben nicht im Interesse einer so verstandenen Allgemeinheit, eine *aus ihrer Sicht* nicht irreführende Werbung zu untersagen[65]; das herkömmliche Argumentations-

§ 3 UWG hinaus; s.a. *Emmerich*, a.a.O. (Fn. 60), 234. - Einer solchen Position läßt sich allenfalls der - gewichtige - Einwand entgegenhalten, daß die rechtstatsächliche Behauptung der 5 %-Quote noch aus den Fünfziger Jahren stammt (*Noelle-Neumann/ Schramm*, Umfrageforschung in der Rechtspraxis, 1961, 12) und eine Überprüfung hinsichtlich ihrer Aktualität dringend geboten erscheint.

[62] Vgl. auch *Lindacher*, der eine Minderheit von 10 % aufwärts als "wahrlich nicht mehr quantité négligeable" bezeichnet, Großkomm./*Lindacher*, § 3 UWG Rd. 102. - Der unbeachtliche 5 %-Bereich ("Hilfsschülerniveau") wird also, nicht anders als im Falle der regulären 10-15 %-Quote, mitgerechnet, soll heißen: Sobald eine Irreführung diesen 5 %-Bereich verläßt, ist sie rechtlich erheblich.

[63] A.M.: Großkomm./*Lindacher*, § 3 UWG Rd. 101 ff.; *Emmerich*, a.a.O. (Fn. 60), 229 f., 234 f.; *Schricker*, a.a.O. (Fn. 26), 225; *Lerche*, Meinungsfreiheit und Richtigkeitsanforderungen an Tatsachenangaben im wirtschaftlichen Wettbewerb, in: *Pfister/ Will* (Hrsg.), FS für *Werner Lorenz* zum 70. Geburtstag, 1991, 143, 151 f.; *Kloepfer*, a.a.O. (Fn. 34), 192; *Büttner*, Kurzkommentar zu BGH, Urt. v. 20.10.1988 - I ZR 219/87, EWiR § 3 UWG 2/89, 299, 300; *Beater*, a.a.O., 195; *Rohnke*, a.a.O., 670 f.; *Cordes*, a.a.O., 93 f.; *Keßler*, a.a.O (Fn. 4), 719, 721; *Füger*, a.a.O., 269 ff.

[64] Vgl. z.B. *Keßler*, Das ökologische Argument in der Konsumgüterwerbung - zur dogmatischen und rechtstatsächlichen Struktur des wettbewerblichen Irreführungsverbots, 1988, 40 f. m.w.N. zur Rspr.; *von Gamm*, a.a.O. (Fn. 25), 36. Kap. Rd. 45, 47 ff.

[65] Gleichsinnig *Lindacher*, a.a.O. (Fn. 55), 590. - Die Ansicht, das Verbot einer (in zumutbarer Weise) ersetzbaren, gleichwohl aber irreführenden Werbeangabe A beeinträchtige die Interessen der nicht irregeführten Mehrheit nicht - so z.B.: *Füger*, a.a.O., 273; Großkomm./*Lindacher*, § 3 UWG Rd. 274, 276 -, verkennt den Umstand, daß eine alternative Angabe B nicht den identischen Informationsgehalt besitzt wie die Angabe A; *insoweit* also werden der Mehrheit sehr wohl Informationen vorenthalten

schema, wonach das Interesse der Allgemeinheit, vor irreführenden Angaben geschützt zu werden, in der Regel so gewichtig sein werde, daß es gegenüber den Individualinteressen von Gewerbetreibenden an der Beibehaltung einer irreführenden Angabe vorrangig sei[66], ist in sich nicht schlüssig[67]. Kurz: Konsequent praktizierter Minderheitenschutz benachteiligt die nicht getäuschte Mehrheit und verkehrt sich so ins Gegenteil eines ursprünglich möglichst umfassend verstandenen Verbraucherschutzes.

Ausgangspunkt einer Suche nach einem Ausweg aus diesem Dilemma - und damit jeder Diskussion um die "richtige" Irreführungsquote - ist die Grundsatzfrage, ob § 3 UWG Minderheitenschutz bezweckt oder nicht. Der *Wortlaut* des § 3 UWG spricht in diesem Zusammenhang lediglich von demjenigen, der

> "(..) im geschäftlichen Verkehr zu Zwecken des Wettbewerbs über geschäftliche Verhältnisse (...) irreführende Angaben macht (...)."

Der Gesetzestext selbst kennt keine Einschränkung des potentiell irregeführten Personenkreises, § 3 UWG spricht gerade nicht davon, daß es sich um irreführende Angaben "aus Sicht eines verständigen Beobachters" oder "einer Mehrheit der angesprochenen Verkehrskreise" handeln muß. Das Fehlen einer - denkbaren[68] - Konkretisierung des Personenkreises, der irregeführt zu werden droht, durch den Gesetzgeber wäre damit *argumentum e contrario* für den grundsätzlichen Schutz aller Beteiligten und mithin jeder - ausgenommen: das soeben behandelte "Hilfsschülerniveau" - noch so kleinen Minderheit. Das lauterkeitsrechtliche Irreführungsverbot verstünde sich, so betrachtet, wenn auch nicht als Informationsgebot[69], so doch als Minderheitenschutzrecht. Zu einem anderen Ergebnis käme man dagegen, wenn man im Fall des Merkmals "Irreführung" von einem offenen Wertbegriff ausginge, dessen Konkretisierung der Gesetzgeber - ähnlich wie im Fall der "guten Sitten" (§ 1 UWG) - der Judikative anheimgestellt hat. Die fehlende Konkretisierung des Personenkreises wäre hiernach Auftrag zur *richterlichen Rechtsfortbildung*.

Die Entscheidung zwischen Umkehrschluß oder richterrechtlicher Fortentwicklung des Merkmals der Irreführung wird von Literatur und Judikatur ein-

---

(sprich: deren Informationsinteressen tangiert). Daß es der Mehrheit *ohne weiteres* zumutbar wäre, auf die Angabe A zu verzichten und mit der Angabe B vorliebzunehmen, läßt sich aber wohl kaum begründen.

[66] So ausdrücklich *Baumbach/Hefermehl*, § 3 UWG Rd. 97.

[67] Man wird das Interesse der Allgemeinheit (= Mehrheit) an der Untersagung einer diese nicht irreführenden Werbung allenfalls mit dem Hinweis begründen können, diese laufe Gefahr, eines Tages selbst zur täuschungsgefährdeten Minderheit zu werden, weshalb den Anfängen gewehrt und jede irgendeine Minderheit irreführende Werbung unterbunden werden solle.

[68] Vgl. auch *Schricker*, a.a.O. (Fn. 26), 224.

[69] BGH WRP 1996, 290, 291 - Umweltfreundliches Bauen; Großkomm./*Lindacher*, § 3 UWG Rd. 711; *Federhoff-Rink*, Umweltschutz und Wettbewerbsrecht, 1994, 202.

hellig, wenn auch kaum ausdrücklich zugunsten der zweiten Alternative getroffen. In wenigen Ausnahmefällen soll zwar auf einen konsequenten Minderheitenschutz (sprich: eine Quote oberhalb von 5 %) bestanden werden[70], im Grundsatz ist man sich über die Ablehnung eines rigorosen Minderheitenschutzes (sprich: eine Quote von 10-15 % aufwärts) aber einig[71]. Eine Entscheidung gegen den Umkehrschluß und für die richterrechtliche Fortbildung des Irreführungsmerkmals ist zwar dogmatisch unangreifbar; der Umkehrschluß ist nur dann berechtigt, wenn die mit diesem einhergehende Beschränkung auf eine Alternative ersichtlich vom Gesetzgeber gewollt oder nach der ratio legis geboten ist[72], was im Fall des Irreführungsmerkmals verneint werden kann[73]. Damit ist aber weiterhin ungeklärt, wieweit eine Aufweichung des Minderheitenschutzes reichen soll, d.h.: Es bedarf einer Begründung, ob eine Irreführungsquote von - circa[74] - 10-15 % oder von - z.B. - 25-30 %[75] als maßgeblich anzusehen ist.

Allerdings gibt es eine solche Begründung nicht. Zwar läßt sich die *Relativierung des Minderheitenschutzes als solche* rechtfertigen. Dafür spricht namentlich das Interesse der nicht irreführungsgefährdeten Mehrheit an einer möglichst umfassenden Information. Die Funktionsfähigkeit jeder Wirtschafts- und Wettbewerbsordnung hängt nicht vom Marktverhalten einiger weniger ab, sondern ist auf das Verhalten - und das bedeutet zunächst: die Informierung - eines möglichst großen Teils der angesprochenen Marktteilnehmer angewiesen. Die konkrete *Ausgestaltung des Minderheitenschutzes* hingegen, die Frage einer Höhe der Irreführungsquote, läßt sich nicht begründen. Man kann insofern von einem Dilemma sprechen: Die Notwendigkeit einer Entscheidung über diese oder jene Irreführungsquote steht außer Zweifel, gleichwohl fehlt es an einem Maßstab, anhand dessen diese Entscheidung getroffen werden könnte[76].

---

[70] So namentlich im Fall der Gesundheitswerbung; siehe nur: *Köhler/Piper*, a.a.O., § 3 Rd. 142; *Baumbach/Hefermehl*, a.a.O., § 3 UWG Rd. 28; Großkomm./*Lindacher*, § 3 UWG Rd. 111.

[71] Vgl. die Nachweise oben *Dritter Teil*, Fn. 46.

[72] Dazu nur *Larenz*, a.a.O., 390 f. m.w.N.

[73] Der spezifische Schutzzweck von § 3 UWG erschöpft sich, wie gesagt, in der Benennung der verschiedenen konfligierenden Interessen.

[74] Die praktische Anwendung dieser Quote hat sich zwischen zwei Extremen zu bewegen, dem Gebot der Rechtssicherheit und dem Gebot der Einzelfallgerechtigkeit. Eine geringfügige Abweichung erscheint tolerabel, während ein Verzicht auf jedwede Irreführungsquote offenkundig mit dem Gebot der Rechtssicherheit kollidieren würde.

[75] So für die umweltbezogene Produktwerbung - ohne Begründung - *Lappe*, a.a.O. (Fn. 34), 155 f.

[76] Ob ein Teil des Verkehrs als völlig unbeachtlich vernachlässigt werden darf oder nicht, hängt nach *Borck*, a.a.O. (Fn. 41), 65, auch von dem Gewicht der im Einzelfall involvierten und einander widerstreitenden Interessen ab. Die betroffenen Interessen

Selbstverständlich kann man mit Füger[77] kritisieren, daß Keßler[78] eine Werbung mit dem "Blauen Engel" auch insoweit akzeptiert, als diese knapp 30 % der Verbraucher irreführt. Nur: Auch Füger nennt keine Lösung, nach welcher eine bestimmte Quote zu rechtfertigen wäre. Ebenso wenig läßt sich die Höhe einer - in wenigen Ausnahmefällen - *besonders strengen Irreführungsquote* von 5-6 % begründen, von der Tatsache, daß die Beschränkung auf bestimmte Ausnahmen unter normativen Gesichtspunkten nicht zwingend - in tatsächlicher Hinsicht ist sie es schon gar nicht[79] - und damit willkürlich ist[80], einmal ganz abgesehen. Die Höhe einer - wiederum als Ausnahmefall verstandenen - *besonders weiten Irreführungsquote* von u.U. fast 30 %[81] ist gleichfalls nicht zwingend. Auch wenn man auf jeden Minderheitenschutz verzichten und einen *konsequenten Mehrheitenschutz* befürworten wollte[82], fehlte es an einer Begründung, warum insoweit eine Quote von - beispielsweise - 50 % genügen sollte. Die Höhe der Irreführungsquote wird zwar mitunter

---

seien zu gewichten. Je gewichtiger das Interesse, nicht getäuscht zu werden, im Einzelfall sei, desto weniger irregeführter Werbeadressaten bedürfe es, um die Werbung als irreführend zu verwerfen. - Indessen fehlt es gerade an einem objektiven Maßstab zur Gewichtung der einzelnen Interessen; wie schwer dieses oder jenes Interesse wiegt, ist auf der Grundlage von § 3 UWG jedenfalls nicht zu bestimmen, von einer konkreten Irreführungsquote ganz zu schweigen.

[77] *Füger*, a.a.O., 279.

[78] *Keßler*, Wettbewerbstheoretische Aspekte des Irreführungsverbotes - eine ökonomische und dogmengeschichtliche Analyse, WRP 1990, 73, 85.

[79] Dazu bereits oben *Dritter Teil*, B. I. 1. c) aa) (2).

[80] Typisch ist die Stellungnahme *Michalskis*, a.a.O., 446, der eine Ausnahme bei Produkten aus dem Bereich des Gesundheitswesens machen möchte, weil hier schutzwürdige Belange der Allgemeinheit eine höchstmögliche Aufklärungsquote forderten. Mit dieser Begründung kann im Ergebnis aber (fast) alles - und damit letztlich nichts - gerechtfertigt werden, wie die Ausführungen *Borcks*, a.a.O. (Fn. 41), 66, belegen: "Was der Gesundheit recht ist, muß - obzwar graduell herabgestuft - auch anderen Interessen billig sein, deren Verletzung nicht oder nur unvollkommen in Geld aufgewogen werden kann, wie etwa die Folgen der Fehlplanung infolge irreführender Werbung für Urlaub, Ausbildung, Altersversorgung oder auch Eheanbahnung und dergleichen mehr."

[81] So namentlich *Keßler*, a.a.O. (Fn. 78), 83, 85. - Dessen Konzept einer Privilegierung sog. "Schlüsselinformationen" - diesen komme gesamtwirtschaftlich betrachtet zentrale Informationsfunktion zu -, bei denen eine erhöhte Irreführungsquote in Kauf zu nehmen sei, führt allerdings nicht weiter. Es ist nämlich nicht einzusehen, warum die Frage, welche Bedeutung welche Verbraucher welcher Information beimessen (z.B.: 66,7 % verstehen diese Angabe als "Schlüsselinformation"), die Frage entscheiden soll, welcher Anteil der angesprochenen Verkehrskreise wirkungsvoll vor einer Irreführung geschützt werden soll und welcher Anteil nicht. Kurz: Die Frage der "richtigen" Irreführungsquote korrespondiert nicht mit der Qualität der Angabe - über das Vorliegen von Qualität ließe sich überdies vortrefflich streiten -, sondern mit der Bestimmung des zu schützenden Anteils der Verbraucher.

[82] In diesem Sinne z.B. *Strauch*, a.a.O., 541.

kontrovers diskutiert, eine *Begründung* für diese oder jene Quote aber, soweit ersichtlich, in keinem Fall angegeben.

Man wird die Frage der "richtigen" Irreführungsquote letztlich als eine nicht justiziable Geschmacksfrage behandeln müssen. Für die vorliegende Untersuchung bedeutet das: Mangels hinreichender neuer Gründe, die gegen die bislang von der h.M. propagierten *Irreführungsquote von 10-15 %* sprechen, ist an dieser im Grundsatz festzuhalten, wenn auch eine weitere Liberalisierung im Hinblick auf eine Harmonisierung des europäischen Wettbewerbsrechts sinnvoll wäre. Das folgt aus der zugunsten von dogmatischen Lösungen und Präjudizien gleichermaßen bestehenden sog. "Argumentationslastregel", wonach die *Argumentationslast* dem aufgebürdet wird, der von einem Präjudiz oder einer dogmatischen Lösung abweichen will[83].

Halten wir fest: Um das gesetzliche Tatbestandsmerkmal der Irreführung zu konkretisieren, ist die Diskussion und Beantwortung der Frage einer Bestimmung des beachtlichen Teils der angesprochenen Verkehrskreise - sprich: der Irreführungsquote - unverzichtbar. Ob die Festschreibung des rechtlich beachtlichen Teils der angesprochenen Verkehrskreise bei etwa 10-15 % eine weitergehende Abweichung von dieser Quote aus *ökologischen* Erwägungen ausschließt, soll zu einem späteren Zeitpunkt diskutiert werden (s.u. II. 1.).

2. Die Relevanz normativer Aspekte für die Bestimmung des relativen Angabenverständnisses der maßgeblichen Verkehrskreise

Soweit man umweltbezogene Produktwerbung als einen relativen Erklärungstatbestand begreift, kommen prinzipiell zwei Verständnisalternativen in Betracht - die maßgeblichen Verkehrskreise können die Relativität nämlich in einem eher strengen Sinne verstehen oder aber auch nicht. Im ersteren Fall müßte das werbende Unternehmen eine signifikante Verbesserung seines Produkts dartun, im letzteren genügte jede noch so geringe Verbesserung. Auch wenn diese Alternativität zunächst eine Frage von rechtstatsächlicher Natur ist - in welchem relativen Sinne verstehen die angesprochenen Verkehrskreise die Angabe? -, sind in diesem Kontext aber auch normative Gesichtspunkte denkbar[84]. So urteilt etwa das OLG Frankfurt:

> "Zu Recht wird nämlich darauf hingewiesen, daß eine Beschränkung der Werbemöglichkeit auf die Fälle, in denen dem Umweltschutzgedanken *in optimaler oder*

---

[83] Zum Ganzen siehe nur *Alexy*, Theorie der juristischen Argumentation, 1991, 326 ff., 334 ff.

[84] Vgl. hierzu auch oben *Dritter Teil*, B. I. 1. c) bb) (2).

sogar maximaler Weise Rechnung getragen wird, auf einen gravierenden Informationsverlust und damit den Verzicht auf ein Stück Umweltschutz hinausliefe."[85]

Die Frage ist somit die, ob eine tatsächlich existierende strenge Verbrauchererwartung aus normativen Gründen in eine weniger strenge *umgedeutet* werden darf, damit letztere vom Werbetreibenden erfüllt und eine entsprechende Angabe gutgeheißen werden kann. Hierzu ist zu sagen, daß weder eine normative Unterschreitung[86] noch eine entsprechende Überhöhung[87] empirischer Verbraucherdaten - unabhängig von den jeweiligen positiven bzw. negativen umweltpolitischen Rückwirkungen - rechtstheoretisch zu begründen ist. Im Gegensatz zur Notwendigkeit einer normativen Bestimmung der Mindestirreführungsquote ist die Frage der normativen Korrektur eines tatsächlich festgestellten Angabenverständnisses im Merkmal der Irreführung nicht angelegt. Die Entscheidung darüber, wie groß der Anteil an Verbrauchern *sein soll*, der irregeführt werden muß, damit man von Irreführung sprechen kann, ist - notwendigerweise - wertender Natur, die Entscheidung, ob dieser Anteil der Verbraucher eine bestimmte Angabe in einem mit der Wirklichkeit übereinstimmenden oder abweichenden Sinne *versteht*, ist - ausschließlich - tatsächlicher Natur. Es ist im Hinblick auf die Notwendigkeit einer Konkretisierung des Irreführungsmerkmals kein Grund ersichtlich, der es rechtfertigte, das tatsächliche Angabenverständnis durch ein normatives zu ersetzen. Damit erweist sich die Wertungsfrage einer nachträglichen, normativ motivierten Korrektur eines in tatsächlicher Hinsicht unstreitigen Angabenverständnisses als dogmatisch nicht haltbar und unter Interpretationsgesichtspunkten verzichtbar.

3. Normative Aspekte einer Bestimmung der wettbewerblichen Relevanz der Irreführung (Relevanzschwelle)

In tatsächlicher Hinsicht, so wurde an anderer Stelle gesagt[88], kann eine - vorläufig (!) - festgestellte Irreführung auf zweierlei Art wettbewerbliche Relevanz entfalten, im Wege einer irgendwie unmittelbar geschäftsabschlußmotivierenden Wirkung zum einen und vermöge einer bloßen Anlockwirkung zum anderen. Die - jeweils konkret-empirisch festzustellende - kaufentscheidungserhebliche Relevanz ist insoweit aber auch von normativer Natur, als es zu

---

[85] OLG Frankfurt am Main NJW-RR 1994, 676, 677 - Werbung mit Umweltfreundlichkeit. (Hervorhebungen vom Verfasser hinzugefügt) - Vgl. auch *Kloepfer*, a.a.O. (Fn. 34), 191. - A.A. Großkomm./*Lindacher*, § 3 UWG Rd. 710, wonach der Verkehr einen signifikant ökologischen Vorteil gegenüber dem herkömmlichen Angebot allemal erwarte und auch allemal erwarten dürfe.

[86] So OLG Frankfurt ebenda.

[87] So Großkomm./*Lindacher*, § 3 UWG Rd. 710.

[88] Vgl. oben *Dritter Teil*, B. I. 1. e).

entscheiden gilt, welcher Anteil der angesprochenen (bzw. irregeführten) Verbraucher diesbezüglich ausreichen soll[89].

Die Frage der Bestimmung der "richtigen" *Relevanzschwelle* ist allerdings - ganz ähnlich wie im Fall einer Festlegung der "richtigen" Mindestirreführungsquote[90] - nicht zu beantworten. Es gibt schlicht keinen Grund, der für oder gegen eine bestimmte Quote streiten würde. Unter dem Aspekt einer zugunsten existenter Präjudizien bestehenden Argumentationslastverteilung spricht damit viel für die Befürwortung einer regelmäßig[91] bei 10-15 % des angesprochenen Verkehrs (genauer: 100 % der bereits irregeführten Verbraucher) veranschlagten Relevanzschwelle. Irreführungsquote und Relevanzschwelle sind damit zahlenmäßig und personell identisch[92].

4. Die ergänzende bzw. abschließende Interessenabwägung

Nicht nur im Falle umweltbezogener Produktwerbung[93], sondern prinzipiell[94] wird - als "Exempel richterlicher Rechtsfortbildung"[95] - die Auffassung vertreten, daß die Auslegung der kleinen Generalklausel - und das bedeutet konkret: die Bestimmung des Merkmals "Irreführung"[96] - einer *ergänzenden bzw. abschließenden Interessenabwägung*[97] bedarf[98]. Die Frage nach der rich-

---

[89] S.a. Großkomm./*Lindacher*, § 3 UWG Rd. 121, 125 f.

[90] Es ist bezeichnend, daß die maßgebliche Relevanzschwelle üblicherweise mit der "klassischen" Irreführungsquote (sprich: 10-15 %) übereinstimmt, vgl. etwa Großkomm./*Lindacher*, § 3 UWG Rd. 121.

[91] Großkomm./*Lindacher*, § 3 UWG Rd. 121; *Angelika Meyer*, Die anlockende Wirkung der irreführenden Werbung, 1989, 78 f. m.w.N. zur Rspr.

[92] A.A. aber Großkomm./*Lindacher*, § 3 UWG Rd. 125, der für die Alternative der "anlockenden Wirkung" einen deutlich höheren Prozentwert fordert, da nicht bei jedem zunächst irregeführten, dann aber noch vor Vertragsschluß aufgeklärten Werbeadressaten mit einem Vertragsschluß zu rechnen sei.

[93] *Keßler*, a.a.O. (Fn. 4), 720 f.; *Füger*, a.a.O., 269 ff.; *Cordes*, a.a.O., 151 ff.; *Baukelmann*, Kurzkommentar zu BGH, Urt. v. 23.5.1996 - I ZR 76/94, EWiR § 3 UWG 3/96, 903, 904. - Aus der Rspr.: LG Berlin ZUR 1993, 175, 176 f.; OLG Köln GRUR 1988, 630, 631 - Kaltreiniger II; OLG Köln NJW-RR 1992, 874, 875 - Umweltzeichen II.

[94] A.M.; vgl. z.B.: *Köhler/Piper*, a.a.O., § 3 Rd. 141 ff.; *von Gamm*, a.a.O. (Fn. 25), 36. Kap. Rd. 45 ff.; *Traub*, a.a.O., 1017 ff.; *Hösl*, a.a.O., 139 ff.; Großkomm./*Lindacher*, § 3 UWG Rd. 104, 245 ff.; *Baumbach/Hefermehl*, a.a.O., § 3 UWG Rd. 97 ff., alle m.w.N. zur Rspr.

[95] *Hösl*, a.a.O., 7.

[96] S.o. A. III.

[97] *Hösl*, a.a.O., 76, empfiehlt den Begriff "Erheblichkeitsprüfung der Irreführungsgefahr".

[98] Auch wenn von verschiedenen Seiten die *Eigenständigkeit* dieses Prüfungspunktes betont wird - *Köhler/Piper*, a.a.O., § 3 Rd. 142 f.; *von Gamm*, a.a.O. (Fn. 25), 36. Kap.

tigen dogmatischen Verankerung der Interessenabwägung wird dabei in aller Regel übergangen; ob der Tatbestand von § 3 UWG eine abschließende Interessenabwägung überhaupt rechtfertigt, interessiert kaum[99]. Gleichwohl lohnt ein Blick auf die wenigen Begründungsversuche, sprechen diese doch eher gegen als für das Institut einer abschließenden Interessenabwägung. So ergibt sich die Notwendigkeit einer solchen Interessenabwägung nach Meinung des BGH daraus,

> "(...) daß die Rechtsprechung die Vorschrift des § 3 UWG stets schon dann als verletzt angesehen hat, wenn durch die Verwendung unrichtiger Angaben die Gefahr der Irreführung über das Angebot auch nur bei einem 'nicht völlig unbeachtlichen' Teil der angesprochenen Verkehrskreise hervorgerufen wird. Was ein (rechtlich) in diesem Sinne unbeachtlicher Teil der angesprochenen Kreise ist, läßt sich, wie nirgends bezweifelt wird, nicht rein zahlenmäßig ausdrücken; denn neben der in Zahlen allerdings ausdrückbaren Breite der Irreführungsgefahr ist auch die Art der hervorgerufenen Fehlvorstellungen, insbesondere das sich danach ergebende Gewicht des auf dem Spiel stehenden Interesses der Allgemeinheit und der Mitbewerber zu berücksichtigen; dieses kann sehr verschieden sein."[100]

Der BGH sucht also die aus Gründen des Minderheitenschutzes betont niedrig veranschlagte Irreführungsquote im nachhinein wieder aufzuweichen. Dabei fragt es sich, warum insofern nicht eine Änderung von Irreführungsquote und Relevanzschwelle genügt, sprich: ob für eine solche Aufweichung eine Interessenabwägung überhaupt vonnöten ist.

Eine andere Erklärung liefert Tilmann, der die Notwendigkeit einer Interessenabwägung dem Sinne nach damit begründet, daß § 3 UWG der Generalklausel des § 1 UWG untergeordnet und eine ausgleichende Wertung im Lichte von § 1 UWG dann vorzunehmen sei, wenn ein Sachverhalt zugrundeliege, der eine vom Normalfall der "strikten, ungehinderten Anwendung" des § 3 UWG divergierende Interessenkonstellation enthalte[101]. Indes unterscheiden sich große und kleine Generalklausel nicht unerheblich, die Übertragung des im Rahmen einer Auslegung von § 1 UWG allgemein anerkannten Instituts der Interessenabwägung[102] auf § 3 UWG versteht sich nicht von selbst und verlangt nach einer Begründung[103]. Das gilt um so mehr, als sich der Begriff der kleinen Generalklausel auf den Umstand beschränkt, daß die Angaben

---

Rd. 46 -, bedeutet die abschließende Interessenabwägung im Ergebnis doch nichts anderes als den Versuch einer Korrektur der zuvor festgestellten Irreführung, und damit der diese stützenden Wertungsfragen; vgl. auch *Michalski*, a.a.O., 446; *Hösl*, a.a.O., 143.

[99] Siehe beispielsweise *Traub*, a.a.O., 1017 ff., bes. 1032.

[100] BGH GRUR 1966, 445, 449 - Glutamal (mit zust. Anmerkung *Krieger*).

[101] *Tilmann*, a.a.O. (Fn. 30), 489.

[102] Vgl. oben *Vierter Teil*, C. I.

[103] Gleichsinnig bereits *von Gamm*, a.a.O. (Fn. 25), 36. Kap. Rd. 45.

"über geschäftliche Verhältnisse" in § 3 UWG nur beispielhaft aufgezählt sind[104]. Kurz: Es ist von Bedeutung, aufgrund welcher Formulierungen der Gesetzgeber seine Rechtsetzungsbefugnis in einen Auftrag der richterlichen Rechtsfortbildung umdeutet.

Auf diesem Hintergrund eröffnet die Formulierung "gute Sitten" einen ungleich weiteren richterrechtlichen Entwicklungsspielraum als der Begriff der "Irreführung"[105]. Die Notwendigkeit einer Interessenabwägung im Fall von § 1 UWG ist nicht zu bestreiten[106]. Anders hingegen bei § 3 UWG: Wer unter welchen tatsächlichen Umständen irregeführt wird, *muß* nicht im Wege einer abschließenden Interessenabwägung entschieden werden. Zwar *kann* man über eine solche Frage anhand einer entsprechenden Interessenabwägung urteilen, man wird sich dann aber den Einwand der Beliebigkeit gefallen lassen müssen. Man wende nicht ein, im Fall des § 3 UWG solle die Interessenabwägung nur ausnahmsweise erfolgen[107]. Auch eine solche Ausnahmeregelung ist keinesfalls zwingend und bedarf der Herleitung. Warum im Falle umweltbezogener Produktwerbung[108] oder angesichts eines technisch besonders fortschrittlichen Produkts[109] eine Abwägung Verbotsinteresse contra Verbotsgegeninteresse erforderlich sein soll, nicht aber in jedem (anderen) Fall, läßt sich schwerlich begründen[110]. Auf diese herkömmliche Weise ließe sich ohne weiteres der

---

[104] *Hösl*, a.a.O., 116.

[105] Vgl. auch *Tilmann*, a.a.O. (Fn. 30), 489.

[106] S.o. *Vierter Teil*, C. I.

[107] So: *Köhler/Piper*, a.a.O., § 3 Rd. 141, 143 f.; *von Gamm*, a.a.O. (Fn. 25), 36. Kap. Rd. 45, 47 ff.

[108] So namentlich *Keßler*, a.a.O. (Fn. 4), 720 f.

[109] BGH GRUR 1982, 118, 120 - Kippdeckeldose (mit zust. Anmerkung *Krüger*); *Hösl*, a.a.O., 360 f.

[110] Eine Begründung für die Besonderheit dieser oder jener Interessenkonstellation wird namentlich von Großkomm./*Lindacher*, § 3 UWG Rd. 248 ff., versagt. - Bezeichnend ist folgendes Resümee (Rd. 252): "Letztlich entscheidet jedoch immer die Bewertung und Abwägung aller für und gegen das Verbot sprechenden Interessen: Quantität und Qualität der Irreführungsquote sind besonders wichtige Elemente, aber eben nur Elemente in einem beweglichen (Bewertungs-)System. Im Ausnahmefall - schlagendes Illustrationsbeispiel: die 'Bocksbeutelflasche'-Entscheidung mit einer Konfusionsrate von satten 47 % - erheischt das Gewicht der Verbotsgegeninteressen durchaus die Hinnahme einer marktentscheidungsrelevanten Täuschung quantitativ ganz erheblicher Teile des angesprochenen Verkehrs." - Angesichts solcher Ausführungen ist man von einem *beliebigen Bewertungssystem* zu sprechen versucht. - *Lappes* Versuch [a.a.O. (Fn. 34), 150 ff.] der Begründung einer Ausnahmeregelung für den Fall, daß aufgrund einer extremen Irrtumsempfänglichkeit des Verkehrs der Werbende mit Pflichten zur Angabe von Einzelinformationen überhäuft werde, erschöpft sich in Andeutungen: "Es muß die Grenze bestimmt werden, bei der für den Werbenden durch die Kumulation verschiedener Einzelinformationen eine weitere Sachaufklärung unzumutbar wird. Diese Grenze dürfte nur in extremen Einzelfällen erreicht werden. Angesichts der momentan bestehenden Pflichten zur Aufklärung in der Blickfangwerbung

Fall eines zwar nicht technisch, dafür aber *ökologisch besonders fortschrittlichen Produkts* konstruieren, dessen - eine Minderheit von 47 % der angesprochenen Verbraucher irreführende - Bewerbung ausnahmsweise und im Interesse der "Allgemeinheit" zuzulassen wäre. Oder: Mit der Begründung, gerade der Gesichtspunkt des Allgemeininteresses, z.B. die Verhinderung einer Vernichtung volkswirtschaftlicher Werte, könne die Inkaufnahme einer vorübergehenden Verwechslungsgefahr erfordern[111], läßt sich heute auch das Allgemeininteresse an der Verhinderung einer Vernichtung *ökologischer Werte* ins Feld führen.

Ergibt sich die Erforderlichkeit einer abschließenden Interessenabwägung danach schon nicht zwingend aus § 3 UWG, so wirft die nähere Ausgestaltung der Interessenabwägung weitere Fragen auf. Hösl kommt in einer ausführlichen Rechtsprechungsanalyse zu dem Ergebnis, daß man selbst aus den späteren Urteilen der Rechtsprechung kaum eine konkrete *Methodik der Abwägung* herauslesen könne, auch wenn es nicht die Aufgabe der Rechtsprechung sei, in Urteilen eine grundsätzliche Auseinandersetzung mit der Methode der Abwägung zu bieten[112]; über die Voraussetzungen der Erheblichkeitsprüfung (sprich: Interessenabwägung) habe der BGH noch keine allgemeingültigen Richtlinien gefunden[113]. Eine fehlende methodologische Durchdringung des Themas "Interessenabwägung" muß man aber auch dem Schrifttum bescheinigen[114].

Wie schon eingangs bezüglich der verschiedenen schutzzweckrelevanten Interessen angemerkt, geht es im Kern um die *Frage nach dem relevanten Abwägungsmaßstab*[115]. Nach welchen Kriterien sollen die beteiligten Interessen - namentlich die Interessen der potentiell irregeführten Verbraucher an einem Verbot und die Interessen der potentiell nicht irregeführten Verbraucher an einer Zulassung der konkreten Werbung - gegeneinander abgewogen werden? § 3 UWG hält keinen solchen Abwägungsmaßstab bereit, anhand dessen die relevanten Interessen zu beurteilen wären, mit einer Entscheidung pro Interessenabwägung im Rahmen von § 3 UWG allein ist nichts gewonnen. Im Gegenteil, die vorschnelle Berufung auf das Institut der Interessenabwägung

---

kann von einer Unzumutbarkeit jedenfalls generell noch nicht die Rede sein. Was die Dichte der gebotenen Substantiierung und damit die Zumutbarkeit anlangt, bleibt jedoch die weitere Entwicklung der Rechtsprechung abzuwarten."

111 So *Tetzner*, Gesetz gegen den unlauteren Wettbewerb, 1957, § 3 UWG Anmerkung 1.

112 *Hösl*, a.a.O., 64.

113 *Hösl*, a.a.O., 71.

114 Siehe nur *Hösl*, a.a.O., 95.

115 Daß diese Frage die vornehmste und zugleich schwierigste Frage der Wertungsjurisprudenz darstellt, betont etwa *Hösl*, a.a.O., 107 f., m.w.N.

verstellt den Blick auf die Tatsache, daß es an einem geeigneten Abwägungsmaßstab mangelt:

Lindacher beispielsweise stellt die abwägungsrelevanten Interessen gegenüber und schließt dann mit der Bemerkung, ein Verbot der umweltbezogenen Angabe erschwere die Durchsetzung des umweltschonenderen Produkts[116]. Mit dieser Begründung *allein* läßt sich indes jede beliebige Irreführungsquote und Relevanzschwelle unterlaufen - solange das umweltschonendere Produkt nur seinen Absatz findet, was ja genau genommen schon dann der Fall wäre, wenn lediglich eine Minderheit *nicht* getäuscht wird, also die tatsächliche ökologische Bedeutung des Produkts erkennt, und sich zum Kauf entschließt. Auch insoweit ließe sich bereits von der Erleichterung der Durchsetzung des - objektiv - umweltschonenderen Produkts sprechen. Wollte man so argumentieren (und Interessen gewichten), dann geriete das Lauterkeitsrecht in der Tat zu einem Recht der Förderung umweltfreundlicher Produkte, allerdings auf Kosten eines Schutzes der irregeführten Verbraucher, bei denen es sich, wie gesagt, sogar um die Mehrheit handeln könnte. Das Wettbewerbsrecht entwikkelte sich zum klassisch-präventiven Umweltrecht, das Ergebnis wäre letztlich "Umweltschutz durch unlautere Werbung"[117]. Allein, auf einen teleologisch fundierten Abwägungsmaßstab läßt sich dieses Ergebnis nicht zurückführen.

Der BGH richtet sein Augenmerk mitunter auf "(...) die *Art* der hervorgerufenen Fehlvorstellung, insbesondere das sich danach ergebende *Gewicht* des auf dem Spiel stehenden Interesses der Allgemeinheit und der Mitbewerber (...)"[118]. Allenthalben ist von dem *Ausmaß* an Beeinträchtigung der durch die irreführende Werbeangabe Betroffenen (getäuschte Verkehrskreise und betroffene Mitbewerber)[119], dem *Ausmaß* der Folgen eines Verbots der Werbeangabe, der *Intensität* der jeweiligen Interessenbeeinträchtigung, dem *Grad und Maß* der jeweiligen Interessenverletzung[120] die Rede - wie diese Maßeinheiten im einzelnen definiert werden sollen, bleibt dabei ungeklärt.

Symptomatisch für den Befund einer fehlenden Abwägungsmethodik ist im übrigen die Tatsache, daß sich Gegner und Befürworter einer strengen Irreführungsquote (also: 5-6 %) gleichermaßen auf das Institut der Interessenabwägung berufen. Keßler etwa sieht in der ergänzenden Interessenabwägung die "Einbruchstelle", um den Konsumtions- und damit auch den Produktionsprozeß ökologisch auszurichten, sprich: den Interessen der getäuschten Abnehmer

---

[116] Großkomm./*Lindacher*, § 3 UWG Rd. 286, 288; *Lindacher*, a.a.O. (Fn. 17), 190.
[117] *Füger*, a.a.O., 279.
[118] BGH GRUR 1966, 445, 449 - Glutamal (mit zust. Anmerkung *Krieger*) (Hervorhebungen vom Verfasser hinzugefügt).
[119] *Hösl*, a.a.O., 65 ff.
[120] *Hösl*, a.a.O., 69 f.

die Interessen der nicht irregeführten Verbraucher gegenüberzustellen[121]. Daß letztere überwiegen sollen, belegen andere Ausführungen Keßlers, die von einer "normativen Korrektur des Irreführungstatbestandes" handeln[122]. Die Befürworter einer strengen Irreführungsquote führen neben tatsächlichen Gesichtspunkten gleichfalls normative Aspekte ins Feld, namentlich die hohe Schutzwürdigkeit des Gutes der Gesundheit - dieser kommt danach im Verhältnis zur Umwelt "Brückenfunktion" zu -, um im Wege einer *verkappten Interessenabwägung* zu einer verschärften normativen Korrektur des Irreführungstatbestandes (und d.h. wiederum: der Irreführungsquote) zu gelangen[123].

Zusammengenommen läßt sich sagen: Im Gegensatz zu den typischen oder klassischen Generalklauseln des deutschen Privatrechts - "Treu und Glauben" (§ 242 BGB) oder "gute Sitten" (§§ 1 UWG, 138, 826 BGB) - eröffnet die kleine wettbewerbsrechtliche Generalklausel nur einen *beschränkten Spielraum richterlicher Rechtsfortbildung*. Insbesondere bedarf es zur Konkretisierung des Irreführungsmerkmals - entgegen der a.M. - keiner ergänzenden oder abschließenden Interessenabwägung. Auch das Interesse einer nicht irreführungsgefährdeten Mehrheit an umweltbezogenen Informationen rechtfertigt keine zusätzliche Interessenabwägung. Ökologische Interessen sind nicht höher zu bewerten als andere Interessen der nicht irreführungsgefährdeten Mehrheit, etwa das Interesse an einem allgemeinen Fortschritt. Alle diese Interessen haben ihrerseits *Eingang in das allgemeine lauterkeitsrechtliche Schutzzweckverständnis* gefunden. Dieser ökonomische und ökologische Interessen vereinigende Schutzzweck ist nicht nur der *eigentliche Ort einer umfassenden Interessenschau und -abwägung*, er liefert zudem auch den Schlüssel für eine - mögliche - ökologische Instrumentalisierung der im Rahmen von § 3 UWG unverzichtbaren Wertungsfragen (dazu sogleich II.).

II. Die ökologische Instrumentalisierbarkeit unverzichtbarer Wertungsfragen im Rahmen einer Auslegung von § 3 UWG

Nachfolgend geht es um die Frage, inwieweit die beiden nach den vorstehenden Ausführungen unverzichtbaren normativen Einbruchstellen des § 3 UWG (Mindestirreführungsquote und Relevanzschwelle) einer ökologischen Instrumentalisierung zugänglich sind, mit anderen Worten: Ist es für das normative Verständnis der jeweiligen Wertungsfrage von Bedeutung, daß zum übergeordneten Schutzgut des § 3 UWG der Wettbewerb um das knappe Gut der Umweltschonung einerseits bzw. die Funktionsfähigkeit einer Umweltsozialen Marktwirtschaft andererseits rechnet?

---

121 *Keßler*, a.a.O. (Fn. 4), 720 f.

122 *Keßler*, a.a.O. (Fn. 78), 85.

123 In diesem Sinne *Cordes*, a.a.O., 92 f.

1. Die Bestimmung der Mindestirreführungsquote und das Schutzgut "Wettbewerb um knappe Güter bzw. funktionsfähige Umweltsoziale Marktwirtschaft"

In bezug auf die Mindestirreführungsquote spitzt sich die Frage zu: Ist es für die Festlegung des rechtlich beachtlichen Teils der angesprochenen Verkehrskreise in Höhe von circa 10-15 % von Belang, daß § 3 UWG auch den Schutz des Wettbewerbs um das knappe Gut der Umweltschonung sowie einer funktionsfähigen Umweltsozialen Marktwirtschaft bezweckt? Wenn es stimmt, daß Umweltwerbung den Dialog über das Gut der Umweltschonung ebnet und "ohne private Umweltwerbung deutlich weniger Wettbewerb um Umweltschutz" stattfindet[124], dann erhebt sich die Frage, auf welche Weise *ein Mehr an privater Umweltwerbung* unter teleologischen Gesichtspunkten zu rechtfertigen ist. Konkret: Läßt sich vor diesem Hintergrund eine höhere (oder auch eine niedrigere) Irreführungsquote begründen[125]?

Zunächst ist daran zu erinnern, daß die Begründung einer bestimmten Quote nicht gelingen kann (dazu bereits oben I. 1.); es kann immer nur um Tendenzen gehen, um die Frage also, ob im Falle umweltbezogener Werbung eine *tendenziell höhere Mindestirreführungsquote* gerechtfertigt ist. Gleichzeitig ist zu bedenken, daß mit dem Versuch einer teleologisch abgesicherten Aufweichung der regulären, hier im Grundsatz nicht weiter bestrittenen Irreführungsquote in keinem Fall ein Präzedensfall geschaffen werden darf; Ausnahmen müssen als solche ihre Berechtigung haben. Wieso also soll im Fall von umweltbezogenen Werbeäußerungen eine tendenziell höhere Irreführungsquote teleologisch unbedenklich sein, bei einer - beispielsweise - *kinder- oder behindertenfreundlichen Werbung* aber nicht?

Die Antwort folgt aus dem dieser Untersuchung zugrundeliegenden allgemein-wettbewerbsrechtlichen Schutzzweckverständnis. Schutzgut des deutschen Lauterkeitsrechts ist zunächst der Wettbewerb um knappe Güter, namentlich der Wettbewerb um das Gut der Umweltschonung. Allerdings ließe sich einwenden, auch die Förderung des Wohls von Kindern oder die Unterstützung (die Schonung?) von Behinderten sei ein knappes Gut, um das im ökonomischen Wettbewerb zu streiten sich lohne und wettbewerbsrechtlich

---

[124] So *Lappe*, a.a.O. (Fn. 34), 144.

[125] Zur Frage einer Korrektur der Mindestirreführungsquote auf der Grundlage der *Ökonomischen Analyse des Rechts* siehe *van den Bergh/Lehmann*, Informationsökonomie und Verbraucherschutz im Wettbewerbs- und Warenzeichenrecht, GRUR Int. 1992, 588, 597. - Allgemein zum Verständnis von § 3 UWG aus ökonomisch-normativer Sicht auch *Kirchner*, Fehlentwicklungen im Recht des unlauteren Wettbewerbs, AG 1986, 205, 212 f., 214.

zulässig sein müsse[126]. Macht es damit keinen Unterschied, ob die Schonung der Umwelt oder die Unterstützung der deutschen Olympiamannschaft werblich herausgestellt wird? Diese Frage ohne weiteres bejahen hieße, die Tatsache zu übersehen, daß Umwelt selbst ein im wirtschaftstheoretischen Sinne knappes und - wenn auch, mangels Eigentumsfähigkeit, nur mittelbar - wettbewerbsfähiges Gut ist. Anders als bei Kindern, Behinderten, Sportlern oder Künstlern, denen allesamt natürlich ebenfalls jede Eigentumsfähigkeit abgesprochen werden muß, unterliegt die Umwelt als solche seit Jahrtausenden den Regeln des ökonomischen Wettbewerbs, wenn auch die Vermarktung der Umwelt bislang nicht über den Preismechanismus gesteuert wurde. Die prinzipielle mittelbare Wettbewerbsfähigkeit der Umwelt - ihrer Ressourcen wie Wasser, Holz und Erdöl - unterscheidet diese also von einem im ökonomischen Sinne selbst bereits prinzipiell nicht wettbewerbsfähigen Kind (Behinderten, Künstler etc.).

Allerdings: Schutzgut des deutschen Wettbewerbsrechts ist nicht die Umwelt selbst, und es kann grundsätzlich auch nicht um die Vermarktung der Umwelt, sondern nur um die Vermarktung ihrer Schonung, Förderung usw. gehen. Insoweit ist es ohne Unterschied, ob die Schonung der Umwelt oder die Unterstüzung Behinderter zum Marktthema erhoben und werblich herausgestellt wird. Anders formuliert: Daß der Wettbewerb um die Schonung der Umwelt als Schutzgut des UWG zu begreifen ist, ändert nichts an der Tatsache, daß auch die Gewährleistung eines Wettbewerbs um die Unterstützung der deutschen Olympiamannschaft unter den Schutzzweck der §§ 1 und 3 UWG fällt - solange es sich bei dieser Unterstützung um ein im ökonomischen Sinne knappes Gut handelt. Ein "Mehr" an privater Umweltwerbung ist nicht besser und nicht schlechter zu begründen als ein "Mehr" an privater Werbung zugunsten kinderfreundlicher Produkte. Damit entfällt aber die Möglichkeit der Begründung einer wettbewerbsrechtlichen Ausnahmestellung umweltbezogener Werbung, sprich: einer abweichenden Irreführungsquote.

Bleibt die Frage, ob wenigstens das lauterkeitsrechtliche Schutzgut einer funktionsfähigen Umweltsozialen Marktwirtschaft eine tendenziell höhere Mindestirreführungsquote erlaubt bzw. gebietet. Das Wesen der Umweltsozialen Marktwirtschaft - einer normativen Ordnung - besteht insbesondere in

---

[126] In der Tat hat die Werbeindustrie schon vor längerer Zeit die Werbewirksamkeit einer Unterstützung sozialer Aktivitäten, namentlich unter dem Schlagwort des *social sponsoring*, entdeckt. Auch auf dem Gebiet der eigentlichen Sozialaktivitäten herrscht Konkurrenz (Stichwort: Wettkampf um "Spendenkuchen"). Genau besehen ist in einer modernen Dienstleistungs- und Verkehrsgesellschaft alles von knapper Natur, was ein kurzer Blick auf die Vermarktung von Sport- und Kulturereignissen beweist.

dem Bestreben, die ökonomische Wirklichkeit zu korrigieren und den Schutz des knappen, aber unmittelbar wettbewerbsunfähigen Gutes "Intakte Umwelt" dadurch zu befördern, daß sie einen Wettbewerb um das knappe Gut der Umweltschonung unterstützt. Allerdings erschöpft sich das Wesen dieser Ordnung nicht darin. Einer umweltsozialen Marktwirtschaft geht es um die Korrektur auch ganz anderer wirtschaftlicher Gesetzlichkeiten, vor allem um den *Schutz wirtschaftlich kleiner, schwacher Einheiten*[127]. Nicht nur die Schonung der Umwelt soll danach dem Wettbewerb überantwortet werden, sondern - z.B. - auch die Förderung von Familien oder die Unterstützung sozialer Minderheiten, etwa durch steuerliche Anreize. Die "ökologisch bewußte Ausrichtung des Konsumtionsprozesses"[128] erweist sich damit lediglich als ein - wenn auch bedeutsamer - Ausschnitt einer insgesamt sozial bewußten Ausrichtung des bundesdeutschen Wirtschaftsprozesses. Dieser Umstand erlaubt aber weiter keine ökonomischnormativ und im Anschluß hieran: wettbewerbsrechtlich begründete Privilegierung umweltbezogener Werbeäußerungen im Verhältnis zu anderen, gleichfalls sozialrelevanten Werbeangaben (Beispiel: Werbung für behindertenfreundliche Kinos).

Damit läßt sich eine Anhebung der regulären Irreführungsquote (10-15 %) bei umweltbezogenen Angaben unter übergeordneten teleologischen Aspekten nicht rechtfertigen.

2. Die Bestimmung der Relevanzschwelle und das Schutzgut "Wettbewerb um knappe Güter bzw. funktionsfähige Umweltsoziale Marktwirtschaft"

Was die Frage einer ökologisch-normativen Korrektur der Relevanzschwelle anbetrifft, so wird insoweit auf die soeben mit Blick auf die Irreführungsquote erfolgten Anmerkungen verwiesen, soll heißen: Es bleibt bei einer maßgebenden Relevanzschwelle von 10-15 % der angesprochenen Verkehrskreise.

D. Schlußfolgerungen

Die zuvor[129] in bezug auf die empirisch-deskriptiven Aspekte des Irreführungstatbestandes erfolgten Ausführungen, namentlich hinsichtlich der sog.

---

[127] Zum Sozialen der Sozialen Marktwirtschaft siehe etwa *Fikentscher*, Die umweltsoziale Marktwirtschaft - als Rechtsproblem -, 1991, 15 ff.

[128] *Keßler*, a.a.O. (Fn. 4), 717.

[129] S.o. *Dritter Teil*, B. I.

"Aufklärungspflichten"[130], werden durch die soeben[131] diskutierten normativen Fragen nicht relativiert, sondern bestätigt[132]:

Was das Verhältnis von § 3 UWG zu § 1 UWG anbetrifft, so bleibt es, dank eines zum Zwecke der Bestimmung eines übergeordneten Abwägungsmaßstabes erforderlichen Rückgriffs auf das allgemeine wettbewerbsrechtliche Schutzzweckverständnis (s.o. B. II.), bei der oben[133] festgestellten prinzipiellen *Emanzipation* umweltbezogener Werbung.

Die sich anschließende Frage einer - denkbaren - weitergehenden *Privilegierung* umweltbezogener Werbeäußerungen vermöge einer Anhebung von Irreführungsquote und Relevanzschwelle läßt sich dagegen nicht bejahen. Von den möglichen vier Wertungsfragen einer Interpretation von § 3 UWG sind überhaupt nur zwei zur Konkretisierung des Irreführungsmerkmals unverzichtbar (Irreführungsquote und Relevanzschwelle), die übrigen beiden sprengen bereits den vom Wortlaut der kleinen Generalklausel gezogenen Rahmen richterlicher Rechtsfortbildung (s.o. C. I. 2. und 4.). Eine ökologische Instrumentalisierung von Mindestirreführungsquote und Relevanzschwelle scheitert an der fehlenden Alleinstellung des knappen Gutes "Umweltschonung" im Vergleich zu anderen knappen Gütern, z.B. der Unterstützung sportlicher Aktivitäten, der Familienförderung etc. (vgl. oben C. II. 1. und 2.).

Auf diese Weise hat § 3 UWG teil an der allgemeinen ökologischen Instrumentalisierbarkeit von § 1 UWG[134], ohne indes einen eigenständigen - weitergehenden - Beitrag zur Förderung eines ökologischen Wirtschaftsprozesses leisten zu können.

---

[130] Zu diesen vgl. oben *Dritter Teil,* B. I. 1. d) bb).

[131] Vgl. oben C. II.

[132] Die Aufklärungpflicht des Werbenden ist dabei weniger die "wohl wichtigste Konsequenz der Ausweichpflicht" - so aber *Lappe,* a.a.O. (Fn. 34), 148 -, sondern wohl eher ihre Kehrseite. Also: Aufklärung durch Ausweichen auf eine in Relation zur ursprünglichen Angabe veränderte Fassung, wobei das Kriterium der Zumutbarkeit nach hiesigem Verständnis die richterrechtlichen Grenzen des § 3 UWG überschreitet.

[133] S.o. *Vierter Teil,* E.

[134] Zu dieser oben *Vierter Teil,* E.

Sechster Teil

Zusammenfassung (Thesen)

1. Das Phänomen der umweltbezogenen Werbung erfordert eine Annäherung von zwei Seiten, von tatsächlicher und von wertender Seite. Die - interdisziplinär zu beantwortende - Frage, was Umweltwerbung beinhaltet und wie diese wirkt, ist streng zu trennen von der Frage, ob eine so beschaffene Werbung wettbewerbsrechtlich zulässig ist oder nicht [*Erster Teil,* C.].

2. Umweltbezogene Werbung weist in tatsächlicher Hinsicht allgemeine Wesensmerkmale auf, die eine bedingte Kategorisierung erlauben. Danach läßt sich zunächst von einer - indes nur partiellen - Identität von umweltbezogener und nichtinformativer (= gefühlsbetonter oder suggestiver) Werbung reden; Umweltwerbung kann im Sinne einer Ansprache an subjektive, bewußte oder unbewußte, mit den jeweiligen Zusatznutzensarten (gutes Umweltgewissen; ökologische Sicherheit etc.) korrespondierende verbraucherspezifische Zwecksetzungen wirken, sie muß es aber nicht [*Zweiter Teil,* B. III. und C. IV. 2.].

Was die Wirkung nichtinformativer Werbung im einzelnen anbetrifft, so ist von einer relativen tatsächlichen Gleichartigkeit von informativer (= auf der Ebene des Objektiven operierender, grundnutzenbetonender) und suggestiver bzw. gefühlsbetonter Werbung auszugehen, und zwar relativ hinsichtlich der Möglichkeit der Hervorrufung einer irrationalen Kaufentscheidung bzw. einer Minderung der Markttransparenz [*Zweiter Teil,* B. V. 4.]. Das bedeutet: Soweit man umweltbezogene Werbung als Beispiel suggestiver bzw. gefühlsbetonter Werbung verstehen kann, wird man jene als nicht mehr und nicht weniger markttransparenz- und rationalitätsmindernd bezeichnen können als informative Umweltwerbung; eine im Vergleich zu dieser strengere wettbewerbsrechtliche Beurteilung nichtinformativer Umweltwerbung läßt sich insoweit nicht rechtfertigen [*Zweiter Teil,* E. I.]. Art und Natur des Zusatznutzens haben auf die Rationalität der Kaufentscheidung keinen Einfluß, die relative Gleichartigkeit von informativer und nichtinformativer Umweltwerbung existiert unabhängig vom Inhalt des jeweiligen Zusatznutzens. Damit fehlt es im Hinblick auf die - maßgebliche - Frage einer Beurteilung unterschiedlicher Werbearten und Werbewirkungen an einer hinreichenden rechtstatsächlichen Unterscheidbarkeit von eigen- und gemeinnützigen Gefühlen; die Begrenzung des Sachlichkeitsgrundsatzes auf solche Werbemaßnahmen, die an ausschließlich altruistische Gefühle appellieren, ist willkürlich, der Sachlichkeitsgrundsatz selbst kein geeigneter Maßstab zur Reglementierung nichtinformativer umweltbezogener Werbeäußerungen [*Zweiter Teil,* E. II.].

In bezug auf die Teilidentität von umwelt- und gesundheitsbezogener Werbung [*Zweiter Teil,* C. III. 3.] kann allenfalls von einer mittelbaren partiellen Gleichartigkeit die Rede sein, weshalb die an eine unmittelbar gesundheitsbezogene Werbeaussage gestellten strengen wettbewerbsrechtlichen Anforderungen auf umweltbezogene Angaben nicht übertragen werden können; insgesamt ergibt sich die Notwendigkeit der Entwicklung eines eigenständigen lauterkeitsrechtlichen Beurteilungsmaßstabs, anhand dessen umweltbezogene Werbung abschließend zu überprüfen ist [*Zweiter Teil,* F.].

3. Umweltwerbung ist über die soeben getroffenen allgemeinen Feststellungen hinaus ein überaus vielschichtiges Phänomen, das nach einer besonderen Betrachtungs- und Differenzierungsweise verlangt. Gegenwärtig lassen sich vier unterschiedliche Fallgruppen ausmachen, die umweltbezogene Produktwerbung [*Dritter Teil,* B. I.], die umweltbezogene Unternehmenswerbung [*Dritter Teil,* B. II.], die Fallgruppe der umweltbezogenen Kauf- und Unterstützungsappelle [*Dritter Teil,* B. III.] sowie die Fälle der umweltbezogenen Kaufappelle mit einem Unterstützungsangebot [*Dritter Teil,* B. IV.]. Eine Überprüfung der tatsächlichen - und regelmäßig zugleich auch normativ bedeutsamen - Qualifizierung der einzelnen Formen umweltbezogener Werbung seitens der h.M. hat verschiedene, zum Teil abweichende Ergebnisse gezeitigt:

Umweltbezogene Produktwerbung arbeitet mit objektiv nachprüfbaren Angaben im Sinne von § 3 UWG. Das diesbezügliche Angabenverständnis eines durchschnittlichen, flüchtigen Betrachters begreift solche Angaben als mehrdeutigen und - regelmäßig - relativen Erklärungstatbestand; im Einzelfall mag es sich bei diesen zudem um Werbung mit Selbstverständlichkeiten bzw. mit unvollständigen Angaben handeln [*Dritter Teil,* B. I. 1. c) bb)]. Aus diesem Angabenverständnis ergeben sich konkrete Aufklärungspflichten des Werbenden [*Dritter Teil,* B. I. 1. d) bb)], die eine Werbung mit dem "Blauen Engel" als zulässig und eine solche mit dem "Grünen Punkt" als (noch) unzulässig erscheinen lassen [*Dritter Teil,* B. I. 3. a) und b)]. Zur Fallgruppe der umweltbezogenen Unternehmenswerbung ist zu bemerken: Die rechtstatsächliche Einordnung der umweltbezogenen Benetton-Werbung unter Rückgriff auf den Sachlichkeitsgrundsatz mißlingt [*Dritter Teil,* B. II. 1. d)]; das rechtstatsächliche Verständnis der umweltbezogenen Unterstützungsappelle seitens des KG [*Dritter Teil,* B. II. 1. c)] bzw. der Werbung mit dem Umweltsponsoring seitens des OLG Köln [*Dritter Teil,* B. II. 2.] begegnet dagegen keinen Bedenken. Umweltbezogenen Kauf- und Unterstützungsappellen wird man mit rechtstatsächlichen Kategorien wie "rechtlicher" oder "psychologischer Kaufzwang" nicht gerecht [*Dritter Teil,* B. III.]. Auch in bezug auf die vierte Fallgruppe kommt man mit herkömmlichen Kategorien wie "psychologischer Kaufzwang", "übertriebenes Anlocken" oder "rechtlicher Kaufzwang" nicht weiter; das Wesen umweltbezogener Werbung läßt sich nicht in die Sprache des Anlockens oder psychologisch Zwanghaften übersetzen [*Dritter Teil,* B. IV.].

Unter tradierten rechtstatsächlichen Aspekten ist eine betont strenge Beurteilung umweltbezogener Werbung nicht zu rechtfertigen, womit endgültig die Frage einer eigenständigen normativen Bewertung der Umweltwerbung in das Blickfeld weiterer Überlegungen gerät [*Dritter Teil,* C.].

4. Dank seiner Konstruktion als Generalklausel läßt sich § 1 UWG als eine für ökologische Erwägungen prinzipiell offene Rechtsnorm bezeichnen. Denkbare Grenzen ergeben sich aber mit Blick auf eine mögliche wirtschaftspolitische Neutralität des UWG und den Typus des Leistungswettbewerbs [*Vierter Teil,* A.], was eine Beschäftigung mit den Aufgaben und dem Schutzzweck des deutschen Lauterkeitsrechts, namentlich seiner großen Generalklausel erforderlich macht [*Vierter Teil,* B.]: Dabei ist der Wettbewerbsrechtler auf die explikativ-deskriptive Hilfe der Wirtschaftswissenschaften angewiesen. Um die wettbewerbsrechtliche Aufgabe der Gestaltung von Wirtschaftswirklichkeit und -ordnung erfüllen und aus diesem Aufgabenverständis einen konkreten Schutzzweckgedanken gewinnen zu können, bedarf es eines wirtschaftstheoretischen Vorverständnisses der zu gestaltenden Verhältnisse. Auch eine Beantwortung der Frage der Schutzzwecktauglichkeit des Leistungswettbewerbs erfordert zunächst eine hinreichende wirtschaftstheoretische Bestimmung dieses Typus.

Auf der Grundlage eines wirtschaftswissenschaftlichen Leistungsbegriffs einerseits sowie unter Rückgriff auf die lauterkeitsrechtliche Aufgabe der Gestaltung der Wirtschaftswirklichkeit andererseits kann man die Gewährleistung eines Wettbewerbs um knappe Güter als einen ersten fundamentalen Schutzzweck von § 1 UWG definieren [*Vierter Teil,* C. II.]. Aus der Aufgabe der Gestaltung der Wirtschaftsordnung folgt als zweiter Schutzzweck die Gewährleistung der Funktionsfähigkeit der konkreten Wirtschafts- und Wettbewerbsordnung [*Vierter Teil,* C. III.].

Vor diesem Hintergrund ist der Wettbewerb um das knappe Gut der Umweltschonung als ein unter den Schutz von § 1 UWG gestellter Wettbewerb zu verstehen; eine werbliche Bezugnahme auf einen solchen Wettbewerb ist prinzipiell wettbewerbsrechtlich nicht zu beanstanden [*Vierter Teil,* D. I. 2.]. Auch eine Umweltsoziale Marktwirtschaft als die konsequente und notwendige Weiterentwicklung der bestehenden normativen Wirtschaftsordnung untersteht wenigstens in ihrer Funktionsfähigkeit dem Schutz des § 1 UWG; eine den Dialog über das knappe Gut der Umweltschonung - und damit über ökologische Preise - vorbereitende umweltbezogene Unternehmenswerbung ist als Bestandteil eines ökologisch verstandenen Preismechanismus gleichfalls lauterkeitsrechtlich unbedenklich [*Vierter Teil,* D. II.]. Eine ökologische Interessenabwägung ist angesichts dieser Ausführungen nicht geboten und insbesondere auch nicht mit dem Prinzip der Einheit der Rechtsordnung zu rechtfertigen [*Vierter Teil,* D. III.]. Am Maßstab von § 1 UWG gemessen, ist umweltbezogene Werbung in allen ihren Erscheinungsformen als wettbewerbsrechtlich zulässig einzustufen.

5. Im Fall der kleinen Generalklausel wird der Spielraum richterlicher Rechtsfortbildung über den Begriff der Irreführung eröffnet; innerhalb dieses Tatbestandsmerkmals kann sich die Diskussion einer möglichen ökologischen Instrumentalisierung von § 3 UWG überhaupt nur entfalten [*Fünfter Teil,* A.].

Grundlage einer solchen Diskussion ist dabei eine Verständigung über den maßgeblichen - allgemeinen wie auch besonderen - lauterkeitsrechtlichen Schutzzweck von § 3 UWG. Die Suche nach dem spezifisch-wettbewerbsrechtlichen Schutzzweck [*Fünfter Teil,* B. I.] ergibt, daß § 3 UWG zwar die verschiedenen, regelmäßig konfligierenden Verbots- und Verbotsgegeninteressen präsentiert, nicht aber auch den notwendigen übergeordneten Abwägungsmaßstab, so daß auf das allgemein-wettbewerbsrechtliche Schutzzweckverständnis, wie es zuvor auf der Grundlage von § 1 UWG ermittelt wurde, rekurriert werden muß [*Fünfter Teil,* B. II.].

Eine Beschäftigung mit den diversen normativen Einbruchstellen (= Wertungsfragen) zeigt, daß überhaupt nur zwei von ihnen zur Konkretisierung des Irreführungsmerkmals unverzichtbar sind (Irreführungsquote und Relevanzschwelle), während die übrigen beiden bereits den vom Wortlaut des § 3 UWG gezogenen Rahmen richterlicher Rechtsfortbildung sprengen [*Fünfter Teil,* C. I.]. Eine ökologische Instrumentalisierung von Mindestirreführungsquote und Relevanzschwelle scheitert allerdings an der fehlenden Alleinstellung des knappen Gutes "Umweltschonung" im Vergleich zu anderen knappen Gütern [*Fünfter Teil,* C. II.].

Thesen

1. These: Eine *Diskriminierung* umweltbezogener Werbung in Gestalt einer betont strengen wettbewerbsrechtlichen Behandlung läßt sich unter allgemeinen rechtstatsächlichen Aspekten nicht rechtfertigen *(Zweiter Teil)*.

2. These: Eine *Diskriminierung* umweltbezogener Werbung in Form einer betont rigiden lauterkeitsrechtlichen Behandlung läßt sich auch unter speziellen rechtstatsächlichen Gesichtspunkten nicht begründen *(Dritter Teil)*.

3. These: Umweltwerbung verlangt nach einer *eigenständigen* lauterkeitsrechtlichen Betrachtungs- und Beurteilungsweise *(Zweiter und Dritter Teil)*.

4. These: § 1 UWG zwingt zu einer *Emanzipation* umweltbezogener Werbung im Wege einer grundsätzlichen wettbewerbsrechtlichen Zulässigkeitserklärung solcher Äußerungen *(Vierter Teil)*.

5. These: Eine *Privilegierung* umweltbezogener Werbeangaben nach § 3 UWG läßt sich nicht begründen *(Fünfter Teil)*.

Anhang I

Entscheidungsregister

Zusammenstellung der bis 1.11.1997 veröffentlichten Entscheidungen zur umweltbezogenen Werbung

Die Fallgruppe umweltbezogener Produktwerbung

Nr.	Gericht	Aktenzeichen	Datum	Fundstelle	Bezeichnung
			BGH		
1	RG	II 107/39	17.02.1940	GRUR 1940, 375	Naturessig
2	BGH	I ZR 219/81	02.02.1984	GRUR 1984, 465	Natursaft
3	BGH	I ZR 219/87	20.10.1988	BGHZ 105, 277 GRUR 1991, 548 WRP 1989, 160 BB 1989, 236 ZIP 1989, 128 NJW 1989, 711 VuR 1989, 108 DB 1989, 379 MDR 1989, 326 LM § 3 UWG Nr. 281	Umweltengel
4	BGH	I ZR 238/87	20.10.1988	GRUR 1991, 546 WRP 1989, 163 NJW 1989, 712 MDR 1989, 327 LM § 3 UWG Nr. 282	... aus Alt- papier
5	BGH	I ZR 39/89	04.10.1990	GRUR 1991, 550 WRP 1991, 159 ZIP 1991, 55 NJW 1991, 1229 LM § 3 UWG Nr. 312	Zaunlasur
6	BGH	I ZR 62/92	24.03.1994	GRUR 1994, 523 NJW-RR 1994, 941 MD 1994, 607 LM § 3 UWG Nr. 357	Ölbrenner- modelle
7	BGH	I ZR 116/92	09.06.1994	DB 1994, 1977 NJW-RR 1994, 1126 LM § 3 UWG Nr. 360	Unipor-Ziegel
8	BGH	I ZR 76/94	23.05.1995	NJW 1996, 3419 GRUR 1996, 985 WRP 1996, 1156	PVC-frei
9	BGH	I ZR 213/93	14.12.1995	WRP 1996, 290 GRUR 1996, 367 NJW 1996, 1135 MD 1996, 375 LM § 3 UWG Nr. 374	Umweltfreund- liches Bauen
10	BGH	I ZR 159/94	17.10.1996	WRP 1997, 302 GRUR 1997, 306 NJW-RR 1997, 680	Naturkind
11	BGH	I ZR 140/94	05.12.1996	WRP 1997, 724 GRUR 1997, 666 NJW-RR 1997, 1192	Umweltfreund- liches Reini- gungsmittel

Nr.	Gericht	Aktenzeichen	Datum	Fundstelle	Bezeichnung
			OLG		
12	BayObLG	3 Ob OWi 129/81	13.10.1981	LRE 13, 201	Naturkost
13	BayObLG	RReg. 4 St 37/91	15.12.1991	ZLR 1992, 171	bio-gold
14	KG Berlin	5 U 260/87	20.02.1987	GRUR 1988, 223	Bio-Lotto-gramm
15	KG Berlin	5 U 1397/90	15.06.1990	WRP 1991, 30 NJW-RR 1991, 622 MD 1990, 1092 ZLR 1992, 170	Schützt unsere Umwelt I
16	KG Berlin	5 U 7005/89	18.01.1991	NJW-RR 1992, 435 ZLR 1992, 507 MD 1991, 247	Pseudo-Bio
17	KG Berlin	27 U 2910/91	04.12.1991	MD 1992, 146	Bioregulator
18	KG Berlin	25 U 7006/91	06.02.1992	MD 1992, 290	Werbung für schadstoff-verminderte Kfz
19	KG Berlin	5 U 3485/90	22.09.1992	GRUR 1993, 766	BIO GOLD
20	KG Berlin	5 U 5459/90	29.09.1992	NJW-RR 1993, 943	eine umwelt-schonende Heizung
21	KG Berlin	25 U 1490/92	12.10.1992	MD 1993, 4	natürlich Natur
22	KG Berlin	27 U 4519/92	26.10.1992	MD 1993, 207	Hochwertige Rohstoffe aus der Natur
23	KG Berlin	5 U 687/91	04.12.1992	MD 1993, 289	Schützt unsere Umwelt II
24	KG Berlin	25 U 6181/92	18.02.1993	MD 1993, 383	Werbung für Kfz mit um-weltverträglich
25	KG Berlin	25 U 5118/93	04.11.1993	MD 1994, 137	Werbung für Kfz mit Um-weltbegriffen
26	KG Berlin	5 U 5822/93	26.11.1993	GRUR 1995, 360	Weg damit - Her damit
27	KG Berlin	25 U 6934/93	06.06.1994	WRP 1994, 826	NATURKIND
28	KG Berlin	5 U 1738/93	14.06.1994	WRP 1994, 625 BB 1994, 2299	Der Grüne Punkt
29	KG Berlin	5 U 123/94	21.04.1995	MD 1995, 775	umweltehrliche Produkte
30	KG Berlin	5 U 7117/95	23.01.1996	WRP 1996, 750 MD 1996, 485 WM 1996, 1701	Für den Schutz der Umwelt

Nr.	Gericht	Aktenzeichen	Datum	Fundstelle	Bezeichnung
			OLG		
31	Celle	1 U 97/87	30.09.1987	WRP 1988, 243	Institut für biologische Therapie
32	Düsseldorf	2 Ss (OWi) 120/84 - 56/84 III	14.11.1985	ZLR 1988, 35	biologisch-chemisch
33	Düsseldorf	2 U 16/86	05.06.1986	GRUR 1988, 55 LRE 20, 196	bio-FIX
34	Düsseldorf	2 U 67/91	19.12.1991	WRP 1992, 209 NJW-RR 1992, 678	BIO-Pack
35	Frankfurt	6 U 143/84	18.10.1984	WRP 1985, 271	Baustoffe
36	Frankfurt	6 U 144/87	13.10.1988	WRP 1989, 252 GRUR 1989, 358 NJW-RR 1989, 364 MD 1989, 180	biologisch düngen
37	Frankfurt	6 U 14/93	30.09.1993	NJW-RR 1994, 676 MD 1994, 265	Werbung mit Umweltfreund-lichkeit
38	Frankfurt	6 U 240/92	03.03.1994	GRUR 1994, 524 MD 1994, 669	PVC-frei
39	Hamburg	3 U 54/90	14.06.1990	NJW-RR 1991, 113 MD 1991, 45	Recycling-Leder
40	Hamburg	3 U 58/90	13.09.1990	NJW-RR 1991, 939 MD 1991, 113	Werbung für Korrekturflüs-sigkeit
41	Hamburg	3 U 115/91	06.02.1992	RdE 1993, 21	Werbever-gleich zwi-schen Heizöl und Erdgas
42	Hamburg	3 U 51/92	10.09.1992	NJW 1993, 1867 MD 1993, 139	Mehrweg-fenster
43	Hamburg	3 U 19/92	12.11.1992	MD 1993, 120	Natur pur
44	Hamburg	3 U 177/93	11.11.1993	NJW-RR 1994, 555 MD 1994, 168	Irreführung durch Umwelt-zeichen
45	Hamm	4 W 128/89	19.12.1989	NJW-RR 1990, 622	Vorsilbe Bio
46	Hamm	4 U 12/91	25.04.1991	GRUR 1991, 929 NJW-RR 1992, 436	Biosauna
47	Karlsruhe	6 U 134/86	08.10.1986	WRP 1987, 46	Systemver-gleich
48	Karlsruhe	6 U 137/91	25.03.1992	WRP 1993, 122	ein bißchen umweltfreund-licher
49	Karlsruhe	6 U 253/94	23.08.1995	RdE 1996, 113	Umwelt-Bonus

Nr.	Gericht	Aktenzeichen	Datum	Fundstelle	Bezeichnung
			OLG		
50	Koblenz	1 Ss 279/87	04.08.1987	ZLR 1988, 152	Natur-Hautpflege
51	Koblenz	1 Ss 375/88	29.07.1988	ZLR 1989, 176	Naturkosmetik
52	Köln	6 U 253/86	05.06.1987	MD 1987, 1219	Umweltzeichen I
53	Köln	6 U 58/87	21.10.1987	GRUR 1988, 51 NJW-RR 1988, 1388	Umweltengel
54	Köln	6 U 41/87	06.11.1987	VuR 1989, 109	Hygiene-Krepp
55	Köln	6 U 168/87	06.01.1988	WRP 1988, 392 NJW-RR 1988, 1388 MD 1988, 449	Kaltreiniger I
56	Köln	6 U 194/87	04.03.1988	GRUR 1988, 630	Kaltreiniger II
57	Köln	6 U 148/89	28.03.1990	MD 1990, 563	Umweltfreundliche Produkte
58	Köln	6 U 214/88	07.02.1992	NJW-RR 1992, 874 MD 1992, 351	Umweltzeichen II
59	Köln	6 U 122/91	07.02.1992	MD 1992, 347	umweltbewußt bauen
60	Köln	6 U 100/91	21.02.1992	WRP 1992, 504 JZ 1993, 100 MD 1992, 345	Umweltzeichen III
61	Köln	6 U 13/92	14.08.1992	WRP 1993, 191 MD 1992, 790	ASBEST-FREI/INNOVATIV
62	Köln	6 U 75/92	04.12.1992	GRUR 1993, 690 NJW-RR 1993, 754 MD 1993, 407	... recyclingfähig
63	Köln	6 U 141/92	13.11.1992	GRUR 1993, 568	Wasserbehandlungsgerät
64	Köln	6 U 238/91	26.06.1993	MD 1993, 507	Der Umwelt zuliebe
65	Köln	6 U 133/92	17.09.1993	MD 1994, 67	Umweltfreundliches Bauen
66	Köln	6 U 88/93	11.02.1994	WRP 1994, 324 MD 1994, 477	Umweltwerbung für Wandfarbe
67	München	29 U 3494/89	27.07.1989	WRP 1990, 59 GRUR 1990, 294 MD 1989, 1343	Biolarium
68	München	29 U 4781/89	14.09.1989	WRP 1990, 194 MD 1990, 87	Öko-Pilsner

Nr.	Gericht	Aktenzeichen	Datum	Fundstelle	Bezeichnung
			OLG		
69	München	6 U 2008/89	21.09.1989	GRUR 1990, 290 WRP 1989, 763 MD 1990, 75	Bioclean
70	München	29 U 2430/90	21.06.1990	NJW-RR 1991, 114	Düngemittel
71	München	6 U 3996/92	04.03.1993	NJW-RR 1994, 551 MD 1994, 199	Ökologischer Systemvergleich
72	München	29 U 3591/93	22.07.1993	MD 1994, 88	Bio-Nahrung
73	München	29 U 5401/93	23.09.1993	WRP 1994, 134 MD 1994, 81	BIO-Früchte
74	München	6 U 3375/96	10.10.1996	NJW-RR 1997, 1268	Werbung mit Umweltschutz und Tierversuchen
75	Nürnberg	3 U 4219/87	16.08.1988	GRUR 1989, 128 ZLR 1989, 206	Hautöl
76	Nürnberg	3 U 2642/88	18.04.1989	GRUR 1989, 686 WRP 1989, 757 NJW-RR 1989, 813 MD 1989, 1070	baubiologisch
77	Saarbrücken	1 U 175/91	04.03.1992	WRP 1992, 510	Umweltwerbung
78	Stuttgart	2 U 193/83	08.06.1984	WRP 1985, 114	Bio-Sauna
79	Stuttgart	2 U 5/87	31.07.1987	NJW-RR 1988, 1385	Erdgaswerbung
80	Stuttgart	2 U 197/88	07.10.1988	NJW-RR 1989, 556	umweltbewußt
81	Stuttgart	2 U 141/90	10.08.1990	WRP 1991, 194 NJW-RR 1991, 115	Naturdünger
82	Stuttgart	2 U 250/92	12.03.1993	WRP 1993, 628	Umweltbezogene Werbung für Erdgas
83	Stuttgart	2 U 204/93	18.02.1994	WRP 1994, 339	Werbung mit Umweltfreundlichkeit
			LG		
84	Berlin	16 O 299/88	07.07.1988	MD 1988, 1395	Pseudo-Bio
85	Berlin	102 O 488/88	25.11.1988	VuR 1989, 292	00 Null-Null WC-Reiniger
86	Berlin	16 O 114/89	11.04.1989	NJW-RR 1989, 1203	Werbung mit bio
87	Berlin	16 O 1239/90	14.03.1991	MD 1991, 720	Schlankheitstropfen

Nr.	Gericht	Aktenzeichen	Datum	Fundstelle	Bezeichnung
			LG		
88	Berlin	16 O 877/91	31.10.1991	MD 1992, 56	Werbung für schadstoffverminderte Kfz
89	Berlin	16 O 13/90	10.12.1991	MD 1992, 279	Werbung für Linoleum
90	Berlin	15 O 868/91	07.02.1992	MD 1992, 379	Werbung für industriell hergestellte Baustoffe
91	Berlin	27 O 863/92	12.01.1993	MD 1993, 240	Umweltfreundliches Kfz
92	Berlin	91 O 345/92	22.01.1993	ZUR 1993, 175	Der Grüne Punkt
93	Berlin	102 O 257/93	06.07.1993	MD 1993, 708	Werbung für Kfz mit "umweltbewußt"
94	Berlin	27 O 405/93	13.07.1993	MD 1994, 106	umweltfreundliche Autoverwertung
95	Berlin	27 O 676/93	09.09.1993	MD 1994, 97	NATURKIND
96	Berlin	16 O 758/93	19.11.1993	MD 1994, 203	umweltehrliche Alternative
97	Berlin	16 O 406/95	14.09.1995	MD 1995, 1315	Werbung für Kapitalanlage mit "gut für die Umwelt"
98	Düsseldorf	12 O 6/87	08.07.1987	WRP 1987, 706	YTONG
99	Frankfurt	2/6 O 34/85	21.01.1985	WRP 1985, 245	Öko-Tau
100	Frankfurt	2/6 O 586/89	30.11.1989	WRP 1991, 349	Der Umwelt zuliebe
101	Hamburg	15 O 520/86	30.10.1986	WRP 1987, 146	Öko-Plus-System
102	Hamburg	12 O 177/88	30.06.1988	MD 1988, 1143	ohne schädliche Rückstände
103	Hamburg	312 O 106/91	02.05.1991	MD 1992, 450	Bio-Kalklöser
104	Hamburg	312 O 490/91	20.02.1992	MD 1992, 434	umweltfreundlich/Umweltengel
105	Hamburg	315 O 475/93	04.10.1993	NJW-RR 1994, 675 MD 1994, 108	Umweltfreundliche Herstellung von Zigaretten

Nr.	Gericht	Aktenzeichen	Datum	Fundstelle	Bezeichnung
			LG		
106	Köln	31 O 376/85	19.11.1985	GRUR 1988, 53	Umweltzeichen
107	Köln	31 O 475/86	27.01.1987	GRUR 1988, 55	Holzschutz-mittel
108	Köln	31 O 80/87	16.06.1987	GRUR 1988, 59	Kaltreiniger
109	Mannheim	23 O 212/89	30.04.1990	VuR 1990, 227	Umwelt schützen - Mach' mit!
110	München I	17 HKO 2734/89	18.05.1989	ZLR 1989, 724	BIO-KORN
111	München I	4 HKO 10006/90	25.10.1990	ZLR 1991, 95	Bio hell

Die Fallgruppe umweltbezogener Unternehmenswerbung

Nr.	Gericht	Aktenzeichen	Datum	Fundstelle	Bezeichnung
			BGH		
112	BGH	I ZR 60/91	25.06.1992	NJW 1992, 3304 MD 1992, 815 GRUR 1992, 707	Erdgassteuer
113	BGH	VI ZR 23/93	12.10.1993	NJW 1994, 124 ZIP 1993, 1801 WM 1993, 2214 DB 1994, 215	Greenpeace
114	BGH	I ZR 239/93	06.07.1995	BGHZ 130, 196 WRP 1995, 679 GRUR 1995, 598 NJW 1995, 2488 ZIP 1995, 1286 DZWiR 1995, 468 MD 1995, 910 AfP 1995, 602 LM § 1 UWG Nr. 692	Ölverschmutz-te Ente

Nr.	Gericht	Aktenzeichen	Datum	Fundstelle	Bezeichnung
			OLG		
115	Düsseldorf	2 U 39/93	27.05.1993	WRP 1994, 69 AfP 1994, 310	Benetton-Werbung
116	Frankfurt	6 U 142/93	20.01.1994	WRP 1994, 405 AfP 1994, 227	Verölter Wasservogel
117	Köln	6 U 64/92	08.01.1993	WRP 1993, 346 MD 1993, 406	Werbung mit Hinweis auf Umweltengagement
118	München	6 U 3284/95	30.11.1995	MD 1996, 624	Europäischer Umweltpreis 1992
119	Saarbrücken	1 U 175/91	04.03.1992	WRP 1992, 510	Umweltwerbung
120	Stuttgart	2 U 72/95	01.12.1995	MD 1996, 343 NJWE-WettbR 1996, 145	... unterstützt die Aktionsgemeinschaft Artenschutz e.V.
			LG		
121	Frankfurt	3/8 O 73/93	04.05.1994	WRP 1994, 554	Der Natur zuliebe Verpackungen aus Papier

Die Fallgruppe umweltbezogener Kauf- und Unterstützungsappelle

Nr.	Gericht	Aktenzeichen	Datum	Fundstelle	Bezeichnung
			OLG		
122	KG Berlin	5 U 5146/83	20.12.1983	WRP 1984, 607	Gefühlsbetonte Werbung mit Umweltschutzmaßnahmen
123	Hamburg	3 U 188/86	05.02.1987	WRP 1988, 45 GRUR 1987, 386	Bäumchen-Aktion
124	Hamburg	3 U 182/88	09.03.1989	GRUR 1989, 614 NJW-RR 1989, 1447 DB 1989, 1821 WRP 1989, 809 MD 1989, 1033	Umwelt-engagement
			LG		
125	Hamburg	12 O 46/85	14.02.1985	WRP 1986, 59 MD 1985, 991	Aktion Grüner Groschen

Die Fallgruppe umweltbezogener Kaufappelle mit einem Unterstützungsangebot

Nr.	Gericht	Aktenzeichen	Datum	Fundstelle	Bezeichnung
			BGH		
126	BGH	I ZR 113/89	18.10.1990	BGHZ 112, 311 GRUR 1991, 542 WRP 1991, 219 JZ 1992, 479 MD 1991, 240 NJW 1991, 701 LM § 1 UWG Nr. 559	Biowerbung mit Fahrpreis-erstattung
127	BGH	I ZR 82/92	03.11.1994	WRP 1995, 102 NJW 1995, 462 GRUR 1995, 163 DB 1995, 268 MD 1995, 105	Fahrtkosten-erstattung I
128	BGH	I ZR 35/93	09.02.1995	WRP 1995, 485 BB 1995, 1156 MD 1995, 645 MDR 1995, 594 LM § 1 UWG Nr. 684	Super-Spar-Fahrkarten
129	BGH	I ZR 77/93	27.04.1995	WRP 1995, 699 NJW 1995, 2561 DB 1995, 1461 MDR 1995, 813	Fahrkosten-erstattung II
			OLG		
130	Hamburg	3 U 138/90	07.02.1991	WRP 1991, 592	Fahrtkosten-erstattung
131	München	29 U 4101/91	18.07.1991	WRP 1992, 264	Super-Spar-Fahrkarten
132	München	29 U 3969/92	24.09.1992	WRP 1993, 49 NJW-RR 1993, 227	Fahrpreis-erstattung
133	München	29 U 2385/92	29.10.1992	WRP 1993, 197	Geld gespart dank AutoCard
134	München	29 U 2137/92	27.01.1994	NJW-RR 1994, 1129	Zuschüsse der Stadtwerke bei Energieum-stellung
			LG		
135	Hamburg	312 O 508/91	05.03.1992	WRP 1992, 665	Fahrkosten-erstattung
136	Köln	31 O 656/88	14.03.1989	GRUR 1989, 521 NJW-RR 1989, 944	Bio-Fahrt-kostener stattung
137	München I	7 HKO 7320/91	24.04.1991	WRP 1991, 542	MVV-Tickets

Anhang II

Bildregister

16 Beispiele umweltbezogener Werbung

Abb. 1: „100 % chlorfrei“ (Papierhersteller)
– Umweltbezogene Produktwerbung (Produktion) –

Abb. 2: „Euro 2 Low Emission Vehicle“ (Mercedes Benz AG Stuttgart)
– Umweltbezogene Produktwerbung (Konsumtion) –

Abb. 3: „Recycling-Garantie“ (Grundig AG Fürth)
– Umweltbezogene Produktwerbung (Entsorgung) –

Abb. 4: „Voll daneben!" (Weißblech e.V. Düsseldorf)
– Umweltbezogene Produktwerbung (Entsorgung) –

Abb. 5: „Wir machen mit!" (DSD GmbH Köln)
– Umweltbezogene Produktwerbung (Entsorgung – Der Grüne Punkt) –

Abb. 6: „Im Auftrag der Zukunft“ (Deutsche Bahn AG Frankfurt)
– Umweltbezogene Produktwerbung (Dienstleistung) –

Abb. 7: „Taten statt Warten“ (Greenpeace e. V. Hamburg)
– Umweltbezogene Produktwerbung (Dienstleistung) –

Sustainable Development: Für eine neue Qualität des Wachstums.

Sustainable Development? Spätestens in 20 Jahren weiß er, was das heißt.

Auch die meisten Erwachsenen werden zunächst mit der Schulter zucken.

Was kann man sich unter „nachhaltiger Entwicklung“ schon konkret vorstellen?

Wenig.

Und doch ist gerade dieser Begriff dabei, zu einer der wichtigsten Herausforderungen für unsere Gesellschaft zu werden.

Was unsere Kinder und Enkel von uns erwarten können.

Auf der internationalen Konferenz für Umwelt und Entwicklung in Rio de Janeiro haben sich die teilnehmenden Staaten zum Leitbild des Sustainable Development bekannt.

Ziel dieser nachhaltig zukunftsverträglichen Entwicklung ist es, Ökonomie, Ökologie und soziale Ziele so in Einklang zu bringen, daß die Bedürfnisse der heute lebenden Menschen befriedigt werden, ohne folgenden Generationen die Chancen für ihre eigene Lebensgestaltung zu zerstören.

Das erreichen wir jedoch nur, wenn jeder einzelne seinen Beitrag leistet.

Wir von Hoechst fühlen uns der Zielsetzung Sustainable Development verpflichtet. Wir arbeiten an der Entwicklung von Produkten und Verfahren, die mit weniger Umwelt- und Ressourcenverbrauch auskommen.

Viele Maßnahmen der Vergangenheit zielten bereits in diese Richtung. Dazu zählen Produktionsverfahren mit integriertem Umweltschutz, Recycling-Systeme, z. B. für Kunststoffe, sowie zahlreiche Produktentwicklungen, wie umweltschonende Pflanzenschutzmittel, wasserverdünnbare Lacke oder unser neues Kältemittel R 134a, das die ozonschädigenden FCKW ersetzen kann.

Jetzt gilt es, diese Tendenz zu verstärken. Dies geht aber nur mit neuartigen Produkten, verbesserten Verfahren und innovativen Ideen.

Kein Zweifel: Das Leitbild einer integrierten ökonomischen, ökologischen und sozialen Entwicklung ist eine große Herausforderung.

Hoechst High Chem für eine lebenswerte Zukunft.

Denn es gilt, nicht nur heute Arbeitsplätze und Lebensstandard zu sichern, sondern gleichzeitig die Grundlagen des Wirtschaftens für kommende Generationen zu erhalten.

Das sind wir uns und unseren Kindern schuldig, deren Lebensbedingungen entscheidend davon abhängen, wie gut es gelingt, diese Zielvorstellung zu verwirklichen.

Hoechst Aktiengesellschaft
65926 Frankfurt am Main

Hoechst

Abb. 8: „Sustainable Development“ (Hoechst AG Frankfurt)
– Umweltbezogene Unternehmenswerbung (Umweltmanagement) –

Abb. 9: „Ölverschmutzte Ente" (Benetton Group S.p.A. Ponzano Veneto)
– Umweltbezogene Unternehmenswerbung (Suggestivwerbung) –

Wir werden uns ändern.

Sie haben alle von der Entscheidung der Shell U. K. gehört, bei der britischen Regierung den Antrag zu stellen, die Lager- und Verladeplattform „Brent Spar" an Land zu entsorgen. Die Deutsche Shell Aktiengesellschaft, unsere Mitarbeiter und unsere Tankstellen- und Vertriebspartner haben diese Entscheidung mit Erleichterung aufgenommen.

Aber wir haben auch daraus gelernt. Denn obwohl die ursprüngliche Entscheidung der Shell U. K. in völliger Übereinstimmung mit den einschlägigen britischen Gesetzen und insbesondere mit den internationalen Konventionen von Paris und Oslo zum Schutz der Meere stand, war die geplante Tiefsee-Entsorgung nicht durchsetzbar. Sie war es deswegen nicht, weil zahlreiche Regierungen der Nordsee-Anrainerstaaten den ursprünglich genehmigten Entsorgungsweg nicht mehr mittragen wollten. Das hat uns gezeigt, daß die Übereinstimmung einer Entscheidung mit Gesetzen und internationalen Bestimmungen allein nicht ausreicht. Hinzukommen muß die notwendige Akzeptanz in der Gesellschaft.

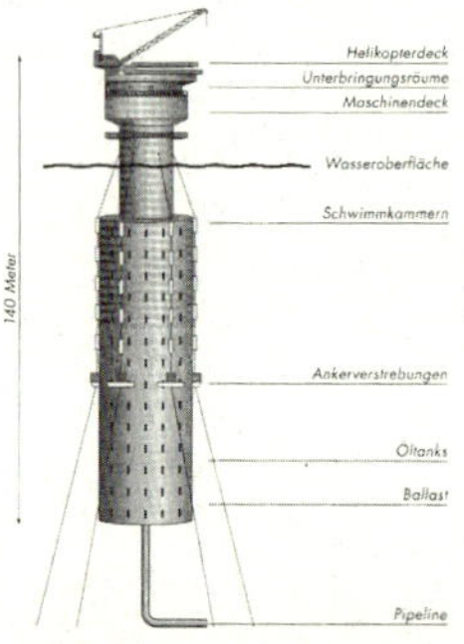

Die Brent Spar

Wir haben gelernt, daß die Öffentlichkeit unsere Argumente nicht nachvollziehen konnte. Aber nicht nur das. Uns ist auch bewußt geworden, daß wir auf Sie, unsere Kunden, mehr und genauer hören müssen.

Damit haben wir auch gelernt, daß für bestimmte Entscheidungen Ihr Einverständnis genauso wichtig ist wie die Meinung von Experten oder die Genehmigung durch Behörden. Tatsachen, denen in Zukunft sicher nicht nur wir, sondern auch andere Unternehmen bei wichtigen Entscheidungen gerecht werden müssen.

Wir sind daran erinnert worden, daß wir als Unternehmen unsere Größe und Stärke letzten Endes Ihnen, unseren Kunden, verdanken.

Und wir sind daran erinnert worden, daß – wie bei uns rund um die „Brent Spar" geschehen – viele gute Leute aus ihrer Sicht das Vernünftigste und Beste tun können und daß dies dennoch zu einer Gesamtentscheidung führen kann, die die Gesellschaft nicht akzeptiert.

Aus den Ergebnissen der letzten Tage werden wir mit Sicherheit Konsequenzen ziehen und nach Wegen suchen, unterschiedliche gesellschaftliche Strömungen und Entwicklungen über die Landesgrenzen hinaus wahrzunehmen und entsprechend zu berücksichtigen.

Auch wenn das Lernen manchmal schmerzt – nur wer lernt, hat Zukunft. Und natürlich wollen wir Zukunft haben. Wir wollen erreichen, daß Sie uns wieder akzeptieren. Und wir wünschen uns, daß das, worauf wir stolz sind, von Ihnen wieder anerkannt wird: unsere Glaubwürdigkeit und Integrität.

Wir werden daran arbeiten.

Peter Duncan

Peter Duncan, Vorstandsvorsitzender

Deutsche Shell Aktiengesellschaft

Abb. 10: „Wir werden uns ändern." (Shell AG Hamburg)
– Umweltbezogene Öffentlichkeitsarbeit (Vertrauenswerbung) –

Abb. 11: „Umweltprogramm“ (Underberg AG Dietlikon/Zürich)
– Umweltbezogene Unternehmenswerbung (Werbung mit Umweltsponsoring) –

Abb. 12: „Öko-Manager 1993" (AEG AG Frankfurt)
– Umweltbezogene Unternehmenswerbung (Unternehmensauszeichnung) –

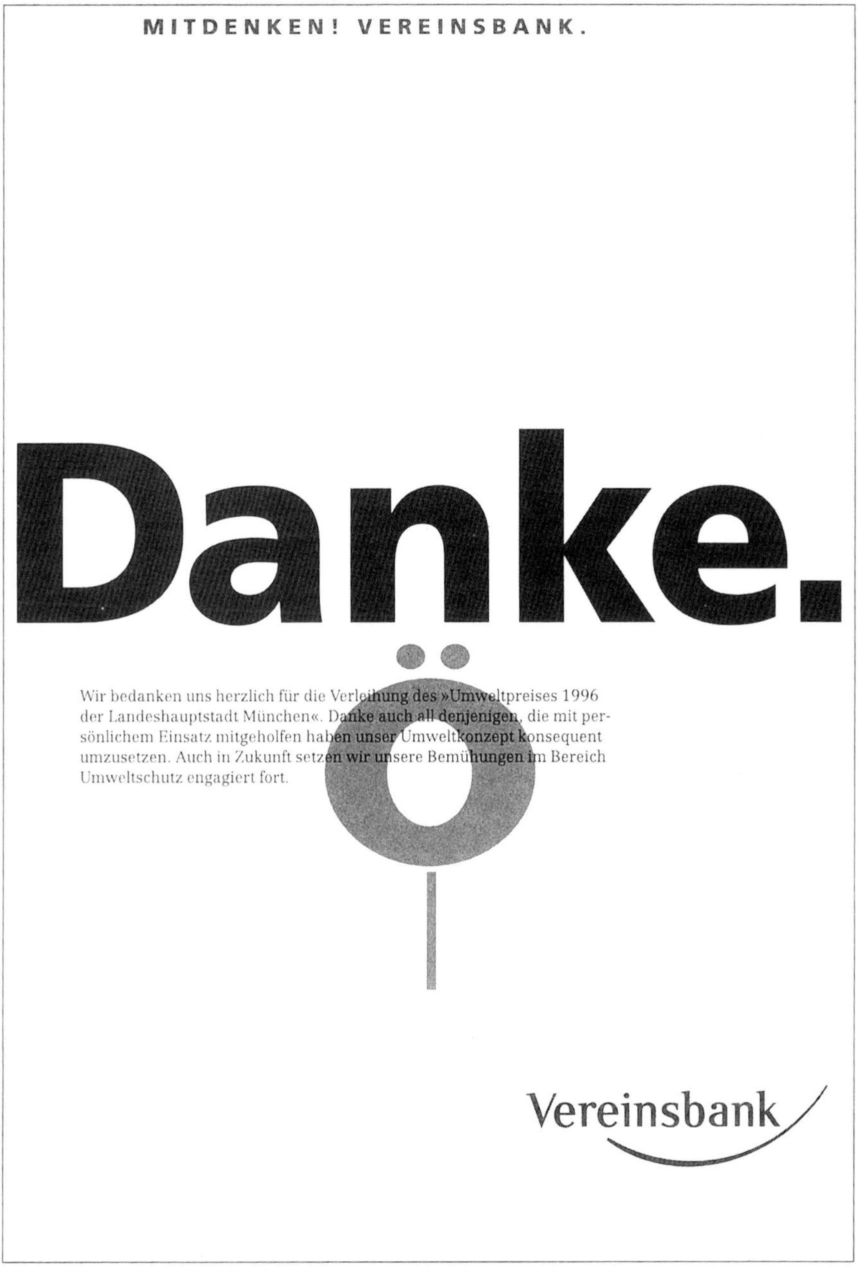

Abb. 13: „Umweltpreis 1996" (Bayerische Vereinsbank AG München)
– Umweltbezogene Unternehmenswerbung (Unternehmensauszeichnung) –

Abb. 14: „EG-Öko-Audit“ (Volkswagen AG Wolfsburg)
– Umweltbezogene Unternehmenswerbung (Öko-Controlling) –

Abb. 15: „Aktion Grüner Groschen“ (Dralle-Garnier GmbH Karlsruhe)
– Umweltbezogener Kauf- und Unterstützungsappell –

Wie man mit wenig Energie viel für die Umwelt tun kann.

Unsere Energiespar-Programme für Kommunen und private Haushalte.

Energiesparen ist praktizierter Umweltschutz. Als größter Stromversorger Deutschlands fühlen wir uns dazu in besonderem Maße verpflichtet. Wir versorgen unsere Kunden deshalb nicht nur mit Kilowattstunden, sondern auch mit wertvollen Ratschlägen und Empfehlungen zum rationellen Umgang mit Energie.

Dabei profitieren unsere kommunalen und privaten Kunden nicht nur von unserer kostenlosen Energiespar-Beratung, sondern wir fördern das Energiesparen darüber hinaus mit finanziellen Leistungen.

Dazu haben wir zwei Programme entwickelt, die zielgerichtet die beiden unterschiedlichen Kundengruppen ansprechen: „ProKom – unser Programm für Kommunen" und „KesS – unser Kunden-Energie-Spar-Service"für Privathaushalte. Beide Energiesparpakete sind jeweils mit 100 Millionen DM ausgestattet.

Mit ProKom unterstützen wir seit 1990 die von uns versorgten Städte und Gemeinden bei der Entwicklung kommunaler Energiekonzepte und fördern die rationelle Energieanwendung in öffentlichen Gebäuden und Einrichtungen. Auch die Nutzung regenerativer Energien wie Solarstrom und der gezielte Einsatz von Elektrofahrzeugen im kommunalen Bereich sind attraktive Elemente dieses Förderprogramms. ProKom hat bis Ende April 1993 fast 2.000 Projekte konkretisiert; über 1.500 Fördervereinbarungen mit Städten und Gemeinden wurden bereits fest abgeschlossen.

Wir haben inzwischen Zuschüsse von fast 31 Millionen DM zugesagt. Damit wurden unter Berücksichtigung der kommunalen Beteiligung mit ProKom bisher energiesparende Investitionen in Höhe von insgesamt rund 134 Millionen DM ausgelöst.

Mit unserer im 2. Halbjahr 1992 angelaufenen Aktion „KesS – Kunden-Energie-Spar-Service" wenden wir uns an unsere Strom-Haushaltkunden im direkten Versorgungsgebiet. Wir unterstützen sie finanziell, wenn sie sich beim Kauf für überdurchschnittlich stromsparende Kühl- und Gefriergeräte, Wasch- oder Spülmaschinen entscheiden. Der Zuschuß beträgt einmalig 100 DM pro Gerätegruppe.

Bei entsprechender Beteiligung unserer Kunden erwarten wir dadurch eine Stromersparnis in Höhe von jährlich 210 Millionen kWh ab 1995. Die Luft würde dann um 120.000 Tonnen CO_2 im Jahr entlastet. Bis Ende April 1993 wurden an unsere Kunden über 200.000mal 100 Mark für energiesparende Geräte ausgezahlt.

Eine effiziente und verbesserte Stromnutzung lohnt sich aber nicht nur für unsere Haushaltkunden, sondern sie erlaubt auch uns, die eigenen Kraftwerke und Leitungsnetze optimal zu nutzen und den Bau von neuen Kraftwerken und Leitungen möglichst weit hinauszuschieben.

Mit diesen und weiteren Maßnahmen – wie der Optimierung der konventionellen Kraftwerks-Technologie in den alten und vor allem in den neuen Bundesländern sowie der Weiterentwicklung der Solarzellen-Technik – sind wir alle auf der Gewinnerseite.

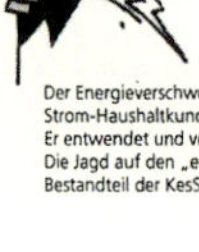

Der Energieverschwendung keine Chance: Unsere Strom-Haushaltkunden jagen den Power-Klauer. Er entwendet und verschwendet wertvollen Strom. Die Jagd auf den „energierigen" Power-Klauer ist Bestandteil der KesS-Aktion.

RWE Energie

Wir fördern Energie-Sparen.

Abb. 16: „Energiespar-Programm" (RWE AG Essen)
– Umweltbezogener Kaufappell mit Unterstützungsangebot –

Literaturverzeichnis

Abromeit, Heidrun: Das Politische in der Werbung. Wahlwerbung und Wirtschaftswerbung in der Bundesrepublik (Schriften zur politischen Wirtschafts- und Gesellschaftslehre Bd. 3), Opladen 1972

Adelt, Peter/*Müller*, Horst/*Zitzmann*, Axel: Umweltbewußtsein und Konsumverhalten - Befunde und Zukunftsperspektiven, in: Rüdiger Szallies/Günter Wiswede (Hrsg.), Wertewandel und Konsum, Landsberg am Lech 1990, 155-184

Adlwarth, Wolfgang/*Wimmer*, Frank: Umweltbewußtsein und Kaufverhalten - Ergebnisse einer Verbraucherpanel-Studie, GfK 1986, 166-192

Ahrens, Hans-Jürgen: Benetton und Busengrapscher - ein Test für die wettbewerbsrechtliche Sittenwidrigkeitsklausel und die Meinungsfreiheit, JZ 1995, 1096-1102

Aicher, Josef: Wettbewerbsrechtliche Einführung in das Recht der Werbung, in: Josef Aicher (Hrsg.), Das Recht der Werbung (Schriften zum gesamten Recht der Wirtschaft Bd. 9), Wien 1984, 215-269

Alexy, Robert: Theorie der juristischen Argumentation. Die Theorie des rationalen Diskurses als Theorie der juristischen Begründung, 2. Aufl., Frankfurt am Main 1991

Amann, Joachim/*Jaspers*, Roland (Hrsg.): Rechtsfragen in Wettbewerb und Werbung (13. Ergänzungslieferung September 1991), Stuttgart - München - Hannover 1982

Balderjahn, Ingo: Das umweltbewußte Konsumentenverhalten. Eine empirische Studie (Betriebswirtschaftliche Schriften Heft 123), Berlin 1986 (zugl. Diss. Berlin [Technische Universität] 1986)

Bamberger, Heinz Georg: Mitleid zu Zwecken des Eigennutzes?, in: Willi Erdmann/Wolfgang Gloy/Rolf Herber (Hrsg.), FS für Henning Piper, München 1996, 41-60

Bartel, Rainer: Allgemeine Grundlagen der Umweltpolitik, in: Rainer Bartel/Franz Hackl (Hrsg.), Einführung in die Umweltpolitik, München 1994, 3-32

Baudenbacher, Carl: Suggestivwerbung und Lauterkeitsrecht, Zürich 1978 (zugl. Diss. jur. Bern)

— Zur funktionalen Anwendung von § 1 des deutschen und Art. 1 des schweizerischen UWG, ZHR (1980) 144, 145-170

Baukelmann, Peter: Kurzkommentar zu BGH, Urt. v. 23.5.1996 - I ZR 76/94, EWiR § 3 UWG 3/96, 903-904

Baumbach, Adolf/*Hefermehl*, Wolfgang: Wettbewerbsrecht. Gesetz gegen den unlauteren Wettbewerb, Zugabeverordnung, Rabattgesetz und Nebengesetze, 19. Aufl., München 1996

Beater, Axel: Kurzkommentar zu BGH, Urt. v. 4.10.1990 - I ZR 39/89, EWiR § 3 UWG 3/91, 195-196

Becker-Schwarze, Kathrin/*Schnieders*, Christine: Anmerkung zu LG Berlin, Urt. v. 22.1.1993 - 91 O 345/92, ZUR 1993, 177-179

Beckmann, Christoph: Umwelt Werbung. Rechtsgrundlagen und Fallbeispiele, Bonn 1994

Behrens, Karl Christian: Begrifflich-systematische Grundlagen der Werbung - Erscheinungsformen der Werbung, in: Karl Christian Behrens (Hrsg.), Handbuch der Werbung, 2. Aufl., Wiesbaden 1975, 3-10

Benda, Ernst: Verfassungsrechtliche Aspekte des Umweltschutzes, UPR 1982, 241-247

Berg, Christine: Kurzkommentar zu BGH, Urt. v. 12.3.1987 - I ZR 40/85, EWiR § 1 UWG 7/87, 815-816

Bick, Harmut: Veränderungen von Ökosystemen durch Umweltbelastungen, in: Martin Jänicke/Udo Ernst Simonis/Gerd Weigmann (Hrsg.), Wissen für die Umwelt, Berlin - New York 1985, 37-54

Biedenkopf, Kurt H: Zeitsignale. Parteienlandschaft im Umbruch, 2. Aufl., München 1989

Billig, Axel: Ermittlung des ökologischen Problembewußtseins der Bevölkerung (Texte des Umweltbundesamtes 7/94), Berlin 1994

Billig, Axel/*Briefs*, Dirk/*Pahl*, Arne D.: Das ökologische Problembewußtsein umweltrelevanter Zielgruppen - Wertwandel und Verhaltensänderung (Texte des Umweltbundesamtes 21/87), Berlin 1987

Binswanger, Hans Christoph/*Minsch*, Jürg: Theoretische Grundlagen der Umwelt- und Ressourcenökonomie - Traditionelle und alternative Ansätze, in: von Michael Hauff/Uwe Schmid (Hrsg.), Ökonomie und Ökologie. Ansätze zu einer ökologisch verpflichteten Marktwirtschaft, Stuttgart 1992, 41-66

Blum, Ulrich: Volkswirtschaftslehre, München - Wien 1992

Bock, Bettina: Umweltschutz im Spiegel von Verfassungsrecht und Verfassungspolitik (Schriften zum Umweltrecht Bd. 14), Berlin 1990 (zugl. Diss. jur. Bayreuth 1989)

Böhm, Franz: Wettbewerb und Monopolkampf. Eine Untersuchung zur Frage des wirtschaftlichen Kampfrechts und zur Frage der rechtlichen Struktur der geltenden Wirtschaftsordnung, Berlin 1933 (Nachdruck 1964)

Bohnen, Hilger: Das Umweltauditgesetz im Streit zwischen Bundesrat und Bundestag. Deregulierungsprobleme?, BB 1995, 1757-1759

Bonus, Holger: Ökologische Marktwirtschaft, in: Hubert Markl (Hrsg.), Natur und Geschichte (Schriften der Carl Friedrich von Siemens Stiftung Bd. 7), München - Wien 1983, 289-327

Borck, Hans-Günther: Die Interessenabwägung bei Irreführender Werbung, WRP 1985, 63-68

— Freie Fahrt für die Fahrtkostenvergütung?, WRP 1993, 1-8

— Zur Psychopathologie der Wertreklame, in: Gisela Will/Ine-Marie Schulte-Franzheim/Monika Lorenz-Wolf (Hrsg.), FS für Alfred-Carl Gaedertz zum 70. Geburtstag, München 1992, 61-70

Bork, Reinhard: Product Placement und Wettbewerbsrecht - zu den Grenzen "medialer" Fernsehwerbung, GRUR 1988, 264-272

Bork, Reinhard: Werbung im Programm (Schriftenreihe des Instituts für Rundfunkrecht an der Universität zu Köln Bd. 48), München 1988

Bosselmann, Klaus: Eigene Rechte für die Natur? Ansätze einer ökologischen Rechtsauffassung (Teil II), KJ 1986, 1-22

Brand, Horst W: Die Legende von den "geheimen Verführern". Kritische Analysen zur unterschwelligen Wahrnehmung und Beeinflussung, Weinheim - Basel 1978

Brandner, Hans Erich: Beiträge des Wettbewerbsrechts zum Schutz der Umwelt, in: Willi Erdmann/Hans-Kurt Mees/Henning Piper/Otto Teplitzky (Hrsg.), FS für Otto-Friedrich Freiherr von Gamm, Köln - Berlin - Bonn - München 1990, 27-38

Brandner, Thilo/*Michael*, Gerhard: Wettbewerbsrechtliche Verfolgung von Umweltrechtsverstößen, NJW 1992, 278-281

Braun, Kurt: Werbung und Meinungsfreiheit nach Art. 5 Abs. 1 Satz 1 Grundgesetz (GG), WRP 1982, 510-515

Brendel, Matthias: Schmutzige Geschäfte, Greenpeace Magazin 1993 Nr. 1, 47

Brockhaus Enzyklopädie: in vierundzwanzig Bänden, 19. Aufl., Mannheim 1986 ff.

Brückner, Peter: Die informierende Funktion der Wirtschaftswerbung. Probleme und Problemwandel, Berlin 1967

Brüggemeier, Franz-Josef/*Rommelspacher*, Thomas (Hrsg.): Besiegte Natur. Geschichte der Umwelt im 19. und 20. Jahrhundert, München 1987

Bruhn, Manfred: Das soziale Bewußtsein von Konsumenten. Erklärungsansätze und Ergebnisse einer empirischen Untersuchung in der Bundesrepublik Deutschland (Schriftenreihe Unternehmensführung und Marketing Bd. 11), Wiesbaden 1978

— Sozio- und Umweltsponsoring. Engagements von Unternehmen für soziale und ökologische Aufgaben, München 1990

Bruhn, Manfred/*Mehlinger*, Rudolf: Rechtliche Gestaltung des Sponsoring. Vertragsrecht - Steuerrecht - Medienrecht - Wettbewerbsrecht. Bd. I: Allgemeiner Teil, 2. Aufl., München 1995

— Rechtliche Gestaltung des Sponsoring. Sport-, Kultur-, Sozial-, Umwelt- und Programmsponsoring. Bd. II: Spezieller Teil, München 1994

Bülow, Peter: Anmerkung zu BGH, Urt. v. 6.7.1995 - I ZR 239/93, ZIP 1995, 1289-1291

— Tiefenpsychologie in der Werbung und Wettbewerbsrecht, WRP 1971, 299-301

Bündnis 90/Die Grünen: Programm zur Bundestagswahl 1994, Bornheim o.J.

Büttner, Hermann: Die Irreführungsquote im Wandel - Folgen eines sich ändernden Normverständnisses -, GRUR 1996, 533-547

— Kurzkommentar zu BGH, Urt. v. 20.10.1988 - I ZR 219/87, EWiR § 3 UWG 2/89, 299-300

Bundesumweltministerium/Umweltbundesamt (Hrsg.): Handbuch Umweltcontrolling, München 1995

Burghold, Johannes A: Ökologisch orientiertes Marketing (Schwerpunkt Marketing Bd. 25), Augsburg 1988 (zugl. Diss. Augsburg 1988)

Carell, Erich: Allgemeine Volkswirtschaftslehre, 14. Aufl., Heidelberg 1972

CDU: Freiheit in Verantwortung. Grundsatzprogramm der Christlich Demokratischen Union Deutschlands, o.J.

Cezanne, Wolfgang: Allgemeine Volkswirtschaftslehre, 3. Aufl., München - Wien 1997

Coing, Helmut: Wirtschaftswissenschaften und Rechtswissenschaften, in: Ludwig Raiser/Heinz Sauermann/Erich Schneider (Hrsg.), Das Verhältnis der Wirtschaftswissenschaft zur Rechtswissenschaft, Soziologie und Statistik (Schriften des Vereins für Socialpolitik NF Bd. 33), Berlin 1964, 1-7

Cordes, Christoph Reinhard: Umweltwerbung. Wettbewerbsrechtliche Grenzen der Werbung mit Umweltschutzargumenten (Schriftenreihe zum gewerblichen Rechtsschutz Bd. 92), Köln - Berlin - Bonn - München 1993 (zugl. Diss. jur. München 1993)

Dahl, Dieter: Volkswirtschaftslehre. Lehrbuch der Volkswirtschaftstheorie und Volkswirtschaftspolitik, 7. Aufl., Wiesbaden 1993

Dempfle, Ulrich/*Müggenberg*, Hans-Jürgen: Die "Umwelt", ein Rechtsbegriff?, NuR 1987, 301-308

Diederichsen, Lars: Ein neues Umweltzeichen für Europa. Zur Verordnung (EWG) Nr. 880/92 vom 23.3.1992, RIW 1993, 224-228

Dierkes, Meinolf/*Fietkau*, Hans-Joachim: Umweltbewußtsein - Umweltverhalten (Materialien zur Umweltforschung Bd. 15), Stuttgart 1988

Drescher, Rolf-Dieter/*Lips*, Karin: Anmerkung zu BGH, Urt. v. 18.10.1990 - I ZR 113/89, NuR 1991, 447-448

Drettmann, Fritz: Wirtschaftswerbung und Meinungsfreiheit (Europäische Hochschulschriften Reihe II Rechtswissenschaft Bd. 363), Frankfurt am Main - Bern - New York 1984

Dreyhaupt, Franz Joseph/*Peine*, Franz-Joseph/*Wittkämper*, Gerhard W. (Hrsg.): Umwelt-Handwörterbuch, Regensburg 1992

DSD (Hrsg.): Die Informationsbroschüre, Bonn o.J. (Stand: 15.9.1992)

— Ein Zeichen für den Wertstoffkreislauf, Bonn o.J.

— Geschäftbericht 1996, Köln o.J.

Ebert-Weidenfeller, Andreas: Anmerkung zu BGH, Urt. v. 18.10.1990 - I ZR 113/89, GRUR 1991, 543-544

— Fahrtkostenerstattungen: Verkehrspolitik im Unternehmensinteresse versus Wettbewerbsrecht?, GRUR 1992, 94-100

Emmerich, Volker: Das Recht des unlauteren Wettbewerbs (Schriftenreihe der Juristischen Schulung Heft 80), 4. Aufl., München 1995

— Übertriebenes Anlocken - Was ist das eigentlich?, in: Willi Erdmann/Wolfgang Gloy/Rolf Herber (Hrsg.), FS für Henning Piper, München 1996, 171-182

— Wettbewerbsbeschränkungen durch die Rechtsprechung, in: Hermann Lange/Knut Wolfgang Nörr/Harm Peter Westermann (Hrsg.), FS für Joachim Gernhuber zum 70. Geburtstag, Tübingen 1993, 857-877

Enderle, Georges/*Homann*, Karl/*Honecker*, Martin/*Kerber*, Walter/*Steinmann*, Horst (Hrsg.): Lexikon der Wirtschaftsethik, Freiburg - Basel - Wien 1993

Endres, Alfred: Umweltökonomie. Eine Einführung, Darmstadt 1994

Engisch, Karl: Die Einheit der Rechtsordnung (Heidelberger Rechtswissenschaftliche Abhandlungen Bd. 20), Heidelberg 1935

Enquête-Kommission "Vorsorge zum Schutz der Erdatmosphäre" des Deutschen Bundestages (Hrsg.): Schutz der Erde. Eine Bestandsaufnahme mit Vorschlägen zu einer neuen Energiepolitik, Teilbd. 1, Bonn - Karlsruhe 1991

Erbguth, Wilfried: Rechtssystematische Fragen des Umweltrechts (Schriften zum Umweltrecht Bd. 7), Berlin 1987

Erman, Rolf: Beschränkung der Erdgaswertwerbung (finanzielle Förderung der Heizungsumstellung auf Erdgas) als Folge der kartellrechtlichen Bereichsausnahme des § 103 Abs. 1 GWB? - Eine Besprechung der Entscheidung des OLG Karlsruhe vom 23. August 1995 -, RdE 1996, 100-105

Eser, Albin: Ökologisches Recht, in: Markl, Hubert (Hrsg.), Natur und Geschichte (Schriften der Carl Friedrich von Siemens Stiftung Bd. 7), München - Wien 1983, 349-396

Esser, Josef: Vorverständnis und Methodenwahl in der Rechtsfindung. Rationalitätsgrundlagen richterlicher Entscheidungspraxis, Frankfurt am Main 1972

Eucken, Walter: Die Grundlagen der Nationalökonomie (Enzyklopädie der Rechts- und Staatswissenschaft), 9. Aufl., Berlin - Heidelberg - New York - London - Paris - Tokyo - Hong Kong 1989

— Grundsätze der Wirtschaftspolitik, 6. Aufl., Tübingen 1990

Ewer, Wolfgang: Öko-Audit: Der Referentenentwurf für ein Umweltgutachter- und Standortregistrierungsgesetz und die Übergangslösung zur Anwendung der EG-Öko-Audit-Verordnung, NVwZ 1995, 457-460

Falckenstein, Roland von: Rechtstatsachenforschung - Geschichte, Begriff, Arbeitsweisen, in: Aristide Chiotellis/Wolfgang Fikentscher (Hrsg.), Rechtstatsachenforschung. Methodische Probleme und Beispiele aus dem Schuld - und Wirtschaftsrecht, Köln 1985, 77-88

Falke, Josef: Werbung mit Umweltschutz. Ist der "Umweltengel" abgestürzt?, VuR 1989, 94-100

Faylor, John A: Irreführung und Beweislast bei umweltbezogener Werbung, WRP 1990, 725-730

FDP: Liberal denken. Leistung wählen. Das Programm der FDP zur Bundestagswahl 1994, Sankt Augustin o.J.

Federhoff-Rink, Gerlind: Anmerkung zu OLG Stuttgart, Urt. v. 12.3.1993 - 2 U 250/92, WRP 1993, 631-633

— Social Sponsoring in der Werbung - Zur rechtlichen Akzessorietät der Werbung mit Umweltsponsoring -, GRUR 1992, 643-652

— Umweltschutz und Wettbewerbsrecht. Wettbewerbsrechtliche Prinzipien umweltbezogener Unternehmenskommunikation im europäischen Binnenmarkt (Schriftenreihe Recht der internationalen Wirtschaft Bd. 43) Heidelberg 1994 (zugl. Diss. jur. Konstanz 1994)

Fetscher, Caroline: Menschheitsretter Greenpeace?, Merkur 1996, 858-864

Fetscher, Iring: Ein Beitrag des Rechts zur Erhaltung der natürlichen Lebensbedingungen?, in: Arthur Kaufmann/Ernst-Joachim Mestmäcker/Hans F. Zacher (Hrsg.), Rechtsstaat und Menschenwürde. FS für Werner Maihofer zum 70. Geburtstag, Frankfurt am Main 1988, 135-147

Fezer, Karl-Heinz: Aspekte einer Rechtskritik an der economic analysis of law und am property rights approach, JZ 1986, 817-824

— Teilhabe und Verantwortung. Die personale Funktionsweise des subjektiven Privatrechts (Schriften des Instituts für Arbeits- und Wirtschaftsrecht der Universität zu Köln Bd. 49), München 1986

— Umweltwerbung mit unternehmerischen Investitionen in den Nahverkehr. Zugleich eine Besprechung der Entscheidung "Biowerbung mit Fahrpreiserstattung" des BGH v. 18.10.1990 - I ZR 113/89, JZ 1992, 443-448

— Verantwortete Marktwirtschaft, JZ 1990, 657-663

Fietkau, Hans-Joachim: Vom Umweltbewußtsein zur Umweltpartei, ZParl 1979, 155-160

Fietkau, Hans-Joachim/*Kessel*, Hans/*Tischler*, Wolfgang: Umwelt im Spiegel der öffentlichen Meinung, Frankfurt am Main - New York 1982

Fikentscher, Wolfgang: Die umweltsoziale Marktwirtschaft - als Rechtsproblem - (Schriftenreihe der Juristischen Studiengesellschaft Karlsruhe Heft 197), Heidelberg 1991

— Oikos und polis und die Moral der Bienen - eine Skizze zu Gemein- und Eigennutz, in: Fritjof Haft/Winfried Hassemer/Ulfried Neumann/Wolfgang Schild/Ulrich Schroth (Hrsg.), Strafgerechtigkeit. FS für Arthur Kaufmann zum 70. Geburtstag, Heidelberg 1993, 71-80

— Methoden des Rechts, Bd. III, Tübingen 1976

— Wettbewerb und gewerblicher Rechtsschutz. Die Stellung des Rechts der Wettbewerbsbeschränkungen in der Rechtsordnung (Schriften des Instituts für Wirtschaftsrecht an der Universität Köln Bd. 7), München - Berlin 1958

— Wirtschaftsrecht, Bd. I: Weltwirtschaftsrecht, Europäisches Wirtschaftsrecht, München 1983

— Wirtschaftsrecht, Bd. II: Deutsches Wirtschaftsrecht, München 1983

Fischer, Florian: Politische Aussagen in der kommerziellen Produktwerbung, GRUR 1995, 641-648

Flanderka, Fritz: Grundfragen zur Verpackungsverordnung: Anwendungsbereich und Gestaltungsmöglichkeiten, BB 1992, 1574-1579

Flanderka, Fritz/*Winter*, Bernhard: Die Rücknahmepflicht von Transportverpackungen nach der Verpackungsverordnung, BB 1992, 149-153

Fluck, Jürgen: Ausgewählte Rechtsfragen der Verpackungsverordnung, DB 1992, 193-198 und 1993, 211-217

Förschle, Gerhart/*Hermann*, Silke/*Mandler*, Udo: Umwelt-Audits, DB 1994, 1093-1100

Freitag, Klaus Peter: Der Leistungswettbewerb als rechtliche Denkfigur, Diss. jur. Göttingen 1968

Friedrich, Roland O.: Umweltschutz und Wettbewerbsrecht, WRP 1988, 641-645

Füger, Rolf: Umweltbezogene Werbung (Europäische Hochschulschriften Reihe II Rechtswissenschaft Bd. 1431), Frankfurt am Main - Berlin - Bern - New York - Paris - Wien 1993 (zugl. Diss. jur. Augsburg 1993)

Führ, Martin: Umweltbewußtes Management durch "Öko-Audit"? - Zum Vorschlag der EG-Kommission für eine EG-Verordnung, EuZW 1992, 468-474

Gabler-Lexikon-Werbung: Wiesbaden 1983

Gabler-Wirtschafts-Lexikon: in vier Bänden, 13. Aufl., Wiesbaden 1992

Gadamer, Hans-Georg: Wahrheit und Methode. Grundzüge einer philosophischen Hermeneutik, 5. Aufl., Tübingen 1986

Gaedertz, Alfred-Carl/*Steinbeck*, Anja Verena: Diskriminierende und obszöne Werbung, WRP 1996, 978-982

von Gamm, Otto-Friedrich Freiherr: Gesetz gegen den unlauteren Wettbewerb, 3. Aufl., Köln - Berlin - Bonn - München 1993

— Neuere Rechtsprechung zum Wettbewerbs- und Markenrecht, GRUR 1991, 405-418

— Wettbewerbsrecht, Bd. 1, 1. Halbbd., 5. Aufl., Köln - Berlin - Bonn - München 1987

— Wettbewerbs- und kartellrechtliche Fragen im Bereich der Abfallwirtschaft, in: Ulrich Loewenheim/Thomas Raiser (Hrsg.), FS für Fritz Traub zum 65. Geburtstag, Frankfurt am Main 1994, 133-140

Gerlach, Johann W.: Privatrecht und Umweltschutz im System des Umweltrechts (Schriften zum Umweltrecht Bd. 11), Berlin 1989

Gierl, Heribert: Ökologische Einstellungen und Kaufverhalten im Widerspruch, MA 1987, 2-8

Gloy, Wolfgang: Die Entwicklung des Wettbewerbsrechts und seiner Nebengebiete, in: Friedrich-Karl Beier/Alfons Kraft/Gerhard Schricker/Elmar Wadle (Hrsg.), Gewerblicher Rechtsschutz und Urheberrecht in Deutschland. FS zum hundertjährigen Bestehen der Deutschen Vereinigung für gewerblichen Rechtsschutz und Urheberrecht und ihrer Zeitschrift, Bd. II., Weinheim 1991, 855-936

— (Hrsg.): Handbuch des Wettbewerbsrechts, München 1986 (Nachtrag: 1989)

von Godin, Hans Freiherr: Wettbewerbsrecht, 2. Aufl., Berlin - New York 1974

Gornig, Gilbert/*Silagi*, Michael: Vom Ökodumping zum Ökoprotektismus, EuZW 1992, 753-759

Gramm, Christof: Prävention durch staatliche Information, ZRP 1990, 183-189

Gronemeyer, Steffen: Umweltschutz und Wirtschaft (Vorträge, Reden und Berichte aus dem Europa-Institut Nr. 93), 1987

Großkomm./Bearbeiter: Rainer Jacobs/Walter F. Lindacher/Otto Teplitzky (Hrsg.), Großkommentar zum UWG, 11. Lieferung, Berlin - New York 1996

Gruber, Michael: Die Erstattung von Fahrt - und Parkkosten im Lichte des Wettbewerbsrechts, WRP 1992, 429-434

Gruber, Stephan: Verbraucherinformation durch Gütezeichen (Schriftenreihe zum gewerblichen Rechtsschutz Bd. 68), Köln - Berlin - Bonn - München 1986

Gruber, Utta/*Kleber*, Michaela: Grundlagen der Volkswirtschaftslehre, 2. Aufl., München 1994

Grunert, Klaus G./*Stupening*, Eduard: Werbung - ihre gesellschaftliche und ökonomische Problematik, Frankfurt am Main - New York 1981

Grüßer, Birgit: Image durch erfolgreiches Ökosponsoring mit 50 Fallbeispielen, Landsberg am Lech 1992

Günther, Klaus: Öko-Bilanzen als Grundlage eines Umwelt-Auditings, in: Ulrich Steger (Hrsg.), Umwelt-Auditing. Ein neues Instrument der Risikovorsorge, Frankfurt am Main 1991, 59-80

Gusy, Christoph: Massenverkehr zwischen Ökonomie und Ökologie, ZRP 1993, 439-445

Gutachterausschuß für Wettbewerbsfragen: Gutachten 4/1989 (Fahrpreiserstattung durch Einzelhandelsgeschäfte), WRP 1990, 65-66

Gutmann, Gernot: Volkswirtschaftslehre. Eine ordnungstheoretische Einführung, 4. Aufl., Stuttgart - Berlin - Köln 1991

Häberle, Peter: Soziale Marktwirtschaft als "Dritter Weg", ZRP 1993, 383-389

Hanusch, Horst/*Kuhn*, Thomas: Einführung in die Volkswirtschaftslehre, 3. Aufl., Berlin - Heidelberg - New York - London - Paris - Tokyo - Hong Kong - Barcelona - Budapest 1994

Hardes, Heinz-Dieter/*Mertes*, Jürgen: Grundzüge der Volkswirtschaftslehre, München - Wien 1994

Hartkopf, Günter/*Bohne*, Eberhard: Umweltpolitik. Bd. 1: Grundlagen, Analysen und Perspektiven, Opladen 1983

Haseloff, Otto Walter: Kommunikationstheoretische Probleme der Werbung, in: Karl Christian Behrens (Hrsg.), Handbuch der Werbung, 2. Aufl., Wiesbaden 1975, 157-200

— Werbung als instrumentelle Kommunikation, in: Tietz, Bruno (Hrsg.), Die Werbung. Handbuch der Kommunikations- und Werbewirtschaft, Bd. 1, Landsberg am Lech 1981, 63-151

Hatje, Armin: Wirtschaftswerbung und Meinungsfreiheit, Baden-Baden 1993

von Hayek, Friedrich August: Arten der Ordnung, in: ders., Freiburger Studien (Wirtschaftswissenschaftliche und wirtschaftsrechtliche Untersuchungen Bd. 5), Tübingen 1969, 32-46

— Der Wettbewerb als Entdeckungsverfahren (Kieler Vorträge NF 56), Kiel 1968

— Rechtsordnung und Handelnsordnung, in: ders., Freiburger Studien (Wirtschaftswissenschaftliche und wirtschaftsrechtliche Untersuchungen Bd. 5), Tübingen 1969, 161-198

Heermann, Peter: Anmerkung zu BGH, Urt. v. 23.5.1991 - I ZR 294/89, WRP 1991, 651-652

Heertje, Arnold/*Wenzel*, Heinz-Dieter: Grundlagen der Volkswirtschaftslehre, 4. Aufl., Berlin - Heidelberg - New York - London - Paris - Tokyo - Hong Kong - Barcelona - Budapest 1993

Hefermehl, Wolfgang: Die Konkretisierung der wettbewerbsrechtlichen Generalklausel durch Rechtsprechung und Lehre, in: Friedrich-Karl Beier/Alfons Kraft/Gerhard Schricker/Elmar Wadle (Hrsg.), Gewerblicher Rechtsschutz und Urheberrecht in Deutschland. FS zum hundertjährigen Bestehen der Deutschen Vereinigung für gewerblichen Rechtsschutz und Urheberrecht und ihrer Zeitschrift, Bd. II., Weinheim 1991, 897-937

— Rechtsfortbildung im Wettbewerbsrecht, in: Richterliche Rechtsfortbildung. Erscheinungsformen, Auftrag und Grenzen. FS der Juristischen Fakultät zur 600-Jahr-Feier der Ruprecht-Karls-Universität Heidelberg, Heidelberg 1986, 331-351

Heisig, Christoph: Umweltprobleme - Gift für die Werbung?, MA 1987, 8-11

Henning-Bodewig, Frauke: Neue Aufgaben für die Generalklausel des UWG? - Von "Benetton" zu "Busengrapscher", GRUR 1997, 180-191

— Product Placement und Sponsoring, GRUR 1988, 867-873

— Schockierende Werbung, WRP 1992, 533-539

— Sponsoring, AfP 1991, 487-493

— "Werbung mit der Realität" oder wettbewerbswidrige Schockwerbung?, GRUR 1993, 950-953

Hesse, Konrad: Grundzüge des Verfassungsrechts der Bundesrepublik Deutschland, 20. Aufl., Heidelberg 1995

Hewel, Brigitte/*Neubäumer*, Renate: Einführung, in: Neubäumer, Renate/Hewel, Brigitte (Hrsg.), Volkswirtschaftslehre. Grundlagen der Volkswirtschaftstheorie und Volkswirtschaftspolitik, Wiesbaden 1994, 1-29

Heyder, Hans: Ökologiebewußtsein und Marketing, in: Rüdiger Szallies/Günter Wiswede (Hrsg.), Wertewandel und Konsum, Landsberg am Lech 1990, 339-355

Hilke, Wolfgang: Werbung und Wettbewerb aus betriebswirtschaftlicher Sicht, in: Burkhardt Röper (Hrsg.), Wettbewerb und Werbung (Schriften des Vereins für Socialpolitik NF Bd. 180), Berlin 1989, 35-55

Himmelmann, Steffen/*Pohl*, Andreas/*Tünnesen-Harmes*, Christian: Handbuch des Umweltrechts, München 1994

Hobbensiefken, Günter: Ökologieorientierte Volkswirtschaftslehre, 2. Aufl., München - Wien 1991

Höhn, Hans-Joachim: Natur - Gesellschaft - Kultur. Auf dem Weg zu einer ökologischen Sozialethik, APuZ (B 20) 1991, 28-35

Hösl, Friedrich Emanuel: Interessenabwägung und rechtliche Erheblichkeit der Irreführung bei § 3 UWG (Schriftenreihe zum gewerblichen Rechtsschutz Bd. 65), Köln - Berlin - Bonn - München 1986

Hoffmann, Hasso: Nachwelt als Verfassungsfrage, ZRP 1986, 87-90

— Natur und Naturschutz im Spiegel des Verfassungsrechts, JZ 1988, 265-278

Hoffmann-Riem, Wolfgang: Kommunikationsfreiheit für Werbung - zugleich Anmerkung zu den Benetton-Entscheidungen des BGH -, ZUM 1996, 1-16

Hoffmeister, Johannes (Hrsg.): Wörterbuch der philosophischen Begriffe (Philosophische Bibliothek Bd. 225), 2. Aufl., Hamburg 1955

Hoffrichter-Daunicht, Christiane: Die "halbe Wahrheit" - Irreführung durch lückenhafte Werbung, Diss. jur. Frankfurt am Main 1984

— Unlauterer Wettbewerb auf dem Spendenmarkt?, in: Willi Erdmann/Hans-Kurt Mees/Henning Piper/Otto Teplitzky (Hrsg.), FS für Otto-Friedrich Freiherr von Gamm, Köln - Berlin - Bonn - München 1990, 39-47

Hofmann, Horst-Herbert: Kostenloser Kundentransport und psychologischer Kaufzwang, WRP 1970, 290-293

Hopfenbeck, Waldemar/*Jasch*, Christine/*Jasch*, Andreas: Öko-Audit. Der Weg zum Zertifikat, Landsberg am Lech 1995

Hoppe, Werner/*Beckmann*, Martin: Umweltrecht, München 1989

Hoppmann, Erich: Über Funktionsprinzipien und Funktionsbedingungen des Marktsystems, in: Lothar Wegehenkel (Hrsg.), Marktwirtschaft und Umwelt (Wirtschaftswissenschaftliche und wirtschaftsrechtliche Untersuchungen Bd. 17), Tübingen 1981, 219-235

— Wettbewerb und Werbung, WuW 1983, 776-779

Huber, Kurt: Image, Landsberg am Lech 1987

Huber, Peter M.: Der Beitrag des Rechts zum Einstieg in eine "ökologische Marktwirtschaft", ZRP 1994, 396-402

Hundhausen, Carl: Über einige Unterschiede zwischen Wirtschaftswerbung und Public Relations, in: Erich Kosiol/Edmund Sundhoff (Hrsg.), Betriebswirtschaft und Marktpolitik. FS für Rudolf Seÿffert zum 75. Geburtstag, Köln - Opladen 1968, 219-227

Huth, Rupert/*Pflaum*, Dieter: Einführung in die Werbelehre, 6. Aufl., Stuttgart - Berlin - Köln 1996

Immler, Hans: Welche Wirtschaft braucht die Natur? Mit Ökonomie die Ökokrise lösen, Frankfurt am Main 1993

Ingerl, Reinhard: Anmerkung zu BGH, Urt. v. 9.6.1994 - I ZR 116/92, WiB 1994, 879-880

Isensee, Josef: Die Ambivalenz des Eigentumsgrundrechts. Umweltschutz im grundrechtstheoretischen Koordinatensystem, in: Fritz Ossenbühl (Hrsg.), Eigentumsgarantie und Umweltschutz. Symposium zu Ehren von Jürgen Salzwedel aus Anlaß seines 60. Geburtstags, Heidelberg 1990, 3-19

Isensee, Josef/*Kirchhof*, Paul (Hrsg.): Handbuch des Staatsrechts der Bundesrepublik Deutschland, Bd. III: Das Handeln des Staates, Heidelberg 1988

Janiszewski, Jörg: Das Umweltzeichen. Rechtliche Analyse und Neuorientierung (Beiträge zur Umweltgestaltung A Bd. 130), Berlin 1992 (zugl. Diss. jur. Bonn 1991)

Jeschke, Dietmar: Konsumentensouveränität in der Marktwirtschaft - Idee, Kritik, Realität (Volkswirtschaftliche Schriften Heft 225), Berlin 1975

Jeske, Jürgen: Die Klimavergifter, FAZ Nr. 11 v. 13.1.1995, 13

Kapp, K. William: Soziale Kosten der Marktwirtschaft. Das klassische Werk der Umwelt-Ökonomie, Frankfurt am Main 1979

Kantzenbach, Erhard: Zur wirtschaftspolitischen Beurteilung der Werbung, WuW 1984, 297-301

Kassebohm, Kristian: Grenzen schockierender Werbung. Benetton - Werbung vor dem Hintergrund wirtschaftlicher Interessen und juristischer Beurteilung, Diss. jur. Berlin (Freie Universität) 1995

Kaufmann, Arthur: Analogie und "Natur der Sache". Zugleich ein Beitrag zur Lehre vom Typus, Heidelberg - Hamburg 1982

— Durch Naturrecht und Rechtspositivismus zur juristischen Hermeneutik, JZ 1975, 337-341

— Gibt es Rechte der Natur?, in: Manfred Seebode (Hrsg.), FS für Günter Spendel zum 70. Geburtstag am 11. Juli 1992, Berlin - New York 1992, 59-73

Kehl, Dieter: Wettbewerbsrecht (Studienreihe Recht Bd. 11), Köln - Berlin - Bonn - München 1990

Keßler, Jürgen: Das ökologische Argument in der Konsumgüterwerbung - zur dogmatischen und rechtstatsächlichen Struktur des wettbewerblichen Irreführungsverbotes (Stiftung Verbraucherinstitut, Reihe Diskussionsbeiträge Bd. 5), Berlin 1988

— Die umweltbezogene Aussage in der Produktwerbung - dogmatische und wettbewerbstheoretische Aspekte des Irreführungsverbots, WRP 1988, 714-721

— "Marktordnung, Wettbewerb und Meinungsfreiheit" - wettbewerbstheoretische und verfassungsrechtliche Aspekte des § 6 e UWG, WRP 1987, 75-82

— Wettbewerbstheoretische Aspekte des Irreführungsverbotes - eine ökonomische und dogmengeschichtliche Analyse, WRP 1990, 73-85

— Wettbewerbstheoretische und zivilrechtliche Fragen produktbezogener Umweltberatung - eine juristische und ökonomische Analyse, Diss. Berlin [Technische Universität] 1991

Keyßner, Thomas: Täuschung durch Unterlassen - Informationspflichten in der Werbung. Rechtsvergleichende Untersuchung zum deutschen, schwedischen und dänischen Recht (Schriftenreihe zum gewerblichen Rechtsschutz Bd. 69), Köln - Berlin - Bonn - München 1986

Kimminich, Otto: Die Verantwortung für die Umwelt in der Wertordnung des Grundgesetzes, in: Hans Joachim Faller/Paul Kirchhof/Ernst Träger (Hrsg.), Verantwortlichkeit und Freiheit. Die Verfassung als wertbestimmte Ordnung. FS für Willi Geiger zum 80. Geburtstag, Tübingen 1989, 277-295

Kimminich, Otto/*von Lersner*, Heinrich Freiherr/*Storm*, Peter-Christoph (Hrsg.): Handwörterbuch des Umweltrechts, Bd. II, 2. Aufl., Berlin 1994

Kirchhof, Paul: Unterschiedliche Rechtswidrigkeiten in einer einheitlichen Rechtsordnung (Schriftenreihe der Juristischen Studiengesellschaft Karlsruhe Heft 137), Heidelberg - Karlsruhe 1978

Kirchler, Erich M.: Wirtschaftspsychologie. Grundlagen und Anwendungsfelder der ökonomischen Psychologie, Göttingen 1995

Kirchner, Christian: Fehlentwicklungen im Recht des unlauteren Wettbewerbs. Zur ökonomischen Analyse der §§ 6 a Abs. 2 und 6 b UWG, AG 1986, 205-218

Kirsch, Guy: Umweltbewußtsein und Umweltverhalten. Eine theoretische Skizze eines empirischen Problems, ZfU 1991, 249-261

Kisseler, Marcel: Markenartikel und Umweltschutz in wettbewerbsrechtlicher Hinsicht, MA 1992, 202-208

— Wettbewerbsrecht und Umweltschutz, WRP 1994, 149-156

Klaas, Christoph: Kurzkommentar zu BGH, Urt. v. 18.10.1990 - I ZR 113/89, EWiR § 1 UWG 1/91, 87-88

— Kurzkommentar zu BGH, Urt. v. 3.11.1994 - I ZR 82/92, EWiR § 1 ZugVO 1/95, 207-208

Klenke, Dietmar: "Freier Stau für freie Bürger". Die Geschichte der bundesdeutschen Verkehrspolitik 1949-1994, Darmstadt 1995

Kloepfer, Michael: Kartellrecht und Umweltrecht, in: Helmut Gutzler (Hrsg.), Umweltpolitik und Wettbewerb, Baden-Baden 1981, 57-102

— Umweltrecht, München 1989

— Unlauterkeitsrecht und Umweltschutz, in: Peter-Christoph Storm/Werner Schenkel (Hrsg.), Umwelt: Politik, Technik, Recht. Heinrich von Lersner zum 60. Geburtstag, Berlin 1990, 181-194

— Zur Geschichte des deutschen Umweltrechts (Schriften zum Umweltrecht Bd. 50), Berlin 1994

— Zur Rechtsumbildung durch Umweltschutz (Schriftenreihe der Juristischen Studiengesellschaft Karlsruhe Heft 189), Heidelberg 1991

Köck, Wolfgang: Umweltschutzsichernde Betriebsorganisation als Gegenstand des Umweltrechts: Die EG-"Öko-Audit"-Verordnung, JZ 1995, 643-650

Köhler, Helmut: Der gerupfte Umweltengel oder Die wettbewerbsrechtlichen Grenzen der umweltbezogenen Produktwerbung, in: Rüdiger Breuer/Michael Kloepfer/Peter Marburger/Meinhard Schröder (Hrsg.), Jahrbuch des Umwelt- und Technikrechts 1990, Düsseldorf 1990, 343-363

Köhler, Helmut/*Piper*, Henning: Gesetz gegen den unlauteren Wettbewerb, München 1995

Knöpfle, Robert: Der Rechtsbegriff "Wettbewerb" und die Realität des Wirtschaftslebens (Schriftenreihe für Kartell- und Konzernrecht des In- und Auslands Heft 7), Köln - Berlin - Bonn - München 1966

— Die marktbezogene Unlauterkeit, Tübingen 1983

— Kurzkommentar zu BGH, Urt. v. 29.11.1990 - I ZR 241/88, EWiR § 1 UWG 8/91, 401-402

Knopp, Lothar: Neue EG-Verordnung zum "Umwelt-Audit". Freiwillige Beteiligung von Unternehmen an einem Gemeinschaftssystem für Umweltmanagement und Umweltbetriebsprüfung, EWS 1994, 80-86

Kort, Michael: Zur wettbewerbsrechtlichen Beurteilung gefühlsbetonter Werbung, WRP 1997, 526-531

Kraft, Alfons: Die Berücksichtigung wirtschaftspolitischer und gesellschaftspolitischer Belange im Rahmen des § 1 UWG, in: Wolfgang Harms/Dieter Heckelmann/Robert Knöpfle/Arndt Teichmann (Hrsg.), Entwicklungstendenzen im Wirtschafts- und Unternehmensrecht. FS für Horst Bartholomeÿczik zum 70. Geburtstag, Berlin 1973, 223-239

— Interessenabwägung und gute Sitten im Wettbewerbsrecht, München - Berlin 1963

Kraus, T./*Anders*, M./*Weber*, A./*Hermer*, P./*Zschiesche*, W.: Zur Häufigkeit umweltbezogener Somatisierungsstörungen. Ergebnisse einer interdisziplinären Querschnittsstudie, Arbeitsmed.Sozialmed.Umweltmed. 1995, 147-152

Kretschmer, Friedrich: Konsumgüterwerbung und Verbraucherschutz (I), MA 1975, 86-92

Kroeber-Riel, Werner: Konsumentenverhalten, 5. Aufl., München 1992

Kroitzsch, Hermann: Wirtschaftspolitische Entscheidungen durch Wettbewerbsregeln oder durch die UWG-Rechtsprechung?, BB 1977, 220-224

Krüger-Nieland, Gerda: Schwerpunkte der wettbewerbsrechtlichen Rechtsprechung des BGH, WRP 1979, 1-6

Kucsko, Guido: Über irreführende Umweltengel, ecolex 1990, 93-94

Kübler, Friedrich: Wirtschaftsordnung und Meinungsfreiheit (Recht und Staat Bd. 327) Tübingen 1966

Graf Lambsdorff, Hans Georg: Anmerkung zu OLG Köln, Urt. v. 14.8.1992 - 6 U 13/92, WRP 1993, 196-197

— Werbung mit Umweltschutz, Stuttgart - München - Hannover - Berlin - Weimar 1993

Graf Lambsdorff, Hans Georg/*Jäger*, Stephan: Die individuelle Verantwortlichkeit in der umweltbezogenen Werbung, BB 1992, 2297-2306

Landmann, Ute: Umwelt- und Verpackungszeichen in Europa. Instrumente produktbezogener Umweltpolitik, Landsberg 1997

Langeheine, Rolf/*Lehmann*, Jürgen: Die Bedeutung der Erziehung für das Umweltbewußtsein, 1986

Langguth, Susanne: Die EG "Bio"-Verordnung. Anwendung und Kennzeichnung, ZLR 1991, 573-600

— Die Werbung mit "Natur", "Bio" und "Vollwert" bei Lebensmitteln unter Berücksichtigung der Irreführungsverbote des § 17 LMBG, ZLR 1989, 14-36

Lappe, Thomas Michael: Die wettbewerbsrechtliche Beurteilung der Umweltwerbung (Umwelt- und Technikrecht Bd. 32) Heidelberg 1995 (zugl. Diss. jur. Trier 1994)

— Lauterkeitsrechtliche Aspekte der Kennzeichnung von Produkten mit Hilfe des "Grünen Punktes", BB 1992, 1661-1665

— Zur Ökologischen Instrumentalisierbarkeit des Wettbewerbsrechts, WRP 1995, 170-180

Larenz, Karl: Methodenlehre der Rechtswissenschaft, 6. Aufl., Berlin - Heidelberg - New York - London - Paris - Tokyo - Hong Kong - Barcelona - Budapest 1991

Lehmann, Michael: Die "neue Sachlichkeit" des BGH im Wettbewerbsrecht, GRUR 1975, 239-244

— Schutz des Leistungswettbewerbs und Verkauf unter Einstandspreis, GRUR 1979, 368-379

— Umwelthaftungsrecht: Ein Beitrag zur Internalisierung von negativen externen Effekten, in: Lorenz Schulz (Hrsg.), Ökologie und Recht, Köln - Berlin - Bonn - München 1991, 81-89

— Wirtschaftspolitische Kriterien in § 1 UWG, in: Gewerblicher Rechtsschutz - Urheberrecht - Wirtschaftsrecht. Mitarbeiterfestschrift zum 70. Geburtstag von Eugen Ulmer, Köln - Berlin - Bonn - München 1973, 321-331

Leible, Stefan: Lebensmittelwerbung mit naturbezogenen Angaben. Zugleich eine Besprechung von BGH WRP 1997, 302 - Naturkind, WRP 1997, 403-408

Leimbacher, Jörg: Die Rechte der Natur, Basel 1988 (zugl. Diss. jur. Bern)

Leipert, Christian: Die volkswirtschaftlichen Kosten der Umweltbelastung, APuZ 1991 (B 10), 26-36

— Ökologische und soziale Folgekosten der Produktion. Zum Problem der zunehmenden Unwirtschaftlichkeit der industriegesellschaftlichen Produktionsweise, APuZ 1984 (B 19), 33-47

Leipert, Christian/*Simonis*, Udo Ernst: Alternativen wirtschaftlicher Entwicklung. Problembereiche, Ziele und Strategien, in: Udo Ernst Simonis (Hrsg.), Ökonomie und Ökologie. Auswege aus einem Konflikt (Alternative Konzepte Bd. 33), 7. Aufl., Karlsruhe 1994, 103-157

Leisner, Walter: "Abwägung überall" - Gefahr für den Rechtsstaat, NJW 1997, 636-639

Lerche, Peter: Grundrechtsfragen eines gemeinschaftsrechtlichen Verbots mittelbarer Werbung (Schriften zum Europäischen Recht Bd. 4), Berlin 1990

— Meinungsfreiheit und Richtigkeitsanforderungen an Tatsachenangaben im wirtschaftlichen Wettbewerb, in: Bernhard Pfister/Michael R. Will (Hrsg.), FS für Werner Lorenz zum 70. Geburtstag, Tübingen 1991, 143-153

— Werbung und Verfassung, München - Berlin 1967

von Lersner, Heinrich Freiherr: Die ökologische Wende, Berlin 1991

— Gibt es Eigenrechte der Natur?, NVwZ 1988, 988-992

Lindacher, Walter F.: Anmerkung zu OLG Köln, Urt. v. 21.2.1992 - 6 U 100/91, JZ 1993, 101-102

— Funktionsfähiger Wettbewerb als Final- und Beschränkungsgrund des lauterkeitsrechtlichen Irreführungsverbots, in: Karl Bruchhausen/Wolfgang Hefermehl/Peter Hommelhoff/Herbert Messer (Hrsg.), FS für Rudolf Nirk zum 70. Geburtstag, München 1992, 587-593

— Kurzkommentar zu OLG Frankfurt am Main, Urt. v. 30.9.1993 - 6 U 14/93, EWiR § 3 UWG 1/94, 189

— Umweltschutz in der Werbung - lauterkeitsrechtliche Probleme, in: Peter Marburger/Michael Reinhardt/Meinhard Schröder (Hrsg.), Umweltschutz und Wettbewerb (Umwelt- und Technikrecht Bd. 38) Berlin 1997, 67-91

Löffler, Christian: Verstößt die "Benetton-Werbung" gegen die guten Sitten i. S. des § 1 UWG? Zugleich eine Besprechung des Beschlusses des OLG Frankfurt/M. vom 13. August 1992 - 6 W 72/92, AfP 1993, 536-541

Loewenheim, Ulrich: Aufklärungspflichten in der Werbung - Eine Analyse der neueren Entscheidungspraxis -, GRUR 1980, 14-18

— Suggestivwerbung, unlauterer Wettbewerb, Wettbewerbsfreiheit und Verbraucherschutz, GRUR 1975, 99-110

Lübbe-Wolff, Gertrude: Das Umweltauditgesetz, NuR 1996, 217-227

Luhmann, Niklas: Die Wirtschaft der Gesellschaft, Frankfurt am Main 1994

— Soziale Systeme. Grundriß einer allgemeinen Theorie, 5. Aufl., Frankfurt am Main 1994

Mähling, Friedrich Wilhelm: Werbung, Wettbewerb und Verbraucherpolitik (Hochschulschriften zur Betriebswirtschaftslehre Bd. 24), München 1983 (zugl. Diss. Freiburg im Breisgau 1982)

Marburger, Peter: Ausbau des Individualschutzes gegen Umweltbelastungen als Aufgabe des bürgerlichen und des öffentlichen Rechts, in: Verhandlungen des 56. Deutschen Juristentages Berlin 1986, Bd. I (Gutachten) Teil C, München 1986

Markl, Hubert: Die Dynamik des Lebens: Entfaltung und Begrenzung biologischer Populationen, in: Hubert Markl (Hrsg.), Natur und Geschichte (Schriften der Carl Friedrich von Siemens Stiftung Bd. 7), München - Wien 1983, 72-100

Marly, Jochen: Anmerkung zu BGH, Urt. v. 6.7.1995 - I ZR 110/93, 239/93 und 180/94, LM H. 11/1995 § 1 UWG Nr. 691-693

Masberg, Dieter: Konzeptionen einer "ökologischen Marktwirtschaft" - Anmerkungen aus der Sicht einer Politik der Umweltvorsorge, in: Michael von Hauff/Uwe Schmid (Hrsg.), Ökonomie und Ökologie. Ansätze zu einer ökologisch verpflichteten Marktwirtschaft, Stuttgart 1992, 17-38

Mattmüller, Roland/*Trautmann*, Michael: Zur Ökologisierung des Handels-Marketing - Der Handel zwischen Ökovision und Ökorealität, GfK 1992, 129-155

Mayer, Hans: Werbepsychologie, 2. Aufl., Stuttgart 1993

Meadows, Donella H./*Meadows*, Dennis L./*Randers*, Jørgen: Die neuen Grenzen des Wachstums, Reinbek/Hamburg 1993

Medicus, Dieter: Bürgerliches Recht. Eine nach Anspruchsgrundlagen geordnete Darstellung zur Examensvorbereitung, 17. Aufl., Köln - Berlin - Bonn - München 1996

— Umweltschutz als Aufgabe des Zivilrechts - aus zivilrechtlicher Sicht, NuR 1990, 145-155

— Zivilrecht und Umweltschutz, JZ 1986, 778-785

Meffert, Heribert: Marketing. Grundlagen der Absatzpolitik, 7. Aufl., Wiesbaden 1986

Meißner, Werner/*Gräber-Seißinger*, Ute: Umweltpolitik und internationale Wettbewerbsfähigkeit, in: Ulrich Steger (Hrsg.), Handbuch des Umweltmanagements, München 1992, 131-144

Menke, Burkhart: Recht und Ökonomie der kritisierenden vergleichenden Werbung (Europäische Hochschulschriften Reihe II Rechtswissenschaft Bd. 1518) Frankfurt am Main - Berlin - Bern - New York - Paris - Wien 1994 (zugl. Diss. jur. Hamburg 1993)

— Zur Fallgruppe "Gefühlsbetonte Werbung" - Bemerkungen aus Anlaß der "Arbeitsplätze bei uns"-Entscheidung des BGH, GRUR 1995, 534-538

Merten, Klaus: Markenwerbung mit dem Thema "Umwelt", MA 1993, 39-40

Merz, Andreas: Die Vorfeldthese. Die Anwendung von § 1 UWG im Vorfeldbereich der horizontalen Marktbehinderungstatbestände des GWB (Wirtschaftsrecht und Wirtschaftspolitik Bd. 92), Baden-Baden 1988 (zugl. Diss. jur. Tübingen 1988)

Mestmäcker, Ernst-Joachim: Das Verhältnis der Wirtschaftswissenschaft zur Rechtswissenschaft im Aktienrecht, in: Ludwig Raiser/Heinz Sauermann/Erich Schneider (Hrsg.), Das Verhältnis der Wirtschaftswissenschaft zur Rechtswissenschaft, Soziologie und Statistik (Schriften des Vereins für Socialpolitik NF Bd. 33), Berlin 1964, 103-119

— Der verwaltete Wettbewerb. Eine vergleichende Untersuchung über den Schutz von Freiheit und Lauterkeit im Wettbewerbsrecht (Wirtschaftswissenschaftliche und wirtschaftsrechtliche Untersuchungen Bd. 19), Tübingen 1984

— Die sichtbare Hand des Rechts. Über das Verhältnis von Rechtsordnung und Wirtschaftssystem, Baden-Baden 1978

Meyer, Andreas: Produktspezifische Werberegelungen in Deutschland und der Europäischen Gemeinschaft (Schriftenreihe zum gewerblichen Rechtsschutz Bd. 96), Köln - Berlin - Bonn - München 1996 (zugl. Diss. jur. München 1995)

Meyer, Angelika: Die anlockende Wirkung der irreführenden Werbung (Rechtswissenschaftliche Forschung und Entwicklung Bd. 222), München 1989 (zugl. Diss. jur. München 1989)

Meyer, Jochen: Die kritisierende vergleichende Werbung (Theorie und Forschung Bd. 149 Rechtswissenschaften Bd. 4), Regensburg 1991 (zugl. Diss. jur. Passau 1991)

Meyer, Christian F.J./*Kohtes*, Martin M.: Nein danke? Umwelt-Sponsoring als Herausforderung für Gesellschaft und Management, in: Peter Strahlendorf (Hrsg.), Jahrbuch Sponsoring '91, Düsseldorf - Wien - New York 1991, 73-84

Meyer, Paul W./*Hermanns*, Arnold: Theorie der Wirtschaftswerbung, Stuttgart - Berlin - Köln - Mainz 1981

Meyer-Abich, Klaus Michael: Wege zum Frieden mit der Natur. Naturphilosophie für die Umweltpolitik, München 1984

Meyer-Cording, Ulrich: Gute Sitten und ethischer Gehalt des Wettbewerbsrechtes, JZ 1964, 273-278 und 310-314

Meyer-Dohm, Peter: Sozialökonomische Aspekte der Konsumfreiheit. Untersuchungen zur Stellung des Konsumenten in der marktwirtschaftlichen Ordnung (Beiträge zur Wirtschaftspolitik Bd. 1), Freiburg im Breisgau 1965

Meyers Neues Lexikon: in acht Bänden, Mannheim - Wien - Zürich 1979 ff.

Michalski, Lutz: Das Verbot der Werbung mit Selbstverständlichkeiten, BB 1992, 440-447

Michalski, Lutz/*Riemenschneider*, Markus: Irreführende Werbung mit der Umweltfreundlichkeit von Produkten. Eine Rechtsprechungsanalyse, BB 1994, 1157-1162

Micklitz, Hans-W.: Umweltwerbung im Binnenmarkt, WRP 1995, 1014-1023

Möller, Hans-Werner: Umweltschutz in der sozialen Marktwirtschaft, Köln - Berlin - Bonn - München 1993

Möllers, Thomas M.J.: Zur Zulässigkeit des Verbraucherboykotts - Brent Spar und Mururoa, NJW 1996, 1374-1378

Monopolkommission: Wettbewerbsprobleme bei der Einführung von privatem Hörfunk und Fernsehen (Sondergutachten 11), Baden-Baden 1981

Müller, Thomas Walter: Die demoskopische Ermittlung der Verkehrsauffassung im Rahmen des § 3 UWG (Rechtswissenschaftliche Forschung und Entwicklung Bd. 118), München 1987

Müller-Bromley, Nicolai: Staatszielbestimmung Umweltschutz im Grundgesetz? Rechtsfragen der Staatszielbestimmung als Regelungsform der Staatsaufgabe Umweltschutz (Beiträge zur Umweltgestaltung A Bd. 121), Berlin 1990 (zugl. Diss. jur. Göttingen 1987)

Müller-Vogg, Hugo: Werbung und PR: Unterschiede, Gemeinsamkeiten, Zusammenwirken, in: Gero Kalt (Hrsg.), Öffentlichkeitsarbeit und Werbung. Instrumente, Strategien, Perspektiven, Frankfurt am Main 1989, 115-120

Müller-Wenk, Ruedi: "Ökologische Buchhaltung" - Eine Einführung, in: Udo Ernst Simonis (Hrsg.), Ökonomie und Ökologie. Auswege aus einem Konflikt (Alternative Konzepte Bd. 33), 7. Aufl., Karlsruhe 1994, 13-30

Murswiek, Dieter: Hoffen auf die große Krise. Der Unterschied zwischen Umweltrecht und ökologischem Recht, FAZ Nr. 249 v. 26.10.1992, 38

Mylaeus, Andreas: Die "gefühlsbetonte Werbung" als Erscheinungsform der "unsachlichen Werbung" und ihre Beurteilung nach § 1 UWG (Rechtswissenschaftliche Forschung und Entwicklung Bd. 34), München 1983 (zugl. Diss. jur. München 1983)

Nacken, Gert: Fahrpreiserstattung, WRP 1991, 212-216

von *Nell-Breuning*, Oswald: Kritisches zum Begriff "Wettbewerbsordnung", WuW 1952, 371-375

Neumann, Manfred: Theoretische Volkswirtschaftslehre I. Makroökonomische Theorie: Beschäftigung, Inflation und Zahlungsbilanz, 5. Aufl., München 1996

Nieper, Franz: Kurzkommentar zu BGH, Urt. v. 12.10.1993 - VI ZR 23/93, EWiR § 823 BGB 1/94, 133-134

Nicklisch, Fritz (Hrsg.): Prävention im Umweltrecht. Risikovorsorge, Grenzwerte, Haftung (Schriftenreihe Technologie und Recht Bd. 10), Heidelberg 1988

Niemeyer, Adelbert/*Sartorius*, Bodo: Umwelt-Auditing, in: Ulrich Steger (Hrsg.), Handbuch des Umweltmanagements, München 1992, 311-327

Nipperdey, Hans Carl: Wettbewerb und Existenzvernichtung. Eine Grundfrage des Wettbewerbsrechts, Berlin 1930

Noelle-Neumann, Elisabeth/*Schramm*, Carl: Umfrageforschung in der Rechtspraxis, Weinheim/Bergstraße 1961

Nordemann, Wilhelm: Der verständige Durchschnittsgewerbetreibende. Zum Begriff der "guten Sitten" in § 1 UWG, GRUR 1975, 625-631

— Wettbewerbs- und Markenrecht, 8. Aufl., Baden-Baden 1995

von *Nostitz*, Wolfgang: Sponsoring - mit Steuergeldern die öffentliche Meinung steuern?, ZRP 1996, 84-86

Nußbaum, Arthur: Die Rechtstatsachenforschung. Ihre Bedeutung für Wissenschaft und Unterricht (Recht und Staat in Geschichte und Gegenwart Bd. 6), Tübingen 1914

Oechsler, Jürgen: Kurzkommentar zu OLG Frankfurt am Main, Beschl. v. 3.3.1994 - 6 W 10/94, EWiR § 1 UWG 20/94, 821-822

Oeckl, Albert: Die Public Relations im Überblick, in: Bruno Tietz (Hrsg.), Die Werbung. Handbuch der Kommunikations- und Werbewirtschaft, Bd. 1, Landsberg am Lech 1981, 272-288

Ohm, Hans: Definitionen des Leistungswettbewerbs und ihre Verwendungsfähigkeit für die praktische Wirtschaftspolitik, in: Hans-Jürgen Seraphim (Hrsg.), Zur Grundlegung wirtschaftspolitischer Konzeptionen (Schriften des Vereins für Socialpolitik NF Bd. 18), Berlin 1960, 239-260

Olbrich, Volker: Die amerikanischen Wildnisgebiete: Freiheit der Natur als Schutzgut, NuR 1997, 381-389

Opaschowski, Horst W.: Freizeit und Mobilität. Analyse einer Massenbewegung (Schriftenreihe zur Freizeitforschung Bd. 12), Hamburg 1995

Ossenbühl, Fritz: Umweltpflege durch hoheitliche Produktkennzeichnung (Recht Technik Wirtschaft Bd. 72), Köln - Berlin - Bonn - München 1995

Ostermann, Christian E.: Kurzkommentar zu OLG Frankfurt am Main, Beschl. v. 10.2.1994 - 6 W 12/94, EWiR § 1 UWG 10/94, 393-394

— Kurzkommentar zu OLG Stuttgart, Urt. v. 1.12.1995 - 2 U 72/95, EWiR § 1 UWG 7/96, 421-422

Ott, Claus: Systemwandel im Wettbewerbsrecht. Die Generalklausel des § 1 UWG und ihre Rückwirkungen auf Rechtsprechung und Dogmatik, in: Fritz Baur/Josef Esser/ Friedrich Kübler/Ernst Steindorff (Hrsg.), Funktionswandel der Privatrechtsinstitutionen. FS für Ludwig Raiser zum 70. Geburtstag, Tübingen 1974, 403-434

Ott, Claus/*Schäfer*, Hans-Bernd: Die ökonomische Analyse des Rechts - Irrweg oder Chance wissenschaftlicher Rechtserkenntnis?, JZ 1988, 213-223

o.V.: Am Pranger, FAZ Nr. 289 v. 13.12.1994, Beilage "Technik und Motor", 1

o.V.: Recycling ist nur der zweitbeste Weg, Der Spiegel Nr. 25 v. 21.6.1993, 34-48

Packard, Vance: Die geheimen Verführer. Der Griff nach dem Unbewußten in jedermann, Düsseldorf 1958

Paefgen, Thomas Christian: Imperativer und kooperativer Umweltschutz in wettbewerbspolitischer und unternehmensstrategischer Sicht, NuR 1994, 424-433

Paehler, Hans H: Elend, Reklame und Recht, Betrifft JUSTIZ, 1995 Nr. 43, 127-129

Palandt/Bearbeiter: Bürgerliches Gesetzbuch, 56. Aufl., München 1997

Paul, Ingeborg: Umweltpolitik, in: Renate Neubäumer/Brigitte Hewel (Hrsg.), Volkswirtschaftslehre. Grundlagen der Volkswirtschaftstheorie und Volkswirtschaftspolitik, Wiesbaden 1994, 557-635

Paulus, Joachim: Umweltwerbung - Nationale Maßstäbe und europäische Regelungen, WRP 1990, 739-743

Pflaum, Dieter/*Bäuerle*, Ferdinand (Hrsg.): Lexikon der Werbung, 6. Aufl., Landsberg am Lech 1995

Pfriem, Reinhard/*Hallay*, Hendric: Öko-Controlling als Baustein einer innovativen Unternehmenspolitik, in: Ulrich Steger (Hrsg.), Handbuch des Umweltmanagements, München 1992, 295-310

Philipp, Andrea: Duales System, Rücknahmepflicht und Pfandregelung - Eine vergleichende Untersuchung unter besonderer Berücksichtigung des Einzelhandels, Diss. rer. pol. Mainz 1993

Pieger, Wolfram: Rechtstatsachenforschung - Ziele, Gegenstand, bisherige Erscheinungsformen, in: Aristide Chiotellis/Wolfgang Fikentscher (Hrsg.), Rechtstatsachenforschung. Methodische Probleme und Beispiele aus dem Schuld- und Wirtschaftsrecht, Köln 1985, 127-138

Piper, Henning: Fahrpreiserstattung und Kundenbeförderung als Werbemittel, GRUR 1993, 276-283

Pöchhacker, Christof: Suggestivwerbung und unlauterer Wettbewerb (Juristische Schriftenreihe Bd. 25), Wien 1990

Raisch, Peter/*Schmidt*, Karsten: Rechtswissenschaft und Wirtschaftswissenschaften, in: Grimm, Dieter (Hrsg.), Rechtswissenschaft und Nachbarwissenschaften, Erster Bd. Soziologie, Politik, Verwaltung, Wirtschaft, Psychologie, Kriminologie (Beck'sche Schwarze Reihe Bd. 142), 2. Aufl., München 1976, 143-167

Raiser, Ludwig: Marktbezogene Unlauterkeit, GRUR Int. 1973, 443-446

— Rechtsschutz und Institutionenschutz im Privatrecht, in: Summum Ius Summa Iniuria. Individualgerechtigkeit und der Schutz allgemeiner Werte im Rechtsleben, Tübingen 1963, 145-167

RAL (Hrsg.): Umweltzeichen: Produktanforderungen, Zeichenanwender und Produkte. Ausgabe Januar 1995, Sankt Augustin 1995

— (Hrsg.): Umweltzeichen Richtlinien, Sankt Augustin 1991

Rat von Sachverständigen für Umweltfragen: Umweltgutachten 1978 v. 19.9.1978, BT-Drs. VIII/1938

— Umweltgutachten 1987 v. 21.12.1987, BT-Drs. XI/1568

— Umweltgutachten 1994 v. 8.3.1994, BT-Drs. XII/6995

Rauschning, Dietrich: Aufnahme einer Staatszielbezimmung über Umweltschutz in das Grundgesetz?, DÖV 1986, 489-496

Rebe, Bernd: Privatrecht und Wirtschaftsordnung. Zur vertragsrechtlichen Relevanz der Ordnungsfunktionen dezentraler Interessenkoordination in einer Wettbewerbswirtschaft (Industriegesellschaft und Recht Bd. 13), Bielefeld 1978

Recktenwald, Horst Claus: Die Klassik der ökonomischen Wissenschaft, WiSt 1983, 195-203

Rehbinder, Eckard: Wirtschaftsordnung und Instrumente des Umweltschutzes, in: Heinz Sauermann/Ernst-Joachim Mestmäcker (Hrsg.), Wirtschaftsordnung und Staatsverfassung. FS für Franz Böhm zum 80. Geburtstag, Tübingen 1975, 499-520

Rehbinder, Manfred: Rechtssoziologie, 3. Aufl., Berlin - New York 1993

Reich, Norbert: Das Phantom "Verbraucherrecht" - Erosion oder Evolution des Privatrechts?, JZ 1997, 609-610

Reichardt, Hans: Gestattet § 1 UWG gefühlsansprechende, unsachliche Werbung?, WRP 1995, 796-798

Reichold, Hermann: Kurzkommentar zu BGH, Urt. v. 6.7.1995 - I ZR 180/94, EWiR § 1 UWG 14/95, 813-814

— Lauterkeitsrecht als Sonderdeliktsrecht - Zur Rolle zivilistischen Denkens bei der Anwendung von § 1 UWG -, AcP 193 (1993), 204-239

— Unlautere Werbung mit der "Realität"? Unlauterkeitsmaßstäbe bei produktunabhängiger Image-Werbung, WRP 1994, 219-225

Reifner, Udo: Anmerkung zu BGH, Urt. v. 18.10.1990 - I ZR 113/89, VuR 1991, 191-192

Rempen, Thomas: Es grünt zu grün. Der Öko-Werbungs-Overkill, FAZ Nr. 107 v. 10.5.1993, Beilage "Umwelt und Technik", 13

Rennings, Klaus/*Brockmann*, Karl L./*Bergmann*, Heidi: Selbstverpflichtungen im Umweltschutz: kein marktwirtschaftliches Instrument, GAIA 1996, 152-165

Rinck, Gerd: Wirtschaftswissenschaftliche Begriffe in Rechtsnormen, in: Carl Hermann Ule/Karl Heinz Schwab/Hans Carl Nipperdey/Eugen Ulmer/Ignaz Seidl-Hohenveldern (Hrsg.), Recht im Wandel. Beiträge zu Strömungen und Fragen im heutigen Recht. FS 150 Jahre Carl Heymanns Verlag KG, Köln - Berlin - Bonn - München 1965, 361-375

Rinck, Gerd/*Schwark*, Eberhard: Wirtschaftsrecht. Wirtschaftsverfassung, Kartellrecht, Wettbewerbsrecht, Wirtschaftsverwaltung, 6. Aufl., Köln - Berlin - Bonn - München 1986

Ring, Gerhard: Anmerkung zu BGH, Urt. v. 6.7.1995 - I ZR 110/93, 239/93 und 180/94, DZWir 1995, 474-476

— Kurzkommentar zu BGH, Urt. v. 17.10.1996 - I ZR 159/94, EWiR § 1 UWG 4/97, 423-424

Rinze, Jens: Anmerkung zu LG Frankfurt am Main, Urt. v. 4.5.1994 - 3/8 O 73/93, WRP 1994, 557

Rittner, Fritz: Wettbewerbsrecht und Kartellrecht, 5. Aufl., Heidelberg 1995

— Wirtschaftsrecht, 2. Aufl., Heidelberg 1987

Rock, Martin: Theologie der Natur und ihre anthropologisch-ethischen Konsequenzen, in: Dieter Birnbacher (Hrsg.), Ökologie und Ethik, Stuttgart 1980, 72-102

Röhl, Klaus F.: Rechtssoziologie. Ein Lehrbuch, Köln - Berlin - Bonn - München 1987

Römer, Anselm U./*Feld*, Lars P.: Einstieg in die ökologische Kreislaufwirtschaft: Recycling am Beispiel des Dualen Systems Deutschland, in: Rainer Bartel/Franz Hackl (Hrsg.), Einführung in die Umweltpolitik, München 1994, 199-217

Röper, Burkhardt: Werbung für Markenartikel - Auswirkungen auf Markttransparenz und Preise -, Teil B, in: Otto Blume/Gislinde Müller/Burkhardt Röper, Werbung für Markenartikel - Auswirkungen auf Markttransparenz und Preise - Zwei Studien (Schriften der Kommission für wirtschaftlichen und sozialen Wandel Bd. 133), Göttingen 1976, 157-608

— Zur Verwirklichung des Leistungswettbewerbs, in: Hans-Jürgen Seraphim (Hrsg.), Zur Grundlegung wirtschaftspolitischer Konzeptionen (Schriften des Vereins für Socialpolitik NF Bd. 18), Berlin 1960, 261-291

Rohnke, Christian: Werbung mit Umweltschutz, GRUR 1988, 667-671

Roller, Gerhard: Der "Blaue Engel" und die "Europäische Blume", EuZW 1992, 499-505

Rosenstiel, Lutz von/*Neumann*, Peter: Einführung in die Markt- und Werbepsychologie, Darmstadt 1982

Rost, Dankwart: Werbung im Wettbewerb, in: Burkhardt Röper (Hrsg.), Wettbewerb und Werbung (Schriften des Vereins für Socialpolitik NF Bd. 180), Berlin 1989, 21-33

Rost, Gerrit: Durchführung von Öko-Audits, in: Bundesumweltministerium/Umweltbundesamt (Hrsg.), Handbuch Umweltcontrolling, München 1995, 561-577

Rüggeberg, Jörg: Product Placement und Sponsorship, GRUR 1988, 873-880

Rüthers, Bernd: Das Recht zwischen Ökonomie und Metaphysik - Orientierungsprobleme nach Systemwechseln, in: Verhandlungen des 60. DJT Münster 1994, Bd. II (Sitzungsberichte) Teil I, 1994, 5-25

Rummler, Thomas/*Schutt*, Wolfgang: Verpackungsverordnung. Praxishandbuch mit Kommentar, Hamburg 1991

Runge, Martin: Bonner Mogelpackung? Verpackungsverordnung und "Duale Abfallwirtschaft", Politische Ökologie, 1992 Nr. 26, 14-21

Sack, Rolf: Irreführende Werbung mit wahren Angaben, in: Friedrich Graf von Westphalen/Otto Sandrock (Hrsg.), Lebendiges Recht - Von den Sumerern bis zur Gegenwart. FS für Reinhold Trinkner zum 65. Geburtstag, Heidelberg 1995, 293-320

— Lauterer und leistungsgerechter Wettbewerb durch Wettbewerbsregeln, GRUR 1975, 297-307

— Neue Werbeformen im Fernsehen - rundfunk- und wettbewerbsrechtliche Grenzen, AfP 1991, 704-715

— § 1 UWG und Wirtschaftspolitik, WRP 1974, 247-254

— Zur Zulässigkeit von Vorspannangeboten, WRP 1975, 65-74

Salje, Peter: Ökonomische Analyse des Rechts aus deutscher Sicht, RTh 15 (1980), 277-312

Samuelson, Paul A./*Nordhaus*, William D.: Volkswirtschaftslehre. Grundlagen der Makro- und Mikroökonomie, Bd. 1, 8. Aufl., Köln 1987

Sautter, Hermann (Hrsg.): Entwicklung und Umwelt (Schriften des Vereins für Socialpolitik NF Bd. 215), Berlin 1992

Schäfer, Hans-Bernd/*Ott*, Claus: Lehrbuch der ökonomischen Analyse des Rechts, 2. Aufl., Berlin - Heidelberg - New York - Barcelona - Budapest - Hong Kong - London - Mailand - Paris - Tokyo 1995

Schenk, Hans-Otto: Werbung und Markttransparenz, in: Karl Christian Behrens (Hrsg.), Handbuch der Werbung, 2. Aufl., Wiesbaden 1975, 57-68

Schenk, Michael/*Donnerstag*, Joachim/*Höflich*, Joachim: Wirkungen der Werbekommunikation, Köln - Wien 1990

Scherer, Joachim: Umwelt-Audits: Instrument zur Durchsetzung des Umweltrechts im europäischen Binnenmarkt?, NVwZ 1993, 11-16

Scherer, Peter: Ein europäisches Umweltzeichen steht ins Haus, RIW 1990, 908-911

Scherhorn, Gerhard: Bedürfnis und Bedarf. Sozialökonomische Grundbegriffe im Lichte der neueren Anthropologie (Beiträge zur Verhaltensforschung Heft 1), Berlin 1959

— Verbraucherinteresse und Verbraucherpolitik (Schriften der Kommission für wirtschaftlichen und sozialen Wandel Bd. 17), Göttingen 1975

Schischkoff, Georgi: Philosophisches Wörterbuch, 21. Aufl., Stuttgart 1982

Schluep, Walter R.: Was ist Wirtschaftsrecht?, in: Riccardo L. Jagmetti/Walter R. Schluep (Hrsg.), FS für Walther Hug zum 70. Geburtstag, Bern 1968, 25-95

— Wirtschaftsrechtliche Aspekte der Werbung durch Appell an das Unbewusste, ZSR 1972, 353-394

Schmeken, Werner/*Schwade*, Wolfgang: Verpackungsverordnung, 2. Aufl., Düsseldorf 1991

Schmidt, Reiner: Wirtschaftspolitik und Verfassung. Grundprobleme, Baden-Baden 1971

Schmidt-Bleek, Friedrich: Wieviel Umwelt braucht der Mensch? MIPS - Das Maß für ökologisches Wirtschaften, Berlin - Basel - Boston 1994

Schmitz, Stefan/*Oels*, Hans-Jürgen/*Tiedemann*, Albrecht: Ökobilanz für Getränkeverpackungen (Texte des Umweltbundesamtes 52/95), Berlin 1995

Schnorbus, York: Werbung mit der Angst - Eine Analyse ihrer Erscheinungsformen -, GRUR 1994, 15-26

Scholz, Rupert/*Aulehner*, Josef: Grundfragen zum Dualen System. Verfassungsprobleme und Erneuerung, BB 1993, 2250-2265

Schott, Ekkehart: Kurzkommentar zu BGH, Urt. v. 9.2.1995 - I ZR 44/93, EWiR § 1 UWG 17/95, 917-918

Schottelius, Dieter: Das EG-Umwelt-Audit als Gesamtsystem. Kritische Würdigung, BB 1995, 1549-1553

Schotthöfer, Peter (Hrsg.): Handbuch des Werberechts in den EU-Staaten einschließlich Norwegen, Schweiz, Liechtenstein und USA, 2. Aufl., Köln 1997

Schricker, Gerhard: Gesetzesverletzung und Sittenverstoß. Rechtsvergleichende Untersuchung zur wettbewerbsrechtlichen Haftung bei Verletzung außerwettbewerbsrechtlicher Normen (Münchener Universitätsschriften Reihe der Juristischen Fakultät Bd. 14), München 1970

— Hundert Jahre Gesetz gegen den unlauteren Wettbewerb - Licht und Schatten, GRUR Int. 1996, 473-479

— Kurzkommentar zu BGH, Urt. v. 6.7.1995 - I ZR 239/93, EWiR § 1 UWG 18/95, 919-920

— Möglichkeiten zur Verbesserung des Schutzes der Verbraucher und des funktionsfähigen Wettbewerbs, ZHR 139 (1975), 208-248

— Wettbewerbsrechtliche Aspekte des Verbraucherschutzes, RabelsZ 40 (1976), 535-578

Schröder, Meinhard: Verwaltungsrecht als Vorgabe für Zivil- und Strafrecht, VDStRL 50 (1991), 196-231

Schüler, Norbert: "Bio"-Lebensmittel - Der neue EWG-Verordnungsentwurf, EuZW 1990, 279-281

Schünemann, Wolfgang B.: Wettbewerbsrecht, München - Wien 1989

— Wirtschaftsprivatrecht, 2. Aufl., Stuttgart - Jena 1993

Schuhmacher, Wolfgang: Verbraucherschutz bei Vertragsanbahnung (Schriften zum gesamten Recht der Wirtschaft Bd. 8), Wien 1983

Schulte-Beckhausen, Thomas: Das Verhältnis des § 1 UWG zu den gewerblichen Schutzrechten und zum Urheberrecht (Rechtswissenschaftliche Forschung und Entwicklung Bd. 431), München 1994 (zugl. Diss. jur. Bonn 1993)

Schulz, Werner: Ökologische Problemlagen oder "Was kostet uns die Umweltzerstörung"?, in: Arno Brandt/Ursula Hansen/Ingo Schoenheit/Klaus Werner (Hrsg.), Ökologisches Marketing, Frankfurt am Main 1988, 16-41

Schulz, Werner/*Wicke*, Lutz: Der ökonomische Wert der Umwelt, ZfU 1987, 109-155

Schwanhäuser, Hermann: Die Zukunft der "irreführenden" Werbung (§ 3 UWG), GRUR 1988, 180-184

Schweiger, Günter/*Schrattenecker*, Gertraud: Werbung, 4. Aufl., Stuttgart - Jena 1995

Schweizer, Robert: Repräsentative Rechtstatsachenermittlung durch Befragen - Die Definition des Rechtsproblems bis zur Durchführungsreife -, in: Aristide Chiotellis/Wolfgang Fikentscher (Hrsg.), Rechtstatsachenforschung. Methodische Probleme und Beispiele aus dem Schuld- und Wirtschaftsrecht, Köln 1985, 9-76

Schwintowski, Hans-Peter: Recht und Gerechtigkeit. Eine Einführung in die Grundlagen des Rechts, Berlin - Heidelberg - New York - Barcelona - Budapest - Hongkong - London - Mailand - Paris - Santa Clara - Singapur - Tokio 1996

Sening, Christoph: Eigenwert und Eigenrechte der Natur?, NuR 1989, 325-331

Sevecke, Torsten: Die Benetton-Werbung als Problem der Kommunikationsfreiheiten, AfP 1994, 196-205

Seybold, Hansjörg (Hrsg.): Umweltplanung, Umweltrecht und Umweltbewußtsein (Ludwigsburger Hochschulschriften), 1990

Seydel, Helmut: Anmerkung zu BGH, Urt. v. 10.6.1964 - Ib ZR 128/62, GRUR 1965, 102-103

Seÿffert, Rudolf: Werbelehre. Theorie und Praxis der Werbung, Erster Bd., Stuttgart 1966

Siebert, Horst: Einführung in die Volkswirtschaftslehre, 12. Aufl., Stuttgart - Berlin - Köln 1996

Siegenthaler, Hansjörg (Hrsg.): Ressourcenverknappung als Problem der Wirtschaftsgeschichte (Schriften des Vereins für Socialpolitik NF Bd. 192), Berlin 1990

Simitis, Konstantin: Verbraucherschutz - Schlagwort oder Rechtsprinzip?, Baden-Baden 1976

Simonis, Udo Ernst: Globale Klimakonvention. Konflikt oder Kooperation zwischen Industrie- und Entwicklungsländern, in: Hermann Sautter (Hrsg.), Entwicklung und Umwelt (Schriften des Vereins für Socialpolitik NF Bd. 215), Berlin 1992, 171-205

— Ökologische Orientierung der Ökonomie, in: Martin Jänicke/Udo Ernst Simonis/Gerd Weigmann (Hrsg.), Wissen für die Umwelt, Berlin - New York 1985, 215-236

Soell, Hermann: Umweltschutz, ein Grundrecht?, NuR 1985, 205-213

Sombart, Werner: Der moderne Kapitalismus. Historisch-systematische Darstellung des gesamteuropäischen Wirtschaftslebens von seinen Anfängen bis zur Gegenwart. Dritter Bd: Das Wirtschaftsleben im Zeitalter des Hochkapitalismus. Zweiter Halbbd: Der Hergang der hochkapitalistischen Wirtschaft. Die Gesamtwirtschaft, München - Leipzig 1928

Sosnitza, Olaf: Anmerkung zu OLG München, Urt. v. 3.2.1994 - 6 U 6417/93, WRP 1994, 417-420

— Besprechung zu Ulrike Wünnenberg, Schockierende Werbung - Verstoß gegen § 1 UWG?, WRP 1996, 822-824

— Werbung mit der Realität - Anmerkungen zum Benetton-Beschluß des OLG Frankfurt a.M., GRUR 1993, 540-545

— Wettbewerbsbeschränkugen durch die Rechtsprechung. Erscheinungsformen und Ursachen auf dem Gebiet des Lauterkeitsrechts (Wirtschaftsrecht und Wirtschaftspolitik Bd. 137), Baden-Baden 1995 (zugl. Diss. jur. Bayreuth 1994)

— Zulässigkeit und Grenzen der sogenannten Image-Werbung, WRP 1995, 786-790

Spätgens, Klaus: Umwelt und Wettbewerb. Stand der Dinge, in: Jürgen F. Baur/Rainer Jacobs/Manfred Lieb/Peter-Christian Müller-Graff (Hrsg.), FS für Ralf Vieregge zum 70. Geburtstag am 6. November 1995, Berlin - New York 1995, 813-834

— Voraussetzungen, Möglichkeiten und Grenzen demoskopischer Umfragen, in: Ulrich Loewenheim/Thomas Raiser (Hrsg.), FS für Fritz Traub zum 65. Geburtstag, Frankfurt am Main 1994, 375-400

SPD: Grundsatzprogramm der Sozialdemokratischen Partei Deutschlands, Bonn o.J.

Spiegler, Martin: Umweltbewußtsein und Umweltrecht. Über den Zusammenhang von Bewußtseins- und Rechtsstrukturen (Universitätsschriften Recht Bd. 37), Baden-Baden 1990 (zugl. Diss. jur. Augsburg 1990)

Spliethoff, Hans Peter: Verkehrsauffassung und Wettbewerbsrecht. Ein Beitrag zu Begriff, Ermittlung und Relevanz eines lauterkeitsrechtlichen Zentralbegriffs (Universitätsschriften Recht Bd. 88), Baden-Baden 1992 (zugl. Diss. jur. Dortmund 1991)

Staudt, Erich/*Kunhenn*, Horst/*Schroll*, Markus/*Interthal*, Jörg: Die Verpackungsverordnung. Auswirkungen eines umweltpolitischen Großexperimentes (Innovation: Forschung und Management Bd. 11), Bochum 1997

Steiger, Heinhard: Begriff und Geltungsebenen des Umweltrechts, in: Jürgen Salzwedel (Hrsg.), Grundzüge des Umweltrechts, Berlin 1982, 1-20

Stein, Ekkehart: Staatsrecht, 15. Aufl., Tübingen 1995

Steinbeck, Anja Verena: Anmerkung zu KG, Urt. v. 23.1.1996 - 5 U 7117/95, WuB V B. § 1 UWG 3.96, 1095-1098

Steindorff, Ernst: Einführung in das Wirtschaftsrecht der Bundesrepublik Deutschland, 2. Aufl., Darmstadt 1985

Steinmann, Bodo: Ökologische Marktwirtschaft - Erweiterte Anwendung ordnungsgestaltender Grundsätze, in: Volker Nienhaus/Ulrich van Suntum (Hrsg.), Grundlagen und Erneuerung der Marktwirtschaft. FS für Hans Besters zum 65. Geburtstag (Monographien der List Gesellschaft e.V. NF Bd. 10), Baden-Baden 1988, 83-113

Stiglbauer, Alfred M.: Emissionen, Treibhauseffekt und Umweltzustand: Ökologische Steuerpolitik, in: Rainer Bartel/Franz Hackl (Hrsg.), Einführung in die Umweltpolitik, München 1994, 159-183

Stillner, Walter: Natur und Umwelt in der Werbung, VuR 1992, 46-53

Stober, Rolf: Wirtschaftsverwaltungsrecht, 10. Aufl., Stuttgart - Berlin - Köln 1996

Stone, Christopher D.: Umwelt vor Gericht. Die Eigenrechte der Natur, München 1987

Strauch, Robert G.: Zur wettbewerbsrechtlichen Zulässigkeit von sog. "Bio-Werbung" gem. § 3 UWG, WRP 1992, 540-542

Strecker, Arthur: Anmerkung zu KG, Urt. v. 14.6.1994 - 5 U 1738/93, BB 1994, 2301-2303

— Der "Grüne Punkt" - ein Fragezeichen?, BB 1993, 743-746

— Folgen der Rücknahmepflicht für Umverpackungen ab 1.4.1992, BB 1992, 1152-1154

— Transport- und Umverpackungen aus Sicht der Verpackungsverordnung, BB 1991, 1499-1150

— Transport- und Umverpackungen aus neuer Sicht der VerpackV, BB 1994, 880-881

Strecker, Arthur/*Berndt*, Dieter: Kommentar zur Verpackungsverordnung, Heidelberg 1992

Strodthoff, Hans-Jürgen: Werbung in Wirtschaft und Recht, Diss. jur. Hamburg 1964

Strümpel, Burkhard: Ökologische Gefühle - technokratische Argumente, in: Martin Jänicke/Udo Ernst Simonis/Gerd Weigmann (Hrsg.), Wissen für die Umwelt, Berlin - New York 1985, 261-277

Stutzin, Godofredo: Die Natur der Rechte und die Rechte der Natur, RTh 11 (1980), 344-355

Taupitz, Jochen: Das Umwelthaftungsgesetz als Zwischenschritt auf dem Weg zu einem effektiven Umwelthaftungsrecht, Jura 1992, 113-120

Teichmann, Arndt/*van Krüchten*, Ulrich: Kriterien gefühlsbetonter Werbung, WRP 1994, 704-709

Teplitzky, Otto: Der (besondere) Rechtsschutz gegen Gefährdungen durch gesundheitsbezogene Werbung und Warenkennzeichnung, GRUR 1980, 478-482

Tetzner, Heinrich: Gesetz gegen den unlauteren Wettbewerb, 2. Aufl., Köln 1957

Teutsch, Gotthard M.: Lexikon der Umweltethik, Göttingen - Düsseldorf 1985

Thiedig, Klaus: Suggestivwerbung und Verbraucherschutz (Sozialwissenschaften und Recht Bd. 3) Frankfurt am Main 1973

Thieme, H. Jörg: Wirtschaftssysteme, in: Vahlens Kompendium der Wirtschaftstheorie und Wirtschaftspolitik, Bd. 1, München 1992, 1-48

Thomas, Heinz/*Putzo*, Hans: Zivilprozeßordnung mit Gerichtsverfassungsgesetz und den Einführungsgesetzen, 20. Aufl., München 1997

Thomé-Kozmiensky, Sophie: Die Verpackungsverordnung. Rechtmäßigkeit, "Duales System", Europarecht (Schriften zum Umweltrecht Bd. 42), Berlin 1994 (zugl. Diss. jur. Berlin [Freie Universität] 1993)

Tiebler, Petra: Umwelttrends im Konsumentenverhalten, in: Ulrich Steger (Hrsg.), Handbuch des Umweltmanagements, München 1992, 183-206

Tilch, Horst (Hrsg.): Deutsches Rechts-Lexikon, München 1992

Tilmann, Winfried: Über das Verhältnis von GWB und UWG, GRUR 1979, 825-834

— Wirtschaftsrecht (Enzyklopädie der Rechts- und Staatswissenschaft), Berlin - Heidelberg - New York - Tokyo 1986

— Zur Bestimmung des Kreises der an einer geographischen Herkunftsangabe Berechtigten, GRUR 1980, 487-496

Tilmann, Winfried/*Ohde*, Hans-Jürgen: Die Mindestirreführungsquote im Wettbewerbsrecht und im Gesundheitsrecht - 1. Teil, GRUR 1989, 229-239

Töpfer, Klaus: Umweltpolitische Grundsätze, in: Organisationsforum Wirtschaftskongress e.V. (Hrsg.), Umweltmanagement im Spannungsfeld zwischen Ökologie und Ökonomie, Wiesbaden 1991, 29-38

Traub, Fritz: Probleme der Interessenabwägung bei Anwendung des § 3 UWG, in: Karl Bruchhausen/Wolfgang Hefermehl/Peter Hommelhoff/Herbert Messer (Hrsg.), FS für Rudolf Nirk zum 70. Geburtstag, München 1992, 1017-1032

Tribe, Laurence H.: Was spricht gegen Plastikbäume?, in: Birnbacher (Hrsg.), Ökologie und Ethik, Stuttgart 1980, 20-71

Tröndle, Herbert: Strafgesetzbuch und Nebengesetze, 48. Aufl., München 1997

Ullmann, Eike: Der Verbraucher - ein Hermaphrodit, GRUR 1991, 789-795

— Einige Bemerkungen zur Meinungsfreiheit in der Wirtschaftswerbung, GRUR 1996, 948-958

— Spenden - Sponsern - Werben, in: Ulrich Loewenheim/Thomas Raiser (Hrsg.), FS für Fritz Traub zum 65. Geburtstag, Frankfurt am Main 1994, 411-422

Ulmer, Eugen: Sinnzusammenhänge im modernen Wettbewerbsrecht. Ein Beitrag zum Aufbau des Wettbewerbsrechts, Berlin 1932

Ulmer, Peter: Der Begriff "Leistungswettbewerb" und seine Bedeutung für die Anwendung von GWB und UWG-Tatbeständen, GRUR 1977, 565-580

Umweltbundesamt: Das Umweltzeichen stellt sich vor, Berlin 1994

— (Hrsg.): Das Umweltzeichen - Ziele - Hintergründe - Produktgruppen -, Berlin 1990

— (Hrsg.): 20 Argumente gegen das Umweltzeichen ... und was man davon zu halten hat, Berlin 1990

— (Hrsg.): Vergleich der Umweltauswirkungen von Polyethylen- und Papiertragetaschen (Texte des Umweltbundesamtes 5/88), Berlin 1988

Urban, Dieter: Was ist Umweltbewußtsein? Exploration eines mehrdimensionalen Einstellungskonstruktes, ZfS 1986, 363-377

van den Bergh, Roger/*Lehmann*, Michael: Informationsökonomie und Verbraucherschutz im Wettbewerbs- und Warenzeichenrecht, GRUR Int. 1992, 588-599

Veit, Otto: Wirtschaftswissenschaften und Rechtswissenschaft, in: Ludwig Raiser/Heinz Sauermann/Erich Schneider (Hrsg.), Das Verhältnis der Wirtschaftswissenschaft zur Rechtswissenschaft, Soziologie und Statistik (Schriften des Vereins für Socialpolitik NF Bd. 33), Berlin 1964, 8-11

Vershofen, Wilhelm: Handbuch der Verbraucherforschung, Erster Bd. Grundlegung, Berlin 1940

Versteyl, Ludger-Anselm: Die Verpackungsverordnung - Anfang vom Ende der Wegwerfgesellschaft?, NVwZ 1991, 848-852

Vester, Frederic: Crashtest Mobilität. Die Zukunft des Verkehrs. Fakten - Strategien - Lösungen, München 1995

— Neuland des Denkens. Vom technokratischen zum kybernetischen Zeitalter, 9. Aufl., München 1995

Vetter, Andrea: Das Umweltauditgesetz, DVBl. 1996, 1223-1230

Vierhaus, Hans-Peter: Umweltbewußtsein von oben. Zum Verfassungsgebot demokratischer Willensbildung (Schriften zum Umweltrecht Bd. 48), Berlin 1994 (zugl. Diss. jur. Berlin [Humboldt-Universität] 1994)

Vogt, Stefan: Lexikon des Wettbewerbsrecht, München 1994

Wagner, Gerd Rainer/*Vogel*, Armin: Das "Duale System" als Herausforderung für die Entsorgungswirtschaft, in: Michael von Hauff/Uwe Schmid (Hrsg.), Ökonomie und Ökologie. Ansätze zu einer ökologisch verpflichteten Marktwirtschaft, Stuttgart 1992, 219-242

von *Wallenberg*, Gabriela: Umweltschutz und Wettbewerb, München 1980

Wallraff, Hermann Josef: Belastungen des Leistungsbegriffs, in: Heinz Sauermann/Ernst-Joachim Mestmäcker (Hrsg.), Wirtschaftsordnung und Staatsverfassung. FS für Franz Böhm zum 80. Geburtstag, Tübingen 1975, 625-635

Wegener, Hartmut: Werbung und Verbraucherinformation - der Funktionswandel des UWG, in: Norbert Reich/Klaus Tonner/Hartmut Wegener, Verbraucher und Recht (Kommission für wirtschaftlichen und sozialen Wandel Bd. 120), Göttingen 1976, 86-136

Weiand, Neil George: Kultur- und Sportsponsoring im deutschen Recht unter besonderer Berücksichtigung urheber-, medien- und wettbewerbsrechtlicher Aspekte (Schriftenreihe zur Rechtssoziologie und Rechtstatsachenforschung Bd. 74), Berlin 1993 (zugl. Diss. jur. Freiburg 1992)

Weimann, Joachim: Umweltökonomik. Eine theoretische Einführung, 3. Aufl., Berlin - Heidelberg - New York - London - Paris - Tokyo - Hong Kong - Barcelona - Budapest 1995

Weimar, Robert/*Schimikowski*, Peter: Grundzüge des Wirtschaftsrechts, 2. Aufl., München 1993

von *Weizsäcker*, Carl Friedrich Freiherr: Bewußtseinswandel, München - Wien 1988

von *Weizsäcker*, Ernst Ulrich Freiherr: Erdpolitik. Ökologische Realpolitik an der Schwelle zum Jahrhundert der Umwelt, 4. Aufl., Darmstadt 1994

von *Weizsäcker*, Ernst Ulrich Freiherr/*Lovins*, Armory B./*Lovins*, L. Hunter: Faktor vier. Doppelter Wohlstand - halbierter Naturverbrauch. Der neue Bericht an den Club of Rome, München 1995

von *Weizsäcker*, Richard Freiherr: Der Rang der Umwelt und Natur im Gefüge unserer Wertordnung, Bulletin des Presse- und Informationsamts der Bundesregierung 1986, 1025-1029

Wenke, Martin: Konsumstruktur, Umweltbewußtsein und Umweltpolitik. Eine makroökonomische Analyse des Zusammenhanges in ausgewählten Konsumbereichen (Schriftenreihe des Rheinisch-Westfälischen Instituts für Wirtschaftsforschung Essen NF Heft 54), Berlin 1993

Wenzel, Frank: Anmerkung zu OLG München, Urt. v. 18.7.1991 - 29 U 4101/91, WRP 1992, 267-270

— Nochmals: Fahrpreiserstattung, WRP 1991, 545-550

von Werder, Axel/*Nestler*, Anke: Grundsätze ordnungsmäßiger Umweltschutzorganisation als Maßstab des europäischen Umwelt-Audits, RIW 1995, 296-304

Wicke, Lutz: Die ökologischen Milliarden. Das kostet die zerstörte Umwelt - so können wir sie retten, München 1986

— Umweltökonomie. Eine praxisorientierte Einführung, 4. Aufl., München 1993

Wicke, Lutz/*de Maizière*, Lothar/*de Maizière*, Thomas: Öko-Soziale Marktwirtschaft für Ost und West, München o. J.

Wiebe, Andreas: EG-rechtliche Grenzen des deutschen Wettbewerbsrechts am Beispiel der Umweltwerbung, EuZW 1994, 41-47

— "Super-Spar-Fahrkarten" für Versicherungskunden im Dienste des Umweltschutzes aus wettbewerbsrechtlicher Sicht, WRP 1995, 445-447

— Umweltschutz durch Wettbewerb. Das betriebliche Umweltschutzsystem der EG, NJW 1994, 289-294

— Zur "ökologischen Relevanz" des Wettbewerbsrechts - Lauterkeitsrechtliche Grenzen der Umweltwerbung, WRP 1993, 798-812

Wiethölter, Rudolf: Die Position des Wirtschaftsrechts im sozialen Rechtsstaat, in: Helmut Coing/Heinrich Kronstein/Ernst-Joachim Mestmäcker (Hrsg.), Wirtschaftsordnung und Rechtsordnung. FS zum 70. Geburtstag von Franz Böhm am 16. Februar 1965, 1965, 41-62

Wilhelm, Herbert: Werbung als wirtschaftstheoretisches Problem, Berlin 1961

Wiltschek, Lothar: Suggestivwerbung und unlauterer Wettbewerb, ÖJZ 1992, 209-211

Wimmer, Frank: Der Einsatz von Paneldaten zur Analyse des umweltorientierten Kaufverhaltens von Konsumenten, UWF 1995, 28-34

— Umweltbewußtsein und konsumrelevante Einstellungen und Verhaltensweisen, in: Arno Brandt/Ursula Hansen/Ingo Schoenheit/Klaus Werner (Hrsg.), Ökologisches Marketing, Frankfurt am Main 1988, 44-85

Wimmer, Raimund: Ein blauer Engel mit rechtlichen Macken. Verfassungsrechtliche Anforderungen an ein öffentliches Umweltzeichen, BB 1989, 565-571

Winkler, Willi: Weltuntergang mit Zuschauerbeteiligung, Merkur 1996, 851-857

Winter, Gerd: Perspektiven des Umweltrechts, DVBl. 1988, 659-665

Woll, Artur: Allgemeine Volkswirtschaftslehre, 12. Aufl., München 1996

Wünnenberg, Ulrike: Schockierende Werbung - Verstoß gegen § 1 UWG? (Europäische Hochschulschriften Reihe II Rechtswissenschaft Bd. 1858), Frankfurt am Main - Berlin - Bern - New York - Paris - Wien 1996 (zugl. Diss. jur. Gießen 1995)

Würkner, Joachim: Das Greenpeace-Urteil des BGH: Gratwanderung zwischen Liberalität und Libertinage?, NJW 1994, 914-916

Zillessen, Renate/*Rahmel*, Dieter (Hrsg.): Umweltsponsoring. Erfahrungsberichte von Unternehmen und Verbänden, Frankfurt am Main - Wiesbaden 1991

Zipfel, Walter/*Rathke*, Kurt-Dietrich: Lebensmittelrecht. Kommentar der gesamten lebensmittel- und weinrechtlichen Vorschriften sowie des Arzneimittelrechts, Bd. II (Stand: 1.5.1996), München

Sachverzeichnis